面向“十五五”时期的中国金融发展

中国金融报告 2024–2025

张晓晶　主　编
张　明　副主编

中国社会科学出版社

图书在版编目（CIP）数据

面向“十五五”时期的中国金融发展 ： 中国金融报告. 2024-2025 / 张晓晶主编. -- 北京 ： 中国社会科学出版社， 2025. 3. -- ISBN 978-7-5227-4936-5

Ⅰ. F832

中国国家版本馆 CIP 数据核字第 2025AA1698 号

出 版 人　赵剑英
责任编辑　王　衡
责任校对　李　锦
责任印制　郝美娜

出　　版　中国社会科学出版社
社　　址　北京鼓楼西大街甲 158 号
邮　　编　100720
网　　址　http://www.csspw.cn
发 行 部　010-84083685
门 市 部　010-84029450
经　　销　新华书店及其他书店

印刷装订　北京君升印刷有限公司
版　　次　2025 年 3 月第 1 版
印　　次　2025 年 3 月第 1 次印刷

开　　本　710×1000　1/16
印　　张　37.75
插　　页　2
字　　数　526 千字
定　　价　98.00 元

凡购买中国社会科学出版社图书，如有质量问题请与本社营销中心联系调换
电话：010-84083683

各章节作者

主报告　　郑联盛　范云朋　江振龙　王　瑶　张　鹏

第一章　　费兆奇　谷丹阳

第二章　　曹　婧

第三章　　李广子

第四章　　李俊成

第五章　　徐　枫

第六章　　张跃文　李　慧　焦文妞

第七章　　王　庆

第八章　　林　楠

第九章　　胡志浩　江振龙

第十章　　宣晓影

第十一章　　郑联盛　傅亨妮　张淑芬

第十二章　　范云朋　王先达

第十三章　张　鹏

第十四章　王　瑶　郭晓婧

第十五章　董　昀

第十六章　汪　勇

第十七章　张　策

第十八章　周莉萍

第十九章　张　珩

第二十章　郭金龙

第二十一章　王向楠　张艺超

第二十二章　陈经伟

序　言

当前，世界百年未有之大变局加速演进，国际力量对比深刻调整，大国间的博弈愈演愈烈。“十五五”时期中国将面临更为复杂多变的发展环境，而特朗普 2.0 就是最大的外部不确定性。

2025 年以来，特朗普发起针对各国的“对等关税”大战，在全球范围内引起巨大混乱和不确定性，世人的眼球也被关税战所吸引。殊不知，关税只是幌子，其目的是要解决所谓的“特里芬难题”：既想保住美元霸权地位，又不想承担由此带来的贸易、财政双赤字。美国宣扬“美国治下”的全球安全与繁荣——美军带来了安全，美元带来了繁荣。那些享受美国治下的安全与繁荣的国家（经济体）不能再“搭便车”，而需要为此“付费”，包括购买美债、开放市场、增加国防采购、为持有美元资产交税等。而具体如何付费，特朗普期待在接下来的关税谈判中达成。关税战意在维护美元霸权，这才是“司马昭之心”。关税战背后是金融战，这是我们必须读懂的潜台词。

金融是大国博弈的必争之地。作为国民经济的血脉，金融若受制于人甚至被切断，不仅经济循环受阻，整个现代化进程都可能被迟滞。当前中国金融体系总体上“大而不强”，仍存在不少问题，金融服务实体经济质效不高，国际竞争力有待提升。新时代新征程，我们必须以加快建设金融强国为目标，推动中国金融实现由大到强的历史性跨越。

本年度的《中国金融报告》正是基于大国博弈的背景，锚定金融强国目标，部署“十五五”时期的中国金融发展。主报告《大国博弈下的中国金融发展——面向“十五五”时期的金融强国战略部署》可以说是全书的统领：一方面，基于问题导向着重分析大国博弈下金融竞争的重点领域、中美之间的对比情况、中国相关领域的不足；另一方面，基于目标导向重点讨论“十五五”时期中国在大国博弈条件下加快建设金融强国建设的重点任务。为配合这一主题，后续章节还补充研究了金融制裁与反制裁的国际经验与中国应对（第十四章），以及特朗普 2.0 对中国经济金融发展的影响（第十七章）。

接下来，报告的研究从两大方面展开：一是围绕金融强国建设，突出金融强国的关键核心金融要素，即“六个强大”；二是围绕金融服务实体经济高质量发展，集中体现为金融“五篇大文章”。

建设金融强国方面：一是强大的货币，包括人民币国际化（第八章）、跨境支付清算机制（第十三章）；二是强大的中央银行，包括央行货币政策框架（第一章）；三是强大的金融机构，涉及中小银行（第十九章）等；四是强大的国际金融中心（第十章）；五是强大的金融监管，涵盖金融监管体系（第十二章）、宏观金融调控框架（第二章）、金融法治（第十一章）；六是强大的金融人才队伍（第十五章）。此外，金融强国也离不开强大的资本市场，涉及高收益债（第五章）、股市平准基金（第七章）、金融衍生品市场（第九章）等。

金融服务实体经济方面：一是科技金融，涵盖建立科技金融体制（第三章）、风险投资（第四章）、耐心资本（第六章）、科技保险（第二十章）等；二是养老金融（第二十一章）；三是数字金融及其治理（第十六章、第十八章）。此外，第二十二章探究了金融如何支持自由贸易试验区（港）建设。

相较于此前的年度报告，本报告涵盖的内容更为广泛。我们希望借此更加全面、系统地展示“十五五”金融发展需要涵盖的方面和领域，坚持问题导向与目标导向相结合，更好服务经济高质量发展，扎实推进中国式现代化。

張曉晶

2025 年 3 月

目　　录

主报告　大国博弈下的中国金融发展
——面向“十五五”时期的金融强国战略部署 ………… (1)
一　引言 ……………………………………………………… (1)
二　特朗普 2.0 对中国金融的潜在冲击 …………………… (2)
三　大国博弈与金融强国 ………………………………… (6)
四　“十五五”时期中国金融发展的战略重点 ………… (28)
五　结语 …………………………………………………… (36)

第一章　“十五五”时期的央行货币政策框架改革 ……………… (38)
一　货币政策框架的历史演进 ……………………………… (39)
二　货币政策框架改革的核心举措 ………………………… (43)
三　货币政策与财政政策的协同配合 ……………………… (53)

第二章　宏观金融调控框架革新 ……………………………… (60)
一　宏观金融调控的经验总结 ……………………………… (60)
二　“十五五”时期宏观金融调控的总体目标 ………… (62)
三　以宏观经济再平衡为核心的宏观金融调控框架 …… (69)

第三章　构建同科技创新相适应的科技金融体制 …………………… (77)
一　什么是同科技创新相适应的科技金融体制 …………………… (77)
二　现有科技金融体制的短板 ………………………………… (81)
三　"十五五"时期提高科技金融体制适应性的着力点 ……… (89)

第四章　发展风险投资、助力金融强国 ……………………………… (96)
一　风险投资理论的最新发展和国际最佳实践 ……………… (96)
二　金融体制与风险投资 ………………………………………… (102)
三　中国风险投资的发展现状与主要挑战 ……………………… (108)
四　关于中国风险投资发展的思考 ……………………………… (117)

第五章　高收益债支持科技创新的路径与政策优化 ……………… (122)
一　高收益债市场支持科技创新的理论逻辑 …………………… (123)
二　发达经济体高收益债市场发展的经验及启示 ……………… (124)
三　中国高收益债市场发展历程及现实困境 …………………… (129)
四　建立支持科技创新的高收益债市场体系 …………………… (136)

第六章　耐心资本概论 ……………………………………………… (139)
一　对耐心资本的基本认识 ……………………………………… (139)
二　耐心资本与实体经济的互动 ………………………………… (144)
三　耐心资本的市场影响 ………………………………………… (148)
四　耐心资本发展的国际实践 …………………………………… (150)
五　中国发展耐心资本的制度障碍 ……………………………… (158)
六　中国发展耐心资本的政策建议 ……………………………… (166)

第七章　探索设立中国特色股市平准基金 ………………………… (170)
一　为何要探索设立股市平准基金 ……………………………… (170)

二　股市平准基金的有效性和局限性 …………………… (173)
三　设立股市平准基金的国际经验 ……………………… (176)
四　中国特色股市平准基金建设的可行路径 …………… (183)

第八章　稳慎扎实推进人民币国际化：制度型开放下融入数字科技与绿色浪潮 ……………………………… (188)
一　人民币国际化是世界多极化背景下大势所趋 ……… (189)
二　百年变局下人民币国际化的新机遇与新挑战 ……… (200)
三　面向“十五五”时期人民币国际化根本动力与基本策略 ……………………………………………… (208)

第九章　金融衍生品市场高质量发展与金融强国建设 ………… (216)
一　金融衍生品市场与金融强国建设 ………………… (217)
二　中国金融衍生品市场的发展及国际比较 ………… (223)
三　关于金融衍生品市场发展的理论探讨 …………… (234)
四　结论和启示 ………………………………………… (240)

第十章　中国推动强大国际金融中心建设的战略部署 ………… (244)
一　中国建设强大国际金融中心的必要性 …………… (244)
二　中国国际金融中心建设取得的阶段性成果及不足 …… (248)
三　“十五五”时期强大国际金融中心建设的目标及政策引导 ……………………………………………… (256)
四　推动实现“十五五”目标的政策建议 …………… (260)

第十一章　金融法治建设与金融监管优化 …………………… (264)
一　中国金融法治的发展历程与经验 ………………… (265)
二　中国金融法治存在的不足：基于体制机制的分析 …… (278)

三　金融法治建设与现代金融监管的再思考 …………………（284）
四　健全金融法治与金融监管优化的政策建议 ………………（288）

第十二章　以强大的金融监管助力金融强国建设 ……………（295）
一　引言 ……………………………………………………（295）
二　国际金融监管实践 ……………………………………（299）
三　中国金融监管体系 ……………………………………（308）
四　加强金融监管的对策建议 ……………………………（319）

第十三章　跨境支付清算机制比较与中国的未来发展 ………（325）
一　跨境支付清算概述 ……………………………………（325）
二　主要国际货币国家的跨境支付系统 …………………（331）
三　跨境支付清算机制的比较分析 ………………………（336）
四　数字化时代全球支付清算体系发展 …………………（342）
五　对中国跨境支付发展的启示与建议 …………………（347）

第十四章　金融制裁与反制裁：国际经验与中国应对 ………（350）
一　金融制裁与反制裁的内涵与主要手段 ………………（350）
二　金融制裁与反制裁的国际案例 ………………………（353）
三　中国面临金融制裁的风险分析 ………………………（360）
四　中国金融反制裁策略体系的构建 ……………………（364）

第十五章　建设强大的金融人才队伍 …………………………（372）
一　金融强国视域中的金融人才：概念界说与核心要义………（373）
二　金融人才队伍建设的国际镜鉴 ………………………（383）
三　中国金融人才队伍现状分析 …………………………（386）
四　新形势下中国金融人才队伍建设的战略举措…………（390）

第十六章　加强数字治理　推动金融强国建设 …………………… (394)
一　数字治理的概念界定与演进历程 …………………………… (394)
二　欧美数字治理的核心议题 …………………………………… (396)
三　中国数字治理现状与挑战 …………………………………… (403)
四　提升中国数字治理能力的政策建议 ………………………… (411)

第十七章　特朗普 2.0 对中国经济金融发展的影响和应对……… (417)
一　特朗普 2.0 的主要议题和落地节奏 ………………………… (417)
二　特朗普 2.0 的全球影响 ……………………………………… (422)
三　特朗普 2.0 对中国经济金融的冲击 ………………………… (429)
四　中国的应对策略 ……………………………………………… (434)

第十八章　全球数字资产监管逻辑分析
——基于欧美监管法案 …………………………………………… (442)
一　数字资产的定义、范畴与监管逻辑 ………………………… (443)
二　全球主要发达国家数字资产监管法案与经验教训………… (450)
三　当前中国数字资产监管的格局与现状 ……………………… (457)
四　启示与政策建议 ……………………………………………… (459)

第十九章　中小银行发展现状、存在问题与对策建议…………… (462)
一　中小银行改革与发展现状 …………………………………… (464)
二　中小银行发展面临的问题与挑战 …………………………… (475)
三　促进中小银行高质量发展的对策建议 ……………………… (481)

第二十章　科技保险赋能新质生产力发展：理论分析和中国实践 …………………………………………………… (487)
一　科技保险赋能新质生产力发展的理论分析………………… (488)
二　中国科技保险赋能新质生产力发展的现状………………… (494)

三　主要发达国家科技保险发展经验 ………………………………（501）
四　中国科技保险赋能新质生产力发展存在的挑战……………（504）
五　促进科技保险赋能新质生产力发展的政策建议……………（507）

第二十一章　金融创新支持养老服务 ………………………………（511）
一　金融支持养老服务的概念意义 …………………………………（512）
二　金融支持养老服务的美国经验 …………………………………（515）
三　金融支持养老服务的日本经验 …………………………………（524）
四　金融支持养老服务的中国实践 …………………………………（531）
五　金融支持养老服务的创新对策 …………………………………（534）

第二十二章　金融支持自由贸易试验区（港）建设 ……………（538）
一　国家对外开放战略与自贸区（港）差异化方案 …………（541）
二　自贸区（港）金融改革：主要成效、区域性特征及
存在问题 ………………………………………………………（548）
三　自贸区（港）金融改革：未来趋势与差异化策略 ………（559）

参考文献 ……………………………………………………………（566）

主报告

大国博弈下的中国金融发展
——面向“十五五”时期的金融强国战略部署

一　引言

改革开放以来，中国经济快速发展和社会长期稳定取得了历史性成就，这其中离不开金融的贡献和支撑。在 40 多年的发展中，中国已拥有全球第一大银行业、第二大资本市场和第二大保险市场，已成为全球金融大国。更重要的是，经过数十年的不懈探索、实践和创新，逐步形成了一条中国特色金融发展之路。当然，中国金融体系总体是大而不强，仍存在不少问题，金融服务实体经济的质效不高，国际竞争力有待提升，离金融强国仍有较大差距。当前和未来一段时间，推进中国式现代化是最大的政治，金融必须承载更重要的使命担当。

国家兴衰，金融有责。习近平总书记强调，金融强国需要具备一系列核心关键金融要素，即强大的货币、强大的中央银行、强大的金融机构、强大的国际金融中心、强大的金融监管、强大的金融人才队伍（以下简称“六个强大”）。同时，金融强国建设是一个长期工程，要久久为功、稳步推进、分步实施，这为中国金融强国建设提出了目标任务和行动指南。建设金融强国的战略背景是统筹国内国际两个大局。对外部，世界百年未有之大变局加速演进，大国博弈日趋加剧，中国金融要立于不败之地，必须强大自我，着力强化金融体系弹性韧性，有效提高国际竞争力，维护国家金融安全。在内部，中国特色金融发展之路的历史逻辑、理论逻辑和现实逻辑都内嵌于中国式现代化的大逻辑，[①] 中国金融须把建设金融强国作为投身强国建设、民族复兴伟业的具体方式和直接体现。[②] 当前，乌克兰、中东等地缘政治风险凸显，个别国家贸易保护主义、脱钩断链和霸凌主义行径层出不穷，特别是美国特朗普新政府可能实施对内减税、对外加税、放松金融监管、加快推进加密资产发展、强化产业回归、弱化现有国际金融治理秩序等政策组合拳，将给中国金融强国建设带来新的不确定性。2025 年正值中国“十四五”规划收官之年和“十五五”规划布局之年，党中央一系列关于金融强国的战略部署是金融高质量发展的根本遵循。但是，面对特朗普强势回归和大国博弈新变量，如何按照党中央的要求更好地部署未来 5 年金融发展的重点领域，成为金融体系急迫的政策任务。主报告首先简要分析特朗普 2.0 冲击可能对中国金融发展造成的影响，其后基于问题导向着重分析大国博弈下金融竞争的重点领域、中美之间的对比情况、中国相关领域的不足，最后在简单梳理“十四五”时期金融发展的基本经验后，基于目标导向重点讨论“十五五”时期中国在大国博弈条件下加快推进金融强国建设的重点任务。

二　特朗普 2.0 对中国金融的潜在冲击

特朗普以“美国优先”“再次伟大”的政策宣言赢得了大选，并在 2025 年 1 月开启了新任期。特朗普 2.0 时期可能会以其独特的执政逻辑和政策举措在改进政府效率、对内减税、对外加征关税、倡导创新和发

① 张晓晶、董昀、李广子等：《中国特色金融发展之路的历史逻辑、理论逻辑和现实逻辑》，《金融评论》2024 年第 1 期。

② 中央金融委员会办公室、中央金融工作委员会：《奋力开拓中国特色金融发展之路》，《学习时报》2024 年 4 月 3 日第 A1 版。

展低成本能源五大领域率先发力。由于在政府、国会和最高法院都把握优势，特朗普 2.0 的政策制定及实施的阻力较小，新政府执政将是一次强势的回归，可能会对国际货币金融体系带来重要影响，主要表现为三个方面。一是相对独立的政策体系将使得长期以来以七国集团为主导的西方治理体系面临较大的重构压力。二是对内实施市场化的政策举措，会使美国及部分国家的对外直接投资、资本流动、汇率以及全球金融竞争力发生相对变化。三是对外实施逆全球化或逆市场化举措，一定程度上将表现为主动与外部“脱钩”，将深刻改变全球政治经济和货币金融格局。尤其是这种内外不一致的政策逻辑对国际货币金融体系的冲击可能更加复杂。

（一）内外税收政策导致资本回流

在对内和对外两个方向实施差异税收政策是特朗普 2.0 的重要选择，这一政策组合将直接影响产业及其资本配置，进而深刻影响直接投资、资本流动以及全球金融竞争力。税收政策短期看会影响贸易主体和产业发展，但中长期将对国际金融产生重大影响。对内，特朗普政府坚持“增长至上”，将强化宏观经济政策对增长和就业的支持，很可能实施以减税为核心举措的宽松财政政策。特朗普主张将现行的 21%公司税率降至 15%，同时取消消费税和社会保障付款税，并撤销电动汽车的税收优惠等政策。[①] 大幅降低公司税可能会使得美国产生一定的“洼地”效应，给税率较高的国家带来直接竞争，部分企业及其资本可能会回流或迁移至美国，特别是具有全球重要影响力的跨国公司。对外，特朗普将继续坚持“美国优先”的贸易政策，致力于减少美国贸易逆差，基于获利及减少逆差的简单贸易原则可能对美国及其重要贸易伙伴的国际收支产生显著影响，使得贸易投资关联和产业链合作弱化，资本流动、

① 张明、张鹏、王瑶：《特朗普冲击 2.0：辨析与应对》，《财经》2024 年 11 月 19 日。

国际投资总量和结构也可能随之改变。

（二）鼓励发展加密资产

数字技术将深刻改变金融生态，数字资产将对金融创新和国际货币金融体系带来前所未有的冲击。在数字金融中最典型的技术创新就是区块链技术，而以区块链技术支撑的数字资产可能成为国际货币金融体系最为显著的变量。并且，区块链技术具有分布式的内在属性，将挑战传统金融集中化经营、管理及监管的有效性。以银行业核心业务系统为例，集中式架构和分布式架构对关键信息基础设施的要求是不同的，对分布式经营管理模式及金融监管框架提出了新要求。鉴于美国是加密资产及底层区块链技术的发源地，拥有全球最大规模加密货币储备，美国或已在数字金融 2.0 时代取得一定的领先地位。关键是，特朗普上台前夕发行了个人加密货币，且一上台就发布行政命令，目标就是要强化美国在数字金融技术领域的全球领导力。① 该行政命令强调，将成立总统数字资产市场工作组并提出针对数字资产的联邦监管框架，且要求研究国家数字资产储备的可行性及相应标准。这些举措可能改变传统抵押品或储备资产的构成，将深刻影响金融市场运行机制和国际货币金融秩序。此前，美国比特币等上演的加密资产价格波动“闹剧”可能使其他国家弱化了对数字资产的关注，也缺乏对数字资产对国际货币金融体系影响的技术跟踪、机制分析和政策调整。实际上，加密资产只是数字资产的一个领域，在其他经济体还在讨论加密资产发展可行性的时候，美国可能已经取得先机，并且在特朗普的推动下将进一步强化领先优势。

（三）继续放松金融监管

在第一个任期中，特朗普政府以提升美国金融体系全球竞争力为

---

① The White House, 2025, “Strengthening American Leadership in Digital Financial Technology, Executive Order”, January 23.

由，较大幅度地放松了金融监管标准，而金融监管放松被认为是2023年美欧银行业危机的根源之一。由于美联储等监管机构启用“系统性风险例外条款”，美欧银行业风险很快被有效处置，但是，2023年7月美联储、美国联邦存款保险公司等金融监管机构出台了强化美国银行业监管的改革方案。加强金融监管的核心举措在于改进风险加强资产、资本计量、压力测试和会计准则等。[①] 值得注意的是，该改革方案征求公众意见从2023年11月30日延长至2024年1月16日，但是，截至2024年年末，该改革方案仍未正式出台。在特朗普新政府的影响下，该方案可能被迫再度调整。除了上述银行业监管加强的方案至今没有出台，特朗普新政府可能会在巴塞尔资本协议实施、加密货币、大型资产管理公司监管、消费金融、并购交易等领域出台放松之策。这一系列监管放松举措可能带来三个方面的影响：一是美国传统银行业竞争力将有所提升；二是美国继续保持资产管理领域的全球领先性，并有效主导资产管理国际规则；三是加密资产可能成为美国新优势领域。

（四）弱化国际金融治理秩序

在第一个任期中，特朗普政府各种“退群”操作使得国际经济金融治理秩序受到一定的破坏，美国与盟友在国际治理方面的合作也被弱化。特朗普新政府对国际金融治理的冲击可能更加明显，全球可能遭遇更加碎片化的冲突。[②] 特朗普对“再次伟大”“增长至上”等内部主导政策逻辑与更加独立等对外政策逻辑的不一致性，可能使得美国对现有国际治理机制和治理秩序的远离或切割更快、更坚决。美国不仅不会顾及发展中国家的利益诉求，还可能对美国传统盟友采取“忽视”策略。特朗普上任第一天签署美国退出巴黎气候协定和世界卫生组织的行政令

① Board of Governors of the Federal Reserve System, 2023, “Interagency Overview of the Notice of Proposed Rulemaking for Amendments to the Regulatory Capital Rule”, July 27.

② 杰弗里·萨克斯：《特朗普上台后的中美经贸关系展望》，《国际金融》2024年第12期。

就是明证。由于实施更加自我的对外政策，特朗普 2.0 时期对联合国、世界贸易组织、国际货币基金组织、世界银行等机构的重视程度可能下降，降低对传统国际经济金融治理机构的依赖，进一步削弱现有国际金融治理体系的功能。同时，美国可能对新兴经济体和发展中国家提出的国际金融秩序改革诉求反应不积极甚至反对，这对“一带一路”倡议、大金砖合作机制以及全球南方合作等都会带来新的不确定性。

三　大国博弈与金融强国

关于货币的国家战略和制度框架是国家综合竞争力的重要支撑。关于货币的国家意志和政策安排一般被称为货币国策（Monetary Statecraft）。货币国策是金融国策和国际金融权力的基础体现，而货币国策的核心是货币主导权与政策自主性及其制度安排。[①] 以主权信用货币作为核心的国际货币体系具有不稳定性、不均衡性和不对称性，核心货币国的政策存在显著的外溢效应，其政策的负面冲击或调整责任主要由外围经济体系来承担。为此，一个国家金融如果不够强大，那可能就要遭遇金融霸权国家的外溢冲击。[②] 更重要的是，大型经济体需要根据自身经济周期和经济结构的变化动态应对，货币主导权和政策主导性对大型经济体非常关键。由于大国之间相对力量经常是此消彼长、起伏反复，这就带来了货币主导权更迭和大国金融博弈。

金融强国是中国既定的国策，急需有效的抓手加以推进。金融是国民经济的血脉，是国家核心竞争力的重要组成部分。金融强国建设代表本国金融体系成为具有全球领先水平，在“六个强大”方面拥有较大

① Steil, B. and Litan, R. E., 2006, *Financial Statecraft: The Role of Financial Markets in American Foreign Policy*, Yale University Press.

② 张晓晶：《锁定金融强国目标，推动金融高质量发展——理论框架与实践路径》，《经济学动态》2024 年第 2 期。

优势，进而拥有突出的货币主导权、国际货币定价权、国际金融治理话语权以及金融系统稳定保障力。在大国博弈视角下，全面推进“六个强大”发展建设的同时，还需要看到短期亟待加快推进发展的战略领域和薄弱环节，这其中包括金融基础设施、强大资本市场、全球资产布局以及数字金融等。

（一）金融基础设施

金融基础设施是大国金融博弈的必争之地，大型经济体之间不断就货币竞争力或主导权进行不见硝烟的竞争，这其中包括金融基础设施的布局之争。金融基础设施是为各类金融活动提供基础性公共服务的系统及制度安排，在金融市场运行中居于枢纽地位，是金融市场稳健高效运行的基础性保障。① 狭义的金融基础设施是一套构建于不同类型参与机构之间的多边系统，为参与者提供金融交易的集中清算、结算和登记，以提高效率并降低成本和风险，包括支付系统、证券结算系统、中央托管系统、中央对手方和交易数据库等，狭义的金融基础设施一般也被认为是硬件金融基础设施。广义的金融基础设施涵盖所有以保证金融市场平稳、持续、安全运行为目标，能够为金融活动提供运营服务的硬件设施和相应的制度支撑，如基本的支付清算系统、会计准则、金融法律法规、监管规则等，广义金融基础设施基本可以视为在硬件基础设施之上加上软件基础设施。

从硬件看，最关键的金融基础设施是支付清算体系，这其中主要由国内支付清算体系和跨境支付清算体系所组成，美国在跨境支付清算体系中独具优势。从软件看，金融基础设施主要涉及经济金融信息主导权，会计师事务所、律师事务所、评级机构和相关规则标准，以及国际金融组织及其治理制度安排，而这三个领域美国同样具有显著优势。综

① 焦瑾璞等：《中国金融基础设施功能与建设研究》，社会科学文献出版社 2019 年版。

合分析看，美国当前掌握了全球金融基础设施的“总开关”。

中美两国国内支付清算系统的业务量基本处于同一量级。现代商业银行基础存贷款业务，发轫于诸多储户的备付金账户所形成的资金池，经过商业银行中介功能来匹配贷款形成的资产池，其中储蓄投资转化需要以稳定高效的支付清算基础设施作为支撑。中美两国基于现代通信技术都建立了以电子数据传输为核心的现代化支付清算系统。美国的支付清算体系以高科技和高效率著称，核心系统包括联邦资金转账系统（FedWire）和纽约清算所银行同业支付系统（CHIPS）。中国的支付清算体系由中央银行、清算组织、商业银行、非银行支付机构和行业协会共同构成，核心系统包括中国现代化支付系统（CHAPS）和人民币跨境支付系统（CIPS）。其中，CHAPS 和 FedWire 分别为中美两国境内主要支付清算系统，CIPS 和 CHIPS 分别为中美两国跨境支付清算系统。从境内支付清算系统来看，2024 年第一季度中国大额实时支付系统日均处理业务金额约为 36 万亿元，同期美国国内大额支付清算日均处理业务金额约为 4.5 万亿美元，[①] 中国国内支付清算日均规模还略胜一筹。值得关注的是，与中美两国的内部支付清算系统能级相当的还有泛欧实时全额自动清算系统（TARGET）。

从跨境支付清算系统来看，美国具有显著的优势。美国 CHIPS 采用环球银行金融电信协会（SWIFT）报文用于美元的跨境支付清算，承担了全球约 95%的美元跨境支付。2024 年第一季度，CHIPS 日均处理业务金额超过 1.8 万亿美元。SWIFT 作为全球银行间重要的通信网络，通过提供标准化的信息交换格式使各国银行能够安全高效地进行跨境支付和结算，且 SWIFT 的核心数据模块主要位于美国。中国人民银行于 2012 年 4 月着手筹建 CIPS 系统，2015 年 10 月 CIPS 系统正式启动，

---

① 中国数据来自中国人民银行 2024 年第一季度支付体系运行总体情况；美国数据来自美联储 2024 年第一季度支付数据报告。

2018 年 3 月 CIPS 系统（二期）开始试运行，对全球各时区金融市场实现全覆盖。2024 年，CIPS 累计处理跨境人民币支付业务金额 175 万亿元，日均处理业务金额约为 7000 亿元。[①] 从跨境支付清算系统的日均处理业务量来看，中国的 CIPS 与美国的 CHIPS 还存在较大差距。根据 SWIFT 公布的数据，截至 2024 年 11 月，美元在国际支付中占比为 47.68%，人民币作为全球第四大支付货币占比约为 4%（见图 0—1），可见人民币在国际支付清算中的接受度和影响力还有很大的提升空间。

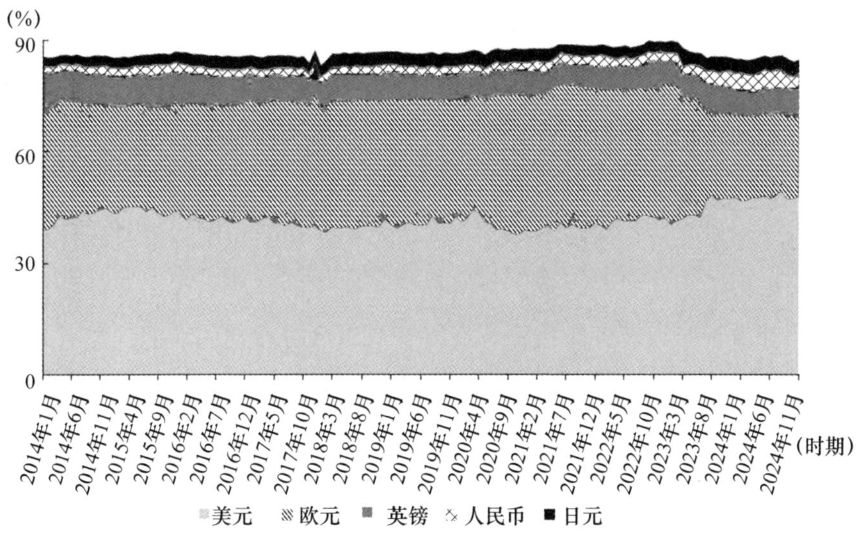

图 0—1 主要货币的国际支付市场份额

资料来源：Wind。

经济金融信息主导权是软件金融基础设施的第一个体现。金融交易离不开信息，金融价格决定依赖于信息，经济政策调整依托于信息。经济金融信息不仅影响金融机构和金融市场，而且影响宏观经济和货币金

① 年度数据来自跨境银行间支付清算有限责任公司，日均按照 250 个工作日计算。

融政策的决策。经济金融信息主导权体现在三个方面：一是经济金融信息获取速度和可信赖度，主要取决于信息源及信息的时、准、效。金融强国中的国际金融中心必然是一个信息中心。二是经济金融信息的存储、归集、统计和分析能力。金融强国必然具备强大的经济金融信息处置机构和能力。而且，分布式架构和集中式架构对信息处理的模式存在实质差异。三是经济金融信息的应用性。经济金融信息要广泛使用于金融机构经营、金融市场运行以及金融政策决策，这就要求经济金融信息具备广泛接受度。比如，彭博和路孚特①是全球最大的两家主导型金融信息服务商，拥有较强的市场接受度、控制力和影响力。中国经济金融信息的供给、处理及应用取得了重大成绩，并在国际市场体系中发挥了日益重要的作用，但具有重大影响力的信息源、具有专业传播力的信息机构以及具有信息处置能力的专业机构等相对匮乏。

会计师事务所、律师事务所、评级机构及相关规则标准是软件金融基础设施影响力的又一表现。金融部门是信用的经营主体，会计师事务所、律师事务所以及评级机构等发挥着信用风险甄别的功能，能有效缓释信息不对称问题，也是提供综合性金融服务的必要支撑。此类金融服务中介机构及其制度标准体现着金融规则权力，同时对金融风险和金融稳定具有重要影响。以会计准则为例，同一种金融资产放置于可供出售金融资产账户和持有至到期账户并适用不同的资产计量准则，前者采用市值法，后者采用成本法，而这直接导致资产价值计量结果的差异以及资本充足率的差异。评级机构在主权信用评级中发挥着基础作用，即便国际社会各种力量对评级机构功能及其评级标准分歧巨大，但是，评级机构仍然发挥着主权信用及信用利差的定价功能。如果说金融机构和金融市场是金融价格制定的直接决定者，那么金融服务中介机构及其规则

① 路孚特（Refinitiv）前身为汤森路透金融与风险事业部。2018 年由汤森路透公司和美国黑石集团达成协议成立路孚特公司，2020 年伦敦证券交易所集团斥资 270 亿美元收购路孚特公司。

标准就是金融价格制定的隐性影响人，或拥有隐性特权。当前，标准普尔、穆迪和惠誉是全球领先的评级机构，在全球的主权信用、公司信用及债券评级中发挥着主导作用，而开展具有重要影响力的国际评级业务的中国机构偏少。普华永道、德勤、毕马威和安永是全球四大会计师事务所，在全球市场份额超过80%，国内会计师事务所成长很快且逐步开展国际业务，但国际业务规模和全球占比仍然非常有限。

国际金融组织及其治理制度安排是软性金融基础设施的第三个典型代表。在一定程度上，国际金融治理话语权及其相关的金融基础设施可视为金融强国的黏性权利，即吸引其他国家向其靠拢、集聚并最终形成依赖金融强国的利益格局。[①] 发轫于布雷顿森林体系的国际货币基金组织、世界银行等机构在国际金融治理中发挥了规则制定等重要作用，对于全球国际收支失衡、汇率制度、发展融资等具有实质性影响。国际清算银行下属巴塞尔银行业监督委员会是全球银行业监管标准最有权威性的制定者。2008年国际金融危机后，二十国集团逐步取代七国集团成为全球治理和国际货币金融合作的主导力量，但七国集团仍在西方治理及国际秩序中发挥重要作用。同时，金融稳定理事会与国际货币基金组织等一道成为深刻影响全球金融发展政策、金融市场稳定以及金融危机处置的重要机构。这些国际社会较为依赖的软性金融基础设施，是多边合作的基本支撑，但在大国博弈中，特朗普新政府可能对部分机构采取搁置或忽视策略，弱化这些机构及其金融基础设施的功能。

（二）强大资本市场

作为支持科技创新的枢纽，这是强大资本市场的第一特征。科技创新与金融发展具有内在的联系，强大资本市场是金融强国的标配，它能有效将储蓄直接转化为投资，将短期资金转化为耐心资本，为企业成长

① Mead, W. R., 2004, "America's Sticky Power", *Foreign Policy*, 141 (2): 46-53.

和产业发展提供长期支持，特别是能够为经济发展提供技术创新力、产业创新力和模式创新力。[①] 以股权换资金的直接融资对金融体系和经济产业具有一定“创造性破坏”功能，被认为是优化金融结构和提升金融功能的重要之策，是促进科技创新和企业成长最有效的金融服务范式。同时，强大资本市场能有效完善金融市场结构、增强金融体系韧性，促进金融市场自身创新发展，[②] 是东西方金融大分流的重要体现。强大资本市场是内外资源统筹和内外大局统筹的关键抓手，能够促进区域和全球储蓄投资转化、科技创新培育及产业链优化重构。可见，资本市场繁荣发展对一个国家的经济增长、技术创新和金融发展都起着举足轻重的作用。建设强大资本市场已然成为大国金融博弈的核心内容之一。

回顾中美资本市场行业结构和市值领先上市公司的情况，可清晰地看到两国资本市场存在结构性差异，资本市场对科技创新的支撑功能也有所不同。过去 10 年，美国股市年度前十大市值公司基本都是创新型企业。这些创新型明星公司一般是重大科技创新领域的引领者，维系着一系列的创新链、价值链和产业链。而中国股市过去 10 年前十大市值公司主要来自金融业、能源等行业。2024 年年末，A 股前十大公司市值合计为 18 万亿元，而美国第一大上市公司苹果市值就高达 27 万亿元，美股前十大公司市值合计超过 148. 87 万亿元（见表 0—1）。[③] 由于科技创新力、行业引领力和模式重构力等的差异，中美两国的上市公司竞争力与市场认可度存在一定的分化，中国资本市场对科技创新的支持力度以及与科技创新产业化的融合程度亟待提高。长期资本和耐心资本的提供、对技术失败的容忍度以及对风险的适度承担是一个发达资本市

① 张晓晶：《做好科技金融这篇大文章》，《学习时报》2023 年 12 月 27 日第 A1 版。

② Allen, F. , Gu, X. and Kowalewski, O. , 2012, “Financial Crisis, Structure and Reform”, *Journal of Banking & Finance*, 36 (11): 2960-2973.

③ 1 美元=7. 2 元。

场的重要特征，也是科技创新和产业培育的必要条件。在中国经济全面转向高质量发展的关键时期，亟待发挥资本市场在创新驱动发展战略中的枢纽作用。

表 0—1　**2024 年年末中美前十大市值公司比较**　单位：亿元

排名	中国			美国		
	公司	行业	市值	公司	行业	市值
1	中国移动	通信服务	25417	苹果	信息技术	272103
2	中国工商银行	金融	24663	英伟达	信息技术	236409
3	中国建设银行	金融	21976	微软	信息技术	225270
4	贵州茅台	日常消费	19144	谷歌	通信服务	167574
5	中国农业银行	金融	18689	亚马逊	可选消费	165828
6	中国石油	能源	16362	脸书	通信服务	106253
7	中国银行	金融	16221	特斯拉	可选消费	93187
8	中国海油	能源	14026	博通	信息技术	78118
9	中国人寿	金融	11849	台积电	信息技术	73628
10	宁德时代	工业	11713	伯克希尔	金融	70367

资料来源：Wind。

非公开股权投资市场是强大资本市场助力科技创新的又一体现。中美资本市场行业结构差异与相对早期的股权投资市场发展是相关的。首次公开募股（IPO）对企业而言就是“鲤鱼跳龙门”，其数量相对有限。在提高 IPO 和注册制包容性的基础上，还需要考虑以更为前端、数量更多、范围更广的天使投资、风险投资和私募股权基金等为主要代表的长期资本、耐心资本的供给及相应的供求匹配问题，着重解决“投早”“投小”“投新”的问题。2023 年中央经济工作会议指出，要鼓励发展创业投资、股权投资。2024 年 4 月 30 日，中共中央政治局会议提出，要积极发展风险投资，壮大耐心资本。中国天使投资、风险投资和私募股权基金等发展取得一定成效，但仍有较大提升空间。以私募股权基金（PE）为例，私募股权投资基金作为科技创新和产业创新的重要催化剂，是推动资本市场多层次发展的重要力量。经过多年发展，目前美国已拥有全球最大的 PE 市场，相比之下，中国 PE 行业发展时间很短，募资、投资、管理、退出经验仍不成熟；并且，中国 PE 资金规模较小，2023 年年末为 1.53 万亿美元，约为美国的 22.67%（见图 0—2）。同时，国内天使投资、风险投资及私募股权基金的国际化程度总体不高（见图 0—3）。在美国新政府放松金融监管条件下，国内风险投资吸纳国际创新资本的难度可能加大。如果美国新政府进一步施压对外技术合作，那么中国有效实现内外资本互动、促进资本与技术相融合将存在较大不确定性。

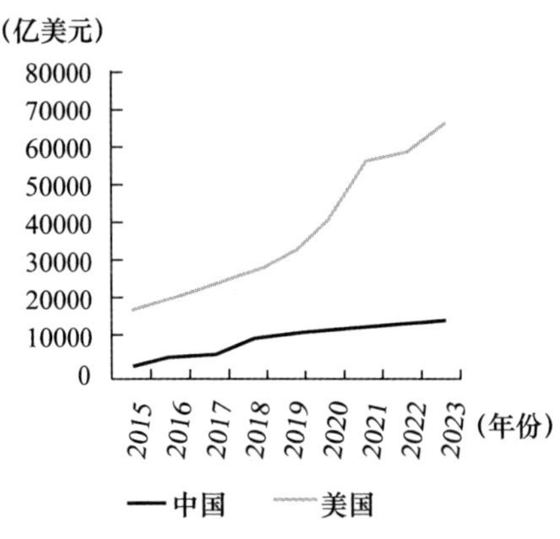

图 0—2　中美 PE 投资规模对比

资料来源：Wind。

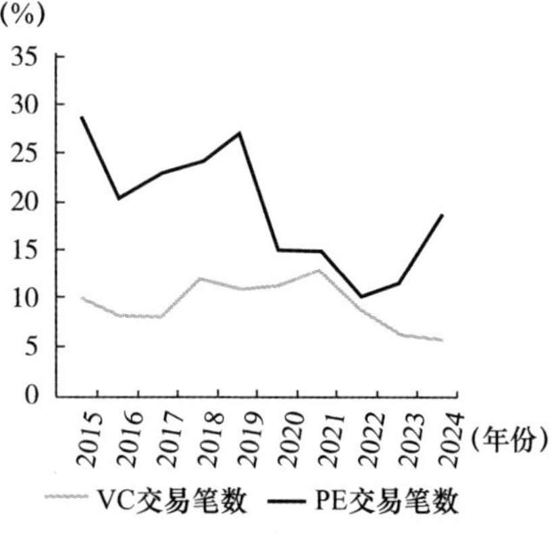

图 0—3　中国 VC 和 PE 非境内投资者交易笔数占比

注：数据截至 2024 年 11 月 26 日。

资料来源：Pitchbook。

市场具有自我更新与创新功能是强大资本市场的第二个特征。资本市场是宏观经济“晴雨表”，是科技创新“驱动器”，是企业成长“催化剂”，而这些功能的发挥需要通过资本市场自身不断更新和创新才能实现。资本市场发展需要动态匹配经济发展和结构调整，特别是上市公司要能有序顺畅更新迭代，让适应经济结构调整的创新型公司不断成长，而让不适应经济发展趋势的企业有序退出。

完备的退出机制是上市公司更新换代的有力保障，是资本市场自我创新和效率提升的重要支撑。中国资本市场建设时间很短，各种制度安排仍在发展完善中，同时由于在政策实施过程中存在诸如“保壳行动”等复杂因素，中国 A 股市场呈现出“退市难”现象，进而影响资本市场的功能发挥。2013—2023 年，美股退市率平均为 7%，而 A 股仅为 0.37%（见图 0—4）。特别是在 2019 年以前，中国 A 股每年退市公司数量仅为个位数，与之相对的美股退市率在 5%—9%的区间浮动，表现出高度的动态淘汰性。2020 年 11 月，中央全面深化改革委员会审议通过《健全上市公司退市机制实施方案》，中国资本市场更为完善的退市机制正式开始推进，2020 年开始，A 股退市数量呈现出稳步上升趋势。随着 2024 年 4 月《关于严格执行退市制度的意见》的正式实施，A 股正在加速形成常态化的退市格局，当前退市力度明显增强。但是，A 股退市率仍显著低于海外成熟市场，特别是自愿退市比例更低。如果一个资本市场缺乏顺畅有效的退出机制，那么市场就难以有良性竞争淘汰机制，市场可能就缺乏活跃度和创新力，将累积一堆“僵尸”上市公司，弱化整个市场的竞争机制和创新机制，股票市场的估值水平和吸引能力将受到负面影响。作为保持较高增长的发展中国家，中国 A 股沪深 300 指数市盈率在 2011 年后长期低于美国标普 500 指数市盈率（见图 0—5）。这可能是发展中的问题，但从一个侧面反映出 A 股退市制度及其实施仍有待进一步完善。

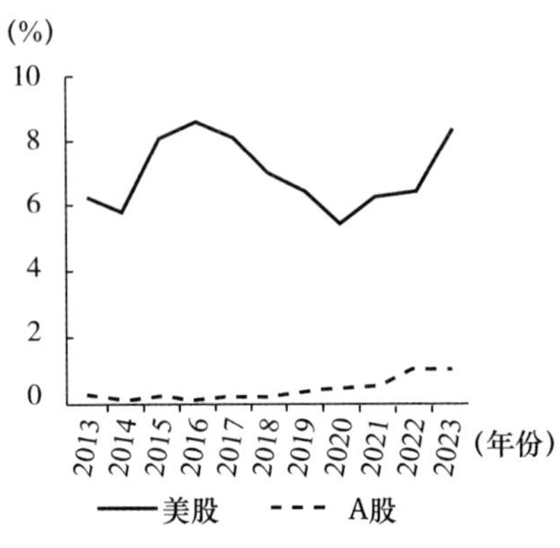

图 0—4　中美股市退市率比较

资料来源：Wind。

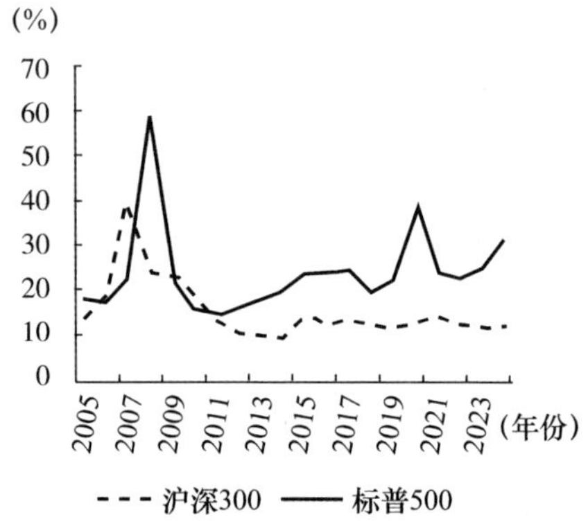

图 0—5　沪深 300 与标普 500 市盈率比较

资料来源：Wind。

开放性与国际化是强大资本市场的第三个重要特征。只有一个国家的金融市场具有足够的开放性，才能有效吸纳金融机构、资金和人才，发挥金融要素的集聚效应、规模经济和范围经济，形成国际化配置能力，凸显金融国际竞争力。强大资本市场无一例外是开放的。中国也一直强调“金融开放的大门只会越开越大”。加入世界贸易组织以后，中国资本市场逐步建立了合格境外机构投资者制度（QFII）、合格境内机构投资者制度（QDII）、人民币合格境外投资者制度（RQFII）、股票通、债券通、跨境理财通、互换通等具有中国特色的“管道式”开放机制，资本市场内外互动不断深化。当前，中国资本市场已成为全球第二大资本市场，但是，对比其他发达市场，开放度和国际化仍有待提升。资本市场开放度有多重衡量指标，但较为实质的指标主要体现在两个方面。一是上市公司国际化水平。2024 年年末，纽约证券交易所和纳斯达克交易所外国公司数量分别为 548 家和 864 家，占比分别为 34.6%和 35.63%（见图 0—6）。二是投资者国际化水平。2024 年 10 月末，境外投资者持有美国国债为 8.6 万亿美元，占比约为23.89%。[①] 目前，中国股票市场公开发行未对境外公司开放。根据中国人民银行数据，截至2024年年末，境外机构在中国银行间市场债券持有量为4.6万亿元（其中国债2.06万亿元），占总托管量为2.7%。在美国特朗普新政府上台后，不管是内外税收政策还是金融监管放松政策，都可能使国际资本进一步回流美国，在这样的博弈背景下，中国资本项目部分管制、中国特色"管道式"开放以及高水平金融开放的有效统筹，将是未来的重要政策任务。

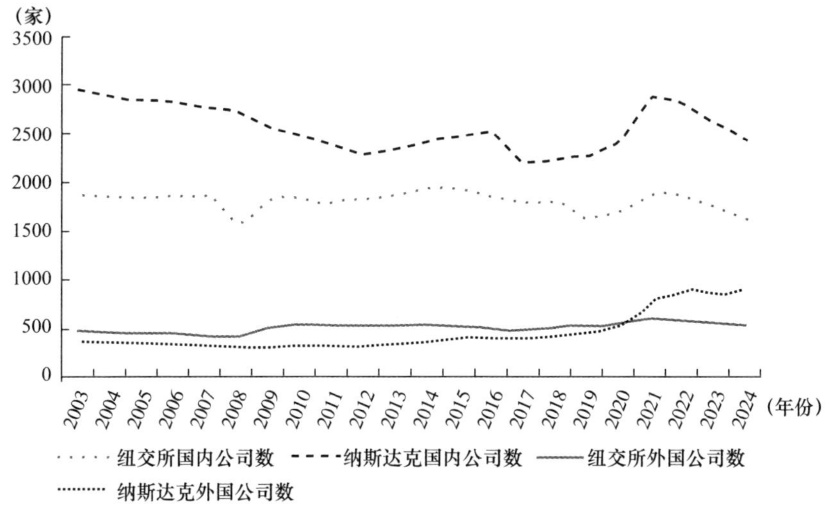

图0—6　纽约证券交易所和纳斯达克交易所国内和外国公司数量

资料来源：Wind。

最后，强大资本市场需要完善的基础性制度加以保障，亟待金融法治保驾护航。美国资本市场起点就是"梧桐树协议"确定的三个交易守则。中国资本市场制度建设取得长足进步，但仍无法满足强大资本市场建设的需要。党的二十届三中全会强调，要"建立增强资本市场内在

① 数据来自美国财政部TIC报告。

稳定性长效机制”,[①] 这其中重要的任务就是建立健全资本市场基础性制度。回望发达资本市场的发展经验，契约精神、市场机制和法治保障是强大资本市场的基本内核，公司治理、市场准入、发行、上市交易、登记结算、信息披露、处罚惩戒、退出机制、破产清算和金融投资者保护等的制度安排是强大资本市场基础性制度的基本要素。这些基础性制度的内外衔接是金融法治的重点内容。同时，开放性和国际化是资本市场在全球维度配置资源的基础条件，高水平对外开放是推动中国资本市场发展的重要动能，基于此的一些基础法律安排和监管匹配也值得关注，比如中国企业海外上市与境外企业境内上市等的制度安排和法律支撑尚未真正破题。在传统国际经济金融治理可能被搁置或忽视的情况下，资本市场制度建设和法治水平将成为竞争力更为重要的基础保障。

（三）全球资产布局

金融强国必然拥有较大规模的金融资产，且在全球层面上进行多元化的资产负债匹配与运营。金融强国不仅要具备内部资源配置能力，而且要具备内外资源链接能力，要在全球经济金融体系中具有广泛的资产负债表关联或者共同利益。在全球金融一体化进程中，中美两国的金融资产及其利益实际上已经通过国际投资等渠道紧密关联在一起。

全球资产配置规模是一个国家金融竞争力的重要体现。中美两国都是国际投资大国，但两国国际投资的总量和结构存在较大差异，中国是全球领先的债权国，而美国是全球最大的债务国。过去 20 年，中国国际投资中的资产和负债均快速增长，且资产增长要快于负债，使中国国际投资头寸表现为净资产，即为净债权国。中国国际投资净债权从 2004 年的 2410 亿美元增加至 2023 年的 29080 亿美元，增加约 11.07 倍。美国为净

① 《中共中央关于进一步全面深化改革　推进中国式现代化的决定》，人民出版社 2024 年版，第 20 页。

债务国，国际投资净负债同期从 2.36 万亿美元扩大至 19.85 万亿美元，增加约 7.41 倍（见表 0—2）。2023 年年末，中国国际投资资产达 9.58 万亿美元，比 2004 年增长 9.23 倍，中国对外资产增长速度迅猛；而 2023 年美国对外资产为 34.4 万亿美元，比 2004 年增长 2.25 倍（见图 0—7）。虽然美国对外资产增长较慢，但存量规模巨大。

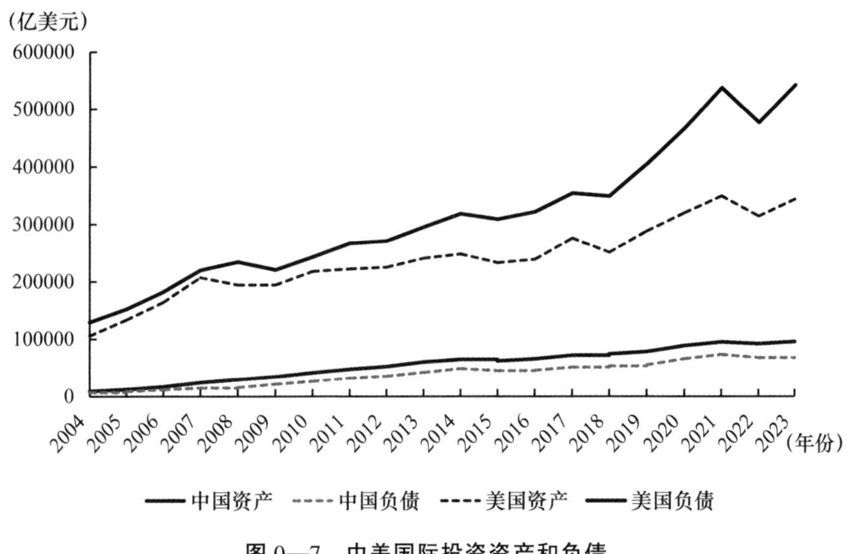

图 0—7　中美国际投资资产和负债

资料来源：中国国家外汇管理局，美国经济分析局。

海外资产收益和负债成本的统筹，或海外资产投资收益，考验一个国家对外资产负债经营和风险管理能力，也是一国金融竞争力（包括主权货币竞争力）的综合反映。中美两国的国际投资头寸收益差距显著（见图 0—8）。中国国际投资资产负债的全局布局、运营能力和风险管理能力仍有待进一步提升。值得注意的是，国际投资头寸的净收益需要考虑汇率波动的冲击，且这个因素在部分阶段影响还不小。这从侧面反映了资产计价货币的重要性。

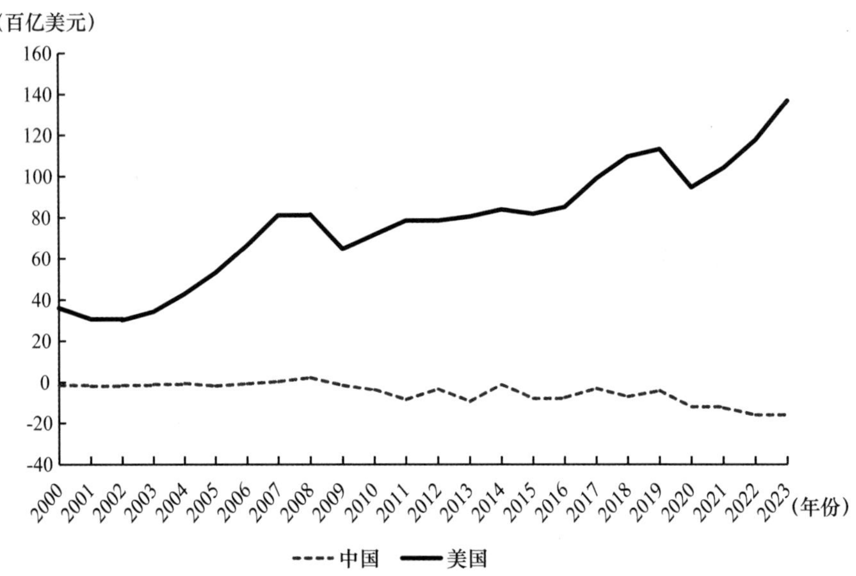

图 0—8　中美国际投资头寸的年度净收益

资料来源：中国国家外汇管理局，美国经济分析局。

中国国际投资资产和负债存量与美国存在较大差距，反映了美国在海外市场较强的资产运营能力、资金吸纳能力和资产负债统筹能力。2023 年年末，中国国际投资资产为 9.58 万亿美元，美国为 34.40 万亿美元，中国国际资产规模相当于美国的 27.85%；中国国际投资负债为 6.67 万亿美元，美国则高达为 54.25 万亿美元，中国国际负债规模相当于美国的 12.29%。在资产方面，中国的海外直接投资占总资产的比例从 2004 年的 6.37%升至 2023 年的 30.67%，而美国的海外直接投资较为稳定，基本维持在 30%左右。中国对外证券投资呈现先小幅增加又小幅减少的趋势，2023 年年末证券投资占比约为 11.46%，而美国对外证券投资总体持续上升，从 2004 年的 36.15%升至 44.58%（见表 0—2）。

表 0—2　　**2023 年中美国际投资头寸对比**　　单位：亿美元

指标名称	中国		美国	
	2004 年	2023 年	2004 年	2023 年
净头寸	2408. 83	29082. 04	-23627. 77	-198531. 54
资产	9362. 97	95816. 83	105896. 28	343996. 48
资产：直接投资	596. 39	29391. 09	37468. 63	106068. 10
资产：证券投资	922. 31	10983. 61	38283. 05	153341. 28
负债	6954. 14	66734. 79	129523. 95	542528. 01
负债：直接投资	3690. 70	35531. 35	31014. 50	148090. 94
负债：证券投资	994. 60	17016. 27	66212. 26	286167. 85

资料来源：中国国家外汇管理局，美国经济分析局。

作为全球两大经济体和金融体系，中美两国资产交互日益深化。中美之间国际投资的关联度较高，双方国际投资关联规模大，但呈现较显著的结构性特征。根据美国国会研究部门的数据，截至 2024 年 9 月，美国投资者总共持有中国（包括中国香港地区）证券为 3610 亿美元，而中国（包括中国香港地区）共计持有美国 1. 8 万亿美元证券。① 从结构看，根据美国经济分析局的数据，就外商直接投资（FDI）而言，截至 2023 年 6 月末，中国（包括中国香港地区）对美国的 FDI 存量为 460. 97 亿美元，同期美国对中国大陆的 FDI 规模高达 1269. 08 亿美元（见图 0—9）。中国大陆对美国的 FDI 从 2021 年开始有所下降，但中国香港地区对美国的 FDI 稳健增长。中国商务部数据与美国经济分析局数据存在较大的差异，2023 年年末中国对美国 FDI 存量为 863. 94 亿美元。② 再就证券投资而言，截至 2023 年 6 月末，中国持有美国证券高达 1. 6 万亿美元，而美国对中国的证券投资相对较少，同期美国持有中国（包括中国香港地区）证券为

① Congressional Research Service, U. S. -China Trade Relations, IF11284, December 9, 2024.

② 数据源自中国商务部。

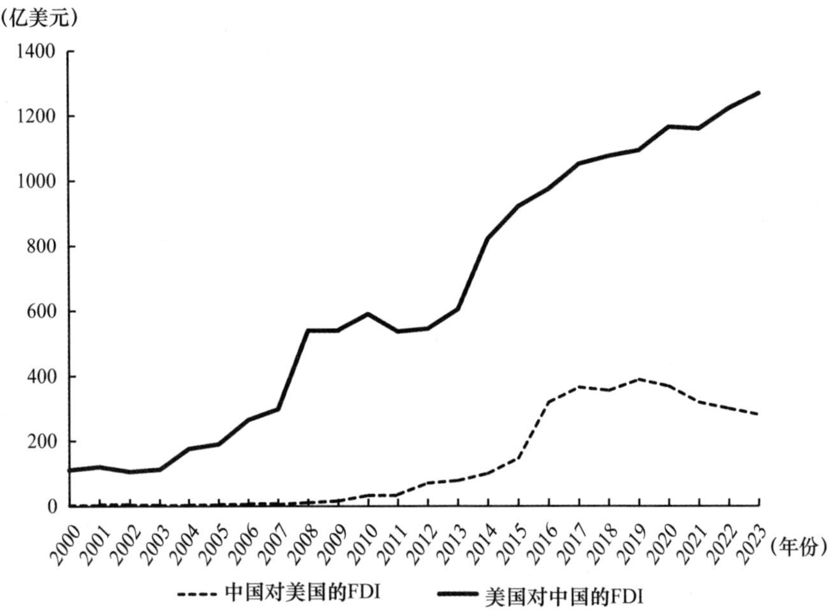

图 0—9　中美之间直接投资互持情况

资料来源：美国经济分析局。

3204 亿美元（见图 0—10）。据美国国会和美国数据分析局数据，2023 年 6 月末至 2024 年 9 月末，中美双方互持证券资产的规模均有增加，美国增持中国（包括中国香港地区）证券资产约 400 亿美元，中国（包括中国香港地区）增持美国资产约 2000 亿美元。

从资产交互结构性特征看，中美两国紧密交织纠缠，合则两利，“斗”（强脱钩）则俱损。从外商直接投资看，美国在中国的直接投资利益较大，而中国在美国的直接投资规模相对较小；美国在中国的证券投资规模相对较小，而中国在美国的证券投资规模巨大。特朗普第一任期就开启的中美贸易摩擦给美国在中国投资带来负面的影响，美国对中国直接投资的流量有所减少。根据美国经济分析局数据，2020—2023 年美国对中国直接投资流量（未做现价调整）分别为 89.96 亿美元、-11.84 亿美元、82.07 亿

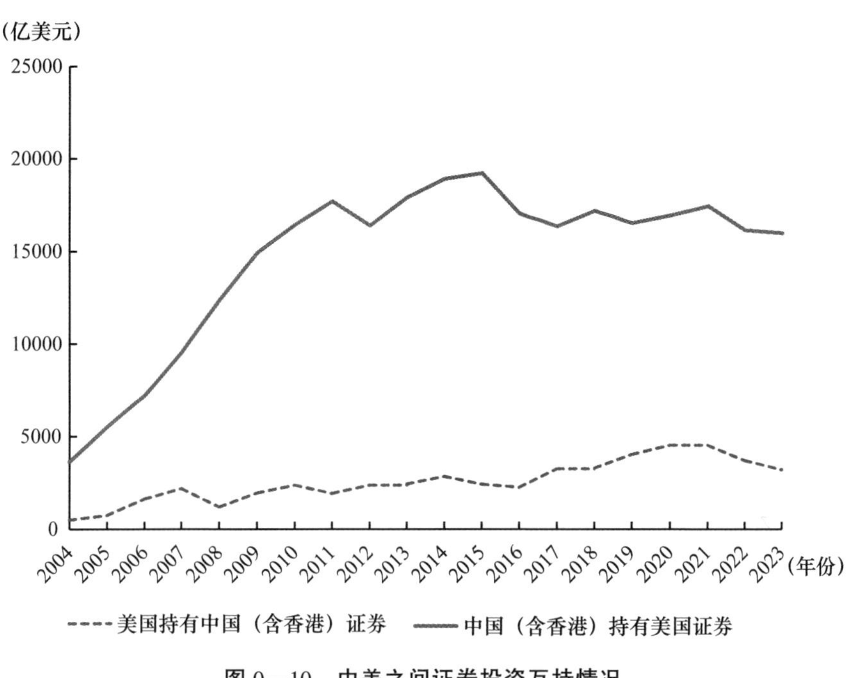

图 0—10　中美之间证券投资互持情况

资料来源：美国经济分析局。

美元和 51.31 亿美元，年度流量规模有一定波动或下降。但是，即使中美贸易摩擦持续多年，但美国对中国直接投资的存量规模不降反升。这在一定程度上反映了中美之间产业链关联紧密性以及中国经济的弹性韧性。中国高质量发展的中长期愿景、巨大市场规模和较高回报率对美国企业仍有较强吸引力，美国产业资本并不愿意主动“脱钩断链”。当然，在特朗普 2.0 时期，如新政府全面实施对内减税和对外加征关税等政策，甚至对中国加收更高关税并限制投资，可能引致美国在华投资的产业回流和资本回流，可能使美国对华投资流量和存量遭受一定的负面影响。再从证券投资看，美国证券投资倚重中国，中国是美国国债的第二大境外投资者。近年来，中国持有美国国债有所减少，但持有美债的总体规模与处于基本平衡的中国国际收支相适应，同时也与中国海外资产负债调整相匹配，并未出现过持续大幅抛售美国国债的情况。此外，中国持有美国国债余额减少还需考虑负估值效应的影响，且在部分时段估值效应还是主要原因。

当然，从未来发展角度，中国可以更多投资国际资产特别是直接投资资产，与海外企业共同组建更具弹性韧性的全球产业链和价值链，同时，中国金融市场要提升广度深度并进一步高水平开放，鼓励和欢迎包括美国资本在内的国际资本更多投资中国的高质量证券资产。美国持有中国证券资产较少，不仅反映出美国对华证券资产的相对谨慎性，而且侧面反映出中国证券资产特别是高质量资产供给的相对不足。全球金融资产的供给能力是全球资产布局和负债匹配的应有之义。在动荡的金融体系之中，安全资产的供给是相对有限的甚至是短缺的。① 在资本项目存在部分管制的背景下，在“管道式”开放进程中，中国如何深化与国际金融市场的内在关联，如何形成一个将中国作为核心节点、中美良性互动的全球投融资体系或资产负债匹配体系，也是一个非常具有探索意义的理论和政策议题。这实际上是在开放条件下的“不可能三角”困境寻找中间解。② 在开放条件下，如何结合有效提供具有吸引力的安全资产、准安全资产或多样化投融资产品，对中国高水平金融开放、人民币国际化和内外两个大局统筹均具有非常重要的意义。

（四）数字金融新赛道

数字金融是国际货币金融体系发展的主流趋势，是未来大国博弈的核心领域，将成为货币金融竞争的新高地。在数字金融竞争 1.0 阶段，中国

---

① Caballero, R. J., 2006, “On the Macroeconomics of Asset Shortages”, NBER Working Paper, No. w12753; Krishnamurthy, A. and Vissing-Jorgensen, A., 2012, “The Aggregate Demand for Treasury Debt”, *Journal of Political Economy*, 120 (2): 233-267.

② 易纲、汤弦：《汇率制度“角点解假设”的一个理论基础》，《金融研究》2001 年第 8 期。

的移动支付、大科技信贷、数字普惠金融、央行数字货币等走在世界前列。移动支付对以信用卡为主导的无现金支付带来了“革命”。根据国际清算银行数据，2012—2022 年中国无现金支付金额从 162. 12 万亿美元增长至 658. 24 万亿美元，10 年间总增长约为 306%，其中，移动支付贡献最大。2014 年是中国移动支付“爆炸式”发展的一年，当年移动支付规模呈现近 1 倍的增长。而美国以信用卡为支撑的无现金支付则保持较低增长，同期无现金支付规模从 77. 62 万亿美元增长至 134. 26 万亿美元，增幅为 73%（见图 0—11）。中国在央行数字货币的探索同样走在世界前列。2014 年，中国人民银行成立法定数字货币研究小组，开展专项研究，其后经过与商业银行共同开发、试点测试、场景拓展及应用推广，2024 年 6 月末，数字人民币累计交易规模已突破 7 万亿元。

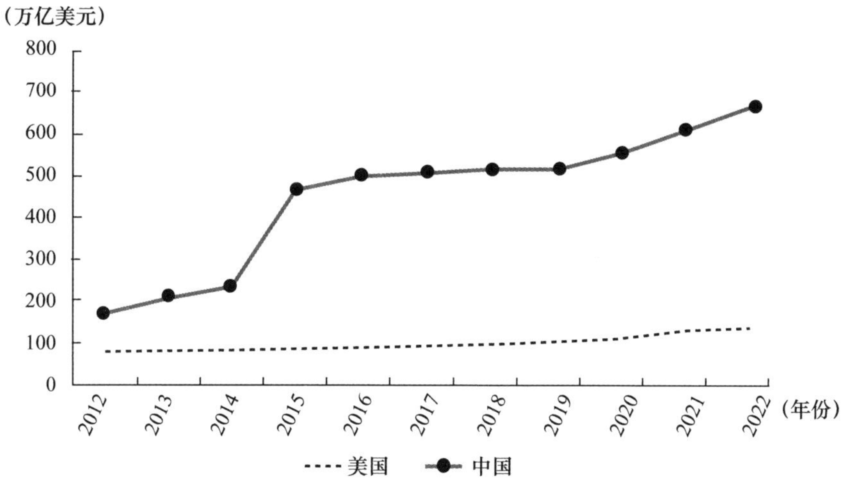

图 0—11　中美无现金支付金额

资料来源：BIS。

加密资产是当前国际社会数字金融发展的重大领域。美国是全球最大且最活跃的加密资产市场，且拥有众多的加密货币交易所、钱包服务提供商等，并吸引了全球大量的投资者和交易者。如表 0—3 所示，比特币作为加密资产市场龙头和核心驱动力，总市值在 2024 年第二季度突破 1 万亿美元，受特朗普竞选利好消息推动，价格突破 10 万美元。截至 2025 年 1 月 20 日，比特币市值达到 2.13 万亿美元（或 15.34 万亿元），[①] 其占全球前十大加密货币的比重进一步提升至超过 55%。比特币市值已接近美国第五大上市公司亚马逊，与 2024 年年末中国前十大上市公司合计市值的差距约为 3 万亿元。虽然在移动支付、大科技信贷、数字普惠金融、央行数字货币等领域有较强的国际影响力，但是，中国在区块链技术应用、加密资产发展、监管规则制定以及行业发展引领等方面的国际影响较弱。

表 0—3 **全球主要加密货币规模**

排名	名称	市值（亿美元）
1	比特币（BTC）	21346.18
2	以太币（ETH）	4029.49
3	瑞波币（XRP）	1894.62
4	泰达币（USDT）	1381.53
5	Solana（SOL）	1239.24
6	币安币（BNB）	999.22
7	狗狗币（DOGE）	557.00
8	美元币（USDC）	480.40
9	艾达币（ADA）	377.41
10	波场币（TRX）	206.92

注：截止日期为 2025 年 1 月 20 日。

资料来源：加密货币行情（CoinMarketCap）网站，https://coinmarketcap.com/zh/。

① 1 美元=7.2 元。

在特朗普新政府一系列加快发展加密资产和数字资产的催化效应下，美国可能会进一步加快区块链技术、人工智能、智能合约、元宇宙等在金融体系中的应用，不断提升其数字金融的国际竞争力。2024 年 5 月美国众议院通过《21 世纪金融创新与科技法案》后，拜登政府以数字资产对消费者和投资者保护不充分为由持保留意见。① 实际上，当前热闹纷繁的央行数字货币、加密货币、代币资产、数字证券、数字藏品等新型资产，既给金融资产可定义、可计量、信息相关性等特征带来了理论和实践难题，也将给国际货币金融体系带来重大的不确定性。当前，国际货币体系是一个以主权信用为支撑的信用本位体系，② 但是，在新兴技术支撑之下，全球数字金融系统可能出现一个基于数字资产的新体系，而某种数字资产可能成为这一新赛道的主角，进而成为“强大货币”的新载体。

2025 年，特朗普重回白宫给美国数字资产和数字金融的发展带来强大动力。早在竞选期间，特朗普就强调就要将美国建设成为“全球加密资产之都”和“世界比特币超级大国”。1 月 23 日，特朗普签署行政令要求设立总统数字资产市场工作组，工作组不仅有财政部部长、商务部部长、证券交易委员会主席、商品期货交易委员会主席等人员，而且还有国土安全部部长、总统国家安全事务助理、国土安全顾问等，③ 可见，美国数字资产发展不仅关乎金融创新，还关乎国家安全。工作组将制定包括加密货币、数字代币和稳定币的数字资产联邦监管框架，并评估建立战略性国家数字资产储备。更为关键的是，该行政令禁止各机构设立、发行或推广央行数字货币（而中国在央行数字货币方面处于国际

---

① Statement of Administration Policy: H. R. 4763—Financial Innovation and Technology for the 21st Century Act | The American Presidency Project (ucsb. edu).

② 张明、王喆、陈胤默：《全球新变局之下的国际货币体系改革：驱动因素、方案比较与未来展望》，《国际金融研究》2024 年第 9 期。

③ The White House, 2025, "Strengthening American Leadership in Digital Financial Technology, Executive Order", January 23.

领先)。可以看到，美国的数字资产、数字金融发展将可能开辟一条新的道路。更加值得注意的是，仅仅加密资产就已使人眼花缭乱，而加密资产只是未来数字金融新时代的冰山一角。数字金融的创新发展已是“时代之题”。美国的目标是成为数字金融监管与创新的全球引领者，数字金融也必将成为大国金融博弈的新高地。

四 “十五五”时期中国金融发展的战略重点

在党中央坚强领导下，根据国家“十四五”时期经济社会发展规划，中国金融改革发展取得新的重大成就，助力中国创造经济快速发展和社会长期稳定“两大奇迹”。[①] 中国作为世界第二大经济体和金融市场的地位不断增强，国际竞争力总体持续提升。中国特色金融发展之路的根本目标是服务强国建设、民族复兴伟业，“十五五”时期，我们要锚定建设金融强国目标，扎实推动金融高质量发展。[②] 要在“六个强大”全面推进，同时在金融基础设施、全球资产布局、强大资本市场建设以及数字金融发展等方面进行重点提升。

(一)“十四五”时期金融发展的主要成就

“十四五”时期，在党中央坚强领导下，中国踏上了从全面建成小康社会到开启全面建设社会主义现代化国家新征程，经济社会发展取得了辉煌成就。在此期间，党对金融工作的全面领导持续完善，金融在服务经济社会发展方面发挥了重要作用，防范化解金融风险取得新成效，深化金融改革开放取得重要进展，金融业综合实力显著增强，中国特色金融发展之路越走越宽。“十四五”时期，中国金融发展取得以下重要

① 张晓晶：《中国特色金融发展道路的新成就与新探索》，《中国金融》2024 年第 19 期。

② 中央金融委员会办公室、中央金融工作委员会：《锚定建设金融强国目标　扎实推动金融高质量发展》，《人民日报》2024 年 2 月 20 日第 9 版。

进展。

持续完善以人民为中心的金融发展观。以人民为中心是中国金融体系改革发展的根本价值取向，是中国金融体系区别于其他经济体金融体系最显著的特色。①“十四五”时期，中国金融体系加快发展普惠金融、绿色金融、资产管理等业务新业态，着力提高金融服务覆盖面，提升金融服务满意度，降低金融体系风险，有效保护金融消费者，有效增进民生福祉，维护广大人民群众的金融权益和根本利益。坚持发展为了人民、发展依靠人民、发展成果由人民共享的金融发展观有效内化于中国式现代化的历史逻辑，回应了新时代中国社会主要矛盾的演进要求，增强了中国特色社会主义的发展底色。

金融业综合实力显著增强。“十四五”时期，中国金融不仅有量的合理增长，而且有质的显著提升。中国金融在全球中的地位和作用不断提升，中国作为全球第二大金融体系与第一大金融体系的差距在缩小，国际竞争力进一步提升。“十四五”时期，中国金融市场和金融机构体系不断完善，金融产品和服务体系日益多元化。银行业、证券业、保险业和外汇市场等蓬勃发展，国有大型金融机构持续做优做强，中小金融机构特色化经营不断走深走实，政策性金融机构职能日益完善，保险业经济减震器和社会稳定器功能持续发挥，一流投资银行和投资机构建设积极推进，多层次资本市场及其制度建设有所深化。数字普惠金融发展迅猛、全球领先，有效提升金融服务的覆盖面、普惠度并显著降低金融服务成本。

不断增强服务实体经济功能。高质量发展是全面建设社会主义现代化国家的首要任务。实体经济是金融的根基，金融是实体经济的血脉，服务实体经济是金融的天职。“十四五”时期，中国金融体系坚守初

---

① 张晓晶、董昀、李广子等：《中国特色金融发展之路的历史逻辑、理论逻辑和现实逻辑》，《金融评论》2024 年第 1 期。

衷，回归本源，不断加强对实体经济的服务功能，着力促进中国经济高质量发展。中国金融体系总量与结构并重，存量与增量并举，构建适应高质量发展的良好货币金融环境，有效提升现代金融监管水平，打造公平高效金融市场环境，着力统筹内外两个市场和内外两个大局，有效促进了经济高效平稳发展。

金融高水平开放取得重要进展。“十四五”时期，高水平金融开放不断扩大，人民币国际化和金融双向开放取得新进展。人民币国际化从人民币结算、离岸人民币金融市场以及双边本币结算为主的旧“三位一体”策略，转向新“三位一体”策略，侧重发展人民币计价原油期货、开放在岸金融市场、在“一带一路”共建国家培养真实需求。[①]“十四五”时期，在新“三位一体”推动下，人民币跨境结算规模屡创新高，结算占比攀升，大宗商品结算计价功能进展良好。同时，银行、保险、股票、债券、基金、衍生品和外汇市场双向开放不断深化，股票通、债券通、跨境理财通、沪伦通等金融市场互联互通创新优化，金融市场开放逐步形成新格局，海外投资者对华金融市场投资便利性程度不断提升。

牢牢守住不发生系统性金融风险底线。改革开放以来，中国缔造了人类历史上中高速增长的经济奇迹，同时，中国还缔造了没有发生系统性金融危机的又一奇迹。在党中央坚持把风险防控作为金融工作永恒主题的要求下，中国金融以全面加强监管、防范化解风险为重点，坚持稳中求进工作总基调，统筹发展和安全，牢牢守住不发生系统性金融风险的底线。[②]“十四五”时期，中国重点处置了影子银行、地方债务、房地产市场、中小金融机构和外部冲击等领域的金融风险，整体保障了金融系统稳定和安全。在风险防范、应对和化解中，坚持金融发展与风险

---

① 张明、王喆：《稳慎扎实推进人民币国际化路径探析》，《开放导报》2024 年第 2 期。

② 中央金融委员会办公室、中央金融工作委员会：《坚定不移走中国特色金融发展之路》，《求是》2023 年第 23 期。

防控有效统筹，将发展作为风险防范的有效手段和根本之策，逐步形成了具有中国特色的金融风险防控之路。

（二）“十五五”时期金融发展的战略重点

中国金融强国建设是一个长期的过程，“六个强大”一系列核心关键要素的发展还需久久为功，金融支持中国式现代化还需持续用力。特朗普新政府可能会给中国金融强国建设带来诸多不确定性，美国货币金融政策是中国金融发展内外统筹的关键因素。中美两国经济金融体系紧密关联捆绑在一起，双方相互持有大量利益，合则两利，斗则俱损，中国坚持以和为贵的合作原则，但也不畏惧任何遏制与斗争。当然，在金融基础设施、强大资本市场、全球资产布局以及数字金融等方面，中国金融离中国式现代化内在要求仍有不足，离大国博弈扭抱缠斗的潜在要求仍有差距，这正是中国“十五五”时期金融发展的重点。

1. 加快金融基础设施建设，壮大内外市场连接能力

进一步优化人民币支付清算系统，有效提升中国金融体系与国际金融体系的链接水平。在国内支付清算体系方面，要不断完善中国现代化支付系统，着重加强系统稳定和安全保障，确保国家处理中心和城市处理中心顺畅高效安全连接，进一步强化中国现代化支付系统与货币政策公开市场操作、国库单一账户、债券市场以及外汇交易中心的连接体系建设并确保其稳定安全。在对外支付清算体系建设方面，要积极适应当前复杂国际金融形势，加快构建满足自身发展需求的跨境支付系统，形成同中国经贸地位相匹配的人民币跨境支付网络，构建同当前国际支付清算体系有区别又相融合的多元化跨境支付清算体系。积极扩大以人民币跨境支付系统（CIPS）为核心的跨境支付网络覆盖。依托 CIPS 扩大支付清算网络的全球覆盖，积极同其他重要支付系统实现对接，不断拓宽人民币同全球多元货币间兑换、结算的跨境支付网络。依托金融科技创新探索建设跨境支付清算体系。积极发展多边央行数字货币桥，搭建

跨境支付网络，提升跨境支付结算速度、降低成本并保障安全。

着力加强软件金融基础设施的建设和发展。一是加大经济金融信息机构的培育和发展，提升其信息采集、处置、传播能力，着重加强金融信息数据库建设，有效对接金融交易系统和国际重要金融市场。扶持打造经济金融信息服务领军机构，打破个别国家牢牢掌控全球经济金融信息舆论主导权的局面。二是加快会计师事务所、律师事务所、评级机构的专业能力和国际业务能力建设，有效接轨国际标准，积极参与制定相关国际新标准，着重提升主权信用、公司信用及债券信用评级能力及水平。三是积极参与二十国集团、国际货币基金组织、国际清算银行、金融稳定理事会以及多边开发银行等机制，全方位、多层次、务实灵活地参与全球经济金融治理和政策协调，积极参与银行、证券、保险、资产管理等领域的监管规则制定，着重加强数字金融和绿色监管国际合作，提高中国在国际金融规则标准制定中的话语权与影响力。通过“一带一路”倡议，有效提升资金互通水平，展现大国责任担当。推动“全球南方”货币金融合作，积极参与全球金融治理体系改革。

前瞻布局，提升自主研发与创新能力，强化新型数字金融基础设施建设。作为金融行业底层基石和关键节点，金融基础设施需适应数字金融发展、金融数据集聚和跨境数据开放共享等新发展需要，以数据要素和数字技术为关键驱动，建成与数字金融发展高度适配的新型数字金融基础设施体系。一是从大国博弈视角认清数字金融基础设施的迭代功能及替代效应，加强顶层规划，探索建立数字金融基础设施体系框架。二是夯实金融基础设施数据应用基础，搭建统一的数据管理和服务平台，加快传统金融基础设施数字化转型。三是提升金融基础设施数据业务创新研发能力，不断增强金融科技的基础支撑作用，深化金融科技在数据资源端的融合应用。四是加强金融数据治理，加快形成数据资产，将数据保护、数据处理、价值挖掘以及数据开放等纳入统一框架，有效统筹金融数据开放与安全。

2. 加强基础性制度建设，打造强大资本市场

着力推动中长期资金入市，持续培育壮大耐心资本，大力提升资本市场扶持科技创新的能力和水平。要把强大资本市场建设放在更高战略层次，提升其金融强国建设和金融国策实施的支撑功能。要打破支持科技创新发展所需的长期资本与银行体系主导的短期信贷供给的结构性矛盾，贯彻落实中央金融委员会办公室和中国证监会联合印发的《关于推动中长期资金入市的指导意见》，打通中长期资金入市的卡点堵点，推动各类中长期资金入市，提升中长期资金实际投资比例，延长投资考核周期，进一步巩固形成落实增量政策合力，构建“长线长投”制度环境。在大力夯实权益类公募基金“基本盘”的同时，着力完善各类中长期资金入市配套政策制度，推动保险资金、养老金、社保基金和企业年金入市。培育耐心资本投资体系。积极发挥政府引导基金示范作用，鼓励发展天使投资和风险投资，大力发展并购市场，完善私募股权基金和创业投资基金发展机制，撬动更多社会资本投资创新创业和产业转化，为科技创新提供耐心资本，促进科技、金融、产业良性循环，推动发展新质生产力。

以准入、交易、退出为突破口，提升资本市场自我更新和创新发展质效。坚持市场化和法治化原则，突出上市公司投资价值，畅通多元退市渠道，积极推动资本市场创新发展。在准入方面，在强化公司信息披露准确性要求下，深化不同层次市场的制度建设，进一步提升资本市场包容性，让更多创新领域的公司能借力资本市场做大做强。在交易方面，切实加强监管执法工作，优化市场交易制度，在异常交易、操纵市场、恶意做空等领域进行重点监管，加大查处力度，确保市场环境有序，提升市场定价和资源配置功能，形成披露充分、交易顺畅、价值公允的市场体系。在退出方面，进一步严格财务指标类、交易指标类、规范运作类、重大违法类强制退市标准，更加精准实现“应退尽退”，健全不同板块上市公司差异化退市标准；完善吸收合并等并购重组政策，支持市场

化主动退市，逐步拓宽多元化退市渠道；大力削减“壳”资源价值，加强重组监管、收购监管、从严打击“炒壳”违法违规行为，坚决出清不具有重整价值的公司，不断提升上市公司价值创造。

积极推动资本市场高水平开放，不断提升国际化水平。一是着力推进上海和香港国际金融中心建设，不断提升两个国际金融中心发展能级，着重提高内外资源统筹能力和境外资产布局与运作能力。二是实施更大力度的制度型开放，合理缩减外资准入负面清单，统一金融市场开放渠道，提高外资投资资本市场的便利性。三是建设世界一流期货交易所，提升商品期货交易所的国际影响力，吸引更多境外投资者参与交易，增强市场流动性，提高价格发现效率。四是对标国际标准的中央对手清算制度框架体系建设相关清算基础设施，提高防范化解跨境风险的能力。五是探索设立股票市场国际版，致力于吸引全球创新型企业，将资本市场发展与产业链有效关联在一起，为全球资产布局打造新市场机制。

加强金融法治，构建全方位、立体化、可预期的资本市场基础制度体系。以强监管、防风险、促高质量发展为主线，将资本市场基础制度完善作为强大资本市场建设的重中之重。严把发行上市准入关，严格上市公司持续监管，加大退市监管力度，加强证券基金机构监管，加强证券期货交易监管等。完善适配长期投资的基础制度、研究规范基金经理薪酬制度、修订基金管理人分类评价制度、健全上市公司可持续信息披露制度、适时推动修订《中华人民共和国证券投资基金法》、加大证券纠纷特别代表人诉讼制度适用力度。逐步完善适应不同类型企业的估值定价体系和具有中国特色的估值制度，更好发挥资本市场的投融资功能和资源配置功能。探索建立平准基金制度。充分发挥平准基金功能，防止资本市场出现非理性“超调”，为构建稳健的股权市场提供制度保障和资金支持。

3. 优化全球资产布局，强化内外资产负债互动

在总量方面，要全面优化资产与负债全球布局，深度统筹“走出

去”“引进来”，有效提升内外连接水平，助力国内国际双循环相互促进。一方面，扩大海外投资，让资本“走出去”。积极优化资产投资策略，全面加强国际投资的境外合作，提升境外资产运作能力和水平，在保障境外资产安全的基础上，着力提升资产收益率。另一方面，积极提供全球资产，把资本“引进来”。要基于中国强大经济体量、统一大市场和市场需求，继续提供外商直接投资、产能扩张和技术应用的市场空间，提升境外资本在直接投资或产业领域的商业存在和利益关联。同时，加快补齐金融资产发展短板，有效稳定人民币、房地产、股票市场等资产价格，积极开发高质量资产，提供具有逆周期效应或安全港效应的安全资产，提升中国资产吸引力。

结合经济发展、结构调整及内外均衡目标，提升海外直接投资总量规模，不断优化海外直接投资结构，加强中国与全球产业链的关联融合程度，有效提升全球产业链和价值链的弹性韧性。在全球资产发展上，要注重中国国债的全球安全资产功能。这在中国全球资产与负债布局中具有长远的战略意义。中国的国债无疑是国内金融体系的安全资产，其收益率发挥着无风险收益率或定价基准功能。随着中国金融体系开放不断深化，国内金融市场与国际金融市场的互动日益加深，中国国债将逐步成为境外投资者的配置品种，直至成为全球金融安全资产。对照安全资产要求，中国国债距离全球安全金融资产地位仍有一定差距，未来需要着重强化三个方面的工作。一是要考虑逐步扩大国债的发行规模，形成更具有深度的高等级债券市场；二是要积极发展政策性金融债、金融债等类安全资产债券，进一步扩大债券市场广度和深度；三是要通过国际收支调整、国际投资优化、货币互换、区域或全球金融风险合作处置等机制来强化中国国债作为全球安全资产的作用。当然，中国向外提供高质量金融资产须有效统筹资产负债关系并防范潜在风险。

4. 把握数字技术前沿，提升数字金融竞争力

数字金融是大国金融博弈的新高地，是“换道超车”的新战场。中

国要着力把握数字技术发展方向，锻造数字金融发展内驱力和国际竞争力。一是平衡好强监管与包容式发展的关系，在坚持所有金融活动全面纳入监管和严厉打击非法金融活动的原则下，鼓励包容和有序监管持牌机构的创新活动和新型机构金融创新，运用“监管沙盒”或其他类似机制，为金融创新特别是数字金融创新发展提供制度空间。二是要厘清市场运行和金融监管的边界，提高监管政策的透明度和可预期性，给金融创新和金融市场传递稳定预期，有效避免过度使用行政化监管手段挫伤市场信心和创新动能。三是以技术创新引领数字金融发展。紧跟国际技术前沿，鼓励区块链技术、云计算、智能合约、元宇宙等数字技术、产品和业态创新发展及其与金融体系的结合。

点亮香港上海“双子星”，锻造数字金融竞争力。一方面，重点支持香港实施数字资产发展体系建设，打造具有国际领先水平的数字资产市场，不断提升数字金融国际竞争力。一是支持鼓励香港扩大加密资产创新空间。二是支持鼓励香港搭建新型数字金融基础设施。三是加快推进数字资产应用场景和市场建设，与深圳等地共同探索搭建数字金融产业大集群。四是鼓励香港积极参与国际社会加密资产及其交易的规则、标准和制度制定，提升香港国际金融中心的数字金融发展首位度。另一方面，重点打造上海数字金融发展新能级。根据国际数字金融发展新趋势，以更加宏大的视野、以“国家的上海”和“世界的上海”定位提升数字金融中心建设能级。鼓励上海特别是上海自贸区开展数字技术和数字金融创新试验与实践，要在新技术、新模式和新赛道上大胆试、勇敢闯，积蓄国际金融中心发展新动力。

五　结语

大国博弈下的中国金融发展要遵循一条主线、两个重点。这条主线就是中国金融高质量发展，两个重点就是内部服务中国式现代化和对外适应大国博弈需要。身处一个不均衡、不稳定和不对称的国际货币体系中，加上特朗普 2.0 政府的内外政策可能产生新的不确定性，给包括中国在内的国际金融体系带来一系列的冲击和挑战。但是，这种冲击和挑战恰恰给予了中国一次查缺补漏和压力测试的历史契机。“十五五”时期，中国要坚持目标导向和问题导向，以我为主，做好“家庭作业”，全面深化金融体制机制改革，在货币主导权、国际竞争力、内部稳定性等方面下苦功夫，在全面推进“六个强大”发展的过程中，着重强化金融基础设施建设、资本市场壮大、全球资产布局以及数字金融战略发展。

将金融基础设施、强大资本市场、全球资产布局和数字金融新赛道作为“十五五”时期金融强国建设的重点领域，不仅事关中国金融内部高质量发展，而且事关金融发展与金融安全的有效统筹。金融安全是金融强国的底线和根本保障，也是大国金融博弈的基石，以上四个领域无一不涉及中国的金融安全与系统稳定。大国博弈意味着开放条件下、主权意义上的金融稳定和金融安全更加重要。“十五五”时期，中国要有效统筹高质量发展和高水平安全，把高质量发展作为应对金融风险冲击和安全威胁的核心保障。有效统筹内外两个大局，有效防范外部风险，严防金融风险跨区域、跨市场和跨境共振传染，确保金融系统稳定和国家金融安全。从建设金融强国角度，要着重警惕金融基础设施、重要金融市场、海外资产、数字金融等领域的安全隐患，深刻领会金融基础设施的金融“总开关”功能，促进资本市场更好地服务科技创新和经济转型，确保海外资产安全以及资产负债动态匹配，在数字金融新赛道上赢得主动。

（执笔人：郑联盛、范云朋、江振龙、王瑶、张鹏）

第一章

“十五五”时期的央行货币政策框架改革

2023年中央金融工作会议指出，“金融是国民经济的血脉，是国家核心竞争力的重要组成部分”。当今世界，金融是大国博弈的必争之地，大力发展金融对于强国建设有着重要意义。无论是培育和形成新质生产力、加快推进现代化产业体系建设，还是提高社会保障水平、支持乡村全面振兴等，都需要金融业提供高质量服务。进入“十五五”时期，为实现从金融大国向金融强国的转变，中国货币政策框架也需要进行相应的改革。首先，要优化货币政策目标体系，平衡好多重目标之间的关系。当前，中国面临着全球经济复苏乏力、发达国家通胀高企、地缘政治冲突不断加剧的外部环境和人口老龄化程度加深、资源环境约束趋紧、经济结构转型升级的内部困难。货币政策需要同时兼顾内部均衡和外部均衡，协调好多重目标之间的关系。其次，要疏通货币政策传导机制，提高政策效果。一方面，银行间市场、交易所市场以及信贷市场之间的利率联动性还不够紧密，不同期限利率之间的传导也存在障碍；另一方面，银行体系在信贷投放过程中依旧存在顺周期行为，而且小微企业和民营企业等实体经济中的部分主体仍然面临融资难、融资贵的问题。货币当局还需要深化金融市场改革，优化商业银行行为，提振实体经济活力，多方面综合施策。最后，市场化的利率调控机制仍需进一步健全。当前，中国市场利率体系尚有待完善，贷款市场报价利率

（LPR）形成机制还需磨合，短期利率向中长期利率的传导机制也有待疏通。基于此，本章在系统回顾中国货币政策历史演进的基础上，剖析当前货币政策框架改革的核心举措，并进一步指出货币金融政策和财政税收政策协同配合的必要性、可行性及具体机制，为政策研究与经济发展提供重要参考。

一 货币政策框架的历史演进

改革开放近 50 年来，中国货币政策操作框架不断创新发展。最终目标从早期的侧重经济增长与物价稳定逐渐转变为包括金融稳定、国际收支平衡等在内的“多目标”体系；中介目标也从信贷规模管理转向货币供应量，近年来央行还加强了对数量型中介目标的关注；政策工具方面则呈现多元化的演变态势，传统的总量型工具与创新的结构性工具协同发力，并不断创新优化。未来，中国货币政策也应当立足国情，借鉴国际经验，有效支持实体经济与维护金融稳定，持续提升宏观调控效能，为全球经济金融稳健发展贡献力量。

（一）早期货币政策框架特点

改革开放的浪潮为中国经济带来翻天覆地的变化，与之相适应，货币政策调控框架也经历了一系列的演进与重塑，从计划主导逐步迈向市场化运作。

从最终目标来看，稳定物价与促进经济增长始终是这一阶段货币政策的核心诉求。改革开放初期，中国经济百废待兴，快速增长成为首要任务，货币政策积极为各类建设项目提供资金支持，助力经济起步。随着市场逐渐活跃，物价稳定的重要性日益凸显。20 世纪 80 年代末至 90 年代初，中国曾面临较为严重的通货膨胀，货币政策迅速转向收紧，通过控制货币供应量、上调利率等手段抑制物价过快上涨，保障民生与经济秩序。同时，1997 年亚洲金融危机爆发，经济增长在遭遇瓶颈或面临外部冲击时，货币政策又及时调整，以宽松姿态刺激内需，维持经济的合理增速，力求在物价与增长之间寻求动态平衡。

中介目标的转变是这一时期调控框架变革的关键环节。早期的信贷规模管理有其历史必然性，在金融市场发育不完善、商业银行体系尚不成熟的情况下，直接管控信贷额度能够迅速将资金导向重点领域，如基础设施建设、国有企业改造等。但随着市场经济深化，这种刚性管控逐渐限制了金融机构的自主经营能力与资源优化配置效果。于是 1998 年货币政策核心中介目标转向了货币供应量，不同层次货币供应量反映了经济中不同流动性资金的规模，央行依据经济形势预测与调控需求，通过调节基础货币、影响货币乘数来精准调控货币总量，使货币供应与实体经济需求相匹配。

然而，这一调控框架也存在局限，货币供应量与实体经济变量关联有时不够紧密，受金融创新、居民储蓄行为变化等因素干扰，传导机制时有梗阻。并且在国际资本流动加速的背景下，外汇占款冲击使得货币供应量调控自主性受限。但总体而言，改革开放后至 2008 年前的货币政策调控框架变革适应了当时经济发展阶段的需求，也为后续进一步优化调控体系积累了宝贵经验。

（二）“双支柱”框架初具雏形

2008 年国际金融危机爆发后，以币值稳定作为政策锚的传统货币政策框架局限性凸显。传统的央行政策框架主要关注经济周期和货币政策，这种单一的调控确实能够较好地应对高通胀，但难以有效防范系统性金融风险，在一定程度上还可能滋生资产泡沫。国际金融危机后，中国货币政策操作框架经历了深刻的变革与发展，在稳定经济、防控风险等诸多领域发挥了关键作用。

从货币政策目标来看，这一阶段逐渐从传统的侧重经济增长与物价稳定的“双目标”，向包括金融稳定、国际收支平衡等在内的“多目标”体系过渡。2008 年国际金融危机使全球经济陷入衰退泥潭，中国出口受阻、经济增速下滑，此时货币政策首要任务是稳增长，通过一系列宽松举措托底经济。但随着经济复苏进程推进，资产价格波动、金融体系杠杆攀升等问题显现，维护金融稳定成为新的重要考量。

在货币政策工具运用方面，数量型与价格型工具相辅相成，并不断创新优化。数量型工具中，存款准备金率调整频繁。国际金融危机初期，经济下行压力巨大，央行多次大幅下调存款准备金率，为市场注入充足流动性，增加商业银行可贷资金，助力企业渡过难关。随后经济回暖，又适时上调存款准备金以回收过剩资金，抑制潜在通胀。公开市场操作同样灵活多变，逆回购、正回购交替运用，精准调节短期资金供给，熨平流动性波动。价格型工具也逐步走向舞台中央，央行根据市场供需情况适时调整存贷款基准利率，危机时连续降息刺激信贷需求，经济平稳后又加息预防经济过热。此外，创新性工具也相继登场，为不同期限、不同需求的金融机构提供流动性支持，丰富了货币政策操作“工具箱”，增强了调控精准度。

货币政策传导机制在这十年间也有了新的变化。信贷渠道依旧是“主动脉”，货币政策松紧直接影响银行信贷投放规模与方向。同时，利率市场化改革持续深化，利率传导机制的“神经末梢”不断延伸。政策利率调整能更有效地向市场利率传导，企业融资成本随市场利率起伏，强化了价格信号对资源配置的引导功能。

宏观审慎管理从无到有、从弱到强构建起“防护网”。2008 年国际金融危机暴露金融监管漏洞后，中国加速宏观审慎探索，MPA 考核落地生根，全方位约束金融机构行为。资本充足率紧盯风险抵御能力；广义信贷管控资产扩张速度；流动性指标保障资金链稳健，促使金融机构在追求盈利时不忘稳健经营。货币政策和宏观审慎政策双支柱调控框架初步建立，金融监管体系进一步完善。

（三）后疫情时代的探索与发展

2018 年以来，全球经济形势愈发复杂多变，贸易摩擦加剧、地缘政治风险上升，新冠疫情更是给全球带来巨大冲击。中国经济在面临外部不确定性增加的同时，内部也处于结构调整、转型升级的关键时期。在此背景下，货币政策作为宏观调控的重要手段，肩负着维持经济稳定、促进社会发展的重任。中国人民银行积极应对，在货币政策操作上不断创新，既立足国情，又合理借鉴国际经验，逐步构建起具有中国特色的货币政策调控框架。

这一阶段，中国货币政策始终坚持保持货币币值稳定，并以此促进经济增长的双重目标。在实践中，这意味着既要关注通货膨胀水平，防止物价过快上涨或下跌，又要通过适度的货币供应为实体经济发展提供充足的流动性。新冠疫情初期经济停摆，稳增长压力骤增，货币政策加大流动性投放力度，保障企业资金链不断裂，助力复工复产；而随着经济逐步复苏，物价有所波动时，央行又密切关注通胀预期，适时微调操作节奏，确保物价处于合理区间，维护币值稳定。

货币政策工具方面，传统的总量型工具与创新的结构型工具协同发力，共同营造良好的货币金融环境。一方面，公开市场操作频繁且灵活，逆回购、正回购精准调节短期流动性供应，熨平资金面日常波动；法定准备金率适时调整，在特定阶段下调以释放长期资金，为商业银行赋能，增强其信贷投放能力，刺激经济活力。另一方面，中期借贷便利（MLF）为银行体系提供中期流动性支撑，保障实体经济资金需求，其利率作为中期政策风向标，为市场利率走向提供引导；定向中期借贷便利（TMLF）则更具靶向性，精准滴灌小微企业、民营企业，以优惠条件引导金融资源流向经济薄弱环节；常备借贷便利（SLF）作为流动性“安全阀”，在金融机构突发临时性资金紧张时提供应急保障，增强金融体系稳定性。

同时，国际货币政策理论与实践也在不断发展，各国在货币政策方面的创新层出不穷。美国在次贷危机爆发后，先后推出了四轮量化宽松政策，通过购买大量的抵押贷款支持债券和长期国债等，向市场注入大量流动性，稳定了金融市场，促进了经济复苏。新冠疫情发生后，美国又实行了“无上限”量化宽松政策，进一步扩大资产购买规模，以应对疫情对经济的冲击。日本则在常规货币政策效果不佳时，采用了负利率政策，即将存款利率设为负值，从而促使银行减少储蓄，增加对企业和个人的贷款，刺激投资和消费，进而推动经济增长。2024 年，欧洲央行宣布了新的货币政策实施框架，旨在提高金融系统的灵活性和效率。该框架包括建立利率下限系统，增强银行在现金管理方面的自主权；明确债券持有量的调整方式，通过新的结构性资产组合提供流动性。近年来，一些国家还在积极推进数字货币的研发和试点工作。数字货币具有提高支付效率、增强货币政策有效性、维护货币主权等潜在优势，其发行、流通、回笼等机制设计与传统货币政策操作框架相互影响，为全球货币政策带来了全新课题。

总之，改革开放近 50 年来，中国货币政策操作框架在复杂的内外环境中不断创新发展，从较为僵化的计划指令，逐步演变为复杂精巧、多目标动态平衡的体系。展望未来，中国货币当局应立足国情，精准施策，随着经济金融形势变化动态调整操作框架。同时，密切关注国际货币政策理论与实践前沿，合理借鉴他国经验，持续提升宏观调控效能，助力经济高质量发展。

二 货币政策框架改革的核心举措

“十五五”时期，中国货币政策框架仍旧存在一些局限性和问题。首先，平衡多重货币政策目标的难度较大。当前，中国面临着全球经济复苏乏力、发达国家通胀高企、地缘政治冲突不断加剧的外部环境和人口老龄化程度加深、资源环境约束趋紧、经济结构转型升级的内部困难。货币政策需要同时兼顾内部均衡和外部均衡，协调好多重目标之间的关系。其次，货币政策传导机制仍有待畅通。一方面，银行间市场、交易所市场以及信贷市场之间的利率联动性还不够紧密，不同期限利率之间的传导也存在障碍；另一方面，银行体系在信贷投放过程中依旧存在顺周期行为，而且小微企业和民营企业等实体经济中的部分主体仍然面临融资难、融资贵的问题。最后，市场化的利率调控机制还不够健全。当前，中国市场利率体系尚有待完善，贷款市场报价利率（LPR）形成机制还需磨合，短期利率向中长期利率的传导机制也有待疏通。针对这些问题，中国还需要继续完善货币政策目标体系、疏通货币政策传导机制、推进利率市场化改革，持续推动货币政策框架改革。

完善货币政策目标体系	疏通货币政策传导机制	推进利率市场化改革
最终目标：以币值稳定为核心，兼顾经济增长、充分就业、国际收支平衡及金融稳定，平衡好多目标之间的关系	深化金融市场改革：一是着力推进金融市场一体化建设；二是大力提升直接融资比重	优化SLF机制：简化SLF的申请流程；同时，加强对SLF功能的宣传推广，增强SLF利率的上限约束力
	优化商业银行经营管理：一是构建科学完善的激励约束机制；二是鼓励商业银行借助金融科技提升内部传导效率	调整利率走廊下限体系：适时适度上调超额存款准备金利率，切实发挥其利率下限的支撑功能
中介目标：优化货币供应量统计方案，使社会融资规模、货币供应量增长同经济增长、价格总水平预期目标相匹配	多措并举扩内需：一是推动产业升级以提振企业投资信心；二是完善社会保障以稳定居民消费预期	动态优化利率走廊宽度：建立更加科学灵活的评估机制，综合各种因素，对走廊宽度进行动态调整

图 1—1　货币政策框架改革的核心举措

资料来源：笔者整理。

（一）完善货币政策目标体系

从本章第一节中不难看出，改革开放以来，中国经济体制从计划经济向市场经济逐步转型，经济环境发生了翻天覆地的变化。在这一进程中，央行货币政策最终目标也随之经历了显著的转变与拓展，以适应不同时期经济发展的需求。改革开放初期，中国面临着物资短缺的困境，发展经济、提高产出成为首要任务。此时，央行货币政策在一定程度上侧重于促进经济增长，通过向国有企业提供充足的资金支持来推动工业生产扩张。步入经济市场化加速阶段，价格飞涨给社会经济带来巨大冲击，物价稳定开始成为货币政策重点关注目标。央行着手建立现代货币政策框架，加大对货币供应量的调控力度，运用存款准备金、利率等工具收紧货币流通量。这一时期，物价稳定与经济增长初步形成权衡关系，央行在二者间谨慎平衡，既要防止经济过热引发通胀，又要避免过度紧缩阻碍增长。进入21世纪，尤其是加入世界贸易组织后，中国对外开放步伐加快，国际收支平衡的重要性日益凸显。大规模的出口创汇使外汇储备急剧攀升，基础货币被动投放量增加，国内流动性过剩问题开始显现，对物价稳定和经济结构造成冲击。央行货币政策目标进一步拓展，开始高度重视国际收支平衡，采取一系列措施如发行央行票据对冲外汇占款、推进人民币汇率形成机制改革，来缓解外部失衡给国内经济带来的压力，力求在维持经济增长、稳定物价的同时，实现国际收支的基本均衡。

近年来，随着中国金融创新蓬勃发展、金融市场深度和广度不断拓展，资产价格波动、影子银行等金融不稳定因素频发，系统性金融风险隐患加大，金融稳定被正式纳入货币政策视野。股市作为经济“晴雨表”，其稳定性更是关乎全局，央行为此创设了多项有力的结构性货币政策工具。其一，创设证券、基金、保险公司互换便利工具。这一工具首期操作规模达5000亿元，在运行机制上，符合条件的证券、基金、保险公司可以将自身持有的优质资产进行质押，以此从央行获取流动性。这些流动性注入资本市场后，盘活了金融机构的资金池，使得它们有更充裕的资金用于投资股票市场。从市场影响来看，一方面，它为资本市场引入了长期稳定的资金来源，改变了以往短期资金快进快出导致市场波动剧烈的局面，增强了股市应对外部冲击的韧性；另一方面，金融机构在获得资金后，能够更精准地投资有潜力的上市公司，优化股市资源配置，推动股市长期健康发展。其二，设立股票回购增持专项再贷款工具，首期额度为 3000 亿元，该工具主要用于缓解上市公司及其主要股东面临的资金困境。当股市低迷、股价被低估时，上市公司往往缺乏足够资金回购股票以稳定股价，股东也难以增持股份以彰显信心。此时，央行能够通过这一专项再贷款引导银行为上市公司和主要股东提供贷款支持，这不仅给予上市公司资金支持，使其可以适时回购股票，减少市场流通股数量，提升每股含金量，稳定股价，而且股东可以通过增持股份向市场传递出积极信号，吸引更多投资者关注，提振市场信心，从根本上促进股市的稳定与繁荣，为经济增长营造良好的资本市场环境。

同时，中国货币政策的中介目标也经历了深刻变革，成为经济发展不同阶段调控的关键着力点。改革开放初期，中国处于计划经济向市场经济转轨的起步阶段，金融市场尚不完善，信贷规模成为央行货币政策主要的中介目标；20 世纪 90 年代后，随着金融市场逐步发育，货币供应量，尤其是广义货币 M2，开始成为核心中介目标。近年来，金融创新层出不穷，传统货币供应量统计的局限性日益凸显。互联网金融蓬勃发展，货币基金、理财产品等类货币资产规模急剧膨胀，它们虽具有一定货币属性，却游离于传统 M2 统计范畴之外，影响了央行对货币总量及流动性的精准判断。为此，央行对货币供应量统计方案做出修订。一方面，将部分流动性强、与实体经济关联紧密的金融资产纳入统计，如大额存单、结构性存款等，使货币供应量指标更贴合实际货币流通状况，能精准捕捉市场流动性全貌。另一方面，新统计方案细分货币层次，能够对不同流动性特征的货币资产展开分类监测。这为央行分层调控流动性提供了依据，在应对股市、债市等不同金融市场波动时，可精准投放或回笼流动性，增强货币政策传导至实体经济的有效性。

“十五五”时期，面对复杂多变的国际环境和国内经济运行出现的新变化，央行还需要不断优化货币政策目标体系，平衡好多重目标之间的关系。同时，还要提高对价格型中介目标的关注，确保货币政策中介目标与最终目标同频共振，护航中国经济迈向高质量发展新阶段。

（二）推进利率市场化改革

经过40多年的持续推进，中国的利率市场化改革取得显著成效，目前已基本形成了市场化的利率和传导机制，以及较为完整的市场化利率体系，以上海银行间同业拆放利率（SHIBOR）和贷款市场报价利率（LPR）为代表的市场基准利率反映了资金供求关系和市场预期，在定价方面发挥了关键作用。其中，SHIBOR是众多金融产品的定价基准，银行间债券回购利率常以SHIBOR为参考，能及时反映市场短期资金的松紧程度。许多商业银行还依托SHIBOR建立了内部转移定价（FTP）机制，使得金融产品的定价更加市场化和透明化，提高了银行内部资金

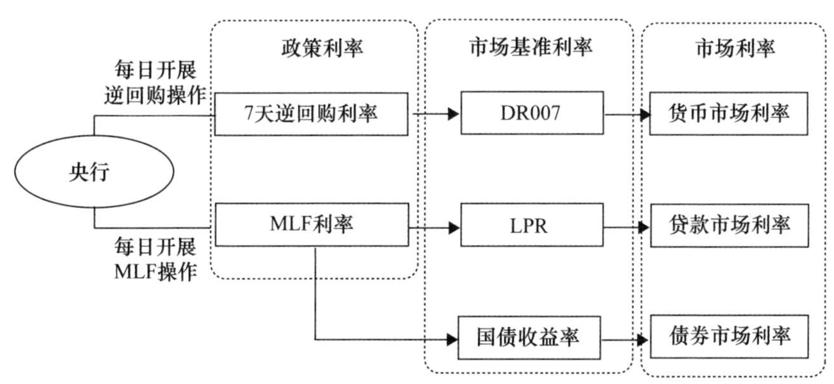

图1—2 中国的利率体系

资料来源：根据易纲《中国的利率体系与利率市场化改革》（《金融研究》2021年第9期）整理。

配置的效率和风险管理水平。LPR 的定价功能则主要体现在贷款领域，它取代了以往的贷款基准利率，使贷款利率定价更具灵活性。以 LPR 为基础加点形成贷款利率，能够更好地反映市场变化。对于小微企业和个人贷款者而言，LPR 的波动直接影响其融资成本。这也促使银行提升风险定价能力，促进金融机构间的良性竞争。

中央银行利率体系方面，中国逐步建立了利率走廊机制并持续完善。其中，常备借贷便利（SLF）利率是走廊上限，为金融机构提供了紧急情况下的高成本资金来源，起到了利率“天花板”的作用；超额存款准备金利率则担当下限，是金融机构资金闲置时的保底收益，形成利率“地板”。政策利率中枢通常以 7 天公开市场操作（OMO）利率为主，而市场利率的观测指标重点聚焦于 7 天期债券质押式回购利率（DR007）。

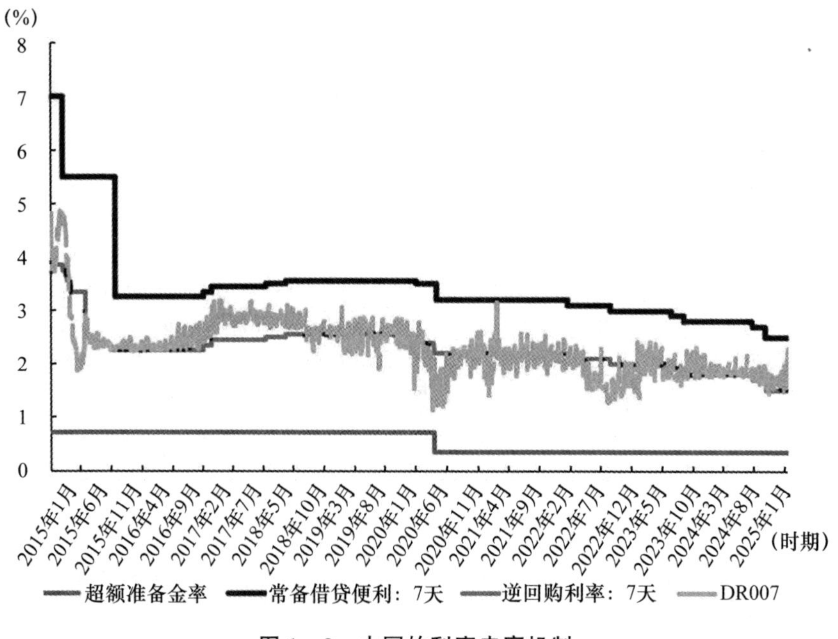

图 1—3　中国的利率走廊机制

资料来源：Wind 资讯。

从实际运行数据来看，货币市场利率围绕政策利率中枢波动的态势愈发明显，利率走廊在引导市场利率、稳定资金价格方面已初见成效，市场资金供求的调节逐步趋于精细化。但在运行过程中，中国的利率走廊仍存在上限约束乏力、下限支撑不足、走廊宽度不合理等问题。首先，尽管 SLF 被设定为利率上限，但在实践中，金融机构申请 SLF 的积极性不高。一方面，由于申请手续相对烦琐，需要满足诸多条件，金融机构在面临临时性资金需求时，往往倾向于通过同业拆借等其他渠道获取资金，即便这些渠道的利率有时可能接近甚至超过 SLF 利率。另一方面，部分金融机构担心频繁申请 SLF 会向市场传递自身流动性紧张的不良信号，进而影响市场信心与合作关系。其次，DR007 在多数情况下远高于超额存款准备金利率，这使得金融机构宁可将资金投放于市场以获取更高收益，而非选择沉淀在央行获取保底利息，导致下限对市场利率的牵制力微乎其微。最后，与国际成熟经济体相比，中国利率走廊的宽度明显过宽。较宽的利差虽然为金融市场保留了一定的灵活性，适应了现阶段经济结构复杂、区域发展不均衡带来的资金需求差异，但也导致市场利率波动幅度过大，削弱了利率走廊对市场预期的稳定效能，不利于货币政策精准传导。

“十五五”时期，中国货币当局应当采取针对性措施，进一步提升利率走廊的运行效能。一是优化 SLF 机制。简化 SLF 的申请流程，建立线上快速审批通道，减少不必要的审核环节，提高金融机构获取资金的时效性。同时，加强对 SLF 功能的宣传推广，引导金融机构正确认识其作为流动性“安全阀”的重要意义，消除市场顾虑，增强 SLF 利率的上限约束力。二是调整利率走廊下限体系。央行应密切关注市场利率动态，适时适度上调超额存款准备金利率，使其与市场平均资金成本保持合理关联，增强对金融机构闲置资金的吸引力，切实发挥利率下限的支撑功能。此外，可探索构建分层式的超额存款准备金利率体系，根据金融机构的规模、性质、风险状况等因素设定差异化利率，提高政策精准度。三是动态优化利率走廊宽度。2024 年 7 月 8 日，央行宣布设立临时隔夜回购工具，正、逆回购操作的利率分别为 7 天期逆回购操作利率减点 20bp 和加点 50bp。这意味着走廊下限与政策利率更近，走廊上限距政策利率更远，“双层利率走廊”机制初现雏形。这种非对称的利率走廊充分考虑了中国流动性分层的特点。未来，央行应建立一套更加科学灵活的评估机制，依据宏观经济指标、金融市场波动、货币政策传导效率等因素，对走廊宽度进行动态调整。在经济平稳、市场成熟度提升阶段，逐步收窄走廊，增强利率稳定性；而在经济转型、外部冲击较大时期，则适度放宽，保障金融市场韧性。同时，大力发展金融衍生品市场，丰富利率风险管理工具，助力市场主体应对利率波动风险，为收窄走廊创造有利条件。

（三）疏通货币政策传导机制

货币政策传导机制宛如经济运行中的“血脉”，连接着央行的政策调控与实体经济的发展脉搏，中国货币政策传导机制虽呈现多渠道协同运作的态势，但在实际运行过程中，诸多阻碍因素制约了其高效畅通，影响着宏观经济调控效果。

从利率传导渠道看，中国虽持续推进利率市场化，但仍存在基准利率体系不够健全的问题。而且，金融市场发展不完善还导致中国货币市场与资本市场连通性欠佳，资金跨市场流动受限。当央行通过公开市场操作引导货币市场利率下行，意图向资本市场传递宽松信号时，因两个市场交易规则、参与主体存在差异，利率传导出现“梗阻”，长期利率难以及时跟随短期利率联动，企业长期融资成本难有效降低。从信贷传导渠道看，作为重要的政策传导载体，商业银行具有天然的顺周期性，在经济下行阶段，企业经营风险上升，银行出于对不良贷款率上升的担忧，纷纷收紧信贷标准，出现“惜贷”现象。即便央行通过降准、降息等手段释放大量流动性，银行也更倾向于将资金投向国债等低风险资产，而不愿向急需资金的实体经济企业尤其是中小微企业放贷，使得货币政策的宽松效果大打折扣。而近年来，在资产端收益下行、负债端资金成本上升、中间业务增长乏力等因素的共同作用下，中国商业银行的净息差还在不断收窄（见图1—4），这无疑也影响了银行的信贷投放能力和金融服务水平。

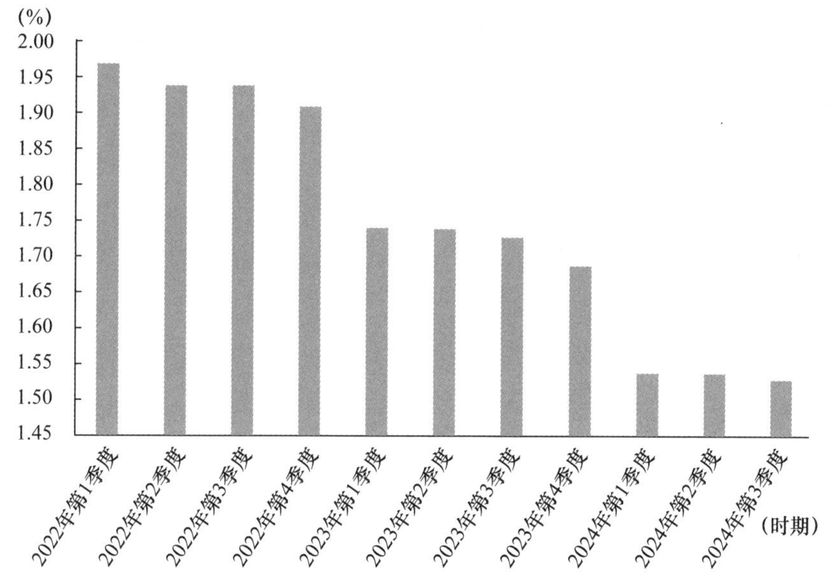

图1—4 商业银行季度净息差率

资料来源：国家金融监督管理总局。

从资产价格传导渠道看，中国长期以间接融资为主导，企业融资过度依赖银行贷款。资本市场发展相对滞后，股票市场上市门槛、审核流程等因素限制了众多中小企业尤其是创新型企业的融资渠道，债券市场品种不够丰富，企业发行债券面临诸多限制。这导致货币政策难以通过资本市场直接作用于有活力、有潜力但缺乏资金的企业，资金供需错配问题时有发生，阻碍了货币政策向实体经济的精准传导。针对中国货币政策传导机制现存的问题，还需要深化金融市场改革，优化商业银行行为，提振实体经济活力，多方面综合施策。

首先，要深化金融市场改革，建设中国特色金融体系。一方面，要着力推进金融市场一体化建设。中国债券市场分割问题较为突出，银行间市场、交易所市场等子市场规则各异，阻碍了货币政策信号的统一传导。整合债券市场，统一交易规则、托管清算体系以及监管标准，刻不容缓。只有构建起统一高效的债券收益率曲线，才能让货币政策的利率信号能迅速、精准地在金融市场各环节畅行无阻，引导资金实现合理配置，强化利率传导效果。另一方面，要大力提升直接融资比重。当前，中国间接融资主导的格局使得企业过度依赖银行贷款，尤其一些创新型、中小微企业难以从资本市场获取充足资金，货币政策向这类企业的传导严重受阻。因此，要全力发展多层次资本市场，完善股票发行、并购重组等制度，鼓励科创型企业通过股权融资拓宽资金来源。同时，要丰富债券市场品种，为企业开辟多元融资路径，削弱企业对银行信贷的单一依赖，增强货币政策通过资本市场传导的效能。

其次，要优化商业银行经营管理，提升服务质量和效能。一是要构建科学完善的激励约束机制。商业银行出于风险管控，常出现顺周期行为，经济下行期“惜贷”，经济过热时过度放贷。为此，需引导其建立合理的风险评估体系，适度提高风险容忍度，鼓励其向实体经济重点领域和薄弱环节投放信贷。同时，运用差别准备金率、再贷款贴息等政策，对积极响应货币政策、服务小微企业成效突出的银行给予奖励，纠正其行为偏差。二是鼓励商业银行借助金融科技提升内部传导效率。商业银行应积极引入大数据、人工智能等技术，优化信贷审批流程，实现精准营销与风险管控。利用线上化审批快速甄别企业信用状况，缩短内部传导时滞，确保央行释放的流动性能够精准、及时地流向实体经济需求端。

最后，要激发实体经济活力，多措并举扩内需。一是推动产业升级以提振企业投资信心。传统产业产能过剩、效益下滑导致企业投资意愿低迷，即便信贷成本降低也难有投资动力。政府应加大对新兴产业扶持力度，通过产业政策与货币政策协同发力，引导资金流向高端制造业、数字经济等领域，助力传统产业转型升级，提高企业盈利能力与投资回报率，激发企业有效信贷需求，使货币政策资金流入能产生良好经济效益的项目。二是完善社会保障以稳定居民消费预期。当前居民预防性储蓄动机强、消费倾向低，主要源于社会保障体系不完善、收入分配差距大等因素。政府应持续加大投入，完善养老、医疗、失业等保障体系，缩小收入分配差距，减轻居民后顾之忧，增强居民消费信心，使货币政策刺激消费的作用得以充分发挥，激活内需市场，让货币政策传导至消费端的链条更加顺畅，推动经济良性循环。

三 货币政策与财政政策的协同配合

当前，全球正经历百年未有之大变局，在地缘政治摩擦不断、贸易保护主义抬头、金融市场波动加剧等因素的共同作用下，全球经济呈现“高通胀、高利率、高债务、低增长”的新特征。同时，国内有效需求不足的问题愈发突出，居民消费动力不足、企业投资意愿低迷，仅仅依靠货币政策改革难以应对经济社会发展出现的新变化。2024 年 12 月召开的中央经济工作会议指出，“实施更加积极有为的宏观政策，扩大国内需求”，强调了财政、货币、就业、产业、区域、贸易、环保、监管等各类政策及改革开放措施之间协同合作的关键意义，尤其突出了财政与金融配合的重要性。在中国，党对金融工作的集中统一领导以及国有金融企业在货币政策传导中的核心地位为货币政策和财政政策的协调配合奠定了基础。“十五五”时期，二者应当从国债买卖、促进消费、拓展财政空间等方面协同发力，共同推动经济高质量发展。

（一）政策配合的理论基础与实践经验

财政税收政策和货币金融政策作为两类基本的宏观政策工具，在国家实施宏观经济治理中发挥着重要作用。货币政策主要由中央银行负责制定和实施，其核心职能在于通过调节货币供应量、利率水平以及信贷条件等来影响宏观经济运行；财政政策则依托政府的财政收支活动发挥作用，政府通过税收调整改变企业与居民的可支配收入，利用支出政策，如基础设施建设投资、公共服务投入等直接创造需求。在调控方向上，货币政策侧重于总量调控，通过货币环境影响整体经济热度；财政政策则擅长结构调整，精准投向特定产业、区域。从政策时效看，货币政策传导相对迅速，利率调整能较快影响金融市场；财政政策从决策到实施环节多、耗时长，但一旦落地，对实体经济的拉动直接且持久。

二者虽各有侧重，但彼此之间又具有密切的理论联系和实践联系。从理论基础看，凯恩斯主义强调在经济衰退时，有效需求不足是关键问题。财政政策应发挥主导作用，政府通过大规模增加公共支出、减税等手段直接刺激总需求，拉动经济增长。此时，货币政策处于辅助地位，配合财政政策维持较低利率水平，确保政府债券发行顺利，为财政扩张提供资金支持。货币主义则认为货币供应量是影响经济波动的核心因素，货币政策应遵循固定规则，保持货币供应量稳定增长，避免频繁变动引发经济不稳定。财政政策的挤出效应被着重强调，政府支出增加会抬高利率，挤出私人投资，反而不利于经济增长。在这一理论框架下，货币政策独立性较强，财政政策需谨慎实施，避免对货币环境造成冲击，二者协调侧重于财政政策配合货币政策维持货币稳定目标。新古典综合派试图融合凯恩斯主义与货币主义之长，主张在短期，经济存在波动时，凯恩斯主义的逆周期财政、货币政策调节有效，能迅速稳定经济；而在长期，经济趋向均衡，货币主义强调的货币稳定、市场自我调节机制更为关键。在该派理论下，货币政策与财政政策依据经济周期阶段灵活切换主次地位，协同熨平经济波动，兼顾短期稳定与长期增长。

从各国的实践经验看，2008 年国际金融危机爆发后，美联储持续降息、购买资产稳定市场；政府出台《美国复苏与再投资法案》，投入巨额资金救市与刺激经济。二者合力让美国金融市场较快企稳回升，经济重回增长轨道。日本却在经济泡沫破裂后的长期低迷中，因政策协同不畅陷入困境，央行长期的宽松货币政策催生资产泡沫；财政政策受债务束缚难以有效刺激经济结构调整，基建投资低效、产业升级缓慢，金融体系活力渐失。

可见，货币政策与财政政策各有专长，二者协同配合是实现经济平稳、金融昌盛的必由之路。只有精准把握二者节奏，依据国情与经济金融形势动态优化协作策略，才能应对经济周期波动，实现金融强国目标。

（二）“十五五”时期政策配合的必要性与可行性

在国内外多种因素的影响下，中国有效需求不足的问题愈发突出，主要体现为居民消费动力不足与企业投资意愿低迷，这无疑给推动经济复苏和增长的财政、货币政策带来了更为严峻的挑战。从财政政策来看，经济增速的放缓致使企业利润和居民收入增长趋于平缓，从税收根基上对中央一般公共预算收入的增长产生了不利影响。并且，为进行逆周期调节而实施的减税降费政策，也在一定程度上削减了财政收入，使得维持财政收支平衡和推动政策实施的难度增大。在财政资金难以充分满足事权需求的情形下，地方政府可能会采取“量出制入”的策略，这就要求财政政策必须更加注重收入来源的多元化拓展以及财政支出结构的优化调整，才能保障财政的可持续性。从货币政策来看，在国际经济形势的不确定性、国内产业结构的转型升级以及资产市场的波动等因素的综合作用下，货币流通速度减缓，货币总量与通胀、经济增长之间的关联不再紧密，传统总量型货币政策工具的效力大打折扣。一方面，资金在金融体系内部出现循环套利现象，未能有效流入实体经济和重点投资领域；另一方面，商业银行和居民部门出于风险管控的考量，往往会采取顺周期行动，与央行的逆周期货币投放形成对冲，进一步弱化了总量性货币政策工具的实际效果。在此背景下，货币政策和财政政策必须加强协调配合才能应对经济运行中出现的新变化。

中国财政政策与货币政策协同配合具备两大显著优势。其一，党对金融工作的集中统一领导从根本上确保了财政政策和货币政策的内在统一性。美国、英国、法国等金融业发达的国家都实行两党或多党制，这些国家不同党派交替执政，会将政党主张融入财政、央行等经济部门的决策执行过程中，致使货币调控掺杂过多政党间的政治竞争因素，且由于政党利益协调困难，金融市场波动会进一步加大。而中国始终坚持中国共产党的领导，坚定不移地探寻金融支持经济社会发展的正确路径，有效避免了货币金融政策受到其他短期政治目标的干扰。党通过成立中央财经委员会，强化了金融政策的顶层设计，完善了金融政策的战略配合机制，有条不紊地推进改革决策部署，并明确各执行机构的协同推进任务。例如，中央财经委员会相关会议分别对防范化解金融风险攻坚战以及财政、货币政策的实施要点作出了明确指示。同时，党领导成立中央金融工委和金融系统党委，强化了金融系统的中央事权，实现了金融机构党组织和干部的垂直管理。此外，党还设立了货币政策委员会这一涵盖多部门的经济决策议事机构，为财政政策和货币政策协同配合渠道的构建奠定了基础，确保央行在制定货币政策和预估效果时能够全面统筹，避免政策之间的错位与冲突，从制度层面保障了政策合力的形成。

其二，国有金融企业在货币政策传导过程中占据核心地位，有力地推动了政策的高效执行，为经济高质量发展筑牢了坚实的金融支撑。从资产规模来看，截至 2023 年年末，中国国有金融企业资产总额高达 445.1 万亿元，在全国金融行业中占比超过 90%。并且，国有金融企业掌控着金融市场运行的关键环节，无论是金融中介机构还是金融基础设施，均以国有金融企业为主。财政部和中央汇金凭借绝对优势控股“工农中建交”五大国有银行及国家开发银行，同时直接或间接掌控中央国债公司、银行间市场清算所等重要金融基础设施，凸显了国有资本在金融行业的主导地位。作为国家金融安全与社会稳定的基石，国有金融资本对金融行业的健康发展和经营成效影响深远，其主导地位不仅确保了金融市场的稳定，更对经济的平稳发展发挥了关键作用。财政部及地方财政部门作为国有金融企业的出资人代表，肩负着监督管理职责，这既是国有金融资本“财权”归属的重要体现，也是财政部门在政策传导机制中影响货币政策的关键制度保障。央行借助货币政策工具调节商业银行等金融机构的准备金率和融资成本，间接影响其交易行为和货币流通，在此制度框架下，财政部门可通过行使股东权利，适时引导和调整国有金融企业的交易行为，实现对货币供求的有效管理，进而增强财政政策与货币政策的协同效应，为维护国家金融安全、促进经济稳定增长奠定坚实基础。

（三）货币政策与财政政策协同的具体机制

“十五五”时期，积极的财政政策与稳健的货币政策应充分发挥中国财政金融制度优势，协同发力，共同塑造良好的货币金融环境，为经济持续回升向好注入强大动力。

首先，以央行公开市场操作中的国债买卖为切入点，协同推进货币发行机制改革与国债收益率曲线完善。国债兼具财政与金融双重特性，既是政府补充财政收入的重要途径，也是金融市场的基础性资产，因而成为连接财政与金融的关键枢纽，是促进财政税收政策与货币金融政策协调配合的核心抓手。正如 2023 年 10 月中央金融工作会议所提出的，应逐步增加央行公开市场操作中的国债买卖。这一举措能够达成多重效果，一方面，有助于优化基础货币发行机制，降低对央行再贷款的依赖程度，丰富流动性管理工具，畅通货币政策传导渠道；另一方面，有利于推动国债市场发展，提升国债市场流动性，健全国债收益率曲线，更好地发挥国债在金融体系中的基础资产功能以及国债收益率曲线的价格基准作用。

其次，加速构建以消费为核心的宏观调控体制机制。与传统以投资为主导的“财政上项目、信贷加杠杆”模式不同，以消费为导向的财政税收政策与货币金融政策协同模式，可概括为“财政补贴居民、货币支持财政”。在经济遭受重大外部冲击时，财政政策向居民部门实施转移支付能产生直接且显著的效果。从微观层面看，能切实保障个人和家庭的基本消费需求；从宏观层面看，可有效避免消费过度收缩，维持国民经济循环的通畅。不过，在这种情况下，财政收入往往会面临下行压力，收支平衡的难度增加。此时就需要货币政策为财政政策提供支持，拓宽财政对居民部门转移支付的资金来源渠道。但需要明确的是，“财政补贴居民、货币支持财政”属于特殊时期的阶段性策略，在实施规模上要严格把控，并且一旦经济恢复到正常状态，就应及时停止，以避免对财政的可持续性以及货币币值的稳定产生不利影响。

最后，依托金融制度优势拓展财政空间。在以国有资本为主导的金融体系下，政府债务发行具备可持续性，这为扩大财政空间开辟了有效路径。财政部门可通过履行国有金融资本出资人的职责，直接或间接影响金融机构对财政政策的预期和响应程度，同时也显著提升了金融市场深度，极大地拓宽了财政政策的施展空间。在实际操作中，一是通过债务置换手段，将短期、高成本债务转换为长期、低成本债务，为地方政府创造更为灵活的财政空间，缓解其短期偿债压力。具体而言，延长债务期限可降低地方政府债务风险，缓解财政紧平衡状况；同时，借助债务置换，地方政府可将临近到期的高利率债务转换为期限更长、利率更低的债务，减少利息支出，提高财政资金使用效益。二是强化对债务置换资金的监管，确保债务置换操作的透明化与规范化。在严守不发生金融系统性风险底线的前提下，精准匹配置换后的债务结构与经济发展需求，加强对债务置换资金使用、债务项目筛选、偿债计划等方面的监督管理，确保债务信息公开透明，提升债务管理的规范性和透明度。

总之，在“十五五”时期大力推进金融强国建设并深化货币政策框架改革，是推动经济高质量发展的必然选择。中国要在总结历史经验的基础上，结合时代发展特征，构建多目标平衡、传导机制畅通、利率走廊运行高效的货币政策新框架。同时还要认识到，当前有效需求不足的问题愈发突出，货币政策或财政政策“单打独斗”已经遇到了瓶颈，二者协同配合必要且可行。党对金融工作的集中统一领导以及国有金融企业在货币政策传导中的核心地位为二者协同奠定了基础，未来可从国债买卖、促进消费、拓展财政空间等方面加强创新，共同推动实现金融强国目标。

（执笔人：费兆奇、谷丹阳）

第二章

宏观金融调控框架革新

“十五五”时期是中国全面建设社会主义现代化国家的关键时期，宏观金融调控面临新的机遇与挑战。构建适应高质量发展要求的宏观金融调控框架，对于保持经济平稳健康发展、防范化解重大风险具有重要意义。本章首先简单回顾了中国宏观金融调控的历史经验，然后从目标体系和调控思路两大方面，论述“十五五”时期宏观金融调控的总体框架。为实现提振名义经济增速、稳定资产价格、防范内外部金融风险的总体目标，宏观金融调控框架应与国家宏观资产负债表管理有机结合，重塑经济增长新动能，推动宏观经济再平衡。

一　宏观金融调控的经验总结

改革开放40多年来的宏观金融调控实践中，我们不断深化对社会主义市场经济条件下金融本质和规律的认识，在应对国内经济过热、通货紧缩以及国际金融危机等一系列重大挑战中积累了丰富的调控经验，有力支撑经济社会发展大局。特别是党的十八大以来，在党中央集中统一领导下，宏观金融调控体系不断完善，坚持深化金融供给侧结构性改革，健全货币政策和宏观审慎政策双支柱调控框架，及时有效防范化解系统性金融风险，走出了一条中国特色金融发展之路。

第一，坚持党中央对金融工作的集中统一领导。改革开放以来，党中央始终高度重视金融工作和金融安全，坚持牢牢把握金融事业发展和前进的方向，金融成为资源配置和宏观调控的重要工具。特别是党的十八大以来，在金融改革发展稳定的重要关头，以习近平同志为核心的党中央为金融工作举旗定向、谋篇布局，深入研究解决金融领域带有全局性的重大问题，及时采取一系列重大举措防范金融风险，不断推动金融更好地服务经济社会发展。在党中央的坚强领导下，中国保持经济快速发展、社会长期稳定，没有发生金融危机，这在全球大国中是唯一的。

第二，统筹好有效市场和有为政府的关系。在宏观金融调控实践中，有效市场与有为政府的协同作用至关重要。一方面，市场在资源配置中起决定性作用，是宏观金融调控的基础。有效市场能够通过价格机制引导金融资源优化配置，提高金融体系运行效率。利率、汇率等金融价格的市场化形成机制，有助于增强金融体系的弹性和韧性。另一方面，更好地发挥政府作用，是弥补市场失灵的必要保障。金融市场存在信息不对称、外部性等固有缺陷，需要政府通过宏观调控和审慎监管加以纠正，防范金融风险，维护金融稳定。

第三，协调供给侧结构性改革与需求侧管理。党的十八大以来，中国宏观金融调控实践坚持供给侧结构性改革为主线，同时加强需求侧管理。一方面，随着中国经济进入新常态，经济发展面临的主要矛盾已转化为供给侧结构性失衡。通过深化金融供给侧结构性改革，优化金融资源配置，提高金融服务实体经济能力，是解决结构性问题的治本之策。另一方面，当前有效需求不足加大经济下行压力，需要强化宏观金融政策逆周期和跨周期调节。以适度宽松的货币政策全方位扩大国内需求，推动经济持续回升向好，为金融供给侧结构性改革创造有利条件。

二 “十五五”时期宏观金融调控的总体目标

“十五五”时期，宏观金融调控应把握好经济稳定增长、经济结构调整、金融风险防范之间的动态平衡，促进经济和金融良性循环、健康发展。其中，经济增长要锚定物价目标，提振名义经济增速；经济结构调整应以稳定资产价格为着力点，重塑宏观资产负债表；金融风险防范要兼顾内外部均衡，在治理通缩和稳定汇率之间取得平衡。

（一）推动名义经济增速回升

2024 年 9 月下旬以来，中央加力推出一揽子增量政策，第四季度经济运行回升向好，全年 GDP 同比增长 5.0%，顺利完成预期目标。然而，通缩压力对名义经济增长的拖累效应依然存在，GDP 缩减指数自 2023 年第二季度起连续 7 个季度为负，造成 2024 年宏观杠杆率被动攀升。根据中国社会科学院国家资产负债表研究中心的估算，2024 年实体经济债务全年同比增长 8.0%，其中居民和企业部门债务分别同比增长 3.4%和 7.0%，处于历史较低水平；但名义经济增速进一步放缓至 4.2%，全年宏观杠杆率上升 10.1 个百分点（见图 2—1）。“十五五”时期，中国经济将面临更加复杂的内外部环境，名义 GDP 增速下行压力加大，宏观杠杆率延续被动上升风险。为此，宏观金融调控应更多锚定提振名义 GDP 增速和稳定宏观杠杆率目标，防止经济周期和金融周期形成共振下行。

通胀目标制（Inflation Targeting）是一种值得探索的宏观金融调控和货币政策实践方式。20 世纪 90 年代以来，通胀目标制逐渐成为全球主要经济体采用的货币政策框架，取得了良好的政策效果。央行将通胀作为货币政策的核心目标，明确公布具体的通胀目标值或目标区间，依据泰勒规则进行决策并以短期利率作为核心工具，从而强化与市场和公

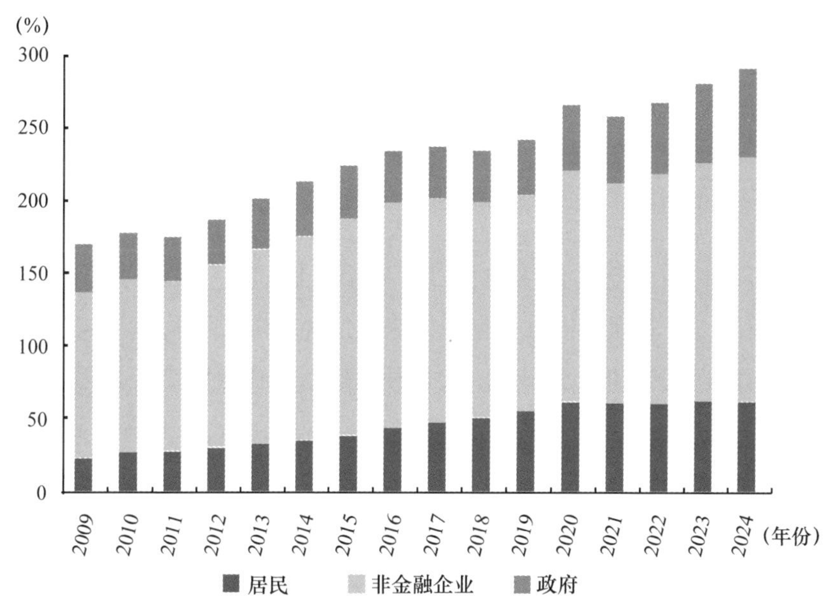

图 2—1　实体经济部门杠杆率及其分布

资料来源：中国人民银行、国家统计局、财政部；中国社会科学院国家资产负债表研究中心。

众的政策沟通，提高货币政策的可信度。通胀目标制的货币政策框架主要包括五大内容：一是央行向社会明确公布具体的中期通胀目标数值；二是央行在制度层面承诺将稳定物价作为货币政策的优先目标，其他宏观经济目标均为次要目标；三是央行充分利用可获取的各种信息（包括货币数量、汇率等），灵活选择适当的货币政策工具进行调控；四是央行通过加强与市场和公众的沟通，提高货币政策计划、目标设定及决策过程的透明度；五是央行在实现通胀目标的过程中，持续强化政策执行的责任意识和问责机制。在国际金融危机和新冠疫情的冲击下，全球经济陷入低增长、低通胀、低利率和高债务的“三低一高”困境，菲利普斯曲线呈现扁平化趋势（失业率与通胀率的负向关系弱化），通胀目标制的货币政策效果逐渐减弱。为此，美联储推出平均通胀目标制，以物价跨期平均稳定作为货币政策决策依据，从而实现价格再通胀和充分就业目标，这对于中国宏观金融调控兼顾物价稳定和高质量充分就业具有一定借鉴意义。

平均通胀目标制是对通胀目标制的一种重要政策调整，在政策目标权衡上更偏向于充分就业，从而充分发挥货币政策的就业促进功能。平均通胀目标制的主要变化体现在以下四个方面：[①] 一是历史回溯机制。将前期通胀水平及惯性纳入当期及未来通胀决策的重要影响因素，以此增强政策的连贯性和可预测性。二是补偿机制。在通胀水平持续明显低于目标值时，通过未来一段时期的“超调”使通胀水平高于目标值，从而实现长期均值目标。三是以利率调整为核心工具，同时辅之以非常规货币政策。当利率处于较高区间时，主要依赖利率工具进行调控；当利率接近或触及零下限时，则转向量化宽松、前瞻性指引、收益率曲线控制等非常规政策工具，推动通胀水平快速回升甚至超过目标值。四是相机抉择。当通胀水平显著低于平均目标值时，实施扩张性政策并以较大力度扭转市场预期；当通胀水平显著高于平均目标值时，则通过紧缩性政策使其回归长期平均物价。

为应对“债务—通缩”风险，20 世纪 30 年代美国经济大萧条和日本经济“失去的三十年”的实践经验表明，仅依靠宽松的货币政策往往需要较大的政策力度，且容易导致政策难以持续和失效风险。因此，在高债务和类通缩并存的背景下，中国需要加强适度宽松的货币政策与更加积极的财政政策之间协调配合。货币政策的再通胀效应能够有效降低政府的实际债务压力和融资成本，从而为实施积极财政政策提供更大的操作空间。同时，更加积极的财政政策通过刺激消费和投资需求增长，推动企业产品价格上升和居民收入增长，进而产生一定的再通胀效果。这有助于减少货币政策为实现再通胀目标所需的宽松力度，从而为

① 郑联盛：《平均通胀目标制：理论逻辑与政策前瞻》，《经济学动态》2021 年第 3 期。

货币政策操作预留灵活空间。①

（二）稳定资产价格

在传统的双支柱调控框架下，货币政策主要锚定通胀和产出目标，但物价稳定并不代表金融体系稳健运行，资产价格剧烈波动引发的金融不稳定会对物价水平和经济增长造成负面冲击。作为货币政策的重要补充，宏观审慎政策在平抑经济波动、防控系统性风险、维护金融稳定方面发挥着关键作用。由于经济内生变量之间存在复杂的交互作用，货币政策虽然主要聚焦于物价稳定和产出增长，但会间接影响金融稳定。相应地，以维护金融稳定为目标的宏观审慎政策，也会对通胀水平和经济产出产生间接影响。因此，应对资产价格波动需要货币政策与宏观审慎政策加强协同配合，应将稳定资产价格作为货币政策的重要考量，而宏观审慎政策有助于货币政策更好实现金融稳定目标。

货币政策更加关注资产价格稳定的必要性在于，资产价格可以通过四种途径影响货币政策的有效性。其一，资产价格波动会影响实体经济中货币的供求结构。资产价格波动通过改变市场主体的货币需求偏好，进而影响实体经济对货币需求的稳定性。具体而言，当资产价格下跌时，市场主体预期未来实际利率水平将上升，预防性货币需求和储蓄性货币需求往往会增加。这会影响货币乘数和货币流通速度，导致货币供求结构失衡，从而增加货币政策调控难度。

其二，资产价格波动增加了货币政策传导机制的复杂性。传统货币政策的传导机制主要围绕以商业银行为核心的金融体系展开，央行通过调整贷款利率、存款准备金率以及公开市场操作等方式，影响银行信贷成本和市场资金供求关系，进而作用于消费和投资决策，最终实现物价稳定的政

---

① 陈小亮、马啸：《“债务—通缩”风险与货币政策财政政策协调》，《经济研究》2016年第8期。

策目标。然而，随着资本市场的快速发展和不断壮大，资产价格逐渐成为货币政策传导的重要渠道，主要体现在以下两个方面：一是资产价格通过财富效应影响消费需求。根据生命周期理论，居民消费不仅取决于当前收入水平，还受到未来收入预期和持有资产价值的显著影响。根据中国社会科学院国家资产负债表研究中心的估算，2022 年住房资产占居民部门总资产的比重约为 50%，不仅高于美欧等国，也高于日本、韩国等居住观念较为接近的东亚经济体；股票、债券等金融资产占居民部门总资产的比重约为 25%，低于美国等以直接融资为主的国家。房价和股价下跌造成居民部门资产缩水和财富减少，是当前消费需求不振的重要原因。二是资产价格通过托宾 q 和抵押品渠道影响企业投资。企业资产的市场价值与重置成本之比（托宾 q 值）会影响投资意愿，资产价格下跌导致企业投资意愿减弱。此外，资产价格波动会改变企业抵押资产的市场估值，进而通过银行信贷渠道影响企业融资可得性和金融机构信贷供给意愿。

其三，资产价格波动会影响货币政策中介目标。货币主义学派代表人物弗里德曼提出的货币数量论指出，在货币需求函数和流通速度保持相对稳定的条件下，货币供应量与国民收入和物价水平呈现显著正向关联，因此多国央行将货币供应量作为货币政策中介目标。随着金融工具创新和金融市场深化，金融资产存量持续扩张，央行发行的货币不仅流向实体经济，还大量涌入资本市场等虚拟经济领域。流动性较高的金融资产对货币的替代性增强，资产价格波动通过托宾 q 效应、财富效应和理性预期渠道，深刻改变了实体经济的货币需求函数和流通速度规律，导致货币供给量与收入、物价之间的正向线性关系被打破。这使得货币供应的可控性、可测性及其与宏观经济的关联度被削弱，从而显著提高了货币政策中介目标的操作难度。

其四，资产价格波动对货币政策最终目标产生冲击。物价稳定作为货币政策的首要目标，极易受到资产价格波动的影响。资产价格下跌会改变市场主体对未来实际利率水平的预期，从而抑制当期消费需求和物价水平。此外，资产价格快速上涨引起资金从实体经济大规模转移至虚拟经济，导致实体经济发展所需的信贷资源供给不足，催生虚假繁荣的泡沫经济。一旦资产泡沫破裂，资产价格急剧下跌导致银行体系抵押品价值大幅缩水，引发金融机构巨额亏损和信用违约风险，进而阻碍货币政策实现促进经济增长和维持物价稳定的双重目标。

2024 年以来，中国逐步将稳定资产价格纳入货币政策调控框架，代表性政策实践包括：央行适时开展公开市场国债买卖操作，避免中长期国债收益率持续下行；创设证券、基金、保险公司互换便利以及股票回购增持专项再贷款，增强资本市场内在稳定性。2024 年中央经济工作会议提出，探索拓展中央银行宏观审慎与金融稳定功能，因此“十五五”时期有必要探索和完善更加关注资产价格变化的货币政策框架。多项研究关注在资产价格繁荣期，货币政策如何有效应对资产价格泡沫，而对货币政策如何干预资产价格以应对衰退性冲击缺乏经验。常规货币政策能够缓解资产价格下行压力，但如果实际利率难以降低，则会引发资产价格螺旋式下行。在这种情况下，央行实施大规模资产购买等非常规货币政策能够将风险转移到政府资产负债表，从而降低市场风险溢价和提振资产价格。此外，要探索建立一个涵盖一般物价（CPI、PPI 和 GDP 缩减指数）和资产价格（房价、股价）的广义价格指数体系，提高货币政策对资产价格变动反应的前瞻性和预见性。

（三）防范内外部金融风险

特朗普重新上台后实施减税、加征关税、驱逐移民等一系列政策，美国经济面临再通胀风险，可能迫使美联储再次加息。在美国再通胀和中国类通缩的格局下，适度宽松的货币政策需要在治理通缩和稳定汇率之间取得平衡。当前人民币贬值压力并非来自经常账户，而是来自金融账户资金流出，金融账户的资金流动呈现顺周期性。人民币贬值虽然有利于经常账户改善，但可能增加贸易摩擦风险，并通过贬值预期的自我强化进一步加大资本流出压力。此外，国内物价涨幅低于海外，即使人民币名义汇率保持不变，实际汇率本身也会贬值。

为确保人民币汇率在合理均衡水平上基本稳定，既要加大宏观金融逆周期调节力度，提振内需和物价，从而提高人民币资产的预期回报率，也要不断丰富外汇管理工具箱。一是动用外汇储备直接调控汇率。在人民币汇率面临贬值压力时，央行直接参与外汇市场，通过卖美元、买人民币调节市场供需关系、缓解贬值压力，商业银行也可以利用自身持有的外汇来调控汇率。二是收紧离岸市场人民币的流动性，提高做空人民币的成本。离岸做空交易（借入人民币后购汇，并远期结汇偿还）会增加人民币抛售压力，通过收紧离岸流动性、抬高做空成本，可以遏制做空交易，从而缓解离岸和在岸人民币的贬值压力。三是预期管理和引导。外汇市场流动性好、体量较大、参与者也更为广泛，预期变化更容易引发“羊群效应”，因此央行对市场预期的管理和引导变得尤为重要。四是征收远期售汇风险准备金。2015 年 8 月，央行要求办理远期售汇业务的银行需向中国人民银行缴纳外汇风险准备金，准备金率暂定 20%，冻结 1 年、无利息。远期售汇业务是银行向企业提供的一种汇率避险衍生产品，企业可以通过远期合约提前锁定购汇价格，从而规避汇率风险。征收外汇风险准备金要求额外冻结银行 20%的外汇资金，且不计利息，这种成本通常会转移到对客户的售汇价格上，进而提高购汇成本，抑制套利投机。五是创设宏观审慎工具，加强跨境资金流动管理。例如，2016 年 5 月，外汇管理部门实行全口径跨境融资宏观审慎管理，规定境内金融机构和企业可在给定的上限内自主跨境融资。外债额度与融资主体的资本或净资本挂钩，央行通过调节相关参数影响企业的境外融资。同年 11 月，央行实施境内企业人民币境外放款业务宏观审慎管理，设立可调系数来调节企业境外放款额度及本外币偏好，旨在降低企业和金融机构的杠杆及汇率风险。六是引入逆周期因子。在人民币中间价的定价公式中引入逆周期因子，做市商每日参考“上日收盘价+一篮子货币汇率变化+逆周期因子”提供中间价报价，增强中间价的引导作用。七是外汇掉期交易。掉期交易是即期交易与远期交易的结合，央行的掉期交易操作通常需要商业银行配合进行。例如，当人民币贬值时，央行可以在即期市场上向商业银行出售外汇、买入人民币，同时约定未来以某一价格买入外汇、卖出人民币，并且由商业银行在即期市场抛售美元，支撑人民币汇率。掉期交易中，商业银行配合央行开展外汇管理，调控人民币兑美元掉期点（远期和即期价格差额），有助于稳定人民币汇率预期。八是发行离岸央行票据。央行已逐步建立起香港地区央行票据发行的常态化机制，离岸央行人民币票据作为相对灵活的人民币流动性管理工具，能在边际上改变离岸人民币市场的供求关系。

三 以宏观经济再平衡为核心的宏观金融调控框架

“十五五”时期，中国面临经济增长中枢下移、新旧动能加速转换、新一轮科技革命叠加共振，创新宏观金融调控重在推动宏观经济再平衡。此前过度依赖投资和出口的增长模式导致产能过剩、债务高企等问题，房地产、基建投资等传统增长动力减弱，民营经济、科技创新等新动能逐步培育。宏观经济再平衡的核心在于解决经济金融运行中的结构性失衡问题，包括内外需结构失衡、消费与投资失衡、部门杠杆率失衡等，通过协同推进短期宏观金融调控和中长期结构性改革，实现跨周期与逆周期的再平衡、财政与货币的再平衡、中央与地方的再平衡。

实现宏观经济再平衡的微观基础是推动国家资产负债表再平衡。2013年党的十八届三中全会提出，“加快建立国家统一的经济核算制度，编制全国和地方资产负债表”。2024年党的二十届三中全会进一步要求，“探索实行国家宏观资产负债表管理”，凸显了国家资产负债表在健全宏观经济治理体系中的重要作用。国家资产负债表是综合反映一个国家资产、负债总量及结构的核算表，也是分析经济、识别和防范风险、稳定金融的重要方法。将国家资产负债表管理思路纳入宏观金融调控框架，具有三个方面重要意义。其一，国家资产负债表以资产和负债的存量分析为主，有助于揭示居民、企业、政府等部门主要经济活动之间的对应关系，展现国民财富及其部门分布状况信息，提供了从微观层面分析宏观经济金融运行情况的新视角。其二，国家资产负债表管理将经济增量分析与存量分析、总供给与总需求分析有机结合，有助于更准确地制定宏观金融调控政策，提高宏观金融调控政策的时效性。其三，国家资产负债表有利于准确刻画全国、地方和各部门的资产负债状况，评估偿债能力，反映结构性矛盾及宏观风险的累积，为科学调整杠杆、识别潜在风险储备政策工具。因此，从国家宏观资产负债表的微观能动主体看，“十五五”时期中国经济增长的新“三驾马车”是发展型消费、民营经济和地方政府“为科技创新而竞争”。宏观金融调控应着力重塑各部门资产负债表，进一步激发居民消费潜力、民营经济发展活力和地方政府竞争动力。

（一）适度转移政府存量财富，支持居民发展型消费

从消费总量来看，中国居民消费占比显著低于国际平均水平，2023年美国、日本、欧盟居民部门消费占 GDP 比重分别为 67.9%、55.6%、51.6%，明显高于中国 39.1%的水平。从消费结构来看，中低收入群体以衣食住行为主的生存型消费基本上得到满足，但医疗保健、教育文化娱乐服务等发展型消费需求明显受到抑制。消费需求不足的原因，既有收入增长放缓的总量压力，也包括房地产市场、资本市场调整影响财富积累的周期性问题，更为重要的是居民部门收入分配失衡的结构性矛盾，主要体现在以下两个方面。一是居民部门劳动者报酬和财产性收入比重较低。从国际比较来看，2022 年中国居民部门可支配收入占比为 60.8%，远低于美国（85.2%）、日本（72.6%）和印度（78.7%）；而企业部门可支配收入占比为 22.6%，明显高于美国（4.0%）、日本（5.2%）和印度（13.9%）。在初次分配环节，2022 年中国居民部门劳动者报酬和财产

性收入占比分别为52.7%和4.7%，均低于以美国、日本为代表的发达国家，主要原因是劳动密集型产业转型、劳动生产率增速下降和资本市场“重融资、轻投资”。在再分配环节，由于个人所得税、财产税等直接税占比偏低以及社会保障体系不健全，政府难以发挥对居民部门收入份额的调节作用。二是居民部门收入分配差距扩大。自2019年起，中国居民人均可支配收入的均值与中位数之比从1.16持续上升至2024年年末的1.19，反映出收入分配差距不断扩大。近年来，受产业结构调整、技术进步、资本金融化等因素影响，高技能人才和高净值人群的收入增长和财富积累更快，消费倾向较高的中低收入群体因结构性失业、房价和股价下跌而资产受损，因此收入分配不平等制约了总体消费水平提高。

提振居民消费重在改善收入预期和增加存量财富，通过完善收入分配制度和健全社会保障体系，将较多的政府部门存量财富向居民部门适度转移，推动宏观经济再平衡。一方面，畅通货币政策影响收入分配的传导机制，提高中低收入群体的收入水平和消费能力。在初次分配环节，用好定向降准、再贷款等结构性货币政策工具，引导信贷资源流向康养托育、先进制造、现代服务等就业容量大、供需矛盾突出的行业领域，聚焦返乡农民工、离校未就业高校毕业生、灵活就业和新就业形态劳动者等重点群体，增加中低收入群体就业创业机会。在再分配环节，财政政策应充分运用国家信用动员全社会闲置资源，抓住低利率窗口期增发国债。中央财政要在养老、托育、教育、医疗以及保障性住房等民生领域加大投入，加大中低收入群体的社会保障和转移支付力度，缓解消费的后顾之忧。货币政策应积极配合中央财政扩张，一是通过公开市场操作向市场提供流动性支持，缓解国债集中发行导致资金紧张；二是通过调整基准利率，引导市场利率保持在合理水平，降低国债发行成本；三是通过公开市场国债买卖操作，完善国债收益率曲线，增强国债市场的深度和广度，进一步发挥政府债券金融工具作用。

另一方面，宏观金融调控锚定资产价格目标，稳住楼市和股市。居民财富集中于楼市和股市，应将稳定和推升资产价格纳入宏观金融调控目标，系统谋划一揽子增量政策。在稳楼市方面，一是动态调整存量房贷利率，特别是在利率下行期，缩短房贷重定价周期，适度调降加点幅度，减轻居民偿债压力。二是建立房企资产负债监测预警体系，加强对预售资金、企业债务和流动性的穿透式监管。三是创新租赁住房融资模式，支持专业化、规模化住房租赁企业发展，探索租赁住房 REITs 等金融产品，拓宽融资渠道。四是建立全覆盖的房地产金融风险监测预警系统，加强重点房企和中小银行风险排查，做好压力测试和应急预案。在稳股市方面，一是将股价稳定纳入货币政策和宏观审慎调控框架，借鉴海外一级交易商信贷便利、定期证券借贷工具、资产担保债券购买计划等成熟经验，创新结构性货币政策工具支持资本市场。二是增加国家主权财富基金对股票、债券等核心证券资产的持股比例，提振投资者信心。三是通过降低资本利得税、延长免税期等方式，给予长期投资者更多税收减免。四是发行特别国债支持设立股市平准基金，通过对蓝筹龙头股以及 ETF 的低买高卖来促进市场稳定。五是培育壮大银行系券商机构，引导银行业金融资源依法进一步流入证券业和股市。

（二）盘活存量金融资源，破解民营企业融资难题

国有企业的优惠政策、地方政府的发展责任与软预算约束、金融机构的体制性偏好以及中央政府的最后兜底，构成了“四位一体”的经济赶超发展模式，导致中国非金融企业部门杠杆率处于国际较高水平，其中多数债务来自国有企业和地方融资平台。[①] 同时，民营经济在稳定增长、促进创新、增加就业、改善民生、扩大开放等方面发挥了积极作用，是畅通国民经济循环的重要基础。因此，在结构性去杠杆的政策导向下，

① 张晓晶、刘学良、王佳：《债务高企、风险集聚与体制变革——对发展型政府的反思与超越》，《经济研究》2019 年第 6 期。

应支持金融机构在依法合规、风险可控的前提下，通过信贷资产证券化、信贷资产转让等公开市场资产交易业务，加快盘活被国有企业和地方融资平台低效占用的金融资源，鼓励民营企业成为新的加杠杆主力。

第一，加快发展信贷资产证券化，缓解信贷投放的资本约束。2012年信贷资产证券化试点重启以来，监管部门逐步建立配套的信息披露、托管结算、信用评级等规则，要进一步推动信贷资产证券化扩围增量。一是发挥金融科技优势，活跃二级市场交易流通。借助金融科技平台销售信贷资产证券化产品，拓展质押回购、双边做市等多种交易方式，解决传统交易存在的业务流程复杂、融资速度较慢等问题。二是适度扩大基础资产范围。鼓励发行提振消费、科技创新、绿色低碳、普惠养老、新型城镇化和乡村全面振兴等重点领域的信贷资产证券化产品，引导商业银行持续优化信贷结构。三是推进包容审慎监管。既要大力推动信贷资产证券化产品创新，提高交易效率和市场流动性，也要遵循破产隔离和有限追溯监管原则，避免引起刚性兑付和定价扭曲。

第二，树立信贷流转经营理念，拓宽信贷资产转让业务范围。美欧信贷资产转让市场发展较为成熟，国内业务规则和监管体系应加快与国际通行规则接轨。一是“授信后持有至到期”的传统信贷思维亟待转变。商业银行应将信贷资产转让作为盘活存量信贷、提高经营效益的重要方式，而非简单视为存贷比、资本充足率等时点指标调节工具。二是引入非银行金融机构参与信贷资产转让。商业银行通常将风险相对较高的银团贷款流转出售，可通过担保贷款凭证（CLO）等结构化分层设计，为不同风险偏好的投资者匹配对应产品。例如，由商业银行回购风险较低的优先级份额，并引入保险公司、资产管理公司、对冲基金等认购劣后级份额，从而提升市场流动性。三是审慎推进信贷资产跨境转让。随着中资银行在“一带一路”共建国家加速布局，持有的境外信贷资产规模不断扩大，应完善银行境内外机构之间信贷资产跨境转让机制，利用境内外利率、汇率变动带来的市场机遇，发挥跨境资金运作优势，提升整体资产收益率。

第三，做好普惠金融大文章，强化民营企业融资支持。在信贷融资方面，健全适应民营企业融资需求特点的组织架构和产品服务，加大对科技创新、“专精特新”、绿色低碳、产业基础再造工程等重点领域民营企业的支持力度，支持民营企业技术改造投资和项目建设，积极满足民营中小微企业的合理金融需求。在债券融资方面，支持民营企业发行资产支持证券，推动盘活存量资产。通过担保增信、创设信用风险缓释工具、直接投资等方式，推动民营企业债券融资支持工具扩容增量、稳定存量。建设高收益债券专属平台，满足科技型中小企业融资需求。在股权融资方面，支持民营企业上市融资和并购重组，强化区域性股权市场对民营企业的支持服务。发挥政府资金引导作用，支持更多社会资本投向重点产业、关键领域民营企业。

（三）培育壮大耐心资本，激发科技创新活力

科技创新能够催生新产业、新模式、新动能，是发展新质生产力的核心要素。当前地方政府已经开启“为科技创新而竞争”的高质量发展竞赛，尤其是在金融支持科技创新方面，各地积极探索、因地制宜，形成政府投资引导社会资本参与的“合肥模式”、聚焦初创期和高成长期科技企业金融服务的“深圳模式”、以财政科技专项资金为指挥棒的“苏州模式”。鉴于科技创新具有投入大、周期长、风险高等特点，耐心资本在支持科技创新方面具有天然优势。①

首先，耐心资本投资理念与科技创新内在规律高度匹配。20 世纪 80 年代末，美国经济学家罗伯特·索洛提出了著名的生产率悖论，“我们到处都能看到计算机，但就是在生产率的统计数据中找不到它”。②

---

① 张晓晶：《构建同科技创新相适应的科技金融体制》，《学习时报》2024 年 8 月 21 日第 A1 版。

② Solow, R.,“You Can See the Computer Age Everywhere but in the Productivity Statistics”, *New York Review of Books*, 1987.

索洛悖论的背后反映出科技创新转化为实际生产力的基本规律，经验证据表明，科技创新对生产率增长的影响存在期初低估、期末高估的“J曲线”效应。不同于传统企业生产有形的商品和服务，科创企业主要通过著作权、专利权、专有技术、技能经验、品牌、商业信誉、文化创意、观念产品等无形资产增值实现财富创造。在新技术应用初期，劳动、资本、技术等传统生产要素转化为无形资产，由于无形资产价值往往难以量化，前期实际测量的产出偏低，导致真实生产率增长容易被低估。随着无形资产作为新的投入要素参与生产，无形资产逐渐向有形价值转化，后期实际测量的产出偏高而投入偏低会高估真实生产率增长。科技创新向生产力转化的“J曲线”效应，使得金融支持科技创新存在前期资金供给不足、后期资金供给过剩的问题。在期初生产率低估阶段，金融资本不敢投早、投小、投硬科技，金融供给不足极大地制约企业研发投入和创新能力。在期末生产率高估阶段，大量资金跟风涌入高技术产业，容易形成同质化竞争和估值泡沫。这一科技创新内在规律与耐心资本投资理念恰好匹配，有助于平衡前期投资不足和后期投资过度。一方面，耐心资本更加关注企业的长期增长潜力和内在价值，不会因短期市场波动而出现抽逃出资、快进快出等非理性行为，避免科创企业因短期资金压力而中断科技创新。另一方面，耐心资本的投资者通常具有丰富的行业经验和专业知识，能够正确认识和把握资本的特性和行为规律，避免出现资本无序扩张和“一窝蜂”式的投资热潮。

其次，耐心资本风险思维与科技创新价值创造相互契合。金融市场的主要功能是风险分散和价值发现，科技创新面临的风险和不确定性往往需要依托金融市场功能来帮助化解，因此风险定价成为连接耐心资本与科技创新的纽带。金融支持科技创新需要树立现代金融思维，与耐心资本的本质属性高度契合。一方面，资本价值取决于未来预期收益而不是过去经营业绩。新古典主义经济学大多认为资本价值是过去收益的总和，而欧文·费雪在《利息理论》中论证了资本价值等于未来预期收益的贴现，这一价值理念对于金融支持科技创新尤为重要。在传统的银行信贷和资本市场思维中，银行授信额度主要由抵押物价值决定，企业能否上市更看重过去的盈利能力，而不是企业未来的价值成长预期。传统金融思维对科技创新的桎梏尤为明显，因为原创性、颠覆性科技创新往往缺乏历史参照，也难以找到同行业可比的盈利指标或市值规模作为融资标准，造成金融市场帮助处于快速成长期但尚未实现盈利的科创企业实现融资发展的功能缺失。因此，判断科技创新的投资价值不宜站在现在看过去，而应当从未来看现在。耐心资本恰恰着眼于企业的长远发展和综合价值，强调对波动的忍耐、对过程的相信以及对未来的信心，依赖于对科技创新未来价值的预期进行前瞻决策。

资产负债表管理是培育耐心资本的重要基础，金融机构通过调整资产负债表结构，增加中长期资产配置比例，能够为耐心资本的形成提供稳定的资金来源。一是完善《商业银行资本管理办法》，对于商业银行通过间接方式投资科技企业形成的股权资产，在计算资本充足率时适当降低风险权重，减少对银行资本的消耗，提高银行开展投贷联动业务的积极性。二是破除长期资本进入风险投资市场的制度阻碍，引导保险资金、企业年金、养老金等长期资金进入创投市场，适度降低私募股权投资基金在“偿二代”体系中的风险因子。三是增强资本市场对科创企业评价标准的包容度，更加注重企业的创新能力、技术潜力和市场前景，而不仅仅是短期的财务表现。四是转变国有资本管理理念及考核机制，破除以是否有成熟经验为参照的旧观念，以国有资本能否在长周期内促进科技创新作为最终评价标准，依据科技创新活动的经营周期对国有资本考核周期进行调整。

（执笔人：曹婧）

第三章

构建同科技创新相适应的科技金融体制

“中国式现代化关键在科技现代化。”[①] 作为一种有效的资源配置方式，金融可以在支持科技创新方面发挥重要作用。2023 年召开的中央金融工作会议把科技金融作为“五篇大文章”之首，党的二十届三中全会将构建同科技创新相适应的科技金融体制确定为一项重要改革任务，凸显了完善科技金融体制在推进中国式现代化中的极端重要性。随着中国进入高质量发展阶段，“十五五”时期科技创新对经济社会发展的作用将进一步增强。本章在厘清科技创新金融需求特点的基础上，分析现有金融体制不适应科技创新金融需求的主要表现及其成因，在此基础上从金融组织体系、金融市场、金融监管、金融调控等方面归纳出提高科技金融体制适应性的主要着力点。

一　什么是同科技创新相适应的科技金融体制

与做好科技金融大文章相比，党的二十届三中全会所提出的“构建

① 本书编写组编著：《〈中共中央关于进一步全面深化改革　推进中国式现代化的决定〉辅导读本》，人民出版社 2024 年版，第 203 页。

同科技创新相适应的科技金融体制”在内涵上要更加丰富，其中，尤其强调科技金融体制与科技创新之间的适应性。

（一）把握科技金融体制的内涵

从概念上看，金融体制是一个国家或地区金融系统的基本框架和运行规则，包括金融组织体系、金融市场体系、金融监管体系和金融调控体系等方面。其中，金融组织体系是指一个国家或地区内的金融机构设置和组织形式，包括商业银行、证券公司、保险公司等；金融市场是金融工具交易的场所，涵盖股票、债券、外汇、期货等交易市场；金融监管体系包括金融监管机构以及相应的法律法规，旨在对金融机构和金融市场的活动进行监管；金融调控体系主要由中央银行或者货币政策制定机构组成，负责实施货币政策等，以实现宏观经济调控的目标。可以看到，金融体制涵盖了所有关于资金流动、金融交易和金融活动的规则、机构和制度。与之相对应，科技金融体制是指一个国家或地区金融系统与支持科技创新有关的基本框架和运行规则。

可以看到，从“做好科技金融大文章”到“构建同科技创新相适应的科技金融体制”，发展科技金融在内涵上发生了重要变化。与前者相比，“构建同科技创新相适应的科技金融体制”所涵盖的范围更加全面，更加突出科技金融发展的系统性和全面性；同时，也从金融组织、金融市场、金融监管、金融调控等不同维度为如何发展科技金融、提高金融支持科技创新效率指明了方向。

（二）适应性是关键

在“构建同科技创新相适应的科技金融体制”这一表述中，适应性是关键。所谓的适应性是指，科技金融供给要与科技金融需求的特点相匹配。与其他金融需求相比，科技金融需求至少具有以下几方面特点。一是高风险。科技金融需求具有较高的风险，这种风险源于科技创新所具有的不确定性。[①] 科技创新之所以具有较高的不确定性，主要有以下几方面原因。一方面，技术本身不确定性较高。从事前角度看，一项技术能否成功是不确定的。特别是对于一些颠覆式创新，在初始阶段没有任何规律可循。而且，在技术快速迭代的背景下，一项技术创新可能很快会被更新的技术替代甚至淘汰。另一方面，科技创新所面临的商业不确定性也比较高。一项创新即使在技术层面是可行的，但能否获得消费者、市场的接受和认可仍然是不确定的。如果无法获得商业上的认可，那么一项科技创新就很难实现商业可持续，金融机构也很难在支持科技创新中获得必要的回报。此外，一项科技创新能否获得成功还有赖于其他配套技术的创新以及政策支持情况。如果没有其他相关技术作为配套，或者缺乏有效的政策支持，一项科技创新也很难获得成功。特别是，科技企业普遍具有轻资产的特点，资产构成中专利技术等无形资产占据主体，在融资过程中普遍缺乏可以使用的抵押物，进一步增加了科技金融需求的风险。二是长周期。科技创新的过程大致可以划分为“发明”“创新”“创新的扩散”等阶段。发明是指技术从无到有地被创造出来，创新是指把新技术变为新产品，创新的扩散是指把产品市场化与产业化。[②] 因此，科技创新所经历的一个完整周期通常需要很长时间才能完成。一项科技成果诞生往往需要 3—5 年，此外还需要 3—5 年才能将科技成果实现产业化，二者相加通常需要 8—10 年的周期，与一般的生产经营周期相比要长得多。三是大资金。随着技术的进步，研发新产品、对技术进行升级以及拓展市场等都需要大量的资金投入。特别是对于一些关系国

---

① Seru, A., 2014, “Firm Boundaries Matter: Evidence from Conglomerates and R&D Activity”, *Journal of Financial Economics*, 111 (2): 381-405; Sunder, J., Sunder, S. and Zhang, J., 2017, “Pilot CEOs and Corporate Innovation”, *Journal of Financial Economics*, 123 (1): 209-224.

② 张明：《深化金融改革，做好科技金融大文章》，《辽宁大学学报》（哲学社会科学版）2024 年第 6 期。

计民生的基础性、颠覆性科技创新，前期往往需要投入大量的资金，如芯片制造、生物技术等。四是多元化。科技金融需求是多元的，而不是单一的。首先，与科技创新有关的金融需求不仅包括资金需求，还包括对一项科技创新的价值发现、与科技创新有关的技术估值与定价、科技创新研发和融资过程中的风险分担、对科技创新人员的激励、与科技企业有关的并购等等。其次，处于创新链条不同阶段的科技企业具有的金融需求也存在差异。完整的创新链条包括“从 0 到 1”的原始创新、“从 1 到 10”的应用研究、“从 10 到 100”的科技成果转化和“从 100 到 N”的大规模产业化等环节，不同阶段对应的金融需求存在很大差异，需要通过不同的金融手段进行满足。比如，那些处于初始研发阶段的中小科技企业金融需求金额相对较小，且比较分散，而那些处于成熟期的科技企业资金需求量则会很大。

结合科技金融需求的上述特点，可以看到，科技金融体制的适应性主要体现在以下方面：一是总量上的适应性。即金融体系能够满足科技创新活动在总量上的金融需求，随着科技金融需求的增长，科技金融供给的规模也应该相应增长。二是风险上的适应性。即金融供给主体的风险偏好应当与科技创新的高风险特征相适应，金融体系应当有足够多的具有较高风险偏好的金融供给主体。三是期限上的适应性。金融体系应该能够提供足够多的专注于长期投资的耐心资本，这类资本不以追求短期收益为目标，而更加重视长期回报，通常不受市场短期波动的干扰。四是金融服务种类上的适应性。金融体系应当能够提供丰富多元的金融产品和服务，包括融资服务、价值发现、估值定价、风险分担、并购重组、股权激励等，以更好地满足科技创新活动的多元化金融需求。同时，不同金融供给主体之间应该能够进行有效的协同，围绕科技创新活动的全链条形成健全的科技金融生态。

二　现有科技金融体制的短板

近年来，在相关政策的支持下，中国在科技金融发展方面进行了全方位探索，成效明显。尽管如此，现行科技金融体制仍无法充分适应科技创新的金融需求。

（一）资金供给总量不足

现有金融体系对科技行业的资金供给总量不足，与科技行业对经济增长的贡献度不相适应。以信贷资金供给为例，中国人民银行数据显示，截至 2023 年年末，中国科技型中小企业本外币贷款余额为 2.45 万亿元，同比增长 21.9%，比同期各项贷款增速高 11.8 个百分点；高新技术企业本外币贷款余额为 13.64 万亿元，同比增长 15.3%，比同期各项贷款增速高 5.2 个百分点。同时，截至 2023 年年末，中国金融机构本外币各项贷款余额 242.24 万亿元。计算可以得到，科技型中小企业和高新技术企业本外币贷款余额占金融机构本外币各项贷款余额的比重分别为 1.01%和 5.63%。与之相比，根据第五次全国经济普查结果，2023 年全国专利密集型产业增加值为 168713 亿元，占国内生产总值（GDP）的比重为 13.04%；另外，2023 年中国数字经济核心产业增加值超过 12 万亿元，占 GDP 比重达 10%。可以看出，尽管保持较高增速，但中国目前对科技行业的贷款投放仍然在较大程度上落后于科技行业对经济增长的贡献，金融供给在总量上与科技金融需求不相适应。

银行是中国金融体系的主体，对科技行业的资金供给总量不足在较大程度上源于银行体系对科技企业的支持力度有限。主要原因在于：一是银行对科技企业的股权投资渠道不畅。股权投资为银行分享科技企业成长收益提供了一种可能渠道，但现阶段面临诸多障碍。一方面，直接股权投资业务被现有法律所禁止。2015 年修订的《中华人民共和国商业银行法》

第四十三条规定："商业银行在中华人民共和国境内不得从事信托投资和证券经营业务，不得向非自用不动产投资或者向非银行金融机构和企业投资。"受此限制，银行无法通过直接股权投资方式为科技企业提供资金支持。另一方面，间接股权投资业务规模较小。现行政策框架下，银行主要通过投贷联动试点和市场化债转股等方式间接持有科技企业股权。但目前仅有少数银行开展投贷联动试点，且仅限于特定区域，一些在服务科技企业方面具有优势的金融机构因缺乏试点资格而无法开展相关业务。两种方式总体规模均比较小，对科技创新的支持力度较为有限。二是科技企业专营机构发挥作用有限。包括科技支行、科技金融服务中心、科技金融创新中心、科技金融事业部等。现有政策对专营机构的规定比较宽泛，在操作层面主要由银行自己决定，缺少更具体的指导意见。主要体现在：一方面，对专营机构的管理体制不够完善。部分银行对专营机构的审批权限下放还不到位，专营机构在业务流程、考核评价体系、风险容忍度等方面与银行其他分支机构差异不明显，无法充分调动专营机构服务科技企业的积极性；另一方面，银行普遍缺乏兼具金融知识和科技行业背景的复合型人才，对科技企业的风险状况和发展潜力缺乏准确判断。

（二）资金供给结构中股权资金偏少

从资金供给结构上看，无论是存量资金还是增量资金，债权资金在社会融资规模中均占据主导地位，股权资金供给明显偏少。与权益资金相比，通过债权方式提供资金时，资金提供者只能通过收取利息的方式获得回报，收益相对有限。这也决定了债权资金的提供者风险偏好一般比较低，会更加重视资金运用的安全性和流动性，与科技创新活动所具有的高风险特性存在着天然矛盾，影响了支持科技企业的积极性。①

① 张一林、龚强、荣昭：《技术创新、股权融资与金融结构转型》，《管理世界》2016 年第 11 期。

以人民币贷款为例，2024 年中国社会融资规模为 32.3 万亿元，其中，新增人民币贷款在社会融资规模增量中占比 52.3%；截至 2024 年年末，中国社会融资规模存量 408.3 万亿元，其中人民币贷款 252.5 万亿元，占比为 61.8%。与之相比，2024 年中国新增非金融企业境内股票融资在社会融资规模增量中占比仅为 0.9%；非金融企业境内股票存量 11.72 万亿元，在社会融资规模存量中占比仅为 2.9%。可以看到，中国金融体系中债权资金供给总量远远超过权益资金。

之所以股权资金偏少，与中国资本市场发展滞后有关。与美国等发达国家相比，中国资本市场在支持科技方面还存在明显短板。截至 2024 年年末，中国资本市场总市值为 93.95 万亿元，是中国 GDP 的 0.7 倍；与之相比，美国资本市场总市值达到 63 万亿美元，是美国 GDP 的 2.2 倍，差距明显。其主要原因有以下几方面：一是上市门槛偏高。尽管现有上市制度对科技企业设置了相对较低的上市标准，但科技企业上市门槛仍比较高。受制于传统思维，现行上市标准对科技企业价值的评估仍然基于过去业绩，而不是未来发展潜力，导致门槛偏高。根据 2024 年 4 月修订的《科创板企业发行上市申报及推荐暂行规定》，企业申报科创板发行上市需要同时满足 4 项标准，其中包括最近三年营业收入复合增长率达到 25%，或者最近一年营业收入金额达到 3 亿元。从实际中看，能满足上述要求的企业大多数资金需求已经有所缓解。二是 IPO 政策松紧尺度不一。尽管已经实行注册制，但不同时期 IPO 政策容易受到市场波动影响，导致松紧尺度不一，不利于科技企业形成稳定的上市预期，也不利于风险投资机构通过被投资企业的 IPO 上市实现退出。比如，从 2023 年 8 月开始，中国资本市场先后出台了多项政策加强 IPO 市场监管，主要包括：2023 年 8 月 27 日，证监会要求统筹一二级市场平衡、优化 IPO 和再融资监管安排，阶段性收紧 IPO 节奏，促进投融资两端的动态平衡。2024 年 3 月 15 日，证监会发布《关于严把发行上市准入关从源头上提高上市公司质量的意见（试行）》提出 8 项政策措施，要求严把拟上市企业申报质量、压实中介机构“看门人”责任、突出交易所审核主体责任等。同年 4 月 12 日，国务院发布《关于加强监管防范风险推动资本市场高质量发展的若干意见》，要求提高发行上市辅导质效，扩大对在审企业及相关中介机构现场检查覆盖面；压实发行人第一责任和中介机构“看门人”责任，建立中介机构“黑名单”制度。在此背景下，至 2024 年 8 月 26 日，在 1 年时间内中国 A 股市场 IPO 受理 135 家，同比减少超七成；按上市日期计算，IPO 成功上市的公司共 129 家，同比减少 293 家，募资合计 962.54 亿元，同比下降 79.69%；因主动撤回而终止审核的 IPO 项目共 481 家，同比翻倍。三是退出通道不畅。长期以来，中国资本市场没有建立完善的退出机制，上市公司“只进不出”，大量劣质上市公司仍然留在资本市场，资本市场无法实现优胜劣汰，对优质科技企业上市造成阻碍。中国 A 股市场年均退市率不足 1%，而美国纳斯达克市场年均退市率接近 8%，差距明显。四是高收益债券市场发展滞后。目前，中国科创债券和科创票据的发行主体主要是信用等级较高的金融机构或者投资公司，这些机构将所筹集的资金进一步投向科技企业，而真正由信用等级偏低的科技企业发行的高收益债券还非常少，高收益债券市场发展方面还处于起步阶段。从发达国家经验看，信用债市场中高收益债券的占比在 20%左右，总体呈现级别低、收益高、数量多、规模小、期限长等特点，对于满足信用等级偏低的科技企业融资需求具有重要作用。

（三）耐心资本严重匮乏

现有金融体系对科技创新活动的资金供给在期限上偏短，耐心资本严重缺乏，与科技金融需求的长周期特点不相适应。

第一，股权投资机构发展滞后。作为耐心资本的重要组成部分，股权投资机构以股权形式将资金提供给科技企业，可以从科技企业的长期成长中分享投资收益，由此决定了其较高的风险偏好，与科技创新活动的高风险和长周期特征具有天然的匹配性。与银行等金融机构相比，中国股权投资机构发展明显滞后，总体规模偏小。中国基金业协会发布的数据显示，截至2024年年末，中国存续私募基金144155只，存续基金规模19.91万亿元。其中，存续私募股权投资基金30282只，存续规模10.94万亿元；存续创业投资基金25133只，存续规模3.36万亿元。与之相比，作为全球最大的私募基金市场，截至2022年第三季度，美国证监会备案的私募基金43475只，管理总资产高达19.91万亿美元，管理资产规模远远超过中国。此外，中国顶尖风投机构数量也远落后于美国。胡润研究院发布的《2022全球创投机构榜》显示，全球前十大风险投资机构中，美国占有7席，中国仅占有2席。在121家上榜的创投机构中，有86家创立于美国，占比71%；25家创立于中国，占比21%。

制约中国股权投资机构发展的因素主要有以下几个方面。其一，资本市场基础制度不完善。通过资本市场IPO上市是风险投资机构退出的一个重要渠道。如前所述，现阶段中国资本市场基础制度还不健全，IPO节奏不稳，对风险投资机构退出形成制约。其二，募资难问题较为突出。一是中长期资金供给不足。长期以来，中国资本市场资金来源以短期资金为主，养老金、保险机构、捐赠基金等中长期资金较为匮乏。2023年，中国资本市场中长期资金持股占比不足6%，远低于境外成熟市场普遍超过20%的水平。二是对风险投资机构监管过严。风险投资业本质上是一种科技服务业，国际监管惯例较为宽松。而中国则将其作为类金融行业进行严格监管，导致风险投资机构面临税负重、早期基金银行托管难、基金备案类型变更难、工商变更难等问题，严重影响了投资者的积极性。三是中长期资金进入通道不畅。保险资金、企业年金、养老金、银行理财资金等中长期资金进入风险投资领域的配套政策尚不完善，比如权益投资风险因子偏高降低了保险资金的投资积极性等。其三，整体税负偏重且缺乏正向激励的税收政策。以中国创投行业股权转让所得产生的税收为例，合伙制基金层面的机构合伙人需要缴纳25%的所得税，个人合伙人须缴纳20%或5%—35%的个人所得税；公司制基金层面需要缴纳25%的企业所得税，穿透到个人投资者仍需额外缴纳20%的个人所得税，实际税负达到40%。此外，对于创投基金在二级市场减持股份还需要征收一定的增值税。与美国等发达国家相比，中国创投行业实际税负偏高。特别是，目前对于风险投资机构投资收益适用单一税率，没有与投资期限反向挂钩，缺乏对中长期投资的激励。

第二，国有资本发挥作用不够充分。国有资本具有一定的政策性属性，兼顾短期效益和长期效益，是耐心资本的重要来源。从实践中看，国有资本可以通过政府引导基金等方式直接或间接投资于科技企业。当前，国有资本支持科技创新仍面临一些体制障碍。主要体现在：一是国有资本管理理念亟待转变。首先，在国有资本管理中过于强调保值增值。科技创新活动本身具有较高的风险，社会资本通常不愿意进入。国有资本的进入从根本上是为了弥补市场失灵，因此也必然需要承担较高的风险，与保值增值的管理理念产生矛盾。特别是在风险相对较高的科技创新活动的早期阶段，尤其需要国有资本介入。其次，习惯于以科技创新活动是否有成熟经验为参照作为判别标准。在科技创新活动处于跟随阶段时，这一做法是可行的。但随着中国科技实力的增强，越来越多的科技创新活动进入“无人区”，这一理念已经无法适应实践发展需要，导致国有资本在一些重大前沿性科技创新领域缺少布局。二是对国有资本支持科技创新的考核评价体制亟待优化。首先，没有形成有效的容错机制。对于国有资本投资的事后审计巡查过于严格。缺少对科技创新活动风险的正确认知，风险容忍度偏低，没有形成尽职免责的容错机制，严重影响了国有资本投资的积极性。其次，考核方式存在缺陷。部分地方政府主管部门对于国有资本投资科技企业采取按年考核，考核周期较短，没有考虑科技创新活动所具有的长周期特征，需要很长时间才能产生收益。一些地方政府主管部门评价国有资本绩效的首选指标仍然是经济效益，考核指标单一，忽略了国有资本所具有的政策性属性，也没有充分考虑科技创新活动产生的潜在社会效益。部分地方政府主管部门对国有资本投资按项目逐一进行考核，忽略了大部分科技创新活动会面临失败这一行业发展规律。

（四）科技金融生态不健全

科技金融需求具有多元化特点，需要构建协调有序的科技金融生态加以满足。现阶段，中国在科技金融生态构建方面还存在一些短板。

第一，对融资以外的其他金融需求重视程度不够。囿于传统思维，现有金融体系在开展科技金融业务过程中较多地关注于科技企业的融资需求，而对其他金融需求重视程度不够。如前所述，科技企业的金融需求既包括融资需求，也包括风险评估与定价、风险分担、对科技人员的激励机制、并购等，这些需求对于科技企业的长远发展同样是非常重要的。如果其他方面的金融需求无法得到有效满足，对科技企业的资金供给可能无法发挥最大效率，甚至会衍生出其他金融风险。从实际中看，现有金融体系在为科技企业提供风险评估与定价、风险分担、对科技人员的激励机制、并购等金融服务方面还有所欠缺。

第二，不同金融供给主体之间缺乏有效协同。与科技企业的多元化金融需求相对应，在为科技企业提供服务的金融机构中，除了商业银行，还包括政策性银行、股权投资机构、风险分担机构、投资银行等其他类型金融机构。从目前情况看，不同类型金融机构之间还缺乏有效协同。比如，商业性金融机构与政策性金融机构的协同不够，包括政策性银行、政策性担保等，商业性金融机构与政策性金融机构在支持科技企业方面还没有充分发挥资源互补优势；商业银行与股权投资机构、风险分担机构之间也缺乏有效协同，在开展投贷联动、银担合作等业务方面还有较大的提升空间；国有资本与社会资本在协同支持科技创新方面还存在较多不足，部分地区国有资本通过设立政府引导基金支持科技创新时没有与市场化基金错位发展，甚至存在与社会资本争利的情况。

第三，对不同类型科技金融需求缺少针对性服务。一是对处于生命周期不同阶段的科技企业缺乏针对性金融服务。科技企业的生命周期一般可以分为种子期、初创期、成长期、成熟期、衰退期，其风险随着生命周期的后移而逐渐减小。从实际中看，目前对科技企业的金融支持主要集中于风险相对较低的成长期和成熟期，而对风险较高的种子期、初创期等早期阶段的支持力度则偏弱，缺少有针对性的金融产品和服务。二是对国家重大科技任务的金融支持力度不够。在支持国家重大科技任务、关键核心技术攻关、战略科技力量建设等方面还没有形成系统化的科技金融组织活动，政策性资金、银行信贷、创业投资、科技债券、科技保险等不同类型金融工具缺少有效联动。

第四，科技金融支持政策有待优化。一是知识产权在价值评估、流转处置等方面面临困难。知识产权是科技企业拥有的最重要的一种资产。知识产权评估结果差异大、处置变现难度高等是开展知识产权质押融资的核心障碍，导致金融机构对知识产权认可程度不高，很多金融机构在向科技企业融资过程中仅把知识产权质押作为辅助增信措施。二是科技再贷款覆盖范围过窄。2022 年 4 月以来，中国人民银行先后设立科技创新再贷款、设备更新改造专项再贷款、科技创新和技术改造再贷款，合计金额 9000 亿元，利率 1.75%，期限 1 年。上述再贷款的发放对象包括国家开发银行、政策性银行、国有商业银行、邮政储蓄银行、股份制商业银行等 21 家金融机构，均为大型金融机构，不包括其他中小金融机构，覆盖范围相对较窄。一些科技贷款业务占比较高的中小银行反而没有享受到这一政策，造成一定程度的不公平。三是监管政策宽容度不够。没有针对金融机构开展科技金融业务实施差异化的监管政策，风险容忍度偏低。

三 “十五五”时期提高科技金融体制适应性的着力点

“十五五”时期，随着自身科技实力的增强，中国科技创新将逐步进入“无人区”，缺少可以参照的发展路径；同时，中国在科技创新领域也将面临越来越多的“硬骨头”，需要在重点领域寻求关键核心技术的突破性创新。在这种情况下，科技金融需求所具有的高风险、长周期、大资金、多元化等特点将更加凸显，需要从金融组织体系、金融市场、金融监管、金融调控等多个方面完善现有金融体制，提高科技金融体制的适应性。

（一）提高金融组织体系风险偏好

从金融组织体系角度看，重点是要提高各类金融供给主体的风险偏好，与科技金融高需求的高风险特征相适应。①

第一，大力发展股权投资机构。发展股权投资机构对于提高金融体系整体风险偏好、壮大耐心资本具有重要意义。② 一是健全风险投资退出机制。优化以信息披露为核心的注册制，进一步降低科技企业资本市场上市门槛。保持 IPO 节奏的平稳，为风险投资机构通过资本市场退出提供稳定的预期。大力发展并购投资行业，建立完善突破关键核心技术的科技企业并购重组“绿色通道”，适当提高轻资产科技企业重组的估值包容性。发展股权二级市场基金，支持各类国有基金份额通过股权托管交易中心开展转让试点。二是拓宽风险投资资金来源。发挥企业年金

---

① Tian, X. and Wang, T., 2014, “Tolerance for Failure and Corporate Innovation”, *Review of Financial Studies*, 27 (1): 211-255.

② 刘冠辰、李元祯、李萌：《私募股权投资、高管激励与企业创新绩效——基于专利异质性视角的考察》，《经济管理》2022 年第 8 期。

和养老金支持作用，放宽社保基金等中长期资金投向风险投资领域的比例限制，鼓励商业化养老金适量配置股权投资，吸引更多长期资金进入风险投资领域。适当放宽银行理财资金投资风险投资领域的比例限制，允许更多比例的理财资金通过合法合规的渠道进入风险投资领域。适时下调保险资金投资科创板上市普通股票的风险因子，提高险资积极性。拓展多元化资金来源，明确慈善基金和捐赠基金的投资范围、方式和比例，允许其在风险可控的前提下进行股权投资，为慈善基金和捐赠基金的投资收益提供税收减免或优惠政策。2025 年 1 月，中央金融办等 6 部门联合印发《关于推动中长期资金入市工作的实施方案》，从实施长周期考核等方面提出了引导长期资金入市的具体举措。三是推动形成利于培育耐心资本的税收制度。对风险投资基金在二级市场减持收益，免交增值税；实施与投资期限反向挂钩的阶梯税率，鼓励各类资本开展长期投资。

第二，做大投贷联动业务规模。银行业是中国金融体系的主体，更好地发挥银行业的作用对于增加对科技企业的资金供给意义重大。[①] 作为一种将信贷投放与股权投资相结合的融资模式，投贷联动可以帮助银行分享科技企业未来成长收益，提高其风险偏好。[②] 目前，中国投贷联动业务还处于起步阶段，需要进一步做大业务规模。一是扩大银行投贷联动业务试点范围。允许更多符合条件的银行开展投贷联动业务。可以由银行根据自身情况就开展投贷联动业务试点进行申请，让那些真正有意愿、有能力开展投贷联动业务的银行能够享受到这一政策。二是优化银行资本监管政策。调整《商业银行资本管理办法》，对于商业银行或其所属集团公司通过投贷联动方式投资科技企业形成的股权资产，在计算资本充足率时适当降低风险权重，减少对银行资本的消耗，提高银行

---

① 张杰、郑文平、新夫：《中国的银行管制放松、结构性竞争和企业创新》，《中国工业经济》2017 年第 10 期。

② 李广子：《银行投贷联动业务模式的优化》，《银行家》2024 年第 9 期。

开展投贷联动业务的积极性。三是加强银行投资能力的培养。着力培养技术+产业+金融的复合型人才，打造专业化的投资团队，提高投资能力，从而能够更好地识别科技企业的投资价值和投资风险，获取更高的投资收益。四是丰富和创新投贷联动业务模式。充分发挥外部投贷联动模式的灵活性优势，引导银行扩大外部股权投资机构的合作范围，与各类外部股权投资机构加强合作，建立灵活的合作和收益分享模式，包括PE、VC、政府引导基金等。

第三，更好地发挥科技金融专营机构的作用。应当细化关于科技企业专营机构的政策指引，提高专营机构运作的规范性和运营效率。一是提高风险容忍度。可以在现有3%的基础上，引导银行提高对科技支行信贷业务风险的容忍度，优化内部考核评价体系，增加科技支行业务开展积极性。二是扩大业务权限。推动银行简化科技支行业务流程，扩大审批权限，降低科技企业准入门槛，增加信用贷款比重，提高科技支行业务开展的自主性和服务效率。三是提高金融服务专业性。鼓励银行结合科技企业特点，加强产品和服务创新，提高科技支行金融产品和服务的专业性；优化科技支行人才配置，扩充具有科技背景的人才队伍，提高对科技企业风险评估的有效性。

第四，优化银行业股权结构。股东对银行经营决策产生重要影响，引入风险偏好较高的股东是提高银行业风险偏好的一条潜在路径。一是积极引导非国有资本入股银行，扩充银行资本来源，增加对科技企业的资金供给；二是鼓励优质科技企业入股银行，在提高银行业整体风险偏好的同时，借助科技企业股东的专业优势，提高银行对科技企业的风险识别能力。

（二）充分发挥金融市场资源配置功能

与银行业相比，资本市场可以引入风险相对较高的投资者，从而能够与科技创新活动的高风险特征更好地匹配。此外，资本市场还具有独特的价值发现和风险定价功能，能够更好地识别出科技企业的风险和发展潜力。2024 年 4 月，证监会发布《资本市场服务科技企业高水平发展的十六项措施》，从上市融资、并购重组、债券发行、私募投资等方面提出了支持性举措。2025 年 2 月，证监会发布《关于资本市场做好金融“五篇大文章”的实施意见》，提出要加强对科技型企业全链条全生命周期的金融服务，具体措施包括支持优质科技型企业发行上市、优化科技型上市公司并购重组、股权激励等制度。从未来情况看，要把发展多层次资本市场作为提高科技金融体制适应性的重中之重。

一是完善不同市场之间的差异化定位与协同。健全涵盖创业板、科创板、新三板等在内的多层次金融市场体系；统筹推进新三板基础层、创新层制度创新，稳步扩大区域性股权市场创新试点范围，健全各层次市场互联互通机制。更好地发挥资本市场在价值发现、风险定价等方面的作用。

二是降低科技企业上市门槛。优化以信息披露为核心的注册制架构，制定重点领域专项信息披露指引，提高市场透明度。在加强信息披露的基础上，适当降低科技企业上市门槛，淡化规模、盈利等指标要求，将研发费用作为更重要的价值评估依据，为那些暂时未盈利但具有较好发展潜力的科技企业上市提供空间。

三是完善退市制度。降低退市门槛，优化退市板块挂牌流程，提高退市效率。拓宽退市渠道，支持引导不具备持续经营能力的企业采取自愿退市、协议退市、回购、吸收合并等方式退市。

四是推动高收益债券市场发展。加快市场主体培育，以科创型、创新型、“专精特新”等企业为核心，逐步形成高收益债券供给端。优化市场基础设施建设，在强化注册审核、发行簿记、交易、托管及结算等系统建设的同时，着力完善相关交易制度、流动性安排、信用增级和市场退出机制等建设。加强高收益债产品创新，发展信用保护工具，提高投资者参与高收益债券市场积极性。

（三）优化科技金融监管政策

从金融监管角度看，重点包括对科技金融采取差异化监管政策、优化国有资本考核评价机制以更好地发挥国有资本在支持科技创新中的作用等。

第一，探索差异化监管政策。对科技金融业务实施差异化监管，有助于提高金融机构开展业务的积极性，引导更多金融资源投向科技企业。一是提高科技金融业务风险容忍度。对于商业银行通过科技支行或其他方式向科技企业提供的贷款，适当提高不良贷款容忍度；优化科技金融业务尽职免责机制，建立尽职免责负面清单，完善免责认定标准和流程，提高从业人员积极性。二是调整优化科技金融业务经济资本占用系数。支持银行机构单列科技型企业贷款规模，调整优化经济资本占用系数，降低银行资本消耗，引导商业银行将更多资金配置到科技行业。三是对科技金融业务实施差异化激励考核。提高科技金融相关指标在机构内部绩效考核中的占比，增加对金融机构开展科技金融业务的激励。

第二，优化国有资本考核评价机制。对考核评价机制进行优化是更好地发挥国有资本在促进科技创新中作用的一个关键。一是推动容错机制真正落地。出台更为明确的政策，完善国有资本投资科技创新领域的容错机制，提高风险容忍度，营造尽职免责的良好氛围。借鉴负面清单管理方式，只要不涉及违法违规、重大过失和其他道德风险，则对相关人员不予追究责任。除了在普通员工层面建立容错机制，更要在国有资本投资主体高管层面推动容错机制真正落地。二是完善国有资本考核方式。依据科技创新活动的经营周期对国有资本考核周期进行调整，使得二者尽可能相匹配；丰富考核指标体系，在经济效益考核基础上适当增加其他非经济效益指标，更好地反映国有资本投资的社会效益；在考核中更多地采取打包考核的方式，减轻对项目逐一考核时偶然因素造成的干扰。近期，部分地区已经开始在容错机制方面进行探索。比如，上海市国有资产监督管理委员会与上海市金融办于 2024 年 12 月联合出台《市国资委监管企业私募股权投资基金考核评价及尽职免责试行办法》，明确了可以尽职免责的五种情形：基金效益良好或完成整体目标，没有造成重大损失和严重不良影响，但少数项目出现风险或损失；落实国家或本市重大战略项目，按照相关要求推进，完成功能作用和战略任务，出现风险或损失；尚处于技术研发阶段或承担备选技术路线的项目，出现风险或损失；因国内外政策环境、技术规则重大变化，出现风险或损失；因不可抗力因素导致风险或损失。

（四）完善科技金融调控与政策支持体系

发展科技金融需要有效市场与有为政府的结合，完善科技金融调控与政策支持体系是更好发挥政府作用的集中体现。

第一，扩大科技再贷款覆盖范围。为提高中国人民银行科技再贷款政策的实施效果，在开展科技再贷款业务过程中不能仅限于大银行，应当依据从事科技企业贷款的规模等对银行进行筛选，将政策覆盖范围从现在的大银行向其他中小银行拓展，让更多从事科技业务的中小银行能够享受到政策红利。

第二，完善知识产权融资保障体系。一是提高知识产权价值评估的科学性。出台知识产权价值评估指引，推动建立知识产权价值评估的权威机构，完善知识产权价值评估体系，提高知识产权价值评估的科学性和公信力。二是完善知识产权质物处置机制。开展知识产权运营服务体系建设，提升知识产权交易、质押、处置等运营能力；探索建立知识产权运营平台，畅通知识产权交易和质物处置渠道。三是拓展知识产权融资渠道和产品。鼓励金融机构加强对知识产权融资产品的研发和创新，推出更加灵活、多样化的融资产品和服务，满足科技企业个性化融资需求。

第三，优化科技金融生态。一是提高金融产品和服务的针对性。对处于不同行业、不同成长阶段的科技企业提供差异化、针对性金融产品和服务，提高金融服务效率，更好地适应不同科技企业的金融需求，尤其是要加强对处于早期阶段科技企业的金融服务。二是加强“股贷债保投”多方联动。其中，“股”是指股权投资，“贷”是指银行信贷，“债”是指债券融资，“保”是指保险或担保，“投”是指投资银行。由政府部门牵头，搭建“股贷债保投”多方联动的平台，完善政、企、金等对接机制，为科技企业提供综合化金融服务，满足科技企业多元化金融需求。这里特别需要提到的是“投”。从未来情况看，科技企业通过并购对产业链供应链进行整合进而推动创新的情况将会日益增多，投资银行可以在这一过程中发挥重要作用。三是推进信息服务平台建设。完善科技创新领域的信息共享平台，向符合条件的金融机构开放科技企业纳税、征信、电力、社保等数据，增加企业信息透明度和行业信息公开性，提高金融机构在企业筛选、风险识别和评估等方面的能力。

第四，建立重大科研项目金融供给协同机制。结合国家重大科技任务的金融需求特点，发挥举国体制的优势，加强银行信贷、资本市场、科技保险、创业投资、债券以及财政引导等多项政策联动，打造支持国家科技重大任务的新型金融支持体制。发挥政策性资金在支持国家重大科技任务中的牵引作用，更好地带动社会资本。

（执笔人：李广子）

第四章

发展风险投资、助力金融强国

一　风险投资理论的最新发展和国际最佳实践

风险投资理论从对投资活动环节的剖析及对风险活动价值的揭示，向风险投资制度环境、交互关系以及决策者个人特质演进，呈现出从“市场”到“政府与市场”、从“单向投资”到“互动关系”、从“点对点”到“点到网络”的边际扩展。实践中，风险投资成功哺育了OpenAI等人工智能前沿成果的问世。

（一）理论的最新发展

风险投资的历史可追溯至19世纪末美国私人银行对钢铁、石油和铁路等新兴产业的战略投资，这些早期实践以高风险换取高回报的特性已初现雏形。现代风险投资体系的正式诞生以1946年为分水岭——哈佛大学教授乔治·多里奥特联合新英格兰企业家创立美国研究与发展公司（AR&D），其机构化运作模式为行业树立标杆。此后30年间，伴随小型合伙制风投公司的涌现，1973年全美风险投资协会的成立标志着行业规范化进程的加速。1978年美国政府将资本利得税从49%大幅调降至20%，这一政策红利直接推动行业在20世纪80年代进入爆发期。至90年代，风险投资规模呈指数级增长，投资版图从半导体、计算机拓展至互联网、生物技术等前沿领域，完成了从传统科技向新经济领域的跨越。

“风险”二字的本质源于其多维度的不确定性：技术路径的验证风险、产业链配套的协同风险、商业模式的迭代风险、融资通道的持续性风险，以及创始人能力与市场竞争的动态博弈风险。这种系统性风险与超额回报的共生关系构成了行业底层逻辑——资本通过承担创新早期的技术转化风险，换取项目成功后数十倍乃至百倍的投资收益。高额回报不仅创造了财富神话，更重要的是为那些可能颠覆产业格局的技术突破提供了源源不断的资金支持。

风险投资的本质是以中长期股权投资推动高新技术从实验室走向市场的“转化引擎”，即既为早期创新提供试错资金，又通过市场化机制筛选技术路径。1970—2000 年美国上市科技公司中约 54%曾接受过风险投资，这些企业市值增量占纳斯达克总市值的 35%。在数字经济时代，风险投资更成为人工智能、量子计算等战略科技发展的重要支持力量，持续驱动着技术进步、产业升级与社会经济结构的深层变革。

随着风险投资活动的繁荣与发展，现有文献细致剖析了风险投资活动的诸多关键环节，为人们揭示了风险投资的本质，并进一步提升了人们对于风险投资活动价值的认知。风险资本参与股权投资的主要目的是通过成功退出获取高额收益。在众多退出方式中，IPO 被公认为风险投资成功退出的象征，[①] 不仅为风投机构带来超额利润，还能迅速在业界建立高声誉和社会影响。[②] 许多学者都将关注点放在风投机构在资本市

---

① Hochberg, Y. V., Ljungqvist, A. and Lu Y., 2007, “Whom You Know Matters: Venture Capital Networks and Investment Performance”, *Journal of Finance*, 62 (1): 251-301.

② Gompers, P. A., 1996, “Grandstanding in the Venture Capital Industry”, *Journal of Financial Economics*, 42 (1): 133-156.

场的参与对于被投企业的市场价值提升效应，提出了监督论、① 认证假说、② 信息不对称③和逆向选择、④ 声誉假说⑤和市场力量论⑥等理论。当然，也有研究指出，风险投资也可能因为“逐名效应”⑦ 导致被投企业采取一些短视行为。

随着研究的持续深入，前沿研究已不满足于对于风险投资活动环节的剖析及对风险活动价值的揭示，而开始关注制度环境、交互关系以及决策者个人特质在风险投资活动及风投中的作用，研究呈现出从“市场”到“政府与市场”、从“单向投资”到“互动关系”、从“点对点”到“点到网络”的边际扩展。

从“市场”到“政府与市场”。风险投资市场作为高度市场化的市场，⑧ 前沿文献不仅持续性探讨风险投资行业在新兴市场国家的增长和演化过程中呈现的市场化差异性特征；⑨ 还开始探究政策环境的变化对

---

① Barry, C. B., Muscarella, C. J., Peavy, J. W., et al., 1990, “The Role of Venture Capital in the Creation of Public Companies: Evidence from the Going Public Process”, *Journal of Financial Economics*, 27 (2): 447-471.

② Megginson, W. L. and Weiss, K. A., 1991, “Venture Capitalist Certification in Initial Public Offerings”, *Journal of Finance*, 46 (3): 879-903.

③ Rock, K., 1986, “Why New Issues are Underpriced”, *Journal of Financial Economics*, 15 (1-2): 187-212; Ibbotson, R. G., 1975, “Price Performance of Common Stock New Issues”, *Journal of Financial Economics*, 2 (3): 235-272.

④ Amit, R., Glosten, L. and Muller, E., 1990, “Entrepreneurial Ability, Venture Investment and Risk Sharing”, *Management Science*, 36 (10): 1232-1245.

⑤ Gompers, P. A., 1996, “Grandstanding in the Venture Capital Industry”, *Journal of Financial Economics*, 42 (1): 133-156.

⑥ Nahata, R., 2008, “Venture Capital Reputation and Investment Performance”, *Journal of Financial Economics*, 90 (2): 127-151.

⑦ Elston, J. A. and Yang, J. J., 2010, “Venture Capital, Ownership Structure, Accounting Standards and IPO Underpricing: Evidence of Germany”, *Journal of Economics and Business*, 62 (6): 517-536.

⑧ Sahlman, W. A., 1990, “The Structure and Governance of Venture-capital Organizations”, *Journal of Financial Economics*, 27 (2): 473-521.

⑨ Carla, V., Santiago, M. and Sharon, F., 2021, “Institutions and Venture Capital Market Creation: The Case of an Emerging Market”, *Journal of Business Research*, 127: 1-12.

风险投资市场的影响，例如正式制度与非正式制度对风险投资活动塑造的推动作用，① 以及政府参与风险投资活动的方式与结果。② 特别是，关注不同的市场制度下政府在产业资源分配方面的作用是否存在差异、政府对于风险投资活动的引导是否获得预期效果。③

从“单向投资”到“互动关系”。风险投资决策不是投资机构单方面作用的结果，而是依赖于投资机构与创业企业之间的互动。最新研究开始探讨风险投资机构和创业企业之间复杂的互动关系。与传统融资方式不同，风险投资机构的特征在于不仅会向标的被投企业提供资金，还会扮演专家、导师、密友等多重角色，支持初创企业的后续发展。④ 因此，双方之间的情感联结、信任关系、匹配程度等不仅会影响风险投资者的决策，⑤ 而且会影响投后双方的互动，进而影响被投企业的成长。

从“点对点”到“点到网络”。风险投资的发展不仅表现为风险投资机构与被投企业之间空间上的跨时间和跨空间的价值交换与资本转移，⑥ 近年来文献开始探究风险投资机构间网络关系的这一社会关系层

---

① Gibbons, B., 2023, “Public Market Information and Venture Capital Investment”, *Journal of Financial and Quantitative Analysis*, 58 (2): 746-776; Wang, X., Wu, L. and Hitt, L. M., 2024, “Social Media Alleviates Venture Capital Funding Inequality for Women and Less Connected Entrepreneurs”, *Management Science*, 70 (2): 1093-1112.

② Suchard, J. A., Humphery-Jenner, M. and Cao, X., 2021, “Government Ownership and Venture Capital in China”, *Journal of Banking & Finance*, 129: 106164.

③ Ge, G., Jian, X. and Zhang, Q., 2024, “Industrial Policy and Governmental Venture Capital: Evidence from China”, *Journal of Corporate Finance*, 84: 102532.

④ Chemmanur, T. J., Hu, G., Wu, C., et al., 2021, “Transforming the Management and Governance of Private Family Firms: The Role of Venture Capital”, *Journal of Corporate Finance*, 66: 101828.

⑤ Amore, M. D., Murtinu, S. and Pelucco, V., 2025, “Family Firms in Entrepreneurial Finance: The Case of Corporate Venture Capital”, *Journal of Banking & Finance*, 172: 107391.

⑥ Duan, L., Sun, W. and Zheng, S., 2020, “Transportation Network and Venture Capital Mobility: An Analysis of Air Travel and High-Speed Rail in China”, *Journal of Transport Geography*, 88: 102852.

面的重要作用。① 一是风险投资人间的网络关系对风险投资企业进行联合投资的影响作用,② 进而帮助企业获得联盟资本;③ 二是风险投资人间的网络关系对风险投资企业投资项目绩效的影响作用,④ 如基于相同教育背景的校友网络关系、基于交叉工作履历的职业网络关系、基于共同投资的投资网络关系等,探究这些个体层面的网络关系如何影响风险投资机构的投资行为和投资绩效。

(二) 国际的最佳实践

2024 年 2 月 16 日,OpenAI 的最新成果——Sora 视频生成模型的问世,被视为继 ChatGPT 之后的又一重大突破,标志着大模型时代的进一步发展,OpenAI 始终引领 AI 大模型时代。科技企业通常需要大量的资金来进行创新和研发,以保持技术领先优势,然而,科技企业在初始阶段通常缺乏稳定的现金流和足够的抵押物,难以从传统金融渠道获得资金。风险投资成为解决企业燃眉之急的“救命稻草”。

风险投资对于 AI 技术发展与商业化的支持是多方面的。首先,风险投资为 AI 初创企业提供了关键的早期资金支持。OpenAI 的初期资金主要来源于创始者和富豪群体支持方承诺的总额 10 亿美元的公益捐赠。然而,公益捐赠难以满足大模型开发的巨大资金需求,截至 2024 年 5 月,承诺的 10 亿美元实际只到位约 1.3 亿美元。2019 年,在成立后的第 4 年,OpenAI 进行重大组织架构调整,转型为具有“非营利母公

① Howell, S. T. and Namana, N., 2024, “Networking Frictions in Venture Capital, and the Gender Gap in Entrepreneurship”, *Journal of Financial and Quantitative Analysis*, 59 (6): 2733-2761.

② Bubna, A., Das, S. R. and Prabhala, N. R., 2020, “Venture Capital Communities”, *Journal of Financial and Quantitative Analysis*, 55 (2): 621-651.

③ Balachandran, S., 2024, “The Inside Track: Entrepreneurs' Corporate Experience and Startups' Access to Incumbent Partners' Resources”, *Strategic Management Journal*, 1-34.

④ Pei, X. and Dang, X., 2022, “Research on Investment Performance of Venture Capital Network Community in the Internet Industry”, *Mobile Information Systems*, 1: 7373981.

司—股权基金—利润上限子公司”架构的新型商业组织。这一变革吸引了来自科斯拉风投（Khosla Ventures）、微软等机构的大量投资。这种资金支持使得 OpenAI 能够投入大量资源用于大语言模型的开发和训练，推动了 AI 技术的快速迭代。其次，风险投资帮助 AI 企业快速实现商业化。OpenAI 在 2021 年进行了一轮估值高达 150 亿美元的融资，吸引了老虎全球管理基金（Tiger Global Management）和红杉资本等知名风投机构的参与。这些投资不仅为 OpenAI 提供了资金，还帮助其拓展市场，加速了 AI 技术的商业化应用。最后，风险投资还通过引领行业趋势与市场信心促进 AI 发展。风险投资对 AI 领域的大量投入，不仅推动了技术创新，还提升了市场对 AI 的信心。2024 年，美国风险投资额达到 556 亿美元，其中 AI 领域成为关键投资方向。这种趋势表明，风险投资对 AI 的持续关注和投入，为行业的发展提供了强大的动力。

美国风险投资体系在培育 OpenAI 及推动人工智能技术发展中的成功，本质上是其多层次制度架构与创新生态系统协同作用的产物。该体系通过风险定价机制、长期资本配置能力和动态治理框架的三元耦合，构建起技术商业化转化的完整闭环：其一，美国特有的技术估值模型突破传统财务指标局限，通过专利质量、团队学术背景、数据获取能力及社会影响评估的四维评估体系，精准识别以 Transformer 架构为代表的突破性技术价值；其二，机构投资者主导的“耐心资本”模式（典型如十年期基金）打破科技创新周期与资本回报周期的错配，微软等战略投资者通过算力资源协同与商业化路径设计，形成“技术研发—基础设施—产业应用”的正反馈循环；其三，混合型治理结构创新性地平衡技术控制与商业利益，既保留非营利机构的技术伦理约束力，又通过 LP 结构创新吸引规模化资本注入。这种制度优势在人工智能领域产生显著外部效应——据斯坦福 AI 指数报告，美国风险资本在生成式 AI 领域的投资占全球总额 78%，推动技术扩散速度较传统研发模式提升 3.2 倍。其深层机理在于将剑桥创新体系的深度科技积累与硅谷“快速失败—迭代进化”的文化基因相融合，形成技术革命与资本扩张的双螺旋结构，最终重塑全球科技创新权力格局。

二　金融体制与风险投资

在金融体制与风险投资协同演进的全球化图景中，美国和德国分别以市场化导向与产融结合模式构建了差异化发展路径。两国实践共同揭示了风险投资的有效性既取决于市场要素的自由配置效率，更依赖于金融基础设施与实体产业需求的精准适配。

（一）美国风险投资的发展历程

1946 年，美国研究与发展公司作为世界上第一家风险投资公司成立，为流动性差的新企业证券提供公开募股，标志着美国风险投资业的诞生。20 世纪 70 年代，由于税收不利、金融市场和经济萧条等原因，美国的风险投资业基本上处于停滞状态。全国性的风险投资业自律组织风险投资协会和纳斯达克市场成立、相关法律法规和税收制度的出台和调整，为风险投资业的发展做出了重要贡献。80 年代末，美国的风险投资业形成了第二次浪潮。90 年代，美国风险投资推动信息技术革命，促进信息技术等高科技产业的迅速发展，风险投资规模创历史新高。2001 年互联网泡沫后，风险投资进入调整期，并伴随互联网技术和产业的发展，美国风险投资业逐步进入黄金发展期。

2023 年年末，美国主要行业的风险投资总额超过 1600 亿美元，如健康、企业软件、金融科技、能源、运输和安全等行业，其中国内风险投资额为 669 亿美元。美国风险投资的存续规模达到 1.21 万亿美元，其投资领域呈明显的多元化趋势，不仅集中在传统的互联网和信息技术领域，生物科技、医疗健康、清洁能源等新兴领域也吸引了大量资金，其中生物技术领域投资额突破 200 亿美元，新兴市场领域受到青睐。美国成为风险投资强国的关键在于金融体制的完善性，本质在于金融创新与风险控制在资本主义经济体系下的动态平衡。

1. 金融机构为风险投资提供稳定的资金流转

美国国内市场规模庞大，具有发达的金融机构体系，经济体制自由，监管机制完善，市场化程度高。美国的金融机构呈现多元化特征，包括商业银行、投资银行、储蓄银行、信用合作社和信托公司等多种类金融机构，大致可划分为联邦储备银行系统，商业银行系统和非银行金融机构三大组成部分，可以满足市场多样化的融资需求。其中，商业银行居于主要地位，可以提供贷款、存款、信用卡、支付处理以及各种金融产品和服务；投资银行侧重于为公司和政府提供筹资、并购等服务；储蓄银行的储蓄和贷款服务则针对个人；信用合作社向成员提供金融服务；信托公司则聚焦于财富管理和投资管理等服务。

2024 年年末，美国商业银行超 5000 家，总资产规模达到 23. 3 万亿美元，债券资产和贷款资产大幅增长，高盛等投资银行证券发行和并购重组业务的交易金额达到数千亿美元，为风险投资提供了稳定的资金流转服务。金融机构在市场经济中的资源调配功能是其风险投资繁荣的关键支撑。

2. 资本市场为风险投资提供活跃的融资渠道

美国金融体系以自由市场为主导，其资本市场规模居世界首位。纽约证券交易所上市公司超 2400 家，总市值超 27 万亿美元，纳斯达克市场交易活跃，为企业直接融资创造了有利条件。2023 年年末，美国股票市场规模达到 49 万亿美元，在全球股票市值占比为 42. 6%，债券规模达到 55 万亿美元，占全球债券市场的 39. 3%。资本市场各类衍生品合约成交量居于全球前列。美国金融衍生品总量约占全球总量的 40%，其种类繁多，本质上在于进行套期保值和风险管理，以满足市场参与者对风险分担和管理的需求。规模巨大的资本市场为风险投资提供了强大的直接融资，为风险投资持续输血。

3. 金融基础设施为风险投资提供完善的组织管理

首先，美国风险投资资本具有完善的管理和退出机制。并购是美国风险投资机制的一大亮点。IPO 上市是公司获得融资支持的一大方式，但对科技类小公司而言，没有较高的市值支撑，其上市概率低，成长困难。美国资本市场为风险投资资本投资的该类公司提供了另一种融资机制——并购机制，由上市公司发行股票并购。该机制为中小公司提供了间接上市的途径，打开了资本市场的大门。从体量上，2023 年年末，美国并购交易额达到 4318 亿美元，每年科技行业并购数量达到 300 家以上，远超 IPO 上市公司数量。该机制为中小公司通畅资本市场通道，为风险投资企业提供有效支持，纳斯达克市场还为风险投资资本提供了便利且完善的退出渠道，在风险企业跟踪管理阶段合格的风险投资家队伍能够形成清晰的退出路线，进一步促进风险投资业的繁荣。

其次，美国政府具有健全的风险投资补偿机制。从政府态度上，美国拥有完善的金融体系和发达的金融市场，市场化程度高，政府的参与和支持往往作为一种矫正和引导方式，为风险投资业提供宽松的政策环境，如针对性的税收激励和宽松的监管制度。美国政府建立了健全的风险投资补偿机制，不仅在《税改法案》中降低资本利得税、对投资小企业股所得 100%免税，且推行地方税收抵免政策。美国政府成立小企业管理局，为小企业经营提供支持，使得风险投资能够坚定投资信心并加快投资脚步。

此外，科技创新与风险投资资金相与有成。风险投资是美国科技领域直接融资的重要组成部分，科技创新与风险投资资金耦合并进，尤其成就了信息互联网技术、生物医药技术等领域的头部企业。风险投资作为鼓励科技创新的驱动器和分散风险的缓冲垫，撬动资金和技术的支点，为美国科技进步和技术产业化提供了机制化放大作用，并提供持续的助力和风险的后盾，科技企业也为风险投资机构提供了持续的回报，风险投资机构在募资、投资、管理、退出过程中积累了对市场、技术、管理的理解经验，形成“直接融资—科技创新—投资回报”的正循环。

综上，美国风险投资业的繁荣依赖于金融机构、资本市场和金融基础设施对风险投资的持续推动。然而，一方面，就资本市场而言，美国资本市场存在“定价霸权”，以高估值出让新增股权带动整体市值暴涨，为风险投资公司提供财富创造渠道。且美国并购行业发达且完善，不仅拥有各环节专业的从业人员，还拥有完善的并购程序，在企业并购中发挥主导作用。另一方面，美国文化中崇尚冒险、自由开放，他们敢于投资和参与那些具有高风险但同时也可能带来高回报的初创企业，且美国的风险投资文化历史悠久，已经形成了较为成熟的行业规范和运作模式。风险投资机构不仅提供资金支持，还利用其专业特长、丰富的管理经验和行业资源，为被投企业提供增值服务，如帮助企业制定发展战略、提供人脉关系和潜在客户等。这种全方位的服务模式提高了被投企业的成功率和成长性，增强了风险投资的吸引力，从而推动了风险投资的活跃发展。相较之下，新兴市场国家的并购具有自发性和盲目性，且通常受到中央政府高度监管，难以发挥并购对风险投资的优势。因此，美国金融体制的因素对风险投资的促进作用依赖于国家的金融市场发展背景与国家地位。

（二）德国风险投资的发展历程

德国的风险投资萌芽于20世纪60年代，德国政府主张成立公平投资公司，为中小企业注入私人产权资本，德国的风险投资处于萌芽阶段。1971年，“欧洲复兴计划”为风险投资的发展提供了金融政策支持。此后，MBG投资公司、德国风险投资公司等相继成立，为中小企业提供运营股本或风险资本。自1983年起，德国政府采取了优惠的投融资政策、资本市场政策、税收政策及吸引外来风险投资的优惠政策，国外风险投资机构大量涌入，风险投资的主体更加广阔，风险投资突飞猛进。2008年国际金融危机后，投资者关注重心开始向新兴市场转移。2013年5月德国联邦政府颁布“投资—补贴风险资本”计划。2019年，德国成为仅次于英国的欧洲第二大风险投资目的地。2023 年 2 月，德国联邦经济部宣布延长“风险资本补贴”计划（INVEST）至 2026 年 12 月 31 日，补贴比例从原来的 20%提高到 25%。德国风险投资行业继续保持增长势头。

当前，德国风险投资市场展现出巨大的潜力和增长前景。2023 年年末，德国风险投资额达到 81 亿美元，主要集中在高科技、生物科技、信息技术和环保领域，显示出德国风险投资市场的活跃度和吸引力。德国风险投资市场成为欧洲最大和最成熟的市场之一的根源在于其金融内在结构的高度稳定性和抗干扰性。

1. 三支柱信贷体系为风险投资提供稳定的融资便利

德国的信贷体系有储蓄银行、商业银行和合作银行三大支柱。德国信贷体系三支柱协同为风险投资资本提供长期信贷和融资顾问，是其信贷体系长期保持多层次、广覆盖、私有化程度较低的特征，是支持创新型中小企业信贷融资的主力军。其中，储蓄银行占主导，是德国银行市场的领头羊，市场份额较高。作为自主经营的非营利性信贷机构，其主要职责在于向需进行风险投资的企业和个人提供优惠贷款利率的信贷，促进区域发展。合作银行是对储蓄银行的有力补充。德国是世界合作金融组织的发源地，拥有欧洲最大的合作银行体系。德国的合作金融组织遍布城乡，形成健全的合作金融管理体制，且合作银行呈三角形结构，顶层为中央合作银行，中间是区域性合作银行，底层是地方合作银行和分支机构及其营业网点，可以调剂融通各层次合作银行的资金，提供各类银行产品以及提供证券、保险、租赁、国际业务等金融服务，保证资金的流动性和效益性。而商业银行可以为需风险投资的企业提供多样化的融资需求。商业银行在各地设立中小企业客户关系经理、降低票据融资业务的门槛、设计多银行资金管理系统、成立中小企业贷款基金，为中小企业客户提供专业化融资便利。

2. 风险防范机制和担保体系为风险投资提供有力的安全保障

德国具备尽职的行业自律组织，如全国信用合作联盟。且以谨慎态度对确需退出的银行避免步入破产程序；设定贷款极限值，超过上限的贷款须经董事会、监事会聘请外部审计部门审计，董事会批准后才能发放，以确保风险投资资本的安全性。监管机构要求私募基金有功能上独立于营运部门的风险控制部门，确保风险评估的客观性和独立性，提高风险防范的有效性。此外，德国商业银行与其他银行分享自己的客户，使得风险投资资本可以通过银行间的合作来分散风险、降低风险头寸。

从担保体系看，一方面，德国担保银行体系成效卓越。德国的担保银行由工商业协会、储蓄银行、商业银行等合作发起，属于区域类政策性机构。第一家担保银行主要由行业协会为基础建立，对中小企业贷款进行担保。目前担保银行主要由手工业和行业工会、储蓄银行和合作银行联合成立，信用程度较高且运行状况良好，形成完善的风险投资资本的风险分担机制，有利于中小企业进行扩大规模和新技术的开发利用。政府兜底行为极大地保护了担保银行的利益，使其积极性较高，也改善了商业银行的风险分布和中小企业的融资环境，促进了风险投资业的繁荣发展。另一方面，德国投资者保护体系完善。德国设立了投资者保护基金，主要分为证券投资者赔偿基金和德国银行赔偿基金，认真履行投资者保护主体责任。

3. 政府有力干预为风险投资提供强制性的政策保障

从政府态度上，德国金融体系以银行为主导，逐步形成了以政策性银行为引领、商业银行发挥主力军作用、担保银行提供风险保障的科技金融支持体系，政策性银行作为第四支柱，在支持风险投资的企业和科技创新方面发挥着重要引导作用。1948 年，德国根据《德国复兴信贷银行促进法》成立德国复兴信贷银行，为中小企业尤其是高风险的科技创新企业融资提供强有力的支持，政策性银行不计亏损，为转型和创新型企业提供长期性、非营利性资本金和信贷资金，有效弥补了“市场失灵”

问题。2020 年后，德国政府陆续推出“未来基金”、《未来融资法案》、税收法律框架优化等政策，支持初创企业发展。风险投资资本管理中政府以强制政策为主。德国银行业市场准入受到严格的法律框架约束，主要依据《银行法》和《反洗钱法》，必须遵守严格的资本充足率和流动性要求，以强制性规定和监管措施保障银行体系的稳健运行，为风险投资提供稳定的融资便利。且德国银行建立了跨境处置协议，以应对跨国银行的危机，在面临危机时，也可遵循《银行法》和《银行重组法》中的特定规则，优先于一般破产规定，保证风险投资资本融资渠道的安全性。

综上，德国风险投资业的繁荣依赖于三支柱信贷体系、风险防范机制、担保体系和政府干预。德国与中国在经济金融发展道路和制度安排上存在较多相似性，如银行主导特征、国有金融机构占比高等。与美国的创业与冒险文化相比，德国文化保持传统的保守主义和风险规避态度，德国风险投资者可能更加谨慎，对高风险、高回报的投资机会持保留态度，这在一定程度上限制了风险投资业的发展。风险规避倾向使得初创企业难以获得有效融资，风险投资规模受限，阻碍了风险投资与企业的深度结合，难以促进新兴产业的发展和创新。但德国以“小金融大实体、强企业弱银行”原则，服务实体经济发展，在政府干预和支持下，银行和中小企业关系紧密且具有韧性，作为利益共同体便于企业获得长期稳定的资金支持，且德国金融体系高度稳定。相较之下，中国等新兴市场存在“脱实向虚”倾向，金融市场不发达且融资规模较小，难以发挥德国金融体制对风险投资的优势。

三　中国风险投资的发展现状与主要挑战

中国风险投资行业正处于规模扩张与结构调整并行的关键阶段。为推动中国风险投资行业突破发展桎梏，亟须明晰行业发展面临的主要挑战。

（一）发展现状

1. 中国风险投资市场募资现状

新设基金数量和规模的“双降”。CVSource 投中数据显示，2024 年，中国 VC/PE 市场新成立 4834 只基金，较上年减少 41.9%，几乎减半，处于近十年的最低水平。2024 年，VC/PE 市场新成立基金的认缴规模总计 24521.9 亿元，同比下滑 43.3%（见图 4—1）。从资金来源看，国资 LP 正逐渐成为资金的主要来源，同时银行、保险资金也在加速涌入，此外，并购市场的发展有望为风险投资市场注入新的活力。募资难背后原因主要表现为以下三点：一是经济增速下行压力依然存在，一级市场投资放缓，优质项目稀缺，二级市场表现不佳，IPO 退出表现不尽如人意，民间资本的参与意愿较弱；二是退出渠道有限，导致大量到期资金难以退出，难以重新循环进入新基金，影响资金的流动性；三是政策性 LP 和产业资本的作用愈发重要，但其覆盖率仍然较低，主要

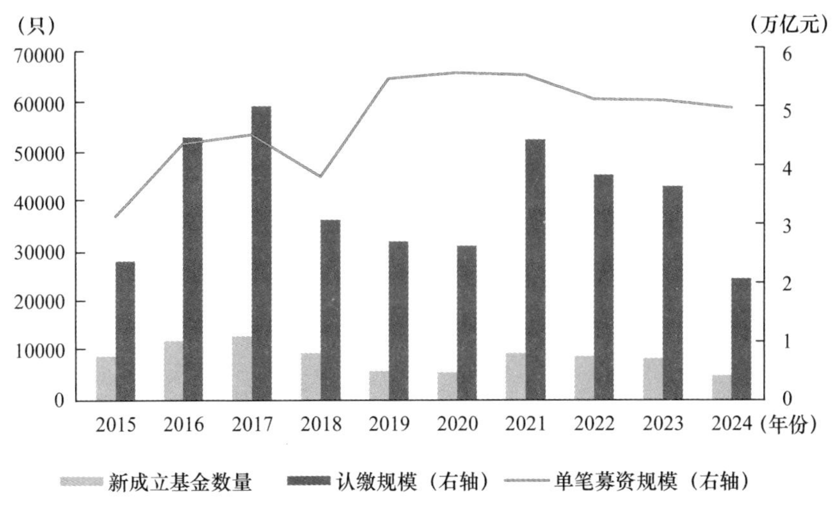

图 4—1　新成立基金数量及认缴规模变化

资料来源：CVSource。

集中在头部机构，资金供给相对集中；四是美元基金募集难度增加，国际资本对中国市场的投资更加谨慎；五是市场分化加剧，资源向头部或优质机构倾斜，市场知名度高、管理规模大、投资业绩好的机构更容易获得 LP 的认可，而其他机构则面临更大的募资压力。

新设基金城市分布集中度下降，非市场化因素成为推动基金设立的关键力量。CVSource 数据显示，2024 年，共有 225 个城市设立了新基金，较上年同期减少了 6 个城市。其中，嘉兴、深圳、苏州、青岛和广州位列新设立基金数量的前五名，分别设立了 356 只、269 只、237 只、232 只和 184 只基金（见图 4—2）。5 个城市合计设立 1278 只新基金，占全国总数的 25.1%，较上年下降 6 个百分点。从整体来看，新设立基金数量排名前 15 的城市大多为经济较为发达的沿海城市，或是拥有基金小镇、具备政策优势的城市，基金设立的活跃度与当地经济发展水平、地方政府出资能力、产业发展状况、政策及营商环境等因素呈现出较强的正相关关系。

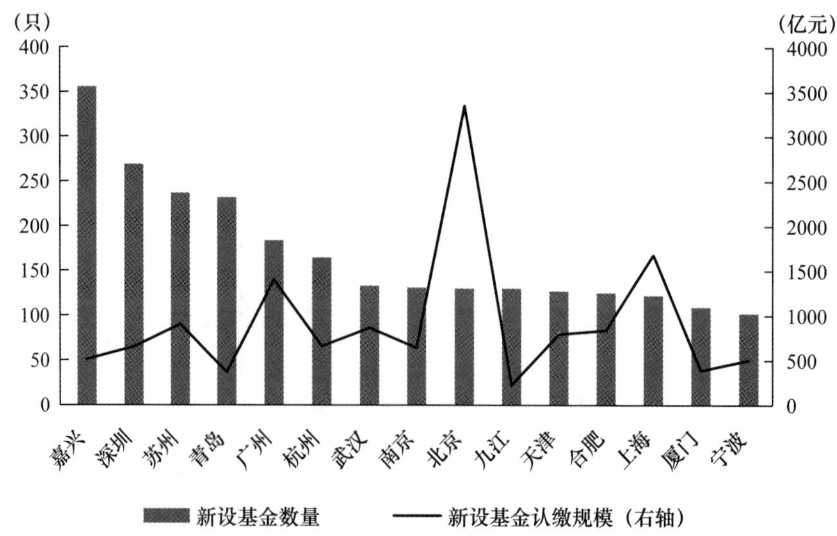

图 4—2　2024 年新成立基金最多的前 15 个城市基金数量及认缴规模变化

资料来源：CVSource。

2. 中国风险投资市场投资现状

投资交易市场活跃度尚待强化，各机构投资行为谨慎。CVSource 数据显示，2024 年，参与新设基金的机构数量为 2814 家，与上年的 3847 家相比，减少 1000 多家。其中，有 35%的机构设立了多只基金，这一比例较上年超四成机构设立多只基金的情况有所下降，显示出活跃度的减少。此外，设立 3 只及以上基金的机构数量也减少到 15%。投资案例数量为 8435 起，较上年下降 1%。投资案例规模达到 10853 亿元，同比减少 8%（见图 4—3）。与上半年数据相比，下半年的投资情况有所改善，但本期的投资案例数量依旧是近几年来最少的。投资交易的平均金额为 1.29 亿元，这一数值处于近年来的中等水平。

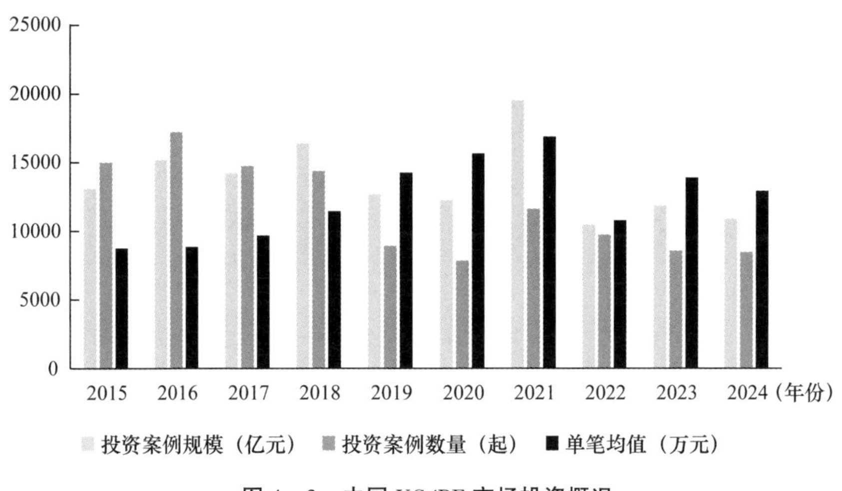

图 4—3 中国 VC/PE 市场投资概况

资料来源：CVSource。

头部机构投资者投资热度虽有降低，但仍保持重要地位。“TOP250”机构投资者作为风险投资领域的领军力量，凭借其强大的资金实力和专业能力，在硬科技、医疗健康、新能源等多个关键领域积极布局，通过有限合伙制等形式为成长型企业提供资金支持，并在企业成功后适时退出以实现收益。2024 年，CVSource 数据显示，“TOP250”旗下有 665 个投资主体投身于投资活动，较上年的 705 个投资主体，同比下降 6%。在整个市场中，总投资机构主体数量为 5847 个，其中头部机构占比较之前略有下降（见图 4—4）。这些头部机构主体共参与了 2488 笔投资交易，仍参与了市场近三成的投资交易；其投资总规模达到 1944 亿元，占市场整体规模的 17.9%，显示出其在市场中的重要地位。

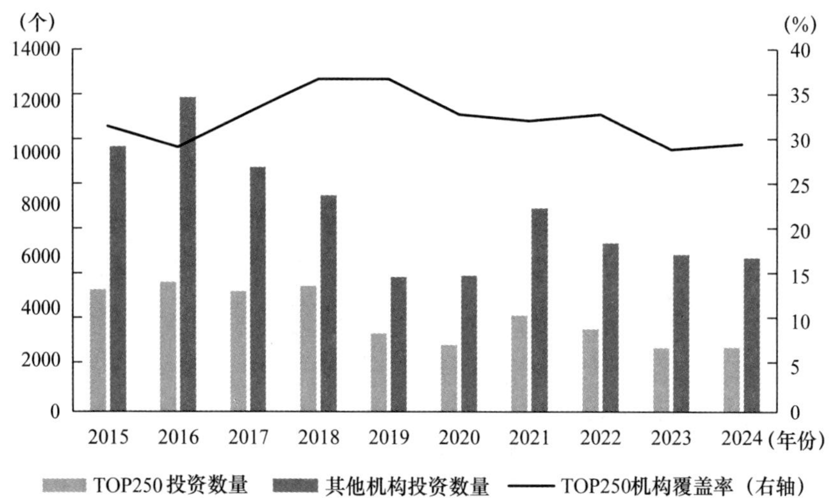

图 4—4　中国 TOP250 机构投资者数量占比和市场覆盖率

资料来源：CVSource。

“投小投早”主基调依然保持，中后期融资案例金额占比增加。RimeData（来觅数据）显示，剔除未公开事件后，2024 年国内投融资案例在数量上仍以早期投资为主（见图 4—5），A 轮及 A 轮以前的早期融资案例数占所有案例数的 59.9%，较上年同期的 56.9%有所上升。同时，中后期融资案例数（B 轮至战略融资）合计占比为 34.6%，较上年同期的 31.2%也有所上升。从融资金额看，2024 年早期融资案例所涉金额占比为25.7%，较上年同期的30.5%有所下降。而中后期融资案例合计所涉金额占比为71.2%，较上年同期的65.6%有所上升。

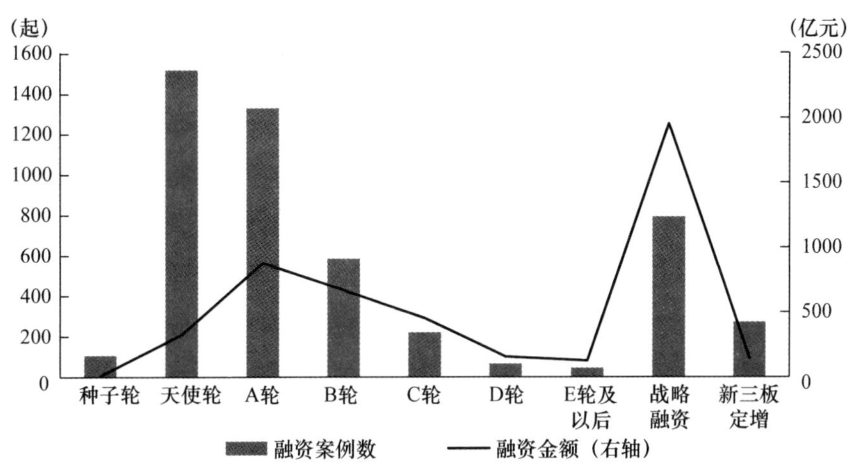

图4—5　2024年投资轮次案例数与金额数

资料来源：CVSource。

资金向高新技术企业与“专精特新”企业聚集，持续支持科技创新发展。RimeData（来觅数据）显示，2024年，国内共有6246家企业获得投资，其中3494家为国家高新技术企业，占比55.9%；429家为民营科技企业，占比6.9%。在融资金额方面，高新技术企业融资金额占比为48.3%，显示出其在吸引资本方面的强大能力。特别值得关注的是，高新技术企业中大额融资案例较多，共有43起融资案例的金额超过10亿元，同时其A轮及之前的融资案例占比超过四成。相比之下，民营科技企业的融资金额占比为2.7%，融资案例数量较少，A轮及之前的融资案例占比接近五成。同时，专精特新企业在中国获投项目企业中表现突出，共有2035家，占比达到32.6%。其中，“专精特新小巨人”企业有719家，占获投企业总数的11.5%。从单笔投资金额来看，专精特新企业平均超过3600万元，而“专精特新小巨人”企业更是超过5400万元。此外，资本市场不断优化服务科技创新的机制，为“专精特新”企业提供了更加友好的融资环境。2024 年，超过 40 家“专精特新”企业成功首发上市，占全年 IPO 总数的 50%以上，合计募集资金超过 200 亿元。

3. 中国风险投资市场机构退出现状

IPO 审核趋严。CVSource 投中数据显示，PE、VC 行业的 A 股减持退出笔数和减持退出金额连续三年降低。2021—2023 年，减持退出笔数从 2021 年近 4000 笔降至 2023 年不足 3000 笔，平均每年减少 15%；减持退出金额从 2021 年近 1800 亿元降至 2023 年不足 1100 亿元，平均每年减少超 20%。2024 年，受美联储降息推迟和国内经济复苏缓慢等宏观因素影响，国内二级市场在上半年整体表现也未达预期。CVSource 数据显示，2024 年，共有 227 家中企成功实现 IPO 上市。在这些上市公司中，有 133 家背后有 VC/PE 机构的支持，VC/PE 机构的渗透率为 58.5%，这一比例较上年同期有明显下降（见图 4—6）。同时，境外 IPO 的占比也降至 80%（见图 4—7）。

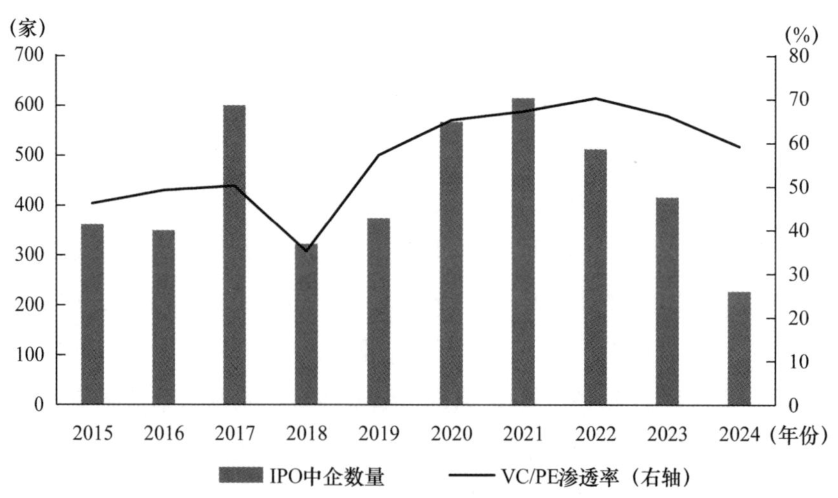

图 4—6　IPO 方式退出 VC/PE 渗透率

资料来源：CVSource。

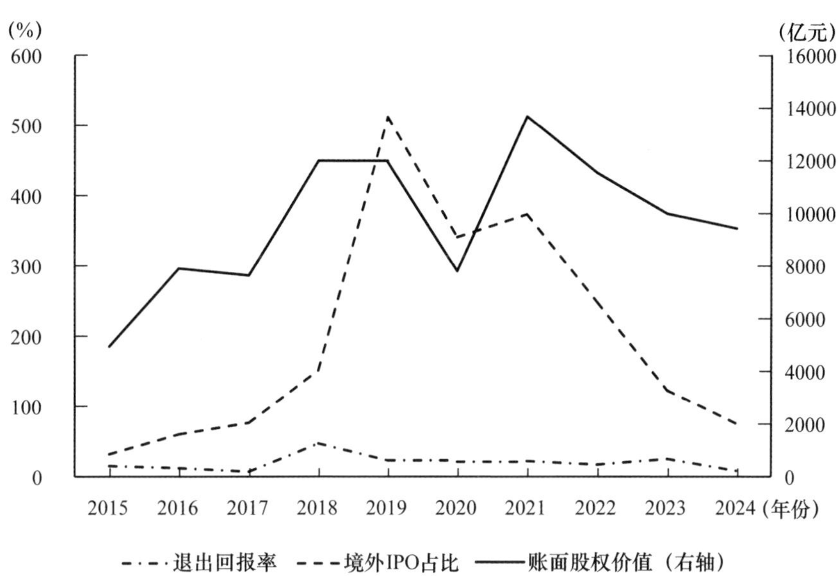

图 4—7　VC/PE 机构 IPO 方式退出账面回报及境外 IPO 占比

资料来源：CVSource。

（二）主要挑战

中国风险投资行业起步较晚而发展迅猛，但在近年来出现一定的退坡现象，且投资倾向变得越发谨慎。

一是风险投资出现了“去风险化”的发展趋势。近年来，在中国风险投资市场中，市场化资金呈现出急剧减少的态势，而国有资本则逐渐成为该市场的绝对主力。随着市场主体的更替，市场风险偏好出现了显著下降。国有资本首要考虑的问题是“风险规避”，这体现在其普遍偏好优先劣后的结构化回报方案，即便这意味着要放弃一些潜在的商业回报，也要尽可能地将风险进行转嫁。作为中国风险投资市场最大的出资人（LP），国有资本的价值追求和投资理念，对接受其投资的市场化基金管理人（GP）产生了直接影响。在一定程度上，中国风险投资市场已不再具有“风险捕捉”的特质，刚性兑付的收益保障正逐渐成为风险投资市场的普遍诉求。

二是“募新接旧”的模式已难以为继。据 CVSource 投中数据，2024 年，完成募集的基金数量为 467 只，同比减少 8.1%，募集规模累计为 4133.1 亿元，同比减少 46.9%。值得注意的是，“募资难”的问题不仅会在很大程度上限制对新增项目的投资，对市场中存量项目的影响也同样不容忽视。在过去相当长的一段时间里，“募新接旧”已成为中国风险投资市场的通行做法，即当被投资企业或项目的成长未能达到预期时，新基金便充当老基金的“接盘者”，以“接力赛”的方式助力存量项目顺利退出。然而如今，随着募资困境的不断加剧，“募新接旧”模式已逐渐失去可行性，一些虽具潜力但成长周期较长的项目，可能会因资金短缺而陷入停滞。

三是风险投资交易活跃度持续下滑。据 CVSource 数据，2024 年中国股权投资市场投资案例数（按市场统计）达 5494 起，较上年下降 28.3%；投资案例数（按企业统计）为 2403 起，同比下降 30.15%；投资总金额为 2962.46 亿元，同比下滑 37.69%，中国股权投资市场呈现下滑态势。

四是风险投资对项目失败的容忍度低。新技术的研发和应用往往伴随不确定性和失败的可能，这要求投资者具备高度的耐心和承担风险的勇气。《华尔街日报》显示，美国市场上，75%的企业从未给其投资人现金回报，30%—40%的企业投资人损失了所有的本金。这充分反映了风险投资的高风险特性。金融体系要支持科技创新，就必须容忍零收益的可能。而大部分创投机构受限于“保值增值”的考核要求，对单个项目亏损容忍度极低。部分机构通过设置股权回购、对赌协议等方式规避风险，导致股权投资异化为类债权投资。这种机制迫使创投机构追求短期收益确定性，无法接受项目失败带来的损失，抑制了对早期创新企业的支持能力。广州开发区近期发布的政策允许种子/天使直投单项目最高出现 100%亏损，产业直投类别整体亏损容忍度达 30%—50%。这标志着从“零容错”向投资组合整体绩效评估的转变。但该政策目前仍属区域性试点，全国性制度尚未形成。

四 关于中国风险投资发展的思考

在全球科技竞争加剧与产业变革深化的背景下，风险投资已成为驱动新质生产力发展、重塑国家竞争优势的核心引擎，是科技创新与产业升级的关键金融工具。中国特色风险投资发展既需发挥政府“有形之手”的战略引导作用，又需激活市场“无形之手”的资源配置效率，通过政策工具与市场机制的深度协同，推动科技、资本与产业的高水平循环。

（一）核心目标

党的二十届三中全会指出，要“加快形成同新质生产力更相适应的生产关系，促进各类先进生产要素向发展新质生产力集聚，大幅提升全要素生产率。鼓励和规范发展天使投资、风险投资、私募股权投资，更好发挥政府投资基金作用，发展耐心资本”。[①] 中国政府高度重视风险投资的发展，其重要目的之一就是通过风险投资培育新质生产力。新质生产力是以科技创新为核心驱动力，融合智能化、数据化等特征的新型生产力形态。在当前全球科技革命和产业变革加速的背景下，发展新质生产力对于推动经济高质量发展、提升国家竞争力具有重要意义。

风险投资作为支持科技创新和新质生产力发展的关键金融工具，能够为初创企业和高科技企业提供资金支持，加速科技成果向现实生产力的转化。科技创新和新质生产力的发展离不开风险投资的关键支撑作用。中小微企业作为国民经济和社会发展的生力军，是推动科技创新和创新创业的重要力量，也是未来新产业、新模式、新动能的主

① 《中共中央关于进一步全面深化改革 推进中国式现代化的决定》，人民出版社2024年版，第11页。

导力量，更是发展新质生产力的重要载体。然而，科技型创业企业（以下简称科创企业）作为中小企业中的典型代表，尽管是创新创业的中坚力量，却常常难以从传统金融机构获得融资支持。风险投资机构通过投资具有发展潜力的科创企业，不仅为其提供资金支持，填补了传统金融机构“信贷配给”所留下的市场空白，还通过获得科创企业的部分股权，深度参与企业发展的各个关键环节。风险投资机构凭借其专业化的增值服务，支持企业的科技创新和创业活动，助力企业成长壮大，从而推动新质生产力的发展。这种支持不仅体现在资金层面，更体现在战略规划、资源整合、市场拓展等多维度的专业服务上，为科创企业的发展提供了全方位的支持。

（二）中国特色

与西方国家不同，中国风险投资发展的重要特色之一在于政府与市场关系的平衡与把握。在西方国家，风险投资主要以市场为导向，资金来源多样化，以有限合伙制为主，民间资本在风险投资中占据主导地位。相比之下，中国风险投资在发展初期，政府发挥了更为重要的引导作用，资金来源以政府引导和扶持为主。有的地方突出了政府主动性、引领性，比如合肥，为克服新产业没有基础而市场资金不愿介入的难题，合肥通过设立引导基金“以投带引”，撬动社会资本共同投资，实现了战略性新兴产业蓬勃发展和国有资本保值增值双赢。有些地方突出了市场机制的作用，比如深圳，以市场驱动为主，资源配置和政策设计均围绕市场主体进行。但是，没有一个地方是只靠政府或者只靠市场就能够把科技金融大文章做好的。政府与市场的分工就在于金融服务科技的全周期中，二者的相互补位与相互支持。这种政府与市场相结合的发展模式，既发挥了政府在资源配置中的引导作用，又激发了市场的活力和创造力，为中国风险投资的持续健康发展提供了有力保障。

【案例4—1】解决“市场失灵”的创新合伙人——“先投后股”改革试点

2021年7月，宝山区作为上海市唯一一个地方政府主体，积极揭榜国家发展改革委、科技部科技成果转化“先投后股”改革试点，主动担当科创政策的试验田。“同芯构”经长三角国创中心推荐后，成为国创和宝山区联合支持的首批“先投后股”项目之一。

早期前瞻性技术项目往往伴随高风险和高不确定性，而这样的研发项目越难评估作价，吸引投资者难度也就越高。对于“市场判断失灵”的这些初创型科技企业，就需政府的财政资金先期投入，送出“雪中第一筐炭”。

“先投后股”，是将财政的资金先拨给项目使用，支持的资金规模不超过他们规划的资金总规模的50%，并且要求团队自筹资金不低于先投后股出资资金的30%，相当于和项目创始人一起承担早期创业的风险，在它发展起来之后，拿到市场化融资的时候，再将前期投入按市场估值转换成国有企业的股份，形成“财政资金+市场投资”的接力。

2023年年底，“同芯构”完成了首批融资，规模达千万级，估值达2.4亿元，率先触发“转股”按钮。根据此前与宝山达成的协议，同芯构团队将宝山已投的资金退一半，剩余一半转为公司股权后，约占股1.3%，团队占近70%。实现转股之后，宝山技转公司将成为同芯构的国资股东，继续以合伙人的身份陪伴同芯构上市，也继续扮演好国资股东的角色，做好项目的服务和监管。

资料来源：中金点睛。

（三）具体举措

做好风险投资市场与一般金融市场体系的衔接。一是应放宽社保基金等中长期资金投向风险投资领域的比例限制，鼓励商业化养老金适量配置股权投资，吸引更多长期资金涌入风险投资领域。同时，可借鉴全国社会保障基金的成功经验，允许地方养老金直接参与创业投资，并可在部分地区试点，让养老金以一定比例的资金配置于头部风投机构。二是适当放宽银行理财资金投资风险投资领域的比例限制，允许更多比例的理财资金通过合法合规渠道进入该领域；同时，适时下调保险资金投资科创板上市普通股票的风险因子，以提高险资的积极性。三是鼓励和支持风险投资机构通过上市、发行企业债和公司债券等固定收益产品，以及募集保险资金等多种方式，获取更多永续资本和长线资金。

重塑政府与市场边界，明确“引导”定位。国有资本进入风险投资市场，应立足于弥补股权投资领域市场失灵，明确投资边界，明确“引导”职责，只做市场做不了的事，避免与民争利，挤出民间投资。为控制投资风险减少国有资产损失，应加强投资管理，而非抢占市场投资份额。针对早期项目应注重撬动行业投资机构专业能力、倾注更多投后管理精力。充分利用国有资本的信息资源优势，助力被投企业实现与科研机构、服务机构建立联系、对接资源，丰富的企业发展渠道、发展资源的获取，引育区域内企业发展的独特优势。

构建适合风险投资行业特征的税收制度。一是建议取消风险投资行业的增值税，引入资本利得税，并实施与投资期限反向挂钩的阶梯税率机制，即投资期限越长，税率越低，以此鼓励风险投资基金的投资行为长期化，积极培育“耐心资本”。二是优化风险投资行业的税收核算和征税方式，允许创投基金对可能出现损失的项目计提资产减值准备，并在税前予以扣除；同时，允许合伙制基金在单一基金核算模式下实现亏损跨年抵扣，以此解决基金运营期内盈亏不平衡所导致的投资人实际税负率高于名义税率的问题。三是扩大税收优惠政策的覆盖面，对于符合特定条件的风险投资（如投向早期、小型、科技型企业）所取得的收益，给予一定比例的免税优惠。

推动形成与风险投资相匹配的金融文化与体制机制。一是应在法律或制度层面，对风险投资领域的国有资本进行重新定位，弱化其保值增值的硬性要求，摒弃以是否有成熟经验为参照的旧观念，将国有资本能否在长周期内有效促进科技创新，作为最终的评价标准。二是要完善国有资本的考核方式，根据科技创新活动的经营周期，对国有资本的考核周期进行相应调整，并在考核过程中更多地采用打包考核的方式，以减少对项目逐一考核时偶然因素所带来的干扰。三是要推动容错机制真正落地生根，从国家层面出台相关政策，进一步完善国有资本投向风险投资领域的容错机制，提高对风险的容忍度，营造尽职免责的良好氛围，确保“三个区分开来”原则真正得到贯彻落实。

（执笔人：李俊成）

第五章

高收益债支持科技创新的路径与政策优化

科技创新对于发展新质生产力，促进经济社会高质量发展的意义不言而喻。随着大国博弈的深化，中国未来经济安全将面临更多变数，要打破西方国家技术封锁，实现高水平科技自立自强，就需要充分发挥科技创新企业的关键作用。然而，科技创新的固有特征属性决定了融资约束是制约企业创新的主要障碍。高收益债诸多特征精准匹配了科技创新属性，能够为处于科技前沿、潜力巨大却暂未获得高信用评级的科技创新型企业提供资金。

近年来，中国高收益债市场逐渐兴起，成为企业融资的重要渠道之一。然而，与欧美等发达国家相比，中国高收益债市场仍处于起步阶段，市场规模较小，发行主体主要集中于房地产企业和地方融资平台，投资者以大型金融机构和部分专业投资机构为主，市场活跃度不高。未来中国高收益债券市场发展的思路是，创造条件支持科技创新企业发行高收益债，逐步替换传统房地产、地方政府融资平台等高收益债券发行主体，同时优化投资者结构，完善各类交易机制，最终实现风险收益匹配。此外，监管机构、债券发行方和市场主体都需要转换理念提高高收益债券违约容忍度。

一　高收益债市场支持科技创新的理论逻辑

高收益债的高收益和科技创新高风险相匹配。[①] 高收益债发行主体多为信用评级较低的企业，这类企业通常债务杠杆率较高，现金流不稳定，盈利能力欠佳，或处于竞争激烈、行业前景不明朗的市场环境中。根据资本资产定价模型（CAPM），在市场均衡状态下，资产预期收益率等于无风险收益率加上风险溢价，高收益债高风险特征决定了其风险溢价部分较高。科技创新往往伴随高风险，尤其是对于那些处于初创期和成长期的企业来说，由于技术、市场、管理等多方面的不确定性，融资需求难以通过银行信贷渠道得到满足。一方面，高收益债市场为科技型企业提供了多元化的融资渠道，降低了其融资门槛和成本。另一方面，高收益债的高收益特性也吸引了更多的金融资本流向科技领域，推动了科技金融的快速发展。

高收益债复杂的契约设计匹配科技创新信息不对称。创新项目技术含量较高并且具有市场领先性，企业内部人为了防止同行竞争对手模仿产品，通常会选择隐藏项目真实信息。由于创新型企业信息披露不充分，外部投资者难以识别项目质量好坏和经理人道德风险，只能索取更多“柠檬溢价”进行补偿。[②] 为了防范高收益债市场信息不对称风险，债券契约设计成为重要途径。例如，一些高收益债设置了财务指标触发点，一旦企业财务指标触及该点，便会启动提前赎回债券、要求追加担保等操作。

高收益债动态契约调整匹配科技创新企业道德风险。科技创新企业道德风险较高，经理人可能将有限的企业资源用于发放高额的员工薪酬

---

① 高文亮、王晔：《美国高收益债券市场发展的回顾与展望》，《财会学习》2013 年第 1 期。

② 徐枫、林志刚：《缓解创新型中小企业股权融资约束的理论逻辑、实践困境和对策建议》，《湖北社会科学》2023 年第 12 期。

或投资低效率的项目，因为顾虑技术研发失败带来的失业风险而选择放弃前景不错的风险项目。奥利弗·哈特在不完全合同理论中指出，当债券面临高违约风险时，发行方未来现金流呈现出高度不确定性，这使得投资方与发行方之间的契约关系并非处于静态固定状态。尤其是风险较高的高收益债，并非仅在违约这一极端情况下才涉及剩余控制权的转移，而是在发行至交易的整个过程中，时刻存在再谈判的可能性。双方会依据市场环境、企业经营状况等风险因素的实时变化，动态调整权利义务关系，以此实现风险与收益的动态平衡适配。

二　发达经济体高收益债市场发展的经验及启示

高收益债券最早起源于 20 世纪初的美国市场，发展壮大则是在 20 世纪 70 年代前后。到 80 年代中期，高收益债市场急剧膨胀，为众多创新型企业提供了资金支持。随着金融市场的不断创新和全球化趋势的加强，高收益债市场逐渐扩展到欧洲、亚洲等其他地区，成为全球金融市场的重要组成部分。

（一）美国高收益债市场发展

美国是高收益债市场发展最为成熟的国家。20 世纪 70 年代，美国通货膨胀和利率急速上扬，经济衰退，股票市场大幅下跌，大量企业信用等级下调，企业面临贷款困难。同时，银行资金的减少进一步加剧了信贷紧缩，导致大量企业寻求高收益的高收益债作为融资渠道。[①] 当时，以米尔肯为代表的投资银行家看到了被低估的高收益债券潜力。大量中小企业和新兴产业企业因信用评级低，难以从银行获取足额贷款或

---

① 徐枫、林志刚：《缓解创新型中小企业股权融资约束的理论逻辑、实践困境和对策建议》，《湖北社会科学》2023 年第 12 期。

发行投资级债券，高收益债成为它们成长的资金源泉。[①] 早期有线电视、电信等行业借助高收益债融资实现扩张，催生出如通信公司这样打破行业垄断格局的企业，为行业带来创新活力。

然而，高收益债市场的发展也带来了过度投机问题。20 世纪 80 年代末，随着经济环境变化，部分借助高收益债杠杆收购扩张的企业出现偿债危机，引发金融市场动荡。最典型的例子是，Campeau 公司在大规模举债收购联邦百货等零售企业后，因经营不善叠加高利息负担最终导致破产，并且拖累众多投资者。此次危机促使美国监管层出台一系列严格规范措施。在发行端，强化对企业财务状况、偿债能力等信息披露要求，确保投资者明晰风险；对承销商资质审核更为严格，防止过度包装高收益债误导市场。[②] 在投资端，规范机构投资者投资比例限制，避免风险过度集聚，引导理性投资。经过多年调整完善，高收益债市场逐渐成熟稳健。

如今，美国高收益债市场规模持续位列世界前茅，各类机构投资者依据风险偏好参与其中。美国高收益债市场成功运行的主要经验：一是信息披露方面，建立了全面严格的信息披露制度，企业需定期公布详尽财务报表、精准现金流预测及多维度业务风险等信息。二是投资监管方面，针对不同机构投资者制定精确的投资比例限制。三是发行主体方面，涵盖各类企业，尤其助力中小企业和新兴产业发展。四是市场生态方面，各类机构投资者依据风险偏好差异化投资。

美国高收益债市场对发展中国家的启示：首先，精准识别新兴产业、中小企业成长潜力，以创新性金融工具打破传统融资束缚，激发经济创新活力。其次，市场发展过程中，监管必须及时跟进，平衡创新与风险，防止投机过热引发系统性危机。最后，市场成熟

① 刘晓丹、陈志杰、阮超：《美国百年并购历史的启示》，《金融博览》2009 年第 8 期。

② 徐枫、林志刚：《缓解创新型中小企业股权融资约束的理论逻辑、实践困境和对策建议》，《湖北社会科学》2023 年第 12 期。

后，需要构建多元参与、风险分层的生态体系，让不同风险收益特征的高收益债产品与各类投资者需求有效匹配，切实服务实体经济多元化融资需求。

（二）欧洲高收益债市场发展

欧洲高收益债市场呈现区域分散又协同发展特点。欧元区成立前，欧洲各国金融市场相对割裂，企业跨境融资面临诸多障碍，债券市场发展程度不一。[①] 但随着欧元的诞生，统一货币环境推动跨国企业并购、产业整合加速，高收益债成为重要融资工具。在 20 世纪末和 21 世纪初，欧洲电信行业掀起自由化与整合浪潮，业务扩张对资金需求巨大，多数企业实施高负债财务战略。以英国沃达丰为例，由于银行贷款受限，只能通过发行高收益债，筹集巨额资金，得以在欧洲多国收购当地电信运营商，快速搭建起泛欧通信网络，推动了欧洲移动通信技术的普及与升级。同一时期，德国制造业也借助高收益债实现转型。德国作为传统制造业强国，在向高端制造、智能制造迈进过程中，大量中小企业扮演关键角色。这些企业专注于细分领域，如精密机械零部件、工业自动化软件研发等，研发投入周期长、回报慢，银行短期信贷难以满足需求，高收益债为它们开辟新径。一些生产新能源汽车电池管理系统的中小企业，利用高收益债资金购置先进研发设备、吸引高端人才，成功嵌入全球新能源汽车产业链，提升德国制造业在新兴领域的竞争力。

然而，欧洲各国金融监管政策存在差异，协调成本高。危机前，部分南欧国家房地产市场过热，相关企业过度依赖高收益债融资扩张，例如西班牙、爱尔兰的一些房地产开发商，在房价泡沫下大肆举债圈地建房。危机后，房价暴跌，这些企业资产负债表恶化，违约事件频发，高

① 刘晓丹、陈志杰、阮超：《美国百年并购历史的启示》，《金融博览》2009 年第 8 期。

收益债价格跳水，投资者恐慌抛售，希腊、意大利等国主权债务风险外溢，例如希腊航运企业因本国经济衰退、贸易受阻，无力偿还高收益债本息，使得整个欧洲航运相关高收益债板块一蹶不振。

危机促使欧洲各国加强监管协调与合作。一方面，欧洲央行采取量化宽松政策，大量购买债券，稳定市场流动性，包括高收益债市场，防止危机进一步恶化；另一方面，欧盟层面强化金融监管法规制定，统一对高收益债发行、交易、信息披露等的标准，提高市场透明度。例如，规定高收益债发行企业必须定期详细公布财务状况、经营风险等关键信息，让投资者能准确评估风险。对投资高收益债的金融机构实施更严格的资本充足率要求，避免过度杠杆投资。

如今，欧洲高收益债市场在复苏中逐渐走向成熟，也吸引了全球资本蜂拥而至。欧洲高收益债市场成功运行的主要经验：一是监管协调方面，由欧洲证券和市场管理局（ESMA）协调各国监管政策，建立了完善的跨境监管合作机制；二是投资者保护方面，从法律和制度层面构建保障体系，注重投资者教育；三是产品创新方面，引入绿色债券和社会债券等创新品种，且银行在高收益债券市场中发挥重要作用。

欧洲高收益债市场对发展中国家的启示：首先，区域经济一体化进程能为高收益债市场创造良好发展土壤，通过消除跨境资本流动障碍，激发企业跨区域整合、创新活力。其次，危机是市场成长的“试金石”，促使监管体系不断完善，加强跨境协调，在保障市场稳定前提下推动创新。最后，成熟的市场应兼顾企业融资需求多样性与投资者风险偏好差异，构建多层次、开放型高收益债生态，助力区域经济在全球竞争中稳健前行。

（三）日本高收益债市场发展

日本高收益债市场起步于经济高速增长后的产业结构调整期。在传统银行主导的金融体系下，企业长期依赖银行贷款，随着经济增速放缓、不良资产累积，银行惜贷现象出现。彼时日本传统产业面临转型升级压力，这使得众多企业，尤其是新兴产业与中小企业的融资渠道受阻，高收益债作为一种替代性融资方式逐渐进入视野，为一些非传统行业企业提供生机，比如动漫、软件等文创科技领域初创企业，它们缺乏抵押物、业绩波动大，难以契合银行严苛放贷标准。知名动漫制作公司吉卜力工作室早期在拓展业务、购置设备时，银行贷款困难，通过发行高收益债获取资金得以维持创作与运营，为日本动漫产业全球影响力提升奠定基础。

20 世纪 80 年代末至 90 年代初，以电子信息领域为代表的日本科技产业蓬勃兴起。一些专注于半导体研发的初创企业，它们试图突破美欧技术封锁，抢占新兴市场，但因缺乏抵押物、经营历史短，难以从银行获得足额贷款。高收益债券成为救命稻草，这些企业通过发行高收益债筹集资金用于购置先进的芯片制造设备、吸引顶尖科研人才，为日本半导体产业在全球市场赢得一席之地，一度与美国形成分庭抗礼之势。

然而，日本高收益债市场发展面临诸多制约因素。一是文化层面，日本企业极为重视商业信誉与长期稳定的银企关系，认为发行高收益债可能有损企业形象，被视为“走投无路”之下的选择，所以许多企业即便有融资需求，也对高收益债持谨慎态度。二是监管政策方面，日本金融监管当局秉持保守理念，审批高收益债发行条件严苛，对企业财务指标、行业前景评估极为慎重，导致发行流程冗长复杂。一家企业申请高收益债发行，需历经数月甚至半年以上审核，提交大量详细资料，涵盖从技术研发细节到未来五年市场预测等各个方面，这使得不少企业望而却步，市场活跃度难以提升。三是投资者结构方面，主要以本土金融机构为主，且大多风险偏好保守，更倾向于投资国债等低风险资产，对高收益债券热情不高。

近年来，随着全球金融创新浪潮冲击与日本国内经济结构深度调整需求，监管当局开始适度放宽限制，简化部分审批流程，鼓励金融机构开发面向高收益债的创新金融产品，吸引更多元化投资者。例如，允许一些专业投资基金参与高收益债投资，为市场注入新鲜血液；推动建立高收益债评级细化体系，让投资者能更精准评估风险。

日本高收益债市场在长期的发展过程中也形成了自身的特点与经验，尤其是在产业协同、金融机构作用以及风险防控等关键方面，为高收益债市场的发展提供独特的视角与思路。[①] 一是产业导向性强。日本高收益债市场起步于产业结构调整期，与本国产业发展紧密结合。二是金融机构尤其是银行，在高收益债业务中发挥关键作用，进行全面尽职调查并持续跟踪企业经营。三是建立了完善风险预警与处置机制，优化了投资者结构。

日本高收益债市场发展对中国的启示：一方面，新兴产业发展初期，灵活运用高收益债可突破传统融资瓶颈，助力产业崛起，文化与金融创新协同发力能放大产业发展动能。另一方面，监管政策既要把控风险，又需适度灵活，优化审批流程，培育多元化投资者群体，激发市场活力，为产业结构调整与经济可持续发展提供有力支撑，这对金融体系相对保守、产业转型需求迫切的国家具有重要借鉴价值。

三　中国高收益债市场发展历程及现实困境

近年来，中国高收益债市场逐渐兴起，成为企业融资重要渠道之一。然而，与欧美等发达国家相比，中国高收益债市场仍处于起步阶段，市场规模较小，投资者结构单一，市场活跃度不高。[②] 与美国高收益债券类似，中国高收益债券被称为中小企业私募债，主要

① 程昊：《中国高收益债市场发展分析》，《中国金融》2021 年第 12 期。

② 李文、王腾飞：《国际信用评级监管改革对我国信用评级监管的启示》，《征信》2016 年第 3 期。

为融资渠道有限的中小企业提供资金。近年来，中国已经开始逐步探索和发展高收益债券市场。例如，上海证券交易所和深圳证券交易所相继发布了中小企业私募债券业务试点办法，为中小企业提供了一种新的融资渠道。这些债券虽然被称为“私募债”，但其本质就是高收益债券。

（一）中国高收益债市场发展历程及现状特征

早在 2007 年和 2009 年，国家发展改革委和中国人民银行为了缓解中小企业融资难问题，出台了中小企业集合债和中小企业集合票据。为了进一步强化对中小企业的融资支持，沪深交易所在 2012 年发布的《中小企业私募债券业务试点办法》明确了私募债券的发行条件、信息披露要求等，为中小企业通过私募债券方式融资提供了制度保障。证监会于 2015 年 1 月出台了《公司债券发行与交易管理办法》，将中小企业私募债券试点统一纳入私募债券政策体系中，实现了私募债券市场的统一管理和规范发展。

高收益债券概念首次出现是 2016 年，《中华人民共和国国民经济和社会发展第十三个五年规划纲要》明确提出，“推动高收益债券及股债相结合的融资方式”。2021 年 8 月，中国人民银行等六部门联合发布《关于推动公司信用类债券市场改革开放高质量发展的指导意见》，明确提出探索规范发展高收益债券产品。2022 年 5 月，沪深交易所和银行间市场交易商协会推出科创公司债券和科创票据。截至 2023 年 12 月 31 日，科创债和科创票据共 786 只，债券余额为 7559. 29 亿元。

近年来，一级高收益债券市场的发行规模快速下降。2024 年上半年，国内高收益债券发行规模同比大幅萎缩，合计发行规模仅为 152. 99 亿元，占同期信用债发行规模的比重极低。造成这一现象的主要原因，一是无风险利率持续下行，由此导致信用债发行利率空间受压缩；二是民营房地产企业失去发债能力；三是中国高收益债券发行主要以无公开评级方式发行，且产业债逐渐成为主要发行力量。近年来，金融监管趋严，城投债和地产债发行受到限制。

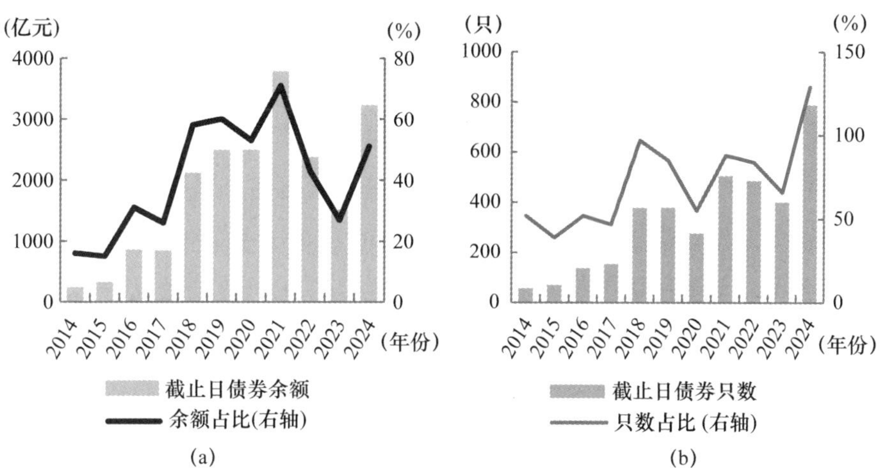

图 5—1 中国高收益债券总量及占比

资料来源：Wind 资讯。

同时，二级高收益债券市场的存量规模也大幅下降。截至 2024 年 6 月 30 日，国内二级市场高收益债券存量规模降至 2.12 万亿元，相较 2023 年年末下降约 41%。这主要受到城投债“遏新增、化存量”政策、地产债市场弱复苏以及高收益债券整体市场环境的影响。从行业分布来看，高收益城投债、产业债、地产债和金融债存续规模各有差异，其中城投债仍占据较大比例。

中国高收益债市场特征主要表现如下：发行主体方面，行业分布较为集中，房地产企业和地方融资平台占比较大。房地产企业由于其项目开发周期长、资金回笼速度相对较慢，且受宏观调控政策影响显著，其现金流稳定性较差，信用风险相对较高。地方融资平台则因承担地方基础设施建设等任务，资产负债结构复杂，偿债资金来源依赖地方财政收入及土地出让金等，在财政压力较大或土地市场不景气时，偿债能力易受冲击。此外，部分中小民营企业也逐渐成为发行主体，但它们普遍存在规模较小、财务透明度低、市场竞争力弱等问题，[①] 进一步增加了市场的风险多样性。

投资者结构方面，当前投资者结构相对单一，主要以银行、保险公司等大型金融机构和部分专业投资机构为主。银行在投资高收益债时，受监管政策和自身风险偏好约束，投资比例相对谨慎，但在市场资金充裕或监管政策调整时，其投资行为对市场资金流向和价格波动影响较大。保险资金具有长期稳定的特点，但对资产安全性要求极高，在高收益债投资中更倾向于选择信用风险相对较低的品种，其投资决策受宏观经济形势和利率环境影响明显。专业投资机构如私募基金等，虽然在市场中活跃度较高，但整体规模有限，且投资风格较为激进，追求高收益的同时也带来了较高的市场波动性。个人投资者参与度较低，主要由于对高收益债风险认知不足和投资门槛较高等因素限制。

市场流动性方面，中国高收益债市场流动性整体较差，交易活跃度不高。[②] 与投资级债券相比，高收益债的交易频率较低，买卖价差较大。在市场情绪乐观时，流动性可能会有所改善，但一旦市场出现负面冲击，如宏观经济下行、行业危机或重大信用事件发生，流动性会迅速枯竭，出现有价无市的情况。这是因为投资者在风险偏好下降时，更倾向于持有流动性强、安全性高的资产，而抛售高收益债，导致市场供需失衡，进一步加剧流动性危机。此外，市场缺乏有效的做市商制度和完善的交易机制，也是导致流动性不足的重要原因。

---

① 李文、王腾飞：《国际信用评级监管改革对我国信用评级监管的启示》，《征信》2016年第3期。

② 蔡万科、唐丁祥：《中小企业债券市场发展：国际经验与创新借鉴》，《证券市场导报》2011年第12期。

（二）中国高收益债市场发展的现实困境

一是发行主体集中与多元风险并存。中国高收益债市场发行主体呈现显著集中态势，房地产企业与地方融资平台占据主导地位。房地产企业受开发周期冗长、资金回笼迟滞及宏观调控政策频繁波动影响，现金流脆弱不堪，信用风险高悬。地方融资平台身负基础设施建设重任，资产负债架构繁杂，偿债财源过度倚重财政收入与土地出让金，财政吃紧或土地市场低迷之际，偿债能力岌岌可危。同时，中小民营企业虽崭露头角，但其规模局限、竞争力匮乏，致使市场风险维度多元且复杂，加大了整体风险防控与市场稳定的难度，为市场埋下系统性隐患。

二是投资者结构失衡与行为局限。中国高收益债券市场投资者结构严重失衡，大型金融机构与部分专业投资机构独撑大局。银行投资受监管与风险偏好束缚，决策谨慎，然而市场资金潮汐或政策转向时，其投资抉择对资金流向与价格走势干扰剧烈。保险资金在长期稳定特质要求下追求极致安全，投资取向局限于低风险高收益债品。私募基金等专业机构虽然活跃但规模有限，激进风格催生市场动荡。个人投资者因风险认知匮乏与高门槛阻隔，参与寥寥，致使市场活力与多元制衡缺失，难以形成稳健投资生态，削弱市场韧性与效率。

三是债券条款复杂与收益波动。与投资级债券相比，高收益债券条款通常较为复杂，为补偿投资者承担的高风险，其票面利率普遍较高，但同时也伴随严格的附加条款。因此交易频次稀缺、买卖价差悬殊。乐观情绪下流动性稍有起色，然而一旦负面冲击事件出现，如经济衰退、行业动荡或信用风暴爆发，流动性瞬间干涸，供需失衡引发抛售狂潮，加剧危机深度。根源在于有效做市商制度与完备交易机制的双重缺失，市场价格发现与资源调配功能失效，抑制市场拓展与创新活力，成为市场发展的核心障碍。

（三）债务违约容忍度低的制度性分析

在中国债券市场发展历程中，监管层对待债务违约始终秉持着极为审慎的态度，常常把违约行为视作“系统性风险信号”。一旦察觉到债务违约有发生的迹象，监管层通常会倾向于要求地方政府介入，承担兜底责任。[①] 这种做法的根源在于中国金融体系的稳定性目标，监管层担心个别债务违约事件会引发连锁反应，波及整个金融市场，进而威胁到宏观经济的稳定运行。

地方政府在中国经济发展中扮演着重要角色，对城投债的依赖程度较高。[②] 城投债作为地方政府进行融资的重要手段，应用于城市基础设施建设、公共服务供给等诸多领域。然而，这种高度依赖带来了潜在风险。一旦城投债出现违约情况，可能引发区域信用危机，这不仅会使地方政府的融资能力大打折扣，还会对当地企业的日常经营和长远发展产生负面影响，严重时甚至可能导致整个地区的经济增长步伐放缓。

由于监管层的严格态度和地方政府的兜底行为，中国债券市场难以形成有效的风险定价机制。投资者在做投资决策时，往往不是基于债券本身所具备的风险收益特征，而是过度依赖政府的隐性担保。这种状况直接导致债券市场的价格信号出现偏差，无法真实、准确地反映债券的实际价值，对市场的健康发展形成了阻碍。同时，投资者对隐性担保的过度依赖，使得市场的风险意识逐渐淡薄，债券市场的风险不断累积。深入探究中国债务违约容忍度低背后的深层矛盾，主要体现在以下几个方面。

一是政策目标冲突。中国政府在推动经济发展的进程中，肩负着稳

---

① 罗航、罗莎：《高收益债券的国际经验和评级技术借鉴》，《征信》2012 年第 2 期。

② 苏亚民、李晓龙：《我国中小企业高收益债券融资研究》，《中南民族大学学报》（人文社会科学版）2014 年第 3 期。

增长和防风险的双重重任。为了达成稳增长的目标，地方政府需要借助债券融资来为基础设施建设和产业发展提供支持，这在很大程度上依赖于债券市场的稳定与繁荣。然而，防风险的目标又要求尽力避免债务违约事件的发生，以此来维护金融市场的稳定。上述两个目标之间存在着一定的矛盾，使得政府在处理债务违约问题时陷入两难的困境。

二是财政体制问题。在中国现行财政体制下，土地财政与城投债紧密相连，这是导致债务违约容忍度低的一个重要因素。地方政府通过出让土地获取财政收入，同时将土地资产注入城投公司，以此来支撑城投债的发行。这种模式使得城投债的信用状况与土地市场的走势紧密相关。一旦土地市场出现波动，地方政府的财政收入难免受到影响，城投债的违约风险也会随之上升。此外，对土地财政的过度依赖，也使得地方政府在经济发展过程中面临着较大的不确定性，进一步加大了债务违约的风险。①

三是考核机制缺陷。在中国地方政府的政绩考核体系里，“零违约”常常被默认为一项隐性要求。这种考核机制使得地方政府在处理债务问题时顾虑重重，不敢轻易允许债务违约情况的出现。即便在某些情况下，债务违约可能只是市场正常调整的结果，但地方政府为了保住政绩考核中的“零违约”纪录，依然会想尽各种办法进行兜底。这种考核机制不仅不利于市场风险的释放和化解，还可能导致地方政府过度干预市场，干扰市场的正常运行秩序。

中国债务违约容忍度低的现状，对高收益债券市场的发展产生了一定程度的制约。由于市场难以形成有效的风险定价机制，投资者对高收益债券的风险认知不够全面，常将高收益债券简单等同于高风险债券，从而忽视了其潜在的投资价值。同时，地方政府的兜底行为使得高收益

① 朱鲜艳：《我国高收益债券市场建设研究——基于构建违约债券交易市场视角》，《金融市场研究》2023 年第 5 期。

债券市场缺乏真实的违约案例，投资者无法通过实际案例来积累经验，学习和掌握高收益债券的投资策略。

四 建立支持科技创新的高收益债市场体系

中国高收益债券市场发展的思路是，创造条件支持科技创新企业发行高收益债，逐步替换传统房地产、地方政府融资平台等高收益债券发行主体，同时优化投资者结构，完善各类交易机制，最终实现风险收益匹配。此外，监管机构、债券发行方和市场主体都需要转换理念提高高收益债券违约容忍度。

第一，优化发行主体管理与多元化引导。借鉴美国经验，建立完善的信用评级体系，对发行主体进行严格评估，为投资者提供重要参考。一方面，构建全方位的发行资质审核体系，强化对房地产企业和地方融资平台的监管。建立严格的发行资质审核体系，综合考量其现金流状况、资产负债结构及偿债能力，对过度依赖土地财政或财务状况不佳的地方融资平台，限制其发行规模或要求提供额外担保。另一方面，积极推动发行主体的多元化进程。积极鼓励新兴产业、科创企业等多元化主体进入市场，通过税收优惠、专项扶持基金等方式，降低其融资成本，改善市场结构，分散风险。例如，为科创企业发行高收益债提供研发补贴或贴息政策，提升其市场竞争力与吸引力，减少对传统高风险行业的依赖。

第二，完善投资者培育与结构优化策略。为改善投资者结构失衡问题，可以加强投资者教育，提高市场参与者对高收益债风险与收益的认知。针对个人投资者，开发专门的投资者教育课程资料，介绍高收益债市场的特点，并且在投资者购买高收益债产品时，要求金融机构严格按照风险适配原则进行销售，确保投资者充分了解高收益债投资的风险和收益特征；对于机构投资者，组织专业研讨会与案例分析会，提升其风险评估与投资管理能力。此外，适度放宽市场准入限制，引导社保基金、企业年金等长期资金有序进入高收益债市场，丰富投资者类型。同时，规范私募基金等专业投资机构的投资行为，设定风险控制指标与投资比例上限，抑制其过度投机冲动，促进市场稳定发展。

第三，规范债券条款设计与强化收益保障机制。规范债券条款设计方面，借鉴美国在债券条款设计上的精细做法，充分考虑中国宏观经济波动特点和行业差异，细化提前赎回条款的触发条件与补偿计算方式。对于偿债基金条款，借鉴欧洲国家采用独立的第三方监管模式，委托专业信托机构管理偿债基金，信托机构依据严格的合同条款和法律规定，对发行方的资金缴存、账户管理和资金使用进行全程监督，确保偿债资金安全。在完善收益保障机制方面，借鉴日本部分企业发行的高收益债采用与企业经营业绩挂钩的收益结构，鼓励发行方结合自身行业和经营模式，设计与经营业绩挂钩的收益结构，例如针对周期性行业和成长型企业，分别关联不同的业绩指标，使债券收益更准确反映市场风险和企业经营状况，增强投资者收益的稳定性与可预测性，促进市场合理定价。

第四，提升市场流动性与交易机制创新举措。借鉴美国成熟的做市商制度，给予政策优惠和交易成本补贴，同时建立严格的准入与考核机制，明确做市商的资金规模、信用评级和交易经验等标准，并定期考核报价质量、成交量和市场活跃度等指标，对优秀做市商给予奖励，激励其稳定市场。在交易机制创新方面，借鉴欧洲先进的电子交易平台经验，利用金融科技升级中国现有交易平台，引入匿名交易功能，完善集中竞价机制，优化交易撮合算法，提高交易效率、透明度和价格稳定性。此外，借鉴国际货币基金组织（IMF）在应对全球金融市场流动性危机时的做法，由政府主导联合金融机构设立市场流动性支持基金，明确运作规则和触发机制，在市场流动性危机时提供低息融资或购买高收益债稳定价格，同时严格控制购买规模和期限，确保基金在稳定市场的同时，不会过度干预市场的正常运行机制。

第五，推动市场国际化。加强与国际债券市场的合作与交流，学习借鉴国际先进经验和做法，并推动高收益债券市场的国际化进程，吸引更多的国际投资者参与。同时，随着人民币国际化进程的加速，推动高收益债券市场以人民币计价和交易，从而提高市场的国际影响力。

第六，市场参与方需要理性应对高收益债券违约问题。一是构建市场化的违约处置机制，制定规范化的违约处理流程与规则体系，清晰界定各参与方的责任与权益界限，减少政府的不必要干预，让市场在违约处置中发挥主导作用，实现风险的合理定价与释放。二是需深化地方考核体系的改革，改变“零违约”的隐性要求，将风险防控的风险性与有效性纳入考核，引导地方政府客观理性地看待债券违约现象，避免采取非理性的兜底行为，促进市场健康发展。三是投资者需要理性认知高收益债券风险，利用真实违约案例完善投资者投资策略。

（执笔人：徐枫）

第六章

耐心资本概论

耐心资本受到近期理论界和实务界的高度关注，人们普遍认识到其对于经济长期高质量发展的重要意义。但是，对于什么是耐心资本，如何培育耐心资本，现存认识还比较粗浅。本章尝试在已有文献和国内外实践的基础上回答上述问题，并从制度和政策建议的角度，对中国发展耐心资本提出一些看法。“耐心”本来被用于描述人的性格特征，给一些资本类型贴上这样的标签，无非是突出这些资本在风险和挫折面前表现得比其他资本类型更加淡定，不会轻易改变投资决策。当然，这种人格化的定义，也具有相当的局限性。在外部因素作用下，人的性格特征会发生改变，那么耐心资本是不是也会在一定条件下从“耐心”变得“不耐心”？至少，可以观察到国内的保险资金、养老基金在金融市场中发生过一些“不耐心”的投资行为。耐心资本的这种动态特征，提示人们从行为角度理解耐心资本可能更为适当，因此基于行为的鼓励性政策比基于资质的政策会更加有效。

一　对耐心资本的基本认识

耐心资本是人们对那些在长期来看具有耐心的资本的统称。在法律上或者理论上，并不存在对这类资本的明确定义，在已有的统计分类中，也找不到它们的踪迹。这使得人们一直无法看清耐心资本的真实面目。本节着重从基本属性角度描述耐心资本，分析这类资本的形成机制和经济影响，并且提出耐心资本的一些具体存在形态。当然，这并不意味着以这些形态呈现的资本就是耐心资本，人们仍然需要从资本运动特征去动态判断一种资本是不是“有耐心的”。

（一）耐心资本的内涵与外延

耐心资本在推动企业成长、促进产业升级以及稳定金融市场等方面发挥着独特且重要的作用，是现代经济体系中不可或缺的组成部分。国际理论界对耐心资本的研究仅是刚刚起步，对其形成机理、运作规律还缺乏统一认识。中国经济进入高质量发展阶段，迫切需要补充耐心资本，国内理论界有必要对相关问题进行深入研究。

Kingston 和 Bolton 的观点为我们提供了早期的重要视角。他们提出耐心资本是一种“在较长时期内以低于市场利率的方式提供的资金”，[①] 这意味着耐心资本的提供者在一定程度上牺牲了短期的高利率收益，以换取长期的投资价值。这种特性在一些特定领域表现得尤为明显，比如在对某些具有战略意义但盈利周期较长的公共事业项目进行投资时，投资者愿意接受较低的利率回报，因为他们看到了项目在长期内对社会经济发展的重要推动作用以及潜在的稳定收益。林毅夫和王燕进一步深化了对耐心资本的理解，认为它是一种投资于“关系”的资本，专注于长期投资。[②] 这里的“关系”涵盖了企业与投资者之间的深度信任与合作关系、企业与上下游产业之间的紧密协同关系等。以一家高科技企业为例，耐心资本不仅为其提供资金，还会利用自身的资源和行业影响力，帮助企业与科研机构建

① Kingston，J.，and Bolton，M.，2004，“New Approaches to Funding Not-for-profit Organisations”，*Journal of Philanthropy and Marketing*，9（2）：112-121.

② 林毅夫、王燕：《新结构经济学：将“耐心资本”作为一种比较优势》，《开发性金融研究》2017 年第 1 期。

立合作关系，促进技术研发与创新。协助企业与供应商建立稳定的供应链关系，保障原材料供应的稳定性和质量。通过投资于这些“关系”，耐心资本助力企业构建良好的生态环境，实现长期稳定发展。洪银兴和姜集闯提出了关于耐心资本与长期资本关系的深刻见解，认为一般而言，耐心资本是一种长期资本，但长期资本中也存在非耐心成分的资本，只有长期资本中具有战略投资眼光和社会投资责任，并积极参与被投资企业经营管理的理性能动投资资本，才称得上是耐心资本。①

耐心资本作为一种独特的资本形式，在运动规律上，融合了客观的长期性、稳定性与主观的主动性、格局、心态等多维度的考量因素。综合已有的研究，结合当前中国耐心资本的生存环境，笔者认为，耐心资本是一种对短期风险具有较强忍耐力且坚持价值投资理念的长期资本。耐心资本投资者愿意承担短期波动，期待长期稳定的回报。与短期资本、投机资本追求快速获利不同，耐心资本更注重投资标的的内在价值和长期发展潜力，能够在较长时间内持有投资资产。

耐心资本的具体形态丰富多样，在经济活动中各自发挥着关键作用。天使投资、风险投资、私募股权投资、政府投资基金、养老基金和保险资金等是常见的耐心资本类型。天使投资通常是创业企业获得的首笔投资资金，投资者多为高净值个人或成功企业家，在企业萌芽期，凭借经验和洞察力，它们对有创新想法或初步商业计划的企业注资，激发创新活力，推动新兴产业诞生；风险投资专注企业成长关键阶段，针对有技术实力和市场潜力但风险高的企业，投资前会对企业核心技术、市场竞争、管理团队等进行全面评估，一旦认可便投入资金；私募股权投资参与企业中后期发展，此时企业已有市场份额和稳定现金流，需扩大规模、战略转型等，投资机构通过股权收购或增资

① 洪银兴、姜集闯：《培育和壮大耐心资本　推动新质生产力发展》，《经济学家》2024年第12期。

扩股进入，不仅提供资金，还利用资源和经验助力企业；政府投资基金围绕国家战略和产业政策布局，通过设立专项基金吸引社会资本，为企业提供研发、设备购置等补贴，引导产业发展和技术创新；养老基金来源长期稳定，随人口老龄化规模扩大，其投资目标是稳健增值以保障养老基金支付，倾向投资收益稳定、风险低的项目，如大型基础设施以及优质企业的长期债券或股票；保险资金是以保险企业收取的保费为基础沉淀的长期资金，部分投资长期债券获取利息，部分投资于业绩优、股价稳的企业股票，且合理控制比例。总之，不同类型的耐心资本在企业发展各阶段和经济各领域发挥独特作用，是推动经济创新发展和持续增长的重要力量。

表 6—1　**耐心资本各类型对比**

耐心资本类型	投资主体	投资阶段	投资规模	投资风险	投资回报	投资期限	投资目的
天使投资	富有的个人或天使投资团体	初创期，多为创意或产品雏形阶段	投资规模较小，一般在几十万元到几百万元	风险高，项目失败可能性大	潜在回报高，若成功可能获得高额收益	较长，5—10 年甚至更久	助力初创企业起步，期望获得高增长回报
风险投资	专业风险投资机构	早期和扩张期，产品已初步验证，有一定市场份额	投资规模中等，数百万元到数千万元	风险较高，企业发展不确定性较大	潜在回报较高，企业成功上市或被收购可获丰厚回报	5—10 年	推动企业快速成长，获取资本增值
私募股权投资	私募股权投资机构	成长期和成熟期，企业有稳定现金流和盈利	投资规模较大，通常数千万元以上	风险相对较低，企业经营状况相对稳定	潜在回报适中，通过企业价值提升和资本运作获利	3—7 年	通过改善企业运营、重组等提升价值并退出获利
政府投资基金	政府部门或其授权机构	涵盖初创期到成熟期，重点扶持战略性新兴产业和关键领域	投资规模较大，资金规模可达数亿元甚至更多	风险适中，关注产业发展和政策目标实现	兼顾产业引导和一定财务回报	较长，5—10 年或更久	促进产业升级、创新发展和经济结构调整

续表

耐心资本类型	投资主体	投资阶段	投资规模	投资风险	投资回报	投资期限	投资目的
养老基金	养老基金管理机构	多为成熟期，部分参与成长期	投资规模较大，投资组合多元化	风险较低，注重资产安全性和稳定性	潜在回报适中，追求长期稳健收益	很长，10年以上	保障养老基金的保值增值，满足未来养老支付需求
保险基金	保险公司	成熟期，部分涉及基础设施等长期项目	大，基于保险资金规模和资产配置需求	风险较低，强调资产安全和长期稳定收益	潜在回报适中，以稳定收益为主	较长，5—10年或更久	实现保险资金的有效运用和保值增值，支持保险业务发展

资料来源：笔者自制。

（二）耐心资本的主要特征

耐心资本具有长期投资、稳定回报、风险承受度高、资本配置灵活、注重金融与经济之间的良性互动的显著特征。

长期投资的特征表现为：耐心资本是一种专注于长期投资的资本形式，不以追求短期收益为首要目标，而更重视长期回报的项目或投资活动。它深耕价值投资，通常具有战略性的投资策略，关注投资标的的技术实力、市场潜力等长期价值创造方面，旨在将持续稳定的资金投入高价值潜力的企业或项目。

稳定回报的特征表现为：耐心资本追求长期稳定的收益，而非短期的高额利润。通过对企业基本面和行业趋势的深度分析，耐心资本能够挑选出具有可持续发展能力的投资标的。这些标的在长期的市场竞争中，凭借自身的核心竞争力，能够抵御各种风险，实现业绩的稳步增长。投资于这些企业，耐心资本能够实现资产的稳健增值，收获长期稳定的回报。①

风险承受度高的特征表现为：耐心资本能够承受短期市场波动带来的

① Friedman, T., 2007, "Patient Capital for an Africa that can't Wait", *New York Times*, April 20.

风险，它不会因市场的短期下跌而恐慌抛售，而是在充分评估投资标的长期潜力的基础上，坚定持有展现出较强的风险承受度。耐心资本较高的风险承受度，并非盲目乐观或不计后果的冒险，而是建立在对市场规律的深刻理解、对投资标的深入研究以及对长期价值的坚定信念之上。

资本配置灵活的特征表现为：耐心资本可根据不同的市场环境和投资机会，灵活配置资本。在经济低迷时，加大对具有潜力的新兴产业的投资；在经济繁荣时，配置估值合理资产以优化投资组合，实现风险与收益的平衡。其配置灵活的特点，使其在不同的经济周期和市场态势下，都能从长期视角定位投资方向，实现资本的高效运作与价值最大化。

注重金融与经济之间的良性互动表现为：耐心资本优化了金融资源配置，提高了金融市场效率。它为实体经济提供资金，缓解融资难题，促进实体经济发展，实体经济的繁荣又回馈金融市场，增强其稳定性与活力。金融与经济相互促进形成良性循环，尤其体现在重点领域投资、新兴产业崛起与传统产业升级等方面。

二　耐心资本与实体经济的互动

耐心资本的形成，直接原因是由资本市场上的供需关系变化驱动的，而其根本原因则是实体经济发展到高级阶段，经济对资本的需求进一步具象化，而市场条件和制度条件也为耐心资本的生存提供了可能。从宏观来看，耐心资本为实体经济提供了稳定的资金支持，对于提升经济增长潜力发挥了积极作用。

（一）耐心资本形成的驱动因素

1. 实体经济的需求变化

随着经济转型与产业升级的推进，企业对长期资金的需求日益增加。在人工智能、生物医药、半导体等高科技领域，企业需要大量资金用于研发、临床试验、生产设施建设以及市场推广等环节，这些过程往往耗时较长，短期内难以实现盈利和资金回流。耐心资本愿意承受较长时间的资金沉淀和可能面临的风险，他们坚信这些具有潜力的企业和项目在未来能够实现巨大的价值增长，从而补偿短期风险，这不仅填补了资本市场在长期资金供给方面的空白，满足了市场和企业对长期资金的支持需求，更为经济转型和产业结构升级提供了强有力的资金保障，推动了全球经济向更高质量、更具创新性的方向发展。

2. 投资者行为的转变

随着金融市场的逐渐成熟，投资者对于投资风险与收益的认知不断深化，对资本的认识和投资理念也在发生深刻变化。他们越来越意识到短期资本的高风险与波动性，市场的短期波动可能导致投资收益的大幅波动，甚至出现本金损失。耐心资本追求的是长期稳定的回报，通过深入研究和分析企业的基本面、行业发展趋势等因素，选择具有长期增长潜力的投资标的，并长期持有。这种投资方式能够有效规避短期市场波动的风险，实现资产的稳健增值。此外，养老基金、保险基金等长期资本的规模在全球范围内不断积累，它们在投资时更倾向于选择那些能够提供稳定收益、风险相对较低的投资标的，这些长期资本的大量涌入，为耐心资本的增长提供了坚实的资金基础。投资者行为的广泛转变，使得耐心资本在资本市场中的地位日益重要，成为资本市场中一股不可忽视的力量。

3. 政策与监管环境的变化

在全球经济格局持续演变的当下，政策与监管环境的变革已成为耐心资本形成与发展的重要制度性驱动力。在欧美国家，政府通过制定一系列政策和法规，为耐心资本的形成创造了良好的制度环境。美国的《雇员退休收入保障法案》（ERISA）对养老基金等长期资本的投资运营进行了规范和保障，此外，还实施了税收优惠政策，对长期投资给予税收减免或递延等优惠待遇，鼓励投资者进行长期投资。欧洲国家也通过完善养老基金体系、设立主权财富基金等方式，积累耐心资本，并将其配置到长周期的投资项目中。通过这些政策和法规的实施，欧美国家成功地推动了更多长期资本进入市场，为耐心资本的形成提供了充足的资金保障，营造了有利于长期投资的市场氛围。在政策的引导下，越来越多的投资者开始转变投资理念，从追求短期投机收益转向关注长期稳定回报，耐心资本也因此在这样的制度性保障下得以茁壮成长。

（二）耐心资本形成对实体经济的影响

1. 契合经济发展长期目标

在现代经济体系中，国家的长期经济战略对于经济的可持续发展起着至关重要的引领作用。耐心资本的特性与国家长期经济战略目标高度契合，成为推动经济从短期效益追求向长期可持续发展转型的关键力量。例如，在中国为了实现经济结构的转型升级，加大对高端制造业、新能源、人工智能等领域的投入时，耐心资本可以为相关企业提供持续的资金支持，助力企业攻克技术难题、扩大生产规模、提升市场竞争力，从而推动整个产业的发展。在国际竞争日益激烈的背景下，耐心资本对国家长期经济战略的支持有助于增强国家的整体竞争力，使国家在全球经济格局中占据更有利的地位，实现经济的可持续发展和长期繁荣。

2. 支持创新与产业转型

战略性新兴产业作为引领未来经济发展的重要力量，涵盖了众多高科技领域，如人工智能、生物医药、新能源、半导体等。这些产业的共同特点是技术创新密集、研发投入巨大且成果转化周期长。在这样的背景下，短期资本往往因追求快速回报而对这些产业望而却步。耐心资本则能够凭借其长期投资的特性、较高的风险承受度以及对稳定回报的追求，为战略性新兴产业的企业提供持续的资金支持。在企业发展的初期，耐心资本可以助力企业进行基础研究和技术开发；在企业成长阶段，帮助企业扩大生产规模、建设销售渠道；在企业面临市场波动或技术瓶颈时，耐心资本依然能够坚定地陪伴企业，共同应对挑战。通过这种长期稳定的资金注入和全方位的支持，耐心资本为战略性新兴产业的发展提供了有力保障，有助于推动产业的升级与转型，培育新的经济增长点，使经济结构更加优化、更具竞争力。

3. 提高资本配置效率

在经济运行过程中，资本的有效配置是实现经济高效发展的关键。耐心资本通过其独特的投资决策机制和长期投资视角，能够提高资本配置效率、推动资源优化。一方面，它能够精准地为经济中的优质企业和新兴行业注入资金。优质企业往往有着良好的运营模式、较强的盈利能力以及广阔的发展前景，新兴行业大多处于起步或快速成长阶段，耐心资本的支持能让它们有足够的资源去进行研发、开拓市场等，促使其更好地发展壮大。另一方面，通过向这些更具潜力的企业投入资金，相应地就引导资源从那些低效、过时的领域转移出来。那些低效、过时的领域可能存在生产技术落后、产品缺乏市场竞争力、资源利用效率低下等诸多问题，资源长时间滞留在其中不利于经济高质量发展，而耐心资本推动资源流向高效、创新性强的产业后，整个社会的资本配置效率得到显著提升，使得有限的资源能够发挥出更大的价值。

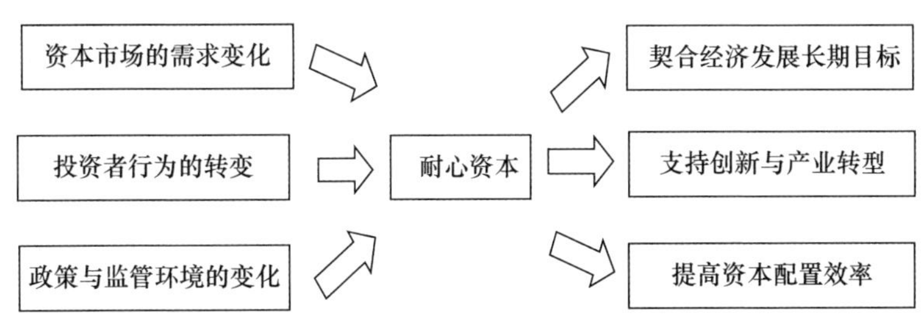

图 6—1　耐心资本形成和产生影响的逻辑结构

资料来源：笔者自制。

三　耐心资本的市场影响

耐心资本的特征突出在于“耐心”。耐心资本善于等待和挖掘长期投资机会，能够容忍一时的挫折，对于未来抱有信心。在行为特征上，耐心资本坚持长期投资策略，投资操作频率低，持有投资资产周期长，对于一定限度的短期市场波动和投资损失不敏感。当耐心资本规模达到一定量级的时候，必然会对资本市场运行产生较大影响。

（一）提升市场稳定性

与短期资本频繁进出市场不同，耐心资本基于长期投资视角，不过度关注短期市场的涨跌。在市场回落期，耐心资本能够继续持有资产，减少市场中的资产供应，为稳定资产价值发挥了作用。在市场繁荣期，耐心资本也不会盲目跟风涌入，抑制了过度的资产需求，防止市场过热和泡沫的过度膨胀。耐心资本还通过长期投资，增强市场的深度与广度，提升市场抗风险能力。从市场深度来讲，它能够让更多的优质资产获得持续稳定的资金支持，使得这些资产的交易更加活跃且有序，价格形成机制也更加合理，不会出现因资金短缺而有价无市或者价格被过度压低的情况。从市场广度来看，耐心资本愿意投入不同类型、不同规模的企业以及各种新兴的产业领域中，这有助于丰富市场的交易品种、扩大市场参与主体的范围，让整个市场的生态更加多元、健全。耐心资本保障市场能够在一个相对稳定的环境中持续运行，为各类市场主体营造良好的发展氛围。图 6—2 为 1990—2023 年中国耐心资本持股市值与 A 股总市值的动态变化，可以看到，自 2008 年起耐心资本的持股市值随着 A 股总市值的增加而明显增加，且二者具有较高的同步性，体现出伴随市场扩容耐心资本同步成长的态势。

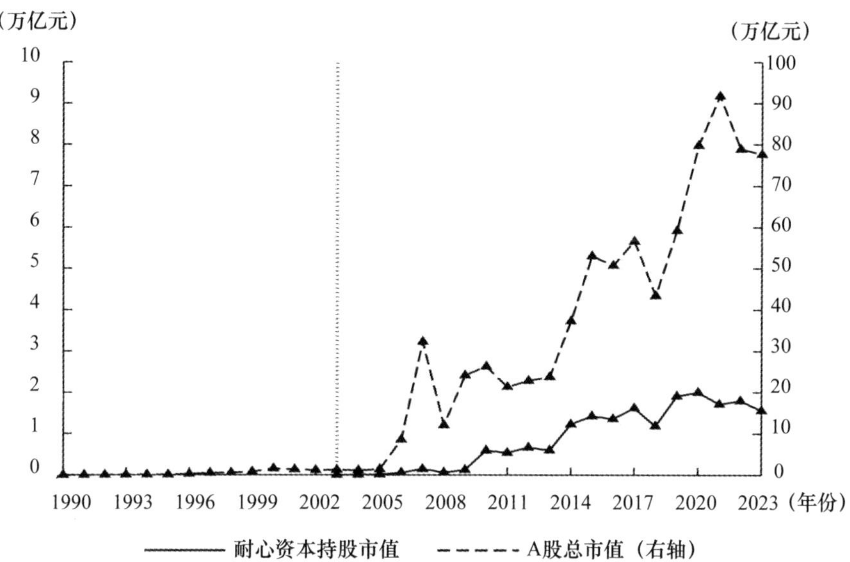

图 6—2 1990—2023 年中国耐心资本持股市值与 A 股总市值的变动趋势

注：此处以保险资金、社保基金和企业年金代表耐心资本。

资料来源：Wind 数据库。

（二）平衡长期风险与回报

耐心资本所秉持的长期投资理念，使其具备独特的优势来获取长期回报。在投资过程中，它不像短期投机资本那样只着眼于眼前的价格涨跌和即时获利机会，而是看重长远的发展潜力。例如，对于一些新兴产业中的创新型企业，耐心资本愿意在其初创阶段就投入资金，即便这些企业在短期内可能面临亏损、技术瓶颈或者市场开拓艰难等诸多问题。短期市场波动是常态，受宏观经济数据发布、政策调整、突发的国际事件等诸多因素影响，股票、债券等各类资产价格时常会出现剧烈的上下起伏，耐心资本投资周期长，它不会因一时的价格涨跌而轻易改变投资决策，因而可以规避短期市场波动风险。当越来越多的耐心资本参与到市场中，通过长周期投资获取回报并规避短期风险，整个市场的生态会发生积极的变化，朝着稳定增长的方向发展。

（三）推动上市公司健康发展

耐心资本注重企业的基本面和长期发展潜力，通过长期投资成为上市公司的稳定股东，与企业控股股东和管理层保持长期合作关系。在长期合作过程中，耐心资本有机会深入了解企业的业务模式、市场竞争力、管理团队等情况，积极参与公司治理，为企业提供战略规划、资源整合、风险管理等方面的支持和建议。耐心资本可以凭借自身的行业经验和资源优势，帮助企业拓展市场渠道、引进先进技术和管理人才，提升企业的核心竞争力。在企业面临重大决策时，耐心资本能够从长期发展的角度出发，提供理性的决策参考，避免企业因短期利益而做出错误决策。通过这些方式，耐心资本有助于上市公司完善公司治理结构，提高决策的科学性和透明度，增强企业的创新能力和市场竞争力，从而促进企业实现高质量发展，为投资者提供长期稳定的价值回报。

四　耐心资本发展的国际实践

耐心资本是一国经济进入较发达阶段时才有可能出现的一类长期资本。实体经济的内在需求、完善的资本市场体系和有力的产权保护制度是耐心资本大规模发育的前提条件。率先进入发达经济体行列的欧美国家，为后发国家的耐心资本发育提供了经验借鉴。

（一）美国耐心资本的发展

1.《雇员退休收入保障法案》（ERISA）的推动作用

20 世纪 70 年代，美国面临着养老基金计划管理混乱的局面，许多企业的养老基金计划因缺乏有效监管，出现了财务困境甚至欺诈行为，严重损害了雇员的退休权益。在此背景下，美国国会于 1974 年通过《雇员退休收入保障法案》（ERISA）。ERISA 为养老基金的稳定配置提供了全面的法律保障，成为美国耐心资本形成的重要推动力量。

首先，ERISA 规范了养老基金管理。ERISA 要求养老基金计划的受托人必须以参与者和受益人的利益为唯一出发点，谨慎地管理养老基金资产。这一规定确保了养老基金资金不会被随意挪用或用于高风险的投机活动，为养老基金的稳定配置奠定了基础。同时，ERISA 对养老基金的投资范围、投资比例等做出了详细规定，要求养老基金投资组合应保持合理的分散化，避免过度集中于某些特定资产或行业，防止因个别投资项目的失败而对养老基金资产造成重大损失。

其次，ERISA 促进了专业投资管理。ERISA 的实施促使大量专业的养老基金管理机构涌现，如养老基金管理公司、资产管理公司等。这些机构拥有专业的投资团队和丰富的投资经验，能够根据养老基金的长期投资目标，制定科学合理的投资策略，提高了养老基金的投资管理水平，也推动了耐心资本的专业化发展。

最后，ERISA 鼓励长期投资理念。ERISA 通过法律保障和政策引导，鼓励养老基金将资金投向长期资产，由于养老基金的资金规模庞大且具有长期稳定性，这种长期投资行为为市场提供了大量的耐心资本，促进了资本市场的长期稳定发展。养老基金作为市场上的重要投资者，其长期投资理念和行为对其他投资者产生了示范效应。进一步推动了整个市场形成长期投资的氛围，促进了耐心资本的形成和壮大。

表 6—2　　**《雇员退休收入保障法案》（ERISA）主要内容**

条款内容	具体规定
设立原则	公平、合理、透明、安全
管理机构及职责	明确雇主、信托人、计划管理人和顾问等在退休计划中的职责
受托责任	受托人必须以计划参与者和受益人的利益为唯一目的行事，谨慎且理性地获取和使用与投资决策相关的信息

续表

条款内容	具体规定
报告和披露要求	计划管理员必须向参与者提供有关计划特征和资金的重要信息，包括计划信息、定期福利报表以及重大计划变更的通知
参与、归属、福利累积和资金标准	规定一个人需要工作多长时间才有资格参与计划、累积福利以及对这些福利拥有不可没收的权利；确立详细的资金规则，要求计划发起人提供足够的资金以支付承诺的福利
投资规定	禁止使用计划资产进行高风险投资，确保资产安全
申诉和上诉程序	要求计划建立申诉和上诉程序，使参与者能够从计划中获得福利
福利保护	禁止不当拒绝福利和违反受托责任，如果确定福利养老基金计划终止，通过联邦特许公司养老基金福利担保公司（PBGC）保证支付某些福利
覆盖范围	涵盖大多数在私营行业自愿设立的退休和健康计划，但不包括政府实体、教会为其雇员设立或维持的计划，以及仅为遵守适用的工人补偿、失业或残疾法律而维持的计划，也不包括主要为非居民外国人利益而在美国境外维持的计划或未出资的超额福利计划
监管体系	由美国劳工部、财政部和健康与人类服务部共同监管

资料来源：笔者自制。

2. 养老基金、主权财富基金等长期资本的角色

美国的养老基金在资本市场中占据着举足轻重的地位，其中以401k计划和个人退休金账户（IRA）为代表。

401k计划是一种雇主赞助的退休储蓄计划，雇员可以将部分工资收入存入该账户，并享受税收优惠。雇主通常会提供一定比例的匹配资金，激励雇员积极参与储蓄。随着时间的推移，401k计划积累了大量的资金，这些资金通过专业的投资管理机构进行投资运作，广泛参与股票、债券、基金等各类资产的投资，为资本市场提供了稳定且长期的资金来源。

IRA账户是一种个人退休账户，由个人自行设立、自行管理，退休后领取，可以获得延迟纳税和免征账户内的存款利息、股息和投资收益所得税的税收优惠。同样，长期缴费、延期支付的特性使其能够在市场波动中保持相对稳定的投资策略，不会因短期市场波动而轻易改变投资组合，从而对市场起到了稳定器的作用。

美国的主权财富基金，如阿拉斯加永久基金，主要来源于特定的自然资源收入或其他政府资产。这些基金通常具有明确的长期投资目标和战略，旨在实现资产的保值增值，并为国家的经济发展和战略利益服务。例如，在基础设施领域，主权财富基金可能会投资于港口、机场、能源设施等项目，这些项目投资规模大、建设周期长，但具有稳定的现金流和长期的经济效益。通过对这些项目的投资，主权财富基金不仅为基础设施建设提供了资金支持，促进了经济的发展，也为自身带来了长期稳定的回报。

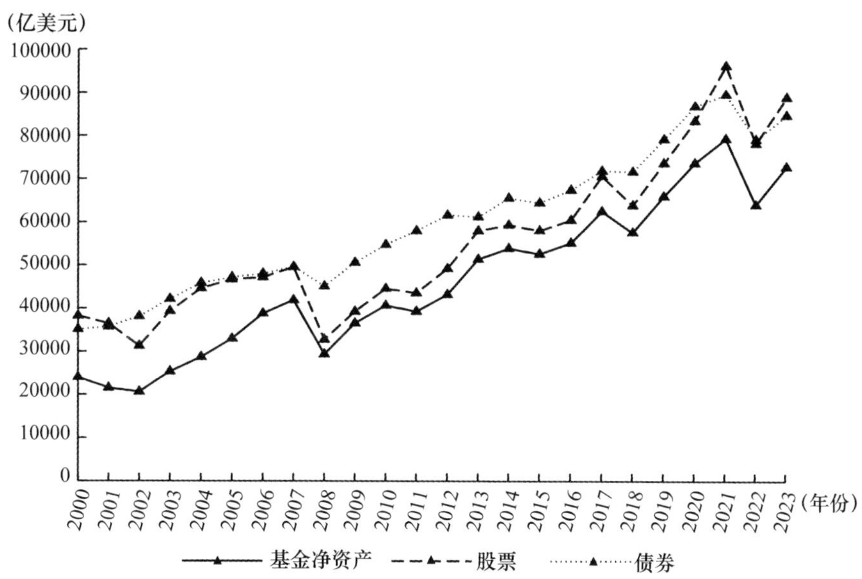

图 6—3　美国保险公司与养老基金持有金融资产的变动趋势

资料来源：根据 OECD 数据计算得出。

3. 耐心资本对市场的影响

耐心资本为美国金融市场提供了大量稳定的长期资金，成为市场稳定运行的重要基石。以养老基金为例，其资金来源具有持续性和稳定性的特点，在投资时通常会遵循长期投资策略，将资金广泛配置于股票、债券、房地产等多个资产类别。这种长期资金的注入使得市场资金供求关系更加稳定，降低了市场短期波动的幅度，增强了市场的抗风险能力。

耐心资本还通过积极参与公司治理，推动企业实现长期发展战略。由于耐心资本的投资期限较长，它们更关注企业的长期价值创造和可持续发展能力。在投资企业后，耐心资本通常会通过行使股东权利，如参与股东大会、提名董事等方式，对企业的经营管理决策施加影响，促使企业管理层更加注重长期战略规划，加大在研发创新、品牌建设、人才培养等方面的投入，提升企业的核心竞争力。此外，耐心资本还注重企业在社会责任履行和环境保护等方面的表现，引导企业实现可持续发展，为社会创造更大的价值。

4. 美国耐心资本的实践经验

在美国金融体系中，耐心资本以资本市场主导模式发展，这种模式是其独特金融生态与经济环境的产物，对美国乃至全球经济都产生了深远影响。

美国拥有全球最发达的资本市场，其多层次架构为耐心资本提供了广阔舞台。纽约证券交易所汇聚了众多大型成熟企业，交易稳定、流动性强。纳斯达克则是科技成长型企业的摇篮，培育出如苹果、谷歌等科技巨头。此外，还有场外交易市场（OTC），为不同规模、不同发展阶段的企业提供融资渠道。完备的市场体系让耐心资本能够精准匹配投资需求，无论是初创企业的高风险高回报项目，还是成熟企业的稳健型投资，都能找到合适标的。

资本市场主导模式下，美国耐心资本的资金来源丰富多元。养老基金规模庞大，像 401k 计划促使大量养老基金投身资本市场，追求长期稳健收益。[①] 保险资金也积极参与，它们注重资产安全，通过长期持有

① 章俊、聂天奇：《如何培育耐心资本，提振资本市场》，《清华金融评论》2024 年第 11 期。

优质企业证券和参与基础设施投资，为市场注入稳定资金流。同时，高校、慈善机构的捐赠基金也在专业管理下，寻找有潜力的投资机会，成为耐心资本的重要补充。

美国耐心资本的资本市场主导模式，极大地推动了科技创新与产业升级。大量资金涌入新兴产业，加速了科技成果转化，让美国在前沿科技领域长期保持领先。

（二）欧洲耐心资本的发展

1. 欧洲养老基金与主权财富基金

德国、法国、意大利等欧洲发达国家拥有较为完善的养老基金体系，其中第一支柱为公共养老基金，由政府主导，旨在为广大公民提供基本的养老保障。第二支柱为职业养老基金，由企业或行业组织设立，企业和员工共同缴费，为员工提供补充养老收入。第三支柱为个人养老基金，个人可以自愿参加，通过购买商业养老保险或其他金融产品来积累养老资金。这种多支柱的养老基金体系为欧洲耐心资本的积累提供了丰富的资金来源。

主权财富基金同样在欧洲耐心资本的形成中发挥着重要作用。例如，挪威政府全球养老基金（GPFG）是全球规模最大的主权财富基金之一。其资金主要来源于该国出售石油资源所获得的外汇收入。该基金的设立目标具有多重性，不仅旨在应对人口老龄化带来的养老基金支付压力，还着眼于预防石油资源枯竭风险以及降低短期石油收入波动对经济产生的负面影响。因此，GPFG 兼具财政储备和养老基金储备的重要职能。

欧洲的养老基金和主权财富基金在资产配置上注重长期投资和多元化策略。在股票投资方面，会综合考虑不同国家和地区的经济发展前景、行业趋势以及企业的基本面等因素，选择具有长期增长潜力的优质股票进行投资。在债券投资上，会配置不同信用等级和期限的债券，包括国债、市政债券以及优质企业债券等，以获取稳定的固定收益并平衡投资组合的风险。部分资金还会投向房地产市场，投资于商业地产、住宅地产以及房地产投资信托基金（REITs）等，通过长期持有房地产资产获得租金收入和资产增值收益。对基础设施项目的投资也是重要组成部分，这些项目通常具有稳定的现金流和长期的垄断性优势，能够为投资者带来持续的回报。通过这种多元化的资产配置策略，欧洲的养老基金和主权财富基金实现了风险的有效分散和资产的稳健增值，为长期资本的积累奠定了坚实基础。

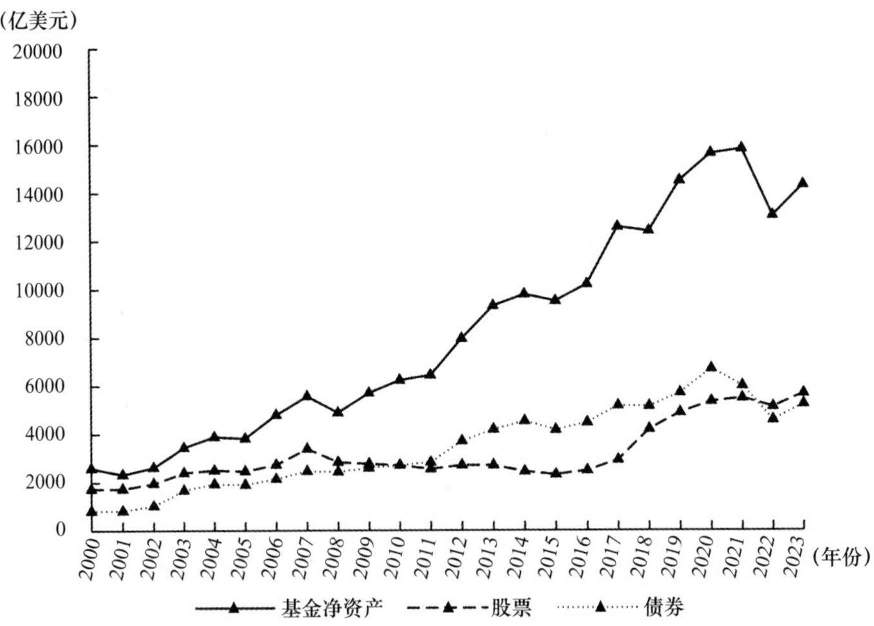

图 6—4　德国保险公司与养老基金持有金融资产的变动趋势

资料来源：根据 OECD 数据计算得出。

2. 耐心资本的市场影响

耐心资本的大量存在提升了欧洲市场的流动性与透明度。在欧洲的金融市场中，养老基金、主权财富基金等耐心资本积极参与各类资产的交易。在股票市场，它们作为长期股东，频繁交易的动机较弱，更倾向于长期持有优质股票，这有助于稳定股票的供求关系，减少股价的短期波动，提高市场的流动性。在债券市场，耐心资本对债券的长期投资需求使得债券市场的交易更加活跃，促进了债券的发行与流通，此外，它们对债券发行人的信用状况和财务状况进行深入研究和评估，要求发行人提供详细的信息披露，这推动了债券市场信息透明度的提升。在金融衍生品市场，耐心资本也会适度参与，利用衍生品工具进行风险管理和资产配置优化，进一步丰富了市场的交易层次和产品种类，提高了市场的整体流动性。

耐心资本对欧洲市场的稳定性与抗风险能力产生了积极的促进作用。由于其长期投资的特性，耐心资本不会因短期市场波动或经济周期的变动而迅速调整投资组合，这种稳定性还体现在对金融机构的支持上，作为金融机构的重要投资者，其能够增强金融机构的资金实力和抗风险能力，减少金融机构因流动性风险而引发的危机，从而维护整个金融体系的稳定。

3. 欧洲耐心资本的实践经验

欧洲耐心资本的发展以银行体系为主导，这一模式与美国的资本市场主导模式形成鲜明对比，在欧洲经济发展进程中发挥着关键作用。

德国银行体系在欧洲具有代表性。德国的全能银行集商业银行、投资银行等多种功能于一身，能够为企业提供全方位金融服务。而且，德国银行与企业间建立了紧密且长期的合作关系。银行会对企业进行深入的贷前调查和持续的贷后跟踪，充分了解企业的经营状况、财务实力和发展战略，这种信息优势使得银行有能力为企业提供长期稳定的资金支持，成为耐心资本的重要供给者。[①]

① 张晓朴、朱鸿鸣：《金融的谜题：德国金融体系比较研究》，中信出版社 2021 年版。

在德国，银行在耐心资本发展中扮演着核心角色。从长期信贷来看，银行给予企业的贷款期限通常较长，利率也相对稳定。同时，银行还积极参与企业治理，通过持有企业股权获得监事会席位，直接参与企业决策过程。在企业面临重大投资、战略转型等关键节点时，银行能从长期发展角度出发，为企业提供专业建议和有力支持，引导企业制定稳健的发展战略。这种银行体系主导的耐心资本发展模式，有力地推动了德国实体经济尤其是制造业的发展，使德国在全球高端制造业领域占据重要地位。

五　中国发展耐心资本的制度障碍

保险资金、社保基金、养老基金是中国耐心资本的主要资金来源。① 保险资金的首要特点是负债运营，因而在选择投资标的时，安全性是首要考虑因素。2024 年，33 万亿元保险资金运用中，银行存款和债券占比为 56.6%，股票占比为 7.3%，反映出高安全性的固收类资产是保险资金的第一大投向。同期，社保基金持有 A 股股票市值达到 4600 亿元，养老基金持股市值约 1.7 万亿元，三类资金合计持有 A 股市值约为 4.6 万亿元，约占全市场的 5%。而截至 2023 年年末，美国的保险公司和养老基金持有的股票资产达到约 8.7 万亿美元。相比之下，中国股市中的耐心资本还处于发展初期，规模小、影响弱。

近年来，中国开始重视耐心资本的作用，并积极培育耐心资本成长。2024 年 4 月，中央政治局首次提出壮大耐心资本；同年 7 月召开的党的二十届三中全会再次提出发展耐心资本。此后，有关部门在不同场合和文件中，先后提出了一系列鼓励耐心资本发展的政策措施。社保基金、保险资金和企业年金，是耐心资本的典型代表，监管机构陆续出台措施强化其耐心资本属性，支持长期投资（见表 6-3）。

① 张跃文、焦文妞：《股市长期资金的形成与政策推动》，《中国金融》2024 年第 7 期。

表 6—3　　国内支持耐心资本发展的部分文件清单

文件名称	发布部门	发布时间	核心要点及对耐心资本的具体支持措施
《促进创业投资高质量发展的若干政策措施》	国务院	2024 年 6 月	提出引导保险资金等长期资金投资创业投资、建立创业投资与创新创业项目的对接机制、持续加强对政府和国有企业出资的创业投资基金的管理、拓宽退出渠道等方面的政策举措
《中共中央关于进一步全面深化改革　推进中国式现代化的决定》	中国共产党第二十届中央委员会第三次全体会议审议通过	2024 年 7 月	提出鼓励和规范发展天使投资、风险投资、私募股权投资，更好发挥政府投资基金作用，发展耐心资本
《关于推动中长期资金入市的指导意见》	中央金融办、中国证监会	2024 年 9 月	提出建设培育鼓励长期投资的资本市场生态、大力发展权益类公募基金、着力完善各类中长期资金入市配套政策制度
《关于促进政府投资基金高质量发展的指导意见》	国务院	2025 年 1 月	提出要发展壮大长期资本、耐心资本，包括合理确定政府投资基金存续期、积极引导全国社会保障基金和保险资金等长期资本出资、采取接续投资方式确保投资延续性、优化政府出资比例调整机制等内容

资料来源：笔者自制。

耐心资本的形成和发展并非一蹴而就，需要一定的制度条件相配合。目前，仍然存在着阻碍耐心资本发育的制度性障碍，通过持续深化改革，逐步扫清这些障碍，更好发挥市场机制作用，是当前中国发展耐心资本的关键。

（一）交易制度

1. 耐心资本交易的市场组织

中国资本市场缺乏专门针对耐心资本交易的特定场所。与普通金融产品交易需求不同，耐心资本投资的项目往往具有长期性、高风险性和专业性等特点，需要有专业的评估、定价和交易机制，现有的沪深交易所等主要服务于成熟企业的上市融资和股票交易，对于早期科创企业的股权交易难以充分满足，而新三板等市场在交易活跃度、投资者门槛、交易规则等方面，也未能完全契合耐心资本的特点和需求，导致耐心资本在寻找合适的交易平台和交易对手时面临一定困难。中国现有交易制度不够完善。现行的股票交易涨跌幅限制、T+1 交易制度等，主要是为了维护市场的短期稳定和防范过度投机，但对于耐心资本而言，这些规则可能会限制其交易效率和灵活性。信息披露要求也不匹配。当前资本市场的信息披露要求更多是基于短期财务指标和合规性，对于耐心资本所关注的企业长期发展战略、技术研发进展、市场份额变化等非财务信息的披露要求不够充分，导致投资者难以获取足够信息来评估长期投资价值。

因此，中国应设立特定的交易场所，以满足耐心资本的交易需求。例如，可以建立专门的长期资本市场板块，为耐心资本提供集中交易平台。在此基础上完善交易制度，包括制定合理的交易规则、交易流程和交易机制，确保交易的公平、公正、公开。加强对交易市场的监管，防止市场操纵、内幕交易等违法行为的发生，维护市场秩序。

2. 耐心资本交易的对手方支持

耐心资本的交易需要大量专业的机构投资者作为交易对手方。然而，目前中国市场中像养老基金、保险资金等具有长期投资属性的专业机构投资者数量相对有限。与欧美等成熟资本市场相比，这些机构投资者的规模占市场总体规模的比重较低，难以满足耐心资本大规模交易的需求。部分上市公司存在股权结构不合理、内部治理机制不健全等问题。这使得投资者对上市公司的信任度降低，影响了耐心资本对其进行长期投资的意愿。同时，不完善的公司治理结构也可能导致公司决策效率低下，无法有效利用耐心资本实现长期发展，降低了公司的资本承接能力。

中国应培育强大的交易对手方，提高上市公司的质量和资本承接能力。通过完善公司治理、提升企业创新能力等措施，增强上市公司的吸引力和竞争力，使其能够与耐心资本进行有效的对接和合作。鼓励金融机构积极参与耐心资本交易，如证券公司、基金公司、保险公司等。丰富交易对手方的类型和数量，提高市场的流动性和活跃度。还可以通过建立交易对手方信用评级体系，对交易对手方的信用状况进行评估和监管，降低交易风险。

3. 耐心资本交易的流动性支持

由于各层次市场之间的衔接尚不完善，使得耐心资本投资的企业在不同市场层次间的流动受到阻碍，降低了耐心资本的整体流动性。因此，为耐心资本提供长期流动性是保障其稳定发展的关键。可以采取多种措施，如建立长期资金供给机制，鼓励养老基金、保险资金等长期资本持续流入市场；发展做市商制度，通过做市商的买卖报价为市场提供流动性支持；创新金融工具，如发行长期债券、优先股等，增加长期投资品种，满足不同投资者的需求。还可以加强市场基础设施建设，提高交易系统的效率和稳定性，降低交易成本，促进资金的顺畅流动。

4. 耐心资本交易的金融产品支持

中国金融产品设计在一定程度上受监管政策和市场惯例限制，灵活性不够，且金融交易市场建设不完善。因此，创设符合耐心资本需求的新金融产品及其交易市场是丰富投资渠道的重要手段。例如，可以推出优先股，为投资者提供优先分配利润和剩余财产的权利，吸引追求稳定收益的投资者；发行长期企业债，满足企业长期融资需求的同时，为投资者提供长期固定收益投资工具；开发专户理财产品，根据投资者的风险偏好和投资目标，量身定制个性化的投资组合。还可以建立相应的金融产品交易市场，如优先股市场、长期企业债市场等，完善市场定价机制，提高金融产品的流动性和市场效率。

5. 耐心资本交易的信息披露

在耐心资本交易过程中，对于交易的一些关键信息，如交易对手的背景、交易目的、交易对企业未来治理结构和经营战略的影响等，披露往往不够全面。这可能导致投资者无法准确评估交易的潜在风险和收益，影响耐心资本的合理配置。对于证券发行人，现有的信息披露往往侧重于短期财务指标和当前经营状况，对企业的长期战略规划、核心竞争力、技术研发投入及未来市场前景等与耐心资本投资决策密切相关的信息披露不够充分。例如，一些企业在披露研发投入时，仅公布了投入金额，而对研发项目的进展、预期成果及对企业未来发展的影响等关键信息缺乏详细说明。

因此，耐心资本交易时需要充分、准确的信息披露，应包括耐心资本基本信息的披露，如投资者的身份、资金来源、投资策略等，使市场参与者能够了解耐心资本的基本情况。交易内容的披露也至关重要，包括交易的标的、交易价格、交易数量等，确保交易的透明度。对于符合耐心资本要求的证券发行人，应加强其信息披露，包括企业的财务状况、经营成果、发展战略、公司治理等方面的信息，使投资者能够全面评估企业的价值和风险。通过加强信息披露，提高市场的透明度和公信力，保护投资者的合法权益。

6. 耐心资本交易的退市制度

与成熟市场相比，现行的强制退市标准、执行力度、流程及配套机制等方面存在的问题，已成为阻碍耐心资本发展的重要制度障碍。强制退市标准相对温和：难以有效筛选出经营不善、失去持续经营能力或存在严重违规行为的企业。退市执行力度不够：使得市场无法及时清理不良资产，影响了投资者对市场的信心，也使得耐心资本在选择投资标的时面临更多的不确定性和风险。退市流程烦琐复杂：不仅增加了企业和监管部门的成本，也为市场的不确定性埋下了隐患。

针对上述问题，需从五个方面改进：一是设置更加严格的强制退市标准。加大财务造假公司、亏损公司的退市力度，对多年不分红，或者分红比例偏低的公司区分不同情况采取硬措施。二是优化退市程序。简化审核环节，设立专门的退市审核小组，提高退市工作的效率和透明度。三是加强退市监管力度。加强日常监管与违规查处，建立风险预警机制，提高违法成本。四是完善配套机制。强化投资者保护，设立投资者赔偿基金，对于因企业退市而遭受损失的投资者给予适当补偿。五是强化监管协同。加强监管部门之间的协作与信息共享，形成监管合力，确保退市制度的严格落地。

7. 耐心资本交易的资金比例与风险因子设定

在中国资本市场积极探寻高质量发展路径的征程中，耐心资本的培育与发展至关重要，然而各类耐心资本入市所面临的资金比例及风险因子设定问题，已成为其发展的关键制度瓶颈。从根源上看，这些资金比例和风险因子设定大多是在特定市场发展阶段基于历史经验和风险防控需求制定的，但随着资本市场的不断发展演变，已逐渐显现出不适应性。

针对上述问题，需从三个方面改进：一是构建动态风险评估体系。监管部门应联合专业金融研究机构和行业协会，充分吸收国际先进经验，运用大数据、人工智能等前沿技术，对各类耐心资本在不同市场环境和投资领域的风险收益情况进行持续监测与深度分析，通过建立多维度、动态更新的风险指标数据库，及时捕捉市场变化对耐心资本投资风险的影响，为风险因子的调整提供科学依据。二是实施差异化风险因子设定。根据养老基金、保险资金等不同耐心资本的资金性质、投资目标和风险偏好，量身定制个性化的风险因子体系。对于养老基金，适度放宽对长期稳健投资项目的风险因子限制，提高其在优质蓝筹股、高等级债券等领域的投资比例上限。对于保险资金，细化风险因子分类，针对不同险种制定相应的投资风险标准，允许其在符合长期战略的基础设施建设项目、新兴产业长期股权投资等方面增加配置比例，提升服务实体经济的能力。三是强化政策协同与市场沟通。推动财政、金融监管等部门形成政策合力，避免监管套利，此外，通过定期政策解读和行业研讨，加强与市场主体的沟通交流，收集市场反馈意见，确保风险因子的优化调整符合市场实际需求和发展趋势，促进耐心资本有序入市。

（二）监管制度

1. 耐心资本的资质监管

目前，中国资本分类标准模糊，尚未形成一套明确、统一且适用于耐心资本的标准。在实际操作中，难以准确界定哪些资本属于耐心资本，哪些属于短期投机性资本。在实际分类的过程中，不同的行业和投资领域可能有不同的需求和理解，这就导致了资本分类的混乱，给耐心资本的资质认定带来困难。可以根据资本的来源、投资期限、风险偏好等因素，对耐心资本进行分类，制定不同的资质认定标准。例如，对于养老基金、保险资金等长期稳定的资金来源，可以适当放宽资质认定条件；对于风险投资基金等追求高风险高回报的资本，应加强资质审查，确保其具备相应的周期性的经济波动和投资管理能力。建立资质动态调整机制，根据市场变化和资本运营情况，及时调整耐心资本的资质等级，激励资本不断提升自身素质和管理水平。

2. 耐心资本的治理监管

与长期投资和高风险投资相适应的公司治理监管是保障耐心资本安全运营的关键。当前的公司治理监管体系在很大程度上是基于短期业绩考核和市场短期波动而设计的，更多关注公司的短期财务指标和股价表现，此外，现有的风险监管主要集中在防范短期市场风险和流动性风险等方面，对于耐心资本所面临的长期投资风险，缺乏针对性的监管措施和评估体系。对此，应加强对耐心资本投资机构的公司治理监管，要求其建立健全内部管理制度，包括投资决策机制、风险管理机制、内部控制制度等。投资决策机制应确保投资决策的科学性和合理性，充分考虑投资项目的长期发展潜力和风险因素；风险管理机制应能够有效识别、评估和控制投资风险，制定风险应对策略；内部控制制度应涵盖财务管理、合规管理、审计监督等方面，确保公司运营的合规性和稳健性。

3. 耐心资本的行为监管

对耐心资本市场行为和影响证券发行人决策的行为进行监管是维护市场公平的必要措施。目前，中国在这方面的监管仍显不足。应着重防止市场操纵、内幕交易、恶意炒作等违法行为的发生。例如，建立交易行为监测系统，实时监控交易数据，及时发现异常交易行为；加强对内幕信息的管理，严厉打击内幕交易行为；规范市场炒作行为，防止过度投机。还应加强对耐心资本影响证券发行人决策行为的监管，确保其行为符合法律法规和市场规则的要求，保护其他股东的合法权益。要求耐心资本在参与公司治理时，遵守公司章程和相关法律法规，不损害其他股东的利益。

（三）支持性政策

1. 耐心资本的来源限制

中国需要进一步扩大资本来源。可以鼓励更多的机构投资者参与耐心资本投资，如银行、证券公司、基金公司等，通过设立专门的耐心资本投资部门或产品，引导其资金流向长期投资领域，吸引个人投资者参与耐心资本投资。也可以通过开展投资者教育活动，提高个人投资者对耐心资本的认识和理解，引导其树立长期投资理念。还可以积极引入境外长期资本，如主权财富基金、养老基金等，丰富耐心资本的来源渠道，提升中国资本市场的国际化水平。

2. 耐心资本的财税政策支持

目前中国发展耐心资本，财税政策方面存在制度障碍，加大财税政策支持力度是促进耐心资本发展的重要手段，因此可以对耐心资本投资给予税收优惠，如减免投资所得税、资本利得税等，降低投资成本，提高耐心资本的收益率，吸引更多资本进入该领域。对投资于国家重点支持的战略性新兴产业、基础设施建设等领域的耐心资本，给予更大力度的税收优惠，引导资本流向国家战略重点领域。还可以通过财政补贴等方式，支持耐心资本投资机构的发展，如对其研发投入、风险管理费用等给予一定的补贴，提高其运营能力和竞争力。

3. 耐心资本的投资者保护

根据耐心资本的特点制定更加完善的投资者保护制度是增强投资者信心的关键，有关部门在这方面已经做了一些工作，但总体上仍然不能满足耐心资本投资者的要求。因此，应加强对耐心资本的信息披露监管，确保投资者能够及时、准确地获取投资信息，包括投资项目的基本情况、风险状况、收益预期等。建立投资者投诉处理机制，及时受理投资者的投诉和建议，解决投资者在投资过程中遇到的问题。还可以加强对投资机构的监管，要求其建立健全投资者保护机制，如风险提示制度、投资者适当性管理制度等，确保投资者的合法权益得到充分保护。

六　中国发展耐心资本的政策建议

（一）完善发展耐心资本的制度框架

1. 完善资本市场基础制度

应借鉴欧美经验制定一部全面的养老基金法案，明确养老基金的管理机构、投资运营规则、信息披露要求以及监管机制等，确保养老基金资产的安全和有效投资。通过立法，鼓励更多的企业和个人参与养老基金计划，扩大养老基金的规模，为耐心资本提供充足的资金来源。同时，为推动长期资本的积累与配置，应制定专门的长期投资基金法规，明确长期投资基金的设立、运作、管理、监督等方面的规定，促进长期投资基金的健康发展。

2. 完善资本市场监管机制

设立专门的长期资本投资基金，集中管理和运作耐心资本。这些基金可以由政府、金融机构、企业等多方共同出资设立，采用市场化的运作方式，专业的投资管理团队进行管理。通过集中管理和运作，可以提高耐心资本的投资效率和风险管理水平，避免资金的分散和浪费。同时，建立适应耐心资本需求的市场监管体系，加强对耐心资本投资行为的监管。在监管指标方面，应重点关注耐心资本的投资期限、投资策略、风险控制等指标，确保耐心资本真正发挥长期投资的作用。规定耐心资本投资于某一项目的最低期限，防止短期炒作行为。要求耐心资本制定明确的投资策略，并定期向监管机构报告投资策略的执行情况。建立风险预警机制，对耐心资本的投资风险进行实时监测和评估，及时发现和处理风险隐患。

3. 将银行长期信贷纳入耐心资本范畴

尽管银行信贷资金需要到期偿付，但是长期信贷仍然具有资本属性，而且是长期资本的主要提供者。2024 年中国银行业中长期贷款新增 12 万亿元，远超同期资本市场长期资金增量。借鉴欧洲经验，应积极调动银行业投放长期信贷的积极性，进一步扩大投贷联动试点，完善长期信贷考核机制，创设长期信贷风险管理工具，充分发挥银行业提供长期资本的主渠道作用。

（二）增加对耐心资本的吸引力

1. 落实税收优惠政策

给予投资期较长的资本税收优惠，制定具体的税收优惠政策，促进耐心资本的发展。对投资期限超过一定年限的资本利得税实行减免或递延征收；对投资于国家重点支持的战略性新兴产业、基础设施建设等领域的耐心资本，给予更大力度的税收优惠，如免征企业所得税或减半征收企业所得税等。通过这些税收优惠政策，降低耐心资本的投资成本，提高其收益率，从而吸引更多的资本进入耐心资本领域。

2. 提升资本市场透明度

进一步完善信息披露制度是提升耐心资本透明度、吸引长期资金的关键。应制定更加严格的信息披露标准和规范，要求上市公司、投资机构等市场主体及时、准确、完整地披露相关信息。上市公司应定期披露其战略规划、经营业绩、财务状况、公司治理等方面的信息，使投资者能够全面了解公司的基本面和发展前景。投资机构应披露其投资策略、投资组合、风险状况等信息，增强投资者对投资机构的信任。同时，加强对信息披露的监管力度，建立健全信息披露违规处罚机制。对虚假披露、误导性陈述、重大遗漏等信息披露违法行为，依法予以严厉处罚，提高违法成本，维护市场秩序和投资者信心，为耐心资本提供更可靠的投资环境。

（三）推动资本市场与耐心资本的协调发展

1. 完善多层次资本市场体系

通过创业板、科创板等多层次市场吸引长期资本，促进不同类型资本的协调发展。创业板应进一步完善其制度设计，提高对创新型企业的包容性和支持力度。放宽创业板的上市标准，重点关注企业的创新能力、成长性和发展潜力，为更多处于成长期的创新型企业提供上市融资机会。科创板应继续发挥其在科技创新领域的引领作用，吸引更多的耐心资本投资于科技型企业。加大对科创企业的培育和扶持力度，提供政策优惠、资金支持等，帮助企业解决发展过程中的困难和问题。加强创业板和科创板的制度创新，探索更加灵活的交易制度、定价机制和股权激励制度等，激发市场活力和创新动力。推动资本市场内各板块之间的互联互通，实现资源共享和优势互补，促进市场协调发展。

2. 推动长期资本的配置

制定政策促进长期资本向创新型企业、基础设施项目等领域的流动，支持经济结构优化。政府可以通过设立产业引导基金、财政补贴等方式，引导长期资本投向战略性新兴产业和创新型企业。产业引导基金可以由政府出资一部分，吸引社会资本参与，共同投资于具有发展潜力的创新型企业，为企业提供资金支持和增值服务。财政补贴可以降低企业的融资成本和经营成本，提高企业的盈利能力和吸引力，促进长期资本的流入。加强对基础设施项目的规划和管理，提高基础设施项目的投资回报率和吸引力。采用资产证券化的方式，吸引长期资本参与基础设施建设。

（四）强化对耐心资本的保护机制

1. 加强投资者保护

加强对耐心资本投资者的保护，确保长期投资的合法权益，是促进耐心资本发展的重要前提。应建立健全投资者保护法律法规，明确投资者的权利和义务，规范市场主体的行为。加强对投资者教育，提高投资者的风险意识和投资知识水平。通过举办投资者培训活动、发布投资指南、开展媒体宣传等方式，向投资者普及投资知识、风险防范意识和长期投资理念，帮助投资者更好地理解耐心资本的投资特点和风险收益特征，做出理性的投资决策。加强对投资机构的监管，要求其建立健全投资者保护机制，如风险提示制度、投资者适当性管理制度等，确保投资者的合法权益得到充分保护。加强对投资者赔偿机制的建设，建立投资者赔偿基金，对因市场主体违法违规行为导致投资者损失的，及时进行赔偿，维护投资者的信心。

2. 防范短期主义

在资本市场的监管政策中加入对短期主义行为的防范机制，增强耐心资本的市场信心。加强对市场交易行为的监管，严厉打击短期炒作、内幕交易、市场操纵等违法违规行为。完善相关法律法规，明确界定短期炒作、内幕交易、市场操纵等违法违规行为的构成要件和处罚标准，加大对违法违规行为的处罚力度，提高违法成本。建立市场交易监测系统，实时监测市场交易数据，及时发现异常交易行为，并进行调查和处理。对频繁买卖、大额交易、股价异常波动等情况进行重点监测，防范短期投机者通过操纵市场获取暴利。

（执笔人：张跃文、李慧、焦文妞）

第七章

探索设立中国特色股市平准基金

设立股市平准基金是当前稳股市、稳预期、促进经济高质量发展的内在要求。主要发达经济体的实践表明，平准基金作为“防火墙”和“定心丸”，如果设计完善、运用得当，能够在短期内遏制股市的非理性下跌，有效提振市场信心，并能够逐步平稳退出，最大限度减少市场扭曲；而若匆忙上马、运用失当，则不仅不会起到救市的预期效果，还会形成新的风险——关键在于如何用好。本章通过探究平准基金的特点和作用机制，以及深入总结主要发达经济体之经验得失，对设立中国特色股市平准基金提出了初步构想。

一　为何要探索设立股市平准基金

平准基金（Stabilization Fund）又称为干预基金（Intervention Fund），是指一国政府为了应对重大事件的不利影响，平息国内市场的非理性大幅波动，维护市场稳定运行而设立的一类特殊目的基金。

平准思想古已有之。《易经》谦卦中“君子以裒多益寡，称物平施”可以看作是平准理念在中国传统哲学中的滥觞。《周礼》中泉府、司稼等的职能已充分体现平准的原则和操作原理。到春秋时期，《管子》中的“轻重”代表中国的平准思想和制度建设已臻成熟，为后世国家干预市场提供了基本思路——两汉的平准法、北宋王安石变法中的市易法以及延续千余年的常平仓制度等都是基于这一思想的经济治理实践。值得一提的是，这一古老思想于20世纪初伴随一位中国留学生漂洋过海，在美国产生了重要的政策影响。在大萧条期间，时任美国农业部部长华莱士（Henry A. Wallace）受陈焕章先生的博士论文《孔门理财学》中王安石变法和常平仓制度的启发，完善修订了1933年《农业调整法》，并提出美国版“常平仓”的想法。[①] 考虑到这一时期正是美国推出第一只现代平准基金的政策试验期，因此在一定程度上，中国古代的平准思想可以看作是现代股市平准基金的思想来源之一。

所谓“闻鼙鼓而思良将”。近年来，每当股市暴跌、市场信心低迷时，社会上关于股市平准基金的讨论就多了起来。而一旦市场回暖企稳，讨论的热度就会下降。[②] 这在客观上导致相关研究不够深入。不过，党的二十大以来，在习近平经济思想的指导下，社会各界对于金融稳定的重要性认识更为深刻，市场上对设立股市平准基金的呼声越来越高。尤其是党的二十届三中全会提出，“建立增强资本市场内在稳定性长效机制”。[③] 本章认为，落实这一方针的一项重要举措就是探索建立中国特色的股市平准基金。

当前为何要探索设立中国的股市平准基金？第一，从长期看，股市稳定是经济金融稳定发展的前提。习近平总书记多次强调，“金融活，

① 李超民：《中国古代常平仓思想对美国新政农业立法的影响》，《复旦学报》（社会科学版）2000年第3期。

② 比如，从知网中文论文的发表情况看，过去二十年对“股市平准基金”“股市稳定基金”讨论出现了两个高峰：一个是2008年国际金融危机之后，另一个是2015年股市波动之后，但两次的“热度”都只维持了一年左右。而从百度指数看，2024年下半年公众对于股市平准基金的热情又被燃起，出现了一大一小两次爆发：第一次是2024年9月24日中国人民银行行长潘功胜表示“平准基金正在研究”。第二次是10月22日，中国社会科学院CMFA团队《2024年第三季度宏观金融分析报告》中提到“建议设立两万亿元股市平准基金”。

③ 《中共中央关于进一步全面深化改革 推进中国式现代化的决定》，人民出版社2024年版，第20页。

经济活；金融稳，经济稳”。[①] 一个健康、稳定的资本市场能够协调投融资功能，更好管理风险、服务科技创新，对于一国经济发展、科技进步具有重要意义。然而，从理论上讲，资本市场的内在稳定并不容易实现。资本市场买卖双方更容易受“柠檬效应”和“羊群效应”影响；在市场失灵、资产价格非理性暴跌的情况下，“看不见的手”难以实现自我修正，流动性枯竭、信心严重缺失等极端情形，不仅造成市场崩盘，还可能蔓延至实体经济，诱发系统性经济金融危机。比如，1929—1933 年大萧条就从美股开始，危机对美国和世界经济造成了极大的破坏，甚至最终引发了第二次世界大战。[②]

第二，从短期看，稳定股市是当前宏观经济治理新思路的主要抓手。2024 年 9 月，中央政治局会议部署的一揽子政策体现出当前中国宏观经济治理思路正从增量管理转向增量管理与存量管理相结合。2024 年 12 月，中央政治局会议更明确提出“稳住楼市股市”。这两次政治局会议的内容指明，中国本轮宏观经济治理的关键是“稳预期”和“稳资产价格”，而提振股市正是“两稳”主要抓手。尽管 2024 年，中国资本市场改革成就显著（以《关于加强监管防范风险推动资本市场高质量发展的若干意见》为代表），且 9 月以后一揽子政策落地有效提振了投资者信心，但在消费疲软、经济基本面未彻底好转以前，中国股市在短期内仍存在较大波动风险。因此，当前股市能否稳定不仅关系到资本市场自身的健康发展，同时也直接关系到国家宏观经济治理的整体效果，是当前经济工作的“牛鼻子”。

第三，股市平准基金若设置得当，能够有效稳定股市。发达经济体在应对本国股市暴跌时普遍设置股市平准基金，其中有相当数量的平准基

---

① 中共中央宣传部、国家发展和改革委员会编：《习近平经济思想学习纲要》，人民出版社、学习出版社 2022 年版，第 116 页。

② ［英］保罗·肯尼迪：《大国的兴衰》（下），王保存等译，中信出版社 2013 年版，第 61—62 页。

金通过向市场注入宝贵的流动性，顺利完成股市托底，并最终能够合理、平稳退出，整体效果良好。比如，中国香港地区在1997年亚洲金融危机期间，在中央政府的支持下，提高银行隔夜拆借利率，并动用外汇基金干预救市，在港股购买大盘蓝筹股、在期市购买期票，成功狙击空头，致使国际炒家平仓离场，成功打赢金融保卫战。中国在过去也曾数次使用类平准基金救市。比如2015年股市波动中，以“汇金”和“证金”为主的“国家队”就大规模下场发挥了救火队员的作用，也基本实现了既定政策目标。从既往经验看，股市平准基金若制度设计完善、管理科学透明，不仅不会造成市场扭曲、形成新的风险，反而能够通过向市场注入强大的中央政府信用提升资本市场的内在稳定性，推动其健康发展。

二　股市平准基金的有效性和局限性

（一）政府应对股市暴跌的常用做法

目前，世界各国救市途径主要有两类。一是通过财政、货币政策性工具救市。这一类做法不直接向股市注入资金，属于间接干预。其中，常见的财政政策工具包括政府收购金融机构不良资产、实施经济刺激计划等；常见的货币政策工具包括降息、降低存款准备金率、增加再贷款和再贴现额度、实施量化宽松（QE）等。以美国2008年国际金融危机的救市组合拳最为典型。二是设定股市稳定基金或金融稳定基金。这一类做法资金在股市暴跌中会直接下场救市，属于直接干预。以日本、中国台湾地区的做法为典型。

这两类救市途径各有利弊。其中，前者的优势在于市场化操作、政策沟通成本低，但问题在于无法直接提供股市暴跌时急需的市场流动性，效果滞后。而后者的优势在于能够直接为市场注入流动性、提振市场参与者信心，见效更快，但制度设置更为复杂，占用更多财政资源，并可能造成过度干预。

（二）股市平准基金的作用机制

股市平准基金的作用机制首先是由其定位决定的。第一，应急性和后置性。股市平准基金应定位于国家金融应急机制的组成部分和维护资本市场稳定的最后一道“防火墙”。应急和后置意味着动用平准基金有着较高门槛，只有当发生重大突发事件严重威胁资本市场稳定性，且市场自动调节作用失灵时，平准基金才会下场干预。换句话说，并不是所有的股市暴跌都会导致政府动用平准基金。第二，目的的单一性。股市平准基金的设立只为了维护资本市场稳定。一方面，其不应是金融产业政策，服务于特定产业的融资需求（尽管其对于资本市场稳定性的维护最终有利于各类产业的融资）；另一方面，其不应持有盈利目的或设定盈利指标。股市平准基金一般由财政（或中央金融企业）出资，对全体国民负责，自然有义务保持自身的可持续性。但保证可持续性并不意味着其必须追求较高盈利，或代表国家“割韭菜”，而是维持正常运转和应对能力即可。

以上定位和特点决定了股市平准基金主要有两条渠道发挥作用：第一，“战略威慑”。根据预期理论，一只力量强大、定位清晰的股市平准基金其存在本身和潜在承诺，其发出的信号能够在相当程度上增强投资者信心，降低资本市场羊群效应。[①] 尤其是当其子弹充足，且一枪未发时，对市场注入的信心更为充足。同时，平准基金的设立也会显著提

① 目前，政府干预外汇市场的信号效应得到了较为充分的实证研究支持，但对于股市稳定资金信号效应的研究较少。不过，笔者认为政府干预股票市场的信号传导机制与外汇市场十分类似，因此相关研究也具有一定参考价值。参见 Popper, H. and Montgomery, J. D., 2001, “Information Sharing and Central Bank Intervention in the Foreign Exchange Market”, *Journal of International Economics*, 55 (2): 295-316; Vitale, P., 2011, “The Impact of FX Intervention on FX Markets: A Market Microstructure Analysis”, *International Journal of Finance & Economics*, 16 (1): 41-62。

升恶意做空的成本，从而降低海外热钱融入的兴趣。[①] 第二，通过注入流动性，在股市暴跌中迅速提振股指。股市平准基金作为一种逆周期调节工具，其下场救市的方式，一言以蔽之就是通过短时间大规模资金注入，快速产生股市流动性，从而恢复投资者信心、维护市场稳定。应急性决定其操作必须迅猛，且投放流动性必须大到“一锤定音”；目的的单一性则决定其购买标的应为权重股或者跟踪指数的ETF。

（三）股市平准基金的局限性

学界对于股市平准基金的效能、利弊有着长期争论（从属于政府与市场关系这一“老生常谈”）。基本共识认为，股市平准基金尽管“有用”（分歧在于“用处”大小），但也存在着理论和实践两方面的局限：一方面，理论上，在自由市场的信奉者看来，设立平准基金会造成新的不稳定因素。具体来说，一是会抑制正常的市场调节机制，同时滋生寻租行为，影响资本市场的有效性。具体来说，过度依赖平准基金可能导致市场丧失价格发现功能，形成对政府干预的依赖，并最终阻碍资本市场改革的深化。[②] 而平准基金的操作若缺乏透明度，可能成为内幕交易的温床，进一步侵蚀投资者信心。二是会诱发道德风险，变相鼓励投资者采取更冒险的投资策略。[③] 在平准基金入市前，平准基金的托底预期可能削弱投资者对市场风险的敏感性。投资者容易陷入“盲目乐观”，滥用杠杆，从而催生股市资产泡沫。而在平准基金入市窗口期间，一些量化机构则可能利用平准基金的操作规律进行狙击。三是会加重财政负担，诱发新的市场风险。平准基金的出资人往往是政府和带有政府背景的金融机构，而为筹集足以

---

① 机制类似于“不要和美联储作对”。参见 Maio, P., 2014, “Don't Fight the Fed!”, *Review of Finance*, 18 (2): 623-679。

② 吴晓求、方明浩：《中国资本市场30年：探索与变革》，《财贸经济》2021年第4期。

③ 董彦岭、王菲菲：《金融危机背景下各国政府救市政策的比较分析》，《山东经济》2010年第2期。

应对资本市场快速下跌情况的资金规模，必须由财政给予较大支持（就 A 股来说至少是万亿元规模），而这一支持短期内反倒会挤占市场流动性——由此形成所谓的“规模悖论”。此外，一些学者还担忧股市平准基金会带来财政分配不公的问题。[①] 另一方面，从实施效果上看，并不是所有国家和地区实施的平准基金都达到了宣称的目标。比如，中国台湾地区 2000 年设立的“国家金融安定基金”（以下简称“国安基金”）旨在维护资本市场及其他金融市场秩序，但在实践运行中，该基金受到过多政治因素干扰，操盘者未能理性操作，救市效果平平，且最终导致严重亏损。[②] 事实上，很多国家和地区的股市平准基金未能兑现“实验室”的最理想效果。[③] 就像托尔斯泰写的，“幸福的家庭都是相似的，不幸的家庭各有各的不幸”，各种各样的制约因素都可能影响政策的实施效果——但好在我们仍可以从别人或者自己的成败中汲取经验。

三　设立股市平准基金的国际经验

世界各主要发达经济体都有设立股市平准基金的经验；美国、德国、日本、韩国、中国香港以及中国台湾的具体实践各有特色。既有研究对于各国的实践过程已做了翔实介绍，本节集中总结主要经验。[④]

（一）重视立法基础

市场经济本质上是法治经济。从法理上讲，国家干预市场属于经济

① 邱兆祥、史明坤：《建立股市平准基金质疑》，《西南金融》2009 年第 5 期。

② 任泽平、宋双杰：《“6·15”后的救市退出与制度改革：经验与启示》，《中国投资》2015 年第 9 期。

③ 杨晓兰、洪涛：《证券市场平准基金是否有效：来自实验室市场的证据》，《世界经济》2011 年第 12 期。

④ 各发达经济体平准基金设立过程参见李萌《平准基金国际经验比较分析》，《中国外汇》2024 年第 9 期；罗志恒《从境外经验看股市平准基金：必要性与制度设计要点》，公众号“粤开志恒宏观”，2024 年 11 月 18 日。

法范畴；而衡量其是否“正义”，则取决于其是否符合国家干预的适当性原则、合法性原则和效率原则。[①] 凯恩斯革命以来，发达经济体虽已普遍接受国家干预的合法性，但仍未放松对政府（经济）权力扩张的警惕，注重在立法层面对其进行约束。

具体到平准基金设立和运用，发达经济体一般遵循“立法现行”原则。即先推出（或完善）相关法案，构建好平准基金责任主体、管理模式和启动条件等方面的法律框架，再运用平准基金入市。以德国为例，2008 年国际金融危机爆发后，德国政府当年颁布了《金融市场稳定基金法》《金融市场稳定基金法执行条例》以及《加速和简化在危机状态下通过金融稳定基金收购金融企业股份法》三部法案，合称《金融市场稳定法》，对德国金融稳定资金的来源、规模、金融稳定措施、援助对象、援助上限、决策机关、监督机制等问题做了详细规定。在《金融市场稳定法》框架下，德国金融市场稳定基金（FMS）于 2008 年 10 月 17 日获批成立。该基金设计总额为 4800 亿欧元，其中 65% 由联邦政府出资，剩余 35% 由各联邦州承担。德国联邦政府成立专门的工作领导小组，由总理府、财政部、司法与消费者保护部、经济与能源部、各联邦州代表及德国联邦银行的代表组成。该领导小组主要负责基金的运行，并由财政部最终决定相关措施。

此外，发达经济体十分注重金融立法的体系化建构。发达经济体不仅重视对股市稳定基金的立法，也十分注重金融稳定（金融监管）立法的体系化建构。一方面是从整体上构建位阶分明的金融稳定法系，在具体操作中，将股市稳定基金的设立和运行视为国家金融稳定机制的组成部分，并不单独立法；另一方面是确保法律之间的彼此协调，对股市平准基金入市可能冲撞的有关法条予以提前豁免。以美国为例，2008 年国际金融危机以后，美国于当年迅速出台《2008 年经济稳定紧急法

① 刘凯：《论制定经济基本法的路径选择》，《法学杂志》2021 年第 8 期。

案》救市，但其并不满足于快速应急，而是强调更加全面的金融体系改革以防范系统性金融风险，于是紧随其后又于 2010 年颁布《多德—弗兰克华尔街改革与消费者保护法》。后者的法条虽然不直接涉及股市平准基金，但其对市场监管和金融稳定的影响间接促进了类似基金的建立和运作。

（二）制度设计多有共通之处

各经济体运用的股市平准基金，由于推出背景、预期目标基本相同，且在实施中面临的问题也具有一定普遍性，因此在制度设计上多有共通之处。

第一，设立背景通常为股市暴跌。主要发达经济体设立股市平准基金的背景通常为本国股市暴跌、交易量持续低迷、市场陷入非理性的资金外流恶性循环以及其他常规政策效果有限等，换句话说，平准基金被视为救市的“底牌”。历史上，1929—1933 年大萧条、1997 年亚洲金融危机、2008 年国际金融危机和新冠疫情冲击后，发达经济体都有推出平准基金或类平准基金的案例。尤其是 2008 年国际金融危机，全球股指集体下挫，面对危局，主要发达经济体整齐划一亮出“底牌”。比如美国，美联储联合十大银行成立 700 亿美元救市基金，支持濒临破产的金融机构。美国财政部则实施 2500 亿美元资产购买计划，用于购买银行优先股；再如韩国，韩交所等机构出资设立股市稳定基金，在 2008 年 10 月到 2009 年 3 月按月入市，注入流动性。但平准基金的设立并不代表其一定入市，也有子弹上膛但未发射的情况。比如 2020—2022 年，韩国为应对新冠疫情冲击而设立的股市平准基金两次面临股市暴跌形成动议，但都因股市随后的快速复苏而未真正入场。①

第二，出资机构多为央行、财政部和大型金融机构。从国外经验

① 李萌：《平准基金国际经验比较分析》，《中国外汇》2024 年第 9 期。

看，平准基金的资金来源多种多样，每一种来源方案的背后，都是各方博弈的结果。一是源自金融机构。比如 20 世纪五六十年代的日本，其“共同证券基金”由银行业和证券业出资；韩国 2003 年、2008 年成立的股市稳定基金，由韩交所、韩国证券业协会、韩国证券保管中心共同出资，其中韩交所出资 50%。二是源自央行或财政部。央行和财政部代表政府的直接意志。各经济体之间的做法存在较大差异：一种是直接走财政拨款，比如 2008 年的美国；另一种是利用政府基金，比如 2000 年中国台湾地区成立的“国安基金”，其资金的 40%来源于政府以所持的公民营事业股票为抵押向金融机构的贷款，60%来源于政府基金所属的可供证券投资而尚未投资的资金；[①] 此外还有一种是央行直接入市。目前，这一举措为日本央行所独有。[②] 2010 年起，日本央行实施全面宽松货币政策，开启了日股 ETF 持续买入之旅。根据日本央行的披露，截至 2024 年 12 月 31 日，日本央行共持有市值约为 37.2 万亿日元的 ETF，占东证整体市值的 3.88%（相比 2020 年 7 月的历史最高值 5.70%有所下降）。从目前的趋势看，由央行和财政部出资的方式占据主导地位。

第三，一般由具有政府背景的专业基金管理委员会负责。股市平准基金关乎金融稳定和金融安全、涉及重大公众利益，因此普遍由政府部门出面管理。比如，德国《金融市场稳定基金法》规定，关于金融稳定基金运作的重大决定，由部分内阁官员及联邦银行所指派的顾问所组成的决策委员会行使。这与德国经济界长期遵循的“贤人治国”传统不无关联。此外从国外经验看，即使是金融机构出资的平准基金在实践中也要遵循政府的政策指导。而在执行机构设置上，无论是“单层模

① 参见中国台湾地区“《国家金融安定基金设置及管理条例》”第 4 条：“本基金可运用资金之总额为新台币 5000 亿元，其来源如下：一、以国库所持有之公民营事业股票为担保，向金融机构借款；借款最高额度新台币 2000 亿元。二、借用邮政储金、邮政寿险积存金、劳工保险基金、劳工退休基金、公务人员退休抚恤基金所属可供证券投资而尚未投资之资金；其最高额度新台币 3000 亿元。三、其他经主管机关核定之资金来源。”

② 王庆：《以央行买卖国债推进宏观经济治理的变革》，《中国外汇》2024 年第 21 期。

式”还是“双层模式”，都主张成立专业的平准基金管理委员会。[①] 基金管理委员会成员由财政货币当局、大型金融机构、金融监管部门有关专业人士组成，并接受市场人士和专家学者的评议监督。其中“双层模式”以中国台湾地区为代表。“国安基金”由“台湾行政主管部门”主管，并设立委员会负责管理。委员会不负责具体操作，而是委托专业机构进行资金的规划和执行事宜。这样做的好处是最大限度保证决策的科学性和透明度。

第四，投资标的多为权重股或指数 ETF。股市平准基金主要用于托盘，因此倾向于购买能够显著影响市场情绪和指数的重要股票，以大盘蓝筹股为主。一是大盘蓝筹股具有相对稳定的业绩预期，即使在市场由于非理性因素而发生大幅度波动时，相较于普通股，选择蓝筹股也相对保险，买入并持有导致平准基金出现巨额亏损的可能性较低。二是蓝筹股市值较大，且与股价指数的走势关系紧密，买入可以迅速拉升股指，提振投资者信心。三是蓝筹股的股东在很大程度上是机构投资者，二者容易形成合力。比如，韩国股市稳定基金主要购买大型制造企业股、金融股等股票，构建跟踪韩国股指的投资组合。除了蓝筹股，一些国家和地区还直接购买跟踪指数的 ETF，也取得了较好成效。比如，日本央行 2010 年起对购买 ETF 抬升的日股出力甚多。相反，如果购买非指数成分股，容易引起不公平交易和利益输送问题。例如，中国台湾地区 2008 年救市时，“国安基金”购入兆赫、友讯、东联等非指数成分股，购入金额亦与市值不成比例，引发公众的强烈质疑。

第五，合理安排退出机制。股市平准基金在买入股票、完成救市目标后，应将持有股票出售，回笼资金。国际经验表明这一过程要温和理性，减少市场扭曲：一是退出时点一般应选在市场企稳或上涨

① 区别在于单层模式主张平准基金管理委员会直接决定基金具体操作事宜，双层模式则认为委员会不进行具体操作，而是再设立一个基金管理公司，由该公司进行市场操作。

时，以求尽量回收救市期间的投入资金。二是要缓慢减持，稳步退出。历史上，美国、日本、韩国、中国香港平准基金的存续期都超过4年，最长的日本曾达到9年。三是以发行ETF基金方式为宜。平准基金的退出方式主要有直接出售和发行ETF指数基金两种。从国际经验看，美国在2008年国际金融危机后采取了直接出售的方式，而中国香港在1998年香港金融保卫战后设立盈富ETF指数基金，接受投资者现金认购，最终取得了良好效果。四是可以设置操作盈亏平衡机制。平准基金操作的实质是证券交易，盈亏都属正常。重要的是保持自身可持续性。这一方面中国台湾地区的损失特别准备金制度值得借鉴。[①] 如果退出机制合理，对市场造成的不良影响可以降到一个极低水平，同时也不会造成财政资金的侵蚀和浪费。

（三）政策效果要看“天时地利人和”

国际经验表明，股市平准基金能否发挥其设想作用，不仅取决于当局制度设计的合理性和完备性，还要看一些其他因素。这并不代表平准基金的运用要“看天吃饭”，或者是一门玄学，而是要对其予以综合考量。

第一，要筹集适当规模的资金。一般来说，股市平准基金的效果和其募集资金呈现一种倒“U”形关系。通俗来讲就是太小了不管用，太多了伤害出资人，也不易退出（不管是政府财政还是大型金融机构），因此可能对于每一个经济体都存在一个所有的最优平准区间，以占股市市值的比例为衡量标准。根据国际经验，发挥效果较好的平准基金，包括日本央行入市资金、中国香港外汇基金、韩国股市稳定基金等，其规模多在总市值的2%—6%。

① 马其家、黄飞：《我国股市稳定基金法律制度的构建——以我国2015年股市流动性风险救助为视角》，《法学杂志》2019年第12期。

表 7—1　　**平准基金的市值规模**

国家和地区	基金名称	设立时间	资金规模	占市值比例
日本	共同证券基金	1964 年	1900 亿日元	2.6%
	证券保有组合基金	1965 年	3227 亿日元	4.3%
	股市安定基金	1995 年	2 万亿日元	0.6%
	日本央行购入 ETF	2010 年起	高峰约为 40 万亿日元	最高时 5.8%
韩国	股市稳定基金	1990 年	4 万亿韩元	5.0%
	股市稳定基金	2008 年	5150 亿韩元	0.1%
中国台湾	“国安基金”	2000—2022 年	—	0.12%—1.30%
中国香港	外汇基金	1998 年	1181 亿港元	6.2%

资料来源：笔者整理。

第二，要适时入市。从国际经验看，动用股市平准基金入市的标准主要有两种：一是经济标准，即根据量化的经济指标，利用股指涨跌幅、上市公司的市盈率和市净率等一系列指标来判断当前市场上的证券价格是否偏离了证券价值，进而决定政府介入市场的时机。在 1997 年的亚洲金融危机中，东南亚各国的平准基金便采用此标准入市；20 世纪 90 年代，日本的平准基金操作也长期采用此标准。二是非经济性标准，即将平准基金入市的时机定为证券市场受到非经济性危机因素影响时。中国台湾地区推行此标准，根据“《国家金融安定基金设置及管理条例》”规定，“国安基金”入市标准为“国内、外重大事件、国际资金大幅移动，影响民众信心，致资本市场及其他金融市场有失序或有损及国家安定之虞”。目前，非经济性标准在国际上应用更为广泛，主要原因在于：一方面，设置量化指标（如单日或多日跌幅超过某一数值），容易引发道德风险，造成与“熔断”相同的负面效果，同时也失去了平准基金的战略威慑力；另一方面，经济形势复杂多变，本身很难形成一个或一组客观公允指标，不如相信管理委员会的“决策艺术”。

第三，要与财政货币政策协调配合。股市平准基金是最后一道“防火墙”，但不是唯一一道“防火墙”。从长期看，平准基金的实施效果依赖经济基本面情况。当经济基本面不理想时，需要用好工具箱中的相关工具，搭配一篮子货币财政政策，促进经济表现和市场预期的良性循环，方能有效扭转市场走势。比如，韩国2000年后的股市稳定基金救市效果好于1990年，主要原因是韩国政府设立平准基金的同时，配合了限制股市做空、向市场注入流动性、扩大财政支出、降息等一揽子政策。再如，日本2020年以后配合央行大规模买入股指ETF，还实施了系统性的公司治理与交易制度改革，包括交易所对上市公司板块进行精简与优化，倡导企业更加注重股东价值、增加分红比例，加强信息披露要求、提升投资者保护，以及放宽并购限制等。①

四　中国特色股市平准基金建设的可行路径

股市平准基金是重要的公共产品，既是“防火墙”也是“定心丸”。其威力巨大，但也存在一定内在缺陷，因此设立之前必须经过科学论证。原则上讲，一方面是要深入汲取其他经济体的经验教训，另一方面则是要立足本国国情，找准“中国特色”，做到“以我为主、为我所用”。具体来说，则是要妥善解决立法问题，并对“谁来管”“谁出钱”“出多少”“买什么”“怎么卖”等关键问题作明确设计。

（一）找准“中国特色”

中国特色股市平准基金，其特色主要来源于中国资本市场的“特色”（或应对中国资本市场的“特色”问题）。第一，中国特色股市平准基金应更加重视市场化操作，更加强调预期管理。从发展历程看，中

① CMFA：《中国宏观金融分析2024年第一季度报告》，2024年。

国资本市场从初创开始就带有一定的计划色彩（最开始被视为国有企业融资和纾困的平台），很大程度上是国家发展战略的一部分。尽管近年来，尤其党的十八大以来，中国资本市场坚持市场化、法治化方向，改革发展取得了巨大成就，尤其是以注册制为龙头的关键性制度创新取得突破性进展，但由于一些客观存在的短板和不足，资本市场的内在稳定机制尚未完全建立，市场化水平仍待进一步提高。在这种情况下，建设股市平准基金应更加强调市场化操作机制，对入市时机、投资标的、操作规范、考核标准、第三方评估体系等关键流程做出科学设计，同时在平准基金从募集到使用、从进入到退出的各个流程做好对投资者的预期管理工作。

第二，中国特色股市平准基金某种程度上可以视为一种特殊的中长期资金，并不急于退出。从国际经验看，发达经济体普遍受到股市平准基金退出的困扰。不过考虑到中国股市缺少中长期资金，“长线长投”局面尚未完全形成的现实，这一问题实际上在中国并不突出。因此，相比欧美发达经济体，中国更适合借鉴中国香港盈富基金模式，将入市基金在政策目标完成后适时以 ETF 的形式打包出售。原因在于购买蓝筹股或者股指 ETF 的入市资金，在某种程度上能够发挥市场“压舱石”的功能，因此应在退出环节的管理中淡化退出的时限要求，而这种宽松的做法反而更有利于国有资本保值增值。

第三，设立中国特色股市平准基金的本质是利用国家信用推动经济发展，应注重财政货币政策协调配合。从历史上看，充分利用国家信用，支撑经济赶超，促进经济高质量发展是中国金融发展之路的“最大特色”。相比其他经济体，中国资本市场肩负的使命更重（服务实体经济、服务科技高水平自立自强）。从权责一致的角度，这决定了中国特色股市平准基金应主要由政府出资。同时，可以考虑借鉴日本模式，注重财政政策与货币政策的协调配合以强化国家信用效能。

（二）妥善解决立法问题，赋予平准基金干预市场的法定权力

设立股市平准基金首先需要解决立法层面的问题。第一，明确设立股市平准基金的立法依据。一方面，一般原则上，设立平准基金是经济法（Economic Law）的调整范畴。平准基金作为一种国家对市场的调控手段，旨在维护市场稳定、防范系统性金融风险，以保障国家利益和公众利益，既符合经济法的基本取向，也不违反证券市场的公平和公正原则。另一方面，金融稳定法为设立平准基金提供法律正当性依据。2024年6月，十四届全国人大常委会第十次会议对金融稳定法草案进行了二次审议并发布《中华人民共和国金融稳定法（草案二次审议稿）》，其中第一章第二条规定，“维护金融稳定的目标是保障金融机构、金融市场和金融基础设施基本功能和服务的连续性，不断提高金融体系抵御风险和服务实体经济的能力，遏制金融风险形成和扩大，防范系统性金融风险”。考虑到股市暴跌属于市场风险范畴，因此金融稳定法也为平准基金提供了基本的法律正当性支持。

第二，处理好股市平准基金和上位法的协调关系。上位法中最核心的是《中华人民共和国证券法》（以下简称《证券法》）。股市平准基金与《证券法》中的短线交易、内幕交易、操纵市场、股份收购台阶规则等的有关法条存在着一定冲突，需要进行豁免与排除。以操纵市场为例，《证券法》第五十五条规定，禁止任何人以“集中资金优势、持股优势或者利用信息优势联合或者连续买卖”的手段操纵证券市场。根据这一规定，平准基金入场救市就会有违法之嫌。对此，可参照国外经验，将平准基金纳入豁免主体范围。比如，美国《1934年证券法》第36条（a）规定了一般豁免权，即出于公共利益需要，并与保护投资者利益相一致的行为可以不被认定为操纵市场。此外，从平准基金的设立方案和具体执行过程出发，需要进一步协调的法律还包括《中华人民共和国证券投资基金法》《中华人民共和国公司法》《中华人民共和国个

人所得税法》《中华人民共和国预算法》等，应依照系统性、透明性和适应性原则做必要变通。

第三，由国务院依照《中华人民共和国金融稳定法》等授权制定股市平准基金监督管理条例。该条例应明确资金的管理机制、资金来源、操作规范、信息披露、法律责任和处罚措施等，确保平准基金能够安全、有效运行。

（三）建设完善的股市平准基金管理体系

设立股市平准基金的目的是向资本市场注入强大的国家信用，从而增强资本市场的内在稳定性，想要达成这一效果，就要求制度设计要坚持系统性、目标的一致性，最大限度保证决策的科学性，最大限度减少对市场造成的扭曲。

一方面，发挥强大的国家信用效能，决定了应由中央政府出资、中央政府管理。一方面从应然角度出发，股市平准基金作为重要的公共产品，关乎国家金融安全和投资者乃至全体国民的切身利益，必须由国家直接管理；另一方面从实操性讲，目前中国中央政府拥有十分健康的资产负债表，[①] 有足够的能力筹集资金。横向对比各主要经济体的实践经验，本章建议：第一，应仿照德国和中国台湾地区，建立双层管理模式。由中央金融委员会直接领导建立专业的管理委员会，委员会由证监会、央行、财政部、国资委、金融监管总局等机构代表组成。再由管理委员会委托、指令专业的基金管理机构进行常规和特殊操作。第二，应由央行、财政部出资。尤其是要重视日本模式，进一步挖掘央行在宏观经济治理中不可替代的强大影响力，进一步促进财政和货币政策的协调配合。建议采用发行超长期特别国债的方式募资，募资数额应参考国际

---

① 张晓晶等：《中国国家资产负债表 1978—2022：改革开放以来中国经济的伟大变迁》，中国社会科学出版社 2024 年版。

经验，以股市市值的3%—5%为宜，以2024年年底A股总市值93.94万亿元计算，总金额应为2.8万亿—4.7万亿元。

另一方面，为减少市场扭曲，应增强决策的科学性。本章建议：第一，基金不应设立入市的具体指标，而应采取相机抉择方式。基金管理者应在以下两种情况下“扣动扳机”：一是市场流动性严重枯竭时；二是因国内外重大事件、国际资金大幅移动，影响市场信心，外溢至其他金融市场甚至有损国家金融安全时。第二，交易标的应设为大盘ETF指数。目前市场上普遍看好的标的主要包括蓝筹股、高分红股票和新兴产业股票以及债券和ETF等。其核心要素在于寻求“稳定”和“盈利”之间的平衡。借鉴发达经济体经验，应将标的锚定为大盘指数ETF，原因在于相比其他标的，其负外部性最小、信号作用更明确，也更加符合中国设立平准基金以稳定资本市场的初衷。第三，应在管理条例中明确规定平准基金的退出机制和与之配套的考核机制。可参考香港盈富基金的退出方式，将入市的平准基金的全体或者部分做成ETF产品向社会公众出售，缓慢抛售退出。同时，在管理者考核中不应设置任何盈利目标（低买高卖的操作方式长期看来并不会造成国有资产的大范围流失）。第四，设立对相关机构和人员的违法违规行为的处罚机制。平准基金管理人员由于掌握大量的未公开信息，必须对其进行从严管理；对于任何违法违规行为，必须从严从重进行处罚。

（执笔人：王庆）

第八章

稳慎扎实推进人民币国际化：制度型开放下融入数字科技与绿色浪潮

人民币国际化是走好中国特色金融发展之路，推进金融高质量发展，建设金融强国目标的题中应有之义。习近平总书记重要讲话指出，“作为经济大国，我国货币国际化是大势所趋，人民币早晚要成为世界货币，这个前进目标不应改变”。[①] 党的二十届三中全会通过的《中共中央关于进一步全面深化改革　推进中国式现代化的决定》指出，“推动金融高水平开放，稳慎扎实推进人民币国际化，发展人民币离岸市场。稳妥推进数字人民币研发和应用。加快建设上海国际金融中心”，“积极发展科技金融、绿色金融、普惠金融、养老金融、数字金融”。[②] 这不仅是百年变局下，防范外部冲击风险，坚持统筹金融开放和安全的现实需要，也是完善高水平对外开放新体制机制，健全宏观经济治理体系，深化金融体制改革所提出的重大任务。

---

① 中共中央党史和文献研究院编：《习近平关于金融工作论述摘编》，中央文献出版社2024年版，第139页。

② 《中国共产党第二十届中央委员会第三次全体会议文件汇编》，人民出版社2024年版，第40、39页。

一 人民币国际化是世界多极化背景下大势所趋

党的二十届三中全会指出，“倡导平等有序的世界多极化、普惠包容的经济全球化”。[①] 百年变局加速演进下，世界多极化趋势更加明显。新兴经济体崛起，以中国为代表的新兴经济体在全球经济中的地位不断上升，对全球治理和规则制定的影响力也在增强。国家间的合作与竞争日益复杂多样，国际关系日益多元化。在世界多极化趋势下，国际货币体系也向多元化方向发展。受地缘冲突影响，在美元霸权金融制裁下，各国纷纷重新审视金融安全问题。伴随国际货币体系多元化与数字化浪潮新技术革命交织演进，面对新形势、新机遇、新挑战，如何进一步有序推进人民币国际使用从经常账户向资本账户，从跨境支付结算向交易计价、投融资、储备功能全方位拓展，不断汇聚人民币国际化作为国际货币金融格局变迁的“中国力量”,[②] 具有非常重要的实践价值和战略意义。

（一）国际货币体系多元化是人民币国际化的大背景

国际货币体系是一个历史范畴。回首国际货币体系从“金本位”到“美元本位”的历史：第一，1870—1914 年英国主导的金本位制（受限于黄金供给刚性）通过黄金锚定实现货币稳定，并且形成了“金融霸权（金本位英镑）+工业能源基础（煤炭）+全球扩张（殖民体系）”。第二，始于 1944 年的布雷顿森林体系确立了“美元—黄金”的双货币锚（本质是中心国信用对稀缺资源的替代）。第三，1971 年美元与黄金

① 《中国共产党第二十届中央委员会第三次全体会议文件汇编》，人民出版社 2024 年版，第 73 页。

② 李扬、张晓晶：《失衡与再平衡——塑造全球治理新框架》，中国社会科学出版社 2013 年版，第 260 页。

脱钩后，美国国债成为事实上的全球流动性之锚，形成“无锚之锚”的信用等级。第四，美国通过“石油—美元—军工复合体”构建了比英国更隐蔽、更具弹性的货币霸权模式，即通过以信用等级替代黄金锚定，以石油等能源地缘控制替代煤炭殖民开采，以金融制裁和制度渗透替代直接领土统治。第五，该模式核心矛盾在于，其可持续性依赖于全球对美元信用的无限信任，但该信任正因美国国内政治极化与新兴国家崛起而面临挑战。

再回首布雷顿森林会议召开至今已 80 余年，经历了三个历史发展阶段：美元—黄金本位、美元本位和多元储备货币体系。[①] 相应地，布雷顿森林体系Ⅰ（美元—黄金本位）、布雷顿森林体系Ⅱ（基于美国国债的美元本位）和布雷顿森林体系Ⅲ（形成美元体系外以黄金或其他大宗商品为锚的国际货币新秩序?）改革方案争论不断。百年变局加速演进，以“美元霸权”为特征的现行国际货币体系矛盾日益凸显，美元作为核心储备货币仍面临满足国际清偿力和维持美元信心之间的“特里芬难题”。

乌克兰危机下，美国冻结俄罗斯外汇储备严重破坏了美国国际信誉。美元“武器化”导致了国际货币体系碎片化，既破坏了国际金融规则，也加大了中国面临的金融风险。[②] 美元霸权主导的国际货币体系面临双重困境：全球流动性供给与主权信用的内在冲突（特里芬难题）以及金融制裁的负外部性（频繁对外实施金融制裁，如冻结俄外汇储备，加速体系碎片化）。双重困境下形成负向循环：制裁加速去美元化→美元流动性需求收缩→美国被迫扩大逆差或升息吸引资本回流→激化国内政策矛盾。

特朗普 2.0 对等关税政策下，美元国际大循环模式可能发生改变。一方面，如果未来美国出现贸易逆差下降，美元通过贸易渠道向全球输

---

① 陈彪如：《国际金融概论》（第三版），华东师范大学出版社 1996 年版，第 169 页。

② 余永定：《国际货币体系碎片化和全球贸易保护主义》，《国际金融》2024 年第 12 期。

出能力将被削弱，进而导致全球流动性缺口扩大，这可能会迫使世界各国加速国际储备资产多元化。另一方面，贸易摩擦引发贸易壁垒推动区域性结算体系的崛起，全球产业链供应链可能重组为不同区域集团（见表 8—1）。如果各集团核心货币与产业链深度嵌套，国际支付网络多极化将可能侵蚀 SWIFT 垄断地位。伴随核心货币锚定体系的分化，国际货币体系多元化可能进一步形成：依赖军事同盟与传统能源定价权的美元区，由新兴市场与欧洲保守投资者构成的欧元区，以及绑定新能源产业链与数字支付网络的人民币区。尽管国际货币体系多元化不可逆转，但是碎片化绝非最优解。

表 8—1　**全球产业链供应链的区域货币绑定与结算机制的可能情景**

<table>
<tr><th colspan="3">不同的竞合博弈情景</th><th>区域</th><th>核心产业</th><th>主导货币</th><th>可能的结算机制创新</th></tr>
<tr><td rowspan="2">美欧</td><td>美</td><td>美</td><td>北美</td><td>半导体芯片、页岩气</td><td>美元</td><td>数字美元嵌入供应链金融合约</td></tr>
<tr><td rowspan="2">欧亚</td><td>欧</td><td>欧洲</td><td>高端装备、绿色技术</td><td>欧元</td><td>与碳关税挂钩的欧元清算系统</td></tr>
<tr><td>亚</td><td>亚</td><td>亚洲</td><td>电子装备制造、新能源</td><td>人民币</td><td>数字货币桥+关键矿产期货定价</td></tr>
</table>

资料来源：笔者整理绘制。

伴随国际环境复杂性和不确定性提升，全球主要力量主体呈现出新的“合纵连横”。未来国际货币体系演进可能情景如下：仍然以美元为主导维持现状？形成类似历史上“经互会”卢布区与美元体系相互平行体系？国际货币体系产生集团化倾向的碎片化并形成各种不同的支付清算小团体？“三足鼎立”的全球价值链结构下，[①] 美元、欧元、人民币为主，英镑、日元等为补充？长远看，国际货币体系多元化也许最有

① 鞠建东：《大国竞争与世界秩序重构》，北京大学出版社 2024 年版，第 94—101 页。

可能。对此，中国要“顺势而为、乘势而上”。[①] 人民币国际化是大势所趋，但是应避免国际货币体系演变为平行对立的货币体系。以制度型开放下数字货币为支点、碳中和为杠杆，在人民币国际化实现“安全冗余—绿色溢价—区域协同”下进一步推动国际货币体系演进而非对抗，将有助于实现高水平开放与金融稳定的动态平衡。

（二）地缘政治与数字技术和绿色浪潮相交织成为重要因素

对于将布雷顿森林体系Ⅲ设想为人民币和美元的平行体系，[②] “热问题”需作“冷思考”。一方面，人民币离国际货币的确还有很长的路要走，人民币与大宗商品深度绑定成为国际货币的方式将使自身呈现商品货币特征，这会导致汇率波动的风险增加，影响人民币信用和币值稳定。[③] 另一方面，需要高度重视地缘政治对国际货币体系和人民币国际化的影响。[④] 地缘政治动态与国际货币体系多元化具有内生关联，国际货币体系本质上是国际政治经济金融权力的映射。从结构性权力转移与国际货币地位的重构看，新兴经济体通过技术赶超、战略性资源控制以及军事投射能力提升，正在重塑国际货币权力结构。

美元国际货币权力异化与国际货币体系公共品供给存在悖论。美元体系已从提供全球流动性公共品“良性霸权”异化为“全球胁迫性权力工具”。美国不断挥舞“逆全球化”大棒（如核心技术和知识产权、国际货币和跨境支付系统、国际标准制定权和话语权等），这些本应该发挥全球公共产品作用的关键要素已异化成对非美“伙伴”生杀予夺的垄断特权。国际

---

① 乔伊德：《国际货币体系新动荡》，载朱民、张礼卿主编《变局与应对：全球经济金融趋势与中国未来》，中信出版社 2024 年版，第 60—76 页。

② Zoltan, P., 2022, “Money, Commodities and Bretton Woods Ⅲ”, *Credit Suisse*, 3 (31).

③ 张明、王喆、陈胤默：《全球新变局之下的国际货币体系改革：驱动因素、方案比较与未来展望》，《国际金融研究》2024 年第 9 期。

④ 张礼卿：《面对新机遇，人民币国际化如何行稳致远?》，载朱民、张礼卿主编《变局与应对：全球经济金融趋势与中国未来》，中信出版社 2024 年版，第 223 页。

货币金融体系更是如此，本来国际货币和跨境支付系统是用来便利国际贸易和跨国投资的，但现在却发生“政治化”“工具化”“武器化”转向。[①]

“长臂管辖”和 SWIFT-CHIPS 网络效应下跨境支付基础设施武器化。美元“武器化”及跨境金融基础设施的政治化、工具化不仅有违全球公共产品出发点，而且将进一步激化国际储备货币供给缺口问题。美国财政可持续性与全球安全资产需求激增矛盾加剧，叠加 SWIFT 系统武器化频次上升，使各国重构储备货币篮子。从 IMF 官方外汇储备货币构成（COFER）数据看，截至 2024 年第三季度，美元在全球币种标明已分配外汇储备占比降至 57.4%，再创新低。

国际货币体系的演化已进入制度竞争与技术扩散相互强化新阶段。一方面，美元霸权面临“特里芬难题 2.0”困境。特朗普 2.0 政府可能推行的加密货币政策，本质上反映了大国在数字金融基础设施标准制定权上的争夺，其政策不确定性将加剧国际货币体系的制度性摩擦。技术驱动下的制度变迁与地缘政治引发的货币武器化趋势将形成复杂共振。另一方面，面对美元霸权和美国主导的跨境支付体系可能带来的束缚与制裁风险，众多国家积极寻求建立由本国主导的新型国际清算跨境支付体系。[②] 此外，数字货币桥等新型金融基础设施正在推动形成“技术作为结构性权力载体”定义货币权力的货币竞争新维度。

国际货币体系演进本质是能源支配权的货币化投射。在此背景下，伴随数字技术创新扩散，绿色浪潮发展与地缘政治风险溢价将共同构成新的系统参数，将使整个系统演进可能进一步呈现多重均衡特征。未来，国际货币竞争可能将会聚焦于谁能掌握新能源供应链核心节点并将

---

① 中国人民大学国际货币研究所：《人民币国际化报告 2024》，中国人民大学出版社 2024 年版，序言第 2—3 页。

② 例如，俄罗斯建立金融信息传输系统（SPFS），欧盟建立贸易互换支持工具（INSTEX），新加坡开发新型国际收付清算系统（Ubin），中国建立人民币跨境支付系统（CIPS）稳步扩大和完善与境外人民币清算行的网络直联。此外，金砖国家建立数字支付平台（BRICS Pay）以促进本币结算和金融交易。

其转化为货币锚定物（见表 8—1）。人民币国际化关键可能在于能否在清洁能源技术、特高压电网的优势，数字支付协议等基础上系统性转化为新一代“数字—货币—能源”多位一体的规则制定权。

（三）制度型开放下人民币国际化进程任重而道远

人民币国际化是金融高水平制度型开放的重要延伸与体现。高水平对外开放本质是通过制度供给质量跃升重塑全球要素配置权力结构，以规则对接为牵引、以规制现代化为支撑、以治理能力升级为保障，构建更具韧性的双循环新发展格局，最终实现从“规则接受者”向“制度引领者”转变。对接国际高标准市场规则体系，稳步拓展规则、规制、管理、标准等制度型开放，将有助于以高水平制度供给汇聚高端要素资源，为稳慎扎实推进人民币国际化提供制度保障和环境支持。一方面以规则衔接推动区域产业链深度整合，强化人民币在贸易投资中的计价结算功能；另一方面通过金融基础设施互联互通、跨境支付系统优化及金融机构服务升级，降低汇兑成本与汇率风险，为扩大人民币跨境使用提供制度保障与市场动力，有助于进一步形成“规则互认—贸易投资畅通—货币国际大循环”的协同发展新格局。

当前国际货币体系多元化发展步伐加快，经济主体使用人民币进行贸易结算和投融资的内生需求不断增强。从 2009 年 7 月跨境贸易人民币结算试点开始，到 2014 年 12 月中央经济工作会议首次指出“稳步推进人民币国际化”，2016 年 10 月人民币正式“入篮”SDR，2017 年 7 月全国金融工作会议指出“稳步推进人民币国际化”，2020 年 10 月党的十九届五中全会指出“稳慎推进人民币国际化”，2022 年 8 月人民币在 SDR 货币篮子中权重由入篮时的 10.92%正式向上调整至 12.28%（国际社会对调高人民币比重达成共识，在复杂严峻的国际关系下人民币稳居第三位），2022 年 10 月党的二十大报告指出“有序推进人民币国际化”，再到 2023 年 10 月中央金融工作会议以及 2024 年 7 月党的二十届三中全会都指出“稳慎扎实推进人民币国际化”。回顾人民币国际化 15 余年发展历程，随着人民币的计价支付、投融资、储备等货币功能的全面增强，人民币在国际货币体系中的地位显著提升。[①] 当前，人民币已是全球第四位支付货币、第三位贸易融资货币和第五位外汇交易货币。[②] 人民币已稳定跻身主要国际货币行列，未来更大成长空间令人期待。总之，在市场需求和政策支持的“双轮驱动”下，人民币国际化经过 15 余年发展，实现了从无到有、由低到高的历史性突破。

随着人民币国际化的稳步推进，人民币货币互换体系快速发展。通过货币互换机制，可应对流动性危机，进而其成为国际金融安全网重要载体。伴随双边本币互换和货币合作的日益深化，其不仅在便利双边贸易投资、维护区域金融稳定等方面发挥积极作用，而且双边和多边人民币流动性安排的建立和发展也有助于加强离岸市场人民币供应的多元化。其中，央行货币互换及常备互换协议是双边概念，人民币流动性安排（RMBLA）作为国际资金池是多边概念，有助于更好地满足国际市场对人民币合理需求。从“源头活水”看，人民币海外清算网络不断优化，清算行覆盖范围持续扩大。清算行具有连接境外和中国境内金融市场的优势，可为离岸市场提供稳定的人民币流动性来源。截至 2024 年 8 月，中国人民银行已在 31 个国家和地区授权 33 家境外人民币清算行，其中中资清算行 31 家，外资清算行 2 家，基本覆盖与中国贸易密切的国家和地区。此外，从“水到渠成”看，人民币国际化的重要金融基础设施 CIPS 已经形成以中资银行和清算行为骨干网、系统重要性外资银行相互支撑的全球网络体系，充分发挥人民币跨境支付清算“主渠道”作用。面向“十五五”时期，人民币国际化能否进一步取得决定性突破，需要稳慎扎实所需必要条件，牢牢构筑战略优势，促进人民币在跨境交易中被更广泛

---

① 潘功胜：《人民币国际化十年回顾与展望》，《中国金融》2019 年第 14 期。

② 《中国人民银行行长潘功胜出席十四届全国人大二次会议经济主题记者会》，http://www.pbc.gov.cn/hanglingdao/128697/128734/128871/5262497/index.html，2024 年。

使用，以及国际地位和全球影响力稳步提升。

从优势看，人民币国际使用各项指标稳步提升，跨境人民币业务服务实体经济的能力持续增强。在支付货币功能方面，人民币目前已经成为全球第四位的支付货币。2024 年，人民币跨境收付金额约为 64 万亿元，同比增长 23%。在融资货币功能方面，人民币已成为全球前三大贸易融资货币。2024 年，外资金融机构和企业来华发行熊猫债接近 2000 亿元，同比增长 32%，离岸人民币债券发行同比增长 150%。在储备货币功能方面，80 多个境外央行或货币当局将人民币纳入外汇储备。在离岸人民币市场方面，香港人民币存款余额超过 1 万亿元，人民币贷款余额接近 7000 亿元，均达到历史较高水平。[①] 从劣势看，人民币在储备货币功能方面需要重新审视。从 IMF 官方外汇储备货币构成（COFER）季度数据看，截至 2024 年 9 月，币种标明已分配外汇储备份额人民币占比为 2. 17%，相较 2023 年 9 月人民币占比 2. 37%，同比下降 8. 53%；美元占比 57. 39%，同比下降 3. 03%；欧元占比 20. 02%，同比增长 2. 35%；日元占比 5. 82%，同比增长 6. 24%；英镑占比 4. 97%，同比增长 3. 33%；加元占比 2. 74%，同比增长 9. 20%；澳元占比 2. 27%，同比增长 11. 92%。从已分配外汇储备币种占比水平看，人民币仅与加元、澳元占比相当，与美元占比和欧元占比相差较大，与日元占比和英镑占比相比也有待提升。

从官方层面看，IMF 官方外汇储备中已分配和未分配部分实际上是动态调整的。这意味着如果未分配部分被抬高，则在已分配部分中的币种竞争将会更加激烈。将已分配外汇储备占全部外汇储备总额比重作为调整系数，分别乘以已分配外汇储备份额各主要货币占比，可得到币种确认官方储备相应货币占全球全部外汇储备总额实际比重（见图 8—1）。历史地看，“调整还原”后，1999—2024 年，币种确认官方储备美元占全球

---

① 《国新办举行“中国经济高质量发展成效”系列新闻发布会　介绍金融支持经济高质量发展有关情况》，http://www. pbc. gov. cn/goutongjiaoliu/113456/113469/5566165/index. html，2025 年。

外汇储备总额比重从约55%仅下降约1个百分点（目前约为54%），欧元占比从约14%仅上升约4.4个百分点（目前约为18.4%），日元占比从约4.7%仅上升约0.6个百分点（目前约为5.3%），英镑占比从约2.2%上升约2.4个百分点（目前约为4.6%），人民币占比从约0.9%仅上升约1个百分点（目前约为2%）。若以储备货币占比下降来衡量国际储备货币“去化”（见图8—1），2018年特朗普政府发动贸易摩擦后“去美元化”确实已再次展开，但在国际核心储备货币使用黏性“网络效应”下，美元在储备货币中的主导地位短期内实际上仍难以撼动。

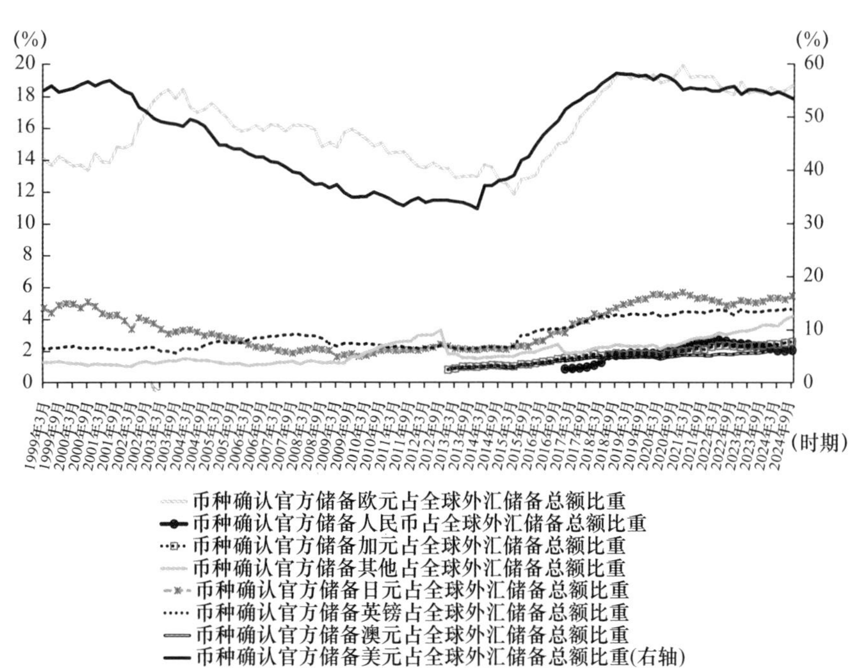

图8—1 官方层面全球外汇储备中主要储备货币实际占比

资料来源：IMF，Wind，笔者绘制。

货币国际化进程并非坦途，而是“波浪式”曲折前进。从官方层面看，“去美元化”在新冠疫情冲击后不断上升（见图8—2，右轴逆序，上升表示去美元化；左轴正序，上升表示非美货币国际化）。对此，从国际货币竞争看，是否存在美元占比份额的“让渡”？如前所述，实际变化很小。对于国际货币关系，从储备货币实际占比看：欧元仍是美元最大的国际货币竞争对手，人民币也是美元国际货币竞争对手，英镑和日元是美元的“离岸平衡”和“交易合作”伙伴。如图 8—2 所示，人民币国际化虽经受住了中美贸易摩擦打压，但受到疫情冲击拖累；欧元与人民币类似，更受到乌克兰危机影响；英镑几乎未受影响且不断上升；日元受到疫情冲击后先下降后反弹。大国博弈复杂性叠加外部冲击影响，人民币国际化并

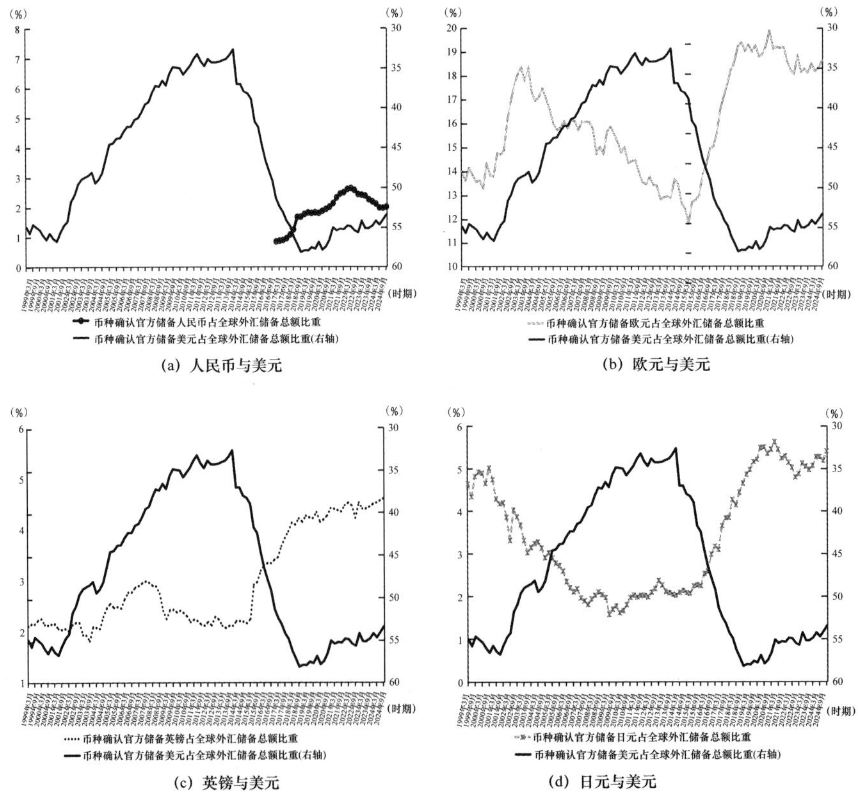

(a) 人民币与美元

(b) 欧元与美元

(c) 英镑与美元

(d) 日元与美元

图 8—2　官方层面全球储备美元占比与人民币、欧元、英镑、日元占比双边走势对比

资料来源：IMF，Wind，笔者绘制。

非坦途。从私人层面看，对于人民币债券等人民币金融产品发展及离岸人民币市场（见图 8—3），疫情冲击前资本金融项目下其他投资人民币跨境收付金额与境外机构和个人持有境内人民币债券资产及跨境人民币资金池金额三者基本重合，中美贸易摩擦后三者开始“分叉”，而后跨境人民币资金池金额与境外机构和个人持有境内人民币股票资产和债券资产在 2022 年再“分叉”。综合来看，官方持有外汇储备人民币占比（见图 8—2）与私人境外持有境内人民币股票资产（见图 8—3）走势相似，其中，2013—

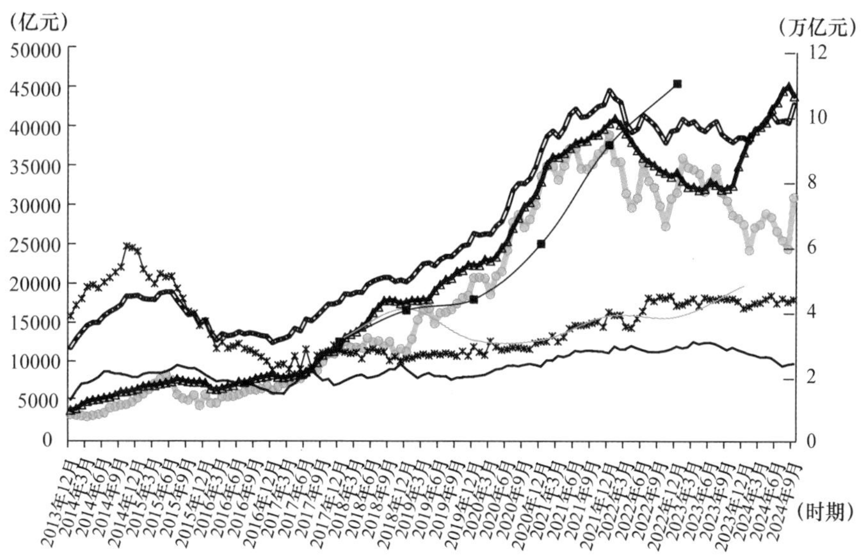

境外机构和个人持有境内人民币金融资产：股票
境外机构和个人持有境内人民币金融资产：债券
境外机构和个人持有境内人民币金融资产：贷款
境外机构和个人持有境内人民币金融资产：存款
资本和金融项目下其他投资人民币跨境收付金额
跨境人民币资金池金额
境外机构和个人持有境内人民币金融资产合计（右轴）

图 8—3　私人层面境外机构和个人持有境内人民币金融资产情况

资料来源：中国人民银行，Wind，笔者绘制。

2021 年是人民币国际化上行期，2021 年至今是缓冲调整期。人民币国际化放缓深层次原因之一，可能是人民币的跨境结算货币功能被重视，而人民币计价货币功能的拓展被疏忽。从国际贸易和金融交易来看，人民币国际化的核心问题是其作为计价货币的使用，而非结算货币。

二　百年变局下人民币国际化的新机遇与新挑战

党的二十届三中全会指出，“在百年变局加速演进中赢得战略主动”“稳慎扎实推进人民币国际化”；“健全因地制宜发展新质生产力体制机制”“完善推动新一代信息技术”“人工智能”“新能源”“战略性产业发展政策和治理体系”“健全促进实体经济和数字经济深度融合制度”；“稳步扩大制度型开放”“扩大面向全球的高标准自由贸易区网络”；“健全绿色低碳发展机制”“健全碳市场交易制度”“健全反制裁、反干涉、反‘长臂管辖’机制”“完善参与全球安全治理机制”。[①] 稳慎扎实推进人民币国际化须高度重视数字形式与绿色金融等新趋势。从“生产—市场—货币”人民币国际化分析框架（见图 8—4）来看，数字经济时代，数字技术维度机遇与挑战需要高度关注（图 8—4 中的“货币—生产”侧）。百年变局下，国际货币体系与能源体系转型交织演进，“碳中和”叠加地缘政治风险下人民币国际化面临新机遇新挑战（图 8—4 中的“生产—市场”侧）。应对全球变局挑战，构建高效安全可持续的全球货币金融体系，扩大面向全球的高标准自由贸易区（FTA）网络，这既是推动国际贸易和投资自由化、便利化的重要途径，也是通过人民币国际化积极参与全球经济治理体系改革，提供更多全球公共产品的关键策略（图 8—4 中的“货币—市场”侧）。

---

① 《中国共产党第二十届中央委员会第三次全体会议文件汇编》，人民出版社 2024 年版，第 17、40、27、28、45、46、64、65、67 页。

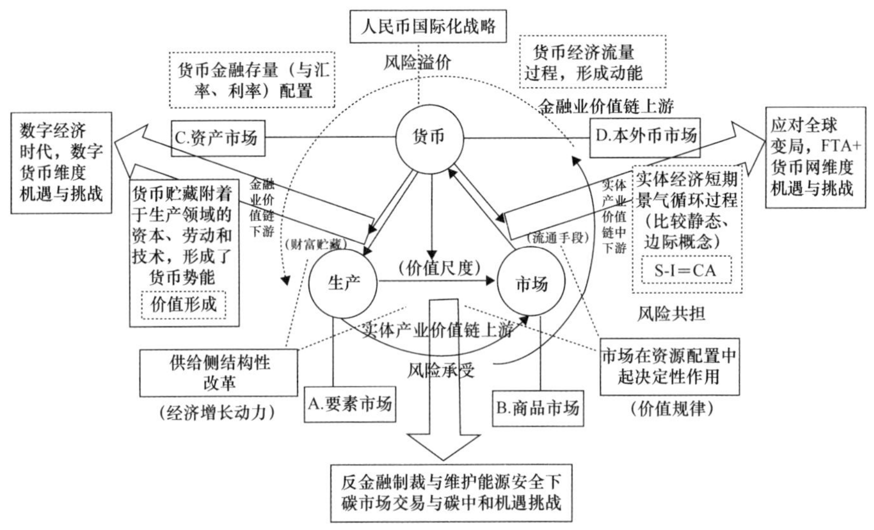

图 8—4　百年变局下基于“生产—市场—货币”框架人民币国际化机遇与挑战

资料来源：笔者绘制。

（一）特朗普 2.0 时代数字货币维度下人民币国际化机遇挑战

中央银行数字货币（Central Bank Digital Currency，CBDC）是由中央银行直接发行的数字化货币形式。CBDC 作为主权货币的数字化延伸，其技术架构与治理模式选择深刻映射着货币权力结构的逻辑重构。2022 年，国际清算银行（BIS）牵头在 G20 关于央行数字货币应用于跨境支付的报告中进一步推荐了“批发型央行数字货币+多边央行数字货币桥”方案。

从国际清算银行的分类框架看，批发型 CBDC 聚焦于金融基础设施层面的制度竞争。其核心价值在于重塑大额支付系统的“网络外部性”，并且相应的数字技术升级具有显著的地缘政治外溢效应。例如，当 SWIFT-CIPS-CBDC 三系统并存时，跨境支付链路的地缘政治可切断性（Geopolitical Disconnect Risk）将成为大国博弈新维度。美联储对批发型 CBDC 的审慎态度，本质上是对其既有 CHIPS 系统“网络效应”

的“护城河”防御策略。

零售型 CBDC（如中国 DCEP），通过建立“中央银行—公众”直接债务关系，实质是货币发行权的穿透性强化。但是，零售型 CBDC 作为央行直接负债，其跨境使用可能涉及债务关系的跨境延伸问题。例如，境外主体持有 CBDC 构成央行对非居民的直接债务，其与《中华人民共和国中国人民银行法》对货币支付范围的限定以及相关的司法管辖可能冲突，境外使用场景中的纠纷（如钱包被盗）可能面临法律适用难题。对于数字人民币（e-CNY），从现实出发，除非放弃资本项目管制，零售型数字人民币不太可能实质性地进行跨境使用。如何利用央行数字货币解决跨境支付中的成本高、效率低、透明度低以及接入范围受限等难点痛点？多边央行数字货币桥较为可行。2022 年 12 月，习近平主席在首届中国—海湾阿拉伯国家合作委员会峰会上，就金融投资合作指出，“深化数字货币合作，推进多边央行数字货币桥项目”。

从多边央行数字货币桥（mBridge）项目看，mBridge 旨在构建一个连接多个国家央行数字货币的系统，从而缩短交易链条，降低对流动性的占用，以提高跨境支付的效率和安全性。尽管 mBridge 能促进国际贸易中的本币结算并降低对 SWIFT 报文系统的依赖，但仍不能绕开基于美元清算结算系统的金融制裁，即使通过 mBridge 实现本币结算，参与国仍需要通过 CHIPS 系统完成美元净额清算。此外，mBridge 针对的是中央银行货币，而非商业银行货币；尽管能够促进本币跨境支付，但本币在 mBridge 的流通不会“出圈”，mBridge“闭环清算”特性决定了其难以替代传统离岸市场功能，从而对推进离岸市场本币国际化作用有限。

从机遇看，mBridge 为人民币国际化提供了新的平台和机遇。第一，mBridge 大大提高了跨境支付的效率和透明度。相比传统跨境支付模式存在诸多痛点（如交易时间跨度长、结算风险高、监管程序多以及透明度低等），mBridge 通过利用分布式账本技术，实现了“点对点”直接支付，且支付即结算。这使人民币在跨境支付中的使用变得更加便捷和高效，从而有助于提升人民币在国际经贸活动中的使用比例，加速人民币国际化的进程。第二，mBridge 可增强人民币的国际认可度。随着 mBridge 的不断推广和完善，越来越多的国家和地区将会加入这一网络，使用人民币进行跨境支付和结算的便利性和效率将得到进一步提升。这将有助于增强国际社会对人民币的信心和认可度，为人民币国际化奠定更加坚实的基础。例如，通过货币桥项目，人民币可以更加便捷地用于国际贸易融资、跨境投资等领域，进一步拓展人民币的国际使用范围。第三，mBridge 有助于推动人民币在全球金融市场中的使用。随着全球金融市场的日益一体化和数字化，数字货币在金融市场中的应用将越来越广泛。货币桥项目通过提供高效、透明和安全的跨境支付解决方案，为人民币在全球金融市场中的进一步使用创造有利条件。

从挑战看，特朗普政府对 CBDC 与加密货币持有差异化立场。第一，其实质体现出美国数字金融霸权构建的“双轨制”策略：通过抵制多边 CBDC 合作（如 mBridge），延缓他国主权数字货币发展，同时加速美元霸权与多重资产体系（加密资产、石油、黄金、芯片、美股、美债等）深度融合。依托美国自身在区块链协议层（如以太坊）和机构投资者（贝莱德）的垄断优势，使加密货币成为美元霸权在数字空间的“影子载体”（比特币 ETF 合规化实质就是美元流动性的新型输送管道）。第二，特朗普 2.0 支持加密货币的可能原因，其中不乏对美国金融霸权的维护。特朗普政府认为加密货币应该属于美国继续维持全球金融霸权的重要武器，符合其“MAGA 战略”。美国作为加密货币底层“区块链”技术的发源地，同时拥有世界最大规模的加密货币储备，完全可以通过加密货币主导新一轮的全球金融资本争夺战。大力发展加密货币和稳定币的思路，某种程度上将可能会强化美元的国际地位。第三，特朗普 2.0 时代美国有可能形成“华尔街—硅谷”新体系。将比特币 ETF、稳定币纳入传统金融监管框架（如 SEC 合规审查），并通过贝莱德等资管巨头形成“美元流动性—加密资产”置换通道，强化美元在 DeFi 协议中的计价权。随着加密货币和稳定币普及应用，越来越多的国家可能会将美元作为储备货币来支持这些数字货币的发行和交易，将巩固美元作为全球储备货币的地位，进而也构成了其对人民币国际化的挑战。第四，数字技术维度下技术代际差“卡脖子”效应作为人民币国际化的新挑战不容忽视。一方面，美国在区块链底层协议、跨链通信及隐私计算领域构建专利壁垒，未来量子计算机实用化将可能威胁数字货币安全边界。另一方面，美国财政部通过“技术出口管制清单”限制中国进一步参与跨境链式治理节点，可能会形成“协议层隔离”。此外，通过将美国财政部海外资产控制办公室（OFAC）制裁名单嵌入稳定币智能合约，控制稳定币发行（如 USDT、USDC）和链上数据分析公司（Chainalysis），美国甚至可以实现比 SWIFT 更精准的“交易级封锁”和制裁穿透能力，金融制裁“链上升级”也不容忽视。

（二）碳中和叠加地缘政治风险下人民币国际化机遇与挑战

碳中和与地缘政治的复杂交织，既重塑了国际货币竞争的底层逻辑，也为人民币国际化提供了非对称突破机遇。当前的核心矛盾在于：技术驱动货币网络扩展需求与地缘政治引发的制度性约束之间的张力错配。破解这一困局需要超越传统的货币替代和国际货币关系思维，进一步通过“技术自主—规则创新—市场深化”战略思维，在货币权力转移的历史进程中把握可能的结构性机遇窗口。

从国际货币权力转移中可能的结构性机遇看，第一，碳定价权与绿色金融规则重塑。碳中和进程催生全球碳市场互联互通制度性需求，这为人民币参与国际碳定价体系创造了战略窗口。碳市场的网络外部性特征意味着，当主要经济体间碳配额互认突破临界阈值时，将触发碳价趋同效应与货币计价权扩散的协同机制。具有强约束机制的绿色债券市场发展，不仅能够捕获“绿色溢价”带来的流动性优势，而且能够通过定价权输出强化人民币的储备货币属性。第二，货币网络外部性重构与技术标准权竞争。全球货币体系正在经历技术驱动下的网络外部性重构。新型跨境支付基础设施通过缩短结算时间、降低交易摩擦，可形成对传统层级化支付系统的代际优势。这为中国主导数字化支付网络提供了结构性机遇，即可通过构建与关键产业链深度绑定的本币计价体系，突破传统货币替代路径依赖，稳步形成“数字—产业—能源”协同赋能的货币权力增长极。第三，能源贸易结算体系的地缘协同。全球能源体系转型与去美元化趋势形成历史性交汇，为能源贸易本币结算提供双重驱动力。一方面，通过数字化手段重构能源贸易结算体系，能够显著降低交易摩擦成本并提升结算效率，从而突破传统能源货币的流动性约束。另一方面，与资源型经济体深化合作，将新能源禀赋和资源整合优势转化为人民币计价的可抵押资产，构建抵御美元流动性冲击的“人民币—新能源”双锚定机制，增强人民币跨境使用稳定性的同时，也为国际货币体系提供了多元化选择路径。

从地缘政治风险引致的系统性挑战看，第一，制度性壁垒下市场分割困境。主要经济体在绿色金融标准、跨境支付规则等领域的制度性差异，正在形成新型市场分割机制。例如，碳边境调节机制等政策工具将环境规制与货币选择权捆绑，通过提高制度转换成本强化既有货币的网络优势。这种“规则—货币”的复合壁垒，显著增加了人民币跨境使用的制度摩擦，特别是在环境敏感型贸易领域将可能面临“货币折价”压力。第二，替代石油美元可能引发的国际政治风险不容忽视。在“一带一路”关键地缘合作区域，本币交易的市场流动性难以满足大宗商品定价需求，汇率波动的放大效应也可能抑制贸易主体的结算意愿。此外，尽管人民币或许成为碳排放权计价及结算货币的有力竞争者，但从全球碳交易比重看任重而道远。第三，离岸市场深度不足的流动性约束。人民币离岸市场发展滞后于实体经贸需求，表现为市场深度不足与金融产品体系单一。这种流动性约束与地缘经济合作的深化需求形成结构性矛盾，将可能制约人民币的货币功能升级。第四，技术代际差引发货币安全风险。量子计算等颠覆性技术的突破可能重构全球密码学体系基础，对现行数字货币安全架构形成代际冲击。技术标准的国际认证滞后与核心算法研发的路径依赖，可能削弱本币支付系统的抗风险能力。这种技术代际差不仅威胁支付系统的安全性，更可能通过“标准锁定效应”制约货币网络的扩展潜力。第五，技术脱钩风险下的系统脆弱性挑战。关键技术供应链的对外依存度过高可能引发支付基础设施“断链风险”。在部分战略性合作框架下，支付系统的安全冗余度不足，难以应对突发性技术封锁压力。这种系统性脆弱性将可能通过信心传导机制放大，削弱国际社会对人民币支付网络的信任基础。

（三）制度型开放下“高标准 FTA+货币国际化”机遇与挑战

当前国际货币体系处于“单极失序—多极重塑”的过渡期，美元霸权责任缺失导致全球公共产品供给危机。从全球治理格局看，超级自由贸易区（FTA）加超级储备货币供求网，这个经济上的“神圣同盟”将主宰全球治理机制的未来发展方向。①

制度型开放通过规则兼容与高标准话语权提升，有助于形成国际货币权力新格局。通过“制度性规则输出+高标准自由贸易区（FTA）网络”形成“制度—货币”权力新载体。扩大面向全球的高标准自由贸易区网络与人民币国际化是相互促进、相辅相成的。虽然过程中面临诸多挑战，但也孕育着巨大的机遇。从发展机遇看，第一，有助于提升人民币的国际地位。高标准自由贸易区 FTA 价值链整合推动本币结算突破网络效应临界阈值，触发本币跨境使用自增强机制，有助于突破现有的贸易货币计价惯性，从而促进人民币在 FTA 网络跨境贸易和投资中的使用。通过原产地规则、贸易投资便利化、本币优先等制度安排，实

① 李扬、张晓晶：《失衡与再平衡——塑造全球治理新框架》，中国社会科学出版社 2013 年版。

现区域性贸易投资规则统一，有助于塑造区域内跨境“贸易—投资—货币”闭环生态系统。第二，增强国际规则制定能力。随着 FTA 网络扩大，中国在国际经济规则制定中的参与度将逐渐提高。特别是在数字贸易、绿色金融等新兴领域，中国主导区块链跨境支付协议、ESG 披露框架等标准输出，有助于构建排他性市场准入壁垒，形成规则制定权的非对称获取路径。通过积极参与国际规则谈判和制定，逐步增强在全球经济治理中的话语权，为人民币国际化创造更有利的国际环境。第三，推动金融市场开放与创新。FTA 网络的扩大将推动中国金融市场的进一步开放和创新。制度型开放通过负面清单管理模式可突破传统金融抑制，有助于形成“在岸—离岸”双循环市场联通。

从挑战看，第一，随着 FTA 网络的扩大，中国需要更加积极地参与国际经济规则的制定，以提升在全球经济治理中的话语权。然而，当前国际经济规则主要由发达国家主导，中国在这一领域的参与度仍有待提高，这对人民币国际化构成了约束条件。第二，国际金融基础设施是支撑人民币国际化的重要基础。随着 FTA 网络的扩大，对金融基础设施的要求也将更高。如何加快金融基础设施建设，包括支付清算系统、信用评级体系、金融监管体系等，以满足人民币国际化的需求是另一大挑战。第三，在扩大 FTA 网络的过程中，金融市场开放是不可或缺的一环。然而，金融市场过度开放可能带来监管挑战，如何在开放与监管之间找到平衡点，防止金融风险跨境传递是人民币国际化面临的重要挑战。正如习近平总书记在重要讲话中指出的，“要提高金融业全球竞争能力，扩大金融高水平双向开放，统筹推进金融市场开放和资本项目可兑换，通过外部竞争促进金融业高质量发展，提高参与国际金融治理能力，增强中国在国际金融治理体系中的话语权和影响力”。[①]

---

① 中共中央党史和文献研究院编：《习近平关于金融工作论述摘编》，中央文献出版社 2024 年版，第 142 页。

三　面向“十五五”时期人民币国际化根本动力与基本策略

习近平总书记指出，“在稳步推进人民币国际化这个问题上，要讲两句话。第一句是积极有为、扎实推进。作为经济大国，中国货币国际化是大势所趋，人民币早晚要成为世界货币，这个前进目标不应改变。第二句是顺势而为、水到渠成。人民币国际化是个自然历史过程，要顺应规律，同现代化建设相辅相成、统筹考虑。人民币国际化要求稳步推进资本项目可兑换，我们要找到兼顾中国国情和国际标准的对接区，有序推动资本账户开放。要不断完善宏观审慎政策体系，保留紧急情况下的特定处置手段，把人民币国际化可能带来的风险降到最低”。①

（一）根本动力：人民币国际化以新质生产力为内核支撑

人民币国际化的本质是构建“生产性货币权力”，其逻辑源于马克思主义政治经济学与西方国际货币竞争理论的融合。从国际分工和比较优势看，将人民币打造成为以“中国制造”特别是新质生产力支撑的生产性国际货币，与“中国制造”向“中国智造”转型相得益彰、相辅相成。从价值创造看，基于新质生产力（数字化制造、绿色技术创新等）重塑国际分工体系，使人民币的国际货币权力锚定于“生产—市场—货币”三元价值循环。

从比较优势的动态演进看，中国从“制造优势”向“智造优势”的转型，需要通过人民币计价结算将技术溢价内化为货币信用溢价。从制度型开放看，将国内供给侧结构性改革（要素市场化定价）与国际

① 中共中央党史和文献研究院编：《习近平关于金融工作论述摘编》，中央文献出版社2024年版，第139页。

金融治理（国际货币职能扩展）相耦合，形成双循环“生产网络—金融网络”相嵌套的“三位一体”结构（见图8—4），进而实现人民币国际货币职能跃迁。

生产维度：夯实生产性货币本位。锚定新质生产力，以高端装备、新能源、数字经济等战略产业为支撑，通过产业链协同升级，在共建“一带一路”产能合作中进一步提升人民币跨境使用，实现境外投资项目至少稳定份额比例的股权融资、设备采购以人民币计价，进一步强化本币优先并与产业升级形成正向反馈机制。在推动“人民币计价+国内期货市场”与资源国本币结算相结合，解决境外参与者的外汇兑换和套保需求基础上，通过数字货币桥实现“人民币支付—期货交割—资源锁定”闭环。依托动力电池产能优势，推动人民币计价的新能源电池金属期货市场建设，并同步强化对上游资源的控制力和跨境金融基础设施的支撑。

市场维度：优化市场性货币职能。依托国内超大规模市场，将市场准入与人民币跨境使用深度挂钩，吸引跨国企业建立“在岸—离岸双循环资金池”，进一步优化规模报酬递增机制。创新安全资产供给，组合人民币国债与碳信用资产，发行“主权绿色特别提款权债券”为全球投资者提供避险资产替代选项，对冲美元“安全资产短缺”困境。

货币维度：扩大货币性公共品供给。完善全球流动性安全网，稳步推动IMF特别提款权（SDR）篮子改革，将人民币权重从12.28%进一步提升，构建外部冲击免疫系统，创立“SDR—人民币双挂钩紧急贷款机制”，通过数字人民币可编程性，在跨境支付中嵌入动态宏观审慎参数（如逆周期资本缓冲），实现双循环“无危机增长”自动稳定器功能。

人民币国际化战略的关键在生产维度上，以新质生产力为内核支撑，以服务“贸易投资和产业链升级”为重点，将人民币打造成强大的货币。在市场维度上，以维护中国在国际市场上的足够份额为底线，在增强国际竞争力基础上，在中美博弈中维护好国民福利，实现人民币国际化本位基础“源于人民服务于人民”。在货币维度上，从巩固人民币计价结算功能，向支持人民币市场交易和国际储备功能推进，在加快国内货币市场、外汇市场以及人民币金融产品“资产池”建设的同时，筑牢金融安全网和风险防火墙，进一步形成“无危机增长—安全大市场—安全资产”的“三位一体”全球公共产品供给新模式。

人民币国际化是建设金融强国目标的题中应有之义。加快建设金融强国是在百年变局及当前严峻复杂国际环境下提出的，金融强国的意义，在于维护金融安全和金融稳定，特别是在人民币国际化进程中越是开放越要重视安全。百年变局加速演进，国际经济、政治、科技、安全等格局都正在发生深刻调整。反对美元霸权，防范外部冲击风险，需要把经济金融与政治军事力量、科技创新联系起来，增强综合国力，聚焦国际金融资源全球配置。习近平总书记指出，“要提高参与国际金融治理能力，增强我国在国际金融治理体系中的话语权和影响力，推动国际货币体系和金融监管改革，顺势而为推进人民币国际化”。①

在此过程中，稳步实现“无危机增长—安全大市场—安全资产”多维协同相统一。

（二）策略空间：稳慎扎实推进人民币国际化的政策空间优化

百年变局下，应对数字货币、高标准自由贸易区、能源转型“碳中和”机遇挑战，践行“多边主义”，构建人类命运共同体。坚持“历史观、大局观、角色观”“做好自己的事”，夯实支撑人民币国际化稳慎扎实推进在“经济基础”和“上层建筑”两方面的“四梁八柱”。从“源头活水”把握根本“放水养鱼”，在“水到渠成”中“顺势而为”，

① 中共中央党史和文献研究院编：《习近平关于金融工作论述摘编》，中央文献出版社 2024 年版，第 142 页。

面向“十五五”时期稳慎推进人民币国际化政策空间框架优化如下。

统筹市场活力与风险防控，构建双向开放新格局。坚持“有效市场”与“有为政府”协同发力，以“增量改革优化结构、存量改革提升效能”为原则，推动金融市场开放向制度型高水平开放深化。动态平衡资本项目开放节奏，制定《资本项目开放优先领域清单》，同步建立“合格投资者分层管理体系”，对短期投机性资本实施额度管控与“托宾税”调节，对主权基金等长期资本开放“白名单通道”。不定期开展“地缘制裁极端情境”“美元流动性枯竭”压力测试，预设外汇储备分级响应机制，从外汇储备中划拨设立“人民币国际化风险准备金”，形成危机缓冲池。强化离岸市场韧性建设，建立“离岸市场分层流动性供给体系”。区分主权机构与商业机构资金池，设置差异化风险缓冲机制，并通过智能合约动态调节跨境资金流动，降低美元清算依赖。在上海自贸区、海南自贸港试点“离岸人民币资产交易中心”，推出REITs、碳中和债券等产品，吸引境外主权基金配置；允许跨国公司在自贸试验区设立“多功能型跨境资金池”，整合本外币归集、借贷及衍生品对冲功能。

以规则兼容高标准对接，引领高水平制度型开放。构建高标准自贸区（FTA）网络，深化自贸区网络货币机制化安排。在RCEP升级版、中国—海合会FTA中设置相应条款，对符合原产地规则且使用人民币结算的产品给予关税减让，构建区域产业链—货币闭环模式。设立“亚洲货币稳定基金”，联合东盟+3国家以人民币与本地货币注资，建立区域性外汇储备池，应对美元流动性危机。在FTA争端解决条款中尝试嵌入“人民币支付仲裁条款”，要求贸易争端赔偿优先以人民币支付，强化货币法律地位。聚焦数字贸易、绿色金融等新兴领域，构建“中国标准—国际规则”映射机制，积极塑造非对称竞争优势。在DEPA框架下推动“数据跨境流动白名单”机制，要求符合中国安全标准的企业优先参与数据交换；将“数字支付互操作性条款”

嵌入“一带一路”FTA，建议签约方支持数字人民币使用。联合欧盟制定“中欧共同绿色分类目录”，在上海能源交易所推出人民币计价“跨境碳期货合约”，允许境外投资者通过“沪港碳通”参与交易，形成亚洲碳定价基准。

持续升级金融基础设施，筑牢技术治理底座。以数字货币合作和支付清算系统迭代为核心，构建自主可控、开放兼容的金融基础设施网络。优化跨境支付清算体系，推动 CIPS 系统全球化布局，进一步增设直参行，实现 24 小时跨时区清算，并嵌入区块链智能合约。深化多边央行数字货币桥（mBridge）合作，按贸易投资额动态调整货币权重，形成对冲美元冲击的“一带一路”流动性安全网；在“中巴经济走廊”等项目中试点数字人民币支付，构建“数字丝路”支付走廊。支持中资评级机构参与“一带一路”项目评估，推动亚投行优先采用中资评级结果；发行“人民币特别提款权债券”，联合 IMF 提升人民币在 SDR 货币篮子的权重至 15%。在上海期货交易所推出人民币计价稀土、锂钴期货合约，建立“资源—货币”联动定价权；通过银联、网联、CIPS 系统替代 SWIFT 在“一带一路”的支付通道，降低技术依赖，突破美元信用垄断。

聚焦碳中和与能源革命，重塑货币锚定体系。推动沙特、阿联酋等产油国在上海国际能源交易中心（INE）以人民币计价交易原油，试点“石油人民币—mBridge 直通协议”，允许石油收入直接兑换为数字货币池内人民币。在中俄天然气管道项目中实施“人民币支付+股权置换”模式，形成资源绑定。依托特高压电网网络效应，在区域电网互联国家试点“电力人民币”结算。打造绿色人民币资产池，发行“碳中和国债”，升级绿色债券市场，定向用于“一带一路”新能源项目，吸引 ESG 投资者资产配置。创新碳金融衍生品，推出“碳远期”“碳期权”产品，允许境外投资者通过“债券通”参与交易，形成人民币碳定价基准。制定“新三样”人民币融资计划，设立专项基金支持新能源车企、光伏企业以人民币进行海外并购。丰富碳关税对冲工具，开发人民币计价的“欧盟碳边境调节机制（CBAM）保险”，帮助出口企业规避绿色贸易壁垒。

创新数字金融工具，培育人民币国际化新动能。将人民币国际化深度嵌入全球能源转型与数字技术革命交叉点，构建“数字—货币—能源”三位一体规则，进一步深化数字金融场景应用。构建数字贸易生态，深化跨境电商本币结算试点，在跨境电商综试区，要求平台企业对东盟商户以人民币结算，给予结汇手续费减免。优化 AI 跨境支付风控，在 CIPS 系统中部署 AI 算法，实时识别欺诈交易，大幅提升跨境支付反欺诈准确率。在海南自贸港试点“数字货币监管沙盒”，允许境外企业使用 mBridge 人民币进行 FDI 投资。联合国际清算银行制定《央行数字货币跨境互操作性框架》，推动数字人民币成为多边开发银行的法定结算货币，通过 CBDC 国际标准制定，优化数字货币多边治理。通过亚投行向发展中国家提供以数字人民币计价的基础设施贷款，增强人民币国际公共产品属性，优化数字货币援助机制。

完善“在岸—离岸”市场联通机制，构建多层次人民币循环体系。离岸市场深度建设，试点离岸人民币资产池，在上海自贸试验区、海南自贸港设立“人民币离岸资产交易中心”，推出人民币计价的国际债券、REITs 等产品，吸引境外主权基金、养老金等长期资本配置。降低企业汇率风险，持续提升跨境融资便利化。跨境资金池 2.0 升级，允许跨国企业集团在自贸区内设立“多功能型跨境资金池”，整合本外币资金归集、跨境借贷以及衍生品对冲功能，简化备案流程。进一步优化动态宏观审慎监管，建立基于大数据的外汇流动性监测系统，对跨境资本流动实施“红黄绿”分级预警，进一步创新完善资本流动审慎管理工具。

完善外部冲击风险防控立体网络，守牢国际金融安全底线。建立“宏观审慎—中观韧性—微观能力”三位一体防御体系，实现开放与安全动态平衡。优化压力测试与应急机制，强化极端情景模拟，每季度开展“美元流动性冲击”“地缘冲突制裁”等压力测试，并预设外汇储备干预阈值和资本管制工具包。从外汇储备中划拨设立“人民币国际化风险准备金”，作为跨境风险缓冲基金用于离岸市场流动性危机应对。进一步强化反制裁与国际金融韧性，对参与对华制裁的外资机构，限制其参与中国国债承销、股票互联互通等业务。在自贸试验区试点“AI 跨境资本流动监测”，机器学习识别异常交易，进一步提升反洗钱效率。立法要求金融机构在华数据境内存储，跨境传输实施“安全评估+白名单”双审核，防范金融数据“长臂管辖”。建立“跨境金融区块链平台”，整合海关、税务、外汇数据，自动核验贸易背景真实性，强化跨境数据主权保护。进一步降低对西方金融基础设施的依赖，尽快实现自主可控技术替代。

优化区域合作机制，进一步拓展人民币国际化战略支点。深耕“一带一路”与全球南方市场，实现能源人民币结算新突破。在中俄东线天然气管道项目中，试点“人民币支付+管道股权置换”模式，形成资源—货币绑定，实现天然气人民币闭环。推动沙特、阿联酋等产油国在上海国际能源交易中心以人民币计价交易原油，允许以人民币支付部分石油货款。优化区域金融中心网络，新增人民币清算行，强化中东、拉美区域支点。在印度尼西亚雅万高铁、中老铁路等沿线设立“人民币产融合作示范区”，提供本地化供应链金融服务，优化构建跨境产融合作区。优化南南金融合作机制，推动构建“全球南方”货币联盟。倡议建立“金砖国家货币篮子”，允许成员国贸易以本币或篮子货币结算，减少对美元中间依赖。与非洲开发银行合作设立人民币“非洲基建专项信贷”，并要求项目承包商优先使用人民币采购中国设备，优化人民币流动性支持网络，畅通“生产—市场—货币”价值循环高效安全。

最后，以习近平总书记在中央经济工作会议上总结提炼的党对经济工作五个“统筹”的规律性认识为根本遵循，[①] 持续做好基础性工作，加快发展新质生产力，筑牢先进产业链根基（统筹好培育新动能和更新旧动能的关系，统筹好提升质量和做大总量的关系），推动金融市场对外开放不断深化，扩大金融产品对外高质量供给（统筹好提升质量和做大总量的关系），注重“增量”改革与“存量”改革并进（统筹好做优增量和盘活存量的关系），以提高中国特色现代金融体系对全球供应链的资源配置水平（统筹好总供给和总需求的关系，统筹好提升质量和做大总量的关系）。按照既“放得活”又“管得住”要求，坚持“市场驱动”与“政策优化”相协调相统筹（统筹好有效市场和有为政府的关系），流量与存量相平衡（统筹好做优增量和盘活存量的关系），“顺势而为”形成推动人民币国际使用的政策合力，“水到渠成”实现人民币国际化稳步向前扎实推进。

（执笔人：林楠）

---

① “必须统筹好有效市场和有为政府的关系，形成既‘放得活’又‘管得住’的经济秩序。必须统筹好总供给和总需求的关系，畅通国民经济循环。必须统筹好培育新动能和更新旧动能的关系，因地制宜发展新质生产力。必须统筹好做优增量和盘活存量的关系，全面提高资源配置效率。必须统筹好提升质量和做大总量的关系，夯实中国式现代化的物质基础。”参见《中央经济工作会议在北京举行》，《人民日报》2024 年 12 月 13 日第 1 版。

第九章

金融衍生品市场高质量发展与金融强国建设

一个安全、稳健和高效的金融衍生品市场是现代经济金融体系必不可少的一环。本章聚焦中国金融衍生品市场建设，首先从金融衍生品市场和金融强国建设之间的关系出发，分析指出金融衍生品市场的价格发现、风险管理和优化资源配置等基本功能。在此基础上，明确金融衍生品市场有助于我们完善多层次资本市场体系、获取资源的国际定价权以及推动人民币国际化和金融高水平对外开放，从而提升中国在全球金融体系中的竞争力和影响力。然后，梳理出中国金融衍生品的发展历程，并与欧美市场的发展进行比较。分析表明，近年来，中国场内和场外衍生品市场发展迈入快车道，较好地满足了实体企业和金融机构的风险管理需求，在支持货币政策调控、服务实体经济发展和维护金融稳定等方面发挥了重要作用。但与欧美市场相比，中国金融衍生品仍存在交易品种单一、场外衍生品市场发展滞后、市场深度不够和参与者成熟度较低，以及监管体系和基础设施有待完善等问题。鉴于中国社会各界对金融衍生品的重要意义和作用尚未达成基本共识，而这正是制约中国金融衍生品市场高质量发展的最大障碍。为此，本章从衍生品与经济增长之间的关系、商业银行使用衍生品、企业使用衍生品的效果评估以及人工智能对金融衍生品的影响四个方面梳理总结学术文献对金融衍生品市场发展的前沿理论探讨，通过厘清金融衍生品的本质及其重要作用，力求达成发展金融衍生品市场的社会共识。最后，就凝聚发展金融衍生品市场的社会共识、加快衍生品种创新和供给、优化市场结构、加强市场参与者教育，以及完善监管体系和基础设施建设等方面提出相应的政策建议。

一　金融衍生品市场与金融强国建设

金融衍生品是指以合约形式存在的金融工具，其价值取决于基础资产价格、供求关系和市场预期等，常见的金融衍生品包括远期、期货、期权、互换。[①] 此外，金融衍生品还能被嵌入各种结构性金融产品，如商业银行发行的指数型理财产品等。金融衍生品不仅为企业和金融机构提供了多样化的风险管理手段，也为投机者创造了获利机会，具有价格发现、风险管理和优化资源配置等基本功能。建立一个安全、稳健和高效的金融衍生品市场能够完善多层次资本市场体系，有助于获取资源的国际定价权，通过增加市场流动性以及提供更多的风险管理工具推动人民币国际化和金融高水平对外开放，提升中国在全球金融体系中的竞争力和影响力，是建设金融强国必不可少的关键一环。

（一）金融衍生品市场的基本功能

1. 价格发现

资产定价方程表明，均衡的市场价格不仅要考虑当前的现货价格，还要考虑资产未来的价格预期。金融衍生品市场汇集了众多的市场参与者，他们对基础资产未来价格形成的预期很快就反映在衍生品的价格上，因此衍生品价格通常被视为基础资产未来价格的代理变量。在完备

① 2022 年 8 月，《中华人民共和国期货和衍生品法》颁布之后，首次将中国金融衍生品的概念明确为远期、期货、期权、互换 4 种产品。

的市场中，现货价格和衍生品价格反映的信息相同。[①] 但由于现实存在信息不对称等问题，市场交易员更喜欢期货或期权等衍生品工具而非标的资产，这种偏好的差异揭示了资产价格的新信息。由于金融衍生品市场具有较高的流动性，从而使市场价格能够实时调整，在一定程度上反映的是市场对基础资产价格最真实的看法，提高了价格发现的精准性。此外，衍生品价格和基础资产价格预期如果存在较大差异，市场上的套利者通过投机行为可驱动实际价格向均衡价格快速收敛。

2. 风险管理

金融衍生品市场提供了多样化的风险对冲工具，企业合理使用期货、期权和互换等金融衍生品工具能够有效对冲风险，实现套期保值，降低业务扩张中可能面临的利率、汇率和资产价格波动的风险。通过锁定未来的价格水平，金融衍生品为企业提供了更加稳定的现金流，大大降低了企业发生财务危机的概率。随着金融衍生品的应用范围扩大，单个企业的风险管理能力逐步提升，整个经济体系的系统性风险也将得到有效控制。稳定和有韧性的资本市场是推动经济金融健康发展以及吸引外资的重要支撑。金融衍生品市场对塑造金融体系的稳定性和安全性发挥着巨大的作用。

3. 优化资源配置

金融衍生品交易灵活、资金占用少以及收益结构非线性等特征，不仅为投资者提供了多样化的资产配置策略，同时还提供了更加精细化的风险管理体系。利用期货和期权等金融衍生品工具，投资者不仅能对冲风险，还可以在复杂多变的市场环境中寻求收益最大化。企业利用金融衍生品可以通过缩小买卖价差进而降低交易成本。与没有衍生品的现货市场相比，有衍生品的现货市场通常具有更高的流动性和

---

① Black, F. and Scholes, M., 1973, "The Pricing of Options and Corporate Liabilities", *Journal of Political Economy*, 81 (3): 637-655.

更低的交易费用。[①] 企业利用金融衍生品一方面能有效管理风险，另一方面通过降低成本使其能更加高效地配置资源以及更好地进行生产性投资，从而形成持续推动经济增长的良性循环。

（二）金融衍生品市场是加快建设金融强国的关键环节

2023 年 10 月召开的中央金融工作会议首次提出“加快建设金融强国”目标，这标志着党中央已经将金融工作上升到事关党和国家事业发展全局的战略高度。习近平总书记在中央金融工作会议上发表的重要讲话系统阐述了中国特色金融发展之路的基本要义和中国特色现代金融体系的主要内涵，在省部级主要领导干部推动金融高质量发展专题研讨班开班式上发表的重要讲话进一步阐释了建设金融强国的目标任务及关键核心金融要素，指明了建设金融强国的实践路径。从各国特别是主要发达国家的金融结构演进情况来看，强大的金融衍生品市场是完善多层次资本市场、争取资源国际定价权、推动人民币国际化和金融高水平对外开放的重要抓手，是建设金融强国的关键环节。

1. 完善多层次资本市场

经济发展、技术革命和资本市场的兴盛相伴相生。[②] 资本市场在现代金融运行中“牵一发而动全身”，拥有强大的资本市场是金融强国的核心标识。现代资本市场已经逐渐形成“一级发行、二级流通、三级风险管理”为核心特征的多层次市场体系。[③] 以股票市场为例，一级市场首次公开募股（IPO）实现资产静态定价，二级市场通过交易实现资产动态定价，三级市场对金融风险进行分割、转移和再分配。2009 年创

---

① Acharya, V. V., Brenner, M., Engle, R. F., et al., 2009, “Derivatives: The Ultimate Financial Innovation”, in Acharya, V. V. and Richardson, M. (eds.), *Restoring Financial Stability: How to Repair a Failed System*, John Wiley & Sons.

② 吴清：《奋力开创资本市场高质量发展新局面》，《求是》2025 年第 3 期。

③ 张慎峰：《发展金融衍生品市场服务风险管理新常态》，《清华金融评论》2015 年第 4 期。

业板在深交所开市标志着中国多层次资本市场建设迈出重要一步。经过十余年发展，中国已初步形成主板大盘蓝筹、科创板瞄准“硬科技”、创业板聚焦“软科技”和北交所立足“种子期”的多层次资本市场体系。但整体看，中国资本市场支持科技创新和产业转型升级的作用仍不充分。推动中长期资金和耐心资本入市需要多样化的风险对冲工具，而金融衍生品市场刚好是满足这一需求的关键。养老金、保险资金和社保基金等长期资金通过使用股指期货能够有效管理投资风险，提高投资组合的稳定性，打破长期资金和耐心资本入市的卡点堵点。此外，随着中国资本市场对外开放进程加快，企业将面临更多的利率和汇率风险，金融衍生品的风险管理功能能够帮助企业进行套期保值，同时有助于推动金融创新，提高资本市场的服务质量和效率。总之，发展金融衍生品市场有助于完善多层次资本市场体系，从而支持科技自立自强，提升中国综合竞争力，加快实现金融强国的建设目标。

2. 争取资源国际定价权

建立在强大的经济、科技、军事和外交实力基础上的金融强国以享有国际市场定价权掌握全球资源配置权。[①] 1971 年随着布雷顿森林体系崩溃，大国博弈逐步呈现出以国际定价权博弈（经济利益分配或财富转移的博弈）为核心的“金融战”。从英美两个金融强国的发展历程来看，金融强国的一个重要特征就是凭借其强大的金融竞争力，成为全球经济金融资源的配置中心，在重要资源的国际市场上拥有定价权，从而实现从直接控制战略资源转向对战略资源定价权的掌控。目前，纽约、芝加哥和伦敦是国际大宗商品三大定价中心。[②] 虽然亚洲的大宗商品交易市场在不断拓展，

---

① 陆磊：《在改革开放中建设金融强国》，《人民日报》2015 年 10 月 14 日第 7 版。

② 芝加哥商品交易所（CME）是全球最大的衍生品交易市场，芝加哥期货交易所（CBOT）拥有全球农产品的定价权；纽约商品交易所（NYMEX）拥有能源类大宗商品的定价权；美国洲际交易所（ICE）是全球最大的综合型交易所之一，在能源和贵金属领域具有重要影响力；伦敦金属交易所（LME）是全球最大铜期货交易市场，拥有非贵金属定价权。

2023年亚太期货和期权的成交量位居全球首位,[①] 但产品标准、交易规则、定价权等仍被欧美掌控。从计价货币来看，美元在国际大宗商品计价上处于绝对主导地位。[②] 近年来，随着中国金融衍生品市场发展速度加快，如2018年上海期货交易所推出的原油期货产品和2020年上海国际能源交易中心推出国际铜期货合约，这些举措在一定程度上提升了中国在国际大宗商品市场的影响力。未来，当中国大宗商品衍生品市场能够媲美欧美国际市场之时，也就是中国企业就能够依据国内供求情况参与甚至主导国际大宗商品价格之时。总之，拥有资源的国际定价权不仅能主导全球资产价格走势，更为重要的是，它承载了国家经济发展战略、国际政治博弈以及全球资源配置的功能，是金融强国的关键核心特征之一。而一个发展完备的金融衍生品市场正是获取国际定价权的关键所在。

3. 推动人民币国际化

强大的主权货币是金融强国又一关键核心特征。只有一国货币成为国际货币，才能在国际贸易和国际金融活动中被广泛接受，这是拥有国际定价权的前置条件。纵观世界上金融强国的崛起历史，一国货币的国际地位变化往往伴随国家兴衰，同时也是国际货币金融体系的重塑过程。[③] 党的十八大以来，中国积极推动人民币国际化，人民币的国际地位正在不断攀升。[④] 但对

① 根据国际期货业协会（FIA）发布的数据，2023年亚太地区的期货和期权成交量达到1034.76亿手，在全球成交中占比75.4%，遥遥领先其他地区。

② 根据联合国贸易和发展会议（UNCTAD）的统计数据，截至2021年1月，在50种国际大宗商品价格序列中，有37种大宗商品以美元计价，份额超过70%，其余13种大宗商品以欧元计价。事实上，美元在国际大宗商品计价的份额可能比UNCTAD的统计结果还要高。如果按照实际交易量进行计算，美元在国际大宗商品市场中的计价份额有可能超过90%。

③ 何德旭、龚云、郑联盛：《金融强国的核心要素、建设短板与发展建议》，《证券市场导报》2024年第3期。

④ 在支付方面，人民币已经超越日元成为全球第四大支付货币；在融资方面，人民币成为全球前三大贸易融资货币；在储备方面，已经有80多个境外央行和货币当局将人民币纳入外汇储备。从国际化来看，2016年人民币加入国际货币基金组织特别提款权（SDR）货币篮子，并以10.92%的权重超越日元和英镑成为第三大货币。2022年5月，国际货币基金组织完成了SDR五年一次的定值审查，宣布将美元和人民币的权重进一步上调，同时下调欧元、日元和英镑的权重，目前人民币以12.28%权重继续保持在第三位。

标金融强国的要求，人民币距离强大的货币还有很长的一段路要走。金融衍生品市场的发展能够为人民币国际化提供更为坚实的基础，这主要体现在以下三点：第一，提高市场流动性。金融衍生品市场能够提升人民币资产的流动性，吸引更多的国际投资者持有和交易人民币资产。第二，完善人民币定价机制。金融衍生品市场可以推动人民币定价机制更加透明和市场化，增强人民币在国际金融市场中的影响力。第三，推动跨境支付结算。金融衍生品增强了对人民币资产的风险管理能力，吸引更多的企业在跨境贸易和投融资活动中选择人民币支付结算，增加人民币在全球的接受度和使用频率。总之，金融衍生品市场在提高市场流动性、完善人民币定价机制以及推动人民币跨境支付结算等多个方面积极推动人民币国际化进程。

4. 推动金融高水平对外开放

金融衍生品市场通过优化多层次资本市场结构，能够更好地与全球市场进行对接。党的二十届三中全会提出，要“建设更高水平开放型经济新体制”。[①] 但新冠疫情以来全球宏观经济金融格局快速演变，美国等发达经济体货币政策快速调整给全球贸易和投融资活动带来了巨大的负面溢出效应，[②] 导致市场对于管理汇率风险的需求愈加旺盛。货币期权和外汇掉期等具有风险对冲功能的金融衍生品不仅能帮助中国境内企业和投资者积极管控汇率风险，降低因汇率大幅波动产生的汇兑交易成本，还能消除国外投资者和外资企业在华投资顾虑，为外资来华展业兴业提供良好的货币金融环境，有助于推动形成中国本土企业走出去和海外资本引进来的双向动态金融开放新格局。

上述分析表明，建立一个安全、稳健和高效的金融衍生品市场有助于完善多层次资本市场、获取国际定价权以及推动人民币国际化和金融

① 《中共中央关于进一步全面深化改革　推进中国式现代化的决定》，人民出版社 2024 年版，第 25 页。

② 张晓晶、江振龙：《全球滞胀风险的成因、演进路径及对中国的影响》，《国际金融研究》2023 年第 11 期。

高水平对外开放。但我们必须要深刻意识到，金融衍生品作为一把双刃剑，除了能够发挥上述积极作用，也会带来巨大的风险隐患，尤其是金融衍生品的高杠杆和复杂结构特征使其风险更加隐蔽不易被察觉。如果金融机构和企业不当使用金融衍生品，过度参与投机交易，极有可能引发系统性金融风险，对金融稳定和经济增长造成巨大的负面冲击。关于这一点，2007 年美国次贷危机就是最好的例证。2008 年国际金融危机后，国内不少人对金融衍生品市场的功能和作用持否定意见，部分人认为金融衍生品市场就是一个纯粹的投机市场，一些人甚至将金融衍生品指责为市场暴涨暴跌和金融危机的始作俑者。[①] 然而，防范化解金融衍生品可能带来的各类风险隐患是锻造强大的金融监管的一项重要抓手，能够抵御各种金融创新带来的风险挑战才能真正提升中国金融系统的风险管理水平，强化中国在大国博弈下的金融竞争力，这是建设金融强国的题中应有之义。

二　中国金融衍生品市场的发展及国际比较

20 世纪 70 年代，布雷顿森林体系的崩溃使全球利率和汇率的波动幅度变大，带动基础资产价格大起大落。为降低基础资产价格波动的风险，金融衍生品应运而生。80 年代，以商品、股票、利率和外汇为标的的场外衍生品市场发展迅速，主要发达经济体逐步形成了“场内衍生品市场为客户提供标准化合约，场外衍生品市场为客户量身定制个性化需求”的市场分层结构。90 年代，发达经济体为适应经济发展需要对场外衍生品市场采取了宽松的监管政策，致使金融创新层出不穷，场外衍生品市场发展势头更加强劲。其中，作为管理信用风险的重要工具——信用违约互换（Credit Default Swap，CDS）在 20 世纪末至 21 世

① 沙石编著：《金融衍生品的本质》，中国金融出版社 2021 年版。

纪初经历了爆炸式增长，直至 2007 年美国次贷危机爆发。由美国次贷危机引发的 2008 年国际金融危机成为金融衍生品市场发展的一道分水岭。2008 年国际金融危机以后，全球主要国家开始借鉴交易所市场的制度设计，对场外衍生品市场展开严格的监管改革。二十国集团（G20）在 2009 年匹兹堡峰会发起了旨在减少场外衍生品系统性风险的改革计划，包括加强集中清算、电子交易平台、交易报告数据库等衍生品交易基础设施建设。整体看，中国金融衍生品市场与国际市场的发展轨迹具有一定的相似性，如同样包含场内衍生品市场和场外衍生品市场，但与欧美成熟市场相比，中国金融衍生品市场发展时间相对较短，存在品种较少、市场深度不足以及开放度不够等问题。本节首先对中国金融衍生品市场的发展历程进行简要梳理，然后进行国际比较。

（一）中国金融衍生品市场的发展演变

1. 场内衍生品市场

图 9—1 绘制了中国场内衍生品市场的发展历程。从中可知，期货是目前中国场内衍生品市场最主要的产品类型，其中 1990 年建立郑州粮食批发市场标志着远期合约诞生。此后，中国期货市场初现雏形。2006 年中国完成交易所整合，期货市场经历了快速扩张。2010 年推出股指期货，2013 年重启国债期货交易。此后，中国场内衍生品创新速度加快。2018 年 11 月，信用保护合约作为中国首个场内信用衍生品在上交所率先推出。信用保护凭证于 2019 年 12 月和 2020 年先后在上交所和深交所上市，标志着场内可转让信用衍生品业务正式开启。2020 年 2 月，中国金融监管机构联合宣布试点的商业银行和保险公司可以直接进入国债期货市场。同年 9 月，证监会、中国人民银行和外汇局公布《合格境外机构投资者和人民币合格境外机构投资者境内证券期货投资管理办法》，并于 11 月正式实行，这意味着中国场内衍生品市场加快对外开放。

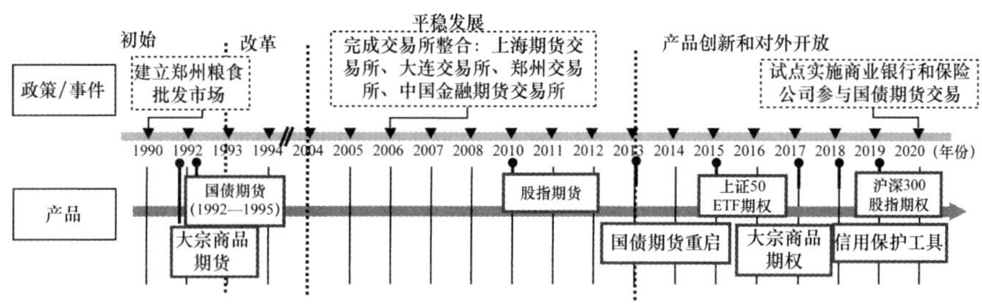

图 9—1　中国场内衍生品市场发展历程

资料来源：国际掉期与衍生品工具协会（ISDA）。

场内衍生品需要在交易所交易。目前，中国主要有6家商品期货交易所，分别为上海期货交易所、大连商品交易所、郑州商品交易所、上海国际能源交易中心、中国金融期货交易所以及新成立的广州期货交易所。近年来，中国场内衍生品市场发展速度加快，主要呈现以下3个特征：一是期货期权品种上市速度加快。截至2024年年底，中国场内衍生品上市数量总量达146个。其中，期货品种82个，期权品种64个。2024年内上市期权品种12个，期货品种3个，上市新品种共计15个。二是期货市场成交额不断创新高。2024年，中国期货市场成交额达到619.26万亿元，同比上升8.93%。其中，上海期货交易所成交额同比上涨33.89%，中国金融期货交易所的金融期货成交额同比上涨43.4%，广州期货交易所成交额同比上涨78.7%。三是金融期货成交额占比大幅上升。2024年，中国商品期货成交额为428.33万亿元，占期货市场的份额从2023年的76.58%下降至2024年的69.17%；金融期货成交额为190.93万亿元，占期货市场的份额从2023年的23.42%上升至30.83%。

2. 场外衍生品市场

与场内衍生品相比，场外衍生品的主要特征是交易灵活但透明度和流动性较差。从基础资产来看，中国场外衍生品主要包括利率衍生品、外汇衍生品、信用衍生品和商品衍生品四类。其中，利率衍生品和外汇衍生品是主要品种，信用衍生品仍处于发展初期。

（1）利率衍生品市场

从图 9—2 可知，自 2005 年银行间市场推出债券远期交易开始，中国利率衍生品市场经过 20 年的发展已形成了较为完备的市场体系。从交易品种来看，场外利率衍生品市场以利率互换（IRS）为主，以标准远期和利率期权为辅的市场格局。2023 年，人民币 IRS 成交 35.2 万笔，同比增长 44.0%；名义本金总额为 31.5 万亿元，同比增长 50.2%。从参考利率来看，FR007 和 SHIBOR 是市场主流。2023 年，以 FR007 和 SHIBOR 为标的的 IRS 交易量占 IRS 交易总量的 99.1%。其中，以 FR007 为标的的 IRS 成交 28.9 万亿元，占 IRS 交易总量的 91.7%，在市场上占据绝对主导地位；以 SHIBOR 为标的的 IRS 交易量占 IRS 交易总量的 7.4%。从期限结构来看，利率衍生品期限主要集中在短期。2023 年，1 年期及以下品种成交量占 IRS 交易总量的 69%，5 年期以上品种成交量占 IRS 交易总量的 23.2%。[①] 从参与者来看，商业银行和证券公司是主要参与机构，企业参与程度较低，境外机构通过“北向互换通”逐步成为人民币 IRS 市场重要参与者。

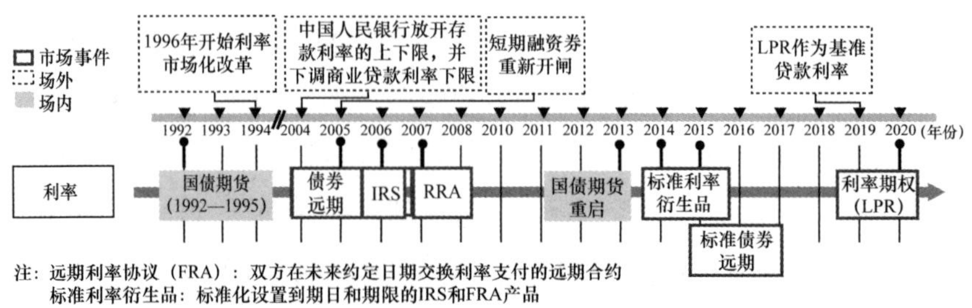

图 9—2 中国利率衍生品市场发展历程

资料来源：国际掉期与衍生品工具协会（ISDA）。

① 数据来自《中国场外金融衍生品市场发展报告（2023 年度）》。

（2）外汇衍生品市场

1994 年中国统一了双重汇率，标志着人民币开始实施有管理的浮动汇率制。2005 年 7 月 21 日汇改以来，人民币汇率逐渐以市场供求为基础并参考一篮子货币的形成机制，此后人民币汇率双向波动趋势明显增强。为了帮助市场主体更好地管理汇率风险，中国按照“远期—掉期—期权”的路径逐步建立人民币外汇衍生品市场体系。从图 9—3 可知，人民币汇率衍生品市场已形成包括外汇远期、外汇掉期、货币互换和期权在内的较为完备的市场体系，满足了不同市场主体的汇率避险需求。[①] 2023 年，中国外汇衍生品市场成交量稳步增长，累计成交 23.2 万亿美元，折人民币 164.7 万亿元，同比增长 13.4%。其中，人民币汇率衍生品成交 21.8 万亿美元，折人民币 154.7 万亿元，同比增长 12.1%；外汇掉期、货币互换和期权成交量折人民币分别为 146.2 万亿元、3689.5 亿元和 7.3 万亿元，分别同比增长 12.8%、150.8% 和 15.9%；人民币外汇远期全年成交量折人民币 8457.8 亿元，同比下降 3.3%。[②] 2020 年以来，中国积极推动人民币外汇衍生品市场对外开放。如延长人民币外汇市场交易时间，明确境外机构投资者和央行类机构通

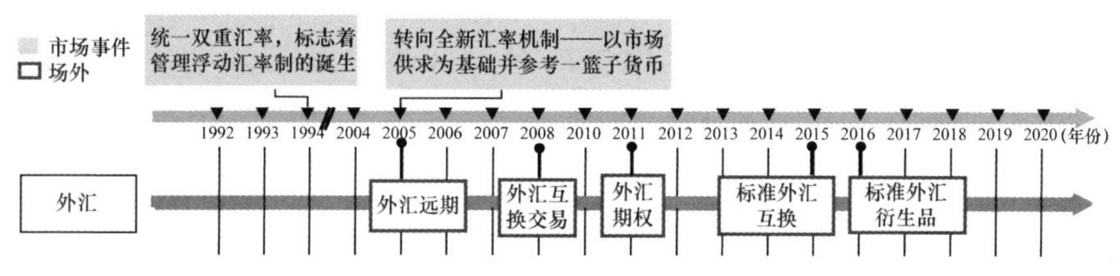

图 9—3　中国外汇衍生品市场发展历程

资料来源：国际掉期与衍生品工具协会（ISDA）。

---

① 储国强、刘亮：《价格发现与风险中性：发展衍生品市场服务实体经济》，《金融市场研究》2022 年第 11 期。

② 数据来自《中国场外金融衍生品市场发展报告（2023 年度）》。

过多级托管、结算代理等模式开展外汇交易等安排，参考国际利率基准改革调整公开报价品种的挂钩利率及货币互换基准曲线类型，大幅提升境外投资者在华展业兴业的便利性。中国外汇衍生品市场的蓬勃发展不仅表明企业和投资者对人民币交易需求持续上升，也展示了中国在全球金融市场中的地位逐渐增强。

（3）信用衍生品市场

从图 9—4 可知，中国在 2010 年以前基本不存在信用衍生品，主要是因为债券违约事件较少，市场缺乏信用保护的需求。为改善市场风险分担机制并促进债券市场高质量发展，中国银行间市场交易协会在 2010 年年底推出了两项信用风险缓释工具（CRM）：信用风险缓释合约（CRMA）和信用风险缓释凭证（CRMW）。2016 年 9 月，中国银行间市场交易商协会新增了两类信用衍生品：信用违约互换（CDS）和信用联结票据（CLN）。由于 2018 年以前中国企业债券违约率较低，因此信用衍生品的交易量一直很低。之后，随着债券违约事件数量不断增加，CRM 发行量从 2018 年后出现显著增长。但同时，由于 CDS 的不可转让性质导致其交易量一直较低，并且 CLN 因为市场参与者并不熟悉多种标的债券信用风险保护定价的复杂过程而导致其交易量同样较低。2023 年，CRMW、CRMA、CDS 和 CLN 成交名义本金分别为 357. 5 亿元、251. 1 亿元、26. 5 亿元和 23. 0 亿元。CRM 市场各品种存续名义本金为 972. 8 亿元，同比增长 46%。其中，CRMW 和 CRMA 为主力交易品种，存续名义本金分别为 609. 8 亿元和 313. 3 亿元，二者名义本金占所有信用衍生品之比为 95%，其余品种占比较小。[①] 尽管从规模上看，信用衍生品占整个场外衍生品市场的比重较低，但却充分发挥了信用风险分散分担功能，大幅提振了市场对企业债券的投资信心，降低了企业的融资难度，尤其是有效地支持了民企发债规模的快速增加。

① 数据来自《中国场外金融衍生品市场发展报告（2023 年度）》。

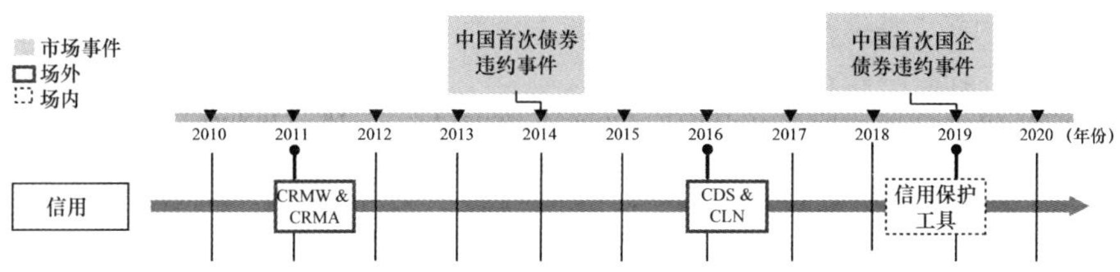

图 9—4　中国信用衍生品市场发展历程

资料来源：国际掉期与衍生品工具协会（ISDA）。

除了利率、外汇和信用三种衍生品，场外股权衍生品和场外大宗商品衍生品也是中国场外衍生品市场的组成部分，尽管二者占场外衍生品市场交易量的比重较小，但近年来持续保持较快增长，并且在增加市场流动性和增强风险管理上发挥了积极作用。总的来看，近年来中国场外衍生品市场发展较快，交易品种不断扩大，市场规模和交易量稳步提升，参与机构不断增加。2012—2019 年，中国场外衍生品市场以 31% 的复合年均增长率保持快速增长，超过全球其他市场。2023 年，中国最大规模的场外衍生品市场银行间场外衍生品市场成交 196.8 万亿元，同比增长 18.2%。

（二）中国金融衍生品市场的国际比较

虽然近年来中国场内和场外衍生品市场发展迈入快车道，较好地满足了实体企业和金融机构的风险管理需求，在支持货币政策调控、服务实体经济发展和维护金融稳定等方面发挥了重要作用。但与欧美成熟市场相比，中国金融衍生品仍存在交易品种单一、场外衍生品市场发展滞后、市场深度不够且参与者成熟度较低以及监管体系和基础设施有待完善等问题。

1. 交易品种单一

目前，中国交易所的交易品种以商品期货为主。2024 年，中国商品期货成交额为 428.33 万亿元，占期货市场总成交额的 69.17%。与中国情况不同，海外市场更偏向于将期货和期权并重且近年来期权发展速度更快。根据国际期货业协会（FIA）对全球 80 多家交易所的统计数据（见图 9—5），2023 年全球期货和期权成交量创历史新高达到 1373 亿手，较 2022 年 838 亿手同比增长 63.7%。其中，2023 年全球期货成交量同比下降 0.7%，而期权成交量呈现爆发性增长，同比增幅超过 98%。全球交易所期权成交量由 2013 年的 94 亿手增长至 2023 年的 1082 亿手，年化增长率为 34.4%；全球交易所期货成交量由 2013 年的 121 亿手增长至 2023 年的 291 亿手，年化增长率为 9.15%。从成交量来看，全球期权成交量在 2021 年超过了期货交易量，2023 年期权成交量是期货成交量的 3.72 倍；从增长率来看，2013—2023 年的期权年化增长率比期货高出 25 个百分点。从国别来看，无论是成熟经济体（如美国）还是新兴经济体（如印度），这些国家的期权交易市场都十分活跃。此外，对于一些重要的交易品种，如外汇期货、外汇期权、国债期

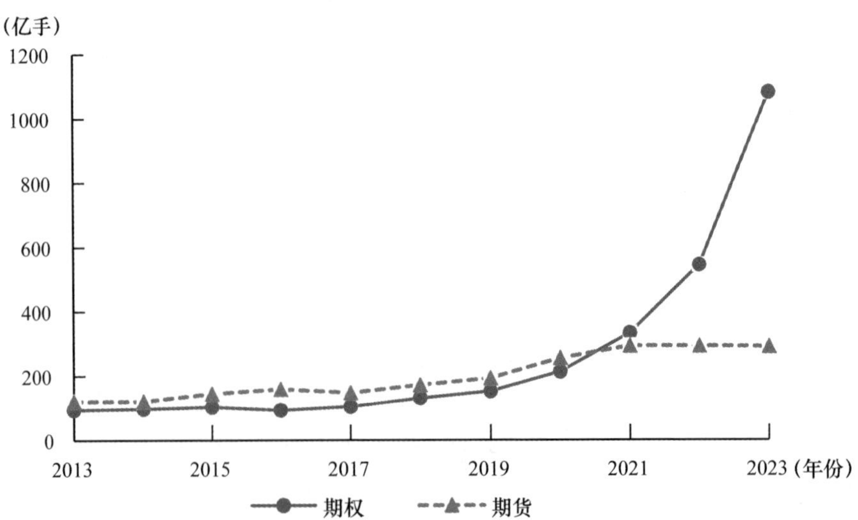

图 9—5　全球交易所期货和期权成交量情况

资料来源：国际期货业协会（FIA）。

权等目前仍未在中国交易所上市交易。[①] 受此约束，不少外贸企业和跨境投资者主要依赖中国香港和新加坡等离岸市场对冲人民币汇率风险。相比之下，美国芝加哥商品交易所提供欧元/英镑、美元/离岸人民币等期权期货合约以及多种期限的美国国债期权期货合约，极大地方便了投资者管理汇率和利率的波动风险。

2. 场外衍生品市场发展滞后

中国场外衍生品市场主要分为银行间场外衍生品市场、证券期货场外衍生品市场和外资机构柜台市场。其中，银行间场外衍生品市场规模最大，证券期货场外衍生品市场发展时间较晚。2023 年，证券公司场外衍生品期末存续名义本金约为 2.38 万亿元，期货公司场外衍生品年末持仓名义本金规模约为 0.45 万亿元，加上银行间场外衍生品成交金额 196.8 万亿元，中国场外衍生品规模不足 200 万亿元，同期中国场内期货期权成交规模达 569.1 万亿元。可见，中国场内衍生品市场规模远远超过场外衍生品市场规模。从全球市场来看，国际清算银行（BIS）的数据显示，场外衍生品市场规模远远大于场内衍生品市场。此外，与欧美等发达经济体相比，中国场外衍生品市场在规模上尚存在较大差距。根据 BIS 的数据，2022 年全球利率和外汇衍生品成交额与 GDP 之比达到 16%，而中国仅为 0.9%；美国场外衍生品名义本金占股市市值的比例长期维持在 15%左右，而这一比例在中国不足 1%。以上分析表明，无论与场内衍生品市场比较，还是和欧美场外衍生品市场比较，中国场外衍生品市场发展都较为滞后，未来发展空间十分广阔。

3. 市场深度不够且参与者成熟度较低

中国金融衍生品市场尤其是场外衍生品市场起步较晚，单一的产品供给难以满足投资者多样化的需求。尽管中国已经发展成为全球第一大商

① 郭彪、李春丽：《衍生品市场发展助力金融强国建设》，《应用经济学评论》2024 年第 3 期。

品期货市场，但金融衍生品发展较为滞后，金融衍生品市场的深度明显不足。目前，中国场内金融衍生品数量较少且以期货为主。相比之下，美国鼓励金融衍生品创新，通过丰富的衍生品工具将国内风险分散到全球，成功实现风险分散与经济利益的双重目标。目前，从参与者来看，中国企业投资者在公司治理和风险控制等方面与国外成熟的机构投资者相比仍有较大差距。尤其是在国内利率市场化完成以前，利率传导机制不顺畅导致借贷双方难以通过与利率市场挂钩的金融衍生品市场进行对冲避险，同时国内非金融机构购买债券主要以持有到期的投资为主，很少会产生对利率波动的避险需求，从而导致中国市场参与者缺乏对风险规避的意识与需求。总体来看，中国金融衍生品市场的参与者类型较为单一，市场交易呈现单边特征，市场参与者的成熟度较低。而对比之下，美国市场参与者的结构更加多元化，做市商制度成熟，交易集中度较高。

4. 监管体系和基础设施有待完善

中国金融衍生品市场根据机构类型、交易场所和产品类型由不同监管机构管理，这些监管机构可分为两类：政府监管机构和自律性监管组织。其中，政府监管机构包括财政部、中国人民银行、国家金融监管总局、证监会、外汇管理局和国务院国有资产监督管理委员会，自律性监管机构包括中国银行间市场交易商协会、中国证券业协会、中国证券投资基金业协会和中国期货业协会。相较于中国衍生品市场采取以机构监管为主、功能监管为辅的监管模式，美国场外衍生品市场采取以功能监管为主、机构监管为辅的监管模式。美国场外衍生品市场参与者根据其自身机构性质，接受各行业主管机构的监管，同时接受来自美国商品期货交易委员会（CFTC）和美国证券交易委员会（SEC）的行业监管。2008 年国际金融危机后，美国颁布《多德—佛兰克法案》，确立了场外衍生品市场同时由 CFTC 和 SEC“双头”监管的架构，同时进一步明确了美国场外衍生品市场以功能监管为主、机构监管为辅的混合监管模式。英国最早以机构监管模式为主，在 2000 年前后为应对金融混业带来的监管挑战颁布了《金融服务和市场法》，授予金融服务监管局（FSA）综合监管者的独立地位，以功能型法律监管框架代替了机构型监管。金融危机后，英国将 FSA 拆分为金融政策委员会（FPC）、审慎监管局（PRA）和金融行为监管局（FCA）。在新的监管框架下，英国场外衍生品市场由 FCA 实行交易行为监管，由 PRA 和 FCA 共同对交易主体进行监管。整体看，尽管欧美在经历金融危机后强化了金融衍生品的监管，但监管框架更加注重功能与机构监管的结合，灵活性较高，而中国金融衍生品监管职能分散在多个政府部门和行业协会，由此导致监管标准不一，协调性不足，且中国场外衍生品目前还没有成体系化的法律法规，信息披露制度薄弱。

2008 年国际金融危机敲响了场外衍生品市场监管的警钟，G20 国家领导人在 2009 年匹兹堡峰会达成协议，要求场外衍生品市场针对标准化合约设立中央对手方（CCP）清算所。CCP 通过提供透明度和集体损失缓解，以及多边净额结算和抵押品等复杂机制，增强了抵御负面冲击的能力。但截至目前，中国只有大部分利率衍生品与一部分外汇衍生品实行了中央对手清算制度，其余仍在进行双边清算。此外，中国缺乏统一的清算机制和交易数据库，导致场外衍生品尤其是非中央对手清算的交易数据的收集、存储和传递存在困难。与欧美相比，中国金融衍生品市场的配套基础设施相对滞后，这严重制约了中国金融衍生品市场的发展。中国金融衍生品市场与欧美成熟市场的国际比较如表 9—1 所示。

表 9—1　**中国金融衍生品市场的国际比较**

比较指标	中国	美国	欧盟
场内与场外	场内占比 74% 场外占比 26%	场内占比 5% 场外占比 95%	场内占比 90% 场外占比 10%
产品结构	利率类：86% 外汇类：12% CDS 类：0.3%	利率类：76% 外汇类：16% CDS 类：3%	利率类：70% 外汇类：12% CDS 类：2%

续表

比较指标	中国	美国	欧盟
市场集中度	市场参与者类型较为单一，市场参与者的成熟度较低，场外交易分散	市场参与者的结构更加多元化，做市商制度成熟，场外交易集中度高	中央清算集中在伦敦，但受英国脱欧影响，正在欧盟内部清算中心建设
监管体系	监管模式：机构监管为主，功能监管为辅 监管机构：政府监管机构和自律性监管组织	监管模式：功能监管为主，机构监管为辅 监管机构：美国商品期货交易委员会和美国证券交易委员会	监管模型：机构监管和功能监管并重 监管机构：欧洲证券和市场管理局（ESMA）

资料来源：笔者整理。

三　关于金融衍生品市场发展的理论探讨

从全球市场来看，金融衍生品的发展已经有 50 多年的历史。虽然学界对金融衍生品的发展看法向来是见仁见智，但毋庸置疑的是，无论是欧美等发达经济体还是中国等新兴经济体，其金融衍生品的交易品种和规模上都在快速增加，2023 年全球期货和期权成交规模更是创下 1373 亿手的历史新纪录。对于中国来说，建立强大的资本市场是既定国策，而发展金融衍生品市场是其中重要一步。但令人遗憾的是，目前中国社会各界对金融衍生品的重要意义和作用尚未达成基本共识。持反对意见的人认为，金融衍生品市场隐藏着巨大的风险，会加大商业银行和企业的风险承担水平，其投机卖空的交易行为加剧了市场危机，是市场暴涨暴跌的主推手，不利于经济增长。支持者认为，金融衍生品的积极作用在全球范围内已经得到验证，中国金融衍生品市场发展缓慢与大众舆论长期对金融衍生品持有的偏见以及对其重要功能缺乏深入了解密切相关。可见，缺乏共识是当前制约中国金融衍生品市场高质量发展的最大障碍。为此，本节从学术文献和研究报告出发，梳理总结学界对金融衍生品作出的前沿理论探讨，以期通过严谨的学术研究厘清金融衍生品的本质及其重要作用，为中国加快发展金融衍生品市场凝聚社会共识。

（一）衍生品对经济增长究竟是促进还是抑制

2008 年国际金融危机发生前，全球金融衍生品的快速增长使投资者、企业和金融机构获得了不菲的收益。危机后，以信用衍生品为代表的场外衍生品受到严厉批评，各界一致认为场外衍生品提高了对手风险并最终引发全球性金融危机，对经济增长造成巨大的负面冲击。理论上，金融衍生品发展对经济增长的作用取决于其使用方式及市场环境。合理利用金融衍生品可以促进经济增长，通过提供有效的风险管理工具、增强市场流动性以及优化资本配置效率，进而支持投资和创新，提高生产效率。但如果衍生品被过度投机或不当使用，也有可能导致金融不稳定、市场波动加剧，从而对经济增长产生抑制作用。但对于这个问题，理论上进行详细量化分析的研究并不多。对此，美国独立经济智库米尔肯研究所（Milken Institute）基于美国衍生品交易数据和经济数据，采用动态宏观计量方法对金融衍生品和经济增长的关系展开定量分析，得到的研究结论显示：一是金融衍生品帮助美国私营企业获取更多的银行信贷资金，与不使用衍生品工具相比，使用衍生品工具使企业银行贷款增加 0.95 个百分点，这使得美国 GDP 从 2003 年第一季度到 2012 年第三季度平均每季度增加约 37 亿美元；二是截至 2012 年年底，金融衍生品帮助美国工业总产值增长 2.1 个百分点，提高美国就业率 0.6 个百分点。[①] 此外，米尔肯研究所还通过对航空、能源和食品加工等多个行业进行案例分析，结果表明企业利用金融衍生品节省了数百万美元的费用，大幅提高了利润率。值得关注的是，库米尔肯研究所的研究报告是该领域为数不多采用量化方法进行分析，对我们理解金融衍生品和经济增长的关系提供了有益的经验证据。

随着金融衍生品尤其是场外衍生品的监管措施陆续出台，金融衍生

① Milken Institute, "Deriving the Economic Impact of Derivatives: Growth through Risk Management", March 2014.

品市场将变得更加透明,[①] 在市场流动性变得更强的情况下，衍生品工具对市场参与者大有裨益，使其在对冲风险的同时获取收益，最终对经济增长的促进作用将变得更加显著。

（二）商业银行使用衍生品是风险管理还是利益驱动

商业银行的传统经营模式使其面临资产和负债期限错配等问题，易遭受挤兑从而引发流动性危机。利用衍生品工具，商业银行能够对利率和汇率等市场风险进行对冲，通过提高自身资产负债表的稳健性降低破产概率。但商业银行使用衍生品工具发生巨额损失的事件也时有发生，如巴林银行违规操作衍生品交易致使其破产，法国兴业银行和汇丰银行因违规投资或错误使用衍生品遭受巨额亏损，中国银行“原油宝”穿仓事件以及摩根大通的“伦敦鲸”事件等。因此，商业银行使用衍生品工具究竟是为了风险管理还是利益驱动是近年来学界关注的一个焦点议题。目前，已有不少文献对此展开了实证分析，但结论因选择不同的样本和风险指标存在较大差异。[②] 对中国商业银行来说，结论同样大相径庭。既有研究发现商业银行持有金融衍生品会提高其风险承担水平,[③] 也有研究发现使用衍生品工具的商业银行相较于未使用的银行表现出更好的稳健性。[④] 尽管如此，总体来看，目前中国商业银行开展衍

---

① 金融衍生品被广为诟病的一个要点就在于其复杂性，其风险在复杂的结构中更加隐蔽，不易被察觉。

② Hirtle, B., 2009, “Credit Derivatives and Bank Credit Supply”, *Journal of Financial Intermediation*, 18 (2): 125-150; Li, S. and Marinc, M., 2014, “The Use of Financial Derivatives and Risks of U. S. Bank Holding Companies”, *International Review of Financial Analysis*, 35: 46-71; Hao, X., Sun, Q. and Xie, F., 2022, “International Evidence for the Substitution Effect of FX Derivatives Usage on Bank Capital Buffer”, *Research in International Business and Finance*, 62: 101687.

③ 张肖飞、赵康乐、贺宏:《金融衍生品持有与银行风险承担：“风险管理”抑或“利益驱动”?》,《会计与经济研究》2022 年第 5 期。

④ 辛兵海、张琳:《流动性冲击、利率衍生工具和商业银行期限转换功能》,《国际金融研究》2022 年第 5 期；严丹良、张桂玲、郭飞:《金融衍生工具能降低商业银行风险吗？——基于中国银行业的实证研究》,《国际金融研究》2024 年第 3 期。

生品业务须获得与其风险管理水平相适应的市场准入资格，这表明商业银行如果想获得普通类衍生品交易资格并开展衍生品投机业务，必须具备除基础类衍生品市场准入条件外更为完善的风险管理制度和更强的衍生品交易能力。这表明在中国金融衍生品的监管背景下，商业银行运用衍生品工具进行高风险投机行为受到了严格限制。① 不过，商业银行利用衍生品工具放宽信贷标准从而扩大企业贷款规模，这在一定程度上会使商业银行承受更大的风险，但同时却会有助于增强企业价值并提高其投资能力，而这正是金融衍生品市场通过商业银行促进经济增长的一个重要途径。因此，只要商业银行合规使用衍生品工具，就能够有效控制经营风险，并在维持金融体系稳定的基础上发挥促进经济增长的作用。

（三）企业使用衍生品能降低风险并促进创新吗

根据经典的风险对冲理论，利率和外汇衍生品通过降低企业现金流波动从而降低企业经营风险。但从股东债权人的利益冲突考虑，与债权人相比，股东持有公司剩余价值的看涨期权，这意味着当公司价值上升，股东获得剩余价值，当公司价值下跌，债权人承担额外损失，因此面对利率和汇率波动风险，股东更倾向于不使用衍生品工具对冲风险。② 此外，企业还可能出于投机目的使用衍生品工具从而放大经营风险。实证研究表明，企业使用信用衍生品工具后，商业银行会放松对贷款资金的监管，从而增加企业过度承担风险行为。③ 不仅

① 相关监管措施包括：原银监会在 2004 颁布《金融机构衍生产品交易业务管理暂行办法》，2011 年颁布修订《银行业金融机构衍生产品交易业务管理暂行办法》，2014 年国家外汇管理局和人民银行相继颁布《银行对客户办理人民币与外汇衍生产品业务管理规定》和《银行办理结售汇业务管理办法》等。

② Hutson, E. and Elaine, E., 2014, "Foreign Exchange Exposure and Multinationality", *Journal of Banking & Finance*, 43: 97-113.

③ Chakraborty, I., Chava, S. and Ganduri, R., 2020, "Credit Default Swaps and Lender Incentives in Bank Debt Renegotiations", SSRN Electronic Journal.

如此，企业利用衍生品的复杂性和隐蔽性作为避税工具，并且随着税收征管部门的侦查压力增加，企业使用衍生品作为避税工具的效果就越明显。① 因此，企业利用衍生品是否能有效降低风险并促进创新是学界讨论的又一重要议题。对于中国企业来说，随着人民币汇率形成机制以及国内利率市场化改革不断纵深推进，企业利用衍生品对冲风险的意识和需求越来越强。基于理论分析可知，企业使用衍生品可以缓解代理冲突问题，通过增强企业价值能够稳定职业经理人的报酬，从而提升管理层和股东的利益一致性。在法律允许的条件下，利用衍生品合理避税未尝不可。创新是企业从事的一项高风险活动，其成功概率严重取决于企业现金流状况。如果企业利用衍生品工具能有效管控风险就可以促进创新。基于中国上市公司数据的实证研究表明，衍生品的风险对冲功能可以降低上市公司的债务融资成本，尽管企业的风险承担行为有所加大，但随着投入研发的资金增多，企业能够产出更多高质量的创新产品，不仅提升了企业的市场竞争力，同时为企业带来了更高的收益和长期的发展潜力。②

（四）人工智能对金融衍生品市场发展的影响

人工智能发展如火如荼，正在与各行各业深度融合。与传统人工智能主要依赖已有数据集进行分析和预测不同，生成式人工智能（GenAI）能够基于输入数据创造出全新的内容。鉴于 GenAI 具备创造力、适应性和不确定性处理 3 个关键特征，使其与金融行业能够天然进行无缝对接。目前，金融衍生品的结构及其监管体系越来越复杂，而

---

① Chen, W., 2021, "Are Financial Derivatives Tax Havens? Evidence from China", *International Journal of Emerging*, 2: 1746-8809；赵峰、郭宇萱、马光明：《外汇衍生品监管能抑制中国海外企业的避税行为吗?》，《世界经济研究》2022 年第 12 期。

② 郝项超、梁琪：《外汇风险对冲能否促进中国上市公司创新》，《世界经济》2019 年第 9 期。

GenAI 在解决金融衍生品行业面临的关键挑战方面蕴含着巨大潜力，如何分析研判 GenAI 对金融衍生品市场发展的影响是当前学界和实务界最为关注的话题之一。国际掉期与衍生品工具协会（ISDA）在 2024 年 4 月发布了题为《衍生品市场中的 GenAI：未来展望》的报告，对 GenAI 在金融衍生品市场中广阔的应用前景进行展望，并对在金融衍生品市场应用 GenAI 可能招致的风险挑战作出警示。[①] 整体看，市场参与者在金融衍生品市场使用 GenAI 能够在交易效率、透明度和合规性等方面开辟新赛道，重塑衍生品市场未来发展方向。主要体现在以下 5 个方面：一是 GenAI 在语言创造和总结上独具优势，可以协助起草协议文件、提取非结构化数据、分析交易数据和监管报告；二是应用 GenAI 开发和维护应用程序，帮助收集需求、生成功能代码、测试范围建议、测试优化等，助力后台维护衍生品头寸；三是支持数据分析和信息洞察，基于文本分析提供市场洞察和交易策略，利用海量数据进行风险分析并给出交易对手信用风险管理措施；四是提高运营效率，特别是对保证金管理和合成数据运营效率；五是促进新兴市场和发展中经济体金融衍生品发展，帮助其破除发展衍生品的关键障碍。

尽管 GenAI 给金融衍生品市场发展带来了前所未有的新机遇，但 ISDA 在报告中同样对应用 GenAI 可能带来的风险挑战做了警示说明。首先，GenAI 给衍生品市场监管带来挑战。既包括 GenAI 固有的复杂和不透明性使交易可能违反现有市场法规但却不可观测，也包括监管机构在交易活动中缺少对 GenAI 的明确指导致使其发生系统错误等。其次，GenAI 在数据网络安全方面存在巨大风险，如泄露数据、侵犯知识产权，并在缺乏必要的安全措施下，GenAI 可能会为网络攻击创造新的机会。再次，大多数 GenAI 模型的技术复杂性是前所未有的，因此将

① 参见 ISDA，“GenAI in the Derivatives Market：A Future Perspective”，April 2024。该文的中译版本参见国际掉期与衍生工具协会《场外衍生品市场生成式人工智能（GenAI）的应用畅想》，《金融市场研究》2024 年第 11 期。

GenAI 用于衍生品交易存在较大的模型风险。最后，应用 GenAI 协助衍生品交易可能会产生意想不到的道德风险。总之，人工智能尤其是 GenAI 对金融衍生品发展将产生变革性的引领作用，但在没有配套监管框架下探索 GenAI 在衍生品市场的应用之路必须要高度审慎，只有在安全驾驭人工智能技术的条件下，GenAI 才能持续推动价值创造，塑造金融衍生品市场的未来。

四　结论和启示

本章先从金融衍生品市场和金融强国建设之间的关系出发，指出金融衍生品不仅为企业和金融机构提供了多样化的风险管理手段，也为投机者创造了获利机会，具有价格发现、风险管理和优化资源配置等基本功能。建立一个安全、稳健和高效的金融衍生品市场能够完善多层次资本市场体系，有助于争取资源的国际定价权，通过增加市场流动性以及提供更多的风险管理工具助推人民币国际化和金融高水平对外开放，从而提升本国在全球金融体系中的竞争力和影响力，是建设金融强国的关键环节。然后，从场内和场外对中国金融衍生品市场的发展历程进行梳理总结并与欧美市场加以比较。近年来，中国场内和场外衍生品市场发展虽然迈入快车道，较好地满足了实体企业和金融机构的风险管理需求，在支持货币政策调控、服务实体经济发展和维护金融稳定等方面发挥了重要作用。但与欧美市场相比，中国金融衍生品仍存在交易品种单一、场外衍生品市场发展滞后、市场深度不够和参与者成熟度较低，以及监管体系和基础设施有待完善等问题。最后，鉴于中国社会各界对金融衍生品的重要意义和作用尚未达成基本共识，而这恰好是制约中国金融衍生品市场高质量发展的最大障碍，为此我们从衍生品与经济增长之间的关系、商业银行和企业使用衍生品的效果评估以及人工智能对金融衍生品的影响四个方面梳理总结学术文献和研究报告对金融衍生品市场发展的前沿理论探讨，通过厘清金融衍生品的本质及其重要作用，为中国加快发展金融衍生品市场凝聚社会共识。

针对中国金融衍生品市场发展的不足，提出如下 4 点政策建议：第一，凝聚中国发展金融衍生品市场的社会共识。2008 年国际金融危机充分暴露金融衍生品隐藏着巨大的风险隐患。此后，对于发展金融衍生品市场持否定意见的人开始多了起来，不少人认为金融衍生品市场就是一个纯粹的投机市场，一些人甚至将金融衍生品指责为市场暴涨暴跌和金融危机的始作俑者。本章通过梳理金融衍生品与经济增长、商业银行和企业使用衍生品的效果评估，以及人工智能对金融衍生品发展的影响 4 个方面的学术文献，结果表明发展一个安全、稳健和高效的金融衍生品市场是发展现代化金融市场体系的题中应有之义，是建设金融强国的必由之路。为此，以鲜明的政策导向树立中国坚定发展金融衍生品市场的强大信心，加大公众教育与认知纠偏以消除金融衍生品因抽象性和隐蔽性而被长期误解的尴尬局面。通过分层逐步推进优先发展需求成熟的品种、强化法律制度保障、多方协作（政府—金融机构—企业—投资者），不断普及金融衍生品管理风险等重要功能的公共认知，最终形成支持金融衍生品市场高质量发展的社会合力。

第二，加快衍生品的品种创新和供给。目前，加快各类期货品种供给仍是中国发展金融衍生品市场的首要举措，尤其是在尚未完善的相关板块，如在新能源领域可积极引入碳期货、碳远期等交易品种，从而更好地满足实体经济发展的需求。其次，针对中国期权产品不够丰富的现实，可参考国外成熟经验积极引入外汇期权、国债期权等更多的期权产品在交易所上市交易，从而扩大期权市场。再次，政府应出台政策支持交易所加大金融衍生工具的研发和推广力度，并鼓励金融科技在衍生品市场的应用。最后，为更好地促进中国衍生品市场高质量发展，在参考欧美成熟市场的经验上，我们从市场规模、场内外市场规模之比和场外衍生品结构优化三个方面提出“十五五”时期中国衍生品市场需实现的三个量化指标：将中国衍生品市场成交额与 GDP 之比从目前的 0.9% 提高至 2%—3%；将场外衍生品交易规模占比从目前的不足 30%提高至 40%—50%；将场外衍生品中 CDS 类别占比从目前的 0.3%提高至 0.5%—1.0%。

第三，优化市场结构并加强市场参与者教育。当前，严格的监管政策限制了保险公司和资管机构参与衍生品市场交易，这使得中国场外衍生品市场参与者大多是商业银行。鉴于商业银行的交易目标和策略比较相似，从而导致市场上缺乏参与抵消交易的对手方，而这会使得中国衍生品市场的流动性受到限制。因此，在一定程度上放松衍生品市场的准入条件以增加衍生品市场的参与者数量及类别，适当放宽对卖空等交易机制的限制以促进市场流动性。同时，提供更多的衍生品工具及其交易策略并改进配套措施，稳步扩大衍生品的交易类别，通过为投资者提供多样化的工具从而使其能更高效地管理风险。与欧美成熟的机构投资者相比，中国投资者在很长一段时间缺乏对风险规避的意识与需求，因此政策制定者和行业协会应加强关于金融衍生品的普及教育，提高市场参与者对金融衍生品用途和风险管理方法的认知，使市场参与者意识到搭建风险管理体系、合规框架和法务团队等风控职能部门的重要性。

第四，完善监管体系和基础设施建设。目前，中国金融衍生品市场还缺少专门的法律法规，现有的银行和证券法规并不能完全覆盖对金融衍生品的监管。场内衍生品监管依赖于“期货类管理办法”，而场外衍生品缺少明确的监管法规。完善的监管体系是保护市场参与者合法权益的制度保障，因此国家立法部门需要针对金融衍生品市场尤其是场外衍生品市场建立相应的法律法规，并明确监管机构的职责与目标，强化对高风险金融衍生品的监管，以提高市场的安全性和稳定性。针对中国金融衍生品监管职能分散在不同部门的现实，监管机构应积极向市场参与者传达监管框架及其细则，清楚地说明每家监管机构的职责和目标、主要监管对象以及不同监管机构之间的关联关系。加快中央清算系统建设是完善场外衍生品基础设施的重要抓手，为提升场外衍生品集中清算比例以降低信用风险，应积极推进数据标准化与信息披露制度，强化中央交易对手的压力测试框架，加强中央对手清算跨境监管协调，建立中国交易数据库备案机制。

（执笔人：胡志浩、江振龙）

第十章

中国推动强大国际金融中心建设的战略部署

2023 年 10 月底的中央金融工作会议提出了加快建设金融强国的目标，进一步明确了金融支持实体经济发展的作用和要求。2024 年 1 月 16 日，习近平总书记在省部级主要领导干部推动金融高质量发展专题研讨班开班式上发表重要讲话时提出，金融强国需要具备六个“强大”关键核心要素，其中就包括强大的国际金融中心。可见，强化国际金融中心建设是中国当务之急，对中国加快建设金融强国具有重要意义。本章深入分析中国推动强大国际金融中心建设的必要性、取得的阶段性成果以及新一轮建设的举措，得出三个方面结论：一是建设强大的国际金融中心是当下中国提升国家综合竞争力和参与全球经济治理的重要战略举措；二是中国已基本实现上海国际金融中心建设的初期目标，但对标金融强国仍有一定差距，加速发展正当时；三是中国已明确“十五五”时期的发展目标，并逐步通过构建较为完善的政策支持体系，引领强大国际金融中心建设。最后，本章对“十五五”时期切实推动相关政策的落地提出了几点建议。

一　中国建设强大国际金融中心的必要性

国际金融中心是国际金融资源聚集之地，不仅是一国金融体系的核心，对本国经济具有强大的推动力，而且在全球经济秩序中发挥着重要作用，是一国综合实力的象征，也是大国博弈的前沿与焦点。因此，已跃居世界第二大经济体的中国，无论从经济利益还是战略安全的角度出发，都必须主动且有策略地逐步推进强大国际金融中心建设。这是中国提升国家综合竞争力和参与全球经济治理的重要战略举措。

（一）强大国际金融中心的内涵及发展趋势

从纽约、伦敦等的实践经验来看，强大国际金融中心的形成与发展需要具备良好的内部条件，包括完善的制度保障、充实的基础设施、开放的创新能力和优质的人才储备等。其中，良好的法治环境和有效的监管体系是金融中心稳定运行的重要保障；自主可控、安全高效的金融基础设施是金融中心高效运作的基础支撑；持续开放创新的金融产品和金融服务是金融中心向前发展的内生动力；具备国际视野的专业人才和丰富的人才储备是金融中心夯实竞争力的核心资源。同时，从历史脉络来看，尽管大国博弈升级、地缘冲突不断、金融市场动荡不安等大环境的变化提供了国际金融中心更替及发展的机遇，但长期来看，良好的经济、政治和社会环境等稳定的外部条件是其长远发展的重要支撑。

进入 21 世纪，科技的迅猛发展赋予国际金融中心更为丰富的内涵，其所包含的要素也扩展为市场性、聚集性和科技创新。其中，市场性体现为开放与国际化，拥有完善的金融市场体系及良好的法律体系和有效的监管机制，在国际金融规则制定中拥有强大话语权和影响力等。聚集性体现为吸引国内外大量金融机构、国际金融组织和跨国公司的区域总部在此设立，这不仅带来大量资金及业务，促进金融机构间的竞合以推动金融服务质量提升及效率改善，也促进了金融创新和金融人才的流动。科技创新一方面体现为科技对金融的赋能，基于区块链、人工智能、大数据等技术的各类应用正在改变金融行业的服务模式，进而从某种程度上改变国际金融中心的运营模式；另一方面体现为国际金融中心建设对科技创新的支撑作用，即缓解融资压力、分散投资风险、丰富价值挖掘机制以及引导产业集聚发展，最终形成“科技—金融—产业”的高水平循环。因此，强大的国际金融中心必然意味着金融与科技的深度融合。

然而，高度开放和国际化以及科技创新也意味着更大的风险与挑战。因此，强大的国际金融中心必须具备强大的金融风险管理能力以保证其稳定运行。一方面，作为全球资金流动的枢纽，强大的国际金融中心可以通过多元化的金融产品和服务组合，为投资者提供更多风险管理工具，以此帮助市场主体分散风险，减少单一市场或地区带来的冲击。另一方面，强大的国际金融中心拥有广泛、深化的市场以及成熟的市场机制，可以实现价格发现和风险定价，能够吸收较大的市场波动，维持整体稳定。此外，强大的国际金融中心可构建各国金融监管机构和国际组织参与的平台和机制，在面临重大风险冲击时，组织各方及时与协同应对。

综上所述，强大的国际金融中心具有丰富的内涵，其形成与发展是一个长期过程，需要从多方面、分阶段逐步推进。

（二）中国推动强大国际金融中心建设的必要性

创建上海国际金融中心是党中央、国务院从中国社会主义现代化建设全局高度出发做出的一项重大战略决策。历经 15 年的积极探索，目前，上海已基本建成与中国经济实力以及人民币国际地位相适应的国际金融中心，成为全球金融要素市场集聚度最高的城市之一。2023 年 10 月底，中央金融工作会议明确提出了加快建设金融强国的目标，2024 年 1 月 16 日，习近平总书记指出，金融强国需要具备六个“强大”关键核心要素，其中就包括强大的国际金融中心。可见，强大国际金融中心建设是新时代中国提升国家综合竞争力和参与全球经济治理的重要战略举措，是中国迈向金融强国的必由之路。具体来说，其必要性主要体现在以下几个方面。

一是匹配经济地位和人民币国际地位，增强国家核心竞争力和影响力。金融是国家核心竞争力的重要组成部分。中国虽已成为世界第二大经济体，但金融市场的国际化程度、规则制定权和资源配置能力不足，人民币国际地位也有待提升。强大国际金融中心建设有助于缩小这一差距，使金融实力与经济体量相匹配。同时，强大国际金融中心建设有助于构建与人民币国际地位相匹配的人民币“五大中心”，即全球人民币交易中心、全球人民币资产定价中心、全球人民币投融资及资产配置中心、全球人民币清算中心、人民币风险管理中心，以此完善人民币作为国际货币的功能，有效推动人民币国际化进程。

二是打造国际一流的金融生态环境，优化资源配置，高效服务实体经济。通过建设强大国际金融中心，中国可加快构建更具国际竞争力的金融市场体系、机构体系、基础设施体系、产品体系以及与之配套的国际化专业化服务体系，形成国际一流的金融生态环境，提供全产业链的金融服务，推进商品和要素跨境自由流动、提升资金跨境融通便利化水平、创新数据自由流动新方式。最终，吸引全球资本，通过国际金融中心集聚，助力中国的科技创新和产业升级，服务双循环新发展格局。

三是深度参与全球金融与经济治理，争夺规则制定权。中国当下正经历着深刻地融入全球化并深化制度型开放的历史进程，也更加深入地参与全球金融治理和经济治理之中，成为全球经济金融体系中不可忽视的重要力量。然而，中国在积极融入全球金融体系的同时，也需要不断争取全球金融治理话语权和规则制定权。建设强大的国际金融中心可助力中国重塑更公平的金融秩序，为中国在金融与经贸领域争夺全球定价权。

四是防范化解风险与挑战，维护金融安全与主权。通过强大国际金融中心建设，可利用上海“桥头堡”和自贸区“试验田”优势，尝试高水平制度型开放，倒逼国内的市场化改革。但这也需要提高防范与化解风险的能力，因此，可同时促进国内监管体系升级，借鉴伦敦、纽约监管经验，完善跨境资本流动宏观审慎管理，防范系统性风险，使得开放进程可控。另外，在应对外部风险方面，强大国际金融中心可有效发挥联动效应，通过境内外联动、本外币联动、离在岸联动、沪港联动来有效缓冲外部冲击。此外，为预防金融制裁，中国可利用国际金融中心探索建立独立支付系统（CIPS）和完善数字人民币体系，确保跨境交易自主可控，维护中国的金融安全与主权。

五是提升综合实力，做好金融发展的“五篇大文章”。金融发展的“五篇大文章”包括科技金融、绿色金融、普惠金融、养老金融、数字金融。首先，强大的国际金融中心必然意味着金融与科技的深度融合。建设强大国际金融中心就是通过金融领域的新质生产力，助力现代化产业体系建设，聚焦创新链和产业链深度融合，共建科技金融服务生态。其次，建设强大国际金融中心可以更好地助力实体经济发展，为小微企业提供相匹配的金融产品和服务，为企业数字化、绿色化转型提供金融支持。另外，建设强大的国际金融中心有助于推动普惠金融和养老金融的发展，通过构建养老金与资本市场协同发展体系，使养老金融得到源源不断的资金支持，助力实现共同富裕。

总之，强大国际金融中心的建设绝非单纯的城市竞争，而是国家金融竞争力的系统重构。在其过程中，需要通过制度型开放、市场化改革和科技赋能，逐步构建兼具韧性、效率和话语权的金融体系，为中国高质量发展提供核心支撑。这不仅关乎经济利益，更是中国战略安全的必然选择。

二　中国国际金融中心建设取得的阶段性成果及不足

如上所述，强大国际金融中心建设是一项长期复杂的任务。中国虽起步较晚，但发展迅猛，已基本实现了上海国际金融中心建设的初期目标。然而，对标纽约、伦敦等国际金融中心，中国仍有一定差距，需要取长补短，加速推进新一轮建设。

（一）中国已基本实现上海国际金融中心建设的初期目标

2009年4月，《国务院关于推进上海加快发展现代服务业和先进制造业建设国际金融中心和国际航运中心的意见》明确提出“到2020年上海要基本建成与中国经济实力及人民币国际地位相适应的国际金融中心”的战略目标。同年，《上海市推进国际金融中心建设条例》正式发布。尽管全球金融中心的评价体系通过多种理论框架进行，尚无明确、单一的衡量标准，但通过目前比较具有代表性的三大权威评价指数可以相对客观地综合评判十余年来中国国际金融中心建设取得的进展。①

首先，上海国际金融中心建设虽起步较晚，但在深化改革和扩大开放的政策红利影响下，发展迅猛。IFCD国际金融中心指数排名显示（见表10—1），上海国际金融中心在2010年创建之初的排名是第八位，之后，上海自由贸易区的成立助推金融改革，为上海国际金融中心的关键一跃提供了“起跳”力量。在其推动下，上海在2012年和2014年的排名中跃升至第六位。2014年亚太地区竞争激烈，其中，新加坡、上海、北京等亚洲城市不断赶超，东西方金融中心首度平分秋色。此后，经过十年发展，上海已超过香港，在IFCD国际金融中心指数排名中，连续多年位列第三。

---

① 目前，比较具有代表性的第三方综合评价指数是：由新华社旗下中经社控股联同芝加哥商业交易所集团指数服务公司共同推出的新华—道琼斯国际金融中心发展指数（IFCD）；英国智库Z/Yen集团与中国（深圳）综合开发研究院共同编制的全球金融中心指数（GFCI）；北京立言金融与发展研究院联合GYBrand全球品牌研究院发布的国际金融中心指数（IFCI）。围绕IFCD和GFCI指数，蔡真提出了现有评价体系的优缺点，并指出考虑社会网络分析的评价是未来的研究方向。参见蔡真《国际金融中心评价方法论研究：以IFCD和GFCI指数为例》，《金融评论》2015年第5期。

表 10—1　　IFCD 国际金融中心指数排名（2010—2024 年）

排名	2024 年	2023 年	2022 年	2021 年	2020 年	2018 年	2014 年	2012 年	2010 年
1	纽约	纽约	纽约	纽约	纽约	伦敦	纽约	纽约	纽约
2	伦敦	伦敦	伦敦	伦敦	伦敦	纽约	伦敦	伦敦	伦敦
3	上海	上海	上海	上海	上海	东京	东京	东京	东京
4	香港	香港	香港	香港	香港	香港	新加坡	香港	香港
5	新加坡	新加坡	东京	新加坡	新加坡	上海	香港	新加坡	巴黎
6	东京	东京	新加坡	东京	东京	新加坡	上海	上海	新加坡
7	北京	北京	北京	北京	北京	巴黎	巴黎	法兰克福	法兰克福
8	深圳	巴黎	巴黎	巴黎	巴黎	法兰克福	法兰克福	巴黎	上海
9	巴黎	深圳	深圳	深圳	深圳	苏黎世	北京	苏黎世	华盛顿
10	法兰克福	法兰克福	法兰克福	法兰克福	法兰克福	北京	芝加哥	芝加哥	悉尼

注：IFCD 指数从金融市场、成长发展、产业支撑、服务水准、国家环境 5 个方面以及 12 个子维度，对 45 个样本城市进行动态监测。

资料来源：根据新华社中经社控股集团、芝加哥商业交易所集团指数服务公司《新华—道琼斯国际金融中心发展指数报告》（IFCD 指数）各期整理。

此外，从 GFCI 指数来看（见表 10—2），2011 年上海排名第五位，后因国际经济形势变化以及该指数机制本身的问题导致上海排名大幅波动（2013—2017 年排名未进入前十），直至 2018 年再次上榜。此后，上海的排名虽稳居前十，但仍有一定变动，2024 年上海位居第八位。另从该指数 2024 年的竞争力指标排名来看（见表 10—3），上海各项均位列前十，特别是金融业发展水平和营商环境的指标排名靠前。

表 10—2　　GFCI 全球十大金融中心排名（2011—2024 年）

排名	2024 年	2023 年	2022 年	2021 年	2020 年	2019 年	2018 年	2012 年	2011 年
1	纽约	纽约	纽约	纽约	纽约	纽约	纽约	伦敦	伦敦
2	伦敦	伦敦	伦敦	伦敦	伦敦	伦敦	伦敦	纽约	纽约
3	香港	新加坡	新加坡	上海	东京	香港	香港	香港	香港
4	新加坡	香港	香港	香港	上海	新加坡	新加坡	新加坡	新加坡
5	旧金山	旧金山	旧金山	新加坡	新加坡	上海	东京	东京	上海
6	芝加哥	洛杉矶	上海	北京	香港	东京	上海	苏黎世	东京
7	洛杉矶	上海	洛杉矶	东京	北京	多伦多	多伦多	芝加哥	芝加哥
8	上海	华盛顿	北京	深圳	旧金山	苏黎世	旧金山	上海	苏黎世
9	深圳	芝加哥	深圳	法兰克福	日内瓦	北京	悉尼	首尔	日内瓦
10	法兰克福	日内瓦	巴黎	苏黎世	洛杉矶	法兰克福	波士顿	多伦多	悉尼

注：GFCI 指数从营商环境、人力资本、基础设施、金融业发展水平、声誉等方面对全球主要金融中心进行评价和排名。GFCI 指数每年 3 月和 9 月各更新一次。

资料来源：根据中国（深圳）综合开发研究院、英国智库 Z/Yen 集团《全球金融中心指数报告》（GFCI 指数）各期整理。

表 10—3　　GFCI 国际金融中心竞争力指标排名（2024 年）

排名	营商环境	人力资本	基础设施	金融业发展水平	声誉及综合
1	纽约	纽约	纽约	纽约	纽约
2	新加坡	伦敦	新加坡	新加坡	伦敦
3	伦敦	香港	伦敦	上海	新加坡
4	香港	新加坡	香港	伦敦	香港
5	上海	旧金山	首尔	旧金山	旧金山
6	旧金山	洛杉矶	洛杉矶	洛杉矶	上海
7	芝加哥	芝加哥	深圳	芝加哥	芝加哥
8	洛杉矶	华盛顿	旧金山	香港	洛杉矶
9	首尔	上海	芝加哥	北京	东京
10	日内瓦	东京	上海	华盛顿	都柏林

资料来源：中国（深圳）综合开发研究院、英国智库 Z/Yen 集团：《全球金融中心指数报告》（GFCI 指数），2024 年发布。

另据 IFCI 指数排名（见表 10—4），2024 年香港和上海国际金融中心排名分别为第三位和第六位，均较 2023 年各提升 1 位，上海更显示出三连升。北京排名第八位，与 2023 年持平。另外，2024 年中国共有 14 个城市入选 IFCI 国际金融中心指数 100 强的最新名单。① 可见，随着金融市场高水平对外开放持续加快，中国金融中心城市排名整体上升，是中国金融业高质量发展成效最直接的体现。

表 10—4　　IFCI 国际金融中心十强排名（2022—2024 年）

排名	2024 年 6 月	2023 年 9 月	2022 年 9 月
1	纽约	纽约	纽约
2	伦敦	伦敦	伦敦
3	香港	新加坡	洛杉矶
4	新加坡	香港	香港
5	洛杉矶	洛杉矶	新加坡
6	上海	旧金山	东京
7	旧金山	上海	旧金山
8	北京	北京	上海
9	巴黎	巴黎	北京
10	芝加哥	首尔	巴黎

注：IFCI 指数基于 GYBrand 金融中心评价体系，涵盖金融体系、商业环境、基础设施、人力资本、国际声誉、发展潜力，使用特征指标评估模式进行综合分析，引用来自全球近百个不同来源的数据。自 2017 年 9 月首次发布以来，IFCI 指数于每年 3 月和 9 月各更新一期，2024 年起每年 6 月发布一期。

资料来源：根据北京立言金融与发展研究院、GYBrand 全球品牌研究院《国际金融中心指数 100 强》研究报告（IFCI 指数）各期整理。

① 其他入选城市包括深圳、广州、杭州、成都、台北、南京、天津、青岛、大连、重庆、武汉。

总体来看，经过十余年的发展，上海国际金融中心的市场性、聚集性和科技创新不断提升。目前，上海金融市场的规模总体稳定，上海国际经济、金融、贸易、航运中心基本建成，全球科技创新中心的框架基本形成。同时，中国坚持统筹金融开放和安全，加大金融科技创新，加快数字金融基础设施建设，提高金融科技监管水平，推动金融服务数字化升级，打造数字化金融生态，由此带动国际金融中心指数排名整体稳步提升。这些成果足以说明，中国已基本实现上海国际金融中心建设的初期目标。

（二）上海相较传统强大国际金融中心仍存在差距

尽管上海国际金融中心建设取得了如上巨大进展，但必须认识到，对标纽约、伦敦等传统金融强国的国际金融中心，上海在金融市场的国际化水平、离岸金融体系、金融机构国际竞争力、金融基础设施与科技、制度开放与监管协同、创新金融领域等方面仍存在一定差距（见表10—5），需要在以下几方面发力：一是扩大制度型开放，加快资本账户开放，推动离岸金融体系顶层设计，优化跨境资本流动管理。二是提升金融机构能级，培育具有全球竞争力的金融集团，鼓励本土机构国际化布局。三是强化金融科技与基础设施，构建统一数字化金融基础设施，支持区块链等技术应用。四是平衡创新与风险，借鉴“监管沙箱”机制，完善衍生品市场风险管理框架。五是深化绿色与科创金融，推动碳期货产品创新，建立与国际接轨的ESG标准等。接下来，通过这几方面的努力，进一步缩小上海与纽约、伦敦等的差距，从而构建更具全球竞争力与影响力的国际金融中心。

表 10—5　　**上海国际金融中心与纽约、伦敦的差距**

比较内容	上海	纽约、伦敦
■金融市场的国际化水平 ➢上交所外资持股占比 ➢银行间债券市场外资占比 ➢上交所 IPO 企业 ➢资本账户开放	**国际化水平较低** 3.6%（2023 年） 2.4%（2023 年） 以境内企业为主 与人民币国际化协同不足	**全球资本配置的核心节点** 纽约 30%、伦敦 50% 均超过 30% 非本国企业 20% 高度开放的资本流动机制
■离岸金融体系 ➢离岸金融业务	**缺乏完整体系** 集中于自贸区债券、银行服务，离岸人民币产品创新、跨境支付结算等方面需突破	**体系较为成熟** 通过离岸美元、欧元市场实现了资本自由流动
■金融机构国际竞争力 ➢具有全球影响力的金融集团 ➢2023 年财富 500 强金融机构 ➢国际化与专业化服务能力	**国际竞争力较弱** 无（持牌金融机构 1736 家） 4 家 数量、质量、效率等不足	**影响力强、全产业链优势** 高盛、摩根大通等 纽约有 11 家 全球布局、多元化业务模式
■金融基础设施与科技 ➢金融基础设施 ➢金融科技投资	**互联互通与创新不足** 开放程度和能级有待提升，个别联动配套设施不完善 18 亿美元（2023 年）	**互通、金融科技提效** 伦敦清算所与主流外汇平台互通；美国区块链提升结算效率 美国 242 亿美元、英国 51 亿美元
■制度开放与监管协同 ➢监管框架 ➢会计准则	**灵活性与适应性不足** 法规调整频率低、不够灵活 推动与国际 IFRS 趋同	**手段多样且灵活** “监管沙箱”和市场化手段 纽约适用 US GAAP
■创新金融领域 ➢绿色金融标准与产品创新 ➢科创金融支持体系	**发展不均衡** 碳排放权交易市场覆盖行业有限、碳期货等衍生品未推出、ESG 投资生态尚未成熟 信贷机制与科创企业需求契合度不足，风投规模较小（上海科创板市值突破 6 万亿元）	**主导标准、风投规模大** 通过碳金融工具和绿色债券市场主导全球标准 风投规模较大

资料来源：笔者自制。

（三）香港国际金融中心兼具优势与发展潜力

香港国际金融中心发展成熟，无论从哪种排名来看都位居前列，体现出其金融服务业高度发达，且在全球化时代保持灵活应变、持续创新的能力。从香港国际金融中心的市场性、聚集性和科技创新来看，目前，全球前100家银行中有73家在香港设立机构，前十大保险公司中有7家在香港开展业务，在港中资银行保险机构总资产占中资全部海外资产的一半。而且，作为世界最大的离岸人民币枢纽，2023年香港人民币存款超1万亿元，处理全球75%的离岸人民币结算业务，成为抵御美元周期波动的重要屏障。此外，国际投资者对中国内地证券市场的投资七成以上通过香港进入，内地企业境外上市融资八成在香港完成。可见，香港以其自由开放的市场环境、健全的法律体系以及与国际接轨的金融监管，成功发挥着连接东西方金融市场的桥梁作用。

接下来，香港需巩固优势，利用新质生产力建设更深、更广、更具韧性的国际金融中心。[①] 具体来说，香港需要强化以下几个方面：一是进一步深化市场连通性。沪港通、深港通虽已取得显著成果，但市场连通范围和便利程度仍有待提升，未来还需继续扩大这些机制的覆盖范围和产品种类，以增强香港市场的吸引力和竞争力。同时，香港不仅要加强与内地资本市场的联系，还应积极拓展至亚洲其他地区乃至全球，特别是“一带一路”共建国家和地区，以满足共建国家和地区对直接融资的巨大需求。二是通过科技改变金融中心运作模式。香港国际金融中心应加强利用科技手段为金融机构和投资者提供更加高效、便利且多元化的金融服务。同时，香港金融市场也需要不断创新，以适应新兴行业如人工智能等领域的风险管理需求。这方面，粤港澳大湾区建设为香港带来机遇，可以更好地推进香港的科技创新。三是加强与其他国际金融中心合作。全球金融体系面临复杂性和不确定性，香港应加强与其他国际金融中心合作，共同应对地缘政治风险、网络安全威胁等挑战。通过加强监管合作、信息共享和风险预警等措施，提升香港金融体系的稳健性和安全性。

---

① 许正宇：《巩固优势善用新质生产力建设更深、更广、更具韧性的国际金融中心》，《清华金融评论》2024年第10期。

（四）小结

综上所述，经过十余年的努力，上海已走到从“建框架”到“强功能”、从“量”到“质”的关键阶段，需要从落实国家战略、维护国家利益、保障国家安全出发，补短板、探新路、试制度，进一步增强其国际竞争力和影响力。同时，在当前复杂的国际政治及经济形势下，一方面，香港需要更加彰显“超级联系人”作用，利用国际金融中心建设，持续加强与内地和欧美等传统国际金融市场的联通，并积极拓展其他海外网络。另一方面，香港需利用新质生产力建设更深、更广、更具韧性的国际金融中心，巩固和提升其国际金融中心地位。因此，当下中国具备加速国际金融中心建设的内外部动因与条件，推动强大国际金融中心建设正当时。

三　“十五五”时期强大国际金融中心建设的目标及政策引导

政策引导对中国国际金融中心建设具有至关重要的作用。2025 年是中国“十四五”规划的收官之年，也是“十五五”规划的谋划之年。“十五五”将是中国应对当今世界百年未有之大变局加速演进、以创新驱动高质量发展的关键五年。在此期间，建设强大的国际金融中心对中国实现金融强国具有重要意义。立足这一新起点、新阶段，我们需要明确目标及任务，进而通过政策引导加速国际金融中心建设。

（一）“十五五”时期中国加速国际金融中心建设的目标

国际金融中心建设是一项长期任务。中国建设强大国际金融中心的长远目标是通过建立良好的法律和监管环境，完善的金融市场体系和金融机构体系，自主可控、安全高效的金融基础设施体系，高度开放与国际化，优质的人才资源，优越的营商环境，强大的金融创新与风险管理能力以及中国特色金融文化软实力，确保强大国际金融中心建设在金融强国以及服务实体经济等领域发挥重要作用。但就未来五年的阶段性目标来看，根据2023年中央金融工作会议和党的二十届三中全会的相关主旨，“十五五”时期中国加速国际金融中心建设的目标可以归纳为：加快上海国际金融中心建设，增强竞争力和国际影响力；巩固提升香港国际金融中心地位，通过发挥其独特且至关重要的作用，服务国家高水平金融开放。为此，中国正逐步在沪港进行战略部署，从中央到地方都努力通过构建较为完善的政策支持体系，引领强大国际金融中心建设。

（二）加速上海国际金融中心建设的相关政策及抓手

加快上海国际金融中心建设的关键在于继续发挥金融改革试验田作用，探索更高层次的制度型开放。具体来说，以聚焦境内外制度衔接、提升跨境投融资服务能力、辐射长三角地区、完善金融专业服务体系为抓手，不断增强国际竞争力和影响力。为此，2024年从中央到上海密集推出了一系列具体措施。

1. 中央出台政策，支持全面探索更高层次的制度型开放

2024年1月，中共中央办公厅、国务院办公厅印发《浦东新区综合改革试点实施方案（2023—2027年）》，在重点领域和关键环节改革上赋予浦东新区更大自主权，支持推进更深层次改革、更高水平开放，率先完善各方面体制机制，全方面为上海浦东在离岸金融等若干重点领域率先实现突破提供了强有力的支持。2025年1月，中国人民银行、商务部、金融监管总局、中国证监会、国家外汇局联合印发《关于金融领域在有条件的自由贸易试验区（港）试点对接国际高标准推进制度型开放的意见》（以下简称《意见》）。《意见》从允许外资金融机构开展与中资金融机构同类新金融服务、120天内就金融机构开展相关服务的申请作出决定、支持依法跨境购买一定种类的境外金融服务、便利外国投资者投资

相关的转移汇入汇出、完善金融数据跨境流动安排、全面加强金融监管 6 个方面提出 20 条政策措施。上述政策措施在上海、广东、天津、福建、北京自由贸易试验区和海南自由贸易港等地区，以及党中央、国务院作出明确部署承担对外开放重要任务的合作平台先行先试，推动试点地区在更广领域、更深层次开展探索，实现自由贸易试验区（港）制度型开放、系统性改革成效、开放型经济质量的全面提升。

2. 上海修订法律，全面提升国际金融中心建设的规范性和可操作性

上海于 2024 年 8 月修订出台《上海市推进国际金融中心建设条例》(以下简称《条例》)，并于同年 10 月 1 日实施。《条例》全面提升了上海国际金融中心建设的规范性和可操作性，全面、系统地规划了上海国际金融中心的建设目标、路径和配套措施，为相关工作的有序开展提供了坚实的法律依据和基础。《条例》的内容不仅涵盖金融硬实力的建设，如金融市场、金融机构、金融产品的创新与发展，同时也注重金融软实力的提升，如人才培养、文化建设、营商环境优化等。此外，《条例》强化金融中心赋能实体经济是值得关注的特点之一。随后，上海于同年 9 月 13 日发布《上海高质量推进全球金融科技中心建设行动方案》，这些制度都将为上海更好地服务金融强国建设提供坚实有力的规划指引和法治保障。

3. 以产融结合和供应链金融为抓手，提升对长三角地区的辐射带动作用

围绕中央金融工作会议提出的“五篇大文章”以及长三角一体化发展的国家战略，《条例》在相关领域也进行了具体规定。新形势下，上海应努力构建符合科技创新规律、契合金融机构诉求的科创金融服务体系，提高社会资本参与科技创新活动的积极性，拿出务实的措施鼓励长期资本和耐心资本孵化培育更多充满活力的创新型企业。同时，以产融结合和供应链金融为抓手，提升对长三角地区的辐射带动作用。

（三）巩固提升香港国际金融中心地位的相关政策及抓手

香港是内地与世界金融市场联通的枢纽，是中国高水平对外开放、实现国内国际双循环的关键节点。香港既往充分发挥了国际金融中心的重要作用，但国际金融中心之间的竞争日益激烈，不进则退，需要不断创新和适应，以保持竞争力。为此，香港在巩固提升其国际金融中心地位方面提出如下几方面抓手。

1. 强化香港作为全球最大离岸人民币业务枢纽的地位

持续优化“互联互通”机制，强化香港作为全球最大离岸人民币业务枢纽的地位，助力人民币国际化发展。为此，香港特区政府提出如下具体措施：第一，持续提升基础建设，升级债务工具中央结算系统，方便国际投资者以不同币种结算各类资产；提升固定收益市场的基建。第二，鼓励更多上市公司，增加人民币股票交易柜台，扩大人民币股票范围。第三，探讨提供更多元化的离岸人民币融资渠道，提供更多以人民币计价的投资产品。第四，财政部增加在港发行国债的规模和频率，尽快在香港推出离岸国债期货。第五，提升香港人民币即时支付清算系统夜间跨境服务能力，便利离岸人民币市场的全球结算。第六，优化“新资本投资者入境计划”。第七，将积极与内地商讨为“债券通”（南向通）适度扩容。第八，发展普惠金融，推动两地快速支付系统（FPS与IBPS）互联，并落实香港注册银行的内地分行在内地发行银行卡。

2. 发挥香港在引领地区乃至全球保险业发展方面的关键作用

2024年12月10日，香港特区行政长官李家超出席“亚洲保险论坛”致辞时指出，香港在引领保险业发展方面发挥着举足轻重的作用。目前，香港拥有约160家授权保险企业，包括6家全球十大保险公司落户香港，三大国际保险集团亦选择香港作为管理基地，充分体现香港作为国际金融中心和保险业枢纽的优势。特区政府将继续推动内地和海外企业在香港设立保险业务，并通过推动保险业的科技创新与数字转型，让香港成为更具吸引力的保险和风险管理基地。另外，粤港澳大湾区建设为香港保险市场带来更多机遇，将探索创新的跨境保险产品，满足两地居民和企业需求。

3. 将香港打造成为国际黄金交易中心

2024 年 12 月 20 日，香港黄金交易所宣布成立，迈出了将香港打造成为国际黄金交易中心的重要一步。香港的黄金市场与国际市场紧密相连，黄金进出口量位居全球前列，对全球黄金价格和投资策略具有重要影响力。基于此，特区政府立志将香港打造成为国际黄金交易中心，推动构建国际级黄金仓储设施，拓展在港存放和交割实金服务，带动抵押和借用等衍生金融服务，为香港金融业开创新增长点。同时，金库在促进套利套汇之余，亦可强化香港的离岸人民币中心地位，并在“一带一路”共建国家建立人民币黄金定价权方面发挥重要作用。

4. 利用香港优势继续积极拓展和深化内外网络

香港应加强与其他国际金融中心合作，通过信息共享和风险预警等措施，提升香港金融体系的稳健性和安全性。同时，香港应继续积极拓展和深化海外网络，探讨与伊斯兰市场合作。具体措施包括：第一，开拓海外新资金，落实追踪香港股票指数的 ETF，在中东上市，吸纳当地资金配置港股。第二，争取企业上市，善用与内地市场互联互通的优势，吸引国际企业来港上市，同时推动内地大型企业赴港上市，争取短期内实现更多标志性的公开招股。第三，优化上市审批，香港证监会和港交所将公布，进一步优化上市批核流程的具体措施，令上市申请审批时间更有确定性。第四，提升市场效率，降低交易成本，包括检视保证金的存入安排，优化保证金及抵押品的要求等。

四　推动实现“十五五”目标的政策建议

最后，为推动实现“十五五”时期强大国际金融中心建设的目标，围绕相关政策的落地，提出以下几点建议。

第一，国际金融中心的支撑作用体现在服务经济结构升级、提高发展质量上。步入新阶段，上海应通过强化国际金融中心建设优化产业结构体系，提升经济能级，探索扩大规则、规制、管理、标准等更高层次的制度型开放。为此，在推动《浦东新区综合改革试点方案（2023—2027年）》和《意见》的各项举措落地的过程中，可依托自贸试验区和临港新片区全面对接国际高标准经贸规则，率先开展压力测试。同时，依托临港新片区先行先试的优势，逐步推动资本项目可兑换，通过探索“本币跨境支付”，降低资本外流风险，并持续推动贸易结算便利化安排，将便利化措施逐步拓展至全市范围。此外，通过离岸在岸金融的协调发展、跨境一站式金融服务以及跨境金融平台和贸易平台互动，提升在全球产业链、价值链上的配置能力，助力上海成为国内大循环中心节点、国内国际双循环战略链接。另外，可从长三角地区的制造业优势和科创需求出发，基于头部企业和金融服务优势，以产融结合、供应链金融等为抓手，破解供应链金融的痛点、堵点，切实服务实体经济高质量发展的需求。

第二，进一步深化内地与香港资本市场务实合作。发挥沪港协同效应可高效服务中资和跨国企业资金运营管理，并为人民币国际化发展提供良好土壤，推动人民币在“一带一路”共建国家和地区的广泛使用。目前，沪港国际金融中心在资本市场的合作不断深化。中国证监会进一步优化了内地与香港基金互认安排，修订发布《香港互认基金管理规定》，自2025年1月1日起实施。下一步，中国证监会应继续稳步扩大资本市场制度型开放，持续做好《香港互认基金管理规定》实施工作，真正将惠港措施落到实处，进而深化内地与香港资本市场务实合作。

第三，聚焦高质量发展与风险防范，进一步深化沪港合作。高质量发展对于沪港国际金融中心来说既是机遇也是挑战。上海通过修订法规，系统地规划了上海国际金融中心的建设目标、路径和配套措施，为相关工作的有序开展提供了坚实的法律依据和基础。香港特区政府也已认识到需要利用新质生产力建设更深、更广、更具韧性的国际金融中心。为此，沪港可抓住新机遇，在科技金融、可持续金融、数字金融等重点领域合作发力。同时，加强沪港及国与国之间监管合作、信息共享和风险预警等措施，完善中国自主可控、安全高效的金融基础设施，在面临地缘政治风险、网络安全威胁等重大风险冲击时，为强大国际金融中心运作提供有力支撑与保障。

第四，关注离岸与在岸市场的协调发展问题。近期的诸多政策为上海浦东在离岸金融等领域率先实现突破提供了强有力的支持。上海迫切需要建设离岸市场的意图不仅在于提高交易量和活跃度，更在于架起连接的桥梁，在安全可控的前提下不断丰富跨境投融资结构。复杂的外部形势下，上海可与中国香港、新加坡等主要离岸人民币市场形成更紧密的业务联动，进一步丰富离岸人民币资产类型、拓展数字人民币的应用场景和功能，更好地服务内地企业境外投融资和风险管理以及境外投资者的人民币持有和投资需求。同时，必须注意的是，在上海与香港都积极发展离岸金融市场的情况下，怎样使国内市场的监管与金融市场的开放内外协调发展是非常重要的课题。这方面，需要立足本国、放眼世界、借鉴海外国际金融中心的发展经验与教训。

第五，坚持探索研究更为科学合理的国际金融中心评价框架。特别是需要进一步综合评价中国在以科技为代表的现代国际金融中心运营中的创新优势、政策引领和制度改革的巨大潜力、中国特色金融文化软实力等的丰富内涵以及更为包容协调的金融生态系统，为中国在强大国际金融中心的规划和建设方面提供更为准确的方向指引，进而成为中国对外进行金融强国宣传的有力旗帜。

总之，建设强大的国际金融中心需要从政策引导、制度建设、科技应用、创新驱动、人才建设以及金融文化培育等多个方面综合推进。当今世界百年未有之大变局加速演进，在此大背景下，中国作为一个有担当负责任的大国，在激烈的国际经济金融竞争中确立了稳定的战略地位，并保持政治和社会环境稳定，为建设具备强大影响力的国际金融中心提供了良好外部环境。这不仅是自身迈向金融强国的重要一步，也将为全球经济和金融体系注入新的动能。

（执笔人：宣晓影）

第十一章

金融法治建设与金融监管优化*

改革开放40多年，中国金融业快速发展，已经成为全球第二大金融体系。在金融业长期持续发展与深化开放的进程中，中国立法部门、金融监管部门和司法机构不断强化金融法治建设，着重提升金融法治水平，保障金融体系稳定健康发展。当前，中国以《中华人民共和国中国人民银行法》（以下简称《中国人民银行法》）、《中华人民共和国商业银行法》（以下简称《商业银行法》）、《中华人民共和国证券法》（以下简称《证券法》）、《中华人民共和国保险法》（以下简称《保险法》）、《中华人民共和国反洗钱法》（以下简称《反洗钱法》）等基础性法律为基本框架，配套各项行政法规、部门规章和规范性文件及地方金融法律法规，共同构成了一套完备合理的金融法制体系，同时形成了以金融立法、金融执法和金融司法为核心支撑的金融法治体系。立足中国实际、接轨国际标准、严格监管要求的金融法制体系为维护金融稳定，促进金融市场健康发展，推动金融业改革开放提供了重要的制度保障和法律基础。当前中国经济金融发展面临的国际环境和国内条件都在发生深刻而复杂的变化，在加强金融强国建设、构建新发展格局和扎实

---

* 本章写作过程中受益于胡滨研究员、张晓晶研究员、张明研究员、范云朋副研究员等的指导或讨论，在此特别致谢。

推进中国式现代化进程中，金融法治水平有待进一步提高，特别是金融法制体系完善是首要基础工作。

一　中国金融法治的发展历程与经验

金融法治是金融领域立法、执法、司法、守法和法律监督的总称。金融法治涉及立法、执法和司法等环节，共同组成一个有机整体，为金融稳定和发展提供了制度保障。[①] 由于金融执法和司法基本是跟随立法或法制建设进程而动态调整，本章首先以改革开放以来的金融法制建设为基础，“管中窥豹”分析中国金融法治的发展历程。其后，结合中国金融法治的具体实践，总结改革开放以来中国金融快速发展过程中金融法治建设取得历史成就的基本经验。

（一）中国金融法治的历史演进：基于法制建设的分析

1. 改革开放至1991年金融法制的起步阶段

中国金融法制的发展与经济体制改革密切相关。中华人民共和国成立后，在中央集权的计划经济体制下，中国未形成独立的金融体系。改革开放后，中国经济体制由计划体制逐步向市场体制转变，金融法制建设也由此初步展开。这一阶段，中国尚未出台专门调整金融关系的法律，各领域法规多为条例或暂行条例的形式。1986年国务院发布的《银行管理暂行条例》是中华人民共和国成立以来第一部较为全面、综合的金融基本法规。同时，外汇、保险、债券、信托等领域也分别出台了相关条例。

① 李扬主编：《中国金融法治（2005）》，中国金融出版社2005年版。《中国金融法治》报告是中国社会科学院金融研究所《中国金融监管报告》（年度蓝皮书）的前身。《中国金融法治》报告自2012年开始改版为《中国金融监管报告》，至2024年已连续出版13部。

2. 1992—2000 年金融法律和监管规范化时期

1993 年，党的十四届三中全会的召开确立了中国社会主义市场经济体制的基本经济体制。经济体制的改革要求加快金融体制改革。国家针对金融领域分别出台了相应的法律，金融立法逐步规范化和系统化。1995 年是中国金融法制史最具有里程碑意义的一年，该年全国人大及其常委会先后颁布《中国人民银行法》《商业银行法》《中华人民共和国担保法》《中华人民共和国票据法》《保险法》和《关于惩治破坏金融秩序犯罪的决定》，“五法一决定”的出台奠定了中国金融法律的基础。1998 年，中国保险监督管理委员会的成立意味着中国分业监管体系的初步构建。其后，《证券法》《期货交易管理暂行条例》《中华人民共和国信托法》（以下简称《信托法》）逐步颁布。由此，市场经济体制下中国金融法律体系的基本框架初步形成。

3. 2001—2007 年金融法律国际接轨阶段

2001 年，中国加入世界贸易组织，融入全球经济体系中。这一阶段，金融法制发展的主要工作是通过调整旧法与制定新规以适应金融业对外开放的趋势。旧法方面，包括 2002 年修正《保险法》以使保险法律制度适应入世后的相关要求；2003 年修订《中国人民银行法》将中央银行的职能由银行业直接监管转向宏观金融调控；2005 年修订《证券法》从宏观上放松管制，以适应境外证券市场发展和开放的要求。新法方面，2003 年中国颁布《中华人民共和国银行业监督管理法》（以下简称《银行业监督管理法》），吸纳了大量巴塞尔银行监管委员会《有效银行监管的核心原则》的内容；[①] 2003 年发布《外债管理暂行办法》，2006 年发布《外资金融机构驻华代表机构管理办法》并制定《外资银行管理条例》等，为外资在华发展提供法律规范。同时，为进一步强化经营和监管专业性匹配，2003 年成立银行业监督管理委员会，与中国人民银行、证监会和保

① 巴塞尔银行监管委员会 1997 年发布。

监会共同构成了“一行三会”的分业监管体制。

4. 2008—2017 年金融法律优化调整阶段

2008 年国际金融危机的爆发引发了各国从法制层面维护金融稳定的诉求。中国在这一阶段的金融立法工作主要表现为对已有法律法规的修订与完善，近十年金融管理部门推动修改的金融法律法规多达二十余件次，其中《保险法》和《中华人民共和国证券投资基金法》（以下简称《证券投资基金法》）等重要法律更是经历多次修订。2009 年、2014 年和 2015 年对《保险法》进行三次修订，进一步明确保险监管机构职责，强化监管手段与措施；2012 年和 2015 年对《证券投资基金法》进行两次修订，构建私募基金的基本法律框架；2012 年、2013 年、2016 年及 2017 年对《期货交易管理条例》进行四次修订。基于防范化解重大金融风险要求，2015 年国务院公布《存款保险条例》标志着中国存款保险制度的成立，对维护金融体系稳定具有重要的意义。

5. 2018 年至今金融法治高质量发展阶段

2017 年党的十九大报告指出，中国特色社会主义已迈入新时代，中国金融法治建设随之进入高质量发展阶段。这一阶段，金融法制建设具有四个重要特征。一是金融监管体制的系统性变革。为强化功能监管和行为监管，中国金融监管体制经历了两次重大的改革，特别是 2023 年党和国家机构改革中，设立中央金融委员会和中央金融工作委员会，调整中国人民银行职能职责，新设国家金融监督管理总局。总局在原有银保监会基础上组建，负责除证券业之外的所有金融监管，还统筹负责金融业金融消费者权益保护。二是重点领域金融立法的完善与金融监管的强化。银行业方面，在推进《商业银行法》全面修订的同时，银保监会等监管机构发布了多项部门规章与规范性文件，有效强化对银行业同业、理财、表外等业务以及影子银行的监管。证券业方面，2019 年对《证券法》进行系统性修订，为证券业深化改革奠定法律基础，其后出台一系列关于注册制的法律规范。三是填补新兴金融领域的法律空白。2018 年《关于规范金融机构资产管理业务的指导意见》（“资管新规”）发布，严格打击多层嵌套、刚性兑付、规避监管的高风险资管业务，构建了功能监管新范式。2021 年施行《防范和处置非法集资条例》，强化对非法公众集资的源头打击和穿透式监管。四是强化对外开放和涉外金融法治。围绕跨境人民币结算、外资在华投资、境内金融机构对外投资、跨境资金流动等方面出台了大量法律法规，进一步推动金融高水平双向开放。

表 11—1　　中国金融业主要法律历次修订情况

法律名称	颁布/修改时间	主要（修改）内容
《中华人民共和国中国人民银行法》	1995	以立法的形式明确中国人民银行作为中国中央银行的地位和职责
	2003	将原法中“加强对金融业的监督管理”的表述修改为“维护金融稳定”，明确中央银行的职能由银行业直接监管转向宏观金融调控
《中华人民共和国商业银行法》	1995	从立法层面明确商业银行的组织结构、业务经营和监督管理规范
	2003	将商业银行的直接监管机构由中国人民银行变更为银行业监督管理机构（银监会）； 将商业银行经营原则变更为“安全性、流动性、效益性”
	2015	删除存贷比不超过 75%的硬性监管要求
《中华人民共和国保险法》	1995	规定有关保险合同和保险公司的法律规范
	2002	明确保险业的监管机构为专门性的保险监督管理机构（保监会）； 为适应入世要求，调整外资保险公司设立的有关规定
	2009（全面修订）	强化对投保人、被保险人、受益人的利益保护，如对保险人的如实告知义务、被保险人的及时通知义务，以及对格式条款等规范进行调整； 强化保险公司的监督管理，如对保险公司的组织形式、业务范围、偿付能力监管等方面进行补充修改
	2014	修改与《中华人民共和国公司法》有关的条款，保证法律有效衔接； 取消精算人员的任职资格行政审核
	2015	在国家简政放权背景下，取消保险销售从业人员、保险代理、保险经纪等从业人员的资格核准等行政审批事项

续表

法律名称	颁布/修改时间	主要（修改）内容
《中华人民共和国证券法》	1998	第一次从法律层面对证券发行和交易行为做出规范
	2005（全面修订）	扩大证券法适用范围，纳入政府债券、证券投资基金份额的上市交易等活动对象； 强化对证券公司、上市公司的监管，突出对投资者特别是中小投资者权益的保护； 对分业经营和管理、现货交易、融资融券、禁止国企炒股和银行资金违规进入股市五大热点问题作出法律回应
	2013	个别条款小幅修正
	2014	
	2019（全面修订）	全面推行证券发行注册制度； 设专章规定投资者保护制度； 设专章规定信息披露制度； 落实“放管服”要求取消证券公司董事、监事、高级管理人员任职资格核准等相关行政许可； 扩大证券法适用范围，纳入存托凭证、资产支持证券和资产管理产品； 增设域外适用条款，对境外发生、损害境内合法权益的证券活动进行监管； 提高如欺诈发行、信息披露违法、虚假陈述等证券违法行为的违规成本
《中华人民共和国银行业监督管理法》	2003	以法律形式对银行业监督管理机构（银监会）及其派出机构的监管职责和措施进行规范
	2006	赋予银行业监管机构对银行业金融机构以外的相关单位和个人进行调查的权力
《中华人民共和国证券投资基金法》	2003	从法律层面对证券投资基金活动做出规范
	2012（全面修订）	扩大法律适用范围，构建非公开募集基金的基本法律框架； 放松公募基金管制，如放宽基金公司准入条件，拓宽基金管理人和托管人范围，取消多项行政审批项目等； 加强基金投资者权益保护； 明确基金服务机构和基金行业协会的法律地位和主要职责
《中华人民共和国反洗钱法》	2006	第一次以国家专门立法形式确立中国反洗钱工作基本制度
	2024（全面修订）	扩大反洗钱法适用范围，将特定非金融机构纳入监管范围； 以“反洗钱监测分析机构”取代原有的“反洗钱信息中心”，强化洗钱风险的事前监管； 细化并压实反洗钱义务主体责任，明确规定金融机构建立客户尽职调查制度； 平衡反洗钱工作与单位个人合法权益的保障，确保反洗钱措施与洗钱风险相适应

续表

法律名称	颁布/修改时间	主要（修改）内容
《中华人民共和国期货和衍生品法》	2022	从法律层面规范期货与衍生品交易行为，统一期货衍生品监管要求
《中华人民共和国票据法》	1995	明确票据行为的法律规范
《中华人民共和国信托法》	2001	明确信托行为的法律规范

资料来源：笔者自制。

（二）中国金融法治建设的基本经验

1. 注重基本法律发展

围绕金融管理体制的改革及重点金融领域的发展，中国金融法制建设具有重基础且与时俱进的特征，随着金融改革的深化，不断推进基础领域法律体系的建设与完善。中国基本法律建设及完善主要体现在中央银行制度和金融重点领域法制建设上面。

一方面，不断完善中央银行制度。1995 年发布的《中国人民银行法》是中国金融领域最根本性的法律。该法奠定了中国人民银行作为中国中央银行的领导地位，并明确其通过履行货币政策职能发挥在金融领域的宏观调控作用。2020 年《中国人民银行法》时隔 17 年迎来全面修订。本次修订立足新时代金融改革的需要，对中国人民银行进行重新定位，从法律层面拓宽其金融管理职责。

另一方面，持续强化金融重点领域法制建设。银行、证券、保险、基金、资产管理等是中国金融发展的重点领域，其法制建设不断完善，相应执法和司法不断完善，为金融体系的发展提供强有力的法治保障。

《商业银行法》是中国继《中国人民银行法》后的第二部金融大法，迄今为止经历过 2003 年和 2015 年两次修正。2003 年修正稿第四条第一款中将商业银行经营原则从“效益性、安全性、流动性”修改为“安全性、流动性、效益性”，反映了中国银行业经营观念的重点转变。2015年修正稿则删去了“存贷比例”这一硬性监管标准。2020年决定对《商业银行法》开展全面修订，从法律层面引导商业银行找准定位，针对各类新主体扩大立法调整范围，并确立差异化监管机制，健全风险处置机制和客户权益保护。《银行业监督法》作为银行业专门性的监管法规自2003年出台后，曾于2006年进行修正，主要修正要点为赋予银行业监管机构相关调查权，提高监管效率。为了填补银行业部分新兴领域的法律空白，适应当前银行业发展和监管需要，2022年对《银行业监督法》启动全面修订工作，明确扩大监管范围，将各类不同金融机构主体，机构主要股东、实际控制人，监事和其他履行重要职责人员及从业人员，银行业金融基础设施、数据和第三方机构等全面纳入监管范畴，并制定跨境监管相关条款，同时加大违法处罚成本，通过完善法制建设有效提升银行业监管能力。

在证券法制建设方面，中国于1998年就出台《证券法》。虽该法从起草起历经6年之久，但该法秉持“从严立法”的原则，限制性条款和禁止性条款较多，在维护投资者合法权益方面的规定不足。2005年，《证券化》对原法40%以上的条款进行修订，较大幅度强化了对证券公司和上市公司的监管力度，对证券违法行为的法律责任条款增加了1/3，同时填补了原法在投资者保护特别是中小投资者权益保护上的缺失。2015年中国启动《证券法》的第二次修订工作，并最终于2019年出台新《证券法》，本次修订将资产支持证券和资产管理产品纳入证券监管范围，并从法律层面全面推行注册制，新设“投资者保护”专章，大幅度提高投资者保护水平，同时再度加大违法处罚力度。证券业执法和司法是中国金融法治的重点领域，围绕中介机构、上市公司、投资者等的金融法治实践不断深化，并取得积极成效。

在保险业法制建设方面，中国早在1995年就制定实施《保险法》。随着保险市场的快速发展，《保险法》经过2002年、2014年和2015年三次修正及 2009 年一次系统性修订，在保险监管范围、监管手段和监管力度方面均进行了修改完善，夯实保险业健康发展的法制基础。

2. 注重风险应对与问题导向

中国金融立法以金融领域的实际问题和重大风险为导向，通过及时填补法律政策的空白以精准有效处置金融发展过程中的重大问题和金融风险，为金融监管和金融司法提供充分的法律依据。

中国金融立法高度重视对各类金融风险的防范和化解。在各大基础性法律中均对各金融主体的法律责任进行明确规定，在历次修订中根据金融发展新形势逐步扩大监管范围并加大违法违规行为的处罚力度，实现金融立法和金融风险防控目标的高效适配。同时，各类针对金融风险及时出台的法规文件也充分发挥了维护金融体系平稳运行的作用。如针对各类主体盲目开展金融业务的乱象，发布《关于严禁擅自批设金融机构、非法办理金融业务的紧急通知》《金融机构撤销条例》，针对金融违法和金融犯罪专门出台《金融违法行为处罚办法》《关于惩治破坏金融秩序犯罪的决定》，针对新型互联网金融风险出台《关于促进互联网金融健康发展的指导意见》《互联网金融从业机构反洗钱和反恐怖融资管理办法（试行）》等。上述法律法规充分说明了中国金融立法在防范化解金融风险、维护金融秩序、打击金融领域违法犯罪方面的重要作用。

期货业的法治建设是中国金融法治问题导向和风险导向的典型代表之一。中国期货领域的法律法规建设即法治建设与期货市场发展中的一系列风险事件密切相关。中国期货市场自 1988 年开始探索起步。其后十年间，期货市场盲目扩张，引发了国债期货“3・27 事件”和“3・19 风波”、上海物贸胶板 9607 事件、天津红期货操纵案等重大期货风险事件。针对期货市场的乱象，国务院于 1993 年和 1998 年分别发布《关于坚决制止期货市场盲目发展的通知》和《关于进一步整顿和规范期货市场的通知》对期货市场进行整顿，并于 1999 年正式出台期货市场的第一部基础法规《期货交易所管理暂行条例》，《期货交易所管理办法》《期货经纪公司管理办法》《期货经纪公司高级管理人员任职资格管理办法》和《期货业从业人员资格管理办法》等配套法规也相继发布实施，有效填补了期货市场的法律空白。2006 年中国金融期货交易所的成立再次推动《期货交易管理条例》的修订，增设有关金融期货等的法律条款。2022 年中国正式出台期货领域基本法《中华人民共和国期货和衍生品法》（以下简称《期货和衍生品法》），填补中国期货领域长期以来的上位法空缺，也为期货市场的规范稳定发展提供了坚实的法律依据。

非法集资作为涉众型非法金融活动，具有隐蔽性强、影响范围广、追踪难度大等问题，具有极大的社会危害性。中国金融法治体系一直高度重视非法集资问题。早在 1998 年 7 月，国务院就颁布了第一部非法集资法规《非法金融机构和非法金融业务活动取缔办法》，要求严格取缔非法集资等非法金融活动。其后，最高法等部门出台《关于审理非法集资刑事案件具体应用法律若干问题的解释》等一系列司法解释文件，强化对非法集资活动的刑事打击。互联网金融蓬勃发展起来后，网络化非法集资案件日益增多。2015 年，国务院出台《关于进一步做好防范和处置非法集资工作的意见》，推动非法集资活动防范和处置工作的深化，相关违法活动有所减少。2018 年，随着 P2P 平台盛行，非法集资案件数量和规模再次反弹。针对当时非法集资活动现状和风险特征，从法制角度出台有关非法集资活动的专门性法规迫在眉睫。2017 年，中国开始起草《处置非法集资条例》，并于 2021 年出台《防范和处置非法集资条例》，同步废止已过时的《非法金融机构和非法金融业务活动取缔办法》，这反映了中国金融法律发展和法治建设与时俱进，更是对当前非法集资案件所引发的金融风险的精准打击，有效填补了法律不足和治理漏洞。这为防范和处置非法集资活动提供法律基础和法治保障，充分反映金融政治性和人民性的内在要求。

3. 注重立法形式与立法程序

在立法形式方面，充分结合“立”“改”“废”“纂”四大立法手段，推进现有金融法律体系的不断优化。一是以“立”为基础。中国聚焦金融重点领域，近十年来推进落实《期货和衍生品法》等基础性法律以及《防范和处置非法集资条例》《融资担保公司监督管理条例》等重要法规的出台，并配合发布大量部门规章及规范性文件，金融法律体系覆盖范围愈发全面，层次体系愈发丰富。二是以“改”为提升。中国金融法制建设紧随金融发展与金融改革的步伐，不断打磨完善已有法律制度。近十年，中国对《保险法》《证券法》《商业银行法》等基础性法律进行多次修订与修正，以确保法制建设的前沿性和科学性。三是以“废”为推动。中国注重金融法制建设与金融实务发展的契合性，对落后于当前金融发展实际情况的法规进行适时废止，近十年来已集中和定期清理了大量与现行法律法规及金融实务不符的部门规章和规范性文件。四是以“纂”为统筹。中国金融法制建设注重不同法律法规之间的协调性，近年来在同时推进《中国人民银行法》《商业银行法》《银行业监督管理法》等法律全面修订时，充分考虑法律条款之间的衔接与整合。目前立法部门重点推进的《中华人民共和国金融稳定法》（以下简称《金融稳定法》）更是从顶层设计角度进行跨部门、跨领域的法律制度安排，力求与其他各有侧重的分领域法律政策形成有机整体，以真正达到保障金融体系整体稳定的目标。

在立法程序方面，高度重视各立法环节的科学性，并促进立法效率的提升。在提案阶段，在全国人大和国务院的整体统筹架构下，定期规划金融立法计划，拟定金融领域重要法律法规草案以及审慎监管制度的工作计划。进入研究阶段，积极组织各相关部门、专家学者，对立法中的重大问题展开全面且深入的研究，充分权衡金融实践中的经验与存在的问题，参考国际立法经验，构建金融立法论证评估与风险评估制度，为立法奠定坚实的理论根基。在起草阶段，通过多轮次、多渠道、多方面征求意见，建立金融立法协调机制，致力于消除分歧，凝聚最大限度的共识。

4. 注重接轨国际标准

中国金融法律在制定和修订的过程中，注重与国际标准的接轨，吸纳了较多国外优秀立法经验。由于中国现代金融发展时间较短，具有一定的后发优势。改革开放后，中国就致力于引入国际先进的金融法律和监管标准。而2001年中国加入世界贸易组织（WTO）是金融法律体系和金融法治建设的大事件。为满足WTO要求，中国积极主动加快修订或制定金融监管法律法规，着力与国际金融监管标准接轨，基本建立了内外一致、相互统筹的金融监管法律规范和金融法治框架。

银行业法律制度方面，中国银行业监管体系的构建与法律法规的制定充分考虑了国际监管规则。1988年7月，巴塞尔委员会首次发布《巴塞尔协议》，首次从国际通用视角构建银行资本充足率标准，相关监管框架被全球大部分国家所采用。1995年中国制定银行业基础法律《商业银行法》时便综合借鉴《巴塞尔协议》相关内容，将8%的资本充足率底线等标准写入资本监管相关条款中。2009年，中国银监会正式加入巴塞尔委员会与金融稳定委员会（FSB），并参与《巴塞尔协议Ⅲ》的制定工作。2012年，中国正式发布《商业银行资本管理办法（试行）》（以下简称《办法》），并要求商业银行于2013年开始实施，于2018年年底之前达标，实施时间进度与《巴塞尔协议Ⅲ》全面一致。《办法》在资本要求、资本定义、风险加权资产计量和全面风险治理等方面均保持与《巴塞尔协议Ⅲ》的基本一致性，并根据国内现行监管规则做出部分调整，有效保持了与国际主要经济体监管规则的接轨。另外，中国《银行业监督管理法》充分借鉴巴塞尔银行监管委员会于1997年发布的《有效银行监管的核心原则》的内容，52个条文中有27条都体现了相关监管理念。

保险法律制度方面，中国既与国际规则充分接轨，又凸显了中国特色。《中华人民共和国海商法》第12章“海上保险合同”广泛参考了海上保险法律的经典《英国1906年海上保险法》中所确立的法律原则。

2022 年出台的《中华人民共和国民法典》（以下简称《民法典》）对中国担保制度进行大幅改革，其最大突破为吸纳《美国统一商法典》中提出的实质担保观，并保留相关兜底性表述为纳入非典型担保提供法律基础。这一以形式担保为基调、以实质担保为辅的立法模式充分体现了中国担保制度不仅重视与国际接轨，还契合中国担保实务的发展。同时，《民法典》中对担保财产范围的扩张、债权人安全与第三人安全等条款均体现了联合国国际贸易法委员会《担保交易立法指南》和《美国统一商法典》中的担保立法理念。在保险监管方面，中国 2003 年正式实施《保险公司最低偿付能力及监管指标管理规定》，主要借鉴了欧盟偿付能力 I 和美国基于风险的偿付能力资本要求（RBC）两大标准。2012 年，中国开始第二代偿付能力监管制度的建设，在采取国际通行的三支柱框架基础上，充分考虑中国国情，运用中国数据自主构建偿付能力风险体系，不仅具有国际可比性，同时也为新兴保险市场提供了监管规则参考。

反洗钱法律法规方面，中国 2024 年全面修订的《反洗钱法》充分吸收了金融行动特别工作组（FATF）发布的《打击洗钱、恐怖融资与扩散融资的国际标准：FATF 建议》（以下简称《FATF 建议》）和《中国反洗钱和反恐怖融资互评估报告》中的相关内容。2024 年《反洗钱法》第四条明确规定反洗钱措施应与洗钱风险相适应，反映了《FATF 建议》中以风险为导向的反洗钱监管基本原则。《反洗钱法》第十九条、第二十九条和第六十条共同确立了受益所有人备案制度，第四十条规定了采取反洗钱特别预防措施的义务主体，上述新设条款则是对评估报告整改要求的反馈，充分与国际反洗钱监管实践接轨。

5. 注重金融政治性与人民性

金融工作具有政治性和人民性。长期以来，中国金融法制建设坚持以人民为中心的价值取向，不断完善金融法律体系，以切实维护广大人民群众的合法权益。其人民性主要体现在以下两个方面。

一是各项法律中均重视金融消费者的权益保护相关条款的制定。

2009年修订的《保险法》注重被保险人和受益人的权益保护，新增了包括对保险人的合同解除权进行限制、明确规定免除保险人依法承担的义务和排除被保险人依法享有的权利的保险条款无效、对保险人理赔核定进行时间限制等在内的法律条款。2015年修订的《证券法》增设投资者保护专章，不仅作出区分普通投资者和专业投资者的权益保护，完善上市公司现金分红制度等法律安排，还明确规定投资者保护机构的五大权限，特别是探索建立了具有中国特色的证券集体诉讼制度，规定投资者保护机构可以作为诉讼代表人依法为受害投资者提起民事损害赔偿诉讼，适应了全面注册制改革下强化投资者保护和权利救济的需要。2024年全面修订的《反洗钱法》明确规定反洗钱工作要以维护单位个人合法权益为基本要求，不仅在总则中提到"确保反洗钱措施与洗钱风险相适应，保障正常金融服务和资金流转顺利进行"，同时在金融机构开展反洗钱措施的相关规定中，要求其开展客户尽职调查应根据客户风险状况进行，对洗钱风险较低的可简化尽职调查，并明确规定其不得采取与洗钱风险状况明显不相匹配的措施，平衡好洗钱风险管理与金融服务优化的关系，保障客户依法享有基本金融服务。

二是各项法律均重视法律责任和处罚措施的强化。在证券法的历次修订中，证券业监督管理机构的执法权限不断扩大，同时增加了证券民事责任的类型。2015年出台的《证券法》共规定了40条行政责任条款，19条民事责任条款，相比2005年《证券法》中的10条大大提升。违法违规行为的处罚力度也显著强化，其中单位罚款金额上限达到500万元的条款占比近70%，个人处罚金额上限达200万元的条款超过85%。同时，为确保法律责任的落实，通过新增证券市场诚信档案措施，丰富证监会的调查取证权限和调查手段等强化监管能力，维护投资者权益。其他金融法律也同样重视法律责任范围的扩张，如2012年修订的《证券投资基金法》将法律责任条款从18条增加至33条；2024年《反洗钱法》将反洗钱义务主体违法违规行为的处罚情形从3项增至

9 项，同时按照过罚相当原则，根据不同违法行为，设置阶梯形处罚标准等，以法律责任的落实促进金融业的规范发展和金融风险的有效防范，切实守好人民群众的“钱袋子”。

二　中国金融法治存在的不足：基于体制机制的分析

改革开放以来，中国金融法治取得积极进展，保障了金融体系稳定健康发展。党的十八大以来，中国坚持把金融风险防控作为金融工作永恒的主题，以其独特的制度优势和金融监管实践保证了金融体系的长期稳定，缔造了经济增长和金融稳定的两大发展奇迹。[①] 具有中国特色的金融法治为牢牢守住不发生系统性金融风险提供了扎实的保障，同时助力中国金融法治化市场化创新，并逐步走出一条日益宽广的中国特色金融发展之路。但是，中国金融法治仍存在一些值得完善的地方。

（一）金融法治与金融强国要求仍有距离

金融法治是一个国家金融竞争力的重要组成部分。习近平总书记指出，金融强国须具备一系列核心金融要素：拥有强大的货币、强大的中央银行、强大的金融机构、强大的国际金融中心、强大的金融监管、强大的金融人才队伍。而要实现上述目标，则需要完善金融调控、金融市场、金融机构、金融监管、金融产品和服务、金融基础设施六大体系。中国是全球最大的银行业市场、全球第二大证券与保险业市场，毋庸置疑已成为金融“大”国，然而在金融市场化程度、金融服务质量、金融基础设施建设和金融国际话语权等方面仍与当前金融强国有一定差

---

① 张晓晶、董昀、李广子等：《中国特色金融发展之路的历史逻辑、理论逻辑和现实逻辑》，《金融评论》2024 年第 1 期。

距，其中包括金融法治在内的软实力差距更大。以海洋金融为例，英国仍占据着全球海事仲裁的主导地位。

金融法治引导金融结构优化和金融功能发挥有不足。中国各金融市场发展失衡明显，银行业在金融机构总资产和负债中占比高达 90%以上，证券市场和保险市场发展仍相对不足，资本市场中虚假信息披露、欺诈上市、内幕交易、操纵市场等问题仍较为突出，金融服务实体经济的能力有待加强。同时，中国金融法治特别是金融监管与金融司法等软实力建设长期滞后于金融硬件设施和金融机构及市场体系的发展。中央金融工作会议指出，中国经济金融领域风险隐患仍然较多，金融乱象和腐败问题屡禁不止，金融监管和治理能力薄弱。如何以金融法治来引导中国金融结构优化，改变银行业独大，有效提升直接融资比例，是一个具有现实意义的政策议题。

涉外金融法治是金融强国建设的短板。40 多年来，中国金融涉外法治取得了显著成效，但是，与内外两个大局统筹、内外两个市场统筹和内外两大循环相互促进的内在要求仍有距离。一是涉外金融监管法律供给不足；二是涉外金融监管体制机制亟待优化；三是中资和外资金融机构存在法律适用差异性问题；四是涉外金融监管法律建设与国际标准接轨需进一步加强；五是金融领域反制裁和反“长臂管辖”的法治建设需提升。比如，中外资银行在法律适用等方面具有一定的差异性，中资商业银行适用《商业银行法》，而外资银行主要适用《外资银行管理条例》。再如，法律层级适用问题。2018 年 4 月，中国出台了具有相对统一、功能监管性质的《关于规范金融机构资产管理业务的指导意见》（“资管新规”），为资产管理领域的监管和规范提供了较好的支撑，被认为是功能监管的重大创新，且实施以来对资产管理领域形成强有力的规范，但是，“资管新规”是一个规范性文件，法律层级偏低，部分外资金融机构将其法律效力视为一种不确定性。

（二）金融法治与金融监管体制改革统筹待加强

1. 分业立法和综合经营的错配

中国金融业长期以来实行分业监管体制，在该框架下金融法律体系形成了分业立法和部门立法的特点，银行业、保险业和证券业分别出台对应的法律法规对行业内金融主体和金融活动进行规范和调整。然而，随着金融发展的深化和金融科技的影响，跨领域、跨部门、跨业务的金融产品和金融活动逐渐增多，金融业逐渐呈现出混业经营态势，原有的条块状监管和立法模式难以应对混业经营中具有横向特征的系统性风险。① 尽管随着国家金融监督管理总局的建立，不同金融领域的监管协调性有所增强，但金融立法碎片化的特征仍较为突出，顶层设计和综合统筹存在明显不足，在实践中存在不同领域法律规范不一致，交叉领域法律空白等问题，导致监管重复、监管盲区和监管套利的现象凸显。

2. "混合立法"导致金融私法供给不足

金融法治建设包含针对交易活动的金融私法及面向行业监管的金融公法。中国几大基础性法律如《保险法》《证券法》《信托法》等均采取混合立法模式，即将交易活动法和行业法合并在同一法律规范中，且更关注金融公法的改进，而忽视金融私法的革新。② 例如，《保险法》采取保险合同法和保险业法合并立法模式，前者以保险合同关系为规范对象，后者则以商业保险经营者为规范对象。而世界上主要国家尤其是大陆法系国家如德国、法国、瑞士、日本等国，均基于保险合同法的私法性质和保险业法的公法性质，采取保险合同法与保险业法分离的立法

---

① 温长庆：《我国金融稳定制度的立法模式与体系化建构》，《法商研究》2024 年第 4 期。

② 楼建波：《金融商法的逻辑：现代金融交易对商法的冲击与改造》，中国法制出版社 2017 年版。

体系。[①] 中国的合并立法体系导致在多次修订中均偏向于保险业法的修订，而保险实务发展过程中意外伤害保险、健康保险、团体人身保险等险种的规定则处于缺位状态。混合立法模式下金融交易活动与金融行业密切挂钩，而金融创新背景下出现的金融衍生品、结构化金融工具等复杂型金融产品难以区分其单一行业归属，无法适用单一金融法律对其进行有效监管。因此，交易层面的金融私法亟须进行系统性重塑。[②]

3. 央地金融监管中立法权和监管权统筹

立法是监管的依据，地方执行金融监管职责需匹配相应的立法权。然而，在中国金融法制体系建设中，央地立法权和监管权的分配处于不够均衡的状态。在立法权分配上，中央享有地方金融组织监管标准制定的垄断权力，地方金融立法仅仅是对中央金融监管政策的重申，并没有实质性权力制定地方金融组织的界定、市场准入、业务范围与经营规则等核心内容。[③] 目前，中央针对地方金融组织的监管法律方面，除了融资担保公司可依据行政法规《融资担保公司监督管理条例》，区域性股权市场、小额贷款公司和融资租赁公司可依据相应的部门规章，其余机构的上位法仍处于空白状态，且已有的上位法也尚未上升到法律层面。在这种背景下出台的各地区地方金融监督管理条例缺乏统一的立法依据，难以作为实际监管过程中有效的法律支撑。在监管权的分配上，金融属于中央事权是基本原则，但是，地方需要承担事实上和实质性的金融风险应对和问题金融机构处置责任，且是“主体责任”，同时，由于中央难以对庞大的地方金融组织进行全面监管，地方政府还需承担地方金融组织的监管和风险处置职责。在缺乏地方立法权和上位法支撑的情况下，地方基于本地金融发展的需要有较大的动机在中央监管规则模糊

① 樊启荣：《中国保险立法之反思与前瞻——为纪念中国保险法制百年而作》，《法商研究》2011 年第 6 期。

② 刘志伟：《私法规范对金融创新的回应》，《经贸法律评论》2021 年第 5 期。

③ 冯辉：《地方金融的央地协同治理及其法治路径》，《法学家》2021 年第 5 期。

或缺位之处进行迂回博弈，可能形成较大的金融风险隐患。

（三）金融法治与现代金融监管适配性仍需提升

金融法律规范是现代金融监管框架的基础支撑。中央金融工作会议，强调要加强和完善现代金融监管，党的二十届三中全会进一步强调，要深化金融体制机制改革。加强和完善现代金融监管是“十五五”时期金融体制机制改革的重点任务。在当前金融科技发展的背景下，贯穿各金融领域的一体化金融服务与产品持续涌现，综合经营与分业监管的“制度性错配”加剧，[①] 以统一立法整合各领域的法律规范以促进监管的有效性是加强和完善现代金融监管的关键和前提。因此，亟须出台全面覆盖金融调控、金融市场、金融机构、金融监管、金融产品和服务及金融基础设施的综合法律和专项法律，为中国建立现代金融监管框架提供法制保障。

重点领域和新兴领域立法亟待推进。一是重点领域基础法律的全面修订工作亟待全面展开。中国现行法律体系中专门规定金融问题的 10 部专项法律中，除了《期货和衍生品法》为 2022 年出台，其余法律均为 1995—2003 年制定。近年来，除了《保险法》《证券法》《证券投资基金法》曾进行系统修订，其余法律仅对个别条款进行修正，难以适应当前金融发展和改革的要求。为确保金融法律服务金融实践的需要，亟须加快立法工作协调，会同有关部门推动基础法律的修订工作。二是围绕新兴领域推进法制建设亟待深化。一方面，新兴技术的发展催生了数字金融等新兴金融领域，在促进金融深化发展的同时，也产生了新型金融风险。另一方面，经济改革的深化对金融支持乡村振兴和经济可持续发展提出要求，随之产生农村金融和绿色金融等新业态。然而，中国在

① 岳彩申：《金融活动全部纳入监管的立法路径》，《北京大学学报》（哲学社会科学版）2024 年第 2 期。

上述新兴领域的法治建设尚处于起步阶段，法律体系以规范性文件为主，立法层级相对较低，立法覆盖范围有限，亟须完善顶层法治框架的构建。

金融法治协同机制有待完善。一是不同部门之间的协同。在立法上，应减少不同部门法之间的冲突，通过联动修法等方式提高法律衔接性；在执法上，确保不同金融监管机构之间监管权力的合理配置和有效协同，落实宏微观审慎监管和行为监管。二是立法、执法和司法之间的协同。推动金融监管总局与最高人民检察院之间构建金融案件行刑衔接机制，强化金融监管的执法依据和违法行为的刑事责任。三是央地金融治理的协同。从法律规范层面明确央地金融监管权责的划分，尽快推进地方金融监管的上位法建设，为央地监管协同提供统一的法律依据。四是国内外法治的协同。一方面推进涉外金融法律建设，加快金融基础法律中域外适用条款的修订工作，强化对境外金融活动的监管；另一方面推动国内法与国际统一标准的衔接，提高中国法律建设在国际的影响力。

非法金融活动打击和金融消费者保护成效待提升。当前非法金融活动呈现出涉及面广、隐蔽性强、防范打击难度大的特点，随着金融业对外开放程度的加深，地下钱庄、跨境赌博、出口骗税等跨境非法金融活动也呈高发态势。为切实防范金融风险，亟须推动各行业主管部门，中央和地方之间构建非法金融活动防范打击协同工作机制，力求消除监管空白。同时，要落实金融活动中金融消费者的权益保护。目前，中国法律层面主要依据《中华人民共和国消费者权益保护法》开展相关工作，但该法主要着眼于一般商品与服务中的消费者权利，对金融领域消费者保护的规范不足。而2020年公布的《中华人民共和国金融消费者权益保护实施办法》则停留在部门规章层面，立法层次偏低。亟须将金融消费者财产安全权、知情权、自主选择权、公平交易权等基本权利的保护上升到基本法律高度，才能切实维护金融市场的平稳运行。

三 金融法治建设与现代金融监管的再思考

中国金融法治建设取得了历史性成绩，使得中国用短短 40 多年就建成了全球第二大金融体系，同时，中国金融监管体系整体与国际金融监管保持同步发展态势，在部分领域还处于领先水平。加快金融强国建设，既要遵循金融发展普遍规律，又要坚定不移走中国特色金融发展之路。这决定了未来中国金融监管改革和金融法治不仅要汲取发达国家金融法治经验，而且要着重突出中国国情与中国实践以提高适配性。这其中需要着重思考金融法治的功能定位、差异法系与国际监管实践、中华法系与金融法治建设等问题。

（一）金融法治的功能再认识

在加快金融强国建设中，以金融立法、执法和司法等相统筹的金融法治应发挥什么样的作用值得进一步思考。现代金融体系是一个从事信用转换、期限转换、收益转换和风险转换的复杂中介系统，其运行的本质是在法律授权下的持牌经营，需要受到法律法规的约束及规范。金融是一项金融资源配置权利，一种金融产品本质上是一份具有法律效力的契约，金融是建立在契约精神和法律规范上的资金融通，可见金融对法治具有依赖性，或法治是现代金融的基础，学术界和政策界一个基本的共识是现代金融本质是法治金融。① 2008 年国际金融危机后，国际社会对金融法治及其功能进行了深入再反思，嵌入宏观审慎管理后的金融法治不断健全。在国内，包括金融法律在内的中国特色社会主义法律体系已经形成，② 金融法治在党的十八大后进入了高质量发展阶段。

---

① 胡滨：《金融法治：金融业发展的基石》，《中国金融家》2010 年第 4 期。

② 陈甦：《体系前研究到体系后研究的范式转型》，《法学研究》2011 年第 5 期。

国内各界已就中国金融法治进行一系列探索并取得积极成效，当然与现代金融监管和金融强国建设的金融法治需求仍有一定差距。在加快金融强国建设过程中，叠加依法治国和法治中国的政策体系，金融法治的功能需进一步强化。第一，金融法治是金融机构规范经营和金融市场平稳运行的基本规范。金融法治通过提供基础性的金融制度、法律和规范为金融运行提供了根本遵循，金融法治要成为现代金融监管的基本内核。第二，金融法治是金融消费者保护的有力武器。投资者保护及其相应的法律执行成效是法与金融这个学科发展的起点，① 是金融法治的初衷，是现代金融监管的落脚点。第三，金融法治更是金融管理部门履职的基本规范。金融法治不仅是约束金融机构和金融市场的基础规范，而且是约束金融管理部门的根本要求，是金融执法和金融司法的行为准则。只有金融执法和金融司法部门有法可依、有法必依、执法必严、违法必究，才能真正确保金融体系的规范和稳定。第四，金融法治是对接内外金融市场的链接机制。现代金融体系是一个开放条件下的一体化系统，这不仅包括必要的金融基础设施联通，而且需要有可对接的法律规范、监管要求和规则标准。

（二）差异法系与美国监管实践的启示

19 世纪初以来，国际社会的法律体系逐步分化为大陆法系和英美法系。200 多年来，大陆法系和英美法系仍然深刻影响着国际社会的经济金融发展，并演绎出差异化的金融发展范式，并在一定程度上导致了东西方金融大分流。② 根据大陆法系和英美法系的分化，金融法治相应地演化出两个典型的范式。大陆法系着力于构建基于借贷关系或债权人

① La Porta, R., Lopez-de-Silanes, F., Shleifer, A., et al., 1998, "Law and Finance", *Journal of Political Economy*, 106: 1133-1155.

② 张晓晶、王庆：《中国特色金融发展道路的新探索——基于国家治理逻辑的金融大分流新假说》，《经济研究》2023 年第 2 期。

利益的金融法治体系，本质是围绕债权人的金融法治体系；而英美法系着力于构建基于直接融资的金融法治体系，本质是围绕投资者特别是中小投资者的权益保护及其制度安排。[①] 基于直接融资的金融法治体系则强调公司控制权、委托代理、高管激励、关联交易、内部人控制以及股份交易规范等环节的法律制度建设和监管强化。

美国是英美法系的最重要践行者，其金融法治对美国金融发展做出重大的贡献，使美国建设发展成为全球最发达、最具竞争力的金融体系。美国金融法治主要体现为立法先导、专业执法、动态修法和司法保障等特征。第一，立法先导。美国金融法治具有完善的法律体系，以联邦法律、行政法规和行业自律规则等为支撑，以判例作为支撑的动态修法和法官“立法”使美国金融法律在金融法治中发挥核心先导功能。第二，执法专业。美国金融法治执法专业性较为凸显，比如，《联邦储备法》《联邦存款保险公司法》《银行法》《金融服务现代化法》《多德—弗兰克法》都涉及银行业监管。第三，动态修法。基于英美法系的根基以及金融判例，美国金融法治具有动态修法的强力支持。比如，《联邦储备法》第 14 条（公开市场操作）第 2 款关于联邦储备银行权力（b）修订次数高达 29 次。[②] 第四，司法底线。由于实施判例法，美国金融法治体系中法官位于更加重要的位置上，甚至强于金融监管部门。因法官不仅具有判决权，而且因为判例后续影响具有一定的“立法权”。

虽然，中国金融法治是建立成文法律条款基础之上，但是，基于判例的美国金融法治同样能给中国带来有益的启示。一是法律制度建设要加快推进，特别是要补齐金融法律的短板。二是金融法治要具备专业秉性，给予微观主体更好法律预期。三是要建立健全弹性修法制度，可以是定期修法，也可以是因需修法。

---

① 邓乐平、皮天雷：《法与金融的最新研究进展评述》，《经济学动态》2007 年第 1 期。

② Federal Reserve Board-Section 14. Open-Market Operations.

（三）中华法系与金融法治

大陆法系和英美法系当前是国际社会的两个主流法系。从法制史的视角出发，世界法系主要由大陆法系、英美法系、伊斯兰法系、印度法系和中华法系所组成。虽然中华法系未成为当前国际社会主流法系，但是中华法系凝聚了中华民族的精神和智慧，有很多优秀的思想和理念值得我们传承。更重要的是，随着中国特色社会主义事业的发展，在传承文明、改革开放和汲取国际经验之后，中华法系将更加独树一帜。中华法系具有时间上的延续性、内容上的延续性和思想上的延续性，将“天理”“国法”“人情”有效融合，塑造了中国古代的法理传统和治理机制，并致力于整个文明秩序的建构。[①] 同时，中华法系还演化出非常完备的法律解释学体系。[②]

在中国式现代化的历史新征程中，在加快建设金融强国进程中，如何延承中华法律的优秀思想和理念，将中华优秀传统法律文化进行创造性转化，[③] 以更有效保障金融强国建设和中国式现代化，成为法治中国和金融法治的重大任务。实际上，在国际金融体系融合发展之中，金融法治范式已较难实质区分为基于债权关系和基于股权关系的两种相对独立的模式，比如，美国在银行业监管中同样注重公司部门的公司治理和委托代理问题，而中国作为一个银行主导的金融体系同样注重资本市场制度建设，特别是2023年以来，更加注重构建资本市场稳定内生机制以及全方位、立体化、可预期的资本市场监管框架和基础制度体系。

中华法系以中华法理为根、以中华法典为干、以中华案例为叶，[④]

---

① 张文显：《中华法系的独特性及其三维构造》，《东方法学》2023年第6期。

② 魏治勋：《中华法系立法文义解释方法与规则论析——从法律答问到唐律疏议的立法文义解释方法与技术》，《东方法学》2022年第6期。

③ 郝铁川：《中国式法治现代化与中华法系》，《世界社会科学》2024年第5期。

④ 张文显：《中华法系的独特性及其三维构造》，《东方法学》2023年第6期。

一定程度上具有了大陆法系成文法典内在秉性，同时又具备英美法系判例特征，能较好地适合当前中国金融发展的新趋势。从中华法系的延承、完善和改进的视角，立足现代金融发展的金融法治仍有亟待进一步深化思考的问题。一是从中华法理出发，“出礼入刑、隆礼重法，民惟邦本、本固邦宁，天下无讼、以和为贵，德主刑辅、明德慎罚，援法断罪、罚当其罪，保护鳏寡孤独、老幼妇残”是中华法系的六个基本维度，与金融相结合，可以看到中华法理与金融服务实体经济、金融政治性与人民性以及金融法治等的内在逻辑是内洽的，同时看到中华法理与中国特色金融文化也是一脉相承的，并体现出法治与德治的相融合。现代金融同时讲究以法律为准绳、以执法为关键、以司法为最后防线，追求科学立法、严格执法、公正司法、全民守法，为此诸如天下无讼、德主刑辅、明德慎罚等法理与现代金融的立法、执法和司法等的统筹仍存在一定的弥合空间。二是从法典出发，法典在中国经济社会治理中发挥了核心作用，世人所熟知的《唐律》《大明律》《大清律例》都在彼时经济社会法治中发挥基础功能。而从金融法治的需要来看，由于金融创新、金融全球化以及数字金融发展等的复杂性，法典化自身的适应性以及立法与法律解释技术都需具有针对性的和专业化的创新。三是从案例出发，中华法系的案例一定程度上具有判例的内在秉性，最高人民法院为此经常发布相关司法案例供执法和司法参考，但是，这与判例法体系仍有实质性区别，后者的判例不仅是裁决审判，而且是“立法”新的起点。

四　健全金融法治与金融监管优化的政策建议

2025 年是中国“十四五”规划收官之年，是“十五五”规划布局之年，是深入学习贯彻党的二十届三中全会精神的重要一年。针对当前复杂的内外经济金融形势，金融强国建设稳步推进，金融法治保障功能要进一步发挥，确保金融立法、执法和司法有效统筹，加强和完善现代金融监管，更好地推进金融高质量发展，助力中国式现代化。针对当前及未来一段时间金融法治建设和金融监管优化有如下五个建议。

（一）加强党对金融法治的领导

中央金融工作会议指出，加强党中央对金融工作的集中统一领导，是做好金融工作的根本保证。这就要求坚持党在金融法治工作中的领导和核心地位，切实为金融业高质量发展保驾护航。一是要落实党领导金融监管的体制机制。要充分落实中央金融委员会在金融稳定和发展的顶层设计、统筹协调、整体推进、督促落实中的核心作用，以及金融工作委员会在金融系统党的建设中的重要作用，进而将党中央集中统一领导的制度优势转化为治理效能，推动中国金融监管质效的提升。二是要学习贯彻习近平总书记关于金融工作的重要论述。防控风险是金融工作的永恒主题，必须坚持在市场化法治化轨道上推进金融创新发展，只有强化金融法治才能确保中国特色金融发展之路行稳致远。三是要坚持以人民为中心的根本立场。当前非法金融活动频发高发，相关风险涉及面广、危害性大，严重影响广大人民群众的切身利益。坚持党在金融法治工作中的领导地位，才能确保在金融立法、执法和司法过程中以维护人民利益为核心指引，发挥各部门协同效力，严格金融违法犯罪活动的打击和处置，有效防范化解重大金融风险。值得注意的是，在加快金融强国建设过程中，金融法治功能更加全面的发挥是个基础保障，同时，需要着重考虑中国法律体系与西方英美法系及大陆法系的关联与区别，着力传承中华法系的优秀思想、理念和实践，构建具有中国特色的金融法治体系，为全面加强和完善金融监管和金融司法提供扎实保障。

（二）加快完善金融法律体系

金融良法是金融法治的前提。结合中国金融法治的实践、不足以及

“十五五”时期中国金融法治的挑战，未来一段时间内金融法制建设仍是中国金融法治的基础工作，要将金融法律体系完善作为首要任务。值得关注的是，完善金融法律体系需要考虑中国法系与西方主流法系的差异性，汲取国际先进经验并有效融合中华法系优良要素，更好地适配金融高质量发展和金融强国建设。

一是加快制定金融法。这是党中央首次以“金融法”为题做出的重大部署。以金融法律规范建设为核心，更好地保障金融体系所需的公平正义、契约精神、市场机制和保障体系，是提升金融稳定和提升金融法治水平的基础。当前，一个重要的金融法律就是《金融稳定法（草案）》。2024 年 6 月，《金融稳定法（草案）》已经在全国人大常委会“二读”，在党的二十届三中全会的部署下，立法进程可能会加快，这将为中国金融风险应对、问题金融机构处置以及金融稳定保障提供更为扎实的法律保障。当然，制定金融法在广义上包括了金融法律的立、改、废、释、纂。

二是完善金融法律协同性。一方面，确保不同法律之间衔接顺畅。如中国正在推进的《金融稳定法（草案）》中对债务转移、资产转移的相关规定与《民法典》《中华人民共和国企业破产法》等法律仍存在衔接上的疑问，后续立法过程中还需进一步明确相关条款。完善修法制度，确保金融法律有效性。另一方面，建立定期修法机制，根据金融发展形势的变化及时对法律进行调整，为确保修法的及时性，可从小切口入手对部分条款进行修正，而非每次均进行全面修订。通过金融法律修改频率的提升来推动金融立法的动态调整，实现金融立法对金融市场发展和金融风险防控的高效适配以及与其他法律的协同性。

三是提高金融法律适用性。中国现行金融法律普遍存在一般性规定多、可操作性不强的问题，导致难以在刑事司法方面真正得以落实。例如，《证券法》中关于虚假陈述、内幕交易的规定偏少，在司法实践中存在较多障碍。由于法律规定不够清晰，在实际执法和司法过程中只能参照部门规章或规范性文件，然而该类法规文件立法层级较低，且存在不同部门规范性文件内容不一致的情况，难以真正用于执法和司法的参考。未来要完善相关基础法律在重要条款方面的实践适用性，同时应及时清理和整合重复、冲突的规范性文件。对重要领域，如资产管理，应提高相关法规立法层次，确保其能为执法、司法提供可靠的法律依据。

四是加快央地金融监管的上位法制定。有效化解央地金融监管之间的立法权和监管权冲突，需要加快地方金融监管的上位法制定，并合理划分央地之间的监管权责。首先，加快中央层面统一的《地方金融监督管理条例》的发布，明确地方金融监管规则的上位法依据，统一监管标准，强化地方监管实践中的执法依据。同时参考《融资担保公司监督管理条例》，加快其他类型金融机构监管条例的出台，提高立法层级和法律效力。其次，根据监管职能合理划分央地监管权责。在监管实践中坚持中央事权为主、地方为辅的监管原则，在中央监管事项内的金融监管要明确界定地方风险应对和机构处置的职责，防范处置责任泛化；在地方金融组织监管中，强化中央监管法律建设和政策指引，同时发挥地方金融管理当局的主动性。

（三）提升金融执法司法善治水平

实现有效金融监管体系的必要手段是金融法制建设，以明确金融监管的边界和监管的标准。一要对所有金融活动进行界定。中央金融工作会议提出，要依法将所有金融活动全部纳入监管，这对新时代的金融立法和金融监管工作提出了新的要求。为保障监管可行性，要明确界定金融活动的内涵和外延，同时在未来的金融立法中应坚持审慎原则，在民间金融活动、与科技结合的金融活动以及数字金融等的相关法律界定和司法规范上应留有空间。二要强化各金融行业监管法律建设。中国目前专门的金融行业监管法律仅有《银行业监督管理法》，而针对保险业和证券业的监管规范主要嵌于《保险法》和《证券法》中，专门性的法规文件《保险公司管理规定》和《证券公司监督管理条例》则停留在部门规章和行政法规层面，仍需进一步推进基本法律的建设，提高法律层级，以强化监管的法律支撑。三要对执法和司法行为规范进行界定。中国虽已推进《金融稳定法》的制定，但该法（二读稿）主要是基于宏观金融稳定和一般性原则入手、以金融风险应对和问题机构处置为重点的法律规范，建议可增强金融法治关于立法、执法和司法的针对性及普遍性要求，对各类金融活动的监管标准、监管职权、监管手段和工具进行统筹规范，① 提升金融监管者规范水平，同时着力实施功能监管，以消除金融混业发展下的监管漏洞和监管套利。或者通过其他方式的立法或规范来优化金融执法和司法行为。

（四）加快重点领域和新兴领域立法

一是加快重点领域立法和重要法律修法进程。第一，完善金融基础设施法律建设。国外主要经济体金融市场基础设施的法律建设模式包括在法律中制定单独条款以及单独立法模式两种模式。目前，中国有关金融基础设施的法律规范散落在不同行业法律中，为强化金融市场基础设施的统一规范，建议制定单独条款来加强基础设施保障。第二，探索政策性金融立法。政策性金融在中国经济社会发展中起着重要的作用。国外主要国家均已出台有关政策性银行的专门法律，如美国的《联邦进出口银行法案》、日本的《日本开发银行法》、韩国的《产业银行法》和《进出口银行法》等。中国应加快政策性银行法律建设，明确其业务边界和职能定位，强化其在中国重大战略、重点领域和基础设施等方面金融服务的法律支持。第三，根据国内外金融发展形势需求，加快修订和完善《中国人民银行法》《商业银行法》《保险法》《银行业监督管理

---

① 岳彩申：《金融活动全部纳入监管的立法路径》，《北京大学学报》（哲学社会科学版）2024 年第 2 期。

法》等基础法律。

二是加快新兴领域立法。加快完善数字金融、科技金融、绿色金融、农村金融等新兴金融领域的法律法规的制定。在数字金融领域，由于数字技术的跨部门和跨行业风险效应，应采取协同治理模式，在金融立法机构、金融监管机构和被监管机构之间合理分配金融规则制定权。[①] 以立法保障基本秩序，以伦理引导社会价值的普遍认同，在刚柔之间，则以金融行业协会等自律组织制定的行业标准作为过渡，构建金融法律规范、金融科技伦理指引、金融行业标准的系统体系。[②]

（五）加强涉外金融法治

一是细化国内法域外适用条款的有关规定。目前，《证券法》《商业银行法》等各项基础法律中的域外条款留白较多，仅为框架性的原则规定，何时管辖、如何管辖等触发标准和处置措施均未进行规定。需进一步对相关条款进行修订或补充说明，如出台相关司法解释或细则以增强条款的适用性。在具体细化标准的制定上，可参考美国证券法域外适用效果标准中的三要素——实质性、直接性和可预见性，[③] 确保域外适用条款的合法性和合理性。同时要明确触发条款后监管部门的执法权力和违法违规行为的法律责任。美国在域外适用条款构建时明确区分基于国家安全和其他原因采取的域外管辖分别适用于行政部门和以法院为主的执法模式。[④] 中国可进一步明确金融法律域外适用模式，做好行政部门和司法部门在域外管辖执行分工，有效落实域外管辖的行刑衔接。

---

① 周仲飞、李敬伟：《金融科技背景下金融监管范式的转变》，《法学研究》2018 年第 5 期。

② 郭雳：《国家金融安全视域下金融科技的风险应对与法治保障》，《现代法学》2024 年第 3 期。

③ 曹明：《我国证券域外管辖规则构建研究——以瑞幸咖啡财务造假事件为切入点》，《南方金融》2021 年第 2 期。

④ 孔庆江：《我国金融监管领域立法的域外适用：价值目标、建设路径和自我设限》，《中国外汇》2023 年第 16 期。

二是积极参与国际标准和国际规则的制定。推动中国在金融国际规则制定上从接轨到参与再至引领的身份转变。抓住金融科技、数字金融、绿色金融等新兴金融领域国际规则缺失的机遇，加快相关领域立法工作，并推动国内法与国际规则的衔接，发挥其在相关领域国际标准研制中的建设性作用。鼓励更多具有国际影响力的境内金融机构、金融科技企业参与国际标准制定机构的各项活动，充分提高中国在国际规则制定和国际金融治理上的话语权。

三是完善涉外金融活动的立法工作。目前部分金融领域在涉外法律体系上存在空白或法律层级较低，部分涉外法律法规偏向于原则框架，缺乏具体适用条款，仍需进一步完善细化，以强化对涉外金融活动的监管。就当前涉外金融法治需要来看，需要重点加强外商投资、涉外金融机构、数字货币、人民币国际化、外汇管理、金融稳定等方面的立法完善。[①] 推动《证券法》《银行法》《保险法》《期货和衍生品法》等基础法律涉外条款的修订，并加快出台专门性涉外金融法规和规范性文件，为金融高水平对外开放提供法律保障。

（执笔人：郑联盛、傅亨妮、张淑芬）

① 肖京：《涉外金融法治建设亟需进一步加强》，《中国外汇》2023 年第 16 期。

第十二章

以强大的金融监管助力金融强国建设

一 引言

强大的金融监管是金融强国的关键核心金融要素之一，完备有效的金融监管体系是实现高质量发展的重要保障。自2023年中央金融工作会议之后，金融工作的重要性得到持续提升，金融监管的职能与作用也随之加强。2024年中央经济工作会议再次强调，“有效防范化解重点领域风险，牢牢守住不发生系统性风险底线”，奠定了中国未来金融发展的总体基调。统筹把握金融监管与风险防控成为金融强国建设的前进方向。一方面，全面加强金融监管已经成为金融工作的重要任务。另一方面，防范化解金融风险作为金融工作的永恒主题，对金融监管提出了更高的要求。在全面建设金融强国的过程中，我们要确定现代金融监管的总体目标，借鉴国际金融监管实践的宝贵经验，有效梳理并补足中国金融监管的短板或弱项，积极主动构建与推动经济高质量发展和全面建设社会主义现代化国家相适宜的金融监管体系。

（一）金融监管的目标

对金融监管目标的确认决定了金融监管的发展方向，进而影响金融监管体系的构建与政策实施。因此，要建立适应金融体系发展要求的金融监管体制，首先要明确金融监管的目标。金融监管的首要目标是维护金融体系安全稳定。金融稳定是指金融体系处于能够有效发挥其关键功能的状态，[①] 意味着金融体系不仅能在冲击下平稳运行，并且具备化解潜在风险的能力。[②] 金融安全则是主权意义上的金融稳定，[③] 衡量了一国金融体系保障金融稳定状态的能力。金融活，经济活；金融稳，经济稳。金融监管保障金融体系稳定安全的最终目的在于促进金融发展，其落脚点是更好地促进金融体系稳健发展和金融功能高效发挥，要能更好地包容金融创新，促进金融竞争力。金融监管的重要使命是保护消费者权益。金融部门关联着众多金融消费者，保护金融消费者权益实际上就是维护国家信用制度、保护国家经济和社会总体利益，如果消费者的权益得不到保障，不仅会破坏市场平衡、影响金融体系长期发展，还会导致社会不稳定，危及金融运行与发展的社会基础。

（二）金融监管的原则

金融监管的原则与金融监管目标联系密切、相辅相成。第一，金融监管要做到依法从严监管。各国金融监管部门必须严格遵守依法监管与严格执法的原则，做到有法必依、执法必严。在金融机构办理市场准入、业务核准、项目界定和金融产品审查等环节中，监管部门必须依照相关法律法规秉公处理，以防发生监管过度或松懈。金融监管部门及其工作人员在执行监管时，也应该受到约束和监督。法律部门对监管者的行为要予以制约，金融监管工作者自身也必须遵守各种法规，坚持执法

---

① 中国人民银行金融稳定分析小组：《中国金融稳定报告（2005）》，中国金融出版社 2005 年版。

② Schinasi, G. J., 2004, "Defining Financial Stability", IMF Working Paper 04/187.

③ 胡滨、陈冠华：《中国金融稳定法律体系的构建》，载胡滨主编《中国金融监管报告（2022）》，社会科学文献出版社 2022 年版。

的连续性、一贯性和不可例外性，[①] 实现监管的纵向到底。第二，金融监管要全面覆盖、不留死角。金融风险在时间和空间上具有跨机构、跨市场、跨行业、跨区域的传染能力，且隐蔽性强，在未暴露前有着不易被察觉和识别的表象特性。要实现风险的有效管控，金融监管应做到全部覆盖、横向到边、不留死角。金融管理部门和宏观调控部门、行业主管部门、司法机关、纪检监察机关等都应履行相应职责，金融机构、投资者、消费者等市场主体应树立合规意识，媒体和公众也应共同发挥监督作用。[②] 唯有各方协作配合，才能形成全方位的监管合力，消除监管空白和监管盲区。第三，金融监管要与金融发展动态协同。金融监管应当顺应市场变化趋势，与金融发展保持同步。随着金融市场的现代化发展和金融创新的不断涌现，综合经营趋势日益明显，金融市场业务呈现跨市场关联、跨行业联动的特征，金融系统风险总量和结构都发生改变，监管机构应尽快对不适应金融发展新形势的规则进行修订，避免阻滞金融创新的积极性。监管机构还要把握国内、国际金融市场走向和金融机构的演变趋势，提高监管的事前性、先验性和前瞻性。

（三）影响金融监管体系的因素

第一，金融监管体系的形成和发展深受经济环境和政策导向的影响。一直以来，金融发展与金融监管职能权衡尚待厘清，由此导致政府的经济和金融政策目标往往与金融监管的审慎目标存在潜在冲突，进而导致监管机构在执行决策时需要权衡多种因素。在发展与监管的二元目标激励下，监管部门在实际操作中可能会出现较难兼顾的情况，并且，在金融稳定和发展之间的权衡和政绩考核导向中，往往侧

---

① 刘超、谢启伟、马玉洁等编著：《金融监管学》，中国铁道出版社 2019 年版，第 44—45 页。

② 范云朋、王先达：《构建央地协同、同题共答的监管协同体系》，《中国农村金融》2024 年第 8 期。

重于成绩较易观测的金融、经济发展目标，相对忽视成绩不易观测的监管目标。①

第二，金融机构的公司治理结构对金融监管的有效性具有重要影响。公司治理缺陷往往是金融机构风险积聚的重要根源，依托规范的公司治理程序强化金融机构约束，是金融风险防控的重要着力点。② 当前，一些金融机构的公司治理缺少有效的内控措施，无法成为金融监管的有力抓手，阻碍了金融监管的有效实施。

第三，金融市场的竞争性和透明度也是影响金融监管体系的重要因素。一方面，金融市场的竞争可以推动金融机构不断创新和优化产品与服务，以满足消费者的多样化需求。这种竞争机制有助于提升整个金融行业的活力和效率。另一方面，高透明度的金融市场能够增强投资者和消费者的信心，降低信息不对称带来的风险。

第四，技术范式更迭对金融监管的影响随着科技发展与日俱增。在金融科技广泛运用的时代背景下，金融业发展出新业态，引领着金融监管体系进一步更新完善。数字金融通过大数据挖掘，既提升了金融要素的配置效率，也能够有效规避道德风险，是对金融监管体系的有益补充。③ 虽然数字金融在很大程度上缓解了传统金融行业的弊端和掣肘，但其存在的数据流失、金融欺诈、定向威胁攻击等风险，也对传统金融监管模式提出前所未有的挑战。④

第五，随着金融市场的全球化，国际监管标准和实践对金融监管体系的影响也日益提升。监管机构需要适应全球金融市场的变化，遵循国

① 《中国特色金融监管道路：探索与实践》，载胡滨主编《中国金融监管报告（2024）》，社会科学文献出版社 2024 年版。

② 于华：《公司治理在金融风险管控中的作用》，《中国金融》2022 年第 2 期。

③ Demertzis, M., Merler, S. and Wolff, G. B., 2018, "Capital Markets Union and the Fintech Opportunity", *Journal of Financial Regulation*, 4 (1): 157-165.

④ 唐松、伍旭川、祝佳：《数字金融与企业技术创新——结构特征、机制识别与金融监管下的效应差异》，《管理世界》2020 年第 5 期。

际监管标准，参与全球经济金融治理，以确保国内金融市场的稳定和提升国际投资者的信心。

二　国际金融监管实践

（一）美国金融监管体系架构及现状

美国的金融体系以其复杂的多层次市场结构和广泛的机构参与而著称，它构建了一个高度复杂同时又功能明确的系统。金融监管机构在这个体系中扮演着至关重要的角色，它们通过制定和执行一系列监管政策和措施，确保金融市场的稳定性和透明度，从而保护投资者的利益，维护金融市场的公平性和秩序。

首先，美国的金融监管体系以美联储（Federal Reserve，FED）作为“伞式”监管的主体，其主要职能包括制定货币政策、监管和监督银行系统，以及维护金融稳定。作为货币政策的制定者，美联储通过调整利率和实施开放市场操作来影响经济活动和通货膨胀。同时，美联储负责监测和评估银行的资本充足性与流动性风险，确保金融机构稳健运营。美联储内部设立消费者金融保护局（Consumer Financial Protection Bureau，CFPB），加强了对金融消费者的权益保护，但其并不隶属于美联储，具有较高的独立性。

其次，美国建立了金融稳定监管委员会（Financial Stability Oversight Council，FSOC）作为多重监管体系中的协调机构，负责防范潜在的金融危机，确保金融体系的稳定性。该委员会的主要职责是识别和监测系统性风险，促进各监管机构之间的信息共享与协作。通过定期召开会议，FSOC 能够协调不同监管机构的政策和措施，及时识别金融市场中的风险。此外，FSOC 还负责制定一系列宏观审慎政策，以应对可能威胁金融稳定的因素。

最后，金融监管机构各司其职，负责不同类型的金融市场和金融机构的监管。美国货币监理署（Office of Comptroller of Currency，OCC）主要任务是授予和管理国民银行及其分支机构营业执照，规范银行经营行为，制定银行投资及贷款等业务规范。证券交易委员会（Securities and Exchange Commission，SEC）是负责监管证券市场的主要机构，其核心任务是保护投资者，维护公平和高效的市场，并促进资本形成。商品期货交易委员会（Commodity Futures Trading Commission，CFTC）负责监管商品期货和衍生品市场。联邦存款保险公司（Federal Deposit Insurance Corporation，FDIC）旨在保护存款人并维护银行系统的稳定。美国保险管理委员会（National Association of Insurance Commissioners，NAIC）负责协调跨州保险监管事务。通过这些监管机构的分工与协作，美国的金融监管体系能够基本全面覆盖金融市场的各个层面。

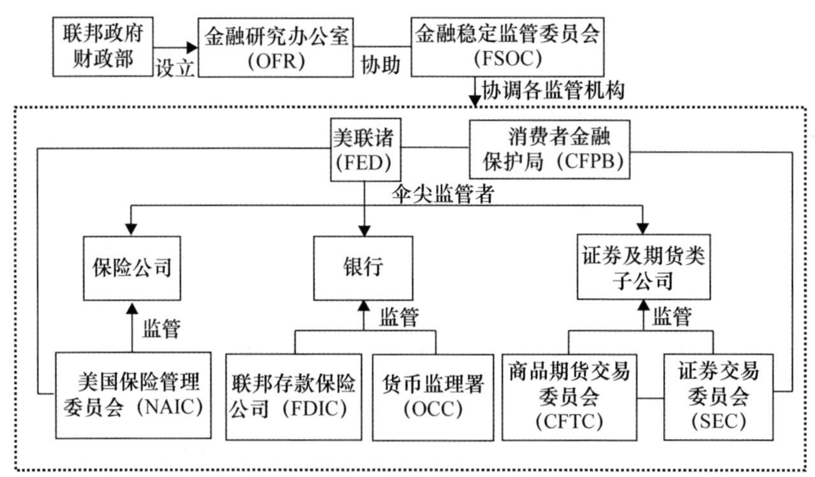

图 12—1　改革后的美国金融监管框架

资料来源：笔者根据安辉《金融监管、金融创新与金融危机的动态演化机制研究》，中国人民大学出版社 2016 年版整理。

随着区块链、人工智能等技术在金融服务中的广泛应用，传统银行业和金融市场正在经历前所未有的变革。这些技术不仅提高了交易效率，降低了成本，还改变了风险管理和服务交付的方式。面对这些快速的技术进步，美国的监管机构也在积极适应变革。监管者们进行了一系列监管创新探索，以确保新兴技术地融入不会威胁到整体金融市场的稳定性。首先，美国监管机构通过开发新的监管科技工具，来提升其监管能力。例如，美国消费者金融保护局（CFPB）提出了美国监管沙盒政策，包括合规协助沙盒（Compliance Assistance Sandbox）和试验披露计划（Trial Disclosure Program），鼓励进行创新金融产品和服务，同时鼓励测试创新信息披露方式；美国证券交易委员会（SEC）和美国金融业监管局（FINRA）等机构已经开始使用高级数据分析和人工智能技术来增强市场监控和风险评估。其次，美国监管机构展示了对创新的开放态度，并通过政策引导来鼓励技术发展。美国货币监理署（OCC）提出了“金融科技特许银行牌照”计划，旨在为非传统银行提供一种合法的运营框架，允许它们在遵守监管要求的同时提供创新服务；美国证券交易委员会（SEC）通过设立“创新办公室”与科技创新者对话，了解新技术，为新技术在证券行业的应用提供政策支持。这些举措不仅推动了金融服务的创新，也为监管机构提供了更多学习和适应新兴技术的机会。最后，美国金融监管机构将绿色金融和气候风险评估引入监管体系，旨在通过金融监管和市场机制来缓解气候风险。美国财政部成立了气候金融办公室，专门负责研究和应对气候变化对金融系统的影响。同时，美国证券交易委员会（SEC）也提出要求上市公司披露与气候变化相关的财务风险，以增强市场的透明度和预测性。美国在引入绿色金融和气候风险评估中所做的努力表明了其对气候变化影响的重视。

2025 年 1 月 6 日，美国国会正式宣布特朗普当选总统，特朗普的上台将重新开启放松监管（Deregulation），并进一步重塑美国金融监管体系，将产业发展置于风险预防之前，对新兴领域的金融监管产生重要影响。第一，对加密货币监管逐渐放松，美国在数字货币探索方面的路径和布局逐渐清晰。SEC 早期严格的监管虽限制了部分加密货币金融产品的快速推出，但也为行业筑牢了风险防控根基。SEC 前任主席加里·根斯勒（Gary Gensler）对加密货币秉持强监管立场，[①] 随着其宣布卸任，在新领导层的布置下，SEC 将朝着更加平衡的方向转变，从而促进监管规则更加透明。放松监管下，SEC 对数字资产的采用也将更加广泛，并将进一步完善加密货币的投资生态。投资者将拥有更多合规、便捷的投资工具，刺激市场需求增长，促使美国加密货币行业从野蛮生长向规范有序且活力充沛的方向迈进。第二，将放松人工智能领域监管，支持科技创新，确保美国在中美人工智能竞争中保持优势地位。特朗普的上台将废除拜登于 2023 年签署的有关人工智能的行政令，推动科技初创公司发展，为人工智能创新提供更平等的创新环境。第三，特朗普的上台将提升数据隐私监管的宽松程度。以特朗普为首的共和党在数据隐私和消费者数据收集监管方面的主导立场是倾向于维持自由市场的方法，同时鼓励提高透明度和消费者对个人数据的控制，主张采取较少的干预。

（二）英国金融监管体系架构及现状

英国金融监管体系改革主要立足于监管主体调整这一主线，由英格兰银行统筹主导金融监管。2008 年国际金融危机爆发后，英国在金融监管理念上开始考虑引入宏观审慎监管以维护金融体系的整体稳定，并于 2009 年通过《银行法案》和《改革金融市场》两部法案，再次将英格兰银行推到了金融监管的核心位置。2012 年通过的《金融服务法》撤销了金融服务局，取而代之的是在英格兰银行内部成立金融政策委员会（Financial Policy Committee，FPC），加强其作为中央银行的宏观审慎监管职能。FPC 通过识别并消除系统性风险，以保护和增强金融体系的稳定性和风险承受能力。同时设立审慎监管局（Prudential Regulation Authority，PRA）和金融行为监管局（Financial Conduct Authority，FCA），分别负责监管金融机构行为和保护消费者权益。PRA 通过对金融机构实施审慎监管，鼓励金融机构稳健经

① 财新网，https://finance.caixin.com/2025-03-04/102294431.html。

营以增强金融体系稳定性。FCA 通过保护消费者和促进竞争，维护和增强公众对金融服务与金融市场的信心。

英国这种以中央银行作为监管主体，以金融行为监管局作为补充，将审慎监管与行为监管相分离的模式被称为“双峰”模式。英国的监管模式一方面区分了维持金融稳定与保护消费者权益两个政策目标，使监管更好地适应混业经营的市场变动趋势；另一方面由中央银行统筹宏观与微观审慎监管，保证了政策制定的高效性和专业性，充分体现了目标导向的监管理念。①

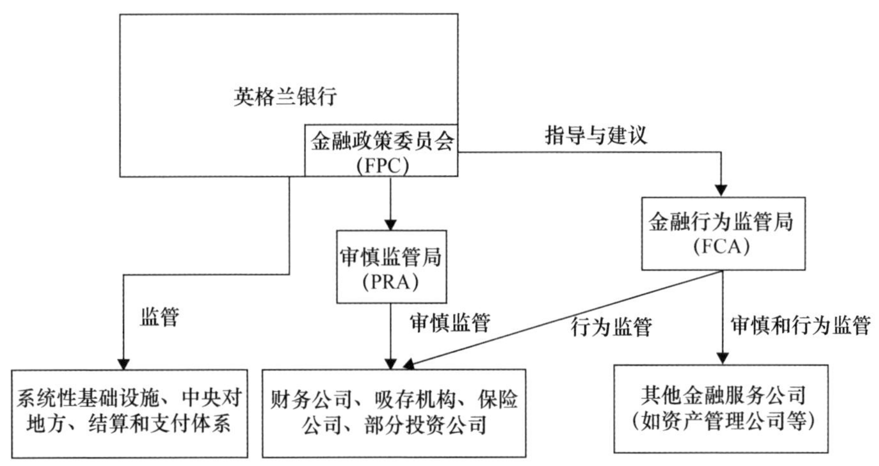

图 12—2　英国金融监管框架

资料来源：中国人民银行金融稳定分析小组：《中国金融稳定报告（2015）》，中国金融出版社 2015 年版。

英国作为全球金融中心之一，近年来在金融监管领域进行了一系列创新探索，尤其是在应对金融科技（FinTech）快速发展、人工智能应用深化以及加密货币市场波动等方面，展现了灵活性与前瞻性。其核心

① 熊婉婷：《宏观审慎与微观审慎协调的国际经验及启示》，《国际经济评论》2021 年第 5 期。

目标在于平衡创新激励与风险防控，同时巩固英国在金融领域的全球竞争力。首先，英国金融行为监管局（FCA）于2016年率先推出全球首个“监管沙盒”，旨在为金融科技初创企业提供一个受控的测试环境。企业可在有限范围内向真实用户试运行新产品或服务，同时与监管机构密切沟通，降低合规成本和市场准入风险。监管沙盒这一制度设计的特点是兼顾鼓励创新和防范风险、突出对金融消费者权益保护以及重视项目开展过程中的信息交流。① 监管沙盒的创新与应用有效平衡了金融创新与金融风险的关系。其次，英国央行积极研究数字英镑（Britcoin）的可行性，计划分阶段推进批发型（银行间）和零售型（公众使用）CBDC。英国积极开展加密货币领域监管实践，重点解决技术架构、隐私保护（匿名性平衡）及金融稳定（存款转移风险）等监管难题。最后，对于人工智能领域，英国采取“轻触式”监管原则，采用灵活原则，如透明性、公平性、可解释性，而非硬性规则，鼓励AI在反洗钱、信贷评估等场景的应用。

（三）欧洲金融监管体系架构及现状

欧洲金融监管系统主要以欧洲金融监管体系（European System of Financial Supervision，ESFS）和欧洲银行业联盟（European Banking Union）构成。欧洲金融监管体系为“1+3”的机构架构，包括负责宏观审慎监管的欧洲系统性风险委员会（European Systemic Risk Board，ESRB）和3家负责微观审慎监管的欧洲监管机构（European Supervisory Authorities，ESAs），此外，各成员国监管机构也是这一体系的成员。而欧洲银行业联盟则基于单一监管机制、单一处置机制和共同存款保险机制“三大支柱”，以欧洲中央银行为核心展开对银行业的监管，其规则

---

① 张景智：《“监管沙盒”制度设计和实施特点：经验及启示》，《国际金融研究》2018年第1期。

体系主要适用于欧元区国家，非欧元区国家也可选择加入，现由包括德国在内的21个国家组成。

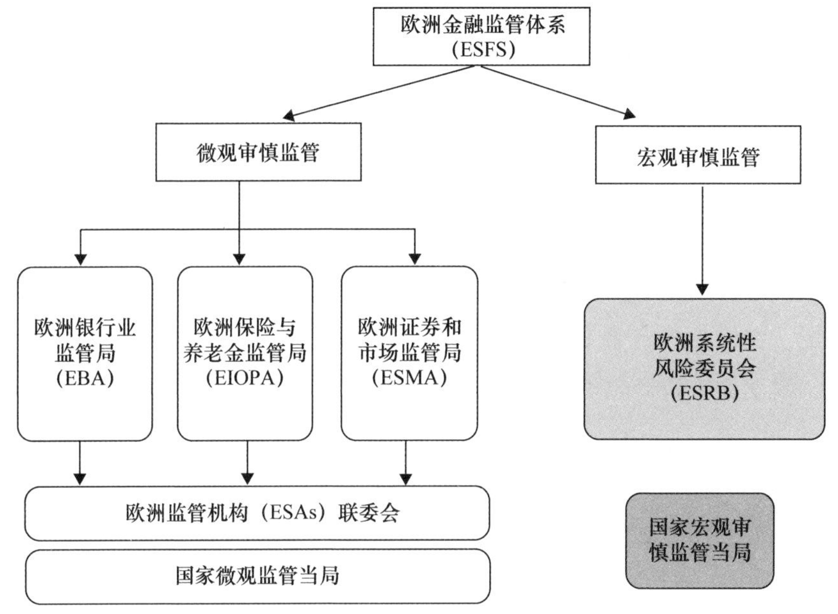

图12—3　欧洲金融监管体系（ESFS）

资料来源：European Systemic Risk Board，“The ESRB at Work—It's Role，Organisation and Functioning”，Macro-prudential Commentaries，Issue No. 1，2012（2）。

欧洲在金融科技领域的监管实践具有一定的开创性，对于全球金融科技监管有着重要的参考价值。近年来，针对数字化领域缺乏统一规则和监管碎片化问题，欧洲的立法进程明显加快，《数字服务法》（DSA）、《数字市场法》（DMA）、《数据治理法》（DGA）等的出台引起广泛关注。欧盟层面致力于构建统一的监管框架，现有监管计划主要集中于人工智能、加密资产等领域。为实现这些监管法律法规的落地，德国联邦金融监管局（BaFin）等金融监管机构也致力于国家层面的立法转化和相应配套措施的建立工作。针对金融领域人工智能应用的监管，欧洲议会已于

2024 年 5 月批准《人工智能法案》(*Artificial Intelligence Act*),作为全球首部人工智能立法,该法案对金融机构及其人工智能系统提供者产生监管效应。2024 年 8 月 1 日,德国联邦金融监管局发布了一份针对金融服务提供商的人工智能(AI)指南。该指南重点关注人工智能系统的公平性和偏见,包括《欧盟人工智能法》(*the EU AI Act*)中相关条款的摘要,并明确了 BaFin 将如何处理歧视性做法。

针对加密资产的监管,欧盟于 2023 年 5 月通过《加密资产市场监管法规》(*Markets in Crypto-Assets Regulation*, MiCA),由欧洲证券和市场监管局(ESMAs)负责。MiCA 旨在为加密资产建立统一的欧洲监管框架,在保护投资者利益和维持金融稳定的前提下,促进数字金融创新、激发加密资产供给能力。

(四)国际金融监管体制改革的经验及启示

纵观上述国际发达经济体的金融监管改革实践可以发现,2008 年国际金融危机之后,发达国家纷纷开始重视宏观审慎监管的作用,调整金融监管机构设置并强化不同监管部门之间的协同配合;密切保持与国际组织的监管合作;积极探索新兴金融监管领域,以应对日益普遍的数字化趋势。

第一,2008 年国际金融危机之后,世界主要经济体都开启了一轮以宏观审慎框架建设为重点的金融监管改革,突出了宏观审慎监管在监管体系中的地位和作用。在具体做法上,美国的《多德—弗兰克法案》强化了美联储的宏观审慎监管职责,成立金融稳定监管委员会(FSOC)等专门监管机构,充分修补了危机发生过程中暴露的金融监管漏洞,摆脱了以往微观审慎仅针对个体金融机构风险进行重点监管的局限,减少了发生系统性风险的可能。英国成立金融政策委员会(FPC)来加强中央银行的宏观审慎监管职能。通过识别并消除系统性风险,以保护和增强金融体系的稳定性和风险承受能力。欧盟成立欧洲系统性风险委员会

（ESRB），加强宏观审慎监管的实施。

第二，2008 年国际金融危机后，世界主要经济体开始谋求在金融监管领域实现国际合作，以期制定出一套适用于全球范围的金融监管标准，形成涵盖更多国家的金融监管合作制度。经过一段时间的探索，形成了金融监管国际合作的基本框架。① 美国金融监管当局加强跨机构合作，并积极参与国际监管合作交流，响应金融稳定委员会（FSB）等国际组织的工作，共同应对全球金融风险。随着金融一体化程度的加深，一些欧洲国家面临监管合作滞后和不一致所导致的监管套利问题。② 基于此，欧盟于 2012 年提出建立单一监管机制，将欧洲金融业监管权集中于欧洲中央银行，以避免欧盟体系内的监管套利和系统性风险蔓延等问题，随后欧洲中央银行、“1+3”欧洲金融监管体系与各成员国金融监管机构，依据欧盟共识和本国法律法规共同监管，监管权力向欧盟层面不断集中，监管规则呈统一趋势，形成主权与超主权监管机构的多边合作框架。

第三，随着互联网技术的不断应用普及，金融科技在很大程度上促进了金融市场高效运转，并催生出形式多样、种类丰富的金融产品与服务，但隐藏其中的复杂性与潜在性风险也对传统金融监管体系提出了挑战。③ 新兴的加密货币、区块链技术和数字支付系统改变了传统金融业务的模式，使得监管机构必须迅速适应，以确保消费者安全和市场稳定。为了应对这些变化，世界主要经济体的金融监管机构认识到金融科技在金融市场中的地位越发重要，开始尝试引入前沿科技手段赋能金融监管，并围绕着金融科技创新开展一系列探索。

---

① 王博文：《全球化背景下金融监管国际合作研究》，博士学位论文，吉林大学，2019 年。

② 安辉：《金融监管、金融创新与金融危机的动态演化机制研究》，中国人民大学出版社 2016 年版，第 731—732 页。

③ 胡滨：《金融科技、监管沙盒与体制创新：不完全契约视角》，《经济研究》2022 年第 6 期。

三 中国金融监管体系

金融监管作为保障金融体系安全稳定发展的重要抓手，其变革与金融体系的不断演进相适配，从而更好地发挥金融对实体经济的支撑作用，服务于金融发展与经济增长的长远目标。① 中国金融监管体系基于特定社会经济环境的动态发展而不断改革、完善，在历经七十余年的发展后，最终建立了具有中国特色的金融监管体系。在“十四五”规划任务收官与“十五五”规划前期谋划的过渡时期，中国将面临世界经济急剧变化、规则剧变等挑战。系统梳理中国金融监管体系的演变，总结中国金融监管改革的特点与面临的问题，对未来进一步完善中国特色金融监管体系，以强大的金融监管扎实推进金融强国建设具有重要意义。

（一）中国金融监管体系的演变

中国金融监管改革与发展可以分为四个阶段，一是 1949—1978 年计划经济体制下的大一统金融管理体系。这一时期，中国处于计划经济体系下，采用的是高度集中的管理模式，金融发展水平低且业务量小。基于此时的金融发展情况，中国并未形成明确的金融监管体系。这样的经济体制背景和金融组织结构，奠定了中国金融业和金融监管发展的基础，也逐步形成了计划经济体制下特有的金融管理体系，即以中国人民银行为单一主体的金融管理体系。

二是 1979—1991 年金融监管正式确立阶段。改革开放对中国金融管理水平和体制机制完善提出了更高的要求，金融业恢复发展，政府通过恢复或新设各类型金融机构以满足蓬勃发展的金融需求，从而对金融监管提出

① 张晓晶：《锚定金融强国目标，推动金融高质量发展——理论框架与实践路径》，《经济学动态》2024 年第 2 期。

了新的要求。一方面，中国恢复设立中国农业银行、中国银行和中国人民建设银行（后改为中国建设银行），中国人民保险公司以及中国国际信托投资公司等非银行金融机构相继成立，以银行监管为主的混业金融监管体系初步建立。另一方面，《关于中国人民银行专门行使中央银行职能的决定》《银行管理暂行条例》等法规条例的出台明确了中国人民银行是国务院领导下统一管理全国金融的国家机关，中国人民银行被正式确立为中央银行，并且成为相对独立、全面、统一的监管机构，对金融机构的监管由内部管理变为外部监管。这一时期，金融监管的主体、方式和监管内容都呈现出较明显的过渡性特征，但与上一时期相比，监管手段趋于制度化，金融监管理念逐步显现，为随后的金融分业监管体制的形成打下了基础。

三是 1992—2017 年金融监管体系完善和发展阶段。这一时期，中国金融监管体系经历了分业监管的形成、发展与完善。1992—2003 年是中国分业监管体制的确立阶段。随着金融各个子行业快速发展，金融机构种类和业务模式日益增多，集中监管模式无法满足金融业发展需求。为此，中国成立了中国证券监督管理委员会专门负责对证券市场的监管。随后，中国又成立了中国保险监督管理委员会，将原中国人民银行依法监管保险业的职能移交给中国保监会。中国人民银行、中国证监会、中国保监会分别对银行业、证券业和保险业实施监管，《银行法》《证券法》《保险法》等基本法律也随之诞生，初步形成了中国金融业的分业监管体制。

2004—2017 年是分业监管体制进一步发展和完善的阶段，监管协调机制不断完善，综合经营趋势初现。随着金融市场的进一步发展和金融创新的推进，以及金融危机等外部因素不断影响，金融市场对专业化、精细化监管的需求日益迫切。继中国证监会和中国保监会先后成立，2003 年中国银行业监督管理委员会正式挂牌成立，负责监管银行业。至此，中国金融监管体制形成了由中国人民银行负责货币政策制定，银监会、证监会和保监会实施分业监管的“一行三会”格局。通过分业监管和垂直管理的方式，一行三会监管体系有效地提高了金融监管的效率和效果，为中国金融市场的稳定和发展提供了有力保障。2008 国际金融危机之后，加强具有中国特色的宏观审慎监管的尝试和其他改革探索也在逐步推进。随着金融全球化趋势进一步加深，中国同国际货币基金组织、巴塞尔委员会、金融稳定理事会等国际组织在银行业监管、宏观审慎监管方面的联络与合作越发密切。一定程度上，具有中国特色的金融监管探索取得了实质性进展，金融监管与金融发展的匹配性和有效性均实现了跃升。①

四是从 2018 年至今的金融监管体系的调整优化阶段。在金融市场不断发展、金融产品日益丰富、金融风险日趋复杂的背景下，为了加强金融监管、防范化解金融风险、促进金融业稳健发展、适应现代机构监管的新

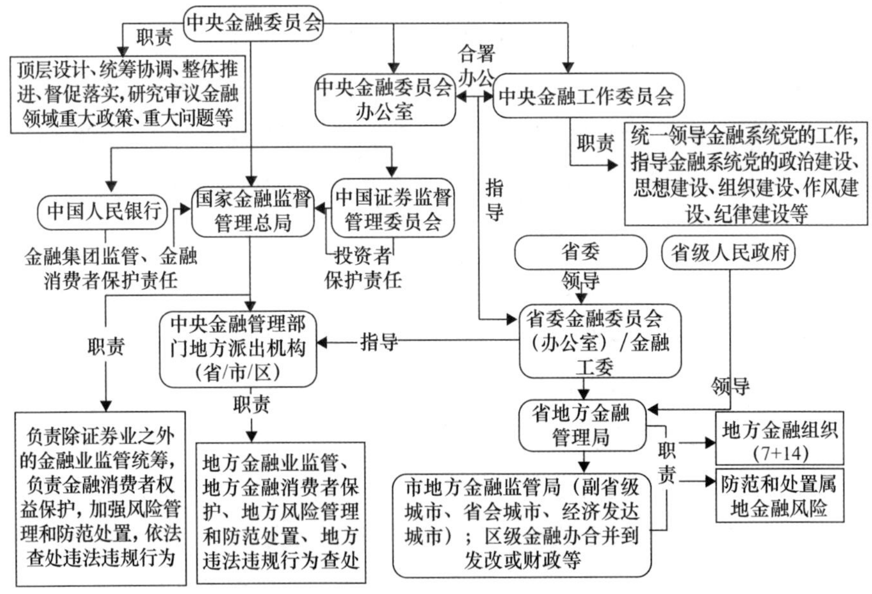

图 12—4　中国金融监管框架

资料来源：复旦大学中国金融法治研究院。

① 《中国特色金融监管道路：探索与实践》，载胡滨主编《中国金融监管报告（2024）》，社会科学文献出版社 2024 年版。

发展趋势，中国在金融监管体系多年发展、逐步完善的基础上，2023 年 5 月，国家金融监督管理总局正式揭牌，标志着中国正式开启“一行一总局一会”的新监管格局。2023 年，中央金融工作会议强调要着力提升金融监管有效性，守住不发生系统性金融风险的底线。在“十四五”规划目标任务的收官之年，金融监管部门和行业主管部门要明确责任，加强协作配合，实现金融监管横向到边、纵向到底，将所有金融活动纳入监管，要着力防范化解金融风险特别是系统性风险，为中国加强和完善现代金融监管，健全金融监管体系指明了新的方向。

（二）中国金融监管体系面临的问题与挑战

1. 金融监管与金融发展的职能边界仍需进一步厘清

在中国，金融监管体系同时承担着金融发展与金融稳定的职能，监管机构既要负责行业监管，往往又承担着金融发展的职责，二者的职能边界缺少明确界定。监管部门在实际操作中往往较难兼顾发展和稳定的双重目标，过度监管往往会对金融发展产生阻碍，而一味追求金融发展又会导致风险的累积。因此，金融监管需要在促进金融业发展和防范化解金融风险二者之间寻找相对平衡。通常来说，中央的监管目标是防范系统性金融风险，维护金融系统的稳定，而地方政府更重视金融发展和地区经济增长，在金融创新发展和金融风险防范无法平衡时，地方监管部门可能会更加偏向促进金融发展，而造成金融监管的目标被削弱，产生金融风险。在“十五五”规划即将开启之际，亟须找到金融发展与金融监管的平衡点，优化二者的职能权衡。

2. 综合经营模式与分业监管特征共同导致监管真空地带的形成

综合经营是中国乃至全球金融体系发展的主要趋势之一。20 世纪 90 年代以来，主要发达经济体纷纷通过改革，确立了金融业综合经营的发展方向。金融业综合经营趋势对金融监管提出了更高的要求。综合经营的金融机构存在风险隐蔽、道德风险突出、监管规避甚至监管套利等问题，客观上要求统一全方位的金融监管。在金融业综合经营趋势下，中国具有分业监管秉性的金融监管体系有效性需进一步提高。当前，中国监管模式仍然具有分业监管的秉性，而在金融业综合经营的趋势下易于形成监管套利空间，从而降低金融监管效能。分业监管体制下的监管机构各司其职，但是跨行业、跨市场和跨领域的金融监管专业人员相对匮乏，数据统计和信息服务较难实现全覆盖，较难实现与综合经营相适应的综合监管或统一监管。

3. 不同监管主体的权责难以有效统筹

现阶段，中国在央地协调机制以及地方金融监管权责划分方面仍需进一步优化改进，以更好地保障区域金融风险的防范化解。

一方面，中央与地方监管权责划分不明。《地方金融监督管理条例（草案征求意见稿）》（以下简称《条例》）确立了“中央统一规则、地方实施监管”的总体纲领，旨在贯彻“谁审批、谁监管、谁担责”的原则。但在具体规章制定时却并未对中央和地方的权责划分进行详细说明，导致责任无法有效落地。《条例》第一章第三条明确指出，“国务院金融监督管理部门负责制定地方金融组织的监督管理规则，并对地方金融监督管理部门监督管理和风险处置予以业务指导”。《条例》第四条中同样规定了“省级人民政府履行对地方金融组织的监督管理和风险处置职责”。可见，在对地方金融组织进行监管时同时存在着中央事权与地方事权，但是对于二者的职责界限、具体分工缺少详细规定，对于如何实行监督管理与风险处置也有待进一步说明。

另一方面，地方监管部门之间权责边界模糊，监管效率低下。一是地方政府倾向于通过地方金融机构解决发展问题，而对其监管职能有所淡化，对不同监管部门的权责界限缺少明确规定。二是地方金融监管对象的界定不够明确。现阶段，地方金融机构的类别在不断增加，给地方金融监管职责的划分提高了难度。三是部分地方中小金融机构走向交叉经营，金融业务呈现隐蔽性、交叉性、复杂性特征，进一步为地方监管带来挑战。此外，金融消费者权益保护存在多头监管，造成各方推诿扯皮。

4. 金融科技的应用为金融监管带来新的难题

现代科技的广泛应用使金融业态、风险形态、传导路径和安全边界发生重大变化。近年来，以金融技术为主导的金融创新业务发展迅速，大数据、云计算、人工智能、区块链等技术手段的应用，创新传统金融行业所提供的产品和服务，推动了金融创新的发展变革，但也带来了新的监管难题。第一，新兴金融业态虽然具有创新性和活力，但也存在业务模式不成熟、合规意识薄弱等问题，其金融创新业务可能涉及复杂的交易结构、高风险的投资策略以及不透明的信息披露，成为金融风险新的发源地。第二，由于金融科技的发展速度快于金融监管的跟进速度，使得金融创新业务缺乏及时动态的监管规则及监管标准。部分金融机构通过此类金融创新业务，在规避现有监管要求的同时进行监管套利，使得金融风险不断累积，这要求金融监管进行针对性监管，以有效降低金融风险。第三，去中心化与监管错配现象严重增加了金融系统性风险的复杂性和传染性。

当下，中国对于区块链、人工智能、云计算等高新技术的管理能力薄弱，对新兴领域金融的监管水平亟待提高，集中表现在数据治理、人工智能等方面。第一，数据基础设施安全风险防范不足。现代金融业云计算所依赖的分布式数据平台安全管理复杂度高，金融机构在应用此类平台时的风险控制手段不足，可能面临跨租户攻击、虚拟化技术漏洞等风险。而监管层面的数据基础设施协调机制不足，致使数据基础设施治理难以实现跨部门、跨机构、跨市场协同。第二，中国金融数据监管方式仍较为传统、滞后，并未对此类新兴技术的使用出台及时、动态、具有较好操作性的明确规范或技术指引，监管难以有效适应技术的快速发展。第三，人工智能等技术的应用缺乏明确规范。人工智能为金融行业发展带来了更多想象空间，但随着复杂度和自动化程度的提高，预测、证明或解释人工智能的行为越来越困难，金融风险极易累积。

5. 国际经济局势对中国金融体系造成外溢性冲击

一方面，美联储降息引发全球金融市场的剧烈反应，由此导致中美金融周期性错配，会对中国经济与金融体系产生外部影响。美国与中国作为全球经济最具影响力的两个国家，其金融周期的波动不仅影响全球资本流动和经济走势，也深刻影响着两国的货币政策、金融市场稳定以及长期经济增长。[①] 基于已有研究，中心国家货币政策调整存在很强的外溢性，是导致全球金融市场共振，驱动全球金融周期的重要因素之一。[②] 2024 年 9 月末，美联储意外降息 50 个基点。美国作为全球最大的资本市场，美元是世界储备货币的地位，使得美联储的政策外溢效应尤为明显，美国的降息直接影响了全球资本的流动方向和风险偏好，进而对全球金融监管造成影响。面对美联储降息，中国人民银行及时推出一揽子增量政策“组合拳”，包括降准降息、降低存量房贷利率、支持股票市场稳定发展的创新工具等一系列措施。这一背景下，中美两国的金融周期再次发生深度互动。金融周期的变动会放大金融市场与宏观经济运行的震荡，加剧周期性风险，进而导致系统性风险的产生。[③] 此外，全球经济金融一体化加剧了经济体的外部风险暴露，一旦外部环境发生变化、全球不确定性加剧，经济体的内部经济发展便十分容易受到外部冲击的影响。

另一方面，特朗普当选后的放松监管对中国金融监管会造成外溢性冲击。特朗普首次担任总统期间，便以放松管制作为核心施政方针之一，承诺大幅度削减联邦法规的数量。再次当选后，特朗普在放松银行业监管、支持加密货币等方面已透露出相对明确的政策倾向，预计特朗普将延续上一任期放松金融监管的思路，进一步降低金融合规成本以增强市场活力。从特朗普第一次实行放松监管来看，金融管制的放松可能引发系统性风险的长期积累。当资本充足率要求降低、风险控制标准弱化以及交易限制放

① 张晓晶、张明、费兆奇等：《金融助力经济回归潜在增长水平》，《金融评论》2023 年第 1 期。

② 谭小芬、虞梦微：《全球金融周期：驱动因素、传导机制与政策应对》，《国际经济评论》2021 年第 6 期。

③ 宋玉茹：《金融周期对经济增长的影响研究》，博士学位论文，中共中央党校（国家行政学院），2023 年。

宽时，金融机构倾向于开展高风险业务和金融创新，这种行为模式可能随着时间推移导致市场脆弱性加剧。历史表明，美国金融体系长期陷入“放松监管—危机爆发—强化监管—再度松绑”的周期性波动，典型案例如2007年次贷危机即源于过度宽松的信贷政策。根据美国金融稳定监管委员会（FSOC）2024年12月发布的年度报告，商业地产、私募信贷及加密货币等领域的风险呈现持续攀升态势，导致银行不良贷款率显著提高。同时，FSOC将人工智能技术纳入金融风险监测范围，指出其在提升效率的同时可能引入模型风险和网络安全隐患。

若未来美国进一步放宽金融监管，可能加速特定领域的风险集聚。特朗普政府“美国优先”的政策导向也可能对国际监管协调机制产生冲击。从长期视角看，美国金融稳定性的下降与全球金融治理体系的碎片化趋势，可能引发系统性风险的跨国传导。一方面，美国金融体系的脆弱性将通过资本流动、贸易渠道影响全球市场；另一方面，国际金融监管框架的非统一性可能导致监管套利空间扩大，如稳定币等新兴金融产品缺乏统一监管标准。这种双重压力将对中国金融安全构成挑战，需警惕跨境资本异常流动、金融市场波动传导等潜在风险。

（三）中国金融监管体系未来的工作重点

1. 有效预防经济过度负债化

近年来，随着防范化解金融风险攻坚战取得重要阶段性成果，中国金融体系保持稳定发展态势，为经济社会发展提供了重要支撑。2023年中央金融工作会议关注房地产市场、地方债务、中小金融机构等重点风险领域，将防控风险作为金融工作的永恒主题，牢牢守住不发生系统性金融风险的底线。从总量来看，中国系统性金融风险总体缓释，从重点风险领域来看，外部风险冲击、房地产市场、地方债务及中小银行等较突出的风险在金融管理部门积极应对下有所控制，但宏观杠杆率持续上升、政府债务结构失衡、地方债务问题仍阶段性凸显。因此，防止经济过度负债化、防范化解地方政府债务风险刻不容缓。

宏观杠杆率不断上升表明中国经济负债化的加深。宏观杠杆率的提升意味着负债收入的增加，经济主体负债随之增加，导致违约风险加大。经济高负债化进一步体现为政府部门间的债务结构失衡。从细分部门来看，截至 2023 年年末，中央政府杠杆率仅为 23.2%，远低于美国、英国、日本等全球主要国家，仍有较大加杠杆空间。地方政府杠杆率为 31.5%，超出中央政府杠杆率 8.3 个百分点。政府部门内部债务结构失衡导致地方偿债压力巨大。调节好政府部门之间的债务结构，是防止经济过度负债化的有力抓手。因此，2024 年政府工作报告提出，拟连续几年发行超长期特别国债，增加中央政府自身杠杆，在确保财政资金能够更加精准地流向重点领域的同时，有效做到分担地方政府债务压力，减轻其财政负担，使得地方政府更好地履行公共服务职能。从长远看，优化债务结构还需要从体制机制入手，调整优化中央和地方的财权与事权，推动地方财政收支与经济高质量发展相适应。

地方层面，受叠加税收、土地等财政收入下滑和地方政府支出责任扩大等多重因素影响，地方债务风险较为凸显。一方面，地方政府债务快速扩张，债务规模仍然偏高。尤其是专项债发行规模巨大、逐渐趋于一般化。随着债务规模扩大，在财力下滑、土地出让收入大幅下降叠加专项债项目收益偏低、优质资产转化不足的情况下，地方政府债务特别是专项债还本付息压力较大，一些地方存在化债不实、变相举债等问题，导致监管困难，不利于风险的识别和防范。另一方面，地方政府融资平台和部分国有企业存在刚性兑付及隐性担保问题，加大了地方债务风险的复杂程度。在此背景下，稳妥有效防范化解地方债务风险的紧迫性进一步增强。中央制定实施一揽子化债方案，通过重启特殊再融资债券助力地方存量债务化解、遏制新增隐性债务。同时，完善专项债券项目管理，扩大专项债的资金使用、完善投向领域，发挥其对社会投资的良好补充作用。此外，推动建立地方债务监管长效机制，进一步确保债务可持续发展。只有做好地方债务风险的防控，才能从源头上杜绝经济过度负债化现象。

2. 持续深化金融供给侧结构性改革

深化金融供给侧结构性改革是做好金融工作的重要抓手，是提高金融服务供给质量、推动金融高质量发展的关键手段。

第一，深化供给侧结构性改革是推动金融业高质量发展的需要。近年来，金融“脱实向虚”现象较为突出，这与金融资源配置的失衡高度相关。从供给端看，表现为金融结构的错配，货币信贷投放量充裕与实体经济资金偏紧形成反差。调节金融与实体经济之间的关系，要通过金融供给侧结构性改革建立健全更高质量的金融体系，优化金融资源配置效率，为经济的高质量发展提供有力支撑。第二，深化供给侧结构性改革是防范化解系统性金融风险的需要。金融风险的监管与防控是金融体系的重要功能，防范化解系统性金融风险是金融供给侧结构性改革的应有之义。金融供给侧结构性改革的本质是构建具备有效供给能力的金融体系，从而发挥其吸收、分散和管理外部冲击和不确定性的重要职能。聚焦房地产、地方债务、中小金融机构等重点领域风险，深化供给侧结构性改革，实现“稳增长”和“防风险”的平衡，是牢牢守住不发生系统性金融风险底线的根本举措。第三，深化供给侧结构性改革是完善金融功能的需要。金融功能发挥是中国过去经济高增长的重要支撑，但是交易促进、资源配置、风险管理以及经济调节功能均存在较多的短板，约束了金融服务实体经济的效果。金融功能注重金融体系与经济体系的关联，注重金融供求匹配以及金融结构优化，所以，需深化金融供给侧结构性改革，加速金融供给侧功能改进，进一步发挥金融服务实体经济的总体效能。

3. 坚持市场化、法治化推进金融风险处置

党的二十大报告指出，“加强和完善现代化金融监管，强化金融稳定保障体系”。稳妥有序处置金融风险是维护金融稳定、完善现代化金融监管体系的重要步骤之一。当下，随着防范化解金融风险攻坚战的逐步推

进，风险处置从金融产品和业务层面逐步延伸至金融机构，以市场化、法治化推进问题金融机构处置变得越发重要。

第一，问题金融机构的处置要遵循市场化原则。市场化处置问题金融机构需要构建一个既立足中国国情又符合国际标准的风险有序处置机制，以实现正常时期高风险金融机构的常态化处置。从目前中国问题金融机构的处置实践来看，问题金融机构处置主要在政府和金融监管部门的主导下进行，这种行政主导的处置模式虽然具有较高效率，但经常以较高的行政资源和公共资金为代价。应针对不同金融机构、不同风险问题采取不同处置方式，细化监管部门介入标准，使得处置程序透明公开。这样一方面可以稳定市场预期，另一方面可以鼓励和引导国有资本、社会资本和私人资本公平参与问题金融机构的处置和重组工作，营造透明公开的政策环境。

第二，问题金融机构的处置要遵循法治化原则。问题金融机构的处置要做到有法可依、有法必依、执法必严，要分门别类地明确相关的法律法规与监管条例并严格监管。相较欧美主要发达经济体，中国的金融稳定法律体系尚不完善。2022 年年底，《中华人民共和国金融稳定法（草案）》正式提请人大，意味着金融稳定领域的上位法即将正式出炉。应根据 2023 年中共中央、国务院印发的《党和国家机构改革方案》，对《中华人民共和国金融稳定法（草案）》做进一步调整，健全金融稳定顶层设计，对现有法律法规中零散的、不成体系的风险处置规定进行整合，特别是统筹《中华人民共和国企业破产法》《中华人民共和国公司法》《中华人民共和国银行法》《中华人民共和国证券法》和《中华人民共和国保险法》中关于问题金融机构处置的相关法规，弥补监管空白，理顺监管冲突，做好衔接工作，并重新修订《金融控股公司监督管理试行办法》，明确在新监管框架下的风险处置主体，细化风险处置和市场退出的相关规定。

四　加强金融监管的对策建议

国际主要经济体的金融监管改革实践表明，要建立健全稳健、有效的金融监管体系，需要重视宏观审慎监管的作用，强化不同监管主体之间的协同配合，密切保持与国际组织的监管合作，并积极探索新兴金融监管领域。中国在金融监管体系演变过程中也呈现出了监管协调机制不完善、监管主体权责划分不明、新兴金融领域风险，以及国际局势变动对中国金融监管产生外溢性冲击等难题与挑战。有鉴于此，本章对强化中国金融监管，构建长效的中国特色金融监管体系提出了以下对策建议。

（一）加强金融监管协调，提高金融监管质效

第一，要统筹中央和地方的监管协同。当前，中国形成“一行一总局一会”的中央集中监管和地方分工共治的金融监管体制，要想真正实现金融监管“面上全覆盖”“质上提效能”，金融监管理念就要从碎片化思维转向系统性思维，从分散思维转向整体思维，构建和实施多元协同共治机制，尤其要把握中央和地方的协同配合，以“央地协同，同题共答”作为完善现代金融监管体系的重要抓手。要充分发挥和保障中央金融监管部门集中统一的规则制定权和业务指导权。以“尽早处置金融风险，防止风险过度累积，形成超出金融机构体量的过度风险”为指导原则，做到风险早识别、早预警、早暴露、早处置。同时，以地方金融监管作为关键支撑。要充分尊重、维护地方政府及金融管理部门对地方金融机构的监管与风险处置权力。要强化地方金融监管能力建设，构建地方金融风险监测预警与早期干预机制，着重完善事中应对和风险处置机制，做好地方金融组织产品违约、机构破产、市场功能丧失等处置安排。只有以中央监管作为核心指导，以地方监管作为关键支撑，做到央地动作统一、政策一致、同题共答，才能真正实现横向到边、纵向到底的金融监管全覆盖。

第二，要健全权责对等的地方金融监管体系和风险治理机制。要推动金融安全网建设，提升风险监测、评估和预警能力，健全具有硬约束的金融风险早期纠正机制。有效统筹地方政府各监管部门之间金融风险和机构处置的权责关系，进一步优化地方政府权责对等、激励相容的风险应对和机构处置责任机制，特别是要明晰地方政府及其财政支出的责任。

第三，要加强货币政策与财政政策的配合。随着货币化、资本化持续累积和社会财富增加，金融深化进程加快，市场竞争加剧使得金融业转型和创新层出不穷，且政府信用介入金融体系程度加深，这些因素导致中国金融体系逐渐复杂化。在此背景下，构建完备有效的金融监管体系，防范化解中国目前房地产市场、地方政府债务、中小银行机构等重点领域风险，仅仅依靠金融领域的监管协调是不够的，还要密切联系地方财政与税收政策，进一步协调好金融和财政的关系，加强财政和货币政策协调配合。一是要搭建适合国情的宏观政策协调配合框架。在常态化环境中探索形成财政政策和货币政策的搭配组合，给予市场稳定预期。货币政策主要负责金融稳定并以流动性风险为主，财政政策负责经济社会总体风险并以应对问题机构偿付能力风险为主。二是要做好财政资金的流动性管理工作，提升国债在金融市场的基准作用和央行公开市场操作中的地位，助力金融风险处置长效机制建设。三是财政部门特别是地方财政部门可以通过纾困基金、直接资金支持以及政策性担保工具等各类措施为陷入短期困境的中小金融机构、房地产企业提供帮助，优化金融机构资产质量。四是财政要通过严明的财政纪律管控地方政府债务融资行为，金融要通过有效的市场机制约束地方政府和金融机构的行为，构建“财政纪律与市场约束”双机制，共同化解金融风险。

（二）有效统筹宏观审慎与微观审慎监管

2008 年国际金融危机以来，各国普遍加快金融监管改革步伐，宏观审慎管理理念不断强化。构建一个宏微观审慎有机结合的框架，成为推进国际社会治理变革和进行金融监管改革的共识。2017 年全国金融工作会议后，中国在建立金融监管顶层设计、系统性风险防控以及金融服务实体经济等方面加强了宏微观政策协同的探索实践，在影子银行风险治理、金融科技风险监管、高风险金融机构处置等方面，持续完善微观监管与宏观审慎监管协同的新治理架构，取得了金融风险攻坚战的阶段性成果。当前，金融创新复杂多样，防风险任务依旧艰巨。防范化解房地产市场、地方政府债务和中小金融机构等重点领域风险需要统筹宏观审慎监管和微观监管、深耕宏微观监管政策协同的金融监管体系。

微观监管与宏观审慎监管在监管内容与监管目标上具有不同的侧重。微观监管关注的是单个金融机构的合规与风险暴露情况，目标在于维护金融消费者的合法利益，使存款人和投资者遭受风险损失的可能性降低到某个特定的水平。宏观审慎监管则侧重于对金融机构的整体行为以及金融机构之间相互联系的监管上，关注的是金融体系内生的顺周期问题和整个金融市场的风险传染，目标旨在防范系统性风险、维护金融体系稳定、减缓对实体经济的冲击。宏观审慎监管与微观监管在政策上相互依赖，在目标上相辅相成，离开其中任何一方都难以确保金融稳定目标的实现，必须通过建立有效的协调机制来保障金融监管体系的完备有效。

统筹宏观审慎监管和微观监管，第一，在顶层设计上要加强金融协同监管的法律体系建设，在立法层面完善对不同监管机构的权责认定。第二，要尽快完善高效、有力的协调组织架构，加快完善中央金融委员会领导下的监管协调组织架构，加强央行宏观审慎管理、金融稳定的职能，明确金融稳定目标下各方权力和责任，并在实践中不断改进优化。第三，完善不同监管部门之间的常态化信息共享和沟通协调机制。如构建统一监管数据共享平台，利用大数据技术建设更为全面的风险预警信息系统等。第四，强化监管专注性，聚焦监管目标。宏观调控应以货币政策和宏观审慎政策“双支柱”调控框架为核心，着重宏观经济金融稳定；金融监管应以微观审慎监管为着力点，以行为监管作为补充，切实做到保护金融消费者权益、打击金融违法犯罪行为、维护市场稳定。

（三）全面强化机构监管、行为监管、功能监管、穿透式监管、持续监管

以强化金融监管为重点，以防范系统性金融风险为底线，统筹使用各类监管模式、充分发挥其比较优势，从而建立更完善的监管协调机制、发挥好监管协同作用。具体来说，要构建多层次监管框架，涵盖机构主体、业务行为、产品功能、风险传导路径以及全周期管理等多个维度，切实筑牢开放型金融体系的安全屏障。其中，功能监管以金融产品的经济属性为依据划分监管责任边界，作为机构监管的重要补充手段；穿透式监管通过深入剖析交易账户、投资标的等外在表现形式，精准识别金融业务的核心法律关系；行为监管重点规范市场主体的发行与交易行为，建立合理的市场预期引导机制；持续监管则保证金融监管在时间上的连续性①，形成动态调整的长效管理机制。② “五大监管”共同发力，保证中国金融监管体系持续完善、顺应中国金融体系的不断演进。以“五大监管”作为有机整体共同钩织出“金融安全网”，维护金融市场稳定。

（四）注重对金融科技的监管与数字化技术手段的运用，积极开展新兴领域监管探索

纵观国际发达经济体对新兴领域的金融监管实践，无一不引入前沿科技手段赋能金融监管，并围绕着金融科技创新开展一系列金融监管体制机制变革。中国也应当顺应数字化发展趋势，充分运用新兴数字技术进行监管手段的变革，将大数据、区块链、云计算与人工智能技术融入现有的金

① 赵锡军、沈靖人：《建设适应高质量发展的金融监管体系》，《中国金融》2024 年第 10 期。

② 赵锡军、沈靖人：《建设适应高质量发展的金融监管体系》，《中国金融》2024 年第 10 期。

融监管工具包，一要完善金融科技监管规则，明确数字支付、区块链、人工智能等创新业务的边界，进一步完善“监管沙盒”试点与动态调整机制。二要强化数据隐私保护与网络安全，建立金融数据跨境流动的合规审查机制。三要利用大数据、人工智能、区块链等技术构建实时监测系统，识别异常交易、关联交易和资金流动。四要建立统一的金融信息共享平台，打破“数据孤岛”，实现跨市场、跨机构风险穿透。此外，针对金融创新业务的监管套利现象，要构建一个具有长期、动态视角的金融科技监管长效机制，以保障金融稳定，缓释新型风险及其传染效应。

（五）保持金融监管领域的国际互惠合作，有效防范内外风险共振传染

随着中国与国际金融体系关联交互日益深入，在未来进一步加大金融高水平开放的进程中，积极推进国际金融监管交流与合作至关重要。构建中国特色的金融监管体系不仅需要本国努力，也需要各国之间互惠合作，以共同应对跨境金融风险和金融跨境监管套利，有效防范内外风险共振传染。

第一，要加强国际监管合作，积极参与国际金融监管体制构建。加强与金融稳定理事会、国际货币基金组织、巴塞尔委员会等国际组织以及重要经济体开展多层次的金融监管交流与合作，共同构建双边或多边金融风险处置机制和金融安全防护网，在金融监管国际协调的协调机制、协调效果评估方法等方面贡献中国方案和中国智慧，发挥中国的大国作用。

第二，加强与其他国家在金融监管标准领域的交流合作。一方面，建立双边或多边监管标准互认机制。中国可以与主要贸易伙伴签订监管互认协议，减少跨境金融业务的重复监管成本，并在“一带一路”共建国家推广中国成熟的金融监管经验，推动区域性标准协同。另一方面，深化跨境监管协作机制。中国应当与各国监管机构共建跨境金融风险监测系统，实时共享反洗钱、反恐融资、跨境资本流动等数据，进而推动国际金融数

据标准化。

第三，要有效防范金融风险的跨境溢出。针对美联储降息导致的中美金融周期性错配以及特朗普再次施行放松监管策略对全球金融监管体系造成的外溢性冲击，中国应当加强自身金融体系应对能力，通过着力金融高水平开放，提升国内金融体系与国际金融体系的利益关联和市场互动质效，着重防范外部金融风险的溢出效应。尤其是要着力防范风险跨区域、跨市场和跨境传递共振，在实施金融高水平开放的同时有效保障金融稳定。

（执笔人：范云朋、王先达）

第十三章

跨境支付清算机制比较与中国的未来发展

人民币跨境支付系统是金融强国建设最重要的金融基础设施，更是人民币国际化的重要支撑。2023年中央金融工作会议和党的二十届三中全会进一步强调“稳慎扎实推进人民币国际化”，为全球大变局下中国稳步提升人民币的国际地位提供了行动指南。百年未有之大变局下，环球银行金融电信协会（SWIFT）作为全球最为广泛使用的金融报文传输系统，频繁被用作大国博弈的重要金融工具，进一步凸显了跨境支付清算系统作为金融基础设施的重要性。在此背景下，中国如何加强跨境支付清算系统的建设以及应对潜在风险，对于实现人民币国际化以及数字人民币国际化具有极为重要的战略意义。

一　跨境支付清算概述

跨境支付分为交易前（Pre-trade）、交易执行（Trade Execution）和交易后（Post-trade）三个阶段。其中，清算和结算是交易后阶段中的两个重要环节。

（一）跨境支付清算的基本概念

1. 定义与内涵

跨境支付清算是指在国际经济活动中，不同国家或地区的经济主体之间进行货币资金转移和债权债务清偿的过程。根据国际清算银行（BIS）的定义，跨境支付清算包含交易双方交换交易信息（交易清分、数据收集等）、保证金计算和管理、计算双方待结算债权等，且各清算模式基本遵循了交易确认、资金支付和账务处理等核心流程。

跨境支付清算模式主要分为双边清算和中央对手清算两种模式。一是双边清算模式，即交易双方直接通过代理行完成资金交割，为外汇市场主流模式，其优势在于灵活性高但风险敞口集中；二是中央对手清算模式是指通过中央对手方（CCP）作为第三方来完成清算的方式，该模式实现多边净额轧差与风险敞口统一管理，尽管在外汇领域应用较少，但具有一定的风险缓释优势。

需要特别说明的是，尽管在部分场景下“结算”与“清算”这两个术语容易被混淆使用，但从金融业务本质的视角来看，它们代表着两个截然不同的过程。清算聚焦于交易数据核验与债权债务确认，通过计算、轧差形成待结算头寸，属于信息流处理范畴；结算则基于清算结果完成资金所有权的实质性转移，属于资金流交割行为。二者的差异化特征体现在：第一，操作属性层面，清算通过交易对账明确资金承诺关系，仅涉及银行内部账户与储备金的虚拟划转，而结算依托央行结算网络实现银行间实体资金划拨；第二，时效性层面，清算依托数字化系统可在分钟内完成，使收款方可即时获取资金使用权，而结算作为终局性资金交割，既可与清算同步实时执行，也可采用延迟净额结算机制。

2. 主要流程与环节

跨境支付清算的流程较为复杂，涉及多个参与方和多个环节。以常见的银行转账跨境支付为例，其主要流程如下。

第一，交易发起。付款方在其开户银行或通过第三方支付机构发起跨境支付指令，明确收款方的姓名、账号、开户行信息以及支付金额、用途等详细内容。付款方银行会对支付指令进行初步审核，检查付款方账户余额是否充足、指令信息是否完整准确等。若指令无误，付款方银行将支付指令发送至跨境支付清算系统。

第二，传输跨境支付信息。支付指令以特定的报文格式在跨境支付清算系统中进行传输。国际上常用的报文标准有 ISO 20022 等，该标准规定了支付信息的编码方式和传输规则，确保不同银行和支付系统之间能够准确、高效地交换信息。报文在传输过程中，会经过多个中间节点，如国际清算银行、代理行等，这些节点负责对报文进行转发和路由，确保其能够准确无误地到达收款方银行。

第三，清算处理。支付服务提供商在收到指令后，首先会进行内部的合规性检查。包括验证付款人的身份信息是否与账户记录一致，检查支付金额是否在付款人账户的可用余额或信用额度范围内，以及确认支付用途是否符合反洗钱（AML）和反恐融资（CFT）等监管要求。同时，还会对该笔交易进行风险评估。例如，对于大额或高风险地区的交易，银行可能会评估交易对手的信用风险、国家风险（如果涉及政治不稳定或经济制裁的国家）等。如果发现任何可疑情况，如付款人频繁向境外高风险账户转账，支付服务提供商可能会暂停交易并进行进一步调查。

第四，完成结算。收款方银行完成资金入账后，会向收款方发送结算完成通知，告知其资金已到账。同时，付款方银行也会向付款方反馈支付结果，通知其支付交易已成功完成或失败原因。至此，整个跨境支付清算流程结束。

（二）国际市场主要跨境清算及支付设施

国际市场的主要清算支付设施是指支撑跨境交易资金流转、确保交易安全高效完成的全球性金融基础设施网络，包括机构、系统及规则体系（如 SWIFT、CHIPS、TARGET2 等），负责处理货币清算、结算和跨境支付业务。

1. SWIFT 广泛连接全球外汇市场基础设施和市场参与者

环球同业银行金融电讯协会（SWIFT）提供国际标准化金融报文服务，通过 MT0xx 至 MT9xx 等 10 类标准格式报文支持客户汇款、金融机构转账、外汇买卖、证券市场、大宗商品、跟单信用证及保函等业务，覆盖从贸易结算、融资、金融交易前中后台处理、现金管理到支付等金融领域，在外汇交易等全球金融交易中发挥重要作用。值得注意的是，SWIFT 常被错误认知。实际上，SWIFT 并非结算网络或清算网络，而是一个信息传递系统，其主要职能是在全球范围内传递支付指令，这些指令后续由专业的清算或结算系统进行处理。

SWIFT 联结了全球 200 多个国家和地区的 1.1 万多家金融机构，支持 80 多个国家和地区的支付清算系统以及 20 多种货币，逐步建立起集报文交互、产品创新、规则制定、标准实施、技术支持、信息共享、金融监管于一体的生态圈，已成为全球重要的金融基础设施之一。根据 SWIFT 2023 年年报数据，[①] 2023 年，SWIFT 传输的 FIN 报文数量达到约 120 亿条，较上年增长约 9.9%。该增长趋势彰显出全球金融机构对 SWIFT 网络在跨境支付、证券结算和金融服务等领域的强大依赖。具体而言，支付信息占比约为 44.5%（约 53.4 亿条），仍然是 SWIFT 报文的最大组成部分，尽管其占比略有下降。证券信息占比约为 47.1%（约 56.5 亿条），依然保持较高的比重，反映出全球证券市场的增长及 SWIFT 在资本市场中的重要角色。其他信息（如外汇、资金交易、贸易融资等），占比约为 8.4%（约 10.1 亿条），较之前有所增长，反映了

① 2023 年发布的《SWIFT 全球支付报告》中包含各类金融报文的传输数据。参见 https://www.swift.com。

非支付类业务（如外汇交易和贸易融资）在全球金融交易中的比重上升。此外，SWIFT 作为信息传输通道与支付系统等相关设施紧密联系。全球有超过 105 个支付清算系统依赖 SWIFT 进行信息传递，如欧元支付系统 TARGET2。

2. 同步交收设施在防范跨国外汇交易同步清算风险方面发挥重要作用

自中国香港 2000 年在全球率先推出美元对港币同步交收服务以来，国际外汇市场经过二十多年的发展逐步形成了全球性和区域性两类同步交收设施，前者以持续连接结算设施（Continuous Linked Settlement，CLS）为代表，后者以中国香港为主要代表，对防范化解外汇交易的赫斯塔特风险①起到了重要作用。

CLS 是 2002 年成立的全球性多边外汇清算机构，由美联储监管，通过英国和美国的分支机构分别负责系统运行与实时支付服务。其核心功能是提供 18 种货币的即期（T+1/T+2）及衍生品交易的同步交收（PVP），覆盖超 70 家结算会员及 3 万个第三方机构，日均结算额逾 6 万亿美元。CLS 通过连接各国央行支付系统，实现跨币种全额实时清算，借贷记结算账户同步完成资金收付，彻底消除外汇结算风险，目前处理全球超 40%的外汇交易结算。

区域性同步交收设施以中国香港和中国台湾为代表。中国香港依托金管局 RTGS 支付系统（港币 CHATS）完成支付，于 2012 年成为全球首个实现美元/港币的 PVP 机制，现支持 9 个货币对（含人民币/港币）。同时，中国台湾 2013 年上线同步交收系统，支持新台币与美元、人民币等 5 种货币结算，货币由指定银行处理流动性，新台币通过央行

---

① 1974 年 6 月，在赫斯塔特银行清盘的过程中，其他交易对手向赫斯塔特银行支付了德国马克，而赫斯塔特银行却无法及时向对方支付美元，导致其交易对手产生了巨额本金损失，被联邦德国当局关闭。赫斯塔特风险根源于外汇交易的复杂性，24 小时的不间断交易，同时又交替涉及不同国家的交易支付体系、汇率制度、资本项目制度，甚至是司法体系。

系统完成。两地机制均通过对接当地央行或指定结算行实现跨境资金同步划转，有效降低外汇交易信用风险。

3. 主要支付系统为跨境支付清算提供基础保障

美元跨境支付系统 CHIPS、欧元支付系统 TARGET2 和人民币跨境支付系统（CIPS）等主要货币国家的跨境支付系统，在外汇清算过程中发挥着关键作用。它们通过确保信息准确传递、提高清算效率和降低清算风险等多方面的保障措施，为全球贸易与金融市场的稳健发展奠定了坚实基础。随着全球经济一体化的深入发展和金融科技的不断创新，主要跨境支付系统也将持续升级和完善，进一步提升外汇清算的质量和效率，助力全球经济的繁荣发展。

4. 新兴的支付系统

伴随移动互联、人工智能、大数据、区块链、云计算等的成熟与普及，跨境支付清算进入数字化时代，支付与互联网技术的结合催生了新的参与者、新的支付清算方式、新的支付清算组织和新的商业模式。在数字货币和跨境支付领域，Stellar 和 Ripple 作为新兴的支付系统引起了广泛关注。具体而言：其一，Stellar 是一个开源的、分布式的支付技术网络。该网络主要用于连接银行、支付系统和个人，以实现低成本、快速的跨境支付和货币兑换。Stellar 的目标是通过构建一个全球金融网络，使金融服务更加普惠，让任何人都能方便地进行跨境转账和货币交易。其二，Ripple 是一个基于区块链的全球支付网络。Ripple 允许金融机构在全球范围内进行实时、低成本的跨境支付。其通过使用自己的数字货币瑞波币（XRP）以及独特的共识算法，帮助银行和其他金融机构快速、安全地转移资金，去除了传统跨境支付中的许多中间环节，提高了支付效率。然而，尽管 Stellar 和 Ripple 在一些特定领域和地区得到应用，但与传统支付系统相比，其市场接受度仍然较低。

二　主要国际货币国家的跨境支付系统

从主要国际货币国家的发展实践来看，支付系统的发展模式有两种：一是央行运行大额支付系统，市场机构运行零售支付系统；二是大额支付系统和零售支付系统由央行统一运行。随着货币国际化的推进，支付系统运行范围不断扩大，支付系统运行效率不断提升，全球性和区域性支付系统持续推进，满足了国际化产生的大量支付需求。

（一）美国

美国大额支付系统和零售支付系统主要由美国联邦储备银行（FRB）和美国支付清算所（the Clearing House Payment Company）运营，其中大额支付系统主要包括美联储运营的电子划付系统（FedWire），以及美国支付清算所运营的银行间支付系统（Clearing House Interbank Payment System，CHIPS）。跨境支付方面，外国机构可以通过FedWire直接参与者（在美国成立的分支机构、代理机构或附属机构）使用FedWire资金转账服务；CHIPS系统主要进行跨国美元大额交易的清算；CLS提供跨境外汇间同步交收清算。

CHIPS是全球最大的私营美元支付系统，主要用于处理跨国美元交易的清算与结算，通过收付相抵、轧差结算的方式，为成员方和CHIPS客户之间的美元资金转移提供服务。CHIPS由纽约清算所协会运营，主要进行跨境美元交易的清算支付。CHIPS会员分为清算用户和非清算用户两类，商业银行、投资公司等均可成为CHIPS参与者。清算用户需开立CHIPS账户，并在每个结算日通过FedWire向其CHIPS账户注资，完成注资后可直接通过CHIPS系统进行清算和资金划转。非清算用户必须在清算用户开立代理结算账户以实现资金清算。CHIPS处理全球95%左右的跨境美元交易，日均清算量超过1.8万亿美元，是全球美元结算的核心设施。

CHIPS 核心优势在于通过“实时结算”模式，确保资金的即时清算和减少系统内部的结算风险。CHIPS 采用集中清算模式，这意味着所有交易都通过中心化的清算机制进行，这为系统提供了高效性和安全性。但集中清算的方式也带来了集中化的风险，一旦系统出现故障或受到攻击，可能会影响整个支付网络的稳定性。CHIPS 采用延迟净额结算（DNS）方式，即在一定时间内对参与者的收付指令进行汇总和轧差，然后统一进行资金的清算和结算，这种方式可以提高清算效率，降低资金占用和清算成本。

（二）欧洲

泛欧实时全额自动清算系统（Trans-European Automated Real-time Gross settlement Express Transfer system，TARGET）是欧洲央行体系大额支付系统的总称，于欧元区创立之时启动，由欧元体系（Euro System）管理和运营。TARGET 于 2007 年升级为第二代，即 TARGET2。该系统基于德、法、意央行联合开发的统一技术平台构建，各欧元区央行通过独立子系统接入，覆盖超 1700 家直接参与者（央行及欧洲经济区信贷机构）和 5.5 万家间接参与者。直接参与者可开立账户并提交支付指令，间接参与者需通过直接代理机构操作。作为全球欧元清算主渠道，TARGET2 支持实时全额结算，确保欧元跨境交易的安全高效执行。

TARGET2 兼具全额结算系统支付完成迅速以及净额结算系统节省流动性的优势，具有较高的安全性和可靠性，同时支持国内和跨境欧元支付的处理，并与众多欧洲地区的结算系统相连，包括 EBA 清算公司运营的 EURO1、STEP2、CORE。所有与欧洲货币政策相关的支付操作都是通过 TARGET2 完成的。欧洲经济区内的银行可直接参与 TARGET2，或者通过 TARGET2 的直参银行代理参与。与其他系统相比，TARGET2 的清算时间较短，结算效率较高，但它主要服务于欧元区，适用范围相对较窄，且系统内的参与者多为欧洲国家的金融机构。

（三）英国

英国大额支付体系采用独特的“RTGS+CHAPS”双层架构。其中，RTGS（实时全额支付系统）作为央行核心结算枢纽，管理金融机构准备金账户，为跨行交易提供实时全额结算服务。RTGS 功能扩展至多领域，其不仅支持 CHAPS 批发支付，还为 CREST 证券结算、Faster Payments 即时支付等 8 类零售系统及 CLS 外汇清算提供最终结算。

CHAPS 作为 RTGS 的上层业务系统，专注金融市场交易清算、企业大额汇划等高时效支付，无单笔金额限制。该系统自 2017 年 11 月起由英国央行直接运营，强化端到端风控能力。CHAPS 的参与模式呈现高度分层特征，其仅有 33 家直接参与者（多为跨国银行），依托流动性节约机制提供紧急/非紧急结算选择；大量国际金融机构采用间接参与模式，通过代理行完成清算。2021 年 CHAPS 日均处理 19. 18 万笔、0. 33 万亿英镑交易，虽仅占支付业务总量的 0. 5%，却承载全英 93%的支付金额，笔均 172 万英镑的规模凸显其批发金融属性。①

（四）日本

日本外汇日元清算系统（Foreign Exchange Yen Clearing System，FXYCS）于 1980 年 10 月由 TBA（现在的 JBA）推出，旨在促进跨境日元支付的清算。早期 FXYCS 依赖纸质单据处理，效率较低。1989 年东京银行家协会对其进行改造，实现自动化，并将经营权委托给日本银行。自此，该系统依托日本银行的日本银行金融网络（BOJ-NET）系统，成为日元跨境清算的重要平台。FXYCS 有 DNS 模式和 RTGS 模式两种结算

① 参见英国央行 2021 年 12 月发布的《金融市场基础设施原则》（PFMI）自评估报告，https://bbs. dezhifl. com/thread-322149-1-1. html。

模式。随着下一代 RTGS 项目第一阶段的实施，FXYCS 的 DNS 模式被废除，所有 FXYCS 的支付都转为在 BOJ-NET 子系统银行间大额转账（FTS）的 RTGS 基础上进行结算。BOJ-NET 系统是日本银行金融网络系统，是一个涵盖多个子系统的综合性支付清算平台。其中，与跨境清算相关的子系统包括 FTS、政府债券清算（JGBS）、外汇清算（FXYCS）和票据清算（BCCS）等。该系统具备高效的资金处理能力和稳定的技术架构，能够满足金融机构多样化的清算需求。

FXYCS 处理跨境金融交易所产生的日元支付，包括外汇交易、日元证券交易和进出口贸易的支付等。FXYCS 的运行流程：一是外国的付款人 X 指示付款人的银行 A 向日本的收款人 Y 支付日元。二是付款人的银行 A 从付款人 X 的账户中借入等额的汇款，同时要求进行资金转移，贷入收款人 Y 在银行 C（FXYCS 中的收款银行）中的账户，主要通过 SWIFT，向其在日本的代理银行 B（FXYCS 中的发送银行）汇款。三是发送银行 B 从代理账户中扣除支付指令中指定的汇款金额，同时向 FXYCS（BOJ-NET FTS）发送支付指令。四是收到指令后，电子支付指令中指定的金额将从 B 银行的活期账户中扣除，并通过 RTGS 处理记入 C 银行在日本银行的活期账户，同时也将其交付给 C 银行。五是收款银行 C 将款项记入收款人 Y 的账户，同时将入账通知收款人 Y。

（五）中国

人民币跨境支付系统（CIPS）是中国为推进人民币国际化于 2012 年启动建设的金融基础设施，2015 年一期上线采用实时全额清算支付系统（RTGS），初步满足《金融市场基础设施原则》（PFMI）要求，覆盖全球 50 个国家，连接 19 家直接及 176 家间接参与者。2016 年人民币加入 SDR 货币篮子后，为优化跨境结算效能，2018 年 CIPS 二期投产实现四大升级，进一步延长运营时间覆盖全球主要时区，引入定时净额结算提升流动性管理能力，拓展报文功能兼容 ISO 20022 标准（支持中英文及多时区需求），并开放非银机构参与。截至 2023 年 9 月，CIPS 直接参与者增至 102 家，间接参与者达 1377 家，服务网络延伸至 182 个国家的 4344 家银行机构。

CIPS 采用分层架构，直接参与者（境内通过专线、境外通过专线或 SWIFT 接入）具备账户开立权限，间接参与者依托代理行完成清算，模式对标 CHIPS。其技术优势体现在直通式处理（STP）提升结算效率，以及混合接入方式（专线/SWIFT）降低跨境成本。系统兼具清算与标准化报文功能，日均处理额从 2012 年 1284 亿元跃升至 2022 年 8099 亿元，业务规模扩张超 5 倍，有效替代传统代理行模式，成为全球人民币清算主渠道。当前 CIPS 与 SWIFT 形成互补格局，依托自主可控技术架构支撑人民币跨境支付占比达 25%，凸显中国在全球支付体系中的系统重要性。在 CIPS 模式下，人民币跨境汇入（人民币跨境汇出类似）操作流程如图 13—1 所示。

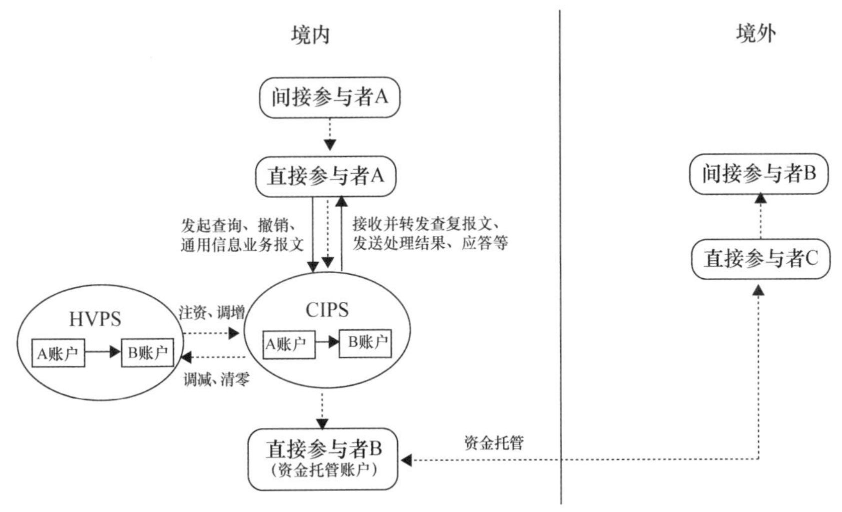

图 13—1　CIPS 清算流程简化示意

资料来源：孙海波、陈菲：《我国跨境支付清算系统模式流程简析和风险应对思考》，《现代金融导刊》2024 年第 5 期。

三　跨境支付清算机制的比较分析

（一）跨境支付清算机制分类

国家之间的跨境支付清算机制目前有两种运行方式。第一种方式，本国货币本身就是国际储备货币，所有其他国家的银行都可以直接或间接以母国代理行的方式参与清算和结算。这些国家的货币已经完全可自由兑换，其国内金融中心和基础设施本身具有开放性、国际性。因此，央行可以不就跨境支付清算和结算做特殊规定，而是由国内的国际性支付清算机构（如 Visa 等）安排跨境支付，如美国和英国。也有国际关键货币的央行自主统筹安排了跨境支付清算体系，如欧盟。第二种方式，本国货币尚未实现自由兑换，资本账户没有完全开放。本币跨境支付需要本国央行进行安排，央行可以自主设计或选择跨境支付清算机制，可以与国际性支付清算网络和机构合作，也可以与其他国家的央行合作，还可以鼓励本国商业银行提供跨境支付结算服务等，如加拿大。国际上典型的跨境清算系统包括 CHIPS、SWIFT、CLS、EURO1、TARGET2 等，以及以 Visa、万事达卡、中国银联为代表的银行卡转接清算机构。

（二）主要跨境清算体系的清算模式

第一，不同国家（或地区）依据自身情况在跨境清算体系中采用不同的层次结构，包括整合模式及两分模式。首先，整合模式是指一套系统身兼数职，既承担境内银行间的资金清算与结算业务，同时也负责跨境清算相关事务。例如，欧元、英镑、加元、瑞郎等都采用了整合模式，即采用一套系统，境内银行间系统同时承担跨境清算。这种一体化的设计，使得境内银行间系统能够凭借其完善的基础设施和广泛的银行网络，直接处理跨境清算业务，有效降低了系统的复杂性和运营成本，提升了清算效率。其次，跨境清算与境内清算被明确划分，分别由不同的系统承担。这两个系统各司其职，又相互连接，共同完成货币的境内外清算流程。例如，美元和日元的跨境清算则采用两分模式。具体而言，美国 FedWire 系统主要聚焦于国内美元结算，而 CHIPS 作为独立于美国境内常规清算系统之外的专门跨境系统，专注于处理全球范围内的美元跨境交易（见图 13—2）。日本的情况与之类似，BOJ-NET 负责日本国内日元的结算业务，确保国内金融交易的顺畅进行。FXYCS 则承担跨境日元结算的重任，通过与国际金融机构的紧密合作，实现日元在全球范围内的跨境流转。

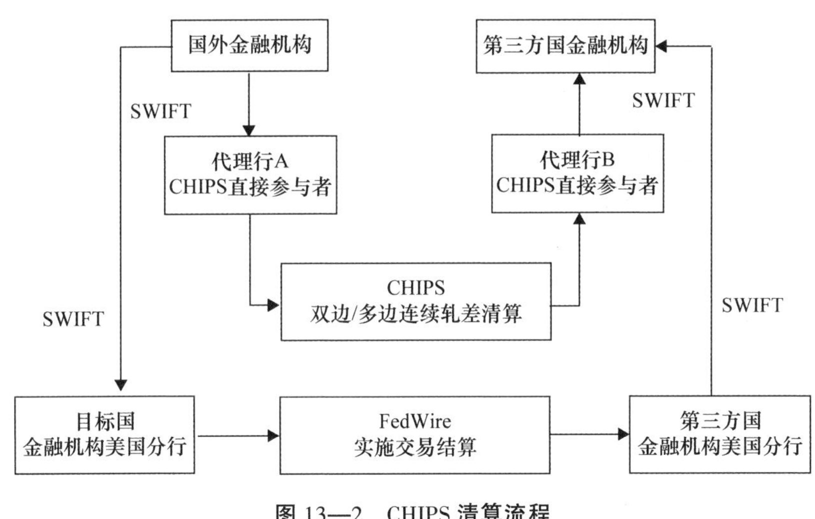

图 13—2　CHIPS 清算流程

资料来源：笔者自行整理。

第二，许多跨境清算系统采用了实时全额支付系统（RTGS），部分系统为契合参与者多样化的需求，还创新性地采用了实时总额与多边净额清算相融合的混合模式。20 世纪八九十年代，全球主要金融市场系统性重构支付清算基础设施，以 RTGS 取代延迟净额清算（DNS）成为行业标准。RTGS 通过逐笔实时全额结算机制，彻底消除信用风险敞口，实现支付指令的即时确定性，奠定现代金融体系安全基石。21 世纪后，在安全性充分保障基础上，流动性效率优化成为核心目标，催生出

RTGS 与 DNS 融合的创新型实时净额清算系统（RTNS）。该系统通过分层架构设计，在日间实施多边净额轧差降低流动性占用，日终通过 RTGS 完成最终结算，兼具实时性、安全性与资源集约优势。例如，日本的 FXYCS 系统采用 RTGS 模式（见图 13—3），有效提高了清算效率；在欧元区的跨境清算体系中，TARGET2 作为实时全额清算系统，为大额资金的快速、安全转移提供保障；EURO1 则承担净额清算职责，优化资金配置；中国的 CIPS 采用 RTGS 模式，通过该模式，每一笔人民币跨境支付指令都能得到及时、准确的处理，有力推动了人民币在国际支付领域的广泛应用。同时，随着人民币国际化进程的不断推进以及跨境支付业务量的日益增长，CIPS 也在积极探索优化清算模式。

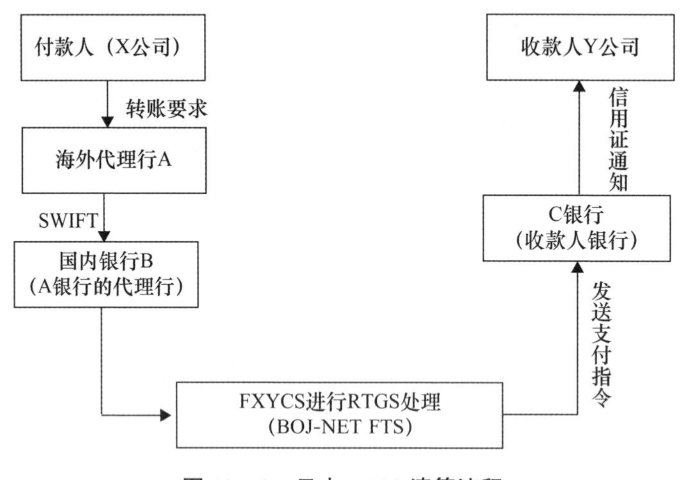

图 13—3 日本 RTGS 清算流程

资料来源：笔者自行整理。

第三，CLS 在国际跨境支付清算中发挥重要作用。CLS 系统与多国中央银行连接，提供多币种多边全额实时跨国外汇交易同步清算，解决了跨境支付中跨币种同步交收（PvP）问题。

（三）风险管理机制

在全球金融格局中，主要国际货币发行国对跨境清算结算系统风险的管控，呈现出多维度、精细化的特点，具体涵盖以下关键方面。

一是设定严格的准入门槛。CHIPS、TARGET2、CHAPS 和 FXYCS 等国际主要支付系统，均对系统参与者的资质进行了细致划分，其中直接参与者的准入标准显著高于间接参与者。例如，CHIPS 明确规定只有在美国本土业务量占据较大份额、具备较强资金处理能力与业务稳定性的银行，才具备直接加入该系统的资格。相应地，其他规模较小或业务量有限的商业银行，只能借助直接参与者，以代理结算的方式间接参与到系统运作当中。CHAPS 同样秉持类似原则，将直接参与行限定为在金融领域具有广泛影响力、资本实力雄厚的大型银行，其他银行只能依托这些直接参与行，实现间接参与系统的清算结算流程。

二是风险管理机制。CHIPS 实行债务分摊机制，规定若系统内存在一家乃至多家银行遭遇清偿难题，系统内剩余的各个成员银行便需共同分担由此产生的损失。而 TARGET2 则运用要求各成员国央行提供抵押品的举措，来化解成员国内部金融机构清算资金临时性短缺的问题。当成员国内的金融机构在清算过程中，因各类因素导致清算金额暂时不足时，可凭借成员国央行所提供的抵押品，及时获取临时流动性支持。

三是系统监控和备份管理。在系统监控方面，系统监管者借助账户余额监控模块与风险管理信息子系统，对系统参与者展开实时、动态的监测。通过对参与者账户余额的实时追踪以及利用风险管理信息子系统分析相关数据，能够及时察觉潜在的信用风险，从而在最大限度上降低此类风险对系统造成的负面影响。在备份管理层面，为确保系统数据的安全性与完整性，跨境清算结算系统采用了多地实时备份策略。即在不同地理位置设立多个备份节点，对系统数据进行同步实时备份。

（四）法律框架

主要国际货币发行国均建立了较完备的配套法律框架，包括管理支付、系统运行、结算等法律规章以及纠纷解决办法等。国际支付清算法律框架呈现差异化治理路径。美国构建多层次立法体系，《联邦储备法》确立美联储系统主导权，《电子资金转账法》细化电子支付规则，《CHIPS 运行规则》明确流动性管理等技术标准；欧元区依托《TARGET 协议》等高阶法规，强制要求货币政策操作及净额系统资金必须经 TARGET2 结算，并确立支付指令破产隔离终局性；日本则通过《银行法》等形成复合型法律基础。

中国跨境支付法律建设相对滞后，现行规则以央行《CIPS 业务规则》及操作指引为主，存在立法层级碎片化、核心条款缺失等问题。CIPS 参与者准入制度设计凸显矛盾，其虽突破 CHIPS 限制，允许境外机构无需境内实体即可成为直接参与者，但受制于《中华人民共和国公司法》绝对成立地原则，未明确非法人分支机构的法律地位。这导致境外分行参与时，因其不具备中国法人资格，相关权利义务仍依附境外母公司，引发法律适用冲突——即便强制要求境外机构设立境内分支机构，因缺乏类似美国《联邦存款保险法》对分支机构法人属性的认定规则，亦无法规避准据法外溢风险。这种情况下，境外机构的分支机构在业务活动中可能面临境外机构所在国法律与中国法律的冲突，进而影响跨境支付的合法性和稳定性，给 CIPS 的运行带来潜在风险。

（五）SWIFT 的替代性和独立性

当前的跨境支付清算体系是以用于“资金信息”报文传送的 SWIFT 和美元跨国结算的 CHIPS 为核心建立起的全球支付网络。SWIFT 作为世界领先的金融报文传送服务机构本应始终保持政治中立，但近年来却沦为美欧等西方国家发起金融制裁的武器。

1. SWIFT 与其他系统的本质区别

第一，功能定位差异。SWIFT 作为全球领先的金融报文传送系统，主要承担着为全球金融机构提供安全、标准化的报文传输服务的重任。其核心功能在于实现银行间支付指令、信用证、账户信息等金融信息的高效传递，并不直接参与资金的清算和结算环节。

与 SWIFT 不同，美国的 CHIPS 系统则专注于美元跨境支付的清算服务。它主要处理全球跨国美元交易的大额实时清算业务，通过多边净额清算与实时全额清算相结合的方式，完成资金的实际转移。欧洲的 TARGET2 系统同样致力于欧元区的支付清算，为欧元区的银行提供实时全额的欧元支付清算服务，确保欧元在区内的高效流通和使用。中国的 CIPS 系统则专门服务于人民币的跨境支付清算，通过采用实时全额结算方式，为境内外金融机构提供人民币跨境支付的清算服务。

第二，运营模式差异。从运营主体来看，SWIFT 是一个全球性的同业合作组织，由 SWIFT 协会运营。美国的跨境支付清算系统 CHIPS，主要由私营机构运营，以追求商业利益为主要目标。欧洲的 TARGET2 系统由欧元体系的各成员国中央银行共同运营，具有较强的公共服务属性。其主要目的是促进欧元区的金融一体化和经济稳定发展，通过提供统一、高效的欧元支付清算服务，推动欧元在区内及国际的广泛使用。中国的 CIPS 系统由跨境银行间支付清算有限责任公司运营，中国人民银行清算总中心为主要控股方。

2. CIPS 能否绕开 SWIFT

首先，CIPS 为了便于与 SWIFT 跨境代理支付业务的直接处理，中国的 CIPS 也采用国际通用的 ISO 20022 报文标准。在此基础上，CIPS 充分考虑与现行其他格式报文的转换要求，采纳了统一规范的中文四角码，支持中英文传输，在名称、地址、收费等栏位设置上更有利于人民币业务的自动处理，并支持未来业务发展需求。其次，CIPS 采用混合型技术架构，既支持自建专线传输，也兼容 SWIFT 报文系统。根据接入主体差异实施分层管理：境内直接参与者必须通过专线接入，境外直接参与者可选择专线或 SWIFT 等通道，而境外间接参与者与直参行间的报文交互则主要依赖 SWIFT 系统。该设计体现了 CIPS 的战略定位——以构建全球人民币清算账户体系为核心目标，通过纳入更多直参行、间参行及代理清算网络扩大覆盖范围，而非简单复制 SWIFT 模式。

CIPS 虽具备绕开 SWIFT 实现人民币跨境清算的技术路径，但当前独立承载大规模国际支付仍面临双重约束。一是网络规模效应不足，截至 2024 年年末，CIPS 直参行仅 168 家（以中资海外机构为主），间参行 1461 家，而 SWIFT 覆盖超 1.1 万家机构，网络节点密度差异显著。二是报文传输深度绑定 SWIFT，境外直参行普遍基于成本及市场惯性选择 SWIFT 接入（专线使用率不足 5%），间接参与行则强制依赖 SWIFT 报文穿透代理行层级接入 CIPS，甚至中资银行跨境母子机构间也以 SWIFT 为主要通信渠道。这种异构系统耦合导致 CIPS 境外业务实质上形成“清算自主+报文依附”的混合架构。目前，SWIFT 仍承担超 90%的跨境支付报文传输职能，不仅主导外币清算，在人民币跨境交易中也保持通道优势。CIPS 未来需通过账户体系扩容与报文标准输出，逐步降低对 SWIFT 的单向依赖，但中短期内 SWIFT 作为多边净额结算网络的核心枢纽地位难以替代。

四　数字化时代全球支付清算体系发展

近年来，数字技术推动金融业发生巨变，金融业数字化转型的步伐不断加速，全球跨境支付清算体系也发生深刻变革。

（一）传统跨境支付清算存在的主要问题

传统跨境支付依赖代理银行网络，流程复杂、效率低、成本高、透明度差，且受制于 SWIFT 系统，信息流与资金流分离，多以美元、欧元等主导货币结算，限制了新兴经济体本币国际化。新冠疫情后，反洗钱（AML）、反恐怖融资（CFT）和了解客户尽调（KYC）等合规成本上升，代理银行数量减少，进一步推高成本。值得注意的是，现行跨境支付体系由传统发达国家尤其是美国主导建立。该体系效率低下，对广大发展中国家的金融主权构成威胁，甚至沦为美国实施金融制裁和“长臂管辖”的工具。例如，2022 年乌克兰危机期间，美国将俄罗斯金融机构排除出 SWIFT，凸显了跨境支付的金融安全问题。在此背景下，许多国家和地区开始探寻绕开 SWIFT 的替代方案，致力于重建区域性跨境支付体系。同时，央行数字货币（CBDC）的研发成为提升跨境支付效率、降低成本和保障金融安全的重要方向。

（二）数字化时代支付清算体系的新进展

伴随移动互联、人工智能、大数据、区块链、云计算、标记化（Token）等新技术的成熟与普及，移动支付进入数字化时代，产业主体借助数字技术大力推广移动支付应用，充分发挥支付链接与赋能功能，提供数字支付及其衍生的金融服务等解决方案，推动数字经济与实体经济深度融合，助推实体经济数字化转型。

1. 数字货币与跨境支付

2020 年 10 月，金融稳定委员会（FSB）发布改进跨境支付的路线图，其中探索新型支付基础设施及基础机制成为五大重点领域之一。国际清算银行（BIS）调查结果显示，全球研究央行数字货币的国家比例达到 94%，超过一半的中央银行正在开展项目验证或试点。[①] 美国智库大西洋理事会（Atlantic Council）的 CBDC 追踪显示，全球已有 114 个

① Iorio, A., Kosse, A. and Mattei, I., 2024, “Embracing Diversity, Advancing Together: Results of the 2023 BIS Survey on Central Bank Digital Currencies and Crypto”, BIS Papers, No. 147.

国家和地区在探索央行数字货币，这些国家和地区的 GDP 之和占全球的 95%。[①] 其中，60 个国家和地区的央行数字货币已处于研发、试点或正式发行的高级阶段。根据普华永道于 2022 年 4 月发布的全球 CBDC 指数，尼日利亚、巴哈马和中国大陆分别列零售型 CBDC 的前三位，且前十位中只有中国和韩国两个 G20 国家。[②] 这说明数字人民币的发展进程在主要经济体中已处于领先位置。

在国际清算银行创新中心（BISIH）和支付与市场基础设施委员会（CPMI）支持下，全球各国央行联合开展了多个央行数字货币跨境支付试验项目，如 Jasper-Ubin 项目、Aber 项目、Prosperus 项目、MAS 项目、Jura 项目、Dunbar 项目以及多边央行数字货币桥（mBridge）项目等。多数此类项目选择建立单一的多边或多边央行数字货币以达成互联互通，使得单一平台模式成为当前央行数字货币跨境支付试验的主要探索方向。同时，CBDC 系统与 FPS、实时全额支付系统（RTGS）等非 CBDC 系统间的互操作性，是保障终端用户使用任何支付工具都能实现跨境交易无缝衔接的关键，相关试验项目也在积极探索与现有支付系统和金融市场基础设施互联互通的路径。

2. 多边央行数字货币桥项目

多边央行数字货币桥平台旨在打造以央行数字货币为核心的跨境支付方案，具备高效、低成本、高扩展性与合规性。该项目前身是 2019 年香港金融管理局和泰国央行共同发起的 Inthanon-LionRock 项目，旨在构建单一走廊网络，让两地商业银行基于点对点模式，用批发型 CBDC 进行资金转移与外汇交易。2021 年，国际清算银行（香港）创新中心、中国人民银行数字货币研究所和阿联酋央行加入，项目进入第三阶段并更名为“mBridge”。此阶段旨在跨越不同司法管辖区与货币，在同一分布式账本实

① https：// www. atlanticcouncil. org / cbdctracker /.

② PwC，2022，“PwC Global CBDC Index and Stablecoin Overview 2022”，Apr.

现多央行数字货币的点对点交易及外汇兑换，解决跨境支付痛点，提升金融包容性。

mBridge 项目的优势在于：一是引入分布式账本技术并由央行作为验证节点操作货币桥区块链（mBridge Ledger，mBL）共识协议，各央行可控制本国商行接入，保障各国货币主权与货币政策独立，同时确保基础货币量不因数字货币跨境流通改变。二是考虑不同辖区监管与技术差异，平台兼容本国 CBDC 系统和传统支付系统。即便未发行央行数字货币，该国央行和商行也能接入，扩大跨境支付覆盖范围。三是 mBridge 项目采用统一分布式账本服务，避免了哈希时间锁定合约（HTLC）的技术问题。[①] mBridge 项目实现了不同辖区批发型 CBDC 在单账本上实现跨境支付与外汇 PvP 交易，避免了 HTLC 跨链技术在复杂情况下的失效，具备规模经济效应。四是通过随机密钥对生成伪匿名地址，让敏感交易细节仅交易相关方可见，满足"三反"监管要求，保障参与者数据安全。

在 mBridge 平台真实交易试点测试时，存在以下三个方面的问题。一是受现有跨境支付体系影响，一些央行要求日终前用本国支付系统结清桥上央行数字货币余额。但不同地区有时差，各国支付系统运行时间重叠短，导致参与银行资金转移的时间窗口短。二是 mBridge 平台仅提升了跨境支付流程效率，缺少完善的流动性提供和管理功能。参与银行多依赖现有代理银行关系获取流动性，较少直接用平台的外汇 PvP 功能。三是 mBridge 平台外汇交易价格在桥下提前确定，缺乏有效汇率发现机制。这增加了工作处理时间、操作成本与业务复杂性，加大了外汇 PvP 交易

---

① 目前，哈希时间锁定合约（Hash Time Locked Contracts，HTLC）是不同批发型 CBDC 实现跨链操作的主流技术，HTLC 是一种可以使不同区块链上发行的代币之间进行交易和互换的技术。该智能合约由两部分构成：哈希锁定和时间锁定。发起方使用随机数的哈希值锁定支付的交易代币，并通过时间锁定让接收方在约定的时间内生成一致的哈希值证明来确认收款，否则交易代币解锁并退回。

的价格风险。后续 mBridge 平台若计划扩大参与者范围和试点用例范围，需先实现与国内支付系统的自动化互操作处理、引入流动性提供和管理工具、整合外汇价格发现与匹配机制，以解决微观交易层面的摩擦与问题。这些改进措施已成为 mBridge 项目未来路线图关注的重点事项。此外，mBridge 平台要想成为真正发挥效能的跨境支付解决方案，还面临许多宏观架构层面的挑战。

（三）中国数字货币的研发与跨境使用

中国是央行数字货币（CBDC）研究的先行者，早在 2014 年中国人民银行就成立了法定数字货币研究小组开展系列理论研究；2021 年 7 月，中国人民银行数字人民币研发工作组发布《中国数字人民币的研发进展》（白皮书），首次系统披露顶层设计思路和相关工作进展。根据白皮书，数字人民币（e-CNY）是中国央行发行的法定货币，以国家信用为支撑，采取中心化管理和双层运营体系，主要定位于流通中货币（M0）①。数字人民币属于零售型 CBDC，面向公众发行，主要用于满足国内零售支付需求。截至 2023 年年末，数字人民币试点城市已广泛覆盖 17 个省份的 26 个试点地区，② 数字人民币多轮大规模试点已经完成，并逐步应用在跨境支付领域。

中国央行数字货币研发试点虽国际领先，但数字人民币跨境使用仍面临较大困难与挑战。一是移动支付在中国快速普及，虽有市场割裂等问题，可数字人民币短期内难带来显著边际福利改进，且面临高昂系统建设与市场协调成本。二是数字人民币定位 M0，虽与现金长期并存，

---

① 根据中国人民银行发布的《2022 年金融统计数据报告》，自 2022 年 12 月起，“流通中货币”（M0）包含流通中数字人民币。

② 截至 2022 年年末，数字人民币试点地区包括北京、天津、河北、大连、上海、江苏、浙江（杭州、宁波、温州、湖州、绍兴、金华）、福建（福州、厦门）、山东（济南、青岛）、长沙、广东、广西（南宁、防城港）、海南、重庆、四川、云南（昆明、西双版纳）、西安。

但短期内主要影响现有电子支付工具。其发展需与现有体系互联互通，并与财付通、支付宝维持微妙竞合。三是在用户和商户侧，数字人民币使用体验未追平现有工具，长尾用户和小微商户重体验，试点推广面临较高用户教育成本，仅靠补贴难持续。

五　对中国跨境支付发展的启示与建议

（一）加强 CIPS 系统建设与推广

完善 CIPS 系统是人民币国际化的核心支撑。一是构建全球清算账户网络。以账户体系扩容为抓手，通过“直参行—间参行—代理行”三级架构吸纳更多境外金融机构加入，重点拓展“一带一路”共建国家及大宗商品贸易枢纽地区的账户覆盖，同步推动跨境代理清算协议标准化，降低准入门槛。建立多边净额结算机制，优化流动池共享功能，提升人民币跨境支付的可达性与资金流转效率。二是强化系统功能迭代与技术对标。扩展多币种清算功能，延长系统运营时间窗口至接近 24/5 运营；深化 ISO 20022 报文标准应用，开发跨境贸易融资、衍生品清算等增值服务模块。技术架构上，推进分布式账本与云计算融合，构建跨区域多活数据中心，通过 API 标准化接口实现与 SWIFT、境内支付系统（CNAPS）的智能路由协同。三是完善系统性风险防控体系。建立穿透式风险监测模型，运用机器学习动态识别异常资金流动模式，构建涵盖信用敞口、流动性缺口、国别风险的多维度预警指标。实施分层压力测试机制，针对代理行链式违约、地缘政治冲击等极端场景设计压力情景。同时加强合规科技（RegTech）应用，内嵌反洗钱、客户尽调（KYC）规则引擎，实现实时交易筛查与监管报送自动化。

（二）增强与非美国家跨境支付清算机制交流与合作

当前，国际货币体系呈现“中心—外围”结构性矛盾，为应对美元本位制下的跨境支付清算体系存在的不确定风险，由中国人民银行牵头，联合“一带一路”共建国家、金砖国家及新兴市场经济体，共同构建“非美经济体人民币清算网络”。具体而言，一是建立标准化多边清算协议。与非美经济体签订双边或多边清算协议，推动人民币作为默认结算货币，优先在大宗商品贸易、基建融资等领域落地，同步制定与 ISO 20022 兼容的报文标准，降低跨境支付技术摩擦。二是持续推进分布式账本技术（DLT）协同应用。搭建联盟链平台，实现跨境交易信息实时核验与流动性池共享，支持人民币与当地货币直接兑换结算，减少对美元清算通道的依赖。三是构建流动性支持机制。扩大人民币互换协议规模，建立区域性紧急流动性援助基金，通过 CIPS 为参与国提供日内流动性调拨支持，增强人民币跨境使用的便利性与安全性。

（三）稳妥推进数字人民币发展

在数字经济时代，稳妥推进数字人民币发展对人民币国际化意义重大。首先，从技术研发与应用层面看，需强化数字人民币核心技术研究，突破区块链技术等关键瓶颈，搭建适配的数字化跨境支付系统，解决智能合约安全及效率问题和满足公众对数字现金的需求，同时以政府端应用引领政企与民生领域创新，打造应用生态，降低交易成本。其次，在推进数字人民币国际化进程中，面临国际竞争加剧等挑战，需逐步开展跨境支付试验占据先发优势，持续推进“一带一路”共建以及 RCEP 框架下的经济金融合作，与“一带一路”共建国家和地区、协定参与国在旅游、贸易、投资等领域加强合作，共同开发数字人民币在跨境电商、跨境旅游消费、跨境供应链金融等场景的应用，促进数字人民币使用场景的建设。最后，中国应建立风险应对策略，组建国际合作组织协调利益，建立预警机制防范风险，完善规则标准与法律法规，适配“走出去”政策，鼓励海外企业文化交流，推动构建竞争性国际金融市场，警惕外部敌对行为，为数字人民币国际化筑牢根基。

（四）加强境内外清算风险管理

完善 CIPS 运营机制需构建系统性风险防控体系，着重强化信用风险、流动性风险与操作风险的识别及管控能力。建议采取以下措施：一是建立多维度风险监测框架，借鉴国际清算系统经验，深化跨境反洗钱监测和客户尽职调查机制，运用穿透式监管工具实现异常资金流动的智能预警；二是实施清算系统分层隔离，通过设立境内数据本地化存储网关，实现跨境清算系统与境内支付系统的物理隔离，有效阻断风险跨境传导；三是强化技术安全冗余设计，针对区块链、人工智能等底层技术架构，建立分布式容灾备份体系和网络攻击应急响应机制，制定覆盖全业务场景的压力测试方案，提升极端情境下的系统韧性。需同步完善法律适配性研究，建立与国际规则接轨的清算违约处置框架，维护跨境支付基础设施的稳健性。

（执笔人：张鹏）

第十四章

金融制裁与反制裁：国际经验与中国应对

近年来，金融制裁在国际制裁中的地位显著上升，对被制裁国具有强大的威慑力和打击效果，尤其是美国及其西方盟友对伊朗和俄罗斯实施的冻结海外资产、限制国际金融交易、剔除 SWIFT 系统及相应次级制裁等措施。被制裁国同时也采取了一系列反金融制裁措施。在地缘政治冲突不断上升的复杂背景下，清晰认识金融制裁与反制裁的内涵与主要手段，借鉴国际经验，全面梳理中国面临的金融制裁风险，并通过采取反制裁措施、免疫性措施和结构性措施来构建金融反制裁策略体系，有利于维护中国经济金融发展的稳定和安全，助力中国式现代化。

一　金融制裁与反制裁的内涵与主要手段

（一）金融制裁

1. 金融工具武器化

制裁是指一个国家通过某种惩罚性手段使另一个国家遭受损失或削弱其对抗能力，以迫使其改变行为或接受制裁国的政治意愿或条件的政策性工具，可分为外交制裁、经济制裁和军事制裁等。第二次世界大战后经济制裁较为常用，限制或切断被制裁国的经济资源、贸易往来，具体手段包括贸易禁运、限制金融交易、冻结资产等。其中，金融制裁近年来被频繁使用，是指一国或国际组织为了迫使被制裁国停止或撤销特定行为，在金融领域对其及其管辖下的个人和法人实体实施的强制措施，以金融工具为主要手段，重点在于禁止资本和金融服务的获取，具有强大的威慑力和打击效果、灵活便捷的实施方式、体现制裁国家金融权力和国际影响力的特点，被认为是“高烈度”的经济制裁。[①]

金融制裁在国际制裁中的地位上升有较强的政治与经济背景。一方面，从政治背景来看，金融制裁成为制裁国实现其外交政策和战略目标的重要工具。制裁国通常将金融制裁与国家安全和意识形态捆绑在一起，通过金融手段来施压其他国家，迫使其改变政策或行为。[②] 此外，金融制裁相比其他制裁手段具有更高的灵活性和精确度，实施方式较为简单。制裁发起国可以通过冻结被制裁国的资产、限制其融资渠道、切断其与国际金融体系的联系等方式来实施制裁，不需复杂的军事行动或大规模的贸易封锁，只需通过金融监管机构和金融机构的配合即可迅速执行，通过直接打击被制裁国的金融体系，迅速产生广泛的经济和社会影响，给被制裁国造成较大负面冲击。

另一方面，从经济背景来看，金融全球化使各国经济和金融体系的相互依存度不断加深，国际金融市场的融合程度也日益提高。在这一过程中，美国是经济金融全球化的最大受益者，也是金融制裁的主导者。美国金融制裁能力的提高源于其强大的经济实力和美元的主导地位，使其逐渐积累了巨大的金融权力。美元作为国际主要储备货币和交易货币，使美国在国际金融体系中占据了核心地位。同时，美国通过控制全球支付体系，如环球银行金融电信协会（SWIFT），能够对其他经济体的金融交易进行监控和干预。这种金融权力的增长，使美国能够更有效

---

① 郑联盛、王奕霏：《金融制裁的实施要件与差异影响》，《中国外汇》2020 年第 15 期。
② 张蓓：《金融制裁对国家金融安全的影响与应对》，《国家安全研究》2022 年第 5 期。

地实施金融制裁，对被制裁国的经济和金融体系造成重大冲击。

2. 以资金使用、融通和清算及次级制裁为主要手段

金融制裁的手段多样，使用较为广泛。总结来看，目前制裁国主要通过四种手段对被制裁国实施金融制裁。一是针对资金使用。例如，冻结或没收被制裁国的海外资产，通常做法是冻结或没收被制裁国政府、金融机构和特别个人的海外资产，封锁其财产权益，禁止其海外资产的流动。二是针对资金融通。例如，限制被制裁国的海外融资，包括禁止被制裁国在制裁国金融市场上进行直接和间接融资，以及通过国际信用评级机构对被制裁国信用评级的下调等方式提高或限制被制裁国的海外融资能力。三是针对资金清算。例如，切断被制裁国的国际支付清算通道，通常做法是美国利用美元在国际货币体系中的主导地位，通过禁止被制裁国使用纽约清算所银行同业支付系统（CHIPS），来禁止其进行美元交易，以及通过切断被制裁国结算系统与 SWIFT 系统的连接，来禁止其进行国际结算。四是次级制裁。次级制裁也称第三方制裁，是指当制裁国实施金融制裁时，不仅直接对被制裁国进行金融制裁，还对与被制裁国进行交易的第三方国家实施相应的金融制裁，从而达到孤立被制裁国和扩大制裁影响范围的目的。从现实情况来看，制裁国及其盟友通常将上述几种手段组合使用，对被制裁国进行综合金融制裁。

（二）金融反制裁

1. 防御性质的应对之策

金融反制裁是被制裁国在面临金融制裁困境时所采取的一种积极应对举措。当遭遇制裁，经济利益、金融稳定以及国家主权受到威胁时，被制裁国会运用一系列合法且行之有效的策略与手段，努力降低制裁所造成的不利影响，全力守护自身经济根基、金融秩序以及国家主权的完整。这种行为本质上是一种防御性质的应对之策，其核心目的在于打破制裁国所设下的经济封锁与金融打压的枷锁，捍卫国家金融安全与经济

稳定的大局，确保正常的国际贸易与金融交易能够顺畅进行，同时保护本国企业和公民的合法权益不受侵害。

金融反制裁的意义远不止于应对单边制裁，它更是维护多边主义和国际经济秩序的重要力量。通过实施反制裁措施，被制裁国能显著增强自身的经济韧性与金融稳定性，逐步摆脱对单一金融体系的依赖，推动国际金融体系朝着多元化、去中心化的方向发展。这不仅有利于维护全球经济的稳定与公平，还能促进多边合作的深化，为国际经济的健康发展提供有力支撑，让各国在更加平等、公正的环境中开展经济交流与合作。

2. 以推动本国建设和国际合作为主要手段

在金融反制裁的实践中，手段丰富多样。一方面，被制裁国会致力于加强本国金融体系的建设，推动金融多元化发展，使金融结构更加稳健、更具抗风险能力。例如，通过发展多种金融业务、培育多元化的金融机构，降低对某一特定金融领域的过度依赖。此外，建立替代性的国际支付清算渠道也是一大关键举措，当传统支付渠道受阻时，能够确保资金的正常流通。另一方面，加强与其他国家和地区的经济金融合作同样重要，通过拓展市场空间，寻找新的贸易伙伴和投资机会，为本国经济发展注入新动力。同时，运用法律手段对制裁行为进行抗辩和反击也是不可或缺的一环，依据国际法等相关法律法规，维护自身合法权益。

二　金融制裁与反制裁的国际案例

（一）欧美经济体对伊朗的金融制裁及伊朗的反制裁

1. 制裁历程漫长

西方对伊朗制裁的历史可以追溯到1979年的伊斯兰革命，从最开始的美国军事、外交和贸易制裁，如冻结资产和限制伊朗石油出口，到后来的多国贸易制裁，之后又逐渐将经济制裁衍生到了高烈度的金融制裁。欧美对伊朗的金融制裁主要表现在以下方面。其一，冻结海外资产。美国于 1979 年冻结伊朗政府和央行在美国银行约 120 亿美元的存款资产，又于 2012 年 2 月冻结伊朗政府、中央银行及金融机构在美所有资产，并于 2013 年 2 月禁止伊朗将与他国进行石油贸易所得的款项汇回伊朗。2017 年后，美国不仅将伊朗相关实体和个人列入美国财政部海外资产控制办公室的“特别指定国民清单”（SDN），还将涉及伊朗石油产业交易的第三方国家相关实体列入 SDN 清单，封锁其财产权益，通过次级制裁的方式在世界范围内对伊朗的海外资产进行金融制裁。

其二，禁止金融交易。美国于 1980 年禁止美国公民到伊朗进行金融交易，并在 1996 年下令一切美国公司不得对伊朗石油产业进行投资。2013 年 6 月，美国规定伊朗的货币只能在伊朗国内使用，禁止里亚尔在伊朗境外的使用。

其三，金融机构制裁。2007 年 11 月，塞帕银行、伊朗萨德拉银行、伊朗梅利银行、卡尔戈沙埃银行等都被列入 SDN 清单，被禁止进入美国金融系统。2008 年 11 月，美国财政部扩大对伊朗进入美国金融系统的限制，禁止美国银行与代表伊朗银行处理交易的外国银行进行任何交易。2011 年，美国出台新的金融制裁法案，不但限制伊朗的中央银行等金融组织参与美国金融市场的融资或交易，同时也将相关限制措施施加于与伊朗有贸易往来的第三方国家的企业及发挥中介功能的第三方银行。

其四，金融基础设施制裁。美国在 2008 年凭借 CHIPS 切断了伊朗跨境使用美元进行结算的路径，并于 2012 年切断伊朗 30 多家金融机构与 SWIFT 的联系。2018 年 5 月 8 日，美国单方面撕毁 2015 年达成的《伊核协议》，重新启动对伊朗的最严厉制裁，再次将伊朗的金融机构排除在 SWIFT 之外，并对与伊朗有合作和贸易往来的实体进行同样的金融支付工具的限制，如 2019 年 5 月 2 日正式终止对中国、印度、土耳其、意大利、希腊、日本、韩国进口伊朗石油的制裁豁免，试图断绝伊朗石油的对外贸易。

2. 新国际交易系统替代 SWIFT

面对欧美金融制裁，伊朗最突出的特色就是积极使用新的国际交易系统以替代 SWIFT。2019 年 1 月，德国、英国、法国三国联合宣布成立“支持贸易往来工具”（INSTEX），用于同伊朗开展商贸结算。同年 4 月，伊朗设立“特别贸易和金融机构”（STFI）与之对接。该结算机制摒弃美元，采用“以物易物”及非美元、非 SWIFT 转账方式，助力伊朗持续出口石油并进口其他商品或服务。2019 年 12 月 1 日，比利时、丹麦、芬兰、挪威、荷兰、瑞典六国加入 INSTEX，旨在保障欧洲与伊朗的合法贸易往来。不过，目前 INSTEX 主要聚焦欧洲与伊朗的人道主义贸易，涵盖食品、农业设备、药品、医疗用品等，以及保障人道主义货物顺利送达最终用户，尚未涵盖对伊朗至关重要的石油交易，其实际效果还有待进一步观察。此外，伊朗还努力通过与主要贸易伙伴签订货币互换协议来推动本币贸易。2017 年，伊朗与土耳其达成以本币开展双边贸易的协议，后因与 SWIFT 关联而暂停。2019 年 9 月，伊朗宣布与俄罗斯建立独立于 SWIFT 的银行间联系机制，双方将使用本国货币进行贸易结算。①

（二）欧美经济体对俄罗斯的金融制裁及俄罗斯的反制裁

1. 制裁程度较高

自克里米亚危机 2014 年爆发起，美国便开始阶段性地对俄罗斯施加金融制裁。2022 年 2 月乌克兰危机爆发后，欧美等西方发达经济体对俄罗斯开启了新一轮高强度的制裁行动，制裁内容涵盖了贸易、金融以及其他多个领域，如实施出口管制、取消最惠国待遇、冻结资产、切断交易渠道、终止重大合作以及切断人员交流等。在这一过程中，俄罗斯遭遇的制裁数量超过了伊朗，成为受制裁最多的国家，而金融制裁尤为严厉且全面。

第一，金融基础设施领域的制裁。2022 年 2 月，美国、欧盟、加拿大、韩国等经济体将多家俄罗斯银行从 SWIFT 系统中移除，极大限制了这些银行开展国际金融交易的能力。同时，美国还将莫斯科交易所、国家清算中心等

---

① 张瑜、高拓：《制与反制：应对美国金融制裁》，《中国外汇》2020 年第 15 期。

俄罗斯关键金融机构纳入制裁范围，削弱其为俄罗斯本土经济服务的能力。此外，俄罗斯最大商业银行——俄罗斯储蓄银行的美元跨境支付业务也被切断。

第二，冻结政府海外资产和切断其融资渠道。美国、日本、法国、英国等七国冻结俄罗斯海外资产，主流国际评级机构也对俄罗斯采取行动，或下调其主权信用评级，或暂停评级服务，从而限制俄罗斯外币主权债务的发行。此外，这些国家还禁止本国金融机构参与俄罗斯央行、主权财富基金、财政部在 2022 年 3 月 1 日之后发行的卢布及非卢布证券的二级市场交易，禁止本国居民和法人与俄罗斯央行、国家财富基金、财政部开展任何交易。同时，美国及其盟友对俄罗斯央行动用外汇储备进行限制，涉及约 70%的俄罗斯外汇储备，这在很大程度上削弱了俄罗斯央行的市场流动性支持能力。

第三，将俄罗斯实体和个人列入制裁清单。美欧等经济体对多家俄罗斯金融机构及其海外分支机构实施制裁，冻结相关银行的海外资产，并禁止进行金融交易，还禁止本国居民和机构向受制裁银行提供资金、商品与服务。2023 年 12 月 22 日，美国对为俄罗斯“特定行业”提供“重大交易”的外国金融机构进行制裁。2024 年 6 月 12 日，美国增列 300 多个个人和实体进入 SDN 清单，扩大了次级制裁的范围。此外，俄罗斯一些个人或实体的私人资产被没收，用于支持乌克兰。

2. 反制裁手段全面

相较于伊朗，俄罗斯的反制裁措施较为全面。其一，保障被制裁金融机构稳定经营。[①] 一方面，俄罗斯政府通过购买公司股票和公开市场操作的方式，减缓被制裁金融机构的流动性压力，防止资产挤兑。另一方面，采取临时性监管举措，降低被制裁机构的合规要求，允许俄罗斯金融机构按照 2022 年 2 月 18 日的会计报告来确定资产，以避免资产减

① 陈冠华、郑联盛：《俄罗斯应对金融制裁的措施分析》，《中国外汇》2022 年第 10 期。

值过大增加资本要求或被迫出售资产。此外，重点免除俄罗斯国内信息技术公司 3 年公司所得税，并为信息技术行业提供优惠贷款。

其二，维护股市稳定。俄罗斯央行先后出台临时性休市、限制不友好国家资本参与市场交易、调整债券公允价值计算方法、暂停证券市场做空等措施稳定本国股市。

其三，保障汇率稳定。面对西方国家金融制裁对卢布的负面冲击，俄罗斯采取多项措施稳定卢布汇率。俄罗斯中央银行将利率从 9.5%提高至 20%，未经中央银行许可禁止俄罗斯公司和公民支付非居民法人实体财产的股份、出资、份额的业务，对于俄居民向“不友好”国家和地区人员提供卢布贷款、开展证券和不动产交易等经济行为做出监管限制，鼓励俄罗斯商人海外资产“去离岸化”，强制出口商出售 80%的外汇收入，通过多项外汇管制措施来防止资本外流和加剧汇率的进一步贬值。此外，俄罗斯改变汇率计价程序，规定采用当日交易数据加权平均的方式来计算汇率，并以固定价格从金融机构购买黄金，将卢布锚定黄金，以强制手段避免卢布贬值。

其四，尽力保障支付清算。一方面，俄罗斯使用卢布作为债务偿付和大宗商品交易的法定结算货币，并在零售支付领域大力推广快速支付系统，如国内银行卡支付清算系统（基于支付卡的 MIR 系统）和国内快速支付清算系统（基于账户的 SBP 系统），以短期应对被 SWIFT 制裁的威胁；另一方面，从长期来看，俄罗斯自 2014 年起逐步开始建立本国的金融信息传输系统（SPFS）以替代 SWIFT，并积极扩大国际贸易中的本币和非美元外币结算份额以逐步摆脱美元依赖。此外还实施外汇储备分散化政策，逐步降低美元比例。

（三）欧美的金融制裁与各国的反制裁

欧美的金融制裁越来越呈现出联合制裁、次级制裁、手段强硬且全面的特点。

一是多国联合制裁，形成了广泛的统一战线。① 制裁国在发起金融制裁时，多联合其盟友实行联合制裁，还会寻求通过联合国制裁决议形成多边制裁（见图 14—1）。这种多国联合制裁的方式，不仅提高了制裁效率，还使得被制裁国难以利用第三方迂回绕开制裁，从而对被制裁国的经济和金融造成更严重的冲击。

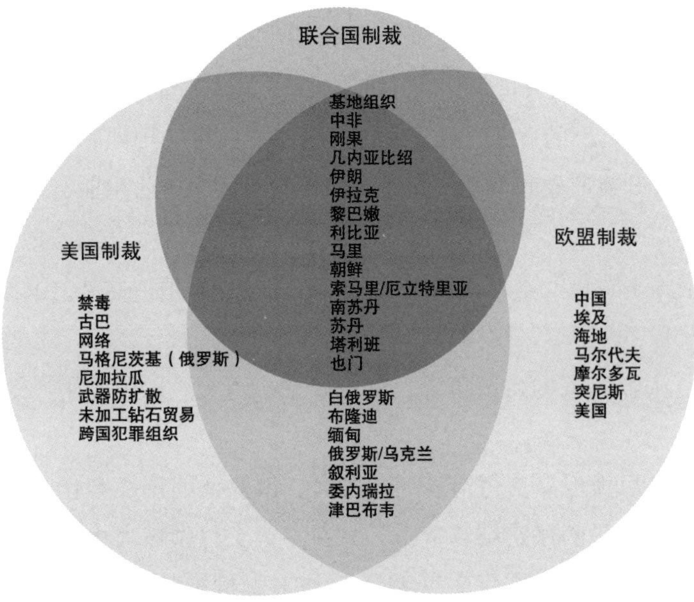

图 14—1　由美国、欧盟、联合国制裁组成的国际制裁包围圈

资料来源：美国财政部。

二是一级与次级制裁结合。② 欧美的金融制裁通常将一级制裁与次级制裁相结合。一级制裁主要针对制裁国本国公民、居民以及在制裁国

① 张明、王喆：《俄乌冲突对国际货币体系的冲击与人民币国际化的新机遇》，《辽宁大学学报》（哲学社会科学版）2022 年第 4 期。

② 张蓓：《金融制裁对国家金融安全的影响与应对》，《国家安全研究》2022 年第 5 期；李巍、穆睿彤：《俄乌冲突下的西方对俄经济制裁》，《现代国际关系》2022 年第 4 期。

境内注册的公司等直接与被制裁国进行交易的主体。而次级制裁则是对非制裁国主体的延伸制裁，将制裁的范围扩展到了与被制裁国有经贸和金融联系的第三国，迫使第三国放弃与被制裁国的正常经贸往来，从而进一步孤立被制裁国。这种组合拳式的制裁策略极大增强了制裁的威力和影响力，使得被制裁国在国际上陷入孤立无援的困境，同时也引发了国际社会对金融霸权主义的广泛批评和反思。

三是欧美金融制裁的重点在于将被制裁国剔除出 SWIFT 和冻结被制裁国外汇储备。美国强大的科技、军事、美元、规则话语权，赋予其联合盟友利用 SWIFT 系统实施金融制裁的能力。[①] 而对俄罗斯外汇储备的冻结，不仅对国际金融体系造成极大的负面冲击，也使其他经济体面临海外资产和外汇储备的安全问题。

四是欧美金融制裁的范围较为全面，涉及个人、机构和国家。具体来看，制裁对象包括政府官员、企业高管及其家人等个人。在机构层面，制裁对象包括私人部门银行、国有大型金融机构等。在国家层面，制裁措施包括冻结央行外汇储备、阻断国家的国际融资渠道等。欧美金融制裁通过多层级、多领域的制裁手段，对被制裁国的个人、机构和国家层面进行全面打击，旨在削弱被制裁国的经济实力和金融稳定性。

针对欧美金融制裁的反制裁措施则表现出以下几方面的特点。其一，系统性准备与长期调整。早在 2014 年克里米亚危机后，俄罗斯就开始系统性地准备应对西方金融制裁。俄罗斯在外汇储备、银行资产负债、多边金融机构参与等多方面进行了长期调整。其二，多元化金融工具的本土化和去西方化。俄罗斯通过将卢布与石油和天然气挂钩，推行卢布结算令，使得卢布成为硬通货。这一措施不仅帮助俄罗斯实现卢布对美元汇率的反弹，稳定了国内金融市场和经济基本盘，还削弱了美元

① 陈尧、杨枝煌：《SWIFT 系统、美国金融霸权与中国应对》，《国际经济合作》2021 年第 2 期。

在全球能源市场上的霸权地位。其三，规避美国金融结算体系。针对美国依托其金融结算领域的霸权地位，受制裁国着力降低美国技术和服务在金融贸易体系中的价值，其中最主要的内容是规避以美元为核心的国际清算体系，如伊朗与英法德三国的“贸易往来支持系统”和俄罗斯的金融信息交换系统等。①

三 中国面临金融制裁的风险分析

中国日益融入国际经济体系，在全球经济中的地位得以提升，但也增加了其面临金融制裁的风险。本节从关系性、结构性、制度性三个维度，系统分析中国面临的金融制裁风险。

（一）双边金融联系紧密构成潜在的关系性金融制裁风险

随着金融市场的全球化，各国金融机构之间的联系日益紧密，这种紧密的联系在促进资本流动、贸易往来的同时，也埋下关系性金融制裁风险的隐患。

第一，对中国的海外资产实施冻结或没收。冻结资产是美国对其他主权国家最常使用的金融制裁手段，根据美国《爱国者法案》的规定，美国总统享有没收被制裁者所有在美资产的权力。② 中国面临美欧可能实施的资产制裁风险点集中在外汇储备资产与对外存贷款资产两方面。③ 中国自 1996 年实行银行结售汇制度以来，外汇储备规模不断扩大。截至 2024 年 12 月底，中国持有 3.20 万亿美元外汇储备，约占官

① 郭晶玮、李金佶：《制裁与反制裁》，《中国外汇》2021 年第 18 期。

② 汪川等：《金融制裁与中国海外资产安全》，https://www.icc.org.cn/publications/policies/2237.html。

③ 张发林、姚远、崔阳：《金融制裁与中国应对策略：国际金融权力的视角》，《当代亚太》2022 年第 6 期。

方储备资产的 92.75%（见图 14—2）。根据国际货币基金组织（IMF）2024 年 12 月 27 日发布的最新数据，作为世界公认的流通货币，美元在全球央行外汇储备中的份额为 57.40%，人民币占比为 2.17%。尽管人民币的份额在逐步增长，但一直以来，中国持有的美国国债规模较大。CEIC 公布的数据显示，截至 2024 年 10 月 1 日，中国持有美国国债达 0.76 万亿美元。考虑到中国外汇储备中包含大量美国国债，一旦中美关系出现恶化趋势，中国所持有的美国国债可能会面临被冻结的风险。在对外存贷款方面，截至 2023 年 12 月 31 日，中国对外直接投资（OFDI）存量为 2.955 万亿美元，对美国及欧盟的 OFDI 存量分别为 836.94 亿美元、1024.20 亿美元。同时，截至 2024 年 6 月底，中国对外证券投资资产为 12352.99 亿美元，美元资产为 2909.71 亿美元（占比为 23.55%）。

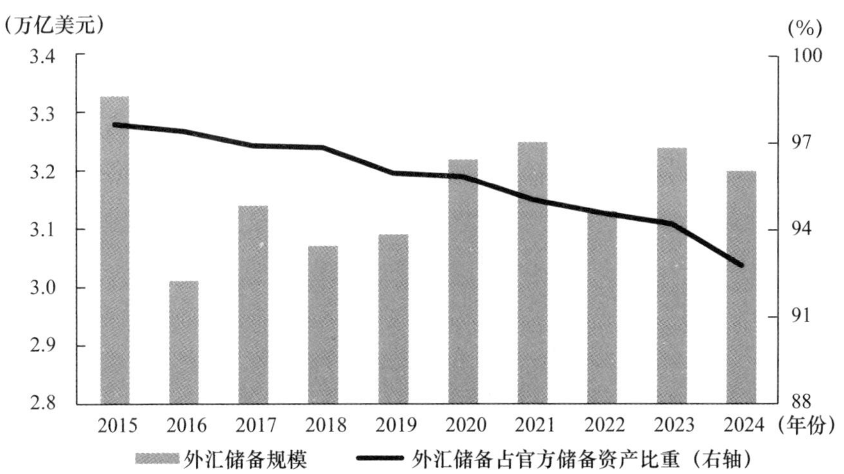

图 14—2　2015—2024 年中国外汇储备规模及占比

资料来源：Wind 数据库。

第二，在金融活动和服务层面，中国可能因国际信贷及国际货币的关联性而存在被制裁风险。一方面，国际证券投资及银行业对外存贷款是中国对外金融活动的风险敞口。截至 2024 年 9 月底，银行业对外金融资产中美元资产为 0.79 万亿美元（占比为 51%），欧元、英镑资产分别为 762.77 亿美元（占比为 4.88%）、145.55 亿美元（占比为 0.93%）。截至 2024 年 6 月底，银行业对外证券投资资产为 3749.59 亿美元，其中美元资产为 1018.28 亿美元（占比 27.16%）。2021—2024 年，银行业对外证券投资资产年均增加 517.9 亿美元，美元资产年均增加 215.60 亿美元。另一方面，美元在中国对外经贸活动跨境结算中仍有较高占比，存在对外金融联系的流量风险。根据国家外汇管理局的数据（见图 14—3），2024 年 1—12 月，银行代客累计涉外收入为 7.17 万亿美元，其中人民币、美元和欧元在银行代客涉外收入中的占比分别为 50.27%、46.19%和 1.88%。由此得出，中国对外贸易结算中人民币使用占比逐年增加，但美元使用占比仍然较高，这使得中国对外贸易和投资在一定程度上依赖美元结算，存在对外金融联系的流量风险。而中国与美国及欧盟之间因国际信贷及国际货币的关联性较为密切，会被纳入金融活动和服务制裁的范围中。

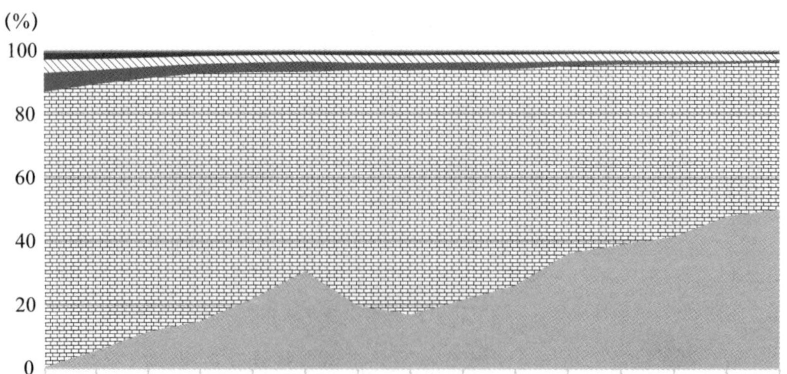

图 14—3　2010—2024 年各币种银行代客涉外收入占比

资料来源：国家外汇管理局。

（二）国际金融结构的“偏好依附”形成结构性金融制裁风险

美国凭借其强大的金融实力，成功搭建一系列国际规则，并在国际金融体系“中心—外围”结构中占据主导地位，而众多发展中国家则处于外围地带。在这种结构下，中心国家不仅享有更多的金融资源和话语权，还具备向外围国家施加结构性压力的能力。

第一，中国面临来自美国金融制裁的域外效应。短期来看，美国发起的单边制裁往往具有强大的示范效应，能够引发众多域外金融机构的自发遵从，尤其是与美国金融体系紧密相连的金融机构。这些域外金融机构在面临美国金融制裁的压力时，往往会选择遵循美国的制裁要求，以避免自身受到牵连。对于中国而言，这意味着在与这些域外金融机构进行业务往来时，可能会遭遇额外的限制和障碍，进而影响中国的国际贸易、投资以及金融市场的稳定。此外，美国金融制裁的域外效应还可能通过影响国际金融市场的信心和预期，对中国的金融市场造成间接冲击。

第二，中国面临来自美国的“诱陷制裁”风险。美国凭借其强大的金融实力和影响力，有时会通过设置金融规则、推动金融创新或利用国际金融市场的波动等手段，试图诱导或迫使其他国家接受其金融安排。长期来看，在全球金融格局的演变中，逐渐形成中国被动的对美国的持续性依赖。这种被动的金融依赖，使得中国在一定程度上不得不主动接受由此带来的各种成本，包括但不限于汇率风险、资本流动的不确定性以及国际金融市场波动的影响。对于中国而言，这就意味着在金融博弈中可能会被迫接受美国的金融“诱陷”，从而进一步加深对美国金融体系的依赖。

（三）“政策共识”及“制度依赖”产生制度性金融制裁风险

美欧在应对全球经济挑战时，逐渐形成针对特定国家的“政策共识”，这种共识可能会使其联合对中国实施金融制裁。同时，中国作为国际金融体系中的重要参与者，对现有国际金融体系有“制度依赖”。一旦美欧利用其在国际金融体系中的影响施加压力，中国可能会面临金融制裁的威胁，进而影响到其金融稳定和经济安全。

第一，美欧对华政策共识不断增强且对华政策立场中的对抗色彩愈加浓厚。美国凭借美元霸权，多次对中国企业和金融机构实施金融制裁，如冻结资产、限制融资等。欧盟虽在金融制裁手段上相对谨慎，但也通过一些金融监管措施，对中国金融机构在欧洲的业务发展进行一定限制，如加强对中资银行的审慎监管，提高市场准入门槛等，在一定程度上配合美国的对华金融遏制策略。

第二，中国广泛依赖各类制度资源且跨境支付仍受制于美。中国的金融体系在一定程度上依赖于国际金融规则和标准。例如，在银行监管、金融市场运作等方面，需要参照国际通行的做法和经验，以确保金融体系的稳定和效率。同时，中国金融机构在国际市场上开展业务，也需要遵循国际金融市场的规则和惯例。在跨境支付领域，中国仍受制于美国等发达国家的金融体系。由于美元在全球支付体系中的主导地位，以及美国金融机构在全球范围内的广泛布局，中国在进行跨境支付时往往需要借助美国的金融基础设施和服务。这不仅增加了交易成本和时间成本，还可能使中国在金融交易中面临一定的风险和不确定性。

四　中国金融反制裁策略体系的构建

针对可能面临的金融制裁风险，中国可以通过采取反制性措施、免疫性措施及结构性措施构建中国的金融反制裁体系，促进金融安全稳定发展。

（一）采取反制性措施，对相关制裁进行回应

在面对外部金融制裁或压力时，国家及金融机构应采取及时且有效

的反制性措施，通过合理的策略布局与资源调配，有效应对金融制裁，保护国家经济利益，确保金融体系的平稳运行。

1. 通过申诉与辩解来反驳制裁

俄罗斯在面对欧美金融制裁时，通过外交渠道和国际媒体，宣传欧美制裁的不公正性和单边主义危害，争取国际社会的理解。在金融制裁领域，当面临不公正或缺乏充分法律依据的制裁时，中国可以通过提出详尽的申诉理由和有力的辩解，来批驳这些制裁决定的正当性和合法性。第一，中国应基于国际法和国际金融规则，对制裁措施进行深入细致的分析，指出其中可能存在的法律缺陷、事实认定错误或程序不当之处。通过全面阐述自身立场和利益，中国可以力求揭示制裁决定的不合理性和不公平性，从而维护自身的合法权益和国际金融秩序的稳定。第二，中国需积极寻求与国际社会的对话与合作，通过外交渠道加强沟通，以期在相互尊重和理解的基础上，推动国际金融制裁体系的完善，确保其公正性和透明度，避免制裁被滥用，维护全球金融市场的健康与繁荣。

2. 通过国际宣传及国际舆论的塑造来获得支持

面对欧美的金融制裁，俄罗斯通过金砖国家、上海合作组织等平台，加强与发展中国家的合作，争取更多支持。以此为鉴，为了应对金融制裁带来的挑战，中国需要强化自身的金融防御体系，还需要积极寻求国际社会的理解和支持。

第一，中国需要提升国际认知。通过国际宣传，向全球传递自身在金融制裁问题上的立场与原则，以及维护国际金融秩序的决心和行动。

第二，塑造国际舆论。积极的国际舆论可以为中国在金融制裁问题上争取更多的国际支持，减少误解和偏见，提升中国的国际形象和道义地位。中国应积极参与国际金融治理的讨论与合作，通过双边和多边渠道，加强与各国的沟通与协调，共同推动建立更加公正、合理的国际金融体系。在此过程中，中国可以积极分享自身在金融领域的经验和做法，展现负责任大国的形象，从而赢得国际社会的道义支持。

第三，开展公共外交活动。通过举办国际研讨会、学术交流等活动，邀请国际专家学者和媒体代表，共同探讨金融制裁问题。例如，2024 年 11 月 15 日发布的《美国对外金融制裁的表现及我国应对》报告，详细分析了美国金融制裁的方式、效果及中国的应对措施。

3. 通过法律渠道进行反金融制裁

欧盟通过出台或升级阻断法应对美国金融次级制裁的做法，为中国提供了可借鉴的经验。中国可以通过研究发起方金融制裁的法律及相关政策，构建较为完善的反制裁法律框架。

第一，深入研究制裁发起方的法律依据及相关政策进行反制裁。要详细研究美国等制裁发起国涉及金融制裁的法律，如美国的《国际紧急经济权力法》《美国全国紧急状态法》等，了解这些法律的具体条款、适用范围、制裁条件和程序等。例如，《国际紧急经济权力法》赋予美国总统在宣布国家进入紧急状态后，可以禁止交易行为或冻结资产等权力，但其适用前提是存在对美国国家安全、对外政策或经济的不寻常威胁，且威胁源头在美国之外，中国可以据此分析其制裁是否符合该法律的适用条件。同时要分析法律的合法性和正当性，即从国际法和国际关系准则的角度，对制裁发起方的法律依据进行合法性审查。指出其单边制裁行为违反了《联合国宪章》、国际法基本原则以及多边贸易体制规则等。例如，根据《联合国宪章》规定，联合国安理会是唯一有权实施经济制裁的国际机构，美国等国的单边金融制裁没有得到联合国安理会的授权，缺乏合法性和正当性。

第二，完善国内金融制裁和反制裁体系。要加强国内金融法规制度建设，明确金融制裁和反制裁的法律依据、执行标准和操作流程，确保相关措施有法可依、有章可循。中国在《中华人民共和国反外国制裁法》《不可靠实体清单规定》和《阻断外国法律与措施不当域外适用办法》的基础上，研究发起方金融制裁的法律及相关政策，构建较为完善的反制裁法律框架，为企业提供合规和应对制裁的指导，也为国家层面的反制裁提供法律依据。①

（二）采取免疫性措施，减少经济和金融依赖

欧美对伊朗、俄罗斯采取的金融制裁，暴露了全球金融体系的脆弱性和单边制裁的潜在风险。为了应对潜在的金融制裁风险，中国可以在国内金融及国际金融层面采取措施，增强免疫性，以应对金融制裁风险。

1. 在国内金融层面，通过继续深化金融改革提升金融实力

在促进国内金融发展方面，通过继续深化金融改革以提升金融实力，是确保中国金融业稳健发展、有效应对国内外金融挑战的关键路径。

第一，推动金融市场改革发展。应持续促进货币市场与外汇市场的改革与发展，积极拓展期货及衍生品市场。以市场需求为引导，坚持推进个性化、具有差异化竞争优势及高度定制化的金融产品解决方案的开发。致力于构建安全且高效的金融基础架构，并推动金融市场相关规则制度完善。②

第二，推进金融领域制度型开放。一是加快金融市场规则的制定与修订，对标国际标准规则，为外资金融机构提供公平、透明的市场环境；二是优化金融监管框架，提升监管效能，确保金融活动在合法合规的前提下高效运行；三是加强与国际金融组织的合作，借鉴国际先进经验，不断完善中国金融制度体系；四是推动金融法律环境的国际化，保护国内外投资者的合法权益，增强金融市场的吸引力。

第三，通过“一带一路”建设助推人民币国际化。③ 通过积极参与

---

① 袁见、杨攻研、杨牧等：《美国对他国金融制裁的法律基础、实践及对中国的启示》，《国际贸易》2021 年第 7 期。

② 马玲：《深化金融体制改革的七方面重大任务：王江发表署名文章对“深化金融体制改革”进行重点解读》，《金融时报》2024 年 7 月 29 日。

③ 张明、王喆、陈胤默：《全球新变局之下的国际货币体系改革：驱动因素、方案比较与未来展望》，《国际金融研究》2024 年第 9 期。

“一带一路”建设，可以促进共建国家的经济合作与发展，增强人民币在国际贸易和投资中的使用，从而增加人民币的国际流通量。同时，鼓励中国企业在“一带一路”共建国家投资，使用人民币进行资金结算，进一步提升人民币的国际地位。

2. 在国际金融层面积极参与国际金融治理

为了有效应对美欧等国的制裁，俄罗斯利用其作为 2024 年金砖国家轮值主席国的身份，寻求扩大与相关国家的政治、金融等方面的合作，提高其国际影响力。中国应采取措施积极参与国际金融组织或多边框架，加强区域金融合作，积极推动人民币国际化维护中国的国家利益和经济发展，并为中国提供更多的国际支持和资源，推动中国在国际舞台上发挥更加积极的作用。

第一，加强国际合作与交流。中国积极参与国际金融组织或多边框架，如国际货币基金组织、世界银行、G20 等，通过这些平台加强与国际社会的合作与交流。要积极参与引导世界金融发展议程，创新发展全球金融治理理念，共同应对全球金融监管面临的挑战。通过深入交流，增进共识，推动制定更加科学、合理、有效的金融监管标准，以应对金融风险、维护金融稳定。同时，倡导开放、包容、共赢的国际合作理念，尊重各国金融监管的自主权，推动形成更加公正、合理的国际金融秩序。

第二，加强区域金融合作。中国深化与非洲、拉丁美洲等国家的金融合作，通过联合融资助力区域减贫和开发。同时，积极参与区域金融合作机制，如东亚及太平洋中央银行行长会议组织（EMEAP）框架下的东盟与中日韩“10+3”财政金融合作等，加强区域金融沟通与合作，共同维护区域金融稳定。

（三）采取结构性措施，提升在国际货币结构和国际信贷结构中的地位

欧美对伊朗的金融制裁对伊朗经济、国际金融体系产生了深远影

响，这些影响也为中国提供了重要的启示。中国应着力提升在国际货币结构和国际信贷结构中的地位，加强本国货币的国际影响力。同时，致力于建立和完善多元化的国际信贷体系，增强自身在国际金融市场上的融资能力。通过深化金融合作，拓宽融资渠道，有效降低外部金融制裁带来的风险。

1. 加速国际货币体系改革，稳慎推动人民币国际化

加速国际货币体系改革，稳慎推动人民币国际化，是中国应对全球经济金融挑战与反金融制裁的重要战略选择。

第一，推进国际货币体系改革。随着全球化的深入发展，国际货币体系作为全球经济运行的核心机制，其健康与稳定直接关系到各国经济的繁荣与稳定。因此，应加速国际货币体系改革，构建更加公正、合理、包容的国际货币体系，增强国际货币体系的多元性，降低单一货币的主导地位，推动国际货币体系的民主化。一是通过推动国际货币多元化、发展央行数字货币、加强全球金融安全网和提升国际金融治理的参与度，逐步实现国际货币体系的稳定和可持续发展；二是加强国际金融监管，提高金融体系的透明度与稳定性，防范金融风险；三是优化国际货币体系的汇率机制，通过合理的汇率安排和政策协调，增强各国经济的抗风险能力，减少汇率波动对各国经济造成的负面影响，确保全球经济稳定与发展。

第二，推动人民币国际化。人民币国际化是有效应对金融制裁的重要策略。通过提升人民币在国际市场上的地位和使用范围，可以降低对单一国际货币的依赖，增强国家经济的自主性。① 在金融制裁的威胁下，拥有国际化的货币能够为国家提供更多的融资渠道和支付手段，从而确保经济活动的正常运转。一是稳慎扎实推进人民币国际化，发展人

① 王晓芳、鲁科技：《国际货币体系改革与人民币国际化》，《经济学家》2023 年第 2 期。

民币离岸市场，强化香港离岸人民币业务枢纽功能；二是积极推动人民币跨境使用，稳慎推动人民币国际化。通过鼓励企业在对外贸易中使用人民币进行计价和结算，可以逐步增加人民币在全球贸易中的使用频率和范围，进而提升人民币的国际影响力；三是通过增加人民币在全球储备货币资产中的份额，提升人民币在特别提款权（SDR）货币篮子中的比重，努力推动国际货币体系向多元化格局转变，以维护全球金融安全稳定。

2. 加速中国国际金融中心建设，构建以人民币为核心的区域信贷体系和资本流通渠道

加速建设中国国际金融中心，是有效应对潜在金融制裁、提升国家金融实力与国际竞争力的重要举措，旨在通过增强金融市场的开放度和国际化水平，为国家经济发展提供坚实的金融支撑。

第一，要完善金融市场体系。一是致力于拓展金融产品与工具的多样性。进一步创新针对国际市场的人民币金融产品，例如推进人民币外汇期货交易试点，增加风险管理工具的种类，满足各类投资者需求。同时，构建多层次、广覆盖、高能级的金融机构体系，不断推动对外开放项目的实施。二是增强金融基础设施。要打造一个互联互通的金融基础设施体系，高效推进银行间和交易所债券市场的互联互通及统一对外开放，提升面向国内外的服务能力。探索进行金融数据安全有序跨境流动的试点，支持临港新片区国际数据港的建设，为金融市场的高效运作提供坚实的支撑。

第二，深化金融改革开放。一是推进金融高水平开放。以制度型开放为重点，完善准入前国民待遇加负面清单管理模式，对标国际高标准经贸协议中金融相关规则，精简限制性措施，支持符合条件的外资机构参与金融业务试点，提升跨境投融资便利化水平。二是加强金融监管协同。建立地方金融工作协调机制，加强与中央金融管理部门及其在沪机构的监管合作、风险研判及处置协同、信息共享和重大事项通报会商

等，实现金融风险早期识别、预警、暴露和处置。建设地方金融监督管理信息平台，强化监管科技应用，加强对地方金融组织及其活动的信息归集、监督管理、调查统计和风险监测。

3. 健全人民币跨境支付清算系统，提升国际结算的自主性

俄罗斯通过规避以美元为核心的国际清算体系应对欧盟金融制裁的做法，为中国提供了重要的参考。健全并优化人民币跨境支付清算系统，旨在从根本上提升中国在国际结算中的自主性与灵活性，从而更有效地应对潜在的金融制裁风险。

第一，提升人民币跨境支付系统 CIPS 的技术水平，并与其他国家的支付系统建立合作关系。对 CIPS 进行技术升级，确保其能够高效、安全地处理大量交易，增强其数据处理能力。这包括加强系统的稳定性和扩展性，以应对不断增长的交易需求。同时，要与其他国家的支付系统建立合作关系，增加 CIPS 的国际网络，不仅能够提升系统的全球覆盖范围，还能增强人民币在国际交易中的使用。

第二，要强化相关的政策支持，并完善市场机制。一方面，制定有利于人民币跨境使用的政策措施，如简化跨境支付流程，提供税收优惠等，以鼓励企业和金融机构更多地使用人民币进行国际结算；另一方面，完善市场机制，提高金融机构和企业在人民币跨境支付中的积极性和参与度。

第三，加强风险管理。建立完善的风险管理机制，确保跨境支付系统的安全运行。这包括实施反洗钱、反恐融资等合规措施，以及建立应急响应机制，以应对可能的风险事件。

（执笔人：王瑶、郭晓婧）

第十五章

建设强大的金融人才队伍

国家兴盛，人才为本；金融强国建设，人才是第一资源。新时代以来，以习近平同志为核心的党中央高度重视金融人才队伍建设。2023 年 10 月召开的中央金融工作会议指出，“做好当前和今后一个时期的金融工作，必须以加快建设金融强国为目标……以金融队伍的纯洁性、专业性、战斗力为重要支撑”。[①] 会议还提出，“要坚持政治过硬、能力过硬、作风过硬标准，锻造忠诚干净担当的高素质专业化金融干部人才队伍”。[②] 2024 年 1 月，习近平总书记在省部级主要领导干部推动金融高质量发展专题研讨班开班式上的重要讲话中，明确将强大的金融人才队伍与强大的货币、强大的中央银行、强大的金融机构、强大的国际金融中心、强大的金融监管并列，作为金融强国具备的一系列关键核心金融要素，即“六个强大”。

上述一系列重要论断和重大部署表明，建设金融强国，关键在人。一支政治过硬、能力过硬、作风过硬的强大金融人才队伍，既是金融强国建设不可或缺的关键支撑力量，也是金融强国的重要标识。当前，建设金融强国的蓝图已经绘就。在朝着加快建设金融强国目标奋力迈进的过程中，无论是金融发展质量的提高，金融供给侧结构性改革的深化，

---

① 《中央金融工作会议在北京举行　习近平李强作重要讲话　赵乐际王沪宁蔡奇丁薛祥李希出席》，《人民日报》2023 年 11 月 1 日第 1 版。

② 《中央金融工作会议在北京举行　习近平李强作重要讲话　赵乐际王沪宁蔡奇丁薛祥李希出席》，《人民日报》2023 年 11 月 1 日第 1 版。

还是金融风险的防范化解，金融监管的强化提升，都需要一支高质量的金融人才队伍来落实党中央确定的战略部署，做好金融改革发展稳定各项工作。只有把金融人才队伍这个重要支撑力量真正夯实、做强，我们的金融强国建设才能扎实有效、一步一个脚印地朝前推进。

需要注意，与“六个强大”当中的其他五个要素相比，国内外学术界对金融人才的关注较少，研究成果亦相对不足，不能完全适应金融强国建设的需要。本章力图以习近平经济思想金融篇为指导，采取理论与实际相结合的方式讨论金融强国建设进程中的金融人才问题：首先，从理论上探讨金融人才与金融强国建设之间的关联机制，然后梳理相关的国际经验，在此基础上立足国情，分析中国金融人才队伍建设的现状和面临的新形势，探讨“十五五”时期锻造强大金融人才队伍的战略举措。

一　金融强国视域中的金融人才：概念界说与核心要义

（一）金融人才的基本内涵与行业分布

建设金融强国，人才是基石。什么样的人属于金融人才范畴？金融人才有什么样的关键特质，分布在哪些领域？本节首先对这些问题进行初步探讨。

作为政策术语的“金融人才”一词并非从学者的书斋中创造出来的精确的理论概念，而是人们对现实世界中某一类特定群体的大致的抽象概括。我们首先对人才概念作大致界说，然后探讨金融人才的内涵、特征与分布。

《现代汉语词典》对人才的定义是：德才兼备的人，有某种特长的人。[①]《国家中长期人才发展规划纲要（2010—2020年）》对人才的定

① 《现代汉语词典》（双色插图本），商务印书馆国际有限公司2020年版，第879页。

义更为细致：人才是指具有一定的专业知识或专门技能，进行创造性劳动并对社会作出贡献的人，是人力资源中能力和素质较高的劳动者。根据上述提法，人才实际上就是“人中之才”，是人力资源当中的那些品德过硬、才能较多、素质较高、创造力较强且拥有专长的高质量劳动者群体。

顾名思义，金融人才就是从事金融活动的人才，或者说与金融相关的各行各业当中的人才。更具体地说，在货币流通、银行、保险、金融市场、金融基础设施、金融监管、金融调控、金融统计、金融文化、金融研究、金融教育培训和国际金融等各类金融活动中发挥关键性和基础性作用的人才都可以归入金融人才的范畴。

就中国实际而言，按照所在行业划分，可进一步将金融人才分为如下几类：第一，党政机关的金融人才。包括中央金融委员会办公室和中央金融工作委员会系统的金融人才、中国人民银行和国家外汇管理局系统的金融人才、国家金融监督管理总局系统的金融人才、中国证券监督管理委员会系统的金融人才、各级地方金融监管及金融发展部门的金融人才、全国司法系统（如金融法院等）的金融人才、其他与金融相关的政府管理部门（如财政部、发展改革委等）的金融人才和行业协会的金融人才。此外，在国际货币基金组织、世界银行、国际清算银行、亚洲开发银行等国际金融机构任职的中国职员也属于此类金融人才。

第二，各类金融机构和企业的金融人才。包括银行、证券、保险等领域的专业人才。具体而言，这些金融人才分布于银行、其他银行业存款类金融机构、信托公司、其他银行业非存款类金融机构、证券公司、期货公司、基金公司、其他证券业金融机构、财产保险公司、人身保险公司、再保险公司、其他保险业金融机构等金融业机构。同时，与金融业发展直接相关的会计、审计、法律、税务类专门人才也属于广义的金融人才范畴。

此外，在金融与科技融合程度不断加深的现实背景下，各类科技企业中为金融业运行发展提供支撑和服务的工程、研发、运营等方面的人才亦可归入金融人才行列。进一步看，在做好科技金融、绿色金融、普惠金融、养老金融、数字金融“五篇大文章”的时代需求下，金融业不仅需要深耕金融领域的专精人才，也迫切需要具备跨学科知识与综合能力的复合型人才。类复合型人才应当能够深入理解国内外科技创新的发展趋势、把握绿色发展的总体框架和政策导向、适应共同富裕提出的新要求、响应人口老龄化所带来的金融服务需求变化以及重视数据要素在金融变革中发挥的巨大作用。

第三，各类科研教学机构当中的金融人才。包括高等院校、党校（行政学院）、部队院校、科研院所、党政部门研究机构以及其他智库当中从事金融学以及与金融学相关的经济学、管理学、法学等学科教学和研究的教师、科研人员、博士后研究人员。

（二）金融人才队伍建设的核心要求

根据中央金融工作会议精神，面向金融强国建设主战场，未来中国的金融人才队伍需要以“纯洁性、专业性、战斗力”为核心要求来锻造，使各类金融人才持续增强金融思维和金融工作能力，坚持经济和金融一盘棋思想，统筹推进经济和金融高质量发展，推动中国金融由大变强。

第一，纯洁性是政治要求。也是道德要求。新时代的金融人才队伍建设必须深化金融从业者对金融工作政治性和人民性的认识，确保金融人才群体拥护党中央对金融工作的集中统一领导，牢固树立人民至上的价值理念，深刻把握中国特色金融发展之路的本质，以习近平新时代中国特色社会主义思想，特别是习近平经济思想金融篇为指导，把握贯穿其中的马克思主义立场、观点、方法，切实增强做好新时代金融工作的责任感使命感，以奋发有为的精神状态、扎实有效的工作举措，全面落实中央金融工作会议部署，加快建设金融强国，更好服务和支撑中国式现代化建设。

同时，要通过惩治金融领域腐败和处置金融风险同步推进、严肃追责和追赃挽损同步推进、建立制度和强化制度执行同步推进，来筑牢防火墙，加强金融系统党的建设，强化全面从严治党的氛围，扎牢制度的笼子，用法治化、规范化、制度化的办法确保金融人才队伍的纯洁性。

此外，确保金融人才队伍的纯洁性还意味着要在金融系统大力弘扬中华优秀传统文化，积极培育中国特色金融文化，以文化人，以德育人，用正确的价值观引导金融人才投身金融强国建设，守好中国特色现代金融体系的根和魂。这是建设强大金融人才队伍的强大精神动力和鲜明价值取向。具体而言，就是要做到“五要五不”：诚实守信，不逾越底线；以义取利，不唯利是图；稳健审慎，不急功近利；守正创新，不脱实向虚；依法合规，不胡作非为。

第二，专业性是业务能力和知识技能要求。新时代的金融人才必须能够准确把握金融发展的本质和规律，掌握金融业及其相关领域（如经济、法律、会计、科技、社会等）的基础知识、基本业务流程、核心能力，了解国内外金融实践的新变化新趋势新动向，有过硬的专业能力。

金融人才应具备扎实的金融专业知识，增强金融工作能力。金融知识包括但不限于货币银行学、国际金融、证券投资学、金融风险管理等领域的知识。金融人才要深入理解金融体系的运行机制，把握股票市场、债券市场、外汇市场等的交易规则、价格形成机制和市场参与者的行为模式。在金融风险管理方面的人才应能够熟练运用风险评估模型来量化和管理金融机构面临的市场风险、信用风险和操作风险。金融人才要拥有较强的金融分析能力，能够对宏观经济数据（如 GDP 增长率、通货膨胀率、利率等）进行解读，分析这些因素对金融市场和金融机构的影响。同时，金融人才还要具备微观金融分析能力，如对企业财务报表进行分析，评估企业的偿债能力、盈利能力和成长潜力，从而为金融机构的信贷决策、投资决策等提供依据。

金融人才需要不断增强金融思维，用科学的思维方法指导实践。要善于运用辩证唯物主义，从经济与金融的内在联系去把握金融发展规律，去认识和处理金融问题；要善于运用历史唯物主义，从历史视角认识中国金融发展规律，认清发展大势，把握前进方向。要保持历史耐心和战略定力，充分认识到建设金融强国是一项长期而艰巨的历史性任务，准确把握面临的重大战略机遇，看大局、谋大势，分清主流、支流，抓住经济金融发展中的问题要害和主要矛盾，既保持战略清醒，不急于求成、大干快上，又努力积极作为，坚持改革创新，做到“蹄疾而步稳”。要坚持系统观念，用普遍联系的、全面系统的、发展变化的观点来理解中国特色金融发展之路，克服极端化、片面化、短视化，从多个维度、多个方面系统把握中国式现代化进程中的金融发展规律。坚持稳中求进、以进促稳、先立后破。要以稳定立大局，以进取谋未来，该立的要积极主动立起来，该破的要在立的基础上坚决破，不断积累更多积极因素，实现经济社会大局稳定。

第三，战斗力是工作作风和精神意志要求。新时代的金融人才必须经受严格的思想淬炼、政治历练、实践锻炼，直面风高浪急甚至是惊涛骇浪的考验，在复杂严峻的斗争中经风雨、见世面、壮筋骨，在矛盾冲突面前敢于迎难而上，同时把握好斗争策略，破解金融改革发展稳定各类难题，同时办好金融发展和金融安全两件大事。

从金融强国战略角度看，金融人才需要有宏阔的视野和富有前瞻性的战略眼光。他们要站在国家金融安全和金融竞争力提升的高度，理解金融政策的走向和国际金融格局的变化。同时他们还应具备创新思维，能够适应金融科技快速发展的潮流。在数字金融时代，推动金融产品和服务的创新。比如，利用区块链技术开发新型供应链金融产品，提高金融交易的效率和安全性；运用大数据和人工智能技术进行智能投顾、信贷风险评估等创新服务。

（三）金融人才与金融发展之间的关联机制

在当今复杂多变的经济环境下，金融体系的有效运作对于经济增长起着至关重要的作用。而金融人才作为金融体系的核心要素，他们通过影响金融资源的配置效率和金融体系的创新活力，成为推动金融发展与经济增长的关键力量。

1. 金融人才与资金配置效率

高效的资金配置能够确保有限的金融资源流向最具生产力和发展潜力的经济部门和企业，从而实现经济的高质量发展。

金融机构的核心作用在于减少市场上的信息不对称，缓解金融摩擦，从而优化资源的配置效率。各类机构中具备高人力资本的金融人才能够通过精准的风险评估和信用分析，决定资金的投向和规模。例如，在银行信贷业务中，信贷专员通过详细审查企业的财务报表、经营现金流、行业竞争地位等信息，准确判断企业的还款能力和信用风险，合理确定贷款额度和利率，确保贷款资金能够得到有效利用。又如，在投资银行领域，金融分析师通过对宏观经济形势、行业发展趋势和企业基本面的研究，为企业的并购重组、首次公开募股（IPO）等活动提供专业的财务顾问服务，引导资金向优势企业和新兴产业聚集。合理的资金配置使资源得到高效利用，促进了优势产业的快速发展和新兴产业的崛起。

总之，优质企业获得充足的资金支持后，可以扩大生产规模、加大研发投入、提升技术水平，从而提高劳动生产率和市场竞争力，推动整个产业的升级换代，带动相关产业链的协同发展，最终实现经济的持续增长。同时，高效的资金配置还能够减少金融资源的浪费和错配，降低系统性金融风险，维护金融体系的稳定，为经济增长提供坚实的保障。

2. 金融人才与金融创新

金融创新是推动经济增长的关键因素之一，尤其是在技术创新和产业转型的背景下，金融创新能够为企业提供获取资金的新渠道和风险管理工具。创新金融产品不仅可以为企业提供多元化的融资渠道，还能通过改善资源配置，推动技术进步和产业升级。

金融人才作为金融体系的重要参与者，能够通过创新金融产品和金融工具来促进资金的高效流动和资源的优化配置。金融人才不仅需要具备深厚的金融专业知识，还应具有一定的创新思维和战略眼光，能够根据市场需求和科技进步的趋势，设计出切实有效的金融产品。例如，在风险投资领域，金融人才通过创设风险投资基金，将资金集中投向具有高成长性但同时伴随高风险的初创企业，为这些企业的技术研发和市场拓展提供资金支持。在资产证券化方面，金融人才把缺乏流动性但具有未来现金流的资产进行打包重组，转化为可在资本市场上交易的证券，既提高了资产的流动性，又为投资者提供了新的投资选择。此外，金融人才还积极开发金融衍生品，如期货、期权、互换等，帮助企业和投资者有效管理市场风险，增强经济体系的稳定性和抗风险能力。

（四）人才配置与经济金融共生共荣

剖析金融业人力资本配置问题时，绝不能仅仅将视野局限于金融领域内部的发展态势与挑战维度，而应立足国民经济和社会发展全局，全面、系统地探究人力资本配置蕴含的深层次问题。这是因为，金融作为经济体系的关键构成部分，其运行状态与经济整体的兴衰荣辱紧密相连，不可分割。习近平总书记所提出的经济与金融共生共荣的深刻论断，为我们构建了一个极具前瞻性和指导性的理论框架。经济是肌体，金融是血脉，二者存在着千丝万缕的密切关系以及相互依存的内在逻辑。必须秉持经济金融一盘棋的思想，分析金融人才的配置格局及其优化路径。

从理论上说，金融业与实体经济之间在人力资本的配置方面理应存在一个最优的比例关系。当金融业的人力资本占比处于较低水平，实体经济领域过度集聚了大量人力资本时，尽管从表面上看，从事研发和创新工作的人员数量呈现出一定程度的增加趋势，但由于金融部门的发展相对滞后，无法为实体经济的创新活动提供充足且高效的金融支持，创新活动往往会陷入资金短缺、融资渠道不畅等金融约束困境。在这种情形下，实体经济的研发效率极有可能下降，进而导致众多创新成果难以迅速、有效地转化为现实生产力。例如，一些具有前瞻性的科技创新项目，因缺乏金融机构精准的风险评估与资金投入，无法完成从实验室到市场的关键跨越，使得前期的研发投入无法实现经济价值回报，抑制了经济的整体创新活力与增长潜力。

反之，当金融业占用了过量的人力资本，导致实体经济领域的人力资本供应相对不足时，金融业内部可能会滋生严重的资源错配问题。这种错配现象突出表现为金融产品和工具的过度创新，偏离了实体经济的实际需求，以及金融市场的非理性繁荣与泡沫化倾向加剧。此时，资本在逐利性的驱动下，极有可能脱离实体经济的真实需求轨道，更多地流向那些看似高收益但实际低效率的虚拟资产领域，而不是精准地用于支持实体经济中的创新活动与生产性投资。如此一来，实体经济的发展活力将被严重削弱，其可持续发展的根基受到动摇，最终对国家的长远发展战略目标构成负面影响。例如，在某些特定时期，金融市场上过度衍生的复杂金融产品吸引了大量金融人才投身其中进行设计与交易，但这些产品对于实体经济的直接贡献微乎其微，反而使得实体经济企业在融资过程中面临更加严峻的竞争环境，资金成本上升，进而阻碍了实体经济的创新步伐与扩张计划。

上述理论逻辑得到了一些文献的证实。有学者认为，金融业不直接从事生产活动，是一种非生产性部门，是实体经济的“侍女”而非“国王”。[①] 因此，当金融业报酬率明显低于实体经济时，企业家会更多

① 张晓朴、朱鸿鸣：《金融的谜题：德国金融体系比较研究》，中信出版集团 2021 年版。

得参与实体经济部门。Ang 针对金融危机频繁爆发的现实，对 44 个国家 1973—2005 年的数据进行分析后发现，如果将大量的人才从实体创新生产部门转移到金融部门，虽然会使一国的金融部门大幅扩张并获得利润，但却不利于该国的创新或技术进步，并易于导致该国金融的不稳定甚至引发金融危机。① Braun 和 Deeg 的实证研究表明，德国的“强企业、弱银行”结构使得非金融企业收益率长期显著高于银行业，加上实体企业的金融化程度也很低，这就使得德国的企业家才能主要向实体经济的创新创业活动配置，金融与实体经济之间实现了动态均衡和良性互动。②

合理的金融人才制度设计是优化金融人才资源配置的关键所在。实证文献证明，制度质量的提升有利于实现企业家创新活动与金融发展之间的良性互动，进而促进实体经济的发展。Toms 等从大历史视角出发，分别分析了工业革命时代、20 世纪 80 年代并购浪潮时期和数字经济时代中金融发展与企业家创新的关系，认为有效的治理体系和适当的制度安排有助于减少金融中介对特定个人或家族的依赖，提升金融业对创新创业的支撑力度。③ Dutta 和 Meierrieks 对 136 个国家 2004—2017 年金融发展和企业家精神之间的关系进行了实证研究，发现制度质量对于改善金融和企业家才能的关系存在显著的正向作用；因此，应在金融体系当中嵌入健全的制度框架，以便提升金融发展的经济社会效益。④ Sahasranamam 和 Nandakumar 使用全球创业监测数据开展分析，证实了

---

① Ang, J. B., 2010, “Financial Development, Liberalization and Technological Deepening”, *European Economic Review*, 55 (5): 688-701.

② Braun, B. and Deeg, R., 2020, “Strong Firms, Weak Banks: The Financial Consequences of Germany's Export-led Growth Model”, *German Politics*, 29 (3): 358-381.

③ Toms, S., Wilson, N. and Wright, M., 2020, “Innovation, Intermediation, and the Nature of Entrepreneurship: A Historical Perspective”, *Strategic Entrepreneurship Journal*, 14 (1): 105-121.

④ Dutta, N. and Meierrieks, D., 2021, “Financial Development and Entrepreneurship”, *International Review of Economics & Finance*, 73: 114-126.

正式制度安排的完善对改善金融资本与企业家才能之间的关系起到了积极作用。①

上述理论逻辑表明，只有确保金融人才与实体经济人才队伍建设齐头并进、相得益彰，才能有效避免经济出现“脱实向虚”的危险倾向，进而为经济的长期稳定增长与高质量发展筑牢坚实基础。

具体而言，在金融人才培养过程中，应紧密结合实体经济的发展需求，优化金融教育体系的学科设置与课程内容，强化金融人才对实体经济运行规律、产业结构特征以及企业融资需求的深入理解，培养出一批既精通金融专业知识又具备敏锐实体经济洞察力的复合型金融人才。例如，在高校金融专业教学中引入更多的实体经济案例分析、产业调研实践等教学环节，鼓励学生深入企业一线了解实际金融需求场景，提升其解决实体经济金融问题的实际能力。

同时，在产业人才的培育中，也应注重增强其金融素养与金融工具运用能力。通过开展有针对性的金融知识培训、举办金融与产业融合发展研讨会等形式，帮助实体经济领域的从业人员更好地理解和运用金融政策、金融工具，提高其与金融机构沟通协作的效率，促进金融资源在实体经济中的精准配置与高效利用。

此外，政府在制定产业政策与人才政策时，应秉持经济金融协同发展的战略眼光，综合运用财政补贴、税收优惠、人才奖励等政策工具，引导人力资本在金融与实体经济之间实现合理、优化配置。例如，对于投身于支持实体经济创新发展的金融机构及其从业人员给予适当的税收减免与奖励，鼓励金融人才将专业智慧聚焦于解决实体经济的融资难题与发展瓶颈；对于积极引入金融人才提升自身金融管理水平的实体经济企业，提供相应的政策支持与资金扶持，促进实体经济企业与金融人才

---

① Sahasranamam, S. and Nandakumar, M. K., 2020, “Individual Capital and Social Entrepreneurship: Role of Formal Institutions”, *Journal of Business Research*, 107: 104-117.

之间的深度融合与良性互动。

总之，在经济金融一盘棋思想的指引下，实现人才配置与经济金融的协同发展，是推动中国经济持续健康发展、迈向高质量发展阶段的关键所在。唯有深刻把握经济与金融的共生共荣关系，精准优化人力资本在金融与实体经济之间的配置结构，才能充分激发经济金融体系的内在活力与创新动力，为实现金融强国提供坚实有力的人才支撑与经济保障。

二　金融人才队伍建设的国际镜鉴

金融人才作为金融体系的核心要素，在大国崛起的进程中发挥着关键作用。不同国家因独特的文化、价值观和教育体系，构建了各异的金融人才培养路径，进而形成了不同的金融体系结构与发展模式，深刻影响着国家的经济走向与国际地位。

（一）英国与美国：市场为主导的金融体系结构下的金融人才

1. 文化与价值观基础

英国文化传统中有着浓厚的绅士风度和保守主义色彩，注重秩序、传统和经验积累。这种文化特质投射到金融领域，表现为对金融市场规则的尊重和稳健经营理念的秉持。伦敦金融城长期以来作为全球金融中心之一，其金融从业者遵循着严格的行业道德规范和不成文的“绅士准则”，重视声誉和诚信，使得英国金融市场在国际上具有较高的信誉度。

美国文化具有鲜明的个人主义特色，富有创新精神和冒险精神。个人主义激发了金融人才追求个人成就和财富的动力，创新精神推动了金融产品和服务的不断革新，而冒险精神则使美国金融市场充满活力但也伴随风险。以华尔街为例，在 20 世纪末的互联网泡沫时期，大量金融人才涌入新兴的互联网科技企业融资领域，尽管最终泡沫破裂，但在此过程中催生了众多创新的金融工具和投资模式。

2. 教育体系与课程设置

英国的教育体系严谨且注重学术传统。在金融专业培养方面，本科阶段通常设置广泛的基础课程，如经济学、会计学、金融学原理等，为学生构建扎实的理论框架。例如，剑桥大学的金融本科专业，要求学生在前两年完成经济学、数学、统计学等基础学科的学习，后两年再深入金融专业领域的细分课程，如公司金融、金融市场与机构等。研究生阶段，专业细分更加深入，如帝国理工学院的金融硕士项目设有风险管理、金融工程等多个专业方向，课程注重实践与理论结合，通过与伦敦金融城的金融机构合作，为学生提供实习和实际项目参与机会，培养学生解决实际金融问题的能力。

美国教育体系具有高度的灵活性和实用性。金融专业培养强调跨学科知识融合，除了金融核心课程，还广泛涉及数学、计算机科学、心理学等学科知识。以宾夕法尼亚大学沃顿商学院为例，其金融专业课程设置中，金融科技相关课程占比逐年增加，通过教授学生编程、大数据分析等技能，使其能够适应金融行业数字化转型的需求。同时，美国高校注重培养学生的领导力和团队协作能力，通过组织金融案例竞赛、社团活动等方式，让学生在实践中锻炼沟通、协调和领导才能，为进入竞争激烈的美国金融市场做好充分准备。

（二）德国与日本：银行为主导的金融体系结构下的金融人才

1. 文化与价值观基础

德国文化以严谨、务实、团队合作和注重长期发展著称。在金融领域，这种文化体现为金融机构对企业长期发展的支持和对风险的审慎评估。德国的银行与企业之间建立了紧密的长期合作关系，被称为“管家银行”模式。银行在评估企业信用时，不仅关注财务指标，还深入了解企业的经营理念、行业前景和团队稳定性等因素，体现了其对长期合作关系的重视和对风险的全面考量。

日本文化具有强烈的集体主义精神，强调忠诚意识和对细节的执着追求。受日本传统文化、经济发展模式以及金融体系特点的深刻影响。日本的金融体系具有明显的“长期主义”特点，日本的金融行业（以及其他行业）存在一定程度的终身雇佣制，这一制度是日本劳动市场和企业文化的一个重要特征，尤其在传统的大型企业和金融机构中表现得尤为明显。虽然近年来日本的劳动市场和企业文化发生了一些变化，但终身雇佣制依然在一些行业，尤其是金融行业的主流企业中占据重要地位。银行和金融机构通常倾向于与企业建立长期合作关系，并通过稳定的员工队伍提供持续的金融支持。金融人才的培养也遵循这一模式，注重长期的职业发展和稳步的积累。例如在日本，金融机构尤其是大银行和保险公司通常提供长期的职业规划和保障，员工在同一家企业长期工作，通过不断学习和积累经验来提升自己的金融知识和操作技能。这种“终身雇佣”文化促进了金融机构对金融人才的长期培养。

2. 教育体系与金融专业培养

德国教育体系以双元制教育为特色，注重实践技能与理论知识的结合。在金融专业培养方面，职业教育学校与金融企业紧密合作，学生在学习期间有大量时间在银行等金融机构实习，掌握实际业务操作技能。例如，德国巴登-符腾堡州的金融职业学校，学生每周有 3—4 天在当地银行实习，学习银行柜员、信贷审核等实际工作内容，同时在学校学习金融理论知识和法律法规。高等教育层面，德国大学的金融专业课程紧密结合实体经济需求，开设中小企业融资、产业金融等特色课程，培养学生为实体经济服务的能力。

日本教育体系注重综合素质培养和精英教育。在金融专业教育中，本科阶段注重基础知识的全面性和扎实性，涵盖人文社科、自然科学和金融专业知识。东京大学的金融本科专业，学生除了学习金融专业课程，还需修读一定比例的历史、哲学等人文课程，以培养学生的综合素养和道德观念。研究生阶段则注重学术研究和专业深度，如早稻田大学的金融硕士项目，鼓励学生参与导师的科研项目，深入研究金融市场微观结构、风险管理等前沿课题，为金融机构和企业输送具有深厚理论功底和研究能力的专业人才。

3. 比较与启示

通过对英国、美国、德国和日本金融人才特色的简要梳理，可以发现不同国家的文化、价值观和教育体系对金融人才培养产生了显著影响，进而塑造了各具特色的金融体系结构和经济发展模式。

在英国和美国的市场主导型金融体系下，金融人才培养注重创新能力和个人发展，其教育体系灵活多样，能够快速响应市场变化，但也存在市场过度投机和金融风险管控难度大的问题。在德国和日本的银行主导型金融体系下，金融人才培养侧重于团队协作、长期稳定发展和服务实体经济，教育体系与企业需求紧密结合，但在金融创新的速度和灵活性方面相对较弱。

三　中国金融人才队伍现状分析

（一）中国金融人才队伍建设的成就与现状

党的十八大以来，党对金融人才工作的领导不断加强。各地区、各部门全面贯彻中央人才工作会议和中央金融工作会议精神，将金融人才队伍建设作为金融强国建设和金融高质量发展的重要支撑，已逐步构建起党委统一领导，组织部门牵头抓总，金融管理部门各司其职、密切配合，金融机构、高校、科研院所及社会力量等各方面广泛参与的金融人才工作格局，党管金融人才工作水平不断提高。

近年来，中国金融人才队伍快速发展壮大。金融部门按照《金融人才发展中长期规划（2010—2020 年）》的总体要求，统筹推进金融管理部门人才队伍、金融企业经营管理人才队伍、专业技术人才队伍、高技能人才队伍等各类金融人才队伍建设，初步建成一支规模庞大、结构合理、素质优良、具备一定国际竞争力的人才队伍，为增强中国金融实力和竞争力，维护国家金融安全奠定了较为坚实的人才基础。

从数量上看，根据第五次经济普查公报的数据，2023 年年末，全国共有金融业企业法人单位 10.7 万个，从业人员 1235.6 万人。其中货币金融服务业有 415.5 万人，资本市场服务业有 73.2 万人，保险业有 729.8 万人，其他金融业有 17.1 万人。

从受教育程度来看，金融业目前是中国 20 个行业大类中，除科学研究和技术服务业之外平均受教育年限最高的行业，2022 年中国金融业从业人员的平均受教育年限为 14.81 年，近 10 年来中国金融业从业人员的平均受教育水平不断提升，从 2011 年的 13 年上升到 2022 年的 14.81 年，涨幅达 13.9%。

在人才队伍规模持续壮大的同时，中国金融人才效能也持续增强。金融部门把高质量发展作为金融人才工作的主题，构建与中国特色现代金融体系相适应的金融人才发展体制机制，不断推进人的全面发展，最大限度发挥人才作用，围绕用好人才、用活人才来培养、引进、激励人才，以金融人才的工作实绩来评价人才，人才使用效能显著提高。

根据《中国城市统计年鉴（2020）》的数据，中国东部地区凭借其发达的经济基础、丰富的金融资源和良好的发展机遇，吸引了大量金融人才，其金融业从业人数占比高达 60%。中部地区占 26%，西部地区占 14%，显示出一定的区域差异。其中，北京、上海和深圳作为金融人才高度集聚的代表城市，三者金融业从业人数之和占全国的 16%。这些城市拥有众多国内外知名金融机构总部、金融交易市场和完善的金融生态环境，成为金融人才的首选之地，形成了显著的人才集聚效应。

金融人才的集聚推动了金融市场的技术创新和产品多样化。随着资本市场的不断拓展，东部地区的金融人才发挥了推动证券市场、衍生品市场、期货市场等金融领域创新的关键作用。例如，上海证券交易所和深圳证券交易所分别在股权融资、债券市场、期货和衍生品交易等方面取得了显著进展。此外，金融人才集聚提升了市场的风险管理能力和合规性。金融人才不仅具备市场操作技能，还在风险识别与控制、合规监管等方面发挥着重要作用。北京作为中国的金融监管中心，聚集了大量从事金融监管、法律和合规工作的专业人才，这对中国资本市场的规范化和稳定化起到了积极的促进作用。

当然我们也应当注意到这种集中化的人才分布，可能导致中西部地区的金融市场发展滞后，地方金融机构和企业缺乏足够的高端金融人才支持，进而影响地方经济的发展和金融体系的整体效能。

尽管如此，金融人才集聚并非只对集聚地产生有利影响，它可以通过辐射效应为其他地区提供金融支持。随着近些年金融科技的发展，这些金融中心的功能可以辐射到全国各地，从而提高了金融的普惠性。通过跨省跨市的金融服务网络、在线金融平台和数字化金融服务等，地方金融市场和中小型金融机构可以获得必要的金融支持。此外，金融中心汇聚的高素质人才不仅带来了资金和市场信息，还促进了金融创新和知识的共享。通过跨地区的教育培训、实习项目、技术平台等渠道，金融中心的创新成果和技术（如大数据分析、区块链技术、人工智能等）可以迅速扩散到地方市场。这样，即使地方金融机构人才较为匮乏，也能借助金融中心的知识流动和技术支持来提升自身的业务能力和创新能力。

（二）中国金融人才队伍建设存在的不足

当前中国金融人才队伍总体呈现出“大而不强”的特点。首先是“大”。中国金融业城镇非私营单位从业人数占总就业人数的 4.43%。与之相对应，美国的金融业从业人数占比为 4.22%，德国为 2.35%。这说明目前中国金融业人才队伍在人才总量中的比重已经不落后于发达国家，甚至有所超过。

如果说“大”在很大程度上反映了中国金融人才队伍建设的成就，那么“不强”则集中体现了中国金融人才队伍存在的短板弱项。

从受教育年限看，2022 年中国金融业从业人员的平均受教育年限仅为 14.81 年，即还未达到大专水平，而美国则超过 16 年。① 说明中国当前金融人才队伍的整体质量还有很大的提升空间。

从技能结构上看，有调查报告显示，92%的受访金融科技企业发现中国目前正面临严重的金融科技专业人才短缺；85%的受访雇主表示他们遇到招聘困难；45%的受访雇主表示他们面临的最大招聘困难是难以找到符合特定职位需求的人才。② 许多金融从业人员习惯于传统的金融业务模式，缺乏对新技术的敏锐嗅觉和应用能力。这在一定程度上限制了金融创新的步伐。例如，在区块链、大数据分析等新兴技术的应用方面，国内金融机构的创新能力和应用水平仍有待提高。

从国际化程度上看，具备国际视野和跨文化沟通能力的金融人才依然不足，导致金融领域国际话语权与国家整体实力不够匹配。许多金融从业人员的外语水平不高，尤其是在专业金融术语的使用上存在较大差距。具有海外留学或工作经历的金融人才比例较低，这限制了他们在国际市场上的竞争力和适应能力。

从队伍的稳定性看，《中国金融业人才发展报告》研究了中国各行业从业人员的平均在职时间，其中制造业为 38.5 个月，高科技行业为 32.2 个月，金融业仅为 28.3 个月，而这个数字在发达国家则为 54 个月。③ 此外，证券业和其他金融活动领域的人才需求波动较大，受市场和政策影响显著。这说明中国的金融业人员流动性较大，人员频繁的流入流出不利于人才的培养，也不利于项目的对接与深入推进，从而有碍

---

① “Educational Attainment for Workers 25 Years and Older by Detailed Occupation”, U. S. Bureau of Labor Statistics (bls. gov).

② Michael_ Page_ China_ Fintech_ Employment_ 2018_ Report_ CN. pdf, michaelpage. com. cn.

③ China-Financial-Industry-Report. pdf, linkedin. com.

于维持一个稳定健康的金融环境。

从人才的分布结构看，一线城市（如北京、上海）的金融人才相对集中，而二三线城市的金融人才储备相对薄弱，导致区域间金融发展的不平衡。根据《中国城市统计年鉴（2019）》的数据，北京和上海的金融从业人员总数占全国的 20% 以上，而中西部地区这一比例不足 15%。部分二三线城市缺乏吸引和留住金融人才的政策支持，导致人才流向一线城市。政策支持的不足导致二三线城市在金融人才引进和培养方面面临较大困难，难以形成有效的人才吸引力。

四　新形势下中国金融人才队伍建设的战略举措

（一）中国金融人才队伍建设面临的新形势

改革开放以来，中国共产党领导人民创造了经济快速发展和社会长期稳定两大世所罕见的奇迹，中华民族伟大复兴进程持续推进，世界经济格局呈现“东升西降”态势，国际力量对比发生革命性变化，由此形成世界百年未有之大变局。随着世界百年未有之大变局的加速演进，全球动荡源和风险点明显增多，国内外风险因素进一步增多。世界各国正在开展激烈的以科技和人力资本为基础、以新技术革命为手段、以产业价值链为主要对象的国际竞争。

新形势对中国的金融人才队伍建设提出了新要求：第一，世界百年未有之大变局加速演进，金融领域的大国博弈日趋激烈，对国际化高端金融人才的需求进一步增加。在金融强国建设进程中，中国需要打造一批具有国际视野和丰富从业经验，通晓国际金融规则，能够进行跨文化沟通并独立开展国际金融活动的国际化高端金融人才，以及一批能够在不稳定、不确定的国际环境中有力维护国家金融安全的优秀人才，从而为中国提升全球金融治理话语权、国际金融规则制定权、全球金融产品定价权、国际金融体系影响力发挥重要作用。

第二，迎接以人工智能等新一代技术为驱动的新一轮工业革命，要求我们锻造一支跨学科、复合型金融人才队伍。在新技术浪潮的推动下，中国急需一大批既精通数字技术，又熟悉金融知识的复合型、交叉型金融人才来引领金融数字化转型，推动金融竞争力提升。要在党中央集中统一领导下，加快人才培养、选拔、使用和退出制度改革，优化金融人才建设体系，使金融管理部门、金融机构、科技型企业、高等院校等方面协同发力，打造一批金融机构、高校和企业联合培养、产学研用协同攻关的复合型金融人才队伍，助力构建实体经济、科技创新、现代金融和人力资源协同发展的现代化产业体系。

第三，走好中国特色金融发展之路，积极培育中国特色金融文化，需要一批高水平金融理论和金融文化人才。要使中国特色金融发展之路越走越宽广，就必须锻造一支既熟悉马克思主义金融理论，又了解当代中国具体实际，并且有能力传承发展中华优秀传统文化的金融理论和金融文化人才队伍。要引导各类金融机构积极培养金融文化人才，支持高等院校和高端智库培养一批能够推动建构中国自主的金融学知识体系的高端金融理论人才。

（二）锻造强大金融人才队伍的战略举措

当前和今后一个时期推进中国金融人才队伍建设，必须以习近平新时代中国特色社会主义思想为指导，坚持和加强党对金融人才工作的全面领导，全面贯彻党的二十大精神，完整、准确、全面贯彻新发展理念，坚持政治过硬、能力过硬、作风过硬标准，以奋发有为的精神状态、扎实有效的工作举措，全面落实中央金融工作会议精神，不断提高金融人才工作质量，确保中国金融队伍的纯洁性、专业性、战斗力。

第一，借鉴发达国家金融人才队伍建设的经验。在建设金融人才队伍过程中，应当在立足国情的前提下汲取各国的有益经验。在文化价值观方面，弘扬诚信、稳健、创新和团队合作精神，营造健康的金融文化氛围。在教育体系建设上，加强金融专业的跨学科教育，注重实践教学环节，健全金融教育体系与金融人才用人单位的对接沟通机制，在提高金融服务实体经济能力的前提下持续提高金融创新能力，培养既懂金融理论又具备实践操作能力的复合型人才。同时，根据中国经济发展阶段和产业结构调整需求，优化金融人才培养结构，使金融人才能够更好地服务于实体经济，推动中国经济高质量发展，助力大国崛起进程中的金融体系建设与完善。

第二，聚焦金融高质量发展的新领域、新赛道，研究未来中国金融发展对人才的需求演变趋势。特别是要围绕中央金融工作会议的部署（如做好“五篇大文章”，推动股票发行注册制走深走实，培育一流投资银行和投资机构，等等），梳理当前和今后一个时期中国金融人才需求的总体规模、基本结构和重点领域，为金融人才队伍建设明确战略愿景。在此基础上，要进一步搞清楚未来中国金融高质量发展所需要的人才知识结构。例如，要做好科技金融、绿色金融、普惠金融、养老金融、数字金融“五篇大文章”，除了掌握基本的金融知识，还必须熟悉国内外科技创新的演进规律，绿色发展的总体格局，共同富裕和共享发展的新形势新要求，人口老龄化和人口总量达峰带来的金融服务需求变化，以及数字技术和数据要素对金融业发展的冲击效应等专门化知识。

第三，加快培育和开发紧缺人才，完善金融人才评价体制。要完善紧缺金融人才培养和使用政策，在科技金融、绿色金融、普惠金融、养老金融、数字金融，以及信用评级、精算、保险、投行、法律、金融基础设施等重点领域采取有效措施鼓励金融机构与高校、科研院所加强合作，建立校企联动的紧缺急需金融人才培养模式。同时，积极引导金融机构开展紧缺急需和重点专业领域人才专项培训工作。同时，要加快构建符合中国国情的金融人才评价标准体系，建立由党政机关、金融管理部门、金融机构、行业组织、专家学者、优秀人才、人力资源服务机构等方面代表组成的专业化金融人才评价专家库，探索建立金融人才分类分层分级评价体系。

第四，在金融人才建设领域深化供给侧结构性改革，激发金融人才创新创业创造活力。关键是使政府和市场两只手协同发力，共同破除体制机制障碍，推动金融人才体制机制改革。一要强化党和政府在金融人才总体规划、宏观管理、法治建设和公共服务方面的重要作用。二要充分调动用人主体在金融人才培养、吸引和使用中的积极性、主动性和创造性。三要逐步打破户籍、地域、身份、学历、人事关系等制约，促进人才资源合理流动、有效配置，建设统一、开发、竞争、有序的金融人才市场体系。

第五，加大金融人才服务体系建设力度，为金融人才干事创业营造良好环境。要充分发挥政府、社会组织和企业等各方面的积极作用，着力建设功能完备、高效便捷的金融人才服务体系。一要健全包括组织任命、公开遴选、校园招聘、海外招聘、网络招聘等在内的金融人才资源配置体系。二要搭建并完善金融人才服务平台，为金融人才引进、政策咨询、培训交流提供专业化、公益性服务。三要组织引导高端智库、科研院所和高校开展有关金融人才的前瞻性、针对性、储备性政策研究，为中国金融人才政策提供咨询建议。四要加快建立具有中国特色的金融人才评价体系，完善金融从业人员进入和退出机制，形成有序且有活力的金融人才资源流动机制。

（执笔人：董昀）

第十六章

加强数字治理　推动金融强国建设

新一轮信息科技革命迅猛发展，引发数字领域风险不断积聚，数字治理迫在眉睫。2024 年 11 月，数字中国建设会议召开，深入学习习近平总书记关于数据发展和安全重要论述精神，加快推进数字中国建设和加强数字治理。同时，金融是国民经济的血脉。2023 年 10 月，习近平总书记在中央金融工作会议上发表重要讲话，首次提出建设金融强国目标，并明确要求做好科技金融、绿色金融、普惠金融、养老金融、数字金融“五篇大文章”。而数字治理和金融发展关系密切，加强中国数字治理是推进金融领域高质量发展的内在要求，有助于提高金融服务实体经济质效，加快金融强国建设。本章围绕加强数字治理，推动金融强国建设这一主题，梳理数字治理的概念要素和演进历程，讨论欧美数字治理的核心议题，分析中国数字治理的现状与挑战，继而提出提升中国数字治理能力的政策建议。

一　数字治理的概念界定与演进历程

（一）数字治理的概念界定

数字治理是在社会管理、经济互动以及政府内部运行中，运用信息技术简化处理程序的治理模式，[①] 是现代信息化技术在公共事务领域的积极应用，形成多元主体参与、政务工作透明、政府社会关系改善的治理形态，并成为和网络化治理等具有互补关系的社会治理模式。[②]

（二）数字治理的演进历程

数字信息技术发展直接影响数字治理进程，因此，数字治理演进历程也与数字信息技术发展过程息息相关，中国数字治理可划分为电子化、网络化、服务整合、数据驱动和智能化五个阶段（见表 16—1）。

表 16—1　**中国数字治理的演进历程**

时间	发展阶段	发展特征
20 世纪 70 年代末至 90 年代中期	电子化	在内部网络（局域网）和单机应用中进行文档电子化和简单数据库管理
20 世纪 90 年代中期至 21 世纪第一个十年中期	网络化	“政府上网工程”启动，政务处理和公共服务迁移到互联网上，政府网站成为信息发布和提供公共服务的平台，包括在线信息查询和在线服务
21 世纪第一个十年中期至 21 世纪第二个十年	服务整合	实施电子政务工程，建立全国统一的电子政务外网和内网，推动“一站式”服务平台建设，提供便捷公共服务，包括数据共享和业务协同，对政府内部流程再造和提升公共服务效率
21 世纪第二个十年至今	数据驱动	政府实施政务微博、政务微信等新媒体应用，开展“互联网+政务服务”计划，推广“一网通办”“一次办好”等改革举措，推进政务数据开放共享，开展智慧城市、大数据中心等建设；同时强化数据的收集、分析和利用，充分挖掘信息资源和数据价值，基于大数据基础开展政府决策和公共服务创新，利用智能算法规则优化公共服务和改善政策效果
未来发展趋势	智能化	数字治理全面融入政府治理各环节，智能化的公共服务、政府监管和政策决策成为数字治理新方向

资料来源：笔者整理。

---

① 陈那波、张程、李昊霖：《把层级带回技术治理——基于“精密智控”实践的数字治理与行政层级差异研究》，《南京大学学报》（哲学・人文科学・社会科学）2021 年第 5 期。

② 李乐乐、顾彤彤、秦强：《数字技术对数字政府治理的影响路径：整合、驱动、赋能》，《中国科技论坛》2024 年第 7 期。

二　欧美数字治理的核心议题

数据治理、人工智能、数字基础设施、数字平台、数字服务税和数字资产，都是数字治理领域的核心议题，欧美在这些领域开展了大量创新实践活动。

（一）数据治理

数据治理是数字治理的重要基础，欧美是全球数据治理的先行者。

1. 欧盟数据治理政策

2018 年 5 月欧盟实施《通用数据保护条例》（GDPR），要求强调数据主体的权利，要求企业在处理个人数据时必须遵循合法、公平、透明的原则。欧盟数据保护委员会（EDPB）负责监督和协调欧盟各成员国数据保护机构的工作，确保 GDPR 的一致实施。2024 年 1 月欧盟《数据法案》生效，明确了数据访问、共享和使用的规则，旨在促进数据共享利用，创新数据驱动，提高数据价值。同时，欧美双方达成新的数据隐私框架，旨在恢复数据跨境流动秩序，以回应欧盟法院在《隐私盾协议》无效案中提出的主要关切。欧盟数据保护委员会（EDPB）通过关于欧美数据隐私框架（DPF）的首次审查报告，发布关于有效执法数据访问建议的声明。

2. 美国数据治理政策

美国数据治理对政府数据开放、数据安全、跨境数据流动等进行调整，由过去强调数据自由流通转向更重视国家安全和隐私保护。2009 年美国提出政府数据开放战略，通过《透明和开放政府备忘录》《电子化政府执行策略》等法规，建立全球首个多源统一的政府数据开放平台。2023 年 11 月美国发布《2024—2026 年数据战略》，以实现更先进的数据分析功能、更清晰的治理结构，提高机构运营中数据驱动透明度，包括数据治理和领导力、通用数据分析等内容。鼓励数据自由流通的政策导向，推动美国数字政府快速发展和数据产业繁荣。

近年来，美国对个人隐私保护和跨境数据流动的政策开始转向。一是2020年1月美国加利福尼亚州实施《加州消费者隐私法案》（CCPA），赋予消费者对个人数据的控制权，要求企业披露数据的收集、使用和销售，强化个人隐私保护的数据治理。二是美国2024年5月发布《美国国际网络空间和数字政策战略》以促进数字团结，提高美国在网络空间全球治理中的影响力，强调网络安全、可持续发展和技术创新的融合，以及运用适当的外交工具和国际治理手段。三是2024年2月美国总统拜登签署命令，旨在防止某些国家获取大量美国人的敏感个人数据和美国政府相关数据。这表明，数据安全议题正成为焦点，美国数据治理规则开始调整，数据跨境流动治理规则发生结构性转变，开始强调国家安全和隐私保护。

（二）人工智能

1. 欧盟人工智能领域的数字治理

2024年8月，欧盟《人工智能法案》生效，该法案提出了风险分类思路、产品规制路径、负责任创新、实验主义治理、全生命周期的风险管理规制体系等理念，强调进行事前风险管理、事中应急管理和事后开展学习，并力图释放人工智能潜力，在数据流动和广泛使用之间取得平衡，保证个人隐私、数据安全和伦理标准。《人工智能法案》采用基于风险的监管方法，将人工智能风险划分为四种类型，针对不同风险类型采取不同监管措施，针对高风险应用实施严格的规定，设立禁止事项清单（见表16—2）。

表 16—2　　欧盟《人工智能法案》对人工智能风险的分类

风险程度	具体领域	监管措施
不可接受风险	威胁人的安全、生计和权利的风险，包括操纵人类行为规避用户自由意志的系统和允许政府使用社会评分的系统等	禁止，若违反将被处以巨额罚款
高风险	基本的私人和公共服务，威胁生命和健康的重要基础设施，决定受教育机会的考核或职业培训，涵盖自动驾驶和机器人手术的产品安全使用，包括履历筛选的就业与员工管理流程，运用于司法和民主程序的执法系统等	上市前受到严格管控，开展风险评估，为系统提供高质量数据；对活动记录确保可追溯，提供关于系统和目的的所有必要信息；由监管机构评估其合规性，向用户提供充分且清晰的信息；配套人为监督措施和停止功能；上市后持续市场监督和共享故障信息，严格执法与处罚
有限的风险	使用人工智能（如聊天机器人）时，使用者能意识到与机器互动，进而做出明智决定	实现透明和公开化
最小风险	允许自由使用人工智能的电子游戏或垃圾邮件过滤器等应用	实现透明和公开化

资料来源：欧盟《人工智能法案》，笔者整理。

2. 美国人工智能领域的数字治理

美国人工智能领域的数字治理采取多元化策略，旨在鼓励技术创新、平衡风险管理和确保国家安全。2022 年 10 月，美国发布《人工智能权利法案蓝图》，基本原则包括：建立安全和有效的系统，算法歧视保护，数据隐私保护，自动化决策系统通知和解释要清晰、及时和可访问，以及设计 AI 系统失败时使用的替代方案和退出机制（见表 16—3）。2024 年 10 月，美国发布《人工智能国家安全备忘录》，旨在推动联邦政府在国家安全领域广泛应用人工智能技术，强调人权、民权、公民自由及隐私的保护，并力求围绕人工智能塑造国际规范。同时，美国发布《推进国家安全领域人工智能治理和风险管理的框架》以加强对人工智能领域的监管。美国还提出人工智能监管决议，鼓励各国在人工智能发展过程中保障人权、保护个人数据隐私并管控风险。

表 16—3 **美国《人工智能权利法案蓝图》的五项基本原则与实现目标**

基本原则	实现目标
建立安全和有效的系统原则	保护美国公民免受不安全或无效系统的影响
算法歧视保护原则	以公平、安全的方式使用系统和设计系统
数据隐私保护原则	通过内置保护措施，并由相关机构来管理有关其数据的使用方式，保护公民不受滥用数据行为的影响
自动化决策系统通知和解释要清晰、及时和可访问原则	公民应当知晓正在使用的系统，并了解该系统对公民造成何种影响以及原因
设计 AI 系统失败时使用的替代方案和退出机制原则	保证适当情况下公民应该能够选择退出并快速解决问题

资料来源：美国《人工智能权利法案蓝图》，笔者整理。

（三）数字基础设施

1. 欧盟数字基础设施领域的数字治理

一是投资方面，欧盟发布《2023—2024 年数字欧洲工作计划》，用于改善云计算能力和创设 AI 实验测试设施，提升云服务安全性和数据共享水平。欧盟发布《数字欧洲计划》用于加强网络安全和数字技术。欧盟正在实施“连接欧洲基金”计划，用于支持先进数字技术连接基础设施。二是政策发展方面，欧盟推出一系列新举措以加强未来数字基础设施的创新、安全性和复原力，包括发布《如何满足欧洲数字基础设施需求》白皮书，提出加强海底电缆基础设施的安全和复原力，建设一体化计算基础设施。欧盟提出未来数字基础设施的三大支柱：构建互联协作计算网络，实现网络连接与计算的融合；完善单一数字市场，如优化频谱政策；建设安全且有韧性的欧洲数字基础设施，利用量子技术实现安全通信、确保海底电缆基础设施安全。

2. 美国数字基础设施领域的数字治理

一是国际网络空间和数字政策战略方面，美国政府发布《美国国际网络空间和数字政策战略》，聚焦建立“数字团结”概念，强调在网络、数字和新兴技术问题上建设能力和专业知识的重要性，协助合作伙伴部署安全、可靠、有弹性和可持续的技术，建立强大和包容性的创新型数字经济，并与全球合作伙伴建立“数字团结”，共同应对恶意网络操作、网络犯罪和其他数字危害。

二是数字政策和基础设施建设方面，美国国际开发署发布的未来十年数字政策，强调建立一个开放、包容、安全和尊重人权的数字生态系统，重点关注数字基础设施建设、数字知识和技术改进，以及隐私和安全保障等。①

三是关键和新兴技术的国家标准战略，美国发布《美国政府关键和新兴技术国家标准战略：实施路线图》，旨在加大投资，促进公私合作，强化协调机制，拓宽参与范围，加强人才培养、教育普及、国际合作等多维度策略，助力美国积极参与并主导关键和新兴技术标准的制定，保护美国国家和经济安全。

（四）数字平台

1. 欧盟数字平台的数字治理

欧盟数字平台数字治理，主要包括《数字市场法》（DMA）和《数字服务法》（DSA），涉及市场支配地位治理规则，以及非法内容和产品治理规则。一是市场支配地位治理规则。针对数字平台经济下极端规模经济、垄断优势和锁定效应等问题，欧盟通过 DMA 实施“守门人”规则，对可能产生市场支配地位的数字平台服务进行事前和事中治理。这些“守门人”包括提供核心平台服务的经营者，如在线中介、搜索引擎、社交网络等，一旦被认定为“守门人”就必须受到市场支配地位治理规则的监管。② 二是非法内容和产品治理规则。欧盟通过 DSA 对数字平台上

① 张东冬：《数字外交强化与美国全球数字竞争的全新图景》，《国际关系研究》2025 年第 1 期。

② 金晶：《欧盟的规则，全球的标准？数据跨境流动监管的“逐顶竞争”》，《中外法学》2023 年第 1 期。

的非法内容和产品进行治理，确保平台内容的安全性和合规性。此外，欧盟的《通用数据保护条例》（GDPR），以数据保护规则为核心，覆盖数据权利的普遍保护，也对交易平台规制进行有效监管。

2. 美国数字平台的数字治理

美国数字平台的数字治理主要体现在监管层面，涉及三个方面。一是反垄断监管。尽管存在对数字平台规模和市场行为的质疑，但美国政府对数字平台的反垄断监管相对较为薄弱，在反垄断、隐私保护、平台责任等方面立法进展缓慢，这主要是因为美国政府将数字产业视为创新的重要领域，倾向于减少外部监管以促进数字产业创新。二是隐私保护监管。尽管已出现大量的隐私保护数字治理动议，但美国政府在数字平台的隐私保护监管的立法也相对滞后，表明美国数字治理更倾向于市场自我调节和促进创新发展。三是平台责任。在平台责任方面，美国也未见有实质性的立法进展，表明其更倾向于让市场自我调节和自我约束平台行为。

（五）数字服务税

1. 欧盟数字服务税的数字治理

欧洲数字服务税实践主要关注大型跨国科技企业的税收漏洞。法国是第一个实施数字服务税的欧盟成员国，从 2019 年 1 月起，法国针对全球营业额超过 7.5 亿欧元、法国国内营业额超过 2500 万欧元的公司征收 3%的数字税。自 2020 年 4 月起，英国对全球数字收入超过 5 亿英镑、从英国用户取得收入超过 2500 万英镑的大型企业征收 2%的数字服务税。同时，2022 年 12 月欧盟还提出了适应数字时代变化的《数字时代增值税方案》，该方案目标在于监管数字平台上的商业活动，计划引入电子发票和实时数据报告的新规则，以打击增值税欺诈，支持企业发展，推动经济数字化进程。该方案包含三项法案，涉及增值税规则、增值税行政合作安排以及某些增值税申报的信息要求。

2. 美国数字服务税的数字治理

一是美国与奥地利、法国、意大利、西班牙和英国达成数字服务税过渡期安排协议，美国取消对欧洲五国产品征收的惩罚性关税，而欧洲五国则承诺在双支柱方案生效时完全撤销数字服务税的单边税收措施。二是在 OECD 框架下推动数字服务税改革。美国在 OECD 框架下积极参与数字服务税的谈判，旨在推动国际税收规则的改革。美国政府的立场是反对单边课征数字服务税，并重视跨大西洋关系，致力于弥合数字贸易治理领域的跨大西洋间隙。三是反对单边税收措施。美国坚决反对任何形式的单边税收措施，无论是针对美国的贸易伙伴还是盟友。为了反制法国的数字服务税，美国曾发起 301 调查，并对欧盟、英国、奥地利等 10 个贸易伙伴进行了类似的调查。

（六）数字资产

1. 欧盟数字资产的数字治理

欧盟数字资产领域监管框架，通过《加密资产市场监管法规》（MiCA）实施。MiCA 涉及监管加密货币、稳定币和其他数字资产，旨在提供统一和清晰的加密资产监管环境。MiCA 目标是保护投资者、确保市场透明度和稳定性，打击非法活动，如洗钱和恐怖主义融资。MiCA 明确发行人、服务商和托管人的运营责任和权利义务，这些实体需要获得相应许可并遵守严格的运营、组织和治理标准。此外，MiCA 规定了加密资产的透明度和信息披露要求，务必使投资者能够充分了解他们投资的产品。在稳定币方面，MiCA 实施了更为严格的监管措施，如要求稳定币发行者必须满足特定条件，包括保持足够的储备金以确保代币的稳定性，并限制未经授权的稳定币的发行。

2. 美国数字资产的数字治理

美国数字资产的数字治理，体现在以下四个方面。一是建立监管框架。《21 世纪金融创新与科技法案》（FIT21）旨在修改现有的证券和商品监管法规，为数字资产建立更明确的监管框架，为加密行业创造一个稳定、可预期的法治环境。二是赋予监管机构更多角色。美国商品期货交易委员会（CFTC）和证券交易委员会（SEC）等多个监管机构，均参与数字资产监管，负责制定相关规则、监督市场行为，并打击违法活动。三是增加立法措施。《美国比特币战略储备法案》不仅提出了建立国家比特币储备的计划，还包括确保比特币安全存储的立法措施，如构建去中心化的比特币安全存储设施网络。四是强化行业自律和投资者保护。美国监管机构非常注重保护投资者权益，通过制定相关规则防范数字资产市场欺诈行为以确保市场公平性。①

三　中国数字治理现状与挑战

中国数字治理的对象包括数字平台、数字空间、人工智能等，央行数字货币（CBDC）是重要的数字治理工具。全球数字治理体系下中美欧三国的价值取向和治理逻辑存在明显差异。同时，特朗普政府在数字治理和人工智能领域的政策采取了保守孤立主义策略，加剧了中国数字治理发展面临的挑战。

（一）中国数字治理的对象

1. 数字平台

中国数字平台主要存在四个问题。一是数据安全和隐私保护不足。数据泄露和滥用问题频发，用户个人信息保护不够，隐私政策不够透明，用户对数据如何被收集、使用和共享缺乏足够的了解和控制权。②

① 戴永红、韩瑞萌：《美国数字基建的战略传播及其体系化》，《现代国际关系》2025 年第 2 期。

② 陈美、何祺：《基于演化博弈的开放数据隐私风险治理研究》，《管理工程学报》2024 年第 6 期。

二是市场垄断和不公平竞争加剧。一些数字平台和金融科技公司，利用市场主导地位进行不正当竞争，排挤中小企业，甚至进行“二选一”等垄断行为，限制了消费者选择权，导致数字鸿沟和数字垄断有所扩大。三是内容监管不合规。数字平台内容管理不严，出现违法违规信息，如虚假广告、侵权内容等，而监管机构在执行内容监管政策时，可能出现过度审查或审查标准不一的问题。四是算法歧视和透明度不够。算法和规则可能存在偏见，导致信息“茧房”效应，限制了用户接触多元化信息，同时算法缺乏透明度，用户无法充分了解算法和规则的应用原理与使用过程，导致消费者个人信息被过度利用，消费者权益缺乏有效保护。

2. 数字空间

中国网络安全问题频发，包括以下四个方面。一是网络攻击事件层出不穷，网络攻击事件频发。黑客利用系统漏洞、钓鱼邮件、恶意软件等，对政府机关、企业、个人信息系统进行攻击，导致数据泄露、信息系统瘫痪等问题。二是网络诈骗和诈骗手段日益多样。虚假投资、网络购物诈骗、冒充熟人诈骗等案件频发，严重损害人民财产安全，据网络安全中心统计，中国每年因网络诈骗造成的经济损失高达数百亿元。三是全球网络空间已成为恐怖主义和极端主义传播的新渠道，一些极端分子利用网络发布暴力、恐怖信息，煽动民族仇恨，危害国家安全和社会稳定。四是关键信息基础设施安全风险，中国电力、交通、金融等领域的关键信息基础设施面临安全风险。

3. 人工智能

一方面，AI 技术运用表现出一定的同质性特征，引发技术性风险。一是底层算法和运算模式具有同质性，一旦这些技术被破译或遭受黑客攻击，那么该技术业务体系会在短时间内陷入瘫痪，技术风险将快速溢出，并传染业务体系主体，引发系统性技术风险。二是在一定设定条件和数据环境的影响下，AI 模型分析结果具有一定的确定性特征，使得

AI 分析结论容易被诱导至“错误”或者固定方向的结果。基于自动交易算法，在基础数据输入确定算法的情形下，AI 模型输出的交易结果可能出现确定性结论。一旦人类交易员破解 AI 自动算法，就有可能导致 AI 模型执行相反操作，引致市场操作风险。三是黑客人员通过操纵算法决策所依据的数据来控制算法交易者的决策，攻击者可通过实时操纵输入数据流获得对算法交易机器人的控制。

另一方面，人工智能也面临一系列知识产权风险。一是版权侵犯。由 AI 创作的文学作品、艺术作品等，其创作物版权归属可能存在争议，AI 在学习和生成内容时，也可能会不经意间复制或模仿受版权保护的作品，引发内容复制纠纷。二是专利权问题。在人工智能参与发明的过程中，对 AI 是否可以作为专利的发明人存在一定争议，同时，在专利范围方面，AI 技术的创新可能难以满足现有专利法对发明创造性的要求。三是商标权问题。AI 在生成广告或进行品牌推广时，可能会侵犯他人的商标权或品牌形象。四是商业秘密泄露。AI 系统在处理大量数据时可能会无意中泄露商业秘密，同时，在算法保护原则下，AI 算法本身可能构成商业秘密，其保护难度较大。五是侵权责任归属。当 AI 行为构成侵权时，责任应当由 AI 本身、开发者、使用者承担，还是由制造商承担，目前尚无明确法律规定。六是隐私权问题，AI 在学习和运作过程中可能涉及对个人隐私的数据信息的收集和分析，容易侵犯个人隐私权。①

（二）数字治理工具

央行数字货币（CBDC）是由一国中央银行发行的数字形式的法定货币。CBDC 具有法偿性，即被法律接受其作为支付手段，但以数字形

① 和军、李江涛：《人工智能数据风险及其治理》，《中国特色社会主义研究》2024 年第 6 期。

式存在，采用区块链等分布式账本技术。CBDC 已成为重要的数字治理工具，但其也面临两大挑战。

1. CBDC 匿名性与可追溯性的权衡挑战

CBDC 需要平衡匿名性与可追溯性，以确保金融系统稳定和高效。一方面，匿名性是金融交易中保护个人隐私和避免财务信息被无端监控滥用的重要保障。因为数字交易痕迹更容易被追踪，数字治理工具的匿名性显得尤为重要，如 CBDC 能保障较高的匿名性，就能提高公众对数字货币的接受度，并促进金融普惠发展。另一方面，可追溯性是监管机构开展监管和打击洗钱、恐怖融资等金融犯罪的重要保障。数字治理工具的可追溯性可为央行货币政策提供更精准的数据支持，帮助央行更好地调控宏观经济和市场流动性。然而，匿名性与可追溯性之间存在排斥：如果 CBDC 匿名性过强，虽然能保护用户隐私，但也为非法交易和洗钱活动提供了便利；如果 CBDC 的可追溯性太强，可能会引发公众对隐私侵犯的担忧，甚至导致数字货币使用的信任危机。

2. CBDC 跨境支付的系统互操作性不足

CBDC 是货币形态和支付方式的重大变革，提高了支付效率并降低了交易成本，但在跨境支付的系统互操作性上存在不足。一是跨境支付系统的技术标准不统一。各国 CBDC 基于不同的技术平台和数字基础设施架构，缺乏统一的技术标准和接口协议，技术异构性导致各国 CBDC 系统之间难以实现无缝对接，增加了跨境支付的技术复杂性和交易成本。二是法律法规差异性和监管协调不足，跨境支付涉及多国法律法规，如反洗钱、反恐怖融资等监管要求，各国法律差异性增加了 CBDC 跨境支付的合规性风险、法律风险和不确定性。同时，跨境支付需要各国监管机构密切协调，但当前国际监管框架在 CBDC 领域尚不成熟，缺乏有效的跨境监管协调机制。三是货币政策独立性冲突和汇率风险。CBDC 跨境支付不仅会影响东道国市场流动性，影响该国货币政策制定和传导效果，制约货币政策的独立性，而且会作用于跨境资本流动渠道，对东道国外汇管理体系造成冲击，引发汇率风险。

（三）数字治理的制度安排

1. 中美欧数字规制体系的比较分析

（1）美国数字规制体系以鼓励创新为核心

美国数字治理规制的核心是鼓励创新，其价值取向是推动美国数字要素全面发展。一方面，美国采取多种数字治理手段，促进数字的基础要素与能力要素融合发展，为数字经济创新提供空间与政策支持。另一方面，面对数字规制领域下个人隐私和信息保护等制约市场创新的因素，美国尽量将数字治理的规则制定权交由市场和监管部门，使得个人信息保护程度与行业发展水平相协调，尽可能减少个人隐私和信息保护带来的“束缚”。美国鼓励创新为核心的数字规制方式，促进各领域数字要素快速发展，使得数字要素之间处于“紧密耦合”状态。

在数字治理国际竞争方面，美国提出构建反映美国集体利益与价值观念的互通、互联、创新、安全的数字经济体系和数字治理规制。为迎合数字要素创新发展的迫切需要，美国进一步优化数字规制体系，鼓励美国企业积极获取数据资源和数字要素，巩固自身数字要素在全球数字经济领域的优势。同时，美国政府以危害美国的国家安全、网络安全、数字基础设施安全为理由，采取各类措施阻碍他国在数字技术、数据要素、数字资源方面的发展进程，谨防他国对美国数字经济和数字资源优势地位的威胁。

（2）欧盟数字规制体系以市场建构为核心

欧盟数字规制体系的核心是构建单一数字市场，采取一系列打通单一数字市场建设核心关卡的举措，以推动欧盟优势数据要素发展。2016年，欧盟颁布《通用数据保护条例》，成为欧盟个人信息流转的法律框架，以实现成员国之间优势数据要素的流通与互补，充实欧盟基本数字发展要素，并且反制美国大型数字企业的扩张行为，客观上保护了欧洲数字市场，还确立了欧盟在全球个人数据保护议题领域的领先地位。2019 年，欧盟通过《非个人数据自由流动框架条例》，以解决非个人数据壁垒问题，实现非个人数据在欧盟国家间的自由流转。2022 年，欧盟通过《数据治理法案》，旨在解决政府数据公开及数据利他主义方面的问题。跨国数字经济方面，欧盟推动构建欧盟数字身份识别系统，从而便利个人和企业进行跨国数字经济活动。同时，欧盟还通过一系列限制性规制，强化数字风控体系，制约了非欧盟大型跨国数字企业的市场行为，以保护欧盟本土数字企业发展。2022 年，欧盟通过《数字市场法案》，发挥“守门人”职责，针对大型平台企业的排除与限制竞争行为进行有效调控。

（3）中国数字规制体系兼顾发展与安全

早期，中国数字发展的基础要素、能力要素和应用要素均不突出，数字规制体系以促进中国数字发展为核心。政府出台了一系列数字商务规范和指引，积极促进国内互联网企业和数字经济快速发展，带动腾讯、阿里巴巴、百度等一大批互联网平台和数字企业迅速壮大。在此背景下，中国数字风控体系未实施严格的控制措施，数字规制体系管理也较为宽松，当时国内数字企业被提起的诉讼赔偿数额与这些企业所获取的利润不成正比。这一阶段，中国数字应用要素得到广泛应用，互联网平台和数字企业带来巨大的经济效益和社会效用，同时国家安全风险、社会安全风险和个人信息权益风险也在不断积聚。随着国内大型社交媒体平台借助热搜排名等算法规则，获得巨大的舆论影响力和社会动员力，叠加数字应用要素引发的各类风险不断积聚，数字治理和数字风险控制的要求越发强烈，带动中国数字规制体系开始转向促进发展和强化安全兼顾的方向。

2. 数字监管国际协调

（1）中国数字治理的国际协调

一是提出《全球数据跨境流动合作倡议》，强调数据要素及其跨境流动对经济发展、技术创新、公共治理等方面的促进作用，强化保护国家安全、公共利益和个人隐私的重要性。这是中国向国际社会提出的数字治理中国方案，明确了中国促进全球数据跨境流动合作的立场主张和建设性解决思路，对推动国际数据治理规则制定和促进全球数字经济可持续发展具有示范性的积极作用。二是提出《数字中国建设整体布局规划》，强调建设数字中国的重要性，将其视为数字时代推进中国式现代化的重要引擎和国家竞争新优势的有力支撑，加快数字中国建设步伐，努力构建开放共赢的数字领域国际合作新格局。三是中国通过《全球数字契约》，旨在构建一个包容、平等的数字生态系统，确保所有国家尤其是发展中国家能够充分享受数字红利。这标志着国际社会在推进全球数字治理良性变革方面迈出重要一步，也表明中国支持联合国在全球数字治理和规则制定方面发挥主导作用，并愿意与各方一道，就数字发展及全球数字治理的突出问题寻求解决思路和凝聚国际共识。

（2）中国数字监管规则与国际差异

中国数字监管规则与国际规则存在一定差异。一是监管理念和监管重点差异。中美欧三方对数字监管的理念和实践各不相同，美国倾向推动数字要素全面发展，重视数字平台自我监管，减少外部监管以鼓励促进创新；欧盟倾向借助法律体系构建市场和促进市场竞争，并为消费者提供多样化选择；中国强调促进发展和强化安全双核并重的监管理念。二是法律框架差异。欧盟的数字监管规则走在世界前列，例如《通用数据保护条例》《数字服务法案》正深刻影响全球监管标准，欧盟通过显性和隐性的法律输出途径，如充分性认定、标准合同条款以及欧洲法院的司法审查，正在向世界输出其监管标准。三是数据跨境流动监管差异。美国倾向于数据跨境自由流动，欧盟倾向于对数据跨境流动采取较为严格的监管措施，中国在数据跨境流动监管方面，正在探索符合自身国情的路径，同时也在对外缔结的自由贸易协定中开始关注数据跨境流动监管问题。

（四）特朗普政策对中国数字治理体系造成的冲击

特朗普政府在数字治理和人工智能领域的理念和政策，不仅深刻体现了对国家主权、技术创新和国际竞争的全面考量，还可能对中国数字治理和人工智能造成较大冲击。

1. 特朗普的技术联盟与排挤策略

特朗普政府以 5G 和芯片技术为核心，构筑技术联盟，实施大国科技战略竞争，推动对中国的科技遏制与排挤。一是《布拉格提案》与"5G 清洁路径"计划。特朗普政府通过《布拉格提案》并实施"5G 清洁路径"，试图在全球数字空间和数字治理体系内，系统性排除中国的数字产品与数字服务。特朗普政府认为，中国的 5G 技术对美国的国家安全造成较大威胁，在全球范围内推广"5G 清洁路径"概念以限制中国企业参与全球 5G 网络的建设。二是芯片制裁。特朗普政府对华为、中兴通讯等中国企业实施芯片制裁，限制中国企业获取先进半导体技术。这一举措旨在削弱中国在高科技领域的竞争力，确保美国在全球芯片产业的领导地位，对中国数字技术发展制造阻碍。三是技术联盟。特朗普政府积极拉拢盟友，共同抵制中国的数字产品和数字服务。如美国与日本、韩国、澳大利亚等国家建立技术联盟，共同应对中国在 5G、AI 等领域的崛起。

2. 特朗普的人工智能限制政策

特朗普政府高度重视人工智能技术的发展，并在第一任期内发布了两项关于人工智能的行政命令，旨在保持美国在全球人工智能竞争中的领先地位。一是加速人工智能军备竞赛。特朗普政府认为，人工智能技术具有极高的军事价值和社会价值，为此，美国政府在全球范围内加快人工智能技术的军备竞赛，以确保在未来的国际竞争中占据优势。二是对外限制人工智能的关键技术输出。特朗普政府严格限制向中国等竞争对手输出先进技术和关键人工智能产品，扩大对华的出口管制和科技封锁，以防止中国在人工智能领域赶超美国。

四　提升中国数字治理能力的政策建议

（一）着力完善数字法律体系，规范数字市场发展

1. 坚持系统观念，完善数字治理法律规范体系

首先，加快立法进程，制定和出台全国统一的《中华人民共和国数字经济发展促进法》，明确数字经济发展的总体目标、基本原则和制度框架，统筹落实相关法律所规定的数字治理规范和数据安全要求，细化数据分类分级与管理，强化数据跨境流动监管，明确个人信息处理等措施，加强不同法律之间的制度衔接。其次，完善数字治理相关法律法规，提高法律适用性。优化《中华人民共和国网络安全法》，强化网络数据安全防护屏障，针对网络违法行为加大惩处力度，从源头保障数字空间安全。完善《中华人民共和国个人信息保护法》，明晰个人信息从收集到使用、处理全流程的原则规范与操作程序，切实筑牢用户隐私权益防护网，让民众在数字交互中更安心。推进《中华人民共和国反垄断法》细化落地，将互联网领域全面纳入反垄断监管视野，精准遏制企业滥用市场支配地位的不当行径，营造公平有序的数字竞争生态。完善《网络数据安全管理条例》，充分激活数据要素潜能，强化中国数据安全管理体系，提升治网管网综合水平。①

2. 强化数字法律法规实施，规范数字市场健康发展

首先，加强数字技术应用提升执法效能。健全数字法律监管体系，提高执法部门技术能力和专业水平；加大数字市场违法行为查处力度，

① 杜荷花：《我国政府数据开放平台隐私保护评价体系构建研究》，《情报杂志》2020 年第 3 期。

严厉打击侵犯知识产权、网络诈骗等犯罪行为；强化数字治理多主体的跨区域和跨领域协作，形成数字治理与执法监督合力。其次，强化数据治理保障数据安全。健全数据安全管理制度，明确数据收集、存储、使用、销毁等环节的安全要求；加强对重要数据和个人信息的保护，打击数据泄露、滥用等；推动数据资源共享开放，促进数据资源价值最大化。最后，优化数字营商环境维护市场秩序。完善数字市场规则，明确数字平台责任，保障平台内经营者合法权益；建立公平竞争审查制度，防止滥用数字市场支配地位，维护数字市场公平竞争；在合法、合规的基础上降低数字市场准入门槛；加强信用体系建设，对失信行为进行联合惩戒，提高市场主体诚信意识。①

（二）加快推进监管数字化，提高金融监管能力

1. 利用数字化技术，强化科技驱动型金融监管

一是强化科技驱动型监管模式和分布式平等监管机制。监管机构不仅要借助数字技术，主动、及时获取风险数据，开展风险的识别、分析和评估，实现数据的自动化监管和算法监管，由被动监管转变为主动监管，而且强化监管机构、金融机构和消费者的平等、开放式的信息共享机制，将监管机构单一治理转换为利益相关方共同治理，将上、下层级监管转换为扁平化监管，实现实时、可预测的技术支撑监管体系。同时，监管机构还要强化区块链技术，实现数据信息的透明和去中心化，帮助监管机构直接、真实无篡改地获取监管对象风险数据，缓解部分金融机构追求利润最大化产生的道德风险。

二是强化智能化动态监管机制。监管机构要利用智能化动态监管机制，开展有效数据分析评估，实现数字金融市场监测，形成自动化和标

① 范柏乃、盛中华：《数字风险治理：研究脉络、理论框架及未来展望》，《管理世界》2024年第8期。

准化监管流程，设定有效的监管规则，打造以监控数据和监管条款为基础的自动化监管体系，实现消费者保护、机构合规和数字金融市场的实时动态监测。同时，智能化监管机制持续监测包括风险数据、交易数据和流程数据在内的监控数据，完善监管条款、政策和要求，在监管机构和金融机构之间形成自动化处理程序，提升监管效率，减少人工干预、自由裁量问题和数字金融监管成本。

2. 完善监管沙盒与监管数字化的融合机制

首先，发挥监管沙盒中的持续试错与学习机制，缓解信息不对称程度。监管机构对被测试的数字金融产品和金融机构、第三方等参与主体，均进行实时监控和数据分析，灵活调整监管措施，实现监管策略的持续更新优化。其次，提升事先准备、事中测试和事后总结的监管实践效果。事先准备阶段，可将数字金融产品的交易特性和技术标准，以及各参与方的资源条件、商业模型等信息，通过数字技术转化为可量化数据参数，利用数字建模技术，构建出待测数字金融产品的运行模型。事中测试阶段，实时监控并收集金融产品和监管机构、金融机构的数据信息，发现并修正潜在风险点，调整运行监管沙盒内风险参数，以提升模型与现实情况的契合度。事后总结阶段，各参与方需提交监管沙盒测试报告，作为实际监管工作的参考依据，通过不断优化和修正的数字金融产品运行模型，为预测未来风险趋势提供参考，提升金融监管的风险预测能力。

（三）大力推动数字基础设施建设，筑牢数字治理根基

中国应当借鉴欧盟的成功经验，积极构建全面统一的数字市场，打通单一数字基础设施建设市场的核心关卡，大力发展数据产业，推动数字要素全面发展，夯实数字治理根基。

1. 大力发展数据产业，夯实数据要素基础

一是优化数据产业结构，紧密围绕国家战略需求，聚焦数据领域核心技术、资源体系构建和基础设施建设，实施一系列重大工程，以提升中国

数据科技的自立自强能力。二是推动数据产业变革，加快培育数据领域的新技术、新应用、新业态，促进数据产业链各环节协同发展，增强产业生态构建能力。三是加强数据领域产学研用合作，构建协同创新的数据生态体系，鼓励符合条件的行业龙头企业和互联网平台，设立独立的数据业务经营主体，支持数据龙头企业壮大发展；同时，培育创新型中小数据企业，引导企业向专业化和精细化方向发展，推动龙头企业为中小企业提供数据、算法、算力等资源支持。四是加大创新投入，培育技术创新型数据企业，重点支持原创性、引领性的数据科技创新，支持企业依法合规开发数据资源，培育行业性数据资源企业，推动企业间数据共享和跨行业发展。五是发展数据安全企业，支持企业研发智能化数据安全产品，推动数据可信流通技术发展，同时壮大数字基础设施企业，创新数字基础设施服务解决方案，培育具有国际竞争力的数据基础设施企业。

2. 激发数据应用活力，推动数字技术与实体经济深度融合

借鉴美国数字治理的成功经验，推动中国数字要素全面发展，促使数字要素与技术应用、产业行业之间处于“紧密耦合”状态。一是要统筹推进国家数据基础设施布局建设。支持数据企业打造安全、可信的数字基础设施，推动网络基础设施优化升级，大力推进 5G 基站建设，持续推动 6G 技术创新，按照具体的数据流量和流向差异，优化网络整体结构，提升高效、智能、协同的数字基础设施服务能力。二是推进行业全域数字化转型。促进数据资源、应用场景、数据企业、数字产业的集聚，支持企业围绕多个行业领域打造“数据要素 X”典型场景，要推动政府部门、行业龙头企业和互联网平台企业等主体积极开放应用场景，激发数据应用创新活力。要加大对数字技术研发和产业化的支持力度，推动数字技术与实体经济深度融合，提升“四链融合”水平，巩固数字贸易领域中心地位。[①] 三是激发数据要素价值，强化新型算力基

① 郑丁灏：《论中国金融数据的协同治理》，《经济学家》2022 年第 12 期。

础设施支撑作用。算力基础设施不仅要持续扩大算力规模，推动不同计算精度的算力资源加速融合，并向算力枢纽节点集聚，建成融合算力中心，提高算力资源利用效率，而且要提升算力基础设施质量，因地因需制宜，探索算力资源调度的专属技术方案和商业模式，带动周边地区算力发展，提高低成本高品质算力供给比重，并鼓励东部地区机器学习、模型分析等任务有序向中西部转移，推动全国算力创新协同发展。

（四）稳步扩大金融领域制度型开放，持续优化数字治理规则

1. 稳步扩大金融领域制度型开放，提升金融服务实体经济能力

一是修订和完善金融法律法规，不仅要加强法律执行力度，确保金融市场的公平、公正和有序，而且强化与国际金融规则接轨，提高法律的可适性、透明度和可预测性，逐步扩大金融服务业对外开放程度，放宽外资金融机构的市场准入限制，包括持股比例、业务范围等。二是推动金融产品和服务创新，特别是数字金融领域创新发展，鼓励金融机构积极开展跨境金融服务，支持金融科技创新。三是加强金融风险防控和金融监管国际合作。建立健全金融风险防控体系，扩大金融机构的信息披露要求，参与国际金融规则制定，引入国际先进金融监管理念和做法，提高金融风险识别、评估、预警和处置能力，加大跨境资本流动管理，防范外部冲击。

2. 完善国内数字治理规则，推动数字领域高水平开放

一是完善数字治理规则的制度性安排。首先，完善跨境数据流动管理机制，建立“跨境数据流动白名单”，强化数据出境后风险评估监管。其次，完善外商投资安全审查管理制度，针对敏感数据、重大数字基础设施、关键数字安全技术、重要算法软件等实施审批备案管理。再次，借鉴欧盟的成功经验，推动构建中国数字身份识别系统，助力中国企业和个人开展跨国数字经济活动。最后，完善数字治理反制规制，如参考美欧数据出境监管法规，应对美欧“长臂管辖权”，延伸数字治理

法律效力至域外。二是有序扩大数字领域市场准入与开放。探索自贸区制度开展数字治理先行先试机制，利用北京数字贸易试验区、上海自贸区、粤港澳大湾区和海南自贸港等开放优势，创新离岸数据中心和设立数据海关，推动数字自由贸易区建设，逐步放宽云计算、增值电信等数字治理市场准入要求。

（五）积极引领多边数字治理机制构建，探索数字治理“中国模版”

1. 构建全球数字合作网络，增强国际数字治理“中国声音”

积极拓展数字领域合作伙伴宽度与合作议题深度，构建全球数字合作网络。中国应积极主动与数字合作网络中的重要节点国家建立紧密的伙伴关系，拓宽合作领域，提升合作水平。中国与合作国家要加强政策沟通，推动数字经济发展战略对接，共同制定和完善全球数字贸易规则；拓展合作议题，从电子商务、跨境数据流动、网络安全到 AI、5G 技术等领域，形成全方位、多层次的数字合作格局；举办高水平的数字经济发展论坛和研讨会，分享中国在数字治理、数字技术创新等方面的成功经验，增强国际影响力。

2. 探索数字治理“中式模板”，贡献中国方案

中国应积极探索数字治理的成功经验，向世界输出数字治理的“中国模板”。基于自身促进发展和强化安全兼顾的数字规制体系，倡导共商、共建、共享的数字治理理念，全方位保障数字经济蓬勃发展进程里的数据安全防线、个人信息保护屏障以及社会公共利益基石。借此为全球数字治理打造出可供精准复制、广泛推广的成功范例，全力助推开放、包容、普惠、平衡、共赢的全球数字治理体系的构建进程，致力于缩小全球数字鸿沟，推动全球数字经济健康、稳健发展。

（执笔人：汪勇）

第十七章

特朗普 2.0 对中国经济金融发展的影响和应对

在特朗普的上一个任期（2017—2021 年）中，推行了一系列以“美国优先”为核心的对华经济政策。特朗普政府通过加征关税、限制中国企业在美投资，以及重塑全球供应链等手段，显著改变了中美关系的走向，同时也在全球金融市场引发了强烈震动。受特朗普上一任期政策的影响，中国金融市场经历了较大波动，面临资本流出压力，宏观金融政策的有效性也有所降低。拜登政府时期，事实上延续了上一届政府对中国的打压遏制，并通过推动聚合西方世界力量联合围堵中国。如今，随着特朗普第二任期的来临，中国应高度关注其可能推行的新一轮经济金融政策，这些政策将重塑中美经济关系，对中国金融发展产生深远影响。

一　特朗普 2.0 的主要议题和落地节奏

特朗普开启第二任期，其一系列政策主张能否顺利实施备受各界关注。在特朗普的第一任期，激进政策受到经济规律、政治制度、利益集团与民众反应等多重因素制约。① 此次特朗普执政，共和党虽掌控了众

① 刘瑶、张明：《特朗普政府经济政策：政策梳理、效果评估与前景展望》，《财经智库》2018 年第 3 期。

议院和参议院，但这并不意味着所有政策都能毫无阻碍地落地。一方面，共和党在参众两院仅占据微弱优势，众议院以 220 席对 215 席领先，参议院以 53 席对 47 席领先，分别仅超出 5 个和 6 个席位。而且，每位议员背后代表的利益盘根错节，并非所有共和党议员都坚定支持特朗普，尤其是那些建制派共和党员。为确保关键政策能够通过，特朗普很可能需要在部分政策上做出妥协。另一方面，特朗普的新内阁、共和党内、各州之间，以及联邦政府和各州政府之间都存在利益冲突。此外，特朗普的政策推行还会面临来自国际协调、政府财政赤字、通胀压力的制约。受这几个因素的影响，即便政策得以顺利通过，在执行过程中也难以避免大打折扣的情况。表 17—1 简要列出了特朗普在第二个任期的主要政策主张，接下来，我们将针对具体政策主张，深入分析其实施的可行性。

表 17—1　　**特朗普在第二任期的政策主张和落地难度**

政策	政策主张	国内协调	国际协调	通胀压力	赤字压力
关税	对中国征收 60%关税；对加拿大、墨西哥征收 25%关税；征收 10%的普遍性关税	小	大	大	小
减税	降低企业所得税至 15%，并进一步降低个人所得税、遗产税和财产税	中	小	中	大
移民	严厉打击非法移民，废除出生公民权，但鼓励加大技术移民	中	中	大	大
能源	支持化石能源的开发和利用，取消对新能源的补贴，放松环保监管	小	小	小	小
投资	鼓励制造业回流美国，升级 CFIUS 审查制度，继续限制敏感技术转让	小	中	小	小
政府效率	成立政府效率部，削减联邦开支、精简政府部门；暂停对外援助	中	小	小	小
基础设施	加大对 AI 基础设施的投资，改善公路、桥梁、铁路、机场等交通设施	中	小	小	大

续表

政策	政策主张	国内协调	国际协调	通胀压力	赤字压力
金融监管	放松对金融行业的监管，鼓励金融创新和竞争；支持加密货币发展	中	小	中	小

注：最后四列是各种制约因素对政策主张落地难度的影响。

资料来源：笔者根据相关资料自制。

关税政策虽迟必到。关税政策是特朗普经济战略的重要一环，特别是针对中国加征关税。特朗普可以引用《国际经济紧急权力法》，从而绕开国会直接加征关税，政策的落地难度并不大。但在实际实施时，仍需考虑其对选票和美国长期经济发展的影响。回顾特朗普的第一个任期，加征关税引发了其他国家的反制措施，对共和党的传统票仓以及一些摇摆州造成了较大冲击，这直接导致2018年共和党在中期选举中的失利。此外，高额关税会推高美国国内的通胀水平，损害美国企业在全球供应链中的地位，给美国的长期经济增长埋下隐患。预计特朗普会汲取上一任期的教训，更加全面系统地推进关税政策。例如，将关税作为一种施压手段，迫使相关国家在某些议题上做出让步。即便如此，作为特朗普政府的重要政策议题，关税政策大概率仍会落地实施。

减税政策预计仍会妥协。回顾特朗普第一个任期的减税政策，共和党内就存在严重分歧，尤其是在财政赤字和分配公平上，这使得2017年特朗普的减税法案在多个关键条款上做出妥协，还增加了2025年到期的相关协议。在第二个任期，特朗普面临的财政赤字压力更大，是减税政策完整通过的最大阻碍。同时，特朗普上任第一天就宣布退出OECD的双支柱全球税改方案，该方案对企业实际税率最低为15%做出了约束。特朗普政府计划在这一任期进一步将企业所得税降至15%，这将使美国企业的实际税率低于15%，由国际协调引发的相关压力也会增加。因此，我们推测，为了兑现竞选承诺和施政纲领，减税仍将是特朗普政府这一任期的重要政策，但整体减税规模预计不会超过 5000 亿美元。若特朗普的减税政策规模最终超过 5000 亿美元，可能会严重损害美元的信用，最终导致政策效果适得其反。

移民政策困难重重，落地将不及预期。移民政策是特朗普核心政策中实施难度最大的一项。不仅美国国内对于非法移民的态度存在巨大分歧，在实际操作过程中，还需要承担高昂的直接驱逐成本、税收降低成本和潜在的通胀成本，同时可能遭遇相关国家的抵制。特朗普在就职首日的新政中，重点围绕移民问题签署了多份文件，包括宣布南部边境进入“国家紧急状态”，终止“出生公民权”，并暂停美国难民接纳计划等。由此可见，驱逐非法移民在特朗普第二任期的政策中具有较高的优先级和重要性。但正如前面所说，实现这一政策目标需要耗费大量的资源。考虑到美国当下财政赤字和通胀带来的压力较大，预计 2025 年驱逐非法移民的数量将达到 100 万人，后续政策能否持续推进，将取决于其对财政赤字和通胀的影响。

能源、投资政策具有较高的确定性。特朗普支持美国实现能源独立，积极推动传统化石能源的开采和发展，认为廉价的能源不仅能够降低通胀水平，还能降低美国企业的生产经营成本。特朗普政府此前已宣布退出《巴黎协定》，并暂停对新能源汽车的补贴，预计特朗普在化石能源领域的政策主张将在很大程度上得以贯彻实施。支持制造业回流美国这一政策，不会触及美国既得利益集团的核心利益，并且由于其属于国内政策，也不易引发外部国家的强烈反对。需要特别指出的是，特朗普在第二任期可能会加大对中国投资的审查和限制力度，甚至完全切断中国企业利用美国资本市场融资和风险管理的渠道。对中国加大技术封锁和投资限制已经在美国达成了共识，推出进一步限制措施只是时间和节奏的问题。

基础设施投资和削减政府开支，“雷声大、雨点小”。特朗普在第一任期内曾提出“基础设施优先”计划，旨在通过大规模的基础设施建设推动经济增长、创造就业机会，并改善国家交通网络，但由于财政资金短缺，该计划在具体实施过程中困难重重。特朗普第二任期就职首日就宣布了一项规模高达 5000 亿美元的人工智能基础设施投资计划，然而却对具体落地细节避而不谈。考虑到财政能力的限制、各方协商的复杂性，以及项目实施过程中的现实困难，都将影响基础设施投资的可行性。可以预见，特朗普第二个任期的基础设施投资计划大概率仍将停留在宣传、计划阶段。削减政府开支类似，马斯克牵头的政府效率部是特朗普第二任期削减政府开支的重要抓手，这一举措虽然会触动众多利益相关者的利益，面临较大的国内协调压力，但鉴于美国政府效率低下已成为各界共识，改革政府机构不仅有助于缓解财政赤字压力，还能提高政府效率、转移社会关注，是非常完美的“面子工程”。特朗普政府预计将 400 多个联邦机构削减到 99 个，并减少 1 万亿美元的政府支出，这一目标明显高估了改革的实际效果。

放松金融监管是一个相机决策的政策。特朗普一直秉持放松监管以刺激经济增长的理念。在第一个任期，他就多次表达对金融监管措施的不满，尤其对《多德弗兰克法案》提出批评，认为这些法规限制了银行的贷款能力，不利于经济的发展。同时，特朗普还多次公开指责美联储，认为美联储的加息政策制约了经济增长，增加了企业的融资成本，阻碍了他“让美国再次伟大”目标的实现。在第二个任期，特朗普仍会继续推动减少对金融行业的监管要求，并对美联储的独立性发起挑战，期望通过提升金融行业的增长来促进经济增长。这一政策最大的争议点在于对金融稳定的维护。监管放松可能会导致金融风险不断累积，进而引发金融风险和市场动荡，最终对经济造成严重伤害，特朗普也是心知肚明。尽管特朗普对金融监管持较为宽松的态度，但制定具体政策时也必然会参考专业人士的意见以及金融市场自身的反馈，所以落地带有较强的相机抉择性质。

二　特朗普 2.0 的全球影响

特朗普 2.0 时代的到来，标志着全球格局的深刻转变。首当其冲的是经济全球化，国际贸易投资合作的壁垒逐渐升高并触发阈值，全球化在特朗普第二个任期或将面临真实退步。在此背景下，对具有战略价值资源的争夺愈加白热化，各国纷纷加强对关键资源的控制和保护，“资源诅咒”在一些国家或将继续上演。同时，特朗普激进的改革措施引发了新一轮全球改革浪潮，各国在经济、政治和社会领域进行深刻的自我调整，以应对新的挑战和机遇。技术和创新成为全球巨头角力的主战场，具有确定性的前沿应用型科技成为争夺热点。宏观政策和政治的联动性历史性的加强，特朗普的胜选激励了各国领导人竞选者以鲜明激进的政策主张参与竞选，对于货币政策等技术政策制定领域也频频插手。美国的债务高企，增加了全球的不稳定性，历史经验表明未来危机发生的概率提升。全球经济和治理体系面临前所未有的考验。

（一）全球化或将面临真实退步

在特朗普的第一个任期，虽然推行孤立主义和贸易保护主义的政策，但经济全球化水平并未出现显著下滑。如果使用制造业贸易占全球 GDP 比重来度量，这一比例在 20 世纪 90 年代开始提升，并伴随中国加入世界贸易组织而迅速攀升（见图 17—1）。特朗普的第一个任期，全球制造业贸易占 GDP 比重在 43%左右徘徊，虽然全球化已经停止增长，但尚未出现明显的下跌。这事实上是因为全球化作为过去几十年来经济增长的重要驱动力，受到较强的经济和政治惯性的支撑，如供应链的深度分工、跨国公司的全球布局、国际合作机制和各国领导人根深蒂固的市场化理念，使得这一趋势在短期难以迅速逆转。

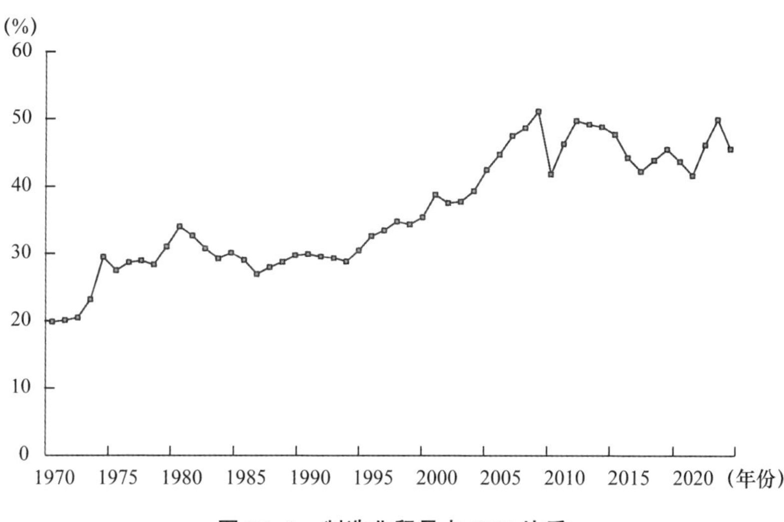

图 17-1　制造业贸易占 GDP 比重

资料来源：世界银行。

然而，在特朗普的第二任期，政治理念上各国对于贸易保护主义的接受程度明显增强，特朗普也计划在这一任期内推行一系列政策打破全球化惯性，如进一步推高关税、限制投资、技术封锁等，这会直接削减国际贸易的规模和效率，也会为全球化的投资增设障碍。美国是逆全球化的先锋，特朗普在第二个任期计划进一步强化制造业回流政策，通过关税、补贴和税收优惠，以及最为重要的政治压力，推动跨国企业将制造业生产活动迁回美国。例如，台积电、三星等半导体巨头在美国投资建厂，降低对全球市场和生产的依赖性。半导体行业是一个典型案例，原本依赖跨国分工的全球供应链，被美国强行拉回；原本自由的技术和资本流动，将被冠以“国家安全”的名义进行无理限制；显著提升的关税加大了国际贸易的成本，企业开始本地化、区域化生产布局来应对全球贸易环境的不确定性。这种变化将导致国际贸易的萎缩，更为重要的是动摇了全球化赖以生存的生产网络和投资网络。所以，我们预计在特朗普的第二个任期，全球化将面临明显退步，全球贸易流量将进一步萎缩。

（二）引发新一轮全球改革的浪潮

特朗普的胜选，以及计划在第二任期推行的一系列激进改革措施，不仅在美国国内引发了深刻的社会和经济变革，同时预计也将在全球范围内掀起一场新的改革浪潮。回顾历史，全球性改革浪潮往往在国际环境动荡、各国经济增长乏力和战争导致政权更迭的背景下出现。例如，20 世纪 80 年代的里根改革、撒切尔夫人改革和邓小平改革几乎同时发生，标志着全球从计划经济和干预主义向市场化、自由化的转变。特朗普的第二个任期同样处于类似的背景之下：全球经济增长乏力，贸易保护主义加剧全球政策不确定性，激烈的地缘政治冲突趋向缓和。这种国际环境的变化为各国改革提供了契机，特朗普的激进改革可能成为全球性改革浪潮的引爆点。

特朗普的改革措施实际反映出全球经济和社会发展过程中逐渐演化的一些深层次问题，如收入不平等、产业空心化、技术垄断和金融空转。这些问题并非美国独有，而是全球范围内普遍存在的挑战。如果各国不进行改革，就可能会面临经济增长乏力、金融危机爆发、技术大幅落后和社会不稳定的风险。特朗普的政策虽然激进，却为其他国家提供了改革的参考，更重要的是让各国认识到现阶段深化改革的重要性和紧迫性。除了美国，欧洲加大了对本土科技产业的支持力度，推动自主创新能力的提升；中国在逆全球化和供应链重构的压力下，加快了产业升级和经济转型的步伐；巴西、智利、墨西哥、越南等发展中国家开始加速市场化和自由化改革，试图通过吸引外资来优化产业结构和经济增长质量。可以看到，全球这一轮改革浪潮，不仅是对特朗普激进政策的反应，更是各国主动适应全球经济社会新趋势的必然选择。伴随过去五十年全球化红利的退却，唯有通过突破性改革，才能在新时代的竞争中立于不败之地。

(三) 对战略价值资源的争夺会更加激烈

自特朗普开启第二任期，美国在全球资源领域的行动更为激进。除了延续技术封锁、贸易制裁和投资限制手段，其对全球资源控制权的争夺不断升级，涉及石油、稀土和其他国家矿藏等。这些资源不仅是工业发展的命脉，更是国家安全的重要基石。美国惯于运用政治胁迫、金融制裁甚至军事干预等手段，迫使资源国屈服于自身利益，例如，联合印度、澳大利亚、加拿大组建“稀土联盟”，企图切断中国获取新能源矿产的渠道；在非洲，迫使刚果（金）重新审查中资矿企合同。在特朗普第二任期，对资源供给和定价权的掌控欲愈发强烈，曾公然声称要占领格陵兰岛、吞并加拿大并将其设为美国第 51 个州、抢夺乌克兰的矿产资源，这一行为充分暴露了其资源霸权策略，即凭借美国的霸权地位在全球范围内掠夺资源。可以预见的是，特朗普的第二任期对具有战略价值资源的争夺将更加激烈。

全球不确定性增加和技术竞争也加剧了这一趋势。随着全球不确定性的上升，各国试图重塑本土化、区域化的生产活动，而自然资源具有较强的禀赋属性，是不可转移的，缺少必要的自然资源供给，其生产活动必然会“受制于人”。技术的发展也进一步加剧了对战略资源的需求和竞争，在发展尖端科技的过程中，锂、钴、镍、稀土元素等是不可替代的，巩固科技优势、维护国家安全，也共同推动了各国对于战略价值资源的争夺。

根据美国地质调查局（USGS）关键矿产和矿藏数据，世界主要的矿产国包括中国、美国、巴西、澳大利亚、南非、俄罗斯等国，也不乏一些发展中国家，如秘鲁、印度尼西亚、刚果民主共和国等（见表 17—2）。除了关键矿产，对石油和天然气（沙特阿拉伯、委内瑞拉、俄罗斯），白糖（巴西、泰国）等战略物资的争夺亦是如此。随着对具有战略价值资源的争夺愈加白热化，大国开始频繁在这些资源丰富的国家施加影响力，这些国家也将更容易受到国际形势变化的影响和冲击。若政治基础不牢靠，可能会演化为政治动乱和社会危机。

表 17—2　　除中国、美国以外的关键矿产资源国

国家	重要矿藏
巴西	铝、铌、稀土元素、石墨、锰、钽
澳大利亚	锂、镍、铝、铜、钛、铀、锌、黄金、稀土元素
南非	铬、铂、钯、锰、钛、锆、黄金
俄罗斯	钯、铂、钨、锑、镓、稀土元素
加拿大	铌、钯、铂、铯、铷、铀、钴、锌
秘鲁	铜、锌、锡、铋、铼、银、黄金
印度尼西亚	镍、钴、锡、铝
智利	锂、铜、砷、铼
刚果民主共和国	钴、钽、铜
津巴布韦	铬、铯、铷、铂

资料来源：USGS，笔者整理。

（四）技术和创新成为巨头角力的主战场

随着关税壁垒、投资限制和技术封锁冲击全球化进程，这不仅改变了全球供应链布局、加剧对战略价值资源的争夺，也迫使各国重新审视对一些特定国家技术的依赖。美国滥用国家安全的概念，排斥“非友好国家”的先进技术，加剧了世界各国对于“技术主权”的担忧和讨论。在这种政策背景下，追求技术领域的自主可控和争夺前沿技术创新的制高点，成为主要经济体角力的主战场。

事实上，技术创新一直是各国产业升级和经济增长的重要驱动力。在特朗普冲击下，技术和创新的竞争加剧还源于两个特点。其一，技术创新的门槛拉高。现代技术创新需要巨额的资金投入，一方面体现在基础设施，先进的基础设施，例如高性能计算中心、先进的实验室和高速

网络，都需要大量资金进行事先部署；另一方面技术创新的前沿竞争和产业化应用需要大量资金，如人工智能、量子计算、半导体领域的落地需要超万亿元的资金规模。中小型经济体因财力有限难以负担如此高昂的成本，因此技术创新竞争主要集中在美国、中国、欧盟等具备雄厚经济实力的经济体之间，竞争门槛被显著抬高。现代技术创新也更加依赖顶尖科研人才和工程师，同样也只有大型经济体能够提供有足够吸引力的薪酬和环境支持他们从事科技创新活动。

其二，国家安全议题的推动。特朗普在第一任期就滥用国家安全概念，第二任期继续推行以国家安全为借口的技术隔离政策，客观上将技术和创新推向了国家之间博弈的重要领域。美国通过实体清单限制中国企业获取美国技术、发布法令禁止美国投资中国科技产业，试图保护美国的供应链安全和维持美国在前沿科技上的领先地位。这种封锁也迫使各国加速实现技术自主可控，推动技术创新成为主要经济体之间博弈的核心。

（五）宏观政策和政治的联动性显著加强

特朗普的执政特点鲜明，以激进、颠覆性和颇具民族主义的政策主张为特征，这对世界各国的政治人物产生了显著影响。特朗普上台之后，各国候选人更加倾向于提出激进的政策主张，民族主义倾向的候选人和极右翼政党的候选人开始逐渐走入主流的舞台。各国不同党派之间的政策对立越来越严重，缺少对宏观经济政策的共识导致各国政策制定状态依存于不同的政治领导人，各国的政策不连续性、不确定性增加。

宏观政策和政治的联动性增强还体现在政治力量对于技术领域政策的影响，如货币政策。特朗普在第一任期就试图干涉美联储的独立性。2018年，鲍威尔领导下的美联储启动加息缩表计划，特朗普通过多条推特公开抨击美联储政策。为安抚特朗普，鲍威尔多次前往白宫沟通，并公开强调美联储的独立性不容置疑和改变。然而，特朗普拥有美联储理事的提名权，倾向于鸽派的代表更易获得他的提名，从而影响货币政策制定。

特朗普开启第二任期，他曾公开主张总统应干预美联储利率决策。若鲍威尔于 2026 年任期结束，特朗普极可能提名一位倾向于其政治立场的“影子主席”，从而瓦解美联储的政策独立性。货币政策的制定本质上是一项技术工作，理论上不应受政治因素干扰，否则会扰乱金融市场预期，增加市场动荡。特朗普的公开质疑和干预美联储货币政策决策，在全球也将产生负面的示范效应。各国若效仿，更严重的直接为政府的扩张开支融资，将进一步贬损各国的货币信用，增加全球的不确定性。

（六）美国在高赤字下可能出现危机风险

特朗普的经济政策一贯以“烧钱”的扩张性策略为主。在第一任期，通过《减税与就业法案》将美国企业税从 35%降至 21%，并推出 1.5 万亿美元的基建计划，这使得美国联邦赤字从 2016 年的 5850 亿美元激增至 2019 年的 9844 亿美元，联邦赤字占 GDP 的比重也从 3.11%大幅提升至 4.57%。在第二任期，为兑现竞选承诺并巩固政治基本盘，仅减税和驱逐非法移民两项政策，就可能将美国财政赤字推高至 2 万亿美元以上，财政赤字占 GDP 的比重预计达到 6.6%。在正常情况下，特朗普实际颁布的减税法案和驱逐非法移民的力度可能不及预期，他可能会加大削减政府支出的力度以平衡预算。但不排除特朗普动用预算调解程序通过重要法案，从而提高美国政府债务赤字的可能性，这有可能使美国财政赤字在其任期结束时达到 2.9 万亿美元，财政赤字占 GDP 的比重达到 8.2%。

美国的高赤字已成为全球经济风险的源头，在全球范围内传播不稳定因素，其中最严重的风险是美债信用崩塌。长期以来，美国政府债务被视为全球资产定价的基准。2008 年国际金融危机后，“安全资产”概念兴起，全球机构投资者对美债的持有热情高涨。然而，美国持续发债引发了市场对美债流动性的担忧，其滥用霸权地位的行为，也让世界各国主权机构对所持美债的安全性深感忧虑。作为美债的重要主权投资方，日本和中国均在持续减持美国国债。中国持有的美国国债从 2013

年 10 月的 1.32 万亿美元峰值，降至 2024 年年底约 0.76 万亿美元；日本从 2021 年 11 月的 1.33 万亿美元高点，降至 2024 年年底约 1.10 万亿美元。2023 年 8 月，惠誉将美债信用评级从 AAA 下调至 AA+。若美国财政赤字进一步扩大，美债评级可能再次下调，全球金融市场将面临重新定价的风险。此外，历史经验表明，美国财政赤字的扩张往往会给全球带来灾难。每当美国赤字率上升，尤其是超过 3%时，全球爆发危机的概率会大幅增加，如拉美债务危机、欧洲货币体系危机、美国次贷危机、欧洲银行危机等。

三　特朗普 2.0 对中国经济金融的冲击

特朗普 2.0 对中国经济金融的冲击也表现在多个维度。第一，其政策不确定性将恶化中国改革的外部环境，全球经济动荡加剧削弱了中国推动结构性改革和转型升级的外部支撑。第二，特朗普的一系列措施加大了中国在全球进行贸易投资布局的难度，中国在全球供应链中的地位面临挑战。第三，技术封锁和制裁使中国高科技产业的生存更加困难，中国亟须在关键技术和核心领域的突破。第四，强美元将压制中国的货币条件，跨境双向资本流动管理和人民币汇率韧性面临考验。第五，特朗普 2.0 可能引发全球金融危机，中国需要多点防范金融风险。

（一）不确定性恶化中国改革的外部环境

特朗普第二个任期上台，全球重回高政策不确定性区间。从特朗普的第一个任期来看，全球经济政策不确定性处于高位，中国企业的日常经营、资本开支、技术创新等受政策不确定性影响遭受明显损失。[①] 特朗普

① Benguria, F., Choi, J., Swenson, D. L., et al., 2022, "Anxiety or Pain? The Impact of Tariffs and Uncertainty on Chinese Firms in the Trade War", *Journal of International Economics*, 137: 103608.

的经济政策激进、反复、不可预测，同时很多政策自相矛盾、违背经济规律，这导致市场对于美国的政策预期出现紊乱，特朗普的第二任期到来，高政策不确定性会成为未来中国经济金融改革进程中面临的“新常态”。

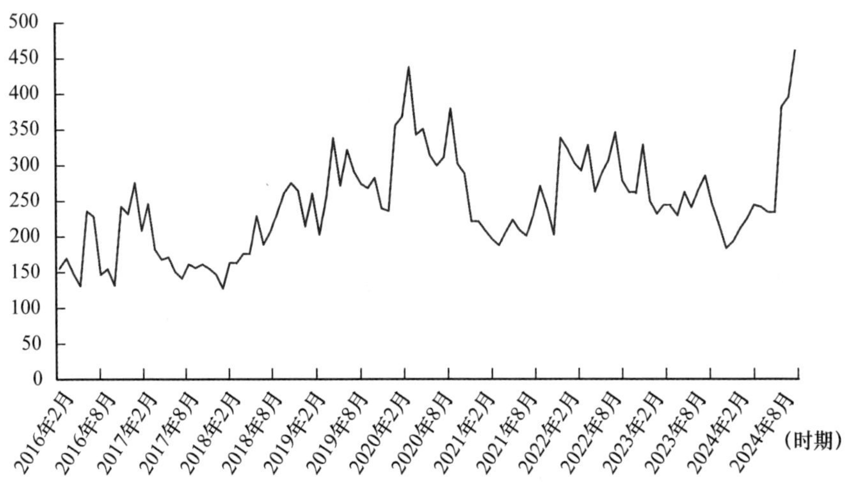

图 17—2　全球经济政策不确定性指数

资料来源：Baker，S. R.，Bloom，N. and Davis，S. J.，2016，“Measuring Economic Policy Uncertainty”，*Quarterly Journal of Economics*，131（4）：1593-1636。

全球政策不确定性提升对于中国而言充满挑战。特朗普善于运用口语化的言论搅动市场情绪，而其实际政策落地情况常与之大相径庭，甚至已经签署的法令可能在第二天就延期或撕毁。在媒体日益发达的当今社会，美国政策的变化会通过信息机制迅速影响中国市场，造成市场波动。无论是市场主体还是监管主体，大家疲于应对短期冲击时，对中长期的改革分配的精力就会降低，而这恰恰才是中国经济长期稳定增长的关键所在。另外，特朗普上台之后预计将对外战略重心放回中国，① 通过直接

① 朱民、巩冰、杨斯尧：《博弈特朗普 2.0，发展和壮大中国经济》，《国际金融研究》2024 年第 12 期。

打压、实施增强美国竞争力间接打压、推动西方意识形态联盟来联合围堵中国，中国经济金融改革面临的外部环境恶化。当既有的国际规则不再稳定，中国推进高水平、制度型开放将面临较高的国际协调成本。

（二）中国在全球进行贸易投资布局的难度加大

特朗普上台之后，预计将进一步加大对中国的关税壁垒、投资限制和技术封锁。从关税上来看，根据美国PIIE（Peterson Institute for International Economics）的数据，经过几轮对华加征关税，美国对华平均关税税率从3.1%上升至19.3%，贸易成本激增。中国企业在关税的倒逼下，被迫开始全球化产业布局，部分产业向东南亚、拉丁美洲转移。特朗普在第二任期宣称将进一步加大关税，并取消中国最惠国待遇，将进一步拉高中美双边直接贸易的成本。与关税壁垒同时推出的还有一系列投资限制和技术封锁，例如限制中国对美半导体、5G基建、AI等关键领域投资，限制14nm以下设备对华出口，限制高端GPU芯片对华出口等。特朗普上台之后，这些既有的限制措施不会解除，只会不断加码。

中国在全球贸易投资布局难度加大的重要原因是，美国开始联合或逼迫其他国家加入对中国的加征关税、投资限制和技术封锁中。特朗普多次威胁墨西哥等国对华加征关税，否则将换来美国对墨西哥等国的关税。美国联合欧盟、日本、韩国等联合围堵中国的关键产业，如半导体，荷兰ASML限制高端光刻机供给，德国否决中资收购德国芯片厂Elmos等。美国《出口管制条例》规定，被列入实体清单的企业，无论是直接从美国购买还是从第三国购买非美国原产商品、技术和软件，只要是在商品生产过程中使用美国技术达到25%，就会受到限制。这些联合措施极大地限制了中国企业在海外的贸易投资布局，企业纷纷预期即使当下没有遭遇各种限制，也不能确保当投资建成后不会遭受关税、投资和技术限制。可以看到特朗普第一任期出台相关规定之后，企业更多地开始寻求在中国政治影响力覆盖范围内的布局机会，中国对东盟的投资流量上升而对欧洲、美国的投资流量下降。但是，这些地区的布局不一定是符合成本收益最优的选项，尤其是一些需要高素质人才的科技产业。

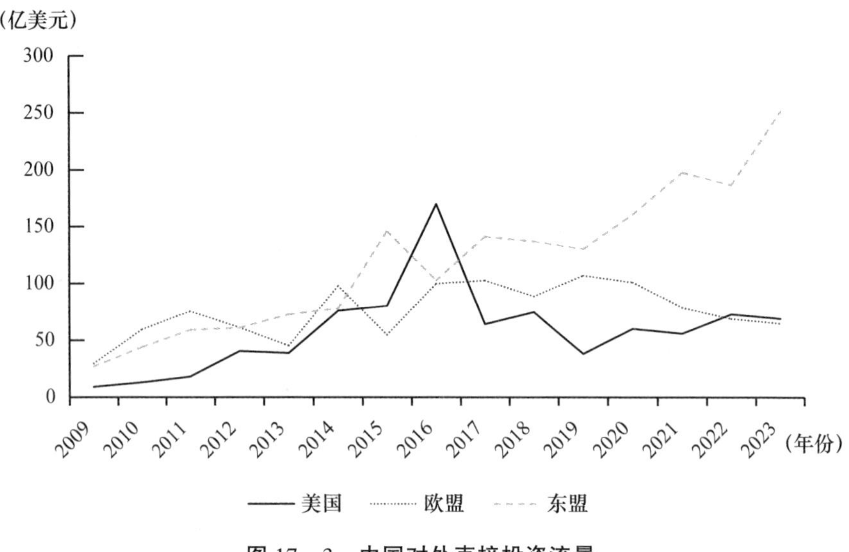

图 17—3　中国对外直接投资流量

资料来源：CEIC。

（三）中国高科技产业的生存更加困难

近年来，为了打压中国的高科技企业，美国政府出台了一系列政策，主要涵盖技术管制、投资限制和供应链脱钩等方面。具体措施包括扩大实体清单范围、颁布《芯片与科学法案》《外国投资风险评估现代化法案》、推行“友岸外包”“近岸外包”策略，以及有针对性地制定对华投资审查规则等。特朗普再次上台后，其政策可能会更加激进，对中国的打压力度也会进一步加大，包括全面限制中美之间的科技合作、滥用国家安全概念、禁止中国企业利用美国资本市场融资，以及继续通过行政手段增加技术、贸易和投资限制等。以 DeepSeek 为例，其火爆后一周就遭遇美国黑客攻击，并面临美国国家安全审查，这充分体现了中国高科技企业发展面临的严峻形势。

初创型科技企业在这场科技博弈中受到的冲击最为严重。根据Crunchbase数据，2024年中国企业获得的风险投资额为332亿美元，较上年下降32%，是2014年以来的最低水平。同时，从融资案例中可以看出两个显著特征：一是投资主要集中于一些明星企业，例如Avatr获得了15亿美元融资、长鑫存储获得15亿美元融资、智己汽车获得11亿美元融资、Moonshot获得10亿美元融资，而中小型科技企业获得风险投资的难度较大。二是投资方主要为中国大企业和一些国资背景的基金，外资参与极少。比如智己汽车的15亿美元融资，由中银金融、Momenta、上汽投资、临港集团等17家国内机构联合投资。虽然政府性基金和国资机构具有集中力量办大事的优势，但对于初创企业而言，更需要多点开花、风险分担的投资策略，这恰恰是市场化机构更为擅长的领域。从初创企业的发展需求来看，它们也需要多样化的投资人提供丰富的资源，以帮助企业更快成长。尤其是国际化的投资机构，不仅包括欧盟、美国、日本、韩国等发达经济体的资本和技术团队，还涵盖巴西、印度、俄罗斯等发展中国家的投资机构，这对于企业后续开拓国际市场至关重要。在尚未完全切断中国科技企业境外融资渠道的情况下，应鼓励优秀的中国科技企业在境外资本市场融资，通过并购、发债、发行上市等资本市场运作手段助力企业成长。寻求外部资本的支持在当下仍然具有重要意义，不仅能够补充中国科技型企业的资金，还能为企业发展提供更多异质性、多元化的资源。

（四）强美元压制中国的货币条件

当前，美国的经济基本面表现较为强劲。根据国际货币基金组织（IMF）2025年1月发布的全球经济展望，对主要国家和经济体的经济增长预测显示，2025年美国经济增速预计为2.7%，高于日本（1.1%）、德国（0.3%）、法国（0.8%）、英国（1.6%）等主要发达经济体。特朗普的减税政策和基建扩张计划，在短期内能够刺激经济增长；加征关税则会提升全球避险情绪，推动美元升值，因此在其任期开始阶段，可能会出现“强美元”的货币格局。从中期来看，财政赤字和通胀是影响美元强势的两个关键因素。从历史长周期分析，过度负债导致的赤字货币化会大幅推高通胀，削弱货币信用。但从实际利率角度看，美国资产仍具有较强吸引力，短期内“美国印钱、全球分担”的格局并未发生根本性改变。预计在特朗普的第二任期，随着美国经济的高增长和高通胀，美元将进入强势周期。这一趋势将对中国货币条件形成多方面压制，使中国在稳定汇率、保障经济增长、防范风险之间面临艰难抉择。

中国面临的首要挑战是人民币贬值和资本外流压力。一方面，美国国债收益率已高于中国，逐利性资本更倾向于投资美国，人民币在套息交易中的角色从投资货币转变为融资货币。另一方面，受美国技术封锁、投资限制和贸易关税的影响，中国产业未来在全球范围内进行投资布局的过程中，将伴随大量资本流出。在贬值压力和资本外流压力的双重作用下，中国货币宽松政策的实施空间和效果受到限制。随着中国政策利率下降，人民币贬值和资本外流的压力将进一步增大，因此需要持续监测微观主体的行为和预期，防范系统性风险的发生。货币贬值带来的实际影响也不容忽视，在美国对中国产业链的围堵下，特别是在10%以上关税的威胁下，货币贬值对改善贸易条件的实际作用有限。然而，对于航空、造纸、医药等外债规模较大的行业，人民币贬值将严重恶化企业的资产负债表。

四　中国的应对策略

在特朗普政策的冲击下，世界正面临着前所未有的不确定性，中国也面临贸易壁垒、技术封锁、货币霸权等美国带来的多重压力。不过，危机之中往往也潜藏着倒逼改革的机遇，面对特朗普第二任期带来的挑战，中国应坚持经济高质量发展、金融高水平开放，以经济金融改革的确定性应对不确定性的时局。中国在短期内应强化对特朗普政策的风险隔离机制，避免盲目跟风，将关注点更多地聚焦于真正落地实施的政策；中期则要致力于完善市场韧性，确保在面对不利政策时能够从容应对、妥善处置；从长期来看，最为关键的是毫不动摇地推进中国经济金融改革，加快建设金融强国，走出一条具有中国特色的金融发展之路。此外，在具体措施上建议如下。

（一）毫不动摇地推进中国经济金融改革

在特朗普政策的冲击下，世界正面临着前所未有的不确定性，全球各国被迫在这股动荡浪潮中艰难探寻新的稳定点。作为世界第二大经济体，中国应当充分发挥“稳定器”与“压舱石”的关键作用。当美国借助关税、制裁、技术封锁以及供应链切断等手段粗鲁地推行逆全球化措施时，中国坚定不移地推进金融领域的高水平改革开放，加快建设金融强国，向世界释放清晰而明确的信号。在这种不确定性中传递金融改革的确定性，并非仅仅为了赢得国际声誉、获取更多国际话语权或是改善外部发展环境，更为重要的是，借此坚定自身改革的决心。历史经验早已证明，在动荡的环境中，唯有坚定改革，才能突出重围，开辟新的发展道路。

中国金融改革包含诸多具有确定性的举措，其中与特朗普 2.0 相关的重要改革主要体现在以下几个方面：第一，不遗余力加大对中国高科技产业的投资。在当前严峻的国际形势下，美国对中国高科技产业的打压不断升级，从技术封锁到供应链脱钩，中国科技企业面临着前所未有的挑战。为了应对这一局面，中国必须坚定不移地加大对高科技产业的投资力度，确保在关键领域实现技术自主和创新突破。具体而言，可以从两个维度实施这一战略：一方面，借助政策性基金、国资基金和产业园区的力量，可以有针对性地扶持具有战略价值产业、关键领域、本地的科技型企业，提供包括土地、技术、政策、配套设施等丰富资源，并具备资源整合能力。另一方面，积极拓展多样化的融资渠道，为科技型企业的成长创造更有利的资源环境。充分发挥香港国际金融中心和上海国际金融中心的优势，为中国科技企业吸引国际化的投资机构。

第二，推动资本市场从单纯的融资工具向“创新引擎”转型升级。特朗普政府不断强化对华投资限制，《外国公司问责法》的出台，使得200余家中概股面临退市危机，未来中国企业利用美国资本和资本市场进行融资的难度可能进一步加大，甚至面临无法融资的困境。这就要求中国资本市场必须具备承接或延续境外资本市场部分功能的能力。自2019年科创板注册制试点推行以来，资本市场在上市标准、定价机制、退市机制等方面均取得了显著进步，上市标准更加多元，定价机制更加市场化，退市机制更加规范，但在对真正创新型企业的支持力度上，仍存在较大的提升空间。因此，应持续推动资本市场更好地服务实体经济，为创新型企业的发展提供有力支撑。

第三，持续推进中小金融机构改革。美国债台高筑，不断压制中国货币条件，加之金融监管放松，这一系列因素极易诱发经济危机和金融危机。在此背景下，中国广大中小金融机构首当其冲，最容易受到风险冲击。一旦美国升级金融制裁，那些经营不规范的中小金融机构将成为最先受到波及的对象。中小金融机构是中国金融体系服务实体经济的重要力量，必须精准化解它们面临的风险，可通过引入战略投资者、进行区域统筹兼并重组、优化公司治理结构等方式，筑牢不发生系统性风险的坚实底线。

第四，坚定不移地坚持金融高水平开放。面对美国实施的技术封锁、投资限制、贸易关税等措施，中国若要实现全球布局、参与国际金融治理改革、吸引长期资本投资，都离不开高水平的金融开放。近年来，中国在推进金融高水平开放方面持续发力，积极推动人民币国际化、加快国际金融中心建设、促进资本市场双向开放、完善全球金融基础设施布局，但开放进程并非一帆风顺，存在一定波折。未来，应继续毫不动摇地推进金融高水平开放。

（二）积极争取与多边国家的贸易投资合作

特朗普上台后继续推进孤立主义政策，将重新塑造美国与其他国家的经济关系，同时也将推动全球经济治理格局发生深刻变革。面对“美国优先”政策给全球治理带来的冲击，中国需要重新审视自身的贸易投资布局，以适应这一新形势，探索更加灵活、多元化的发展战略，积极争取与多边国家的贸易投资合作，从而在日益复杂的国际环境中保持竞争优势。最重要的是善于利用多边体制，中国应继续坚持高水平开放、推动全球化和多边主义的国际治理框架。中国经济依然在壮大成长的过程中，在国际贸易和投资合作中具有比较优势，维护多边体制对于中国非常重要。此外，中国还应该重点抓住两个方面：欧盟和“一带一路”倡议。

欧洲是全球最大的单一市场之一，拥有先进的技术、成熟的产业链供应链以及庞大的消费市场。中国和欧洲在经济结构上具有高度的互补性，而且欧洲在全球化进程中始终倡导多边主义和自由贸易，这与美国的“美国优先”政策形成了鲜明对比。近年来，中国对欧洲投资常因“国家安全”等理由受到阻碍，欧洲对华投资也面临严格审查。要破解这一困局，既需要增强双方的互信，也需要创新合作模式。中欧合作的最大优势在于经济互补、利益共享，而最大的障碍则是价值观分歧。因此，首先，应加强与法国、德国等核心国家的双边对话，确保欧盟整体对华政策的稳定，避免被个别国家的立场左右。其次，在合作领域的选择上，应遵循先从制造业、绿色产业、数字产业入手，带动合作发展，之后再逐步拓展至高科技、能源、安全等高敏感领域的原则。同时，双边投资都要符合当地的法规和要求，积极履行社会责任。例如，巴斯夫为湛江工厂提供了 3000 个工作岗位，宁德时代为匈牙利工厂提供了 10000 个工作岗位，这种负责任的投资行为有助于提升双边合作的形象。最后，在技术手段方面，中国企业可以考虑通过参股的方式进入欧洲市场，或者在第三方设立投资基金，借助多边架构来淡化政治风险；中欧还可以共同成立基金，合作布局全球产业链；为欧洲来华投资企业提供投资保护机制，针对汇率风险、知识产权纠纷等问题提供兜底解决机制等。

借助“一带一路”倡议进一步拓展与全球南方的贸易和投资合作，是锚定中国经济发展的未来。发展中国家是全球未来最大的经济增长点，也是需求最待开发的蓝海区域。这些国家处于经济发展的初级阶段，缺少资本、技术和产业链服务，更缺少对当地劳动力的整合能力以及高质量的基础设施，这些都是中国企业的特色和优势。中国作为最大的发展中国家，与全球南方具有较强的合作潜力。当下，“一带一路”倡议的推进依然受政治力量的干预，受西方意识形态的影响或胁迫，意大利、巴拿马等国退出“一带一路”提示我们需要构建更具韧性和包容性的合作范式。首先，基础设施投资要找准关键节点。发展中国家对基础设施建设的需求大，中国应继续聚焦于港口、铁路、电力等战略性项目，但在投资决策中也要考虑到中国在当地的产业布局，降低中企在海外开发矿产的运输成本、输出中国的数字化产品和服务等，形成一体化布局。其次，构建可持续合作的生态。在基础设施建设的基础上，要让项目可持续，中国应带头开展各方面的合作，如借助基础设施联通纳入中国的产业链供应链体系，使用人民币开展双边和区域贸易结算，以基建作为关键节点激活双边和区域经济动能。最后，创新合作模式。多元化合作模式，尤其是对于高债务国，在进行投资时要注意收益和风险的合理共担，鼓励企业在对外投资时保持战略眼光开展全生命周期运营，采用本地化策略，缓解文化冲突。

（三）企业的风险管理需要国家的支持和保障

特朗普开启第二个任期后，在全球范围内频繁制造动荡，使得世界经济的不确定性大幅提升。对中国而言，风险和不确定性表现得更为突出。从直接对华加征关税，到针对中国海外投资布局征税，从直接实施技术封锁，到拉拢盟友联合限制中国发展，中国企业的日常经营以及宏观政策的制定都面临着越来越多的考验。金融服务实体经济，不仅体现在为实体经济提供充足的资金支持上，还在于能够分散和对冲实体经济面临的各类风险。然而，令人遗憾的是，在以往中国金融发展过程中，更多地侧重于金融的资源配置和价值发现功能，试图通过“集中力量办大事”的方式，为契合国家战略的重要产业和技术提供资金保障，却在一定程度上忽视了金融在防控风险、管理风险方面的重要作用。在全球不确定性加剧的当下，中国金融改革必须提高对金融风险管理功能的重视程度。

首先也是最重要的，要确保中国在海外投资布局的合理权益。在中国企业全球化布局的过程中，一些风险是无法运用金融工具予以防范和化解的，需要国家作为后盾保障企业出海过程中的合法权益不受侵犯。特朗普的第二个任期中，美国会继续以各种手段胁迫其他国家出台对中国企业不公平的政策，甚至要求中资企业“强卖”“贱卖”当地投资资产，或者通过“地头蛇”扰乱中资企业的正常经营来实现相关目标。国家层面的协调合作是解决相关问题的重要基础，中国在国家层面的支持和保障是中国企业闯荡海外进行投资布局的坚实后盾。

其次，监管部门要学会在风险和不确定性中寻求平衡。金融改革不应因不确定性的增加而中断或倒退，采取“一刀切”的方式关闭某些工具和渠道，或者通过窗口指导增设额外的规则障碍，这种政策的反复无常以及只承诺不落实的行为，不仅会使中国整体对特朗普冲击带来的不确定性更为敏感，还会损害政府的公信力。中断或暂停相关政策，仅应作为危机来临时缓冲风险和提示风险的最后手段。在日常充满风险和不确定性的环境中，应谨慎使用那些简单直接、对微观主体伤害较大且有损政府信用的措施。建议借助监管科技的力量，动态升级宏观审慎工具，将宏观审慎管理融入日常的汇率波动监测、跨境资本流动监测之中。例如，当汇率波动超过一定幅度时，自动进行干预或征收额外准备金；对资本流动进行分类监测和管理等。当然，还需针对极端情况开展压力测试，并储备相应的应对措施，如应对美国将中国排除出 SWIFT 系统、美国发生金融危机、重要新兴市场国家出现危机等情况。

最后，要充分调动金融机构的积极性，促使其开发风险管理工具，并引导微观主体学会运用这些工具管理风险。在众多金融机构中，保险公司的作用至关重要。保险公司应积极创新保险产品，针对特朗普上台后可能出台的政策风险进行保险设计，帮助企业分散日常经营中因特朗普政策不确定性而产生的各类风险，如关税波动风险、供应链中断风险、技术封锁风险、投资限制风险，以及“一带一路”建设中的政治风险等。政府可对一些政策性保险给予补贴和兜底支持，比如对 AI 领域投资的政治风险保费进行补贴。企业自身也应积极学习，善于运用各类金融工具管理经营过程中的风险，例如遵循“风险中性”原则对冲汇率风险。

（四）将金融安全嵌入金融改革开放进程

在特朗普政策的冲击下，国际规则面临着被重构的风险。在此复杂背景下，中国金融改革开放正面临着前所未有的艰难局面：既要通过开放引入国际资本、先进技术和科学的管理经验，又要防范外部风险借助开放的窗口渗透传导进来；既要通过开放在全球进行投资布局，又要防止出现资本外逃和汇率大幅波动的情况。只有将金融安全理念深深植入金融改革开放的进程中，才能在全球动荡的大环境下稳健前行。

特朗普上台后，中美之间的竞争越发激烈，美国对中国的遏制策略正从“点状打击”逐步升级为“系统脱钩”。在这种形势下，将金融安全嵌入金融改革开放进程，是确保中国不发生系统性金融风险的必然选择。从特朗普的一系列表态和行为来看，中国在以下四个方面将面临金融安全的严峻挑战：一是金融基础设施领域。当前，跨境资金的流动、结算以及电文传递等关键环节，大多由美国掌控。一旦美国进一步升级对华金融制裁，中国的跨境金融业务必将遭受沉重打击。二是资本流动和汇率波动方面。特朗普言辞随意，一些言论虽未必能转化为实际政策，但却会对微观主体的预期产生影响。带有威胁性质的言论，极易引发预期的自我实现，进而催生跨境资本大量流出和汇率大幅波动的风险。三是投资限制和技术封锁问题。美国会不断加大对涉华投资的限制力度，甚至可能禁止中国企业利用美国资本市场进行融资和风险管理，同时还不承认中国的审计准则。四是美元武器化风险。美国凭借美元的国际地位和自身利率政策，压制中国的货币政策，操纵大宗商品的供给和定价。

中国的应对之策，在于重新构建开放与安全的辩证关系，将金融安全切实融入金融改革开放进程。首先，也是本章多次强调的，要做好应对极端情形的危机响应工作。除了开展极端情形下的压力测试，还应在海南、横琴、大湾区等地试点高水平金融开放政策，探索符合中国国情的监管沙盒制度。其次，这也是最为艰巨的任务，即保障金融基础设施的自主可控。在技术层面，要不断升级人民币跨境支付系统；在制度层面，要积极争取国际协调，抵制美国的“长臂管辖”和“滥用国家安全”行为。最后，在具体政策层面，要灵活应对，“见招拆招”。例如，对双向资本开放设置合理额度、推出人民币计价的大宗商品期货、进一步完善《中华人民共和国反外国制裁法》等。

（执笔人：张策）

第十八章

全球数字资产监管逻辑分析
——基于欧美监管法案

自20世纪70年代以来，金融创新不断导致货币职能的分化，现代移动支付的发展加速了其分化，让支撑货币各项职能稳定运行的二元金融体系开始弱化。腾空而出的数字资产将这一发展趋势推向了一个新高点。支撑数字资产运行的分布式账本技术甚至让其可以没有发行机构、没有内在价值。这一点也让数字资产行业的发展走向了极端，理论上谁都可以通过计算机程序发行无内在价值的新债务——某某数字资产（对投资者而言）。但是，货币之所以为货币，根本上是社会信任赋予了其货币属性。社会信任程度越高，其货币属性越强，如此才能在最大限度上发挥社会价值。目前，大多数的数字资产不仅没有内在价值，更缺乏统一的社会信任和社会价值，短期内难以具备强货币属性。

但数字资产不断自我迭代升级，虹吸了全球数以亿计的流动性，与实体经济投融资体系交互性也在增强，已经具备显著的资产属性。数字资产中的稳定币开始大规模充当其他数字资产交易媒介，发挥货币的交易媒介职能，且与法定货币可兑换。它直接撇开了尚未大规模应用的法定数字货币，在法定货币与数字资产体系之间充当“次生交易媒介”。全球数字经济的发展需要与之匹配的数字经济信息汇集载体，在此背景下，稳定币对法定数字货币的威胁真实而又紧迫。谁率先成为全球数字资产强国，谁就可以虹吸全球流动性，孕育货币属性越来越强的全球稳定币，最终可能推动其成为全球数字经济交易的重要媒介之一，强化本国货币主权地位。

在这种竞争局势下，全球主要发达国家开始系统考虑数字资产监管问题，试图通过稳定的监管环境吸引更多的机构和投资者，强化本国的数字资产优势。近十多年，几乎所有国家和地区都尚未系统考虑数字资产监管，一直将其笼统置于传统金融监管体系，实行“头痛医头、脚痛医脚”的修补式监管战略。这种缺乏针对性的监管策略和措施导致该领域风险事件频繁爆发，包括黑客攻击、加密资产交易平台倒闭、客户数字资产因私钥被泄露、网络攻击与钓鱼、访问控制漏洞等被偷盗以及欺诈等，损害投资者权益。而每一次风险事件爆发都会在数字资产价格上得到体现，引发了投资者爆仓等后果。当越来越多的金融机构持有数字资产时，这些风险必将传染至传统金融体系。最终，全球层面及主要发达国家均强化了数字资产监管，尤其是稳定币监管。本章旨在分析全球数字资产的监管逻辑，通过解读主要发达国家和地区关于数字资产的法律法案，透视其中的经验和教训，以更加客观地洞察发达国家数字资产发展现状、风险与监管策略，为中国数字金融体系未来发展提供参考和借鉴。

一　数字资产的定义、范畴与监管逻辑

何为数字资产？目前国际组织和主要国家对其定义和范畴不同，但对其底层技术有部分共识，比如采用分布式账本技术或类似技术。如何监管数字资产？取决于对其本质的认定，是一种金融工具或产品，还是普通商品或其他？本节在梳理国际社会对数字资产的定义和范畴界定的基础上，重点分析了数字资产本质及其争论，进而讨论了谁来监管、如

何监管等问题。

（一）何为数字资产

全球主要国家关于数字资产的定义和范畴并不统一，国际金融组织对数字资产也有不同的认定。国际清算银行巴塞尔银行监管委员会称之为加密资产，并将其分为两大类。[①] 第一类加密资产由合格的代币化资产和稳定币组成。合格的代币化资产指的是实物资产代币。持有第一类加密资产的金融机构将受到现有巴塞尔资本框架基于风险的资本要求的约束。第二类加密资产是不符合第一类加密资产条件的其他加密资产，这类加密资产的风险资本要求将比第一类加密资产更加严格。

全球金融稳定委员会对加密资产的定义为：加密资产是一种私人部门发行的数字资产，主要依赖于密码学和分布式账本或类似技术。加密资产包括无担保的加密资产（如比特币）、稳定币和去中心化金融服务和产品（DeFi）。[②] 其中，稳定币通常通过交易平台创建和分发，以法定货币为储备资产。全球稳定币与其他加密资产和其他稳定币有三个区别特征。这些特征包括：存在稳定机制，可以作为支付手段和/或价值储存手段，可以在多个司法管辖区内的潜在覆盖范围采用。前两个特征以及这些特征带来的独特风险，使稳定币与其他加密资产区别开来。因此，FSB 认定的加密资产范畴最广。

主要发达国家如美国，其国内五个相关监管部门、数项法规政策对数字资产定义也不一致，相关范畴存在细微差异。相同之处是，绝大部分国家和地区将使用数字加密技术认定为数字资产的主要共有属性（见表 18—1）。

① BCBS，2024，“Disclosure of Crypto-asset Exposures”.

② FSB，2024，“Crypto-assets and Global ‘Stablecoins’”.

表 18—1　　　　主要发达国家和地区对数字资产的定义

国家或地区	文件名	对数字资产的定义	数字资产范畴
美国	《21 世纪金融创新与技术法案》（提案）	数字资产是指任何可以在不依赖中介的情况下单独拥有和转让，并被记录在加密安全的公共分布式账本上的同质化的数字价值表示	数字资产不包括传统金融资产；或参与任何利润分享的协议、抵押信托证书、认购或转让股份等
欧盟	MiCA——欧盟 2023/1114 号法规《加密资产市场监管法规》	以实质重于形式原则定义加密资产，其是数字化的价值或权利的表现形式，可以通过电子形式转让和存储	加密资产包括资产型代币、电子货币代币、功能型代币；排除一般金融资产
日本	《支付服务法》	加密资产是满足以下四个标准的财产价值：一是用于支付，并出售给不记名购买者；二是用于电子记录和传输；三是以法定货币计价；四是安全代币	强调支付型代币，排除传统金融资产
新加坡	《2019 支付法案》《数字代币发行指南》	数字支付代币是指任何数字价值表示。其基本特征包括：以单位表示；不以任何货币计价，不与任何货币挂钩；是或旨在成为公众或部分公众接受的交换媒介，作为货物或服务的付款或债务的清偿；可以电子方式转移、存储或交易；满足管理局规定的其他特征	加密货币包括实用型代币、证券型代币、支付型代币
阿联酋	《支付代币服务监管条例》《稳定币支付代币（FRT）的监管框架建议》《ADGM 关于虚拟资产活动的指引》	虚拟资产是可以进行数字化交易的数字价值表示，它具有交易媒介、记账单位和价值储藏职能。虚拟资产不具有法定货币地位。以上功能仅得到其社区内部的使用者的认可，其与法定货币和电子货币有根本区别	数字资产主要指支付代币，其通过参考同等价值的法定货币或者另一种相同属性的支付代币，来保持稳定价值的虚拟资产
中国香港	香港特区金管局 2024 年《加密资产风险暴露》咨询文件	加密资产是依赖于密码学和分布式账本技术或类似技术的私人数字资产。数字资产是价值的数字表示，可用于支付或投资目的，或用于获取商品或服务。包括非物质化证券即代币化传统资产，以及稳定币	遵循国际清算银行关于加密资产的分类，将加密资产分为第 1 组加密资产和第 2 组加密资产。第 1 组加密资产又被细分为第 1a 组和第 1b 组加密资产。第 2 组加密资产也被细分为第 2a 组和第 2b 组加密资产。排除 CBDC

资料来源：笔者整理。

总体而言，各国和地区的监管并没有全覆盖现有数字资产的所有类型，而是为了便利本国或地区数字资产监管，不同程度地将不同类别的数字资产纳入监管范畴，国际组织也没有统一界定数字资产。美国的《21 世纪金融创新与技术法案》提案将数字资产限定为同质化代币范畴，欧盟最新法案《加密资产市场监管法规》将加密资产分为资产型代币、电子货币代币、功能型代币，排除了比特币等完全去中心化的数字资产的开发环节等（其可能被欧盟其他法律监管）。与其界定的数字资产定义类似的还包括新加坡和阿联酋等。早期就接纳比特币等数字资产的日本，则在界定其定义时强调数字资产的交易媒介功能。

（二）数字资产的基本范畴

综合数字资产发展实践和各国界定，数字资产是资产的代币化表示，是数字化的价值表示。数字资产概念的界定，主要强调两个维度。一是使用数字化、代币化技术。数字资产基于分布式账本技术中的联盟链等，包括同质化代币技术（Fungible Token，FT）、非同质化代币技术（Non-Fungible Token，NFT）以及半同质化代币技术（Semi-Fungible Token，SFT）。三者的根本区别在于使用了不同的智能合约接口。二是是否有稳定的内在担保或者储备机制，是数字资产分化的一个关键维度。没有任何担保、供应量有限且固定的是加密货币；以金融资产或实物资产作为储备、有内在稳定机制的是稳定币、实物资产代币、数字藏品。依此两个维度，广义的数字资产涵盖了无担保的加密货币（同质化原生代币）、有稳定机制的稳定币。因此，数字资产包括以下几个独立的资产种类：加密货币、稳定币（同质化代币）、实物资产代币（Real World Assets Tokens，RWAs）（半同质化代币）、数字藏品（非同质化代币）等（见图 18—1）。从担保机制来看，实物资产代币和数字藏品的价格都与其底层资产价格直接挂钩，实物资产代币的底层资产包括房地产、商品、债券等，数字藏品底层资产通常是虚拟的或实体的收藏品。

同样是有内在担保机制，稳定币的价格只是盯住法定货币、加密货币或算法，并不直接依赖储备资产价格，也有可能盯不住，价格脱钩，成为“不稳定币”。综上，本章按照数字资产技术标准，结合内在担保机制的差异，形成的数字资产类别是相对独立的。

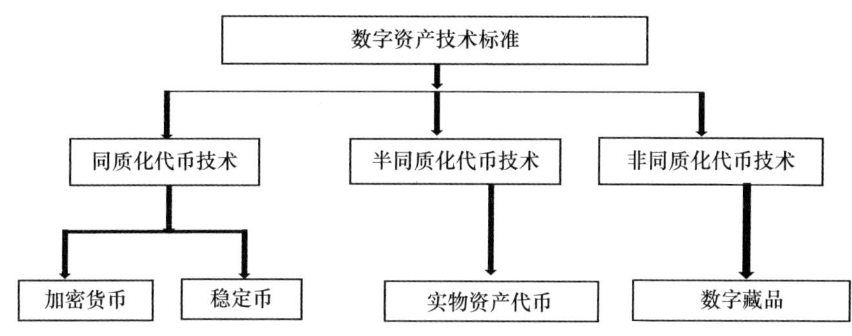

图 18—1　数字技术—担保维度的数字资产类别

资料来源：笔者绘制。

2024 年，全球数字资产经历了爆发式增长。CoinMarketCap 统计数据显示，全球数字资产总市值从年初的 1.65 万亿美元增至年底的 3.28 万亿美元。其中，仅加密货币中的龙头比特币总市值就高达 1.85 万亿美元，占据全球数字资产 53.8%的比重；[①] 稳定币的总市值则高达 1930 亿美元，接近 2000 亿美元；实物资产代币总市值约为 150 亿美元；[②] 数字藏品总市值约为 50 亿美元。[③] 当越来越多的流动性涌入数字资产市场时，监管必须有所作为。

（三）谁来监管数字资产

谁来监管数字资产，传统监管机构还是新机构监管？在各国和地区

① The Year 2024: A Historic Milestone for Cryptocurrency.

② RWA. xyz | Analytics on Tokenized Real-World Assets.

③ Global Collections Report 2024 | CISAC.

的讨论中，这一问题涉及的关键因素是如何认定数字资产的本质。数字资产本质是商品、证券等传统资产，还是新兴另类资产？目前没有完全定论。如果是证券或商品等传统资产，意味着将不会从根本上改变现有金融监管法律，其将由现有某个监管机构来监管，美国目前是这类思路的代表。如果被认定为新兴另类资产，则意味着其可能被多个传统监管机构交叉监管，或者另设新的监管机构进行监管。欧盟、英国等是这一思路的代表，他们认为数字资产不是纯粹的商品或证券，现有法律框架无法覆盖数字资产，必须以新的法律体系来监管。

关于数字资产本质又如何认定？美国证监会和商品与期货委员会分别通过“豪威测试”和美国《商品交易法》认定数字资产的本质为金融契约、商品。面对这一分歧，美国《21 世纪金融创新与技术法案》提案在分配数字资产监管权时，从法律视角进行了深入讨论和回应，有一定的代表性。

第一，现有法律哪一部的定义更为宽泛，足以覆盖数字资产？《证券交易法》定义的“证券”和《商品交易法》定义的“商品”谁最宽泛？从而足以覆盖数字资产可能的范畴。《证券交易法》里的“证券”涵盖特定类型的金融工具，以及投资合同、投资安排等。《商品交易法》中的“商品”涵盖所有的货物和物品，以及所有的服务和权益。从这个视角来看，“商品”的范围更为宽泛，其可以涵盖证券。

第二，现有法律和监管框架是否适合监管数字资产？《21 世纪金融创新与技术法案》提案认为，《证券交易法》与数字资产相容性较低。一方面，美国证券交易委员会的有效监管在很大程度上依赖于中介机构的作用，与基于去中心化区块链技术的交易直接相悖。《证券交易法》要求现货证券必须在受监管的交易所依托第三方中介进行交易，这消除了点对点交易的好处。另一方面，证券监管侧重于对影响利润变动的事实进行强有力的披露，如收益、现金流或影响收益的重大事件，信息披露的目的是引导投资者做出正确的投资决策，也使证券保持合理的估值。然而，这种信息披露要求和标准对数字资产并不适用。而且，数字资产的估值与股票和债券的估值完全不同，后者取决于发行人的运营或财务状况，前者估值则主要取决于市场供需，没有内在价值。

总之，美国目前的监管法律是一种相对保守的做法，即将数字资产纳入现有监管框架，而不是构建一个新的、与现有监管体系平行的数字资产监管体系。欧盟和英国等则认为现有法律框架不能够覆盖数字资产，必须构建新的治理制度和架构来应对数字资产的潜在风险。欧盟甚至针对数字经济和数字社会，构建了相对完善的一整套数字治理制度。

（四）怎么监管

1. 监管对象

具体监管谁？取决于数字资产的去中心化程度及其决定的监管难度、监管成本。数字资产的去中心化程度来自多个环节：一是开发方式；二是代币化过程；三是依托的基础设施；四是区块链技术；五是外部交易系统。对于开发环节，完全去中心化发行的数字资产（DeFi）有完全独立的多个发行人，且均为个体，不是法人，无法注册，也因此无法被监管。对于交易环节，去中心化交易所依托以太坊这样的原生代币平台，利用智能合约允许买家和卖家直接联系，非托管，且用户不需要提交任何个人信息。这也不利于监管。

面对这一难题，主要发达国家和地区暂时回避了完全去中心化的数字资产环节相关，将矛头对准为交易者提供数字资产的中心化交易所、服务商等机构。鉴于中心化交易所占数字资产交易平台的绝大多数，其也是各国和地区未来主要的数字资产监管对象。因此，我们可以看到，欧盟在 MiCA 中将监管重点放在稳定币上，选择监管数字资产开发环节之外的机构，如数字资产交易所、服务商等，这也被诸多国家效仿。美国《21 世纪金融创新与技术法案》提案将数字资产发行人界定为“为个人交易者发行或出售数字资产及相关衍生品的机构”，也排除了挖矿环节或者在技术环节开发加密货币的个人。

2. 监管制度

数字资产最大的风险是价格波动风险、交易中的欺诈风险、交易平台漏洞导致的盗窃风险等。为了最大限度降低潜在风险，监管者主要采用以下几个制度。一是持牌制度。要将数字资产的发行者、交易者、交易平台和服务商等纳入监管范畴，就需要实行注册制度，持牌管理。欧盟、美国、新加坡等无一例外要求所有数字资产发行机构、服务机构、经纪人、投资顾问等必须注册。二是储备资产托管制度。对稳定币，主要盯住其储备资产托管，保证其内在价值稳定。从理论上而言，稳定币很难做到完全稳定，因此，保持储备资产价值稳定，是稳定币之为稳定币的关键，这是目前监管当局监管数字资产的基本逻辑。现有监管思路和框架也是依此而行。三是罚款制度。罚款制度能直接提高犯错成本，加大处罚力度。四是损失破产清算制度。其能最大限度弥补投资者因交易所破产而产生的损失风险。五是投资者教育和投资者保护制度。鉴于数字资产具有高风险投机性质，也存在金融欺诈风险等，投资者教育和投资者权益保护也是保障实现监管目标的重要环节。

二　全球主要发达国家数字资产监管法案与经验教训

各国和地区的数字资产监管逻辑有差异，也有竞争。差异的原因是各国数字资产发展程度、原有监管体制和监管理念不同。监管竞争既有数字资产发展层面的竞争，也有法系之间的竞争。欧盟率先出台了《加密资产监管法案》，抵御全球稳定币等对欧元的挑战。数字资产发展更为活跃的美国，目前主要有两部法律提案。本节梳理了全球主要发达国家数字资产监管法律，重点分析欧美数字资产监管法案主要内容及背后的成因，汲取其经验教训。

（一）主要发达国家监管法案比较分析

1. 美国

美国对数字资产持欢迎态度，但一开始就将其纳入传统金融监管体系。在监管模式上，联邦层面实行伞状监管模式，地方州政府有一定的监管权和监管规则制定空间。在联邦层面上，以美国证监会、美国商品和期货交易委员会为主，多个监管部门从不同的部门利益出发，基于本部门原有的法律框架，不断细化和落实对数字资产的监管。目前，美国有若干法律法案和政策文件、研究报告涉及数字资产和数字货币监测和监管。最高级别的监管法案提案有两部：美国众议院 2024 年通过的《21 世纪金融创新与技术法案》提案和美国参议院 2022 年通过、2023 年最新修订的《卢米斯—吉利布兰德负责任的金融创新法案》提案。其他法律如表 18—2 所示。

表 18—2　**美国关于数字资产、数字货币的主要监管法律和政策文件**

颁布年份	法律文件
2024	美国众议院《21 世纪金融创新与技术法案》提案
2023	金融稳定监测委员会《2022 年数字资产金融稳定风险与监管报告》
	美国证监会《关于数字资产的“投资合同”框架》
2022	美国参议院《卢米斯—吉利布兰德负责任的金融创新法案》提案
	美国白宫《关于确保数字资产负责任发展的行政命令》
	美联储《货币和支付：数字转型时代的美元》
2001	美国国会《美国爱国者法案》
1977	美国国会《国际紧急经济权力法案》
1936	美国商品和期货交易委员会《商品交易法》（2023 年修订）
1934	美国证监会《1934 年证券交易法》（2012 年修订）

资料来源：笔者整理。

美国众议院《21 世纪金融创新与技术法案》提案赋予美国证监会以及美国商品和期货交易委员会监管数字资产的权利，试图在现有监管条框下，构建证监会以及商品和期货交易委员会主导的数字资产监管框架。二者具体的数字资产联合监管和分工主要包括四个方面：一是商品和期货交易委员会须对功能性和去中心化的区块链或加密数字账本的数字资产、加密商品及其现货市场进行监管。二是在相关区块链功能正常但未去中心化的情况下，美国证监会须将数字资产作为证券进行监管。例外情况涉及年度销售额、合格投资者等事项。三是商品和期货交易委员会以及证监会必须联合发布规则来制定相关条款，并避免交易所面对的重复监管规则。四是该法案将被批准的稳定币排除在商品和期货交易委员会以及证监会的监管之外，但关于反欺诈机构和注册实体的特定交易除外。

2022 年通过的《卢米斯—吉利布兰德负责任的金融创新法案》提案强调消费者保护优先是加密资产发展应遵循的基本原则。如何维护消费者权益？第二篇要求加密货币提供拥有准备金及妥善的托管方式等证明，并每年核查。并对加密资产中介机构（金融科技公司、分布式账本相关公司、金融机构等）定期检查，对其信息披露不合格等行为予以罚款。第三篇提出对违反反洗钱规定等加密犯罪处以更高刑罚。第四篇提出由美国商品和期货交易委员会对加密资产交易所进行监管。核心监管清单事项包括洗钱、欺诈、市场操纵，以及存在其他运营和网络安全风险的行为，如自托管钱包、自营交易、收购等。上述诸多事项的落实则是通过修改美国现有法律来实现，包括《美国法典》《证券交易法》《商品交易法》等，按普通法系的判例法原则，为创新者和市场提供明确的指导，明确其法律职责。

美国的两部核心法律提案肯定了数字资产的双重属性，即商品属性和证券属性，使用分布式账本技术且完全去中心化的数字资产具有商品属性，而使用分布式账本技术但并未完全去中心化的数字资产被认为具有证券属性。在此基础上，两部提案对美国数字资产行业发展和监管做出了战略规划。二者都肯定了数字资产行业未来的主要监管机构为美国商品和期货交易委员会以及证监会，二者将联合监管。但在稳定币监管上有分歧，《21 世纪金融创新与技术法案》提案将已经存在的稳定币排除在外，未来要推出的稳定币则在监管范畴之内。《卢米斯—吉利布兰德负责任的金融创新法案》提案则拟将稳定币发行机构视为存款机构进行监管。Massad 和 Jackson 建议，美国证券交易委员会（SEC）以及商品和期货交易委员会（CFTC）共同创建并监督一个新的自我监管组织（SRO），类似于金融业监管机构或国家未来协会。[①] 这个新的 SRO 的使命是通过制定和执行加密行业急需的标准来保护投资者和金融市场。由 SEC 和 CFTC 共同创建 SRO 监督，可以避免识别数字资产是证券还是商品；它可以制定平台共有的标准，用于交易不同类型的加密资产。SRO 不会涉及更改现有的证券和衍生品标准，也不会破坏 SEC 或 CFTC 的权威。

特朗普在第二任期内加强了与诸多科技巨头的关系，并在竞选期间得到美国数字资产行业捐赠，其本人更是在就职伊始发行 TRUMP 迷因币，直接为数字资产行业站台。2025 年 1 月 23 日，美国白宫发布总统行政命令《强化美国在数字金融科技领域的领导地位》，提出“本届政府的政策是支持数字资产、区块链技术和相关技术在所有经济领域负责任地增长和使用”，同时在美国管辖范围内禁止央行数字货币，维护美元主权。[②] 这一行政命令兑现了其对数字资产行业的承诺，宣告了其对数字资产领域的高度支持态度，也意味着美元的数字化进程或采取央行数字货币之外的路径。该行政命令提出要“提供基于技术中立的法规、考虑新兴技术的框架、透明的决策和明确的司法监管边界，来彰显监管

① Massad, T. and Jackson, H., 2022, “How to Improve Regulation of Crypto Today—Without Congressional Action—and Make the Industry Pay for It”, Hutchins Center Working Paper, No. 79.

② The White House, “Strengthening American Leadership in Digital Financial Technology”.

的清晰度和确定性”，同时构建数字资产行业的“联邦监管框架”。因此，特朗普政府未来将维持宽松的数字资产监管策略，并尽快确立统一的监管法律。具体路径可能是推动上述两部法律提案之一通过，也可能是制定新的、更加宽松、明确的联邦层面的法律，同时进一步削弱美国各州政府对数字资产的干预权。

2. 欧盟

欧盟曾在电子货币监管方面走在了全球前列，构建了在创新发展之前先谋划完善的监管框架的模式。欧盟高度重视金融创新的法律边界，也高度重视消费者保护，以保证金融创新的可持续发展。监管先行、立法先行的理念，也延伸至数字资产领域。在欧盟，数字资产主要指加密资产。当前，欧盟加密资产监管的最高级别的法律是《加密资产市场监管法规》（*Markets in Crypto-Assets, and Amending Regulations*, MiCA），其最终目的是保护欧洲投资者的合法权益，防止加密行业被用于洗钱和资助恐怖主义。由于该法案推出时间较晚，因此，在欧盟形成这一监管框架之前，欧盟还从多个角度进行立法，形成了若干项法律，多维度覆盖加密资产行业，以最大限度降低该行业的投资风险及其对欧盟金融稳定的威胁（见表 18—3）。

表 18—3　**欧盟关于数字资产、数字货币的主要监管法律文件**

颁布年份	法律文件
2023	欧盟 2023/1114 号法规《加密资产市场监管法规》（MiCA）
	加密资产税收数据共享规则《行政合作第八指令》
2022	欧盟《数字市场法案》
	欧盟《数字运营弹性法案》（DORA）
	欧盟《数字服务法案》
	欧盟《基于区块链技术的市场基础设施监管框架》

续表

颁布年份	法律文件
2021	欧盟《数字身份框架》
	欧盟《人工智能法案》
	欧盟《反洗钱法规》
2015	欧盟《资金转移条例》

资料来源：笔者整理。

《加密资产市场监管法规》的核心内容有以下几个方面。第一，受监管的加密资产主要包括资产参照代币、电子货币代币和功能代币三类。将其区分为重要型加密资产和非重要型加密资产，分层监管。第二，实用代币的监管发行机构的信息披露要遵守《加密资产白皮书》要求，发行机构要有季度汇报（包括持有人人数、发行的资产型代币的价值和资产储备的规模、相关季度每天交易的平均数量和平均总价值、对相关季度内每天交易的平均数量和平均总价值的估计等信息）。第三，资产型代币，一是限制交易规模，当季度平均交易数量和平均每日交易总值分别高于100万笔交易和20亿欧元，发行人应停止发行。二是储备资产实行托管政策。托管机构要为每个资产储备池独立制定托管政策，储备资产只能投资于市场风险、信用风险和集中风险最小的高流动性金融工具。第四，电子货币代币应被视为电子货币，储备资产托管、禁止发放利息，且必须遵守欧盟关于电子货币的相关法律规定。重要的电子货币代币的发行机构应移交给欧洲银行管理总局监管。第五，加密资产服务提供商要符合审慎监管要求，如保留永久最低资本要求金额，比如上一年固定管理费用的1/4，每年审查一次；除了自有资金，也可以是提供加密资产服务的欧盟领土的保险单或类似担保的形式。制定非自由裁量规则和程序；为加密资产的交易设置条件，包括流动性阈值和定期披露要求；设定暂停加密资产交易的条件；加密资产交易平台的操作规则应禁止具有内置匿名功能的加密资产进行交易等。第六，禁止事项。禁止自营交易、禁止加密资产内幕交易、禁止市场操纵、禁止市场滥用。

(二) 主要监管模式比较分析

从监管主体来看，数字资产的多头监管和单一监管并存。全球现有的数字资产监管模式既与各国现有监管框架有关，也与国际组织引导、国内实际发展有关。比如，传统多头监管模式或将继续主导美国数字资产监管。美国基于传统《证券交易法》《商品交易法》修改法案来监管数字资产，并制定了两个新提案《21 世纪金融创新与技术法案》和《卢米斯—吉利布兰德负责任的金融创新法案》，拟构建以美国证监会以及美国商品和期货交易委员会为主的多头监管模式。欧盟在其推出全球首部《加密资产市场监管法规》中，对数字资产进行分类，重点监管稳定币，并以加密资产服务商为抓手，构建数字资产多头审慎监管模式，为全球其他国家提供了一个范本。英国以金融行为监管局作为核心监管机构，推崇以新颁布的数字资产相关法案，并以《财产法》《反洗钱法案》和《金融市场服务修改法案》形成的普通法系模式监管数字资产。与欧盟类似，新加坡对数字资产实行分类监管，基于《数字代币发行指南》《支付服务法》《证券与期货法案》《反洗钱和其他事项法案》等将数字支付代币服务纳入传统金融监管范畴，以同等标准（如必须持牌）监管数字货币，但其监管主体为单一机构——新加坡金融管理局。日本也推崇分类监管模式，但因两次加密资产交易所破产事件，其监管的演化更具内生推动特征。

从监管对象来看，对数字资产进行分类监管是共同特征。当前全球数字资产类型不同，很难以同一个监管框架进行监管。同时，数字资产涉及跨部门的多头监管以美国为代表，其本质也是根据是否去中心化等技术特征等对数字资产进行分类监管。当前全球主要法律法案对准稳定币和加密货币，通过注册的加密资产交易平台、服务商等中介机构进行监管，同时强化税收、审计、自律组织、杠杆率等传统监管工具。

从监管路径来看，欧美等发达国家“以点带面”，将数字资产监管置放在数字经济基本发展背景下，从技术、市场、数字身份、数字资产征税多个视角，构建全方位的监管网络，以与未来的web3.0社会全面对接。这一点，从前文主要发达国家的数字资产监管思路和模式可以窥见一斑。

从监管强度来看，欧美国家对数字资产监管有强度，但均保留了一定的弹性空间。比如《加密资产市场监管法规》的具体措施和监管细节都有一定的弹性空间，而特朗普政府很可能在现有法律提案基础上继续放松对数字资产的监管。这也是监管竞争的一部分。

从监管法律特征来看，此次数字资产监管浪潮也是大陆法系和普通法系在数字金融创新领域的竞争。在大陆法系的代表——欧盟率先推出全球第一部数字资产监管法案之后，作为普通法系代表的英美开始加速数字资产立法，争夺全球数字资产立法模式的话语权，强化普通法系对创新的监管优势。

三　当前中国数字资产监管的格局与现状

当前，中国明确禁止加密货币相关业务活动，主要体现在两个部门文件中。一是2013年12月，中国人民银行、工业和信息化部、中国银行业监督管理委员会、中国证券监督管理委员会、中国保险监督管理委员会联合发布国内首个加密货币的规范性文件——《关于防范比特币金融风险的通知》。文件明确提出，“比特币应当是一种特定的虚拟商品，不具有与货币等同的法律地位，不能且不应作为货币在市场上流通使用”，并明确了金融机构不得以加密货币为结算工具，全面排除了加密货币作为支付工具的可能性。二是2021年9月24日，中国人民银行等十部门联名发布《关于进一步防范和处置加密货币交易炒作风险的通知》，明确将加密货币相关业务活动全部定义为非法金融活动，一律严格禁止。

除了上述两个直接监管政策，国内还有其他四项政策间接涉及数字资产行业，包括 2000 年的《互联网信息服务管理办法》、2011 年的《国务院关于清理整顿各类交易场所　切实防范金融风险的决定》、2012 年的《国务院办公厅关于清理整顿各类交易场所的实施意见》以及 2019 年的《区块链信息服务管理规定》。这四个文件从互联网、区块链技术、交易场所视角，在一定程度上覆盖了潜在的数字资产交易（见表 18—4）。

表 18—4　**中国与数字资产相关的监管政策**

发布年份	监管政策
2021	《关于进一步防范和处置加密货币交易炒作风险的通知》
2019	《区块链信息服务管理规定》
2013	《关于防范比特币金融风险的通知》
2012	《国务院办公厅关于清理整顿各类交易场所的实施意见》
2011	《国务院关于清理整顿各类交易场所　切实防范金融风险的决定》
2000	《互联网信息服务管理办法》

资料来源：笔者整理。

在明确禁止加密货币的同时，中国并没有明令禁止数字藏品这类新型数字资产发展，这也使得中国的数字藏品在中国数字资产领域以及全球数字藏品行业中独树一帜。近年来，中国投资者对数字藏品的投资热度不断上升，泡沫式地催生了国内大量数字藏品平台。截至 2023 年，中国数字藏品平台多达 2449 家，其中 2022 年上半年新增 996 家，下半年新增 1274 家。

但是，与全球主要的数字藏品一般通过以太坊等公有链的发行方式不同，国内数字藏品的发行则多在平台自己搭建的私有链或联盟链上，个别平台的技术甚至与区块链无关。因此，目前的中国数字藏品行业对数字资产应用技术很难有所贡献，也很难引领中国数字资产行业与全球对接。目前，数字藏品行业仅有行业自律政策，难以实质性防范行业风险（见表18—5）。在数字资产行业监管空白的情形下，仅允许数字藏品发展，会比发达国家更容易滋生风险。

表18—5　**数字藏品行业自律政策汇总**

时间	政策
2022年4月	中国互联网协会等《关于防范NFT相关金融风险的倡议》
	元宇宙产业委员会等《关于再次规范数字藏品健康发展的自律要求》
2022年6月	行业自律《数字文创规范治理生态矩阵公约》
	中国文化产业协会《数字藏品行业自律发展倡议》
2022年7月	国家新闻出版署《数字藏品应用参考》
	中国信息通信研究院《可信数藏计划自律守则》

资料来源：笔者整理。

四　启示与政策建议

毫无疑问，加密货币、稳定币等数字资产行业的投机性过强，在投资者教育不足的情形下，不放开交易，能最大限度规避投机风险。但是不能忽视数字资产行业高度发展和全球主要发达国家引领监管的溢出效应。一方面，数字资产行业以真实的市场化交易为基础，对数字经济发展具有技术标准的隐形贡献。数字经济发展依托数字化技术，天然具有跨境性质。中国要发展数字经济、央行数字货币等，必须有真实的交易场景和国际化性质的数字技术标准，否则恐难以规避数字资产行业发展。另一方面，当前发达国家试图通过上位法引领本国和地区，乃至全球数字资产行业监管，将形成数字资产行业发展的国际监管标准，类似《巴塞尔协议》，监管空白的国家将来只能被动接受，失去话语权。本章的具体建议如下。

一是应客观对待数字资产产品。数字资产也许是目前分歧最大的一种资产。其是一种可投资的金融创新产品，还是完全投机性质的新型金融泡沫，或庞氏骗局？在其底层技术被肯定并扩大应用、表层产品开始被严格监管的情形下，目前还看不到最终结局。随着其底层技术——区块链技术等的应用越来越广泛，部分数字资产开始和实体经济连接并具有为实体机构融资的属性，如实物资产代币。因此，当前的数字资产已不是纯粹的泡沫。有选择地接纳数字创新技术及其应用，而不是全盘否定或全盘接受数字资产，或许是平衡创新、金融稳定和经济发展的合适方法。但毫无疑问，数字资产投机性过强，在投资者教育不足的情形下，不放开交易，设立投资的资产门槛能最大限度规避投机风险，比如参考私人银行投资资产标准。同时，在全社会广泛警示其高投资风险，强化投资者教育，降低投资风险。

二是数字资产对数字经济发展有形成技术标准等隐形贡献。前文分析表明，全球数字资产的主流是同质化代币的加密货币、稳定币等，以及非同质化代币的实物资产代币和数字藏品。而统领数字资产技术迭代的机构主要是全球加密货币平台比如以太坊。其既能供应加密货币，又能以稳定币为结算工具，在平台交易其他数字资产。同质化代币技术向非同质化代币技术的升级等相关技术标准，也由这些主流加密货币平台制定。因此，数字资产行业发展的一个隐形贡献是，能将分布式账本等数字化技术不断创新，以真实的、市场化的数字资产交易来验证技术的不足，不断更新数字技术标准。这些数字技术标准将引领未来数字经济体系中的资产交易体系，包括央行数字货币交易、实物资产代币化交易以及国际数字藏品交易。

三是提前布局监管，应对全球数字资产监管的法律溢出效应。当前发达国家试图通过上位法引领本国和地区，乃至全球数字资产行业监管，将形成数字资产行业发展的国际监管标准，类似《巴塞尔协议》，监管空白的国家将来只能被动接受，失去话语权。国际数字资产监管产生的法律溢出效应，也可能通过目前国内不允许但海外允许的灰色交易、黑色交易，倒逼中国制定数字资产监管法律。有鉴于此，为了推动中国的数字经济更快、更好地自主发展，并在国际社会争夺话语权，有必要尽快推动数字资产行业监管政策的研究和制定。即便不放开加密资产、稳定币等高风险数字资产交易，也要考虑实物资产代币化、已经放开的数字藏品行业的规范发展需求，提前布置，以上位法立法来监管未来的数字资产行业。在数字资产监管法律正式出台之前的过渡期内，应系统规划数字经济领域的上位法结构，同时推动现有的监管法律及时更新迭代。

（执笔人：周莉萍）

第十九章

中小银行发展现状、存在问题与对策建议

2024年1月，习近平总书记在省部级主要领导干部推动金融高质量发展专题研讨班开班式上强调，“金融强国应当具备一系列关键核心金融要素，其中包括强大的金融机构”。[①] 强大的金融机构不仅是推动国家经济高质量发展的基石和支撑力量，也是保证金融体系稳定、提升国家综合实力和金融国际竞争力的重要力量，更是建设金融强国的重要载体。在建设强大的金融机构体系过程中，中小银行（包括城市商业银行、农村商业银行、农村合作银行、农村信用社、民营银行和村镇银行等）不仅长期肩负着服务中小微弱经济体、地区现代化建设和推动地区经济高质量发展的历史使命，而且还承担着维护区域经济发展、维护地方金融稳定的重要职责，是中国金融体系中不可或缺的重要组成部分。中小银行的健康发展，直接关系到金融服务实体经济效能的提升与金融秩序的稳固。根据Wind资讯的数据，截至2024年12月末，中小银行总资产约为118.06万亿元，占银行业金融机构的26.56%；贷款余额为109.38万亿元，占银行业金融机构的14.91%（见图19—1）。

---

① 中央金融委员会办公室、中央金融工作委员会：《奋力开拓中国特色金融发展之路》，《学习时报》2024年4月3日第1版。

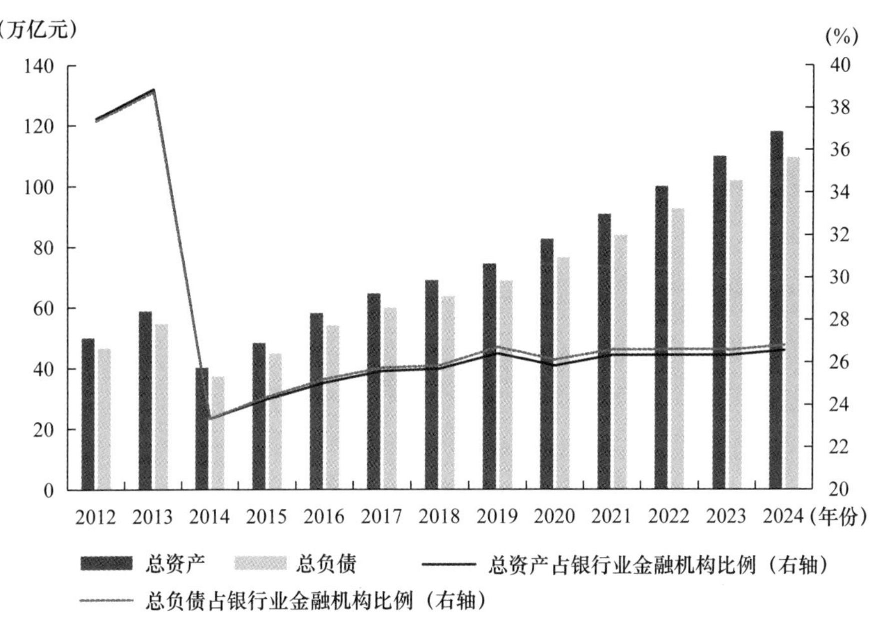

图 19—1　中小银行资产负债变化趋势

资料来源：Wind。

然而，近年来，随着全球变局加速演变以及国内经济下行和国有大行业务下沉的压力，中小银行不仅开始面临经营压力陡增、数字金融发展引致新风险加剧、并购重组机制尚不完善等诸多困境，其发展也在不断加速分化，一些隐性风险更是逐渐浮出水面，这对中小银行发展构成潜在威胁。2023 年中央金融工作会议指出，“严格中小金融机构准入标准和监管要求，立足当地，开展特色化经营”，对中小银行的定位和发展方向提出了明确要求。党的二十届三中全会提出，深化金融体制改革，积极发展科技金融、绿色金融、普惠金融、养老金融、数字金融，为中小银行高质量发展指明了实践路径。站在一个新的历史起点和时代背景下，中小银行如何积极应对这些新的变化、挑战和定位，走出一条具有中国特色的现代化发展道路，值得深入讨论。鉴于此，本章系统地对中小银行改革与发展现状进行深度剖析，梳理当前存在的主要问题与挑战，以此为促进中小银行高质量发展、建设更加强大的金融机构提出对策建议。

本章结构安排如下：首先，系统剖析中小银行改革与发展现状；其次，分析当前及未来一段时间中小银行可能存在的问题与挑战；最后，基于上述分析，提出一系列有利于驱动中小银行高质量发展的对策建议。

一　中小银行改革与发展现状

（一）中小银行转型发展取得突破性进展

第一，中小银行转型发展呈现减量提质的特点。一方面，中小银行经营战略从经营“增量”转向经营“存量”。通过整合弱小机构，重塑规模优势与抗风险堡垒。中小银行中“村改支”浪潮汹涌，村镇银行融入主发起行体系，依托“大树好乘凉”，借助总行资金、技术、风控支持，提升服务品质，扎根区域经济，深挖本土客户金融需求。另一方面，在机构改革的同时，农村中小银行加快数字化转型步伐，完善公司治理。中国银行业协会发布的《全国农村中小银行机构行业发展报告2024》指出，中小银行推进网点轻型化、智能化转型，拓展服务范畴，提升服务质效；推进数据治理、数据融合、数字风控等数字化转型，以坚实的数据基础和丰富的数据维度打破信息孤岛，为业务提供有效的技术和数据支撑。在减量提质的发展趋势下，中小银行提升了规模经济效应，减少冗余机构分支，降低管理成本，有效提升其综合竞争力。

第二，中小银行合并重组呈现加速态势，“抱团取暖”趋势明显。随着近年来实体部门融资需求疲弱，优质贷款资产稀缺，中小银行面临缺乏区域层面的腾挪空间、生存压力变大等严峻挑战，少数中小银行资产质量下行压力大，化解不良、防控风险面临严峻挑战。在此背景下，中小银行“抱团取暖”趋势明显。根据企业预警通数据，截至 2024 年

12 月 26 日，年内已有 188 家银行被吸收合并、重组合并或直接解散，数量已超过去两年之和，减少的 188 家银行机构中包括 1 家城商行、76 家农信机构和过百家村镇银行（见图 19—2 和图 19—3）。

一方面，农村中小银行加速“出清”。2024 年，四川、广西、海南省联社改革落地，四川农商联合银行、广西农商联合银行、海南农商银行相继揭牌开业，联合银行模式、统一法人模式仍是农信社改革重组的主流模式。在省级农商行加速成立的同时，地市级机构也面临“洗牌”，越来越多的农信社尝试以“抱团取暖”方式设立地市级统一法人农商行，以此化解风险，市级农商行不断涌现。例如，2024 年 12 月 26 日，和田农商银行、喀什农商银行获批开业，注册资本分别为 11.86 亿元、24 亿元，此前，阿克苏塔里木农商银行、克州农商银行相继于 2023 年年底和 2024 年 9 月揭牌开业。除了新疆，四川、安徽、云南等省份筹建地市级统一法人农商行工作也在推进中。农信社数量不断缩减，根据银行业金融机构法人名单，截至 2024 年 6 月末，中国共有

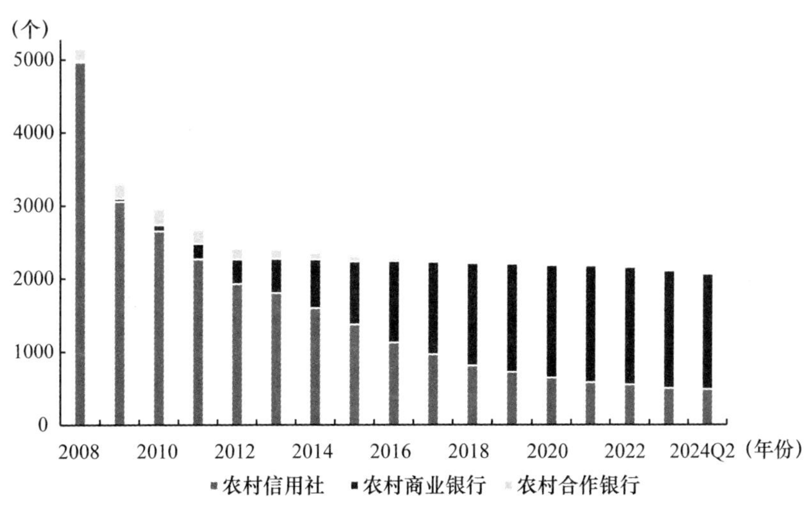

图 19—2　农村信用社法人机构数量变化

资料来源：企业预警通。

3938 家银行机构，对比 2023 年同期数据，一年减少 121 家。其中，农信社一年“消失”62 家。作为农村中小银行的重要组成部分，2024 年村镇银行也在加速“退场”，2024 年已有 100 余家村镇银行被吸收合并或直接解散，“变身”为主发起行的分支机构正成为村镇银行改革化险的主要方式。

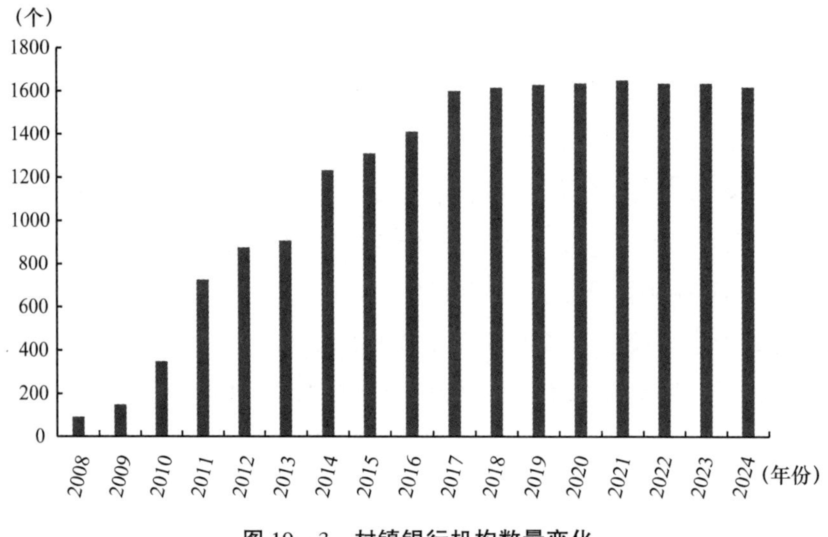

图 19—3　村镇银行机构数量变化

资料来源：企业预警通。

另一方面，城商行兼并重组放缓。作为中小银行的组成部分之一，城商行改革化险工作启动较早，历经前几年兼并重组，改革步伐逐步放缓。2024 年年初至今，仅新疆银行吸收合并库尔勒银行的案例出现。过往城商行改革化险案例中，吸收合并、新设合并的合并重组方式为改革的主要路径。在新疆银行吸收合并库尔勒银行之前，2022 年，中原银行通过吸收合并洛阳银行、平顶山银行、焦作中旅银行省内 3 家城商行，资产规模跻身万亿城商行之列。再往前追溯，四川银行、山西银行、辽沈银行则通过新设合并的方式相继成立。在合并重组后，新设合并城商行历经一段时期的发展已走出阴霾实现创收。例如，四川银行在2023年业绩维持快速增长，全年累计实现净利润13.12亿元，同比增长50.79%；山西银行2023年净利润由上年同期的3.93亿元增至8.32亿元；辽沈银行则在2023年完成扭亏为盈目标，净利润由-28.85亿元增至125.9万元。

（二）中小银行业务发展稳健

第一，中小银行资产负债规模保持平稳增长，但资产增速有所放缓。截至2024年第三季度末，中国商业银行总资产余额为376.34万亿元，同比增长8.03%，增速较上年年末下降2.93个百分点；其中，城商行、农村金融机构总资产同比增速分别为8.85%和6.01%，同比增速低于国有大型商业银行（9.24%），受资产端治理和防范资金空转以及负债端整顿手工补息影响，资产负债规模增速有所放缓。国家金融监督管理总局数据显示，以农村金融机构等中小银行为例，2024年，全国农村金融机构（含农信社、农合行和农商行）保持平稳发展，资产负债规模保持增长，截至2024年第四季度末，全国农村金融机构本外币资产总额和负债总额分别为57.91万亿和53.69万亿元，较上年年末分别增长6.04%和5.99%，占银行业金融机构的13.03%和13.16%。

第二，中小银行的净利润增速环比小幅提升，但盈利能力呈下行趋势。一是在利率市场化改革趋势下，利率政策的调整和信贷市场竞争加剧，中国商业银行在总资产持续增长的同时，净息差和资产利润近年来处于下降的趋势，其中，中小银行普遍体量小，近年来受新冠疫情冲击、需求不足、预期偏弱等影响，盈利压力有所加大。2024年前三季度，商业银行净利润为1.87万亿元，同比增长0.48%，增速较第二季度末小幅提升0.12个百分点，但较年初增速（3.23%）下降2.75个百分点。其中，各类银行的净利润增速分化，国有大型商业银行、股份行、城商行、农商行的净利润增速分别为 -1.3%、1.2%、3.4%、2.9%，其中城商行、农商行净利润增速较第二季度末分别下降 1.0 个和 3.0 个百分点。根据国家金融监督管理总局的数据，截至 2024 年 6 月底，商业银行整体净息差延续了下降趋势，仅为 1.54%，相较 2023 年下降 15bp（见图 19—4）。其中，大型商业银行的净息差为 1.46%，相较 2023 年下降 16bp；城市商业银行的净息差为 1.45%，相较 2023 年下降 12bp；农村商业银行的净息差为 1.72%，相较 2023 年下降 18bp。中小银行资产端融资需求偏弱，且受政策引导贷款利率下行影响，银行加大让利实体，制约其利息收入增长。二是中小银行负债端成本呈现刚性，难以随贷款利率同步下行。从负债成本角度看，中小银行在储蓄存款方面同样存在结构性劣势，导致负债端成本相对较高，从而压缩盈利空间。近年来，中小银行储蓄存款的定期化程度显著高于企业存款。根据已上市的中小银行披露数据计算，截至 2024 年 6 月末，储蓄存款的活期占比仅为 16.16%，而公司存款的活期占比则高达 49.53%。同时，储蓄存款活期占比下降的速度也明显快于公司存款，反映出居民储蓄定期化趋势的加速。这种变化使中小银行在吸储过程中更依赖高成本的定期存款来维持存款来源，推高了负债端成本。三是中小银行非利息收入占比较小，业务较为单一，难以分散传统息差业务收缩带来的影响，拖累中小银行盈利水平。相比大型银行，中小银行多为区域性银行，部分区域行业、产业可能较为集中，信贷投向和收入结构相对单一。从上市银行收入构成看，中小银行的中间业务收入占比明显低于六家大型银行。截至 2023 年 6 月末，六家大型银行平均中间业务收入占比为 15.38%，全国性股份制银行中间业务收入占比为 17.8%，而上市城商行和农商行中间业务收入占比仅为 8.84%和 4.59%，大部分中小银行仍较依赖传统资产负债业务，在利率进一步市场化等因素影响下，收入可持续增长的压力加大。

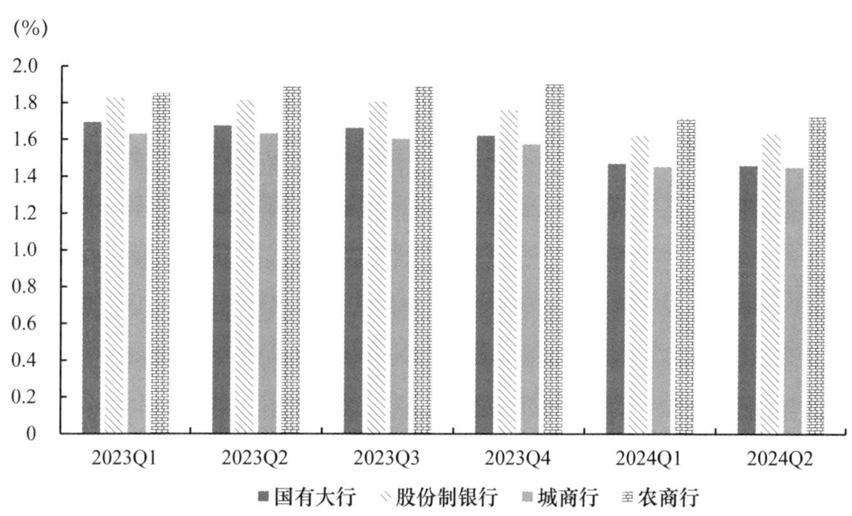

图 19—4　不同类型银行净息差变化

资料来源：国家金融监督管理总局。

第三，中小银行持续深入推进普惠金融业务，加大对“三农”、小微企业和城乡居民的信贷投放力度。中小银行在服务中小微、民营企业等方面发挥“毛细血管”作用。截至 2024 年第三季度末，全国银行业金融机构普惠型小微企业贷款余额达 32.58 万亿元，同比增长 14.69%，高于全部贷款增速（见图 19—5）。其中，中小银行（城市商业银行和农村金融机构）的普惠型小微贷款余额合计达 13.12 万亿元，占全国银行业金融机构普惠型小微企业贷款余额的 40.26%。但同时，中小银行零售贷款占总资产比重持续下降。根据中小上市银行披露数据计算，零售贷款在总资产中的比例从 2021 年第一季度的 17.4%下降至 2024 年第三季度的 15.5%，累计下滑 1.9 个百分点。零售业务在中小银行资产配置中的地位明显削弱，未来随着大行下沉和数字普惠金融发展，中小银行在零售贷款领域增长乏力。

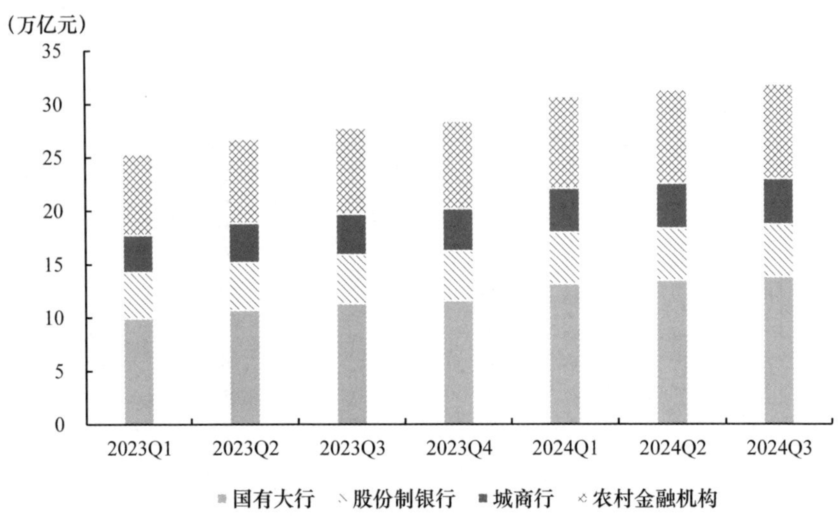

图 19—5　不同类型银行普惠型小微贷款变化

资料来源：根据国家金融监督管理总局公布的数据整理所得。

第四，中小银行抱团投资长期国债，以覆盖付息成本。中小银行获取优质信贷资产的能力不如大行，为覆盖存款付息成本，在 2024 年年初债市走牛的行情下，部分中小银行采取加大杠杆与拉长久期的策略，抱团投资中长期国债。2024 年 3 月和 4 月，农村金融机构大规模净买入债券分别为 6834 亿元和 5089 亿元，以 7—10 年期国债为主。短期而言，中小银行集中交易国债可以缓解资金配置的一时之急，但长期来看，中小银行需提高投资管理水平和信贷投放能力，警惕国债价格回调带来的市场风险。

（三）中小银行改革化险成效显著

第一，中小银行经过前期的改革和风险处置工作，问题机构的存量风险已极大缓解。中国人民银行发布的《中国金融稳定报告（2024）》显示，2023 年第二季度中国人民银行对 3936 家银行机构开展央行金融机构评级（简称“央行评级”），评级结果由低到高划分为 11 级，其中 1—7 级属于安全边界内，8—10 级为高风险状态，D 级为机构已倒闭、被接管或撤销。结果显示，总计 3936 家银行中，评级结果处于“绿区”（1—5 级）的银行有 1979 家，资产规模 371. 88 万亿元（占比 93. 88%）；“黄区”（6—7 级）银行有 1600 家，资产规模 17. 19 万亿元（占比 4. 34%）；“红区”（8—10 级）银行有 357 家，资产规模 7. 05 万亿元（占比 1. 78%）。在中小银行中，68%的城市商业银行分布于“绿区”，但也有 11%的城市商业银行为“红区”银行；农村金融机构（包括农村商业银行、农村合作银行、农村信用社和村镇银行）“红区”银行数量占“红区”银行比重较高，但资产规模占参评银行的比例不足 1%。总体上看，评级结果显示，银行业金融机构整体经营稳健，风险总体可控，中小银行中的问题机构风险已得到极大缓解。这归因于监管部门通过新设立银行主体或区域内资质较好的银行主体吸收合并、收购承接业务，以及引入外部战投资金支持等方式，有序处置重点银行机构风险。在监管政策推动下，未来高风险机构仍将持续得到接管或处置，持续降低中小银行风险。

第二，中小银行资产质量保持稳定，前瞻性指标压力加大。受不良资产处置力度加大影响，中小银行中的农商行不良贷款率大幅下降，信贷资产质量有所上升。但受当前宏观经济增速下行、房地产与地方债风险突出，中小银行的不良资产率仍高于国有大行和股份行。根据国家金融监督管理总局统计数据显示，截至 2024 年第三季度末，商业银行不良贷款余额为 3. 4 万亿元，较第二季度末增加 371 亿元；不良贷款率 1. 56%，较第二季度末基本持平；关注贷款率为 2. 28%，较第二季度末提升 6bp（见图 19—6）。分银行类型看，国有大行、股份制银行、城商行、农商行不良贷款率分别为 1. 25%、1. 25%、1. 82%、3. 04%，国有大型商业银行、城商行较第二季度末分别提高 1bp、5bp，股份制银行较第二季度末持平，农商行较第二季度末下降 10bp。

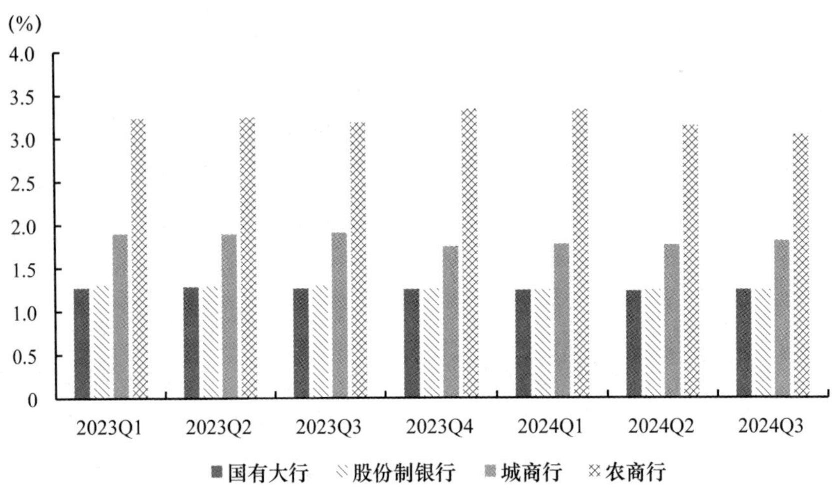

图 19—6 不同类型银行不良贷款率变化

资料来源：国家金融监督管理总局。

第三，中小银行风险抵补能力充足，农商行环比提升幅度最大。根据国家金融监督管理总局统计数据，截至 2024 第三季度末，商业银行拨备覆盖率为 209.48%，较第二季度末上升 0.16 个百分点。分银行类型看，国有大型商业银行、股份制银行、城商行、农商行拨备覆盖率分别为 250.28%、217.11%、188.95%、148.77%，股份制银行、农商行分别较第二季度末提升 0.53 个、5.63 个百分点，国有大型商业银行、城商行较第二季度末分别下降 3.52 个、3.40 个百分点。相较于国有大型商业银行，未来部分中小银行仍需进一步提升拨备水平。

第四，中小银行资本充足率企稳回升。根据国家金融监督管理总局统计数据显示，截至 2024 第三季度末，商业银行核心一级资本充足率、一级资本充足率、资本充足率分别为 10.86%、12.44%、15.62%，较第二季度末分别提升 12bp、5bp、8bp。分银行类型看，国有大型商业银行、股份制银行、城商行、农商行资本充足率分别为 18.26%、13.80%、12.86%、13.26%，城商行、农商行分别较二季度末提升

15bp 和 18bp。可以看出，中小银行资本充足率与国有大行相比仍存在较大差距，不仅潜在资本消耗压力较大，而且通过增发补充资本金面临困难，特别是在“减量提质”的要求下，中小银行未来仍将有较为刚性的资本补充需求。

（四）中小银行公司治理持续完善

第一，中小银行不断完善以“三会一层”（股东大会、董事会、监事会、高级管理层）为主体的公司治理组织架构，但细节方面仍有不足。大部分中小银行在《公司治理三年行动方案（2020—2022）》的整治下，通过建章立制、梳理流程、优化机制等方式，基本具有完整的“三会一层”组织架构，具体包括设有股东大会、董事会、监事会、管理层，并将党委会作为重大事项决策的前置程序，将党的领导融入公司治理全过程，在董事会和监事会下设符合要求的专门委员会，专项开展重要议题审议。然而，当前中小银行组织架构的重点放在规定性动作和整体框架搭建上，细节方面仍有不足。比如，人员构成比例不符合规定，尤其是独立董事占比方面，按《公司治理准则》要求，独立董事不得低于董事会人员总数的 1/3，由于农商银行历史包袱较重，股东董事占比较大，地域尤其是偏远地区独立董事资源不够丰富，异地任职时间精力较难保证都一定程度上影响了独立董事占比，掣肘了独立董事的作用发挥。[①] 农信社省级管理机构公司治理组织架构同样细节不足，从公开资料看，浙江农商联合银行设立股东大会、董事会、监事会和高管层等“三会一层”，但董事会中没有独立董事，监事会中没有外部监事；河南农商联合银行设立股东大会、董事会和高管层，董事会中设有独立董事，但未设立监事会。

① 中国人民银行长沙中心支行课题组、张奎、彭于彪等：《中小银行公司治理、经营行为与绩效表现——基于某省农商行改革的实证》，《金融监管研究》2021 年第 4 期。

第二，中小银行持续加强流程制度建设，但流程制度多而不严的现象仍然存在。聚焦近年来的银行业保险业市场乱象，由公司治理失灵、董监事履职缺位、股东股权和关联交易违规行为而引发的金融风险问题不容忽视，监管部门针对新形势、新要求，修订新增了一批公司治理监管制度，中小银行也随之加强制度建设，完善相应制度，优化涉及流程，力求在制度方面兼顾到位，规范到位，合规到位。据初步统计，农商银行在公司治理条线方面的制度就多达几十个。[①] 然而，由于农商银行先天资源不足，面对制度修订“等、靠、要”思想较为普遍，依葫芦画瓢，不知结合实际、不懂创新思路，生搬硬套印发制度的情况也时有发生，“制度虚设”“制度空转”“制度失灵”等制度约束力不强、执行力不够、监督不到位的现象仍然存在。

第三，股东资源和相互制衡作用未充分发挥，地方政府仍有不当干预。受历史包袱、治理理念、管理经验、股东质量等诸多因素影响，中小银行“三会一层”的专业性以及相互的权力制衡没有得到很好的落实。一些中小银行因股权分散但管理制度效力不足而出现“内部人控制”，如锦州银行。据统计，农村中小银行平均有近 2000 个股东，个别多达 8 万个，城商行前五大股东平均持股 49. 3%，低于大型银行的 90. 4%和全国性股份制银行的 60%，高于农商行的 27. 6%。[②] 个别中小银行股权过度集中且缺乏外部监督制衡，大股东通过隐性交叉持股等实现控制，以同业投资、关联贷款、股权质押等方式“掏空”银行，如包商银行。此外，中小银行与地方政府关系密切，既有正常的业务联系和股东关系，还面临地方以“宏观管理”为名的不当干预。[③] 地方政府一般将城商行作为直

① 中国银行业协会：《全国农村中小银行机构行业发展报告 2024》，中国金融出版社 2024 年版。

② 陈道富、王刚：《深化中小银行股权结构与公司治理改革》，《中国银行业》2023 年第 3 期。

③ 王炯：《中小银行公司治理优化对策》，《中国金融》2022 年第 23 期。

管企业，指定董事长与行长。省联社受省政府委托统揽农合机构行业管理职能。地方政府除支持中小银行业务发展和风险处置外，多有经济增长、基建投资、债务化解等要求，个别甚至作为“第二财政”。

二　中小银行发展面临的问题与挑战

（一）大银行竞争使中小银行在经营方面受到挤压

一是国有大行和股份制银行的下沉与金融科技的深化应用加大了中小银行经营压力。一方面，在做好金融“五篇大文章”过程中，国有大行和股份制银行凭借其资产规模、资金定价能力、业务专长和风险管理水平，采取低利率竞争策略和网点下沉策略，这一行为不仅争夺了中小银行已有存量优质客户，产生了显著的挤出效应，[①] 也限制了中小银行业务范围，阻碍其在新业务领域的拓展，削弱了其盈利能力和市场竞争力。国家金融监督管理总局统计数据显示，国有大行在银行业金融机构普惠小微企业贷款中所占的比重由 2019 年年末的 27.92%上升到 2024 年第三季度末的 42.36%，上升 14.44%，而同期以农村金融机构为代表的中小银行所占比重由 37.03%下降到 27.18%，下降 9.85%，表明国有大行的规模资金投入使中小银行市场生存空间被严重压缩。另一方面，金融科技的广泛应用对中小银行技术应用能力提出更高要求。目前，因规模较小、技术基础薄弱，中小银行在处理和分析大数据等金融科技应用方面存在诸多困难，难以与国有大行匹敌。特别是数字金融技术的兴起为解决信息不对称提供了全新的工具和手段，使过去中小银行依托县域金融网点建立关系来获取客户软硬信息的优势被数字化技术

① 王修华、刘锦华：《大型银行服务重心下沉对农村金融机构信贷行为的影响》，《中国农村经济》2023 年第 8 期；周立、许有亮、方元：《农村金融市场的大行下沉与小行上浮——以金融生态和生态位理论为视角》，《金融经济学研究》2024 年 12 月 16 日（网络首发）。

所逐渐取代，[①] 这一变化会给中小银行的经营发展带来严峻的冲击和挑战。

二是金融产品与服务创新不足制约了中小银行高质量发展。一方面，管理层对金融产品创新的重视程度不足。当前，众多中小银行的管理层多为内部晋升或本土培养，其主要将发展重心聚焦于提升市场占有率、扩大市场宣传、完善银行服务细节和设备和技术更新等方面，而对金融产品和服务创新的重视不足，导致中小银行逐渐丧失其独特性，并面临被市场同化、竞争力下降的风险。另一方面，与国有大行不同，中小银行对息差收入的依赖度较高，且在资产负债结构和中间业务创新能力方面存在明显劣势，导致许多金融产品和服务主要模仿和移植同业，对客户吸引力不足，这使其在金融产品与服务创新方面面临着严峻挑战。

三是数字化转型步伐滞后成为中小银行高质量发展的一大瓶颈。首先，资金短缺与技术积累不足已成为中小银行数字化转型的首要障碍。与国有大行相比，中小银行在规模、技术积累和人才储备上存在明显劣势，难以独自承担高昂的技术研发成本，来满足数字化转型所需的科技专业人才和复杂技术升级要求，加之技术投入回报周期较长，这使得中小银行对人工智能和大数据等前沿技术的应用明显不足，从而导致数字化转型捉襟见肘。在此背景下，中小银行只能依赖外部金融科技公司或利用省联社平台来推动业务创新和数字化转型，但这会限制中小银行数字化转型的自主性和持续性，并产生更显著的“马太效应”。[②] 其次，数据资源的短缺与治理问题是制约中小银行数字化转型的另一大难题。数据是推动金融科技创新的核心资源，但中小银行普遍面临着数据资源

① 欧阳文杰、陆岷峰：《大型银行业务下沉背景下农村中小金融机构的困境与出路》，《南方金融》2024 年第 2 期。

② 朱太辉、张彧通：《农村中小银行数字化转型研究》，《金融监管研究》2021 年第 4 期。

匮乏的困境。最后，因中小银行数据治理体系尚不完善，其收集、存储和处理分布零散的小微企业和农村低收入群体多维信息的能力有限，加之数据共享和整合存在困难，导致数据孤岛现象十分严重，不仅影响了数据的有效利用，也制约了中小银行在数字化转型过程中的创新能力和核心竞争力。

（二）数字金融发展会引致中小银行产生新的金融风险

一是中小银行面临的数据安全与隐私保护的风险正急剧上升。一方面，随着数字金融业务规模不断扩张，中小银行收集并积累了海量客户数据，这些数据极为敏感，一旦外泄，将严重侵犯客户隐私权并可能引发财产损失。特别是在中小银行技术水平受限情况下，其难以构建全面且有效的数据安全防护体系，加剧了数据泄露的风险。另一方面，随着数据保护和隐私法规体系的不断完善，中小银行面临遵循《中华人民共和国网络安全法》《中华人民共和国数据安全法》等隐私保护法规的压力越来越大，需要投入的资源和精力也越来越多，增加中小银行的合规成本。另外，中小银行在信息安全体系的建设计划和技术保障方面比较欠缺。目前，中小银行信息安全体系的建设计划和实施策略并不完全符合行业通用标准，加之防御体系设备之间缺乏必要的关联信息，导致只能进行单点防御，难以从更高层次上进行预警和把握整体态势，这将削弱数据安全保障能力。

二是中小银行面临的技术集成与创新风险日益显著。金融科技风险防控是金融科技审慎管理中至关重要的一个维度。当前，中小银行在追求技术创新的过程中，需要应对技术兼容性、系统稳定性和数据交互等诸多风险。首先，在引入新技术时需要采用最新的云计算和大数据处理技术解决与原有的 IT 系统存在不兼容问题，这不仅需要中小银行投入大量的系统研发工作，还要确保新的研发系统与原有系统架构能保持稳定运行。如果新系统上线后出现稳定性问题，可能会产生交易失败、资金冻结等不确定后果，并给中小银行的声誉和业务发展造成巨大冲击。其次，中小银行在跟随大型银行的创新路径时，可能会因为缺乏战略定力和市场判断失误而面临市场适应性的风险挑战，严重时会产生创新失败。例如，创新产品可能涉及新的客户群体或复杂的交易流程，这使得中小银行在进行信用评估时面临更大的困难；线上零售贷款的快速发展会逐渐暴露多头授信、过度授信等问题，风险也会逐步累积。[①] 最后，金融创新产品通常涉及复杂的业务流程和技术系统，若中小银行内部操作流程不完善、员工培训不足或技术系统出现故障，可能会导致交易错误、客户信息泄露等新的操作风险问题。

三是中小银行所面临的市场过度波动风险显著加剧。首先，数字金融相关信息技术的应用加速了金融市场风险传染速度，中小银行更易受到风险冲击。数字金融与传统金融的深度融合，使得金融市场各项业务风险的相关性更加紧密，金融风险蔓延速度更快，且能够迅速从不同源头扩散。一旦出现问题，就可能迅速波及整个金融体系，引发“蝴蝶效应”等连锁反应。[②] 在这种金融市场极不稳定的情况下，中小银行由于自身抗风险能力相对较弱，其更易陷入经营困境，甚至面临倒闭等严重后果，中小银行的生存危机凸显。其次，在当前债券投资收益已成为中小银行收入重要支柱的情况下，数字金融的发展会加大中小银行净息差下降压力，使中小银行更加热衷于购买债券。目前，以农商行为代表的中小银行是名副其实的“债市大户”，年内投资收益对全行营收的贡献度普遍高于其他银行，个别中小银行债券收益甚至占营业收入超过五成。但是，一旦债券价格出现调整，中小银行可能会因过多购买而产生投资浮亏、资产减值等风险，严重时候还会带来期限错配、流动性风险

---

① 张岳、易福金：《数字化转型对中小银行生产率的门槛效应研究》，《金融监管研究》2022 年第 11 期。

② 杨涛：《金融科技与中小银行数字化转型研究》，《农村金融研究》2022 年第 7 期。

等一系列问题。[①] 最后，数字金融的快速发展会推进监管政策持续变化和完善，而监管政策的变化（收紧或放松）可能会对中小银行的经营产生深远影响。[②] 例如，监管政策的收紧会对中小银行的风险管理、资本充足率等方面提出更高要求，部分业务开展也会受到限制，从而影响收入来源和盈利能力。

（三）中小银行的并购重组机制尚不完善

一是中小银行并购重组制度框架亟须完善。当前，金融监管部门针对中小银行大规模的并购重组行为并未建立专门的并购重组框架，这可能会导致中小银行面临资金难以回收、救助资金效能低下等风险，严重时还会触发系统性风险。若能在风险处置的关键环节引入法律法规等刚性约束，将会遏制交叉感染风险。此外，尽管金融监管部门针对高风险机构出台了并购重组指导原则，但这些原则仍存在监管细节缺失等问题，这不仅会使中小银行在缺乏具体实施细则的情况下急于推进并购重组工作，还容易产生违规行为。

二是中小银行并购重组评估机制急需优化。尽管中小银行并购重组大多在同一银行体系内部进行，但若信息不对称而导致对被并购方的潜在信用风险和市场风险评估不准确，那么中小银行在并购重组后将可能面临更大风险敞口。同时，由于并购重组双方经营文化、管理理念和管理风格存在较大差异，如果这些关系处理不当，可能也会产生冲突和矛盾，并削弱并购重组对改善“休克鱼”（经营不善、资产质量差的被并购方）状况的积极作用。

三是行政干预对中小银行并购重组的影响不容忽视。一方面，尽管

---

① 王重润、王文静：《同业业务对中小银行系统性风险溢出的影响》，《南方金融》2021年第8期。

② 王曙光、梁爽：《新金融监管框架下农村中小银行风险治理的系统性重塑》，《农村金融研究》2023年第10期。

并购重组遵循的是市场规律，但为确保并购重组工作顺利推进，地方政府也会存在一些利益输送和扭曲资源配置的行为，从而影响中小银行的组织架构调整和人员配置。另一方面，为最大限度降低中小银行风险，部分地方政府也相应提供财政补贴弥补可能产生的损失，这不仅会加大地方财政压力，减少基础设施建设和公共服务项目的资金，还有可能损害政府声誉，也会制约经济增长潜力，削弱地方经济可持续发展能力。

（四）中小银行改革发展相关法律监管制度有待完善

一是缺乏专门针对中小银行发展的规范化法律体系。目前，中小银行主要依据《中华人民共和国中国人民银行法》《中华人民共和国商业银行法》等基础法律规范执行，这些法律并未明确中小银行的法律定位，并不是其“标杆”法律体系，这会导致其在尝试科技金融等新业务新服务时受到限制，难以通过充分发挥其灵活性和创新性，迅速响应市场需求。另外，目前针对中小银行的监管政策比较笼统，未能充分考虑到中小银行的资产规模、业务特点和发展阶段，与实际需求严重脱节，这会抑制中小银行服务小微企业和农村低收入群体的潜力。

二是中小银行监管存在多头监管或监管空白的问题。一方面，理论上讲，尽管中国人民银行、国家金融监管总局派出机构和地方政府等监管机构有十分明确的职责分工，但在实际工作中，对于某些特定业务或风险点的界定依然存在模糊性，加之各部门之间的协调工作机制并未有效建立，这会导致中小银行监管存在多头监管或监管空白的现象。[①] 另一方面，多头管理加剧了多头监管或监管空白的问题。中小银行，尤其是农商行，同时受到地方政府和省联社的管理。在多头管理下，地方政府本没有法律义务监督和管理中小银行风险，但却因地域关系不得不负责，这就会产生监管代理问题（央行委托地方监管

---

① 明雷、黄远标、杨胜刚：《银行业监管处罚效应研究》，《经济研究》2023 年第 4 期。

机构进行监督），提高地方政府的寻租风险和国家金融监管总局派出机构的道德风险问题。

三　促进中小银行高质量发展的对策建议

（一）构建中小银行更具特色和专业的经营机制

一是坚持差异化战略定位和发展路径，防范国有大行过度下沉对中小银行所产生的“挤出效应”。首先，在大型银行市场下沉和利率持续下行的双重压力下，中小银行要减量提质，完善信贷契约管理、绩效奖励机制、尽职免责制度和容错纠错体系等系列制度安排，以此为业务人员营造敢于放贷、愿意放贷、有能力放贷且善于放贷的良好氛围，确保信贷业务稳健开展。其次，中小银行应紧紧围绕区域经济特色和中小微企业实际需求，精准聚焦重点行业和特定客群，并通过优化利率风险定价机制、动态调整风险权重等手段，实施具有鲜明区域特色、行业特色和客户特色的差异化经营策略。最后，中小银行也应积极探索供应链金融的新模式，为农业、工业等特色产业链发展提供一揽子金融服务方案，不断助力六次产业融合。

二是充分利用中小银行人缘、地缘、亲缘优势，持续驱动金融创新。首先，加快创新全覆盖的服务生态链条。在当前日益激烈的市场竞争环境下，中小银行要进一步发挥网点布局广泛、人员数量充足和软信息搜集等独特优势，创新构建能全面覆盖“县、乡、镇、村、户、人”的服务生态链条，精准锁定并深耕金融服务的关键场景，以此推动业务重心下沉速度、深度与细致度。其次，加速推进组织体系与人力资源管理机制革新。一方面，要鼓励业务人员走出传统机构网点，设立流动服务站点，实现金融服务的灵活化与便捷化。另一方面，要加强与居委会、街道办等基层功能网络的深度合作，构建一张广泛联动、高效协同的金融服务网络，以此实现金融服务人员的广泛覆盖与深度融入。最后，推动经营理念与业务模式创新。中小银行应凭借决策链条的优势，充分考虑金融服务对象的层次性与异质性特征，为其量身定制差异化的金融服务方案。

三是加速推进中小银行数字化转型。一方面，中小银行需迅速制定可操作、可实施的数字化转型战略，并明确转型的总体目标及阶段性实施计划，以此在现有基础上对现有金融产品和服务模式、审批流程、风险管理模型等进行流程优化与改造，确保转型工作的顺利推进与持续跟进。另一方面，鉴于中小银行在技术积累、人才储备及资金投入方面可能存在的局限性，以及数字化转型过程中可能遭遇的数据安全与技术风险，中小银行不仅可考虑与国有大行建立战略合作关系，通过资源共享与技术交流加速数字化转型步伐，还可以考虑通过中小银行之间抱团取暖的方式共同推动技术创新与标准制定，寻求解决数字化转型中面临的各种难题。

（二）统筹做好中小银行改革创新和防风化险两大任务，持续发挥数字技术的向善效应

一是做好发展数字技术风险防范工作。首先，建立完备的数据安全管理体系，明确高敏感等不同类型数据的分类标准，同时制定数据存储、传输和使用规则，并设立专职数据安全管理岗位，负责数据在生命周期内的监管工作，以此筑牢数据安全防线。其次，积极实施数据访问控制制度，配合多因素身份验证机制，确保敏感数据的访问仅限于授权人员，以此加固数据安全屏障。最后，增强员工数据安全意识。通过定期举办数据安全培训，采用案例解析、模拟攻击等互动方式，使员工直观感受数据安全威胁，以此深化其对数据安全重要性的认识。

二是注重创新中的风险防范，确保创新业务的风险可控。随着数字化进程的深化，金融产品的复杂性日益提升，这要求中小银行在转型过程中，必须将风险防控作为重中之重。因此，一方面，中小银行要积极

构建科学的算法治理框架，并通过多次压力测试与模拟校验，以此应对日益复杂的金融产品与不断演变的经营模式。另一方面，中小银行在产品创新过程中，需平衡好“取”与“舍”之间的关系，确保创新产品能够迅速适应市场变化。在“取”的方面，中小银行要紧密贴合现有客群数字化金融需求，推动构建金融综合化服务平台建设，以此更好支持地方经济发展；在“舍”的方面，数字化转型与金融科技研发需大量资金投入，中小银行应审时度势，适当放弃部分过于先进但需求有限的数字化服务，以此减轻经营负担，实现稳健发展。

三是通过数字技术提升金融服务质量，增强客户黏性。金融行业与数字化结合具有天然优势，但中小银行在数字化转型方面能力有待提高。一方面，中小银行可以有针对性地根据需要更新 IT 系统及数据体系，构建基于互联网的运营模式，借助金融科技提高获客、产品及运营的全流程效率，为客户创造“秒申秒贷、实时放款”的良好体验。另一方面，中小银行可以基于客户数据提供个性化服务，精准对接客户需求。中小银行凭借自身的灵活性与深厚的本地化优势，借助大数据等数字技术，能够填补以往未能触及的市场空白，完善普惠金融服务体系，为更广泛的客户群体提供精准服务，及时更新产品和平台，响应客户需求、增强客户黏性。

四是强化数字普惠金融领域的风险监测与风险处置机制。一方面，健全风险监测机制。中小银行应强化日常动态风险监测，特别关注流动性风险和声誉风险，做到未雨绸缪。引入前沿的大数据分析和人工智能技术，提升风险监测的精准度和时效性。同时，加强数据共享与协同，促进中小银行、监管部门及第三方机构间的信息互通，与公安、检察院、法院等部门建立专门的信息交流平台，定期共享不良贷款相关信息。加强跨行业、跨地区的风险监测合作，携手防范和化解金融风险，为中小银行的稳健发展奠定坚实基础。另一方面，建立健全风险处置机制是防范金融风险的关键一环。中小银行应针对潜在金融风险事件，制定详尽的应急预案，明确应急响应流程、责任划分及处置措施，并定期组织应急演练，验证预案的有效性与可操作性。同时，积极探索市场化风险处置新路径，加强与资产管理公司、律师事务所等机构的合作，创新资产证券化、结构化交易等不良资产处置方式，避免地方政府的不当干预。

（三）完善中小银行并购重组制度框架与评估机制

一是构建完善的中小银行并购重组制度框架。一方面，建议由全国人大和国务院负责拟定和完善当前的并购重组法律法规，以此有效防范并购重组可能引发的系统性金融风险。另一方面，明确政府、财政部和国家金融监督管理总局等部门在风险控制银行并购重组风险中的具体职责，并指定相关部门负责监督中小银行在并购重组中的风险变化以及合规行为，防范中小银行与地方政府之间可能存在的舞弊行为。

二是完善并购重组评估机制。中小银行之间的并购重组并非简单的资产叠加，而是一项系统性工程，需要涉及被并购重组方的不良资产处置、股权结构和人事等多个方面。因此，未来在支持中小银行并购重组的过程中，一方面要根据本地实际情况制定个性化的政策方案，在明确责任的基础上，灵活应对并购重组双方的管理、文化等方面的差异；另一方面也要围绕中小银行的财务状况、业务发展、风险管理水平等制定清晰明确的并购重组评估标准，确保并购重组决策的科学性与合规性。

三是强化并购重组的市场化机制设计。一方面，将行政主导转变为行政引导，坚守激励相容的市场化原则。主导兼并重组的地方政府，不应搞简单的“拉郎配”，而是应引入市场化机制，在股权结构、机构重组、高管配备等方面妥善安排。可考虑通过公开招标、拍卖等方式吸引符合条件的市场主体参与入股或并购资质较弱的中小银行，从而确保并购重组过程的公正性和透明性，以此避免地方政府价格操纵、暗箱操作和利益输送等不正当行为。另一方面，中小银行在合并重组过程中，需加强对股权结构和治理结构的重新设计。可着重以注重机构长远发展、资本实力雄厚、管理经验丰富的市场主体作为主要并购方，在并购重组后吸收先进的管理理念及机制，实现稳健发展。通过合并、并购等方式，有助于加强中小银行的集中统一管理，重塑经营机制，促进风险持续收敛。

（四）构建有利于中小银行高质量发展的政策支持体系

一是通过财政支持和成本补偿等措施，激发中小银行服务积极性。中小银行长期深耕县域、农村等地区，承担着县域金融基础设施投资与建设，离不开"有为政府"的积极介入与引导。因此，一方面，要加大财政资金投入力度，吸引更多社会资本参与到县域金融市场基础设施建设中来，形成多元化的资金投入机制。另一方面，要遵循市场化原则，妥善协调好各类参与主体的利益关系，特别是要对中小银行在"拓荒"阶段所承担的成本给予充分且合理的补偿，以彰显其贡献与价值，进一步激发其服务县域经济发展的积极性与创造力。

二是支持中小银行拓宽资本补充渠道。资本补充是增强中小银行风险抵御能力的重要手段，因此，政府一方面要支持中小银行适当调整股东资质要求，引进一批具有良好的社会声誉、诚信记录、纳税记录和财务状况且认同中小银行经营理念的国有企业、头部民营企业进行入股，实现高质量的增资扩股；另一方面也应拓宽中小银行金融牌照，并通过发行优先股、永续债、可转债、二级资本债等来补充长期资本。同时，考虑到中小银行负债吸储难度大、成本高，建议要充分发挥市场机制的作用，允许中小银行采取更大的利率浮动幅度。另外，针对中小银行历史包袱沉重的问题，政府也应适当拓宽不良资产处置渠道，鼓励其借鉴海南农商银行的做法，让地方财政部门入股中小银行，以此可以更好地履行地方财政作为主要出资人的职责，避免中小银行成为问题股东的"提款机"。

三是根据中小银行的实际发展需求，制定差异化监管政策，避免监管过度或不足对中小银行造成不利影响。一方面，基于中小银行的独特运营环境与长远发展需求，精准制定差异化的监管政策，这样既能防止监管过度而束缚中小银行发展活力，也能确保监管不足不会引发潜在风险，维护中小银行的稳健运营。同时，面对不断变化的经济形势与政策导向，确保这些政策能更加精准解决中小银行发展掣肘，有效提升其服务实体经济的质效。另一方面，可考虑借鉴美国等发达国家对中小银行采取的灵活与宽容的监管方式，减轻其经营压力和负担，同时鼓励其利用机制灵活和贴近市场等优势，积极探索产品和服务创新，以满足多元化的市场需求。

四是通过政策支持和人才、资金扶持等措施，鼓励和支持中小银行在金融科技领域的创新和应用。金融科技是决定中国银行业未来发展的关键变量，数字化转型是银行业的必答题，但也可能加剧银行间“马太效应”。因此，一方面，要进一步落实《金融科技发展规划（2022—2025）》《关于银行业保险业数字化转型的指导意见》，支持中小银行在省会城市等设立研发中心，引入金融科技、数据管理、经营管理、风险管理等领域的专业人才，用好金融科技手段，以此加快培育专业化、精细化、特色化和新颖化的“专精特新”中小银行，着力改变中小银行多而不强的现状。另一方面，也要支持中小银行申请更多业务资质和牌照（如理财子公司、科技子公司等），同时鼓励其与证券、保险等其他非银行业金融机构的合作，探索建立中小银行金融科技发展联盟，推进系统、技术、人才共享。

（执笔人：张珩）

第二十章

科技保险赋能新质生产力发展：理论分析和中国实践

党的二十届三中全会明确提出："构建同科技创新相适应的科技金融体制，加强对国家重大科技任务和科技型中小企业的金融支持，完善长期资本投早、投小、投长期、投硬科技的支持政策。"① 这对于促进科技与金融深度融合，实现科技、产业、金融三者的良性循环，建设科技强国和金融强国具有重要意义。2023 年 10 月，中央金融工作会议明确要求，要做好科技金融等"五篇大文章"，并强调要发挥保险业的经济减震器和社会稳定器功能。科技保险是科技金融的重要组成部分，也是服务科技创新的重要保障。

科技创新是新质生产力发展的核心特征。历次工业革命都伴随重大的技术突破，科技创新不仅推动了产业革新，还被视为第一生产力和创新的首要动力，而知识产权则是关键的战略资源和国际竞争力的核心。要发展新质生产力，须以科技创新为基础，将最前沿的科学研究成果和最新的技术发明应用到实际产业中，促进知识产权的转化与应用，推动创新链、产业链、资金链和人才链的有机融合。通过新技术的应用，培

① 《中共中央关于进一步全面深化改革　推进中国式现代化的决定》，人民出版社 2024 年版，第 16 页。

育新产业、新模式、新业态和新动能，进而引领产业升级，实现生产力的飞跃。

近年来，中国科技保险在推广与实践中成效显著。一方面，保险产品日益多元，承保范畴持续拓展，全面覆盖科技创新从研发、生产到销售全流程。另一方面，各地科技保险保费补贴管理机制越发完善，吸引众多科技活动主体积极参保，资金利用率显著提升，带动行业整体迅猛发展。2024 年 1—8 月，中国科技保险保费为 388 亿元，为科技研发、成果转化和推广应用等科技活动提供风险保障超过 7 万亿元。①

有鉴于此，通过持续提升保险机构在科技创新领域的风险管理能力和产品创新能力，将有助于推动科技保险赋能新质生产力的发展，更为精准地满足科技型企业的实际需求，促进中国科技创新的健康发展。

一　科技保险赋能新质生产力发展的理论分析

（一）科技保险的内涵

在科技金融领域，科技保险精准针对科创企业具体风险，通过保险赔付、保单贷款等服务，分散转移技术研发、资金匮乏等关键风险，还能在风险前后分别强化管控预警、给予资金补偿。对于“科技保险”的内涵，学术界与实践层面有着不同的看法。国内一些学者从科研开发中产生的风险来看，认为科技保险为应对科研开发过程中由于外部不确定因素引发的项目失败、停滞或未能达到预期目标的风险而设置的保险。② 在实践层面，胡晓宁等从科技保险保障范围的角度认为，科技保险包括与企业科技创新活动相关的有形和无形资产、人力资源、对第三

---

① 《国务院新闻办公室举行国务院政策例行吹风会》，https://www.gov.cn/xinwen/2024zccfh/25/index.htm。

② 陈雨露：《科技风险与科技保险》，《中国科技投资》2007 年第 1 期。

方应承担的经济赔偿责任，以及创新活动的预期成果。①

《中华人民共和国国民经济和社会发展第十四个五年规划和 2035 年远景目标纲要》将科技保险定义为，以与科技型企业技术创新和生产经营活动相关的有形或无形财产、科技型企业从业人员的身体或生命、科技型企业对第三方应承担的经济赔偿责任，以及创新活动的预期成果为保险标的的保险。2024 年 1 月，国家金融监督管理总局办公厅发布《科技保险业务统计制度》，将科技金融定义为服务国家创新驱动发展战略，支持高水平科技自立自强，为科技研发、成果转化、产业化推广等科技活动以及科技活动主体，提供风险保障和资金支持等经济行为的统称。②

（二）新质生产力的内涵

全球科技创新迭代式催生了大量创新族群，与传统生产力发展过程中实物化资本替代体力劳动的推动方式不同，新一轮科技革命和产业变革对脑力劳动的替代使得生产力要素组合方式出现全新跃迁。③ 2023 年，中国高技术产业专利申请数约为 44.5 万件（见图 20—1）。截至 2024 年年末，中国研究与试验发展（R&D）经费支出约为 3.6 万亿元（见图 20—2）。国家统计局数据显示，截至 2024 年 12 月，规模以上高技术产业工业增加值同比增长 8.9%（见图 20—3）。因此，以互联网、算力网、通信网、大数据等为代表的信息基础设施在科技创新中的重要性越发凸显。

---

① 胡晓宁、李清、陈秉正：《科技保险问题研究》，《保险研究》2009 年第 8 期。

② 按保障对象，科技保险可分为科技活动风险保险和科技活动主体保险。科技活动风险保险主要包括四类：一是科技研发、成果转化风险类保险；二是科技成果应用推广风险类保险，如首台（套）重大技术装备综合保险、重点新材料首批次应用综合保险、首版次软件综合保险等；三是知识产权风险类保险；四是科技活动基础风险类保险，如网络安全保险、人才创业保险等。科技活动主体保险主要包括了科技企业保险和科研机构保险。

③ 黄群慧：《新质生产力与新型工业化》，《中国社会科学》2024 年第 6 期。

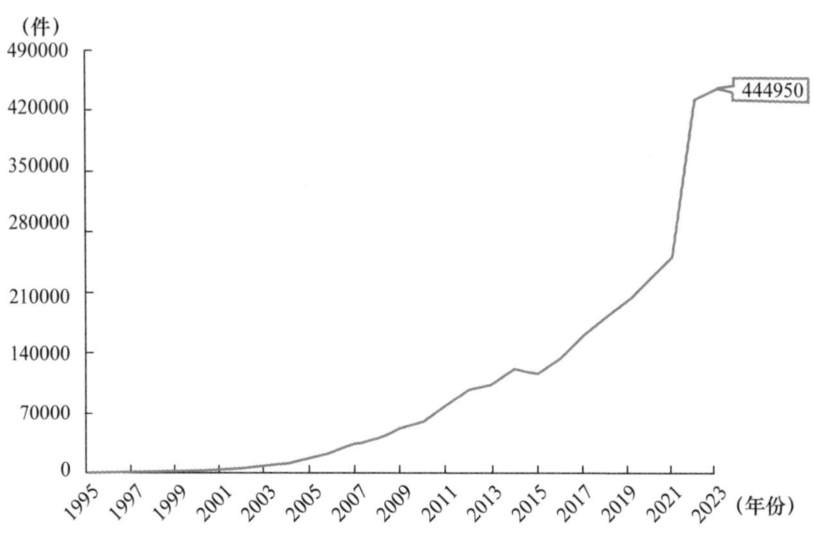

图 20—1　中国高技术产业专利申请数

资料来源：国家统计局官网。

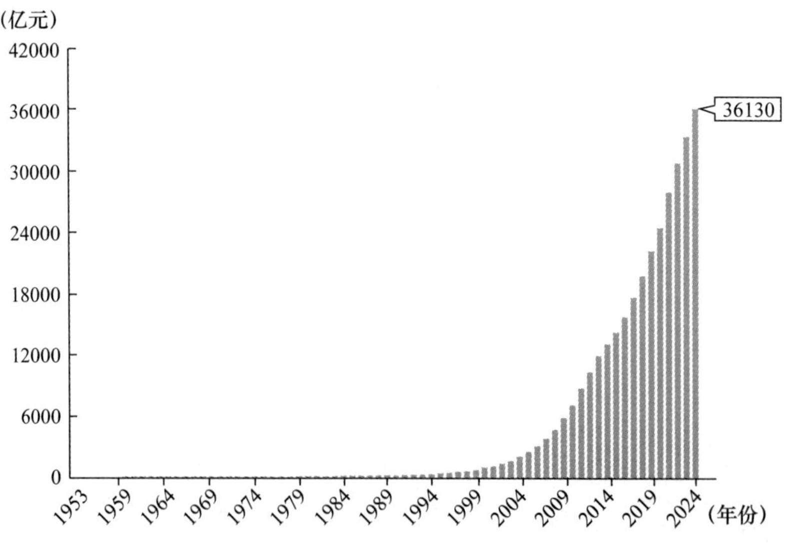

图 20—2　中国 R&D 经费支出

资料来源：国家统计局官网。

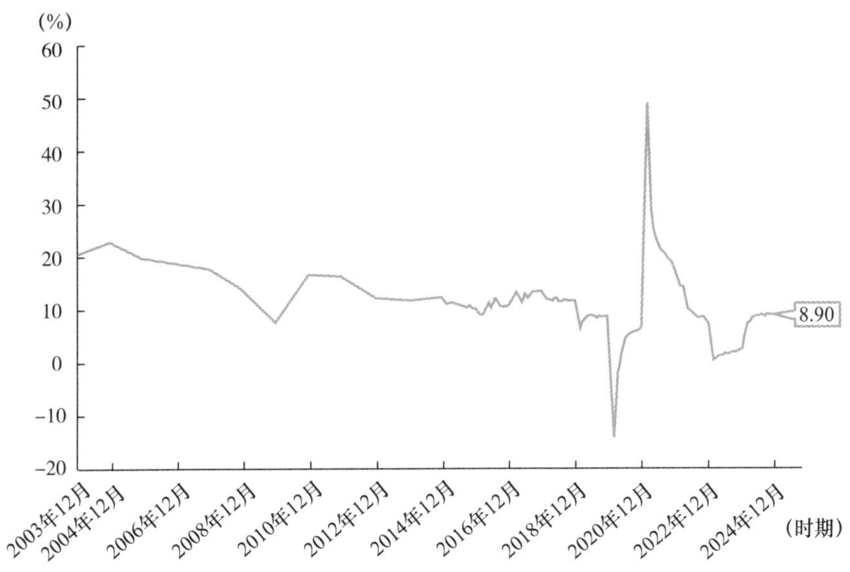

图 20—3　中国规模以上高技术产业工业增加值

资料来源：国家统计局官网。

生产力的“破坏式”创新无疑助推了新产业、新模式、新动能的产生与发展。新质生产力代表着劳动者、劳动对象、劳动资料及其组合优化升级，摆脱了传统经济的增长方式和生产力的发展路径，符合新发展理念的先进生产力质态，以全要素生产率的大幅提升作为关键标志。[①]

发展新质生产力不仅通过颠覆性技术和前沿技术催生新产业、新模式、新动能，引领战略性新兴产业和未来产业发展，以科技创新改造传统产业，推动未来产业、战略性新兴产业与传统产业深度融合，促进传统产业的深度转型升级。推动传统产业数字化转型、绿色化转型以及服务化融合是新质生产力发展的关键内涵。

---

① 倪红福、冀承、倪滔：《新质生产力与传统生产力：扬弃与超越》，《延边大学学报》（社会科学版）2024 年第 6 期；赵振华：《新质生产力：生态可持续发展的根本出路》，《江西社会科学》2024 年第 9 期。

（三）科技保险促进新质生产力发展的机制分析

1. 科技保险化解科技创新企业风险

依托科技创新推动技术革命性突破，是形成新质生产力的技术基础。通常来看，科技创新、科技革命与产业变革是联系在一起的，但产业作为企业的集合，微观市场活动的真正主体是企业，而非产业本身。①

一方面，科技保险本质上是通过发挥保险损失补偿、社会管理以及资金融通的基本功能，保障和支持科技企业、科研机构、高校等科技活动主体的科技创新活动。当科技企业因研发失败、技术事故、市场风险等导致财产损失或利润下降时，科技保险可以提供相应的经济补偿，帮助企业减轻财务压力，维持正常的运营活动。同时，通过投保科技保险，企业可以将部分风险转移给保险公司，从而降低自身承担的风险水平。另一方面，科技研发活动具有鲜明的特征，其前期需投入巨额资金，项目周期漫长且充满不确定性，面临较高的未知风险。科技保险从经济层面给予企业强大的支持与激励，极大地激发了企业加大研发投入的积极性，鼓励企业勇于开展自主创新活动，为中国科技水平的提升与创新驱动发展战略的实施注入源源不断的动力。

2. 保险资金助力科技创新企业可持续发展

创新是一项耗资巨大的经济活动，需要投入足够的资金来启动、推动资源配置以及应对各种潜在风险。② 在监管部门许可的范畴内，保险机构会基于自身战略规划及特性，按照市场规律，差异化地涉足创业投资基金领域。比如，适度提高保险资金投放于股权投资基金的比例份额，大力鼓励保险资金变身长期资本扎根科技范畴，给予科技创新类企业货真价实的扶持与助力。监管主体应当引导保险资金在严守合法合

---

① 洪银兴、高培勇等：《新质生产力：发展新动能》，江苏人民出版社 2024 年版。

② 董昀：《耐心资本：新质生产力发展的关键要素》，《经济》2024 年第 11 期。

规、保障风险可控的前置条件下，进一步增强借助创业投资基金展开资金分配的强度。保险资金天然具有耐心资本的属性，应充分发挥长期资本与耐心资本独有的长处，给更多科技创新企业的长久稳健发展提供更为强劲有力的支撑力量。①

同时，保险机构依托构建市场化母基金的措施，助力科技创新活动。母基金大体上能够细分成功能导向型母基金与市场驱动型母基金两个类别。其中，功能导向型母基金重点聚焦于达成特定的引领方向，如引领社会资本流入处于创业初始、市场调节难以顾及的企业。与之对比，市场驱动型母基金更多是牵引社会资本奔赴具备更高盈利潜能的产业区间或专业方向。保险机构作为发起成立母基金的一方，还能够通过创设子基金的路径，撬动数量更为可观的社会资本注入股权投资基金，进而拓宽对科技创新企业的资金援助广度与深度，助力产业链的优化改良，催生产业集聚的局面形成。

3. 科技保险保障数据要素安全

为充分挖掘数据要素在增强经济发展新动能方面的关键作用，近些年来，国家发布“数据要素×”三年行动方案、“数据二十条”等一系列政策，旨在推动数据价值化，搭建起数据要素发展及价值化的基础制度架构。数据作为资产，涉及其商业价值与收益分配，已成为数字经济建设的关键内容。

一是在数据要素流通层面，数据要素流通过程中主要包含事前预防、事中防护以及事后补偿三阶段。保险机构通过设计数据要素流通安全保险等险种，实施风险评估、加固系统、实时监测和迅速应急响应等一系列举措，将“数据安全风险减量服务”与“金融补偿服务”有机融合，为企业和个人提供专业且全面的网络安全保障，有力抵御网络威胁与数据泄露风险，全方位、系统性地增强用户数据安全防护水平，为数据要素的安全流

① 魏伟：《保险资金另类投资服务新质生产力路径》，《中国金融》2024 年第 20 期。

通筑牢坚实防线。二是在数据要素应用层面，监管部门出台了鼓励保险机构应用新技术提升自身运营效率和决策水平的一系列扶持政策，全面深入推动金融数据在业务运营、风险管理以及内部控制等环节的运用，增强数据整合能力，充分激发保险机构数据要素所蕴含的价值潜能。

二　中国科技保险赋能新质生产力发展的现状

（一）中国科技保险的发展现状

1. 政策体系逐步完善

近年来，中国已陆续出台多项与科技保险相关的顶层设计政策。2006 年，国务院发布《关于实施〈国家中长期科学和技术发展规划纲要（2006—2020 年）〉若干配套政策的通知》，首次明确提出要发展科技保险，成为中国科技保险政策体系构建的重要起点。科技部、保监会等多部门联合发力，也陆续出台多项政策细则（见表 20—1）。

表 20—1　**中国科技保险相关政策**

时间	政策来源	指导举措
2006 年	原保监会、科技部联合发布《关于加强和改善对高新技术企业保险服务有关问题的通知》	第一次将中国科技保险的险种进行明确分类，分别为高新技术企业产品研发责任保险、关键研发设备保险、营业中断保险、出口信用保险、高管人员和关键研发人员团体健康保险和意外保险 6 个险种，并强调要逐步建立高新技术企业创新产品研发、科技成果转让的保险保障机制
2021 年 11 月	原银保监会印发《关于银行业保险业支持高水平科技自立自强的指导意见》	提出强化科技保险保障作用，鼓励保险机构完善科技保险产品体系，形成覆盖科技企业研发、生产、销售等各环节的保险保障
2022 年 1 月	原银保监会发布《关于银行业保险业数字化转型指导意见》	鼓励银行业保险业机构大力推动个人金融服务的数字化变革，充分借助科技手段开展个人金融产品的营销与服务，拓展线上渠道，丰富服务场景，增进线上线下业务协同合作，进一步提升数据应用水平
2022 年 12 月	原银保监会发布《银行保险监管统计管理办法》	旨在引导银行保险机构持续强化数据分析能力，积极开展数据分析及挖掘应用工作

续表

时间	政策来源	指导举措
2024 年 1 月	国家金融监督管理总局发布《关于加强科技型企业全生命周期金融服务的通知》（金发〔2024〕2 号）	提出鼓励保险机构开发适宜在初创期、成长期、成熟期等不同阶段企业需要的险种，提升科技保险的金融服务适配性。同时，鼓励保险机构拓展科技项目研发费用损失保险、研发中断保险，健全知识产权被侵权损失保险、侵权责任保险等保险服务，有效分散企业研发风险
	国家金融监督管理总局印发《科技保险业务统计制度》	明确了建立科技保险业务统计制度的必要性，从科技保险产品、科技活动主体两个视角加强识别与管理，提出积极对接科技活动主体的保险需求，不断提升科技保险业务经营能力，强化科技保险业务数据治理，优化信息系统建设等方面的工作要求
2024 年 4 月	国家金融监督管理总局、工业和信息化部、国家发展改革委发布《关于深化制造业金融服务　助力推进新型工业化的通知》	提出要积极对接制造业企业风险保障和风险管理需求，推进知识产权保险、研发费用损失险等承保业务，支持产品研发和应用。完善费率调节机制，优化承保理赔流程，持续推进首台（套）重大技术装备保险和新材料首批次应用保险补偿机制
2024 年 5 月	国家金融监督管理总局印发《关于银行业保险业做好金融“五篇大文章”的指导意见》	提出未来 5 年科技金融的主要目标，包括针对科技型企业全生命周期的金融服务进一步增强，对研发活动和科技成果转移转化的资金和保险保障水平明显提升，科技金融风险分担机制持续优化，努力形成“科技—产业—金融”良性循环
2024 年 6 月	中国人民银行等七部门联合印发《关于扎实做好科技金融大文章的工作方案》	提出整合各类政策资源支持科技金融发展，完善企业科创属性评价、投融资对接、风险分担补偿等机制，为各类金融机构谱写科技金融大文章提供了清晰明确的发展路径
2024 年 9 月	国务院印发《关于加强监管防范风险推动保险业高质量发展的若干意见》	提出强化推动保险业高质量发展政策协同，建立科技保险政策体系

资料来源：根据官方网站整理。

当前，科技保险政策涵盖险种较为广泛，基本覆盖了科技企业从研发、生产到市场拓展的全生命周期风险。基于此，积极鼓励保险机构着力开发专属产品与服务，为科技型企业，特别是“种子”企业提供切实有效的风险保障。

2. 市场规模稳步增长

在中国，科技保险一直采取“政府引导”与“市场化运作”相结合的发展模式。虽与传统财险相比保费规模尚小，但在科技金融细分领域科技保险已初显规模效应，成为科技企业风险管理的新兴力量（见表20—2）。2024 年 9 月，国新办例行发布会发布数据显示，2024 年前 8 个月中国科技保险保费已达 388 亿元，为科技研发、成果转化和推广应用等科技活动提供超过 7 万亿元的风险保障。①

表 20—2　　　　中国科技保险市场发展情况

时间	机构主体	保险产品
2018 年 3 月	中国人民财产保险股份有限公司在石家庄高新区成立河北省首家科技保险专营机构	推出 14 种科技保险产品，涵盖首台套重大技术装备保险、生命科学产品完工责任保险、专利保险、项目投资损失保险、知识产权质押贷款保证保险、出口信用保险等各类高新技术企业保险。同期，石家庄高新区出台《科技保险创新试点工作方案》，为注册地和财税关系在高新区的科技型中小企业和高新技术企业提供保费补贴，鼓励企业投保以分散科技创新中的风险
2022 年 4 月	云南省科技厅	遴选出 185 个险种纳入科技保险险种保费补助范围。其中，185 个险种中有 173 个险种拟纳入科技创新券支持范围。科技创新券支持范围包括平安高新技术企业产品质量保证保险、平安高新技术企业环境污染责任保险、平安专利执行保险、董事会监事会高级管理人员责任保险、机器人产品责任保险等。2023 年，云南省科技厅公示了 267 个险种拟纳入保费补助范围，其中 252 个被纳入科技创新券支持范围

① 《科技保险：科技企业创新的“防护罩”》，中国金融新闻网，https://www.financialnews.com.cn/2024-11/13/content_ 412273.html。

续表

时间	机构主体	保险产品
2024 年 8 月	深圳市引导基金与平安集团共同发起设立了规模达 100 亿元的深圳市政平私募股权投资基金合伙企业（有限合伙）	基金采取“直投+母基金”的形式，其中90%的资金以直投形式投向深圳市重点基础设施建设、重大产业投资项目等，10%以 LP 身份出资投入深圳市私募股权投资基金

资料来源：根据官方网站整理。

3. 经营主体日益多元

在科技保险市场的持续发展进程中，不同类型的市场主体在竞争与合作相互交织的动态环境中，通过资源共享、技术交流与业务协作等不断推动科技保险产品的创新升级与服务质量的全面提升，有力地促进了行业整体高质量、可持续发展。

国有大型保险集团凭借其雄厚的资金储备和广泛分布的服务网点，在科技保险领域进行了深入且全面的战略布局。针对不同类型、不同发展阶段的科技企业所面临的多样化风险，提供了精准的保障方案，充分满足了市场主体的多元需求。

股份制保险机构则凭借其灵活的运营机制与强大的创新能力，在科技保险市场积极拓展份额，同时深度融合大数据、区块链等前沿技术，对传统的承保和理赔流程进行系统性优化。

部分专业性科技保险机构相继获批成立。科技保险机构高度聚焦科技领域，汇聚了一批具有深厚专业知识和丰富行业经验的人才，并专注于研发契合科技企业特点与需求的保险险种。

（二）科技保险对新质生产力发展的推动作用

新兴产业作为新质生产力的关键承载主体，在推动新质生产力的发展进程中，占据着无可替代且至关重要的地位。依托新技术应用、新模式升级，可以促使传统产业打破发展瓶颈，实现生产流程的优化、产品质量的提升以及成本的有效控制。战略性新兴产业的蓬勃发展和未来产业前瞻布局则是推动新质生产力快速发展的强大引擎。在此发展进程中，科技保险发挥着不可忽视的促进作用。

保险机构围绕生产环节，为满足市场主体的多元化需求，创新推出营业中断险、企业财产险、知识产权险以及项目投资损失险等一系列产品。在保险销售环节，保险机构推广实施“三首”类保险补偿,[①] 能够有效解决创新产品在市场推广初期面临的风险分担问题，降低了市场用户的使用风险，有效提升了创新产品的市场接受度，有力推动了科研成果向实际生产力的转化，加速了产业的升级迭代。此外，保险机构可以凭借自身在风险评估、风险管理等方面的专业优势，积极为传统产业、新兴产业以及未来产业量身定制风险减量管理服务。

（三）中国科技保险赋能新质生产力发展的典型案例分析

1. 北京科技保险赋能新质生产力发展实践

2020—2023 年，北京市知识产权局牵头组织开展北京市知识产权保险试点工作，通过保费补贴的方式为北京市企业提供包括专利执行保险、专利被侵权损失保险、知识产权海外纠纷法律费用保险在内的综合性知识产权风险保障。北京市从财政预算中专门规划知识产权保险试点经费，对参与试点的保险机构所推出的专利执行保险、专利被侵权损失保险，或者二者组合产品的保费，予以补贴支持。

在支持科技企业情况方面，试点工作实施以来，北京市知识产权保险工作联席会共支持北京市 472 家企业为 4818 件专利投保专利执行保险和专利被侵权损失保险，其中服务 30 家冠军企业投保 485 件

① 《关于进一步促进经济稳健向好、进中提质的若干政策措施的通知》，山东省人民政府官网，http://www.shandong.gov.cn/art/2024/7/30/art_267492_68988.html。

专利，支持442家中小微企业投保4333件专利。① 在企业出海展业领域，海外市场机遇与风险并存，企业制定适宜的风险保障与管理策略尤为重要。2022年，北京市在国内首创试点知识产权海外纠纷法律费用保险，截至目前已支持集成电路、人工智能、软件和信息服务、新一代信息技术、医药健康和智能装备六大领域的17家出口企业参与试点。

在知识产权保险服务方面，北京市知识产权保险工作联席会为试点投保企业免费提供专利体检报告734份，并依据投保企业的不同需求提供企业科创属性评价报告321份，为15家风险企业提供理赔服务咨询。截至2024年9月，知识产权试点工作共有9家试点企业出险，获得保险理赔合计425.68万元。

2. 深圳科技保险赋能新质生产力发展实践

近年来，深圳科技保险赋能新质生产力发展实践取得了显著成效。在实施政策与推动方面，2023年11月，深圳市地方金融监督管理局等五部门联合发布了《深圳市关于金融支持科技创新的实施意见》，明确提出要发挥科技保险保障作用，加大对科技创新的资金支持。② 罗湖区金融服务署也发布了《深圳市罗湖区支持金融业高质量发展若干措施》，鼓励科技企业购买科技保险，并给予保费补贴。

2024年11月15日，深圳在第二十六届高交会上推出科技创新种子基金风险补偿方案。③ 此方案旨在依托科技保险为“耐心资本”与

---

① 《北京市知识产权保险试点累计理赔425.68万元》，https://mp.weixin.qq.com/s/8sduuuoki8qgf0tpk2mvna。

② 深圳市地方金融监督管理局官网，http://jr.sz.gov.cn/sjrb/xxgk/zcfg/gfxwjcx/content/post_10868863.html。

③ 《深圳发展大胆资本出大招：引入科技保险补偿》，https://mp.weixin.qq.com/s?__biz=mzuynjc2nja4oq==&mid=2247535925&idx=1&sn=ee046eefbe3e790142c2cdb4fe5468dd&chksm=fbb103f413c1e759e1315386f0d5d5857bfacc1267cd65c1a70daae11b7863ae74db6407b3c8&scene=27。

“大胆资本”提供有力支持，从而推动硬科技成果实现产业化发展。一方面，从政策导向层面来看，深圳以科技创新种子基金作为坚实基础，正式出台“基金+保险”的风险补偿方案，其核心目的在于进一步引导更多金融资本，使其能够积极且勇敢地投向处于早期阶段、规模较小的企业，尤其是专注于硬科技领域的项目。另一方面，从资金规模与运作来看，种子基金认缴总规模高达 20 亿元。通过合理设立子基金重点扶持具备自主知识产权、科技含量较高、创新能力强劲的种子期科技项目，进而链接全球科技创新资源，推动技术创新和科技成果转化。

以中国平安财产保险股份有限公司深圳分公司为例，深圳作为工业大市和制造强市，布局了“20+8”战略性新兴产业集群和未来产业，平安财险深圳分公司聚焦“20+8”产业集群发展，创新了知识产权保险、“三首”保险、研发费用损失保险、网络安全保险等一系列保险产品，逐步完善科技保险产品体系，助力深圳推进新型工业化。统计数据显示，近两年，平安财险深圳分公司已累计为 155 家企业提供了超过 1600 万元的专利保险保障额度，① 以切实的金融保障措施，为企业的知识产权保驾护航，助力企业在知识经济时代稳健发展。

3. 上海科技保险赋能新质生产力发展实践

2023 年，上海财险业共为各类科技型企业提供保单数量超过 40 万件，提供风险保障 3. 1 万亿元，为各类科技创新活动提供风险保障超过 5300 亿元，涵盖了科技研发类、科技成果市场转化类、科技成果市场应用类以及其他特色类保险产品和服务。② 2024 年前三季度，上海科技保险保费收入总计达到 40. 5 亿元，为市场提供的风险保障金额高达

---

① 《平安财险深圳分公司：为“工业第一城”筑保险屏障》，https://businesssohucom/a/809989712_ 121431595。

② 《保险赋能科技前景可期》，https://jrj. sh. gov. cn/zjgd216/20240221/10f93354693b4e4e8b4af82e634ad890. html。

20.3万亿元。[①]

同年12月26日，英大财险在上海签署全国首单储能系统容量衰减损失补偿保证保险。此创新险种通过经济补偿机制，为储能系统长期稳定运行提供保险保障，助力科技型储能企业发展与能源绿色转型。该产品区别于传统保险，采用“保险+科技+认证”模式，通过科技手段打造“保前认证+保中监测+保后管控”闭环体系，为投保企业提供精准一站式保险解决方案，致力于消除投资者与运营者顾虑，增强储能系统供应商产品竞争力。[②]

2024年12月，上海市保险同业公会与上海市科技创业中心联合发布首期《上海市科技保险产品目录》，基于对科技企业风险的深入研究与分析，构建了一套全面且具针对性的“1+3+6+174”科技保险产品体系。[③] 同时，该目录以清单式的服务模式，为科技企业提供了便捷、高效的投保便利。通过清晰明了的清单呈现，科技企业能够迅速了解各类保险产品的保障范围、理赔条件等关键信息，大大降低了投保过程中的信息不对称与决策成本。

三　主要发达国家科技保险发展经验

不同国家由于科技发展程度各不相同，其科技保险的发展历程也具

① 《上海市首个科技保险基层服务机构揭牌》，上海市地方金融管理局官网，https://jrj.sh.gov.cn/bx182/20241218/e5322b9be09c497e900ddc16af18f039.html。

② 上海市地方金融管理局官网，https://jrj.sh.gov.cn/bx182/20241231/7feeb07b7fc24877ab698d001b9e5a65.html。

③ 其中，“1”代表着一个核心的科技保险基础框架，为整个体系奠定基石；“3”则涵盖了围绕科技企业不同发展阶段的关键风险点所设计的三类主要保险产品，从企业创立初期的风险保障，到成长阶段的拓展支持，再到成熟时期的稳固护航，全方位覆盖；“6”细化为六个特色险种，针对科技企业在技术研发、知识产权保护、数据安全等特定领域的风险提供专业保障；“174”则是在此基础上进一步延伸出的丰富子产品，满足科技企业多样化、个性化的保险需求。

有一定差异。特别是，主要发达国家和地区的科技发展水平和与之相匹配的科技保险发展经验，对中国科技保险的发展具有一定参考意义。

（一）美国科技保险发展经验

美国是全球科技保险发展最早且最为成熟的国家之一。20 世纪 60 年代，新兴技术的出现催生了一批以新能源为基础的科技企业。直至 80 年代，计算机行业逐步发展成型，科技公司数量激增。在此时期，科技公司对信息技术和网络安全风险的认识尚显不足，相关的科技保险产品仍处于初步探索阶段，科技型保险市场尚未完全发展。进入 21 世纪后，伴随网络安全和信息技术风险，科技公司对网络安全风险的关注逐渐增强，相关的科技保险产品开始重点保障网络责任和数据安全。

当前，美国科技保险市场主要由商业保险公司和专业科技保险公司共同构成，其中商业保险公司如美国国际集团（AIG）、美国丘博保险集团（CHUBB）等依托资金规模和业务覆盖网络，占据着美国保险市场的主导地位；而科技保险公司如威达信集团（MARSH & MCLENNAN）、诺德保险经纪（LOCKTON）等专注于科技保险产品的开发和服务，拥有较强的专业技术和市场竞争力。

（二）欧洲科技保险发展经验

20 世纪 90 年代，欧洲的科技保险市场逐步成型。一些欧洲国家联合成立“欧洲经济共同体”①，并颁布《欧洲信息技术研究与发展战略规划》，致力于整合欧共体内的科技企业资源，协作攻克技术难题，克服科技企业在创新过程中存在的瓶颈问题。欧洲大型保险公司主要有威

① 楚丽霞、董俊容、李怡心：《欧洲共同体科技政策》，https://www.docin.com/p-926367454.html。

利斯集团控股公司（WIllis Towers Watson）、沃尔特斯克鲁尔公司（Walter J. Krug）、奥利维亚公司（Olivia）等。

随着欧洲科技保险市场的成熟，欧洲一些国家监管机构逐渐加强对科技保险的监管，制定了一些特定的法规和标准，以确保科技保险产品的透明度、公平性和合规性。长期以来，欧洲对可持续发展和环境责任高度关注，保险公司致力于整合可持续性和环境责任的因素，研究开发为绿色科技企业提供特殊型保险产品或支持可持续发展项目。

（三）日本科技保险发展经验

日本新兴工业企业为应对新风险，推出了科技保险产品。全球数字化趋势促使日本科技保险产品进一步发展，主要关注网络安全、数据隐私和技术责任等方面的风险。随着科技行业快速发展，日本政府完善了相关法规和监管政策，涵盖个人数据保护和企业在网络空间的法律责任，从而推动了科技保险市场的进步。自 2010 年以来，保险公司通过网络安全、人工智能、自动驾驶技术和物联网设备等技术提供定制化保险产品，覆盖更多风险领域。

20 世纪 70 年代以来，日本科技保险市场逐步发展，科技保险市场同样具有较高水平，主要由大型综合型保险公司和专业科技保险公司组成。例如，东京海上日动火灾保险、住友海上火灾保险等大型综合型保险公司等具有本土强大品牌影响力和广泛的客户基础，在科技保险市场中占据重要位置。MS & AD Insurance Group、Japan Aviation Insurance 等科技保险公司专注于科技保险产品的创新和服务，也具有较强的专业优势和市场竞争力。

综上，从国际视角来看，科技保险的蓬勃发展在不同地区展现出多样化的特点。在美国、欧洲等国家和地区，由于科技活动主体的快速增长及保险行业的高度市场化，科技保险早已与科技创新风险管理紧密融合。欧美等发达国家在科技活动主体的创新风险管理和保险领域起步较早，相关体系和制度已相对成熟，形成了较为完善的科技保险框架。日本等亚洲国家依据其自身的发展需求，推动了具有本土特色的科技风险管理与保险体系，针对科技保险的创新与发展开展了诸多探索性工作。

四 中国科技保险赋能新质生产力发展存在的挑战

现阶段，中国科技保险政策框架不断完善，政策工具日益齐全，保险机构与市场对科技创新的支持力度显著增强，保险产品和服务模式也更加多样化，但科技保险的进一步发展仍面临诸多方面的挑战。

（一）政策精准度有待提高

当前，中国尚未形成统一的科技保险扶持政策和保费补贴机制，地方政府的政策扶持也主要集中在传统意义上的高新技术企业，难以满足科技创新发展的新需求。一方面，险种设计未能充分考虑不同规模、不同细分领域以及不同发展阶段的科技企业风险特征差异。小微企业更关注短期、高频、小额风险保障，如办公场地租金损失险等；大型科技集团则侧重复杂技术集成项目的长期综合风险应对；新兴科技产业则关注数据资产的治理问题，大量的客户数据在科技系统中存储和传输，一旦数据泄露，将对客户信任和公司声誉造成巨大损害；传统产业深度转型升级主要体现为传统企业多层次的风险需求，需要多元化的产品服务匹配，而现有统一化的政策难以精准匹配市场多样化需求。

另一方面，政策补贴标准缺乏动态调整机制，在科技产业快速发展、成本结构变化背景下，部分地区保费补贴比例未能与时俱进，影响企业参保积极性，削弱政策扶持效果。如现行的保费补贴政策大多未能考虑到这些快速变化的成本结构。同时，大多数地方的保费补贴政策设定较为固定，未能及时跟上科技产业的成本变化和企业的需求变化。随着行业发展，企业的规模、市场环境、技术水平等因素不断变化，单一的保费补贴标准难以满足不同企业的实际需求。

（二）科技保险产品市场存在供需失衡问题

当前，科技保险的经营模式未能跟上科技创新朝着集群化、协同化迈进的步伐，尚未构建涵盖科技创新研发、生产、保障等全流程的科技保险产品体系。在现有的科技保险产品集群中，多数是面向科技企业特定领域的通用性险种，主要集中于财产损失、责任保障以及费用补偿等传统范畴。诸多保险产品只是对原有险种的重新匹配，仍延续“一险一保、一企一保”的传统模式，在创新性与灵活性上存在显著短板。

以知识产权保险为例。在众多科技保险产品中，知识产权保险作为各主要经济体在科技保险领域中发展最早且最为成熟的险种之一。在实践中，科技型企业通常不仅会在本国申请专利，在涉及海外业务时还会依据《专利合作条约》（*Patent Cooperation Treaty*，PCT）申请国际专利。基于此，为有效管控知识产权侵权及被侵权的风险，购买专利保险便成为助力科技企业实现知识产权保护的关键举措之一。

从需求侧来看，知识产权保险主要侧重于对知识产权侵权风险、无效宣告风险、许可合同违约风险等的保障，对于科研成果在转化过程中的市场风险、技术更新换代风险等往往覆盖不足。如企业在一项专利技术研发成功后，可能因市场需求突然变化或出现更先进的替代技术而失去价值，而知识产权保险对此类风险通常无法提供保障。此外，对于数据知识产权、商业秘密的技术隐私等非传统知识产权形式，现有知识产权保险产品在保障力度和精准度上也有待提高。

从供给侧来看，知识产权保险在实际理赔过程中存在诸多限制和复杂的程序。被保险人需要按照保险条款和约定提交大量的证据材料，如知识产权的权属证明、侵权证据、损失评估报告等，且保险机构对于侵权的认定、损失的评估等可能与企业存在较大差异，促使理赔过程过于纷繁，导致企业受到知识产权损失并无法及时获得足额的赔偿，从而影响知识产权保险对科技企业创新的实际保障效果。

再以“三首”保险为例。现阶段，较为突出的矛盾在于“三首”保险准入门槛较高。从供给侧来看，保险机构通常对投保企业的规模、技术实力、财务状况等有较高的要求。例如，企业需要具备一定的注册资本、连续盈利的记录、完善的质量管理体系等，这使得许多中小科技企业难以满足准入条件，无法获得“三首”保险的保障。同时，保险机构在承保“三首”保险时，会对企业的技术创新成果进行严格的评估，要求技术具有较高的创新性和成熟度，且在市场上具有一定的竞争力。对于一些处于研发初期或技术尚未完全成熟的科技企业来说，很难通过保险机构的评估，从而被拒之门外。

从需求侧来看，“三首”保险服务的精准度较难满足不同行业科技企业的保险。处于不同行业的科技企业面临的风险具有显著的差异。例如，生物制药行业的研发周期长、研发投入大、临床试验风险高，且一旦产品出现质量问题可能面临巨大的法律风险和市场风险；而人工智能行业则更关注数据安全、算法侵权、技术迭代过快等风险。目前，“三首”保险产品难以针对多元化创新风险特征进行精准设计，导致企业只能选择一些传统通用性的保险，无法获得针对性的风险保障。

（三）科技保险的风险保障效能亟待提升

在科技企业的创新发展体系中，保险尚未深度嵌入，未能成为管理科技创新风险的核心工具，在促进科技创新活动的进程中，所能发挥的实质性贡献较为有限。在科技企业从研发启动、生产推进到产品销售的全生命周期内，风险的总量与特征处于动态演变之中。大量风险无法满足传统保险产品设计所基于的可保性标准，无法简单依照大数法则精准定价，以实现高效的风险转移。这直接造成保险机制与功能的发挥面临重重阻碍，难以充分释放其效能。

从科技保险的市场规模来看，科技保险规模相对狭窄，与科技创新蓬勃发展以及新质生产力快速崛起所产生的客观风险保障需求之间，存在明显的不匹配。科技创新面临的技术突破的失败、市场需求的剧烈波动、新产品的不可预测性等许多风险，无法满足传统保险产品的可保性要求，导致科技企业的风险管理需求与现有保险产品之间存在显著的错配，使得传统保险机制未能有效发挥其风险分担和转移的功能。

从科技保险保障机制来看，现阶段保险机制的深度嵌入仍面临诸多挑战。一是保险公司缺乏对科技企业风险的深入理解，传统保险公司在设计产品时，更多依赖行业经验和历史数据。科技企业的风险往往具有前瞻性和创新性，现有保险公司缺乏对新兴科技行业的深度理解，导致其产品无法满足科技企业的需求。二是现有科技保险产品仍较为单一，尚未形成针对科技企业全生命周期的多样化保险方案。在保障内容上，往往侧重于财产损失和责任赔偿，忽视了对研发失败、市场风险、技术创新失败等方面的保障。三是由于科技企业创新活动的复杂性和不确定性，保险公司在进行风险定价时面临很大困难。

五　促进科技保险赋能新质生产力发展的政策建议

（一）完善相关法规、政策体系

一是构建中国统一、规范的科技保险政策支持框架，明确科技保险的保障内容、适用对象、补贴标准等关键内容，为各地提供政策参考与操作指引。政府可以通过出台专项政策，设立科技保险发展基金，通过为特定类型的科技保险产品提供保险费用补贴、对企业购买保险给予财政支持等举措，为初创企业、科技创新型企业提供风险补偿、税收优惠或财政补贴。

二是建议科技主管部门联合金融监管部门，在国家层面推动建立统一的政策和补贴机制，同时要求地方科技主管部门制定地方性的补贴政策，构建从国家到地方的完善的、多层次的科技保险扶持体系，促进科技保险的常态化和规模化发展。

三是加强对保险公司推出科技保险产品的管理与监督，确保保险产品的合法性、合规性和透明度。推动科技保险的标准化，设立统一的行业准入门槛和监管规则，保障科技企业的权益，防止保险公司通过不合理条款或过高保费损害企业利益。政策上应允许更多保险公司进入科技保险市场，激发市场竞争，推动科技保险产品的多样化和创新，同时加强对不正当竞争行为的监管，保证市场的公平性和透明度。

（二）推动产品服务创新

一是推动保险产品的创新与定制化设计。保险公司应加大对科技创新领域的研究力度，围绕科技企业全周期、科技创新全环节保障需求，对于数据知识产权、商业秘密和技术隐私等新型知识产权形式、多维度技术开发更新等方面创新科技保险产品，持续优化首台（套）首批次保险政策机制，健全知识产权保险产品体系，试点探索网络安全保险、研发损失保险等新型险种。

二是因地制宜推动定制化科技保险产品。针对不同科技行业或项目的具体风险，设计量身定制的保险方案。如对生物医药公司，保险产品可以聚焦于临床试验失败、药品专利被驳回等特定风险；对绿色科技公司，保险产品则可覆盖政策变动风险、技术替代风险等。部分地区可以根据重点产业或新兴行业，推出针对某一类科技项目的专项保险产品。例如，可以为地方高校科研项目、地方创新基金支持的项目提供专门的保险服务，保障科技转化过程中的创新风险。

三是通过跨行业的合作与风险共享，开发一揽子组合式科技保险产品，形成创新型的风险保障体系，为科技创新企业提供全方位的风险防范和保障方案。建议设立区域性科技创新专项基金，吸引社会资本和地方政府资金共同投入，为科技企业提供多元化的融资渠道，缓解其资金压力。通过政策引导和金融创新，建立健全科技金融生态体系，推动科技成果转化和产业升级。

（三）完善科技保险风险防范机制

一是加强科技风险管理与控制，打造保险信息服务平台，运用数字技术构建平台，积累相关数据，建立数据库与模型，提供一站式服务，动态更新情况、分析融资风险，解决信息不对称问题。

二是建立科技企业风险评估体系，由政府主导，研究科技企业特殊的风险特点，借助研发投入、技术合同等指标构建评价指标，创新监测评估方式，精准画像，衡量创新与风险水平，减少保险机构顾虑。

三是完善知识产权价值评估体系，引入第三方评估机构，创新评估定价方式，从多方面精准分析知识产权，统筹评价企业情况，综合评判其价值，出具多类报告，提供客观公正结果。

（四）完善协同创新措施

一是引导金融监管部门联动科技部门设立“国家科技保险基金”，通过设立全国性科技创新再保险机制、共享风险池等方式，降低科技创新企业的保险费用，使科技企业在购买科技保险时能够享受更低的保险成本，减轻资金压力。

二是鼓励国家和地方政府通过设立专项资金，因地制宜地推动科技保险的普及与发展。依托区域的创新优势设立“科技保险示范区”。由于各地科技保险的发展水平不均衡，在重点产业集聚区设立“科技保险示范区”将有助于推进科技保险的发展。设立“科技保险示范区”不仅要给予政策支持和保费补贴，还应推动示范区优先发展，形成独特的发展模式，从而带动辐射区域的科技保险健康可持续发展。

三是鼓励科技保险的跨区域合作。各地政府可推动地方间科技保险的协同发展，推动跨区域的合作与共享。在具有特色的经济区、科技园区等跨区域平台上推行科技保险合作，增强各地保险产品的互通性和协同性，形成规模效应，提高整体保障水平。

（五）建设复合型专业人才队伍

一是建设跨领域创新人才队伍。推动政府、企业和高校联动，高校可以与保险公司、金融机构及科技企业联合开展跨学科的培养项目，结合保险理论、技术创新和金融工程等内容，为学生提供多领域的知识和技能培训。通过与保险公司、科技企业合作，提供实习机会，培养学生在实际工作中解决科技保险中复杂的跨领域问题的能力。

二是建设一批培养科技保险人才的专业平台。促进学术界和实践领域的合作，邀请业内专家、学者以及技术人员开展专题讲座和研讨会，强化学术与行业的互动，提升人才的技术前瞻性和行业敏锐度。设立专门针对科技保险的孵化器，吸引科技保险初创公司、学者和技术专家共同合作，推动新技术与保险产品的创新。

三是建立科技保险人才的长期发展与激励机制。设立明确的职业晋升通道，为科技保险人才提供清晰的职业发展路径。企业可以根据人才的专业背景和工作表现，设立不同的职业阶梯，使人才能够通过持续学习和实践，不断提升自己的能力和职位。建立行业内的奖励机制，鼓励科技保险人才在产品创新、技术变革和风险管理方面的贡献。设立专门的科技保险创新奖，奖励在科技保险领域作出突出贡献的人才，以激励更多从业者进行创新和突破。

（执笔人：郭金龙）

第二十一章

金融创新支持养老服务

养老服务是保障和改善民生的重要内容，关乎亿万百姓福祉，是顺利实现中国式现代化需要关注的重要工作。随着中国人口老龄化日益加剧，全社会对养老服务的需求日益增长。中央高度关注养老服务体系建设。尤其是，2024 年 12 月，中共中央、国务院发布《关于深化养老服务改革发展的意见》，标志着中国养老服务发展进入新阶段。虽然该意见提及“金融”的篇幅不大，但是金融支持对养老服务具有难以替代的作用。

中央金融工作会议召开以来，养老金融受到高度关注。2024 年 12 月，中国人民银行等 9 部门联合印发《关于金融支持中国式养老事业、服务银发经济高质量发展的指导意见》（银发〔2024〕225 号），对养老金融工作进行了较为系统的部署。金融部门支持养老服务与金融部门促进养老财富储备积累①是养老金融工作中最具发展空间的两大领域。此外，金融支持养老服务是发展“银发经济”② 的题中之义。

本章首先探讨养老服务的特点、发展的困难以及金融支持的重要意义。其次，收集大量外文资料，分析美国的经验和日本的经验。再次，

---

① 《中国金融报告》（2020—2023 年）均采用分报告进行研究。

② 2024 年 1 月，国务院办公厅发布了中国首个以“银发经济”命名的高级别文件《关于发展银发经济增进老年人福祉的意见》（国办发〔2024〕1 号）。

总结中国金融部门取得的工作成绩以及存在的困难不足。最后，从国际经验中提炼出对策建议以及提出中国金融部门可能形成的独特经验。

一　金融支持养老服务的概念意义

养老服务具有区别于其他服务的特点，其发展需要养老事业和养老产业协同推进、形成合力。养老服务发展面临着较大困难，需要金融部门予以支持。这对于双方均有重要意义。

（一）养老服务的特点和发展的困难

1. 养老服务区别于其他服务的特点

一是以人为本的服务导向。无论是医疗护理、生活照料，还是心理关怀和精神文化活动，养老服务都需要高度注重服务质量和老年人的体验感。服务的连续性和安全性是衡量服务质量的重要标准。

二是需求的刚性与多样性。一方面，随着人口老龄化的加速，老年人对医疗、护理、康复、休闲娱乐等服务的需求稳定且持续增长。另一方面，老年群体需求的个体差异大，例如，健康状况、经济条件、文化背景等都会影响他们的需求偏好和消费习惯，因此需要提供多样化、个性化的产品服务。

三是商业性与社会性并重。养老服务能够促进家庭稳定，弘扬社会美德和促进社会和谐，还能为社会创造更多的就业机会，承担着重要的社会责任。

四是对政策的依赖性较强。政府通常对养老服务的发展提供税收优惠、财政补贴、用地政策、医保对接等政策支持，所以养老服务发展情况与国家政策和公共资源的投入密切相关。

2. 养老事业和养老产业的不同侧重

相同之处。二者的根本目标都是要满足老年人多层次、多方面的需求，提高老年人的生活质量，促进建设高质量老龄社会。

不同之处。第一，性质不同。养老事业是以公益为导向的公共服务，通常由政府和非营利组织主导。养老产业是以营利为目的的市场化行为，多由企业或社会资本主导。第二，服务对象存在侧重。养老事业特别关注中低收入、弱势群体，更多提供基本的养老保障服务。养老产业更注重有支付能力或中高端需求的老年人，提供多样化和个性化服务。第三，资金来源不同。养老事业的资金主要来自财政拨款、公益基金和社会捐赠。养老产业的资金主要来自市场投资、用户付费和资本运作。

养老产业和养老事业互为支撑、相辅相成，共同推动建设社会养老服务体系和提升老年人福祉。同时，把养老产业作为广义的养老事业的一部分。在实践中，二者将愈加交叉和相互融合，界限将逐渐模糊。

3. 养老服务发展的困难

养老服务在发展模式、供需结构、信息整合、内外风险等方面面临多重挑战。一是发展模式不成熟。养老服务机构的收入首先来自床位费和护理费，其次来自养老地产、健康管理和专业护理服务等，不够多元化。养老服务业的链条较短，运营管理的专业化程度较高，尚未形成完整的产业生态体系。很多养老服务项目依赖政府补贴才能维持正常运营，大量养老服务机构缺乏自主创新和可持续发展的内生动力。

二是供需结构不匹配。部分领域、部分地区的低端和高端养老服务机构供给出现过剩，而面向普通收入群体的、达到一定质量的养老服务供给严重不足。对老年人多元化、个性化的健康管理、长期护理、康养结合的服务需求缺乏系统性的解决方案。

三是数据信息不标准化。养老产业涉及民政、人社、健康、“三农”等多个领域，数据分散在不同部门，存在信息孤岛现象，数据的整合和共享程度低。这影响了金融机构在风险评估、产品设计等环节的决策。

四是市场和政策风险高。养老服务机构的盈利能力普遍较弱，投资回报周期长，面临市场需求波动风险、运营管理风险等。部分养老服务机构存在信用记录缺失、财务不透明等问题，存在较大的信用风险。养老服务供给较多依赖于税收优惠、财政补贴、用地政策等政府支持，所以面临较大的政策不确定性风险。

（二）金融支持养老服务的意义

金融支持是增加养老服务必要且重要的条件。第一，养老产业具有资金需求量大、投资周期长、收益回报慢等特点，自愿性融资渠道和财政支持难以满足其巨额且多元化的需要。金融支持能让养老服务机构获得长期稳定的资金来源，用于建设养老设施、供给各类养老产品服务，拓展业务领域。第二，金融部门通过引导社会资本流向长期护理、康养结合等重点领域，优化养老产业的资源配置，促进养老产业链条的完善和生态体系的形成。第三，金融支持能增强养老产业的抗风险能力。金融部门通过保险产品、担保工具和其他风险管理工具，可以帮助养老服务机构应对政策变化、市场波动和运营管理中的不确定性，推动机构的专业化和创新化，增强产业的韧性和可持续性。

支持养老服务是金融部门拓展业务领域、优化资产结构、提升社会影响力的重要途径。第一，随着人口老龄化的加剧，养老服务需求不断增长，涉及医疗、护理、康复、养老地产、文娱服务、社交支持、财富管理、法律咨询、养老科技等众多领域。这为金融部门提供了广阔的市场增长空间。第二，养老服务领域为金融部门提供了较稳定的资产配置选择。金融机构通过投资养老基础设施和服务相关企业，有望实现稳健的收益回报。第三，养老服务为金融部门提供了良好的社会贡献渠道，有利于金融部门提升形象。

二　金融支持养老服务的美国经验

截至2024年5月，美国65岁及以上人口超过5500万人，占总人口的16%以上；美国百岁以上人口接近10.5万人，是1980年的3倍多。[①] 在美国，庞大的老年人口和发达的金融市场推动了养老服务创新。

（一）老龄化冲击和养老服务趋势

长寿化趋势使美国的养老服务需求迅速增加。美国官方并没有养老产业的分类标准，所以我们考虑4类服务——老年护理服务（Care Services for the Elderly）、养老社区（Senior Living Communities）、老年医疗服务（Medical Services for the Elderly）和预防与健康管理服务（Preventive and Wellness Services）。例如，根据行业研究报告库IBIS World发布的《美国家庭护理提供者市场研究报告（2014—2029）》，2023年，美国老年护理服务的市场规模约为1364亿美元，过去5年年均增长率约为3.1%。由于阿尔茨海默病患者人数的快速增长，辅助生活和记忆护理（Assisted Living & Memory Care）成为增长最快的细分领域。[②]

美国养老服务呈现以下4个趋势。第一，养老成本上升。根据哈佛联合住房研究中心的统计，美国65岁及以上老年人在医疗和长期护理上的年度支出从2010年的约9000美元增长到2020年的约1.5万美元，

① U. S. Department of Health and Human Services, 2024, "Aging in the United States: A Strategic Framework for a National Plan on Aging", https://www.hhs.gov/about/news/2024/05/30/hhs-delivers-strategic-framework-national-plan-aging.html.

② Brocker, M., 2024, "Home Care Providers in the US: Market Research Report (2014-2029)", IBIS World-Industry Statistics, https://www.ibisworld.com/industry/statistics/marketsize.aspx? entid=1579.

年均增长率为5.3%。[①] 第二，老年人住房多样化。传统的养老院正逐渐被多样化居住形式取代，如独立生活社区（Independent Living）、辅助生活社区（Assisted Living）、记忆护理（Memory Care）、多代同堂社区等。第三，政府支持增加。美国联邦和州政府推出了一系列支持家庭护理人员、增加老年人住房选择、改善老年人医疗护理状况的政策措施。第四，私人资本参与增加。美国养老地产和服务领域的并购活动显著增长，尤其是由私人股本和房地产投资信托基金（REITs）推动的资本流入尤为明显。例如，仅2022年，养老社区的并购交易数量就超过350起，同比增长20%。[②]

（二）政府部门对养老服务的经济支持

1. 推出整体行动框架

美国政府积极推进养老服务。在健康老龄化与老年友好社区的跨机构协调委员会（Interagency Coordinating Committee on Healthy Aging and Age-Friendly Communities，ICC）的领导下，美国实施了多项措施。退伍军人事务部（The Department of Veterans Affairs，VA）的老年友好型健康系统倡议（Age-friendly Health Systems Initiative）是老年友好健康系统（Age-friendly Health Systems，AFHS）倡议[③]的延伸，旨在改善对老年退伍军人的护理服务。ICC还领导实施了老年病学劳动力增强计划（The Geriatrics Workforce Enhancement Program，GWEP）。该计划由《公共卫

---

① The Harvard Joint Center for Housing Studies，2023，“Housing America’s Older Adults”.

② Senior Housing News，2023，“Why Senior Living Market Conditions Put REITs in the Drivers Seat for 2024”，https://seniorhousingnews.com/2023/11/09/why-senior-living-market-conditions-put-reits-in-the-drivers-seat-for-2024/.

③ 老年友好健康系统是约翰·A. 哈福特基金会（John A. Hartford Foundation）、医疗改进研究所（Institute for Healthcare Improvement，IHI）、美国医院协会（American Hospital Association，AHA）和美国天主教健康协会（Catholic Health Association of the United States，CHA）合作发起的一项倡议，以应对美国越来越严重的老年护理压力。

生服务法案》（*Public Health Service*，PHS）第753（a）节和第865节授权，由健康资源与服务管理局（Health Resources and Services Administration，HRSA）具体管理，旨在教育和培训从事健康保健和支持性护理工作的人员，提高病人和家庭的参与度，从而提升护理水平、改善老年人健康状况。

在民主党和共和党的共同支持下，ICC正在制定“老龄化多部门计划”（Multisector Plans for Aging，MPA）。该计划是一项为期数年的长期规划，核心目标是通过跨部门协作，重构州和地方层面的政策框架，解决老年人群的需求。截至2024年5月，美国已有13个州进入MPA的初期阶段，有4个州已通过立法或制定行政命令推动MPA发展，有7个州已制定并实施了不同阶段的MPA。这7个州的一些城市正在创建MPA协调委员会，针对地方需求的结构性和政策性变化，推进适老化改革，促进养老服务与物业、医疗、家政、教育等行业的融合，加大财政和金融支持等。所有7个已制定MPA的州，其行动均与ICC的4个重点领域相契合，具体内容如表21—1所示。

表21—1　**美国各州在ICC重点领域的MPA行动情况**

ICC领域	领域内重点内容	已采取MPA行动的比例（%）
老年友好社区	目标与参与	100
	社会联系	100
	无障碍与通用设计	86
	交通出行	86
	经济与财务安全	57
	就业	86
	适老化健康系统	29

续表

ICC 领域	领域内重点内容	已采取 MPA 行动的比例（%）
协调的住房与支持性服务	通过协调服务实现住房稳定	57
	可负担住房	86
	无障碍优质住房	43
	无家可归预防	43
增加获得长期服务与支持的途径	有偿与无偿照护人员	100
	全人健康融资	43
	老年人权益保护	100
	以人为中心的获取系统	100
协调的医疗保健与支持性服务	福利获取	71
	优化健康、福祉与功能	100
	协调医疗与人类服务	29

资料来源：U. S. Department of Health and Human Services，https://acl.gov/sites/default/files/ICC-Aging/StrategicFramework-NationalPlanOnAging-2024.pdf。

2. 对养老服务用地的支持

美国养老产业发展的一大动力是联邦政府重视老年人居住问题。住房与城市发展部（Department of Housing and Urban Development，HUD）通过《消除住房障碍路径计划》（*Pathways to Removing Obstacles to Housing*，PRO Housing）为社区提供资金，推动更高密度的分区规划，促进多户型及混合用途住房的重新规划，简化可负担住房的开发流程，减少与停车等土地使用相关的各项限制，以助力社区住房供应的多样性和可负担性。

美国财政部的《低收入者住房税收抵免计划》（*Low-Income Housing Tax Credit*，LIHTC）是美国可负担住房资金的最大来源，负责为美国大多数新建或已有的可负担住房提供资金支持。该计划由各州的住房金融机构在州级层面进行管理，通过竞争性流程分配资金，让各州选择标准进行资源分配。这些资金重点支持老年人居住的持续护理退休社区可分为4种，即独立生活社区、辅助生活社区、记忆护理社区和护理照护社区。① 截至2024年3月，对4类社区按入住率进行分类（见表21—2），数据显示，这4类老年人居住的社区中“高入住率社区”（指入住率在80%以上）的占比均在七成以上。

表21—2 **四类养老社区按入住率分类的占比** 单位：%

养老社区		入住率<70%	入住率 70%—80%	入住率 80%—90%	入住率>90%
独立生活社区	免租金	3	7	22	68
	有租金	12	11	20	57
辅助生活社区	免租金	7	7	26	61
	有租金	11	8	24	57
记忆护理社区	免租金	8	9	19	64
	有租金	10	12	22	55
护理照护社区	免租金	12	14	27	46
	有租金	13	11	30	46

资料来源：NIC，https://www.nic.org/blog/ccrc-performance-1q-2024-occupancy-trends-vs-rent-growth-patterns/。

3. 对养老服务人员的支持

美国政府为养老服务提供机构及从业人员提供了多种资助方式。第一，针对养老机构。联邦法律《老年人法案》（*Older Americans Act*）规定，政府将通过美国卫生与公众服务部（Department of Health and

① 其中，记忆护理专门针对患有痴呆症（如阿尔茨海默病）的老年人，提供专门设计的护理服务和环境；护理照护指为需要全天候专业护理的老年人提供的服务。

Human Services）下属的老龄化管理局（Administration on Aging），将补助资金分配给各州，用于支持各州养老机构的建设与运营。第二，针对养老产业从业人员。美国卫生与公众服务部下设的健康资源与服务管理局（Health Resources and Services Administration，HRSA）推出了护士职业贷款偿还项目，为注册护士、高级执业注册护士和护理学院教师提供高达 85%[①] 的未支付护理教育债务的偿还服务。[②] 美国劳工部（Department of Labor，DOL）和各州的相关部门为护理人员提供培训补贴，确保养老机构的工作人员具备必要的护理技能。美国劳工部还负责为老年医疗保健行业的从业人员维权，2022 财年，劳工部的工资和工时部（Wage and Hour Division）完成了对医疗保健行业的 1100 多项调查，为 2.2 万多名工人追回近 1500 万美元的被拖欠工资。[③]

近年来，美国政府加大了资金投入，以支持提供有偿或无偿服务的护理人员。2022 年 9 月，美国政府发布《国家支持家庭护理人员战略》（*The 2022 National Strategy to Support Family Caregivers*），提出了 345 项由联邦机构推进的行动。其主要包括以下行动。第一，退伍军人事务部护理人员支持项目（The VA Caregivers Support Program）开发了需求评估模型，帮助服务提供者识别并弥补现有服务和资源的不足。第二，美国劳工部妇女局帮助低收入和其他边缘化女性工人（包括被雇用的家庭护理人员），了解性别暴力和职场骚扰问题，并帮助投诉或起诉犯罪行为。第三，2024 年开始，医疗保险制度（Medicare）为若干社区生活支持服务提供资金支持，包括健康社会决定因素的风险评估、护理人员培训、社

① 对于符合条件的项目申请人：若承诺从事 2 年的护理服务工作，将获得其护理专业学习期间未还清教育贷款余额的 60%；若选择在第 3 年继续从事护理服务工作，还能额外获得原始贷款余额的 25%。

② Health Resources and Services Administration，“Apply to the Nurse Corps Loan Repayment Program”，https://bhw.hrsa.gov/funding/apply-loan-repayment/nurse-corps.

③ Salazar，S.，2023，“Caring for Caregivers”，U.S. Department of Labor Blog，https://blog.dol.gov/2023/11/22/caring-for-caregivers.

区健康整合服务、主要疾病导航服务。截至 2024 年，该战略被美国 72% 的州政府用于指导工作，[①] 累计帮助了超过 5300 万名家庭护理人员。

（三）金融业支持养老服务的工作

1. 银行业的工作

美国银行业机构为养老服务机构提供了多元化的贷款产品。第一，住房与城市发展部的“232 贷款计划”（Section 232 Loan），为养老服务机构提供长期固定利率的融资，用于养老设施的购买、建设、翻修或改建。该贷款计划具有长达 40 年的还款期限，且无须再融资。[②] 第二，小企业管理局（Small Business Administration，SBA）的“7（a）贷款”计划［7（a）Loan］和“504 贷款”计划（504 Loan Program）为中小型养老机构提供资金支持。前者计划用于支持养老院和辅助生活设施，贷款额最高可达 500 万美元，后者计划用于支持需要进行大型设施扩展的养老机构，贷款是长期、固定利率的低息贷款。[③] 第三，私人银行和社区发展金融机构（Community Development Financial Institutions，CDFIs）提供商业贷款和非商业贷款。商业贷款根据养老机构的财务状况和运营能力设计灵活的融资计划，助力养老机构实现长期可持续发展。非商业贷款（家庭住房金融、消费金融等）项目帮助低收入家庭和老年人改善住房条件。第四，商业银行提供长期护理设施贷款，主要用于养老社区、长期护理设施和辅助生活设施等的建设、改建或翻新。这些贷款通常具有较长的还款期限和灵活的还款条件，满足符合条件的开发商和运

① National Acadamy for State Health Policy, 2024, “National Strategy to Support Family Caregivers Progress and Impact Report 2024”, https://nashp.org/national-strategy-to-support-family-caregivers-progress-and-impact-report-2024/.

② “U.S. Department of Housing and Urban Development-Health Care Programs”, https://www.hud.gov/federal_ housing_ administration/healthcare_ facilities/residential_ care/fha_ insurance/.

③ “U.S. Small Business Administration-Funding Programs”, https://www.sba.gov/funding-programs/loans.

营商的长期资金需求。

2. 保险业的工作

美国的保险公司提供了多种专门的保险产品，帮助养老机构规避运营风险，促进养老设施的运营安全。例如，美国国际集团（American International Group，AIG）、[①] 旅行者保险（Travelers Insurance）等大型保险公司为养老服务机构提供专业责任保险（Professional Liability Insurance），[②] 保险范围可以根据特定主体的情况进行定制，覆盖医疗事故、护理不当等法律风险。又如，安达保险（Chubb Insurance）的老年护理设施保险（Senior Care Facilities Insurance），专门为记忆护理机构、辅助生活设施、持续护理机构和退休社区提供保险保障，每次的赔偿限额为 100 万美元，总的赔偿限额为 300 万美元。[③]

美国保险公司与养老机构、护理服务提供商和医疗服务提供商进行深度合作，是近年来的一个重要趋势。许多保险公司与养老机构联合推出了医疗保险与长期护理保险的组合型产品。随着数字化医疗的普及，这一合作模式逐渐拓展到远程医疗服务领域，为老年人提供虚拟诊疗服务、远程健康监测、远程药物管理等服务。养老机构和医疗服务提供商之间的合作日益亲密，共同推出健康管理计划。例如，美国的安泰（Aetna）保险公司推出的医疗保险优势计划（Medicare Advantage Plans），不仅覆盖了基本的医疗服务，还覆盖了该公司与养老机构、长期护理服务提供商合作提供的其他服务。在与安泰保险公司合作的养老院和辅助生活社区内，安泰保险公司的会员具有优先入住的权利，且可以享受价格优惠的长期护理服务。安泰保险公司与合作的养老社区共同

① “U. S. American International Group-Professional Liability”，https://www. aig. com/home/risk-solutions/business/management-and-professional-liability/professional-liability.

② Travelers，“Insurance for Healthcare Providers”，https://www. travelers. com/business-insurance/healthcare.

③ “Chubb Insurance-Commercial Insurance”，https://www. chubb. com/us-en/business-insurance/long-term-care-facilities. html.

提供健康管理服务，如慢性病管理、健康评估、认知行为治疗等。安泰保险公司还注意利用数智健康技术，为老年人提供远程健康监测、疾病控制、饮食建议等服务，帮助老年人保持健康状态。①

3. 信托业和基金业的工作

美国的信托公司和基金公司在养老服务发展中扮演着较为重要的角色。第一，房地产投资信托基金（Real Estate Investment Trusts，REITs）是养老设施开发和运营的重要资金来源。2023 年，REITs 约占养老社区交易总量的 6%，较上年的 12%有所下降。这种下降主要归因于利率上升、买卖双方的定价差异，以及 REITs 对现有资产组合的优化。② 然而，Welltower、Ventas 等主要 REITs 提供商仍在大力投资养老地产。例如，Welltower 公司将其 20 亿美元投资计划中的 80%以上用于养老地产领域，③ 并与领先的老年住房运营商、后期护理提供商和医疗系统合作，共同投资支持创新的护理模式的开发，推动医疗基础设施的转型，以改善老年人的健康水平和整体医疗体验。④ Ventas 公司专注于投资医疗和养老设施，为养老院、辅助生活设施、退休社区等提供资金支持。⑤ 第二，私人股权和养老投资基金也在养老产业中发挥着重要作用。例如，凯雷投资集团（Carlyle）⑥ 等大型私募基金公司积极参与养老院和辅助生活设施的投资与运营。这些投资通常用于建设高质量的老年人住宿和护理服务，推动养老产业的发展和服务质量的提升。

---

① “Aetna”，https://www.aetna.com/medicare/compare-plans-enroll/medicare-advantage-plans.html.

② 一方面，REITs 可能会将资金更多地投入其他更具增值潜力或收益更稳定的资产领域，如医疗办公楼、生命科学物业等；另一方面，REITs 也会出售表现不佳或不符合长期战略的养老社区资产，以优化资产结构，提升整体资产组合的质量和收益能力。

③ Senior Housing News，2023，“Why Senior Living Market Conditions Put REITs in the Drivers Seat for 2024”，https://seniorhousingnews.com/2023/11/09/why-senior-living-market-conditions-put-reits-in-the-drivers-seat-for-2024/.

④ “Welltower-About Us”，https://welltower.com/about-us/.

⑤ “Ventas-What We Do”，https://www.ventasreit.com/what-we-do.

⑥ “Carlyle-Our Business”，https://carlyle.cn/our-firm/global-investment-solutions.

三 金融支持养老服务的日本经验

20 世纪后半叶以来，日本老龄化程度持续提升，已于 2005 年进入超高龄社会。[①] 人口结构的急剧变化给日本的社会保障、财政金融体系带来了前所未有的挑战。如何为日益增长的护理服务融资，成为日本亟待解决的经济社会问题。介护保险制度的建立与不断完善，较好地解决了这个问题。

（一）老龄化冲击和介护保险实施

日本老龄化程度全球领先，截至 2023 年，65 岁以上人口占总人口的比重已达 29.1%。[②] 一方面，人口结构的变化导致全社会对老年人长期护理的需求急剧增长。另一方面，独居老年人家庭占比增加，年轻劳动力人数减少，使得依赖家庭为老年人提供长期护理的传统模式面临挑战。

20 世纪 90 年代以后，日本医疗保险的经常收支呈现结构性失衡。到 2000 年，[③] 所有市町村中，医疗保险出现赤字的比例高达 62.2%，尤其在人口较少的市町村，医疗保险的收支形势严峻。2002 财年，日本医疗保险财务赤字达到了创纪录的 6321 亿日元；2003 年，国家为整个医疗（含公共卫生等）及相关保障提供的各项预算支出为 13.3 万亿日元，占财政总支出的 16.3%。[④] 因此，如何为老年人医疗健康服务提供可持续的资金，成为日本政策制定者要抓紧解决的问题。

---

① 根据世界卫生组织（WHO）的划分，一个国家或地区的 65 岁以上人口占比超过 7%时，进入“老龄化社会”；超过 14%时，进入“高龄社会”；超过 21%时，进入“超高龄社会”。

② 日本総務省統計局，令和 5 年人口推計，2023-09-15，https://www.stat.go.jp/data/jinsui/2023np/index.html。

③ 此处采用自然年统计。

④ 宋金文：《日本医疗保险体制的现状与改革》，《日本学刊》2005 年第 3 期。

在介护保险制度实施前，日本的护理服务主要依赖医疗保险体系、社会福利以及地方政府的专项服务，后者包括居家看护支持计划、特定人群的特别补助资金和家庭护理员培训等。此模式至少存在两点明显不足。一是医疗保险覆盖的局限性。虽然医疗保险在覆盖急性疾病之外，也覆盖恶性肿瘤等重大疾病，但它的设计侧重于覆盖诊断和治疗，对慢性或日常护理服务的覆盖不足。因此，许多需要护理的老年人为了获得医疗保险的赔付而长期住院，导致医疗体系的支出负担大幅增加。二是社会福利的有限性。部分地方政府提供的社会福利服务受到预算限制，覆盖面有限，特别是对经济困难人群的支持不足。一些地方和大量农村地区因资源匮乏面临严重的护理服务短缺。

为解决上述问题，日本在1990年修订实施《老人福利法》等“福利八法”，[①] 并在1995年推出《老龄化社会对策基本法》，为应对不断加剧的人口老龄化提供了更加系统、完备的法律保障。1997年，日本国会通过《介护保险法》，并于2000年4月正式实施介护保险制度。这标志着，日本的介护服务从福利救济模式向社会保险模式转变，并被普遍认为是日本养老产业发展的重要转折点。

日本介护保险具有如下特点。一是覆盖对象广。介护保险覆盖了40岁以上的全体国民。65岁及以上的参保者在因任何原因需要介护时，可以申请介护服务，40—64岁的参保者在因特定疾病导致需要介护时，可以申请介护服务。[②] 二是费用分担均衡化。采用40岁以上的公民的缴费和财政补助相结合的方式，分散个人及家庭参保的经济压力。制度设

① 日本在社会福利领域的八部法律分别是《生活保护法》（1946年制定）、《儿童福利法》（1947年制定）、《身体残疾者福利法》（1949年制定）、《智力残疾者福利法》（1960年制定）、《老人福利法》（1963年制定）、《母子及寡妇福利法》（1964年制定）（以上被称为“社会福利六法”）、《老年人保健法》（1982年制定）以及与以上各法相关的《社会福利事业法》（1951年制定，2000年更名为《社会福利法》）。

② 日本厚生劳动省：《关于介护保险制度》，2024年3月，https://www.mhlw.go.jp/content/12300000/000614773.pdf。

计强调公平性，缴费标准以收入水平为基础，体现累进原则。三是服务模式多元。介护保险制度覆盖居家介护、社区介护和机构介护，以满足不同老年人群的差异化需求。四是中央支持与地方自治相结合。中央层面提供资金保障和统一的法律框架，确保制度在全国范围内的可持续性和公平性，具体运行则由市町村等地方自治体负责。

（二）保险费与公共财政资金并重

保险费是介护保险的重要资金来源，由 40 岁以上的国民缴纳。参保者分为两类：65 岁及以上者，称为第一号参保者；40—64 岁者，称为第二号参保者。第一号参保者的保险费依据个人收入水平，由地方自治体（市町村）和特别区按照国家统一标准计算并征收，通常直接从参保者的养老金收入中扣除。[①] 具体来说，综合所得在 160 万日元以下者，个人缴费 10%；综合所得在 160 万—220 万日元者，个人缴费 20%；综合所得超过 220 万日元者，个人缴费 30%。[②] 第二号参保者的介护保险费通常由参保者和雇主各承担一半，与医疗保险费一同征收。

公共财政资金是介护保险制度的另一重要资金来源，由国家（中央财政）、都道府县（省级地方财政）和市町村（市、县、乡级地方财政）共同承担。第一，市町村直接向辖区内第一号参保者征收的保险费，其占总财源的约 23%。第二，第二号参保者的介护保险费（通常与医疗保险费合并征收），进入市町村介护保险事业特别会计，其占总财源的约 27%。第三，国家提供的国库负担金，其占总财源的约 20%。中央财政对居家介护和社区介护的支持水平较高，对机构介护

---

① 日本厚生劳动省：《关于介护保险制度》，2024 年 3 月，https://www.mhlw.go.jp/content/12300000/000614773.pdf。

② Ministry of Health, Labour and Welfare, 2019, "Overview of the Long-term Care Insurance System", https://www.mhlw.go.jp/content/12300000/000614773.pdf.

服务支出的承担比例较低（约为15%）。第四，国家提供的调整交付金，占总财源的约5%。它主要根据各地第一号参保者的年龄结构、收入水平及老龄化趋势进行分配，以减轻高龄人口密度大或财力较弱地区的财务负担。例如，若某个市町村65岁以上人口占比远高于全国平均水平，并且居民平均收入低，就可获得更多调整交付金，用于充实介护服务预算。第五，都道府县负担金，其占总财源的约12.5%。对于机构介护服务，这一比例可达到17.5%。都道府县层面发挥差异化配置的作用：对于需要大规模投入、跨市町村统筹或需要更高层级协作的养老介护机构的建设和运营，都道府县财政会相应地提高资金配比，以缓解市町村在介护机构运营方面的财政压力。第六，市町村负担金，其是由市町村通过普通会计向介护保险事业特别会计转入资金，约占总财源的12.5%。

（三）介护保险对养老服务的支持

日本介护保险制度通过设定赔付标准、强化地方政府的财政责任、提升保险基金使用效率等措施，逐步形成了覆盖居家养老、社区养老和机构养老三个层面的较完整的支持体系。

1. 支持居家养老服务

居家养老是日本最普遍的养老方式，它让老年人居住在熟悉的环境中，保持生活的相对独立性。优质的居家养老能够通过专业介护服务延缓或避免老年人入住养老介护机构，并缓解医疗机构和护理院的运营压力。

日本介护保险为居家养老提供了强大的财务支持。在规定的赔付限额内，[①] 相关服务费用通常由介护保险赔付90%，个人仅需承担余下的部分（通常为10%，月均约1.8万日元）。介护保险基于老年人的收入

① 支付上限因服务种类及服务机构所在地不同而有所差异，通常为50320—362170日元。

等级，实行居家介护服务费减免政策。① 2024 年 4 月修订的介护保险制度将第一号参保者的收入等级从 9 个等级增加到 13 个等级，并上调收入较高者的缴费比例，下调收入较低者的缴费比例。这类设定支持了低收入的老年人居家接受长期护理服务。

介护保险对居家养老的两类主要模式制定了相近的赔付比例，但在具体服务类型和费用控制上存在差异。在“全程居家+上门护理服务”模式下，介护保险对高成本、个性化和连续性的上门护理服务进行高额赔付。具体来说，保险机构根据服务种类、护理时长和护理等级，以日或月为单位设定最高可赔付费用，通常承担费用的约 90%。在“日间照料中心+夜间居家”模式中，介护保险则对日托服务费用进行赔付。虽然同样按照约 90%的比例赔付，但由于日托中心的单日服务费用较低，整体支出更易于控制。以山口县的“梦之湖”日间照料中心为例，每日的费用约 600 日元，月均约 1.8 万日元，其中的 90%由介护保险承担。② 此外，在此模式下，介护保险可能还对接送和其他辅助服务给予补助。

这类建立在保险赔付基础上的居家养老方案，更适合具备一定自理能力、经济条件中等且家庭支持仍存的老年人群。一方面，保险资金的支持，使老年人即便在中度经济支出的情况下，也能获得专业化的医疗和生活护理。另一方面，技术手段的辅助，让家庭照料者能更加及时、准确地掌握老人的身体状况与护理需求。对那些不希望完全脱离家庭环境但又需要专业护理的老年人而言，这类模式既顾及了他们生活的独立性与亲情联系，也减轻了他们的经济压力。

2. 支持社区养老服务

社区养老在介护服务体系中起着承上启下的作用，其服务形式包括

---

① 对于介护服务费，参保者通常需要先行垫付。对低收入参保者，经严格收入审查后可根据其实际自付金额获取事后补贴。

② 舜心国际养老设计研究团队：《走进日本日间照料中心》，2024 年 12 月 1 日，https://www.u100.com.cn/jiejuefangan/183.html。

日间照料中心、小规模多功能设施、持续护理养老社区（Continuing Care Retirement Community，CCRC）等。地方政府通过提供低息贷款、建设补助与运营补助，支持社区养老设施的建设与运营。同时，地方政府与保险赔付审核机制对介护服务的质量与资金使用情况实施双重监管，[①] 确保资源分配合理。

为推动社区养老的发展，2020 年前后，日本地方政府加大了对社区养老机构的支持力度。这主要体现在以下三个方面。一是定期开展资金审计，并借助信息化工具评估服务绩效。二是加快医疗资源的社区化配置，如设置社区诊所、社区接驳巴士以及整合当地医疗和介护资源。三是通过介护保险制度，为社区志愿者和非营利组织提供培训与资金补助，鼓励他们参与社区介护服务，从而扩大服务覆盖面。

近年来，CCRC 模式在日本逐渐兴起。该模式通过“房间购买费+月服务费”的收费方式，为老年人提供集居住、娱乐、康养与医疗介护于一体的综合服务。CCRC 模式的费用较高，为每月 16.2 万—40.6 万日元，通常远超出介护保险的赔付限额，所以主要由个人负担。该模式更适合经济条件好的老年人。

3. 支持机构养老服务

自 20 世纪后期以来，日本的机构介护服务格局经历了显著变化，从以政府主导的特别养护老人院[②]为主，逐步演变为多元经营主体并存。在财政压力增加的背景下，私营介护机构的出现有助于分散社会风险并提升服务效率。

机构养老一般采用“租赁+服务”的运营形式，其根据运营主体的

① 该审核机制同样适用于居家介护与机构介护，但社区介护更注重地区自主规划与财政平衡。

② “特别养护老人院”来源于日文“特別養護老人ホーム”，是指主要为失能或其他需要长期介护的高龄老人提供综合生活照料和医疗护理的公共性养老机构，通常由政府投资或经政府许可兴建，并获得财政补助。

性质在日本呈现出公立普惠类和私立高端类两极分化的趋势。第一，公立介护机构面向低收入、需要介护的老年人。例如，在神奈川县地方政府运营的真寿园特别养护老人之家，个人支付费用约为每月 10 万日元，其余费用由介护保险承担。这类介护机构的资金来源高度依赖政府拨款与保险基金赔付，对低收入人群具有“兜底”保障作用。第二，私立介护机构多采用会员制或多元盈利模式，收取租赁费、多类配套服务费等。以东京都中央区银座的太阳城为例，由于设施完善、医疗资源充足，此类介护机构的月度总费用可达 64. 9 万—100. 9 万日元。介护保险可以赔付其中的约 35. 83 万日元，其余的约 30 万—65 万日元需个人自付。私立介护机构通常通过银行贷款、发行债券等市场化手段融资，并通过提高服务附加值，拓展盈利空间。

在财政金融政策层面，政府加强了对机构养老的激励与监管。通过提高保险赔付比例、要求进行定期财务披露、支持信息化设施投资等方式，保障介护服务的质量与资金使用透明。同时，政府采取风险储备金制度，并预留部分财政资金，以应对市场波动和运营风险，并通过调整补助比例和资金拨款等财政调控手段，及时化解财务风险，确保养老机构在经济波动时期依然稳健运行。

在高龄化趋势下，机构养老正在从单一的政府主导模式，逐步向政府、保险基金与私营机构多元合作、共同筹资的稳健格局转型。政府主要承担政策设计与财政补助职责，介护保险基金负责对符合条件的护理服务费用进行赔付，私营机构则为机构养老注入了市场活力。多方联动不仅有效缓解了政府的财政压力，也提升了机构养老的服务效率和灵活度。

为了更清晰地展示上述内容，表 21—3 总结了日本介护保险对居家养老、社区养老和机构养老 3 类方式的支持措施。

表 21—3　**日本介护保险对居家养老、社区养老和机构养老的支持**

介护服务方式	典型模式	适用人群	支持措施
居家养老	1. 全程居家+上门护理服务 2. 日间照料中心+夜间居家	自理能力较好、有家庭支持的老年人	介护保险赔付约 90%，个人缴费 10%；政府对低收入老年人群实行差异化减免
社区养老	1. 日间照料中心 2. 持续护理养老社区（CCRC）	需要就近护理、过渡性需求	地方政府提供低息贷款、建设运营补助；介护保险支付部分护理费用
机构养老	1. 公立介护机构 2. 私立介护机构	1. 低收入的老年人 2. 高收入的老年人	公立：政府+介护保险 私立：介护保险+自付

资料来源：笔者综合几个来源的信息制作。

四　金融支持养老服务的中国实践

中国金融部门各领域协同发力，多措并举支持养老事业和产业发展，促进养老服务供给，取得了较好成绩。当前，养老服务领域发展面临很多困难或不足，金融部门工作还存在很大提升空间。

（一）金融支持养老服务的基本成绩

随着中国经济社会持续转型和“以人民为中心”的发展理念深入人心，中国金融部门对养老事业和产业的支持措施不断增强。特别是在中央金融工作会议召开后，相关支持显著强化、逐渐系统化，正在为养老服务注入强大动力。

1. 中国人民银行

第一，通过再贷款、再贴现、利率调控等货币政策工具，引导商业银行加大对养老产业的信贷投放，降低养老服务提供主体的融资成本。第二，推动金融机构开发适合养老服务特点的金融产品，并关注资金投放的安全性和可持续性。第三，在普惠金融框架下，推动金融资源的均衡分配，促进城乡、各区域养老服务的均衡发展。第四，于

2024 年 2 月召开的做好金融“五篇大文章”工作座谈会上提出，切实加强对重大战略、重点领域、薄弱环节的优质金融服务，进一步增强金融支持力度、可持续性和专业化水平，促进包括养老金融在内的“五篇大文章”。

2. 金融监管部门

第一，鼓励金融机构在合规前提下加大对养老事业和产业的资源投入。加强对养老服务相关金融产品的审核与监管，确保产品设计合理、风险可控、透明度高，防范风险形成和外溢。加强金融消费者权益保护，防范针对老年人群体的虚假宣传、误导销售等不当行为。第二，国家金融监管总局。于 2024 年 5 月发布《关于银行业保险业做好金融“五篇大文章”的指导意见》（金发〔2024〕11 号），提出养老金融产品更加丰富，对银发经济、健康和养老产业的金融支持力度持续加大，更好满足养老金融需求。第三，中国证监会。于 2024 年 7 月就资本市场做好金融“五篇大文章”召开的专题座谈会上表示，不断完善产品和服务体系，引导更多资源向科技创新、绿色低碳、普惠民生等领域集聚。

3. 金融行业

第一，商业银行积极推出适合养老服务业特点的长期贷款、专项贷款、供应链金融等金融产品，加强与养老产业上下游的合作，以满足养老服务机构在基础设施建设、运营资金、设备购置等方面的融资需求。根据不同养老项目和养老服务机构的风险特征，提供定制化的融资方案，提升资金的可获得性和流动性，降低资金综合成本。第二，保险机构加强与医疗机构、健康管理平台的合作，打造涵盖“医、养、护”一体化的综合保险服务体系。积极开展长期护理保险试点，为失能、半失能老年人提供经济保障。发挥长期资金的优势，通过投资养老产业基金、养老服务机构等方式，促进养老服务可持续发展。第三，证券和基金管理机构支持养老服务机构在资本市场上市融资，通过股票发行、债券融资等方式，拓宽融资渠道，增强内生发展动力。发展养老服务业专项基金，吸引社会资本投向养老地产、养老服务、智慧养老等领域。通过资本市场的参与，优化养老服务机构的治理结构，推动养老产业向规范化、专业化方向发展。第四，信托机构加强与银行、保险等金融机构的合作，形成养老金融服务的综合解决方案，为养老服务机构提供定制化的金融服务。

（二）金融支持养老服务的困难不足

当前，金融资源对养老服务领域的配置和利用有待优化。一是服务要素储备不足。部分金融机构对养老服务领域的特点和需求缺乏深入了解，专业人才储备不足，在信贷、债券、股权投资等业务领域投入不足。很多金融机构主要提供传统的信贷支持和简单的投资理财产品、养老社区运营服务，较少进行长期资本运作和综合风险管理。养老金融服务的普惠性和可及性较弱，在三、四线城市及农村地区的服务半径有限，对基层的服务供给弱。

二是科技成果运用滞后。金融部门使用用户行为大数据分析、智能生命周期财务风险管理、智能健康监测、远程医疗服务、线上文化娱乐活动等工具服务老年人方面，处于初级阶段。金融部门较少利用大数据、人工智能、区块链等技术对养老服务供给方和需求方进行精准画像和风险评估。这影响了养老产品服务领域的信贷审批、风险管控、资金使用等活动的效率。在农村和偏远地区，金融与智慧养老的结合程度更低，存在数字鸿沟现象。

三是政策工具支持较弱。当前，政府针对养老服务金融支持政策主要集中在基础设施建设融资和养老服务机构运营补贴方面，对养老产业链上下游企业和养老金融服务创新的支持较少。针对养老服务提供企业和投资者的税收减免和补贴政策不够细化，影响了政策对市场主体进入养老服务领域的激励效果。社会资本参与养老服务领域的风险分担机制和收益保障机制不足。

四是部门政策协同有限。养老服务领域涉及的多个部门之间的政策衔接和协同机制尚待完善，各部门的政策目标、执行路径和责任分工不够清晰。这导致个别政策落地存在困难，资源配置效率不高。跨部门的信息共享机制不健全，各部门监管标准、服务规范等不够统一，使得金融机构难以全面了解养老服务领域的真实需求和风险状况，合规成本较高，从而影响了金融支持政策的精准制定和实施。

五　金融支持养老服务的创新对策

基于中国现实国情，从金融支持养老服务的实际困难不足出发，一方面要注意美国、日本等先发国家的金融支持养老服务的良好做法，从中汲取经验；另一方面要注意中国养老金融工作的积极实践和潜在优势，挖掘可能形成的中国经验和中国主张。

（一）基于美国经验的对策

第一，在美国，养老产业的资金支持来源于多个渠道，包括政府资金、银行贷款、保险产品、私人资本等，其中，美国政府为养老产业的发展提供了大力支持。中国政府部门可以通过鼓励养老地产项目上市、设立 REITs 基金等，吸引社会资本流入，为养老产业开拓更多融资渠道，降低其对银行贷款的依赖。同时，还可以通过提供运营补贴、落实税收优惠以及加强信贷支持等方式，吸引更多私人资本进入养老产业，尤其是投资长期护理设施和养老社区领域。

第二，美国保险公司与养老社区、护理服务提供商、医疗服务提供商的合作为老年人提供了跨领域的风险保障，提升了老年人的生活质量。中国的保险公司可以与养老机构加强合作，推动医疗保险、长期护理保险与养老服务的结合，加强开发组合型保险产品，为老年人提供全面的健康管理和护理保障。同时，在政策支持下，保险公司可以通过与养老机构建立长期稳定的合作关系，将符合条件的医养结合机构纳入医保定点范围，建设涵盖健康评估、疾病预防、医疗护理、康复指导的“一站式”服务平台。

第三，金融机构应当积极利用金融科技的成果。一方面，利用大数据技术、信息平台等工具，整合来自养老机构、市场动态、政策法规等方面的数据，分析养老机构的财务健康程度、服务模式创新、未来发展规划等，促进金融资源的优化配置，推动养老产业发展。另一方面，应当积极构建全面、系统的监管框架，推动养老产业金融活动监管的全覆盖，确保相关活动的合规性和安全性，维护老年人和养老机构的合法权益。

（二）基于日本经验的对策

第一，社会共济是构建公平公正的长期护理保险制度的核心理念。日本介护保险制度要求高收入人群承担更多的缴费责任，而低收入人群获得更多的财政补助，从而在经济能力不同的人群间实现互助互济。多项调剂与支持机制共同构成了保障各利益人群公平参与的重要制度基础。中国构建长期护理保险制度时，应考虑参保者的收入水平，制定差异化的缴费与补助政策，并根据国情设计灵活的应急支援和稳定基金，从而确保低收入人群的基本护理需求得到满足，并促进整个制度的公平公正性。

第二，中央支持与地方自治的协同机制是该制度有效运行的重要保障。中央政府提供法律框架和财政支持，地方政府负责具体实施，保障了制度在全国范围内的统一性。这类协同合作机制不仅提高了制度执行效率，也增强了地方政府应对本地区老龄化问题的主动性和创造性。中国也应注意明确中央政府在制度设计与资金拨付中的职责，同时在制度实施中赋予地方政府更多自主权，以确保政策能根据地区实际情况有效落地。

第三，对居家、社区及机构介护服务设计了差异化支持措施。日本根据服务成本和风险特点，设定不同的补助比例与方式，使不同收入层次的老年人在选择护理服务时均能获得合理的费用补助，相应地减轻经济负担，提升服务质量。中国可以建设财政补助、保险赔付和市场调节相结合的多层次支持机制，结合老年人收入水平与不同护理服务的成本差异，精细划分费用承担责任。

（三）可能形成的中国经验

第一，运用普惠理念促进产品服务创新。一是在养老基础设施、公共服务等领域推广政府与社会资本合作（PPP）模式，让养老事业和养老产业紧密相连。政府可以提供政策支持和风险补偿，降低社会资本的投资风险，吸引更多市场主体进入养老产业。二是开发更加低成本、多元化的金融产品与服务，满足养老产业各环节的金融需求。例如，推出覆盖供应链上多个链条、众多主体的金融产品，为养老机构、养老用品制造商、医疗护理机构等提供专项融资服务，促进养老产业链的高效运转。三是应当加大对农村和欠发达地区的养老服务的支持力度，开发专门针对农村老年人的金融产品，如养老小额信贷、小额保险、农村养老专项基金等，促进农村的养老服务供给。

第二，通过现代科技手段，提升养老金融服务的覆盖面、精准性和效率。一是加强领域运用的技术赋能。例如，通过物联网技术，实时监测老年人的健康状况，及时预警潜在健康风险，帮助金融机构在保险理赔、风险定价等方面实现科学决策。又如，联合医疗科技公司，开发集金融保障、健康管理、医疗服务于一体的养老健康管理平台，构建智能化养老金融服务平台。二是加强金融科技安全建设。加大在信息安全、身份验证、防诈骗技术等方面的投入，提升养老产业的数据透明度与交易安全，构建更加安全的养老金融科技生态，防范养老金融欺诈和非法集资等风险，保护老年人资产安全和其他合法权益。

第三，多部门有效协同增强养老金融政策的系统性和可操作性。一是健全跨部门联动协调机制。金融部门可以与民政、工业和信息化、财政税务、人社、健康等多个部门，建立高层次的跨部门联动协调机制，明确各部门的职责分工，形成政策制定、资源配置、监管执行的高效合作体系。可以考虑设立养老金融的跨部门领导小组或协调委员会，定期召开联席会议，解决政策执行中的具体问题，确保政策落地见效。二是强化政策效果评估与反馈机制。各部门可以定期对养老产业金融政策的实施效果进行联合评估，及时调整政策方向，优化政策工具，增强政策执行效果。

（执笔人：王向楠、张艺超）

第二十二章

金融支持自由贸易试验区（港）建设

“以开放促改革”是中国改革40多年来基本遵循原则，建设自贸区（港）是以习近平同志为核心的党中央，在新时代推进的区域深化改革与对外开放的重要战略举措，其核心定位在于通过制度型开放对接国际高标准经贸规则，构建国内国际双循环枢纽。[①] 2013年以来，党中央、国务院先后部署设立22个自贸区[②]（其中海南自贸区于2020年已提升为自贸港），以“雁阵”布局覆盖全国，同时一直坚持顶层设计与“摸着石头过河”相结合的机理，既有着对中国未来发展各方面形势和期待的认识，又有着以实践为基点的考量。自贸区（港）承担着中国不断探索开放型经济新体制、服务国家重大战略的使命，其各项改革措施不断完善和升级。2022年10月，党的二十大报告提出，扩大制度型开放以及加快建设海南自由贸易港与实施自由贸易试验区提升战略基本

---

① 任平：《为中国式现代化拓展发展空间——从自贸试验区、自由贸易港看高水平对外开放》，《人民日报》2024年9月18日第1版。

② 2013年9月27日，国务院批复成立上海自贸区；2015年4月20日，国务院批复成立广东自贸区、天津自贸区、福建自贸区；2017年3月31日，国务院批复成立辽宁自贸区、浙江自贸区、河南自贸区、湖北自贸区、重庆自贸区、四川自贸区、陕西自贸区；2018年10月16日，国务院批复同意设立海南自贸区；2019年8月2日，国务院批复设立山东自贸区、江苏自贸区、广西自贸区、河北自贸区、云南自贸区、黑龙江自贸区；2020年6月1日，中共中央、国务院批准《海南自由贸易港建设总体方案》；同年9月21日，国务院批复设立北京自贸区、湖南自贸区、安徽自贸区，扩展浙江自贸区；2023年10月21日，国务院批准设立新疆自贸区。

要求；2023年6月，国务院发布《关于在有条件的自由贸易试验区和自由贸易港试点对接国际高标准推进制度型开放的若干措施》，在北京、上海、广东等自贸区和海南自由贸易港对接高标准，扩大制度型开放与主动对接国际经贸规则进行试点；2023年9月，习近平总书记就深入推进自贸区建设做出要求，在全面总结十年建设经验基础上，在更广领域、更深层次进行探索和提升自贸试验区战略，努力建设更高水平自贸试验区；2024年政府工作报告提出，“赋予自贸试验区、海南自由贸易港等更多自主权，推动开发区改革创新，打造对外开放新高地”；2024年8月，习近平总书记主持召开中央全面深化改革委员会第六次会议审议并通过《关于实施自由贸易试验区提升战略的意见》。截至2024年年底，首批各自贸区（港）各项制度型开放试点工作逐步落地。

自贸区（港）建设是新时代高水平对外开放的战略支点，经过十年实践已经形成与“一带一路”共建国家相互促进，与京津冀协同发展、长江经济带、中部崛起、西部大开发、振兴东北老工业基地等战略相互支撑的格局，成为推动国民经济提质增效的新增长极。这一过程中，金融改革作为自贸区（港）相互配套制度创新机制，在广泛备受关注的同时往往被视为自贸区（港）深化改革核心引擎。这是因为，如今的中国，除了要面对全球产业链重构与高标准规则竞争，还亟须通过金融制度创新破解数据跨境流动、产业全链条集成等难题，为自贸区（港）高质量发展注入新动能。而这一研究背景凸显了金融改革在自贸区（港）建设中的战略价值，也为探索中国式现代化开放路径提供了理论支撑。

在现实中，有关自贸区（港）金融改革开放的观察与研究主要聚焦在人民币资本项目可自由兑换、金融服务业对外开放、人民币跨境使用、国际金融市场建设、金融监管等方面。从实践意义上讲，虽然一些自贸区（港）金融改革创新举措如自由贸易账户体系、跨境资金流动便利化等已显著提升了贸易投资自由化水平，但这些金融创新系统性效果如何？是否具有区域性特征？以及未来自贸区（港）金融改革的思路有哪些？这些问题都是值得我们系统性归纳和深入分析的，金融改革有效性仍需通过多维视角进行综合评估。既有文献从政策工具效能、[①] 区域适配路径[②]及评估方法创新[③]等层面开展相应研究，为本章研究提供很多有益借鉴。鉴于各自贸区（港）建设的国家战略顶层设计是与地方实践的场景创新相结合的产物，更多体现为区域性实践特征，为此，本章在系统收集近10年来各自贸区（港）金融创新约1000项案例基础上，以深化金融供给侧改革为目标导向，侧重于金融创新实践的区域性特征，系统评估和分析金融支持政策的实施效能。

一方面，本章界定的“有效性”包含三重内涵：一是制度突破性，即通过金融规则创新对接国际高标准经贸体系，形成可复制推广的制度型开放经验；二是经济拉动性，即以金融资源配置效率提升驱动产业结构升级、贸易投资便利化和区域协同发展；三是风险可控性，即在扩大开放进程中构建风险识别、压力测试和动态调整机制，防范系统性金融风险。这三重维度既体现金融支持的战略价值，又呼应自贸区（港）“试制度、促发展、防风险”的核心功能。

另一方面，本章构建“制度突破性—经济拉动性—风险可控性”为基础的三维分析框架，主要源于自贸区（港）差异化方案指引下，各不同自贸区（港）所开展的各项创新实践：东部沿海聚焦制度型开放，

① 巴曙松、柴宏蕊、方云龙等：《自由贸易试验区设立提高了金融服务实体经济效率吗？：来自沪津粤闽四大自贸区的经验证据》，《世界经济研究》2021年第12期；方云龙、刘佳鑫：《自由贸易试验区设立能促进企业创新吗？——来自创业板上市公司的经验证据》，《国际金融研究》2021年第9期；韩瑞栋、薄凡：《自由贸易试验区对资本流动的影响效应研究——基于准自然实验的视角》，《国际金融研究》2019年第7期。

② 支宇鹏、黄立群、陈乔：《自由贸易试验区建设与地区产业结构转型升级——基于中国286个城市面板数据的实证分析》，《南方经济》2021年第4期。

③ 刘杨、曲如晓、曾燕萍：《中国自由贸易试验区的政策效应评估》，《国际贸易问题》2021年第4期；王爱俭、方云龙、于博：《中国自由贸易试验区建设与区域经济增长：传导路径与动力机制比较》，《财贸经济》2020年第8期。

通过离岸金融、资本账户改革对接国际规则；中西部立足实体经济需求，以供应链金融、普惠服务破解融资约束；沿边地区依托地缘优势，构建特色跨境金融体系。不同区域的创新实践在制度突破、经济拉动与风险防控层面形成互补协同，共同支撑金融支持自贸区（港）建设的整体有效性。

进一步地，通过三维框架的系统性分析可见，金融支持自贸区（港）建设的有效性不仅体现为单一指标提升，更在于强调制度创新与经济效应的动态平衡以及突出区域禀赋与政策工具的适配性、构建开放与安全的协同机制。未来，需进一步优化政策工具的空间适配性，同时完善差异化考核体系，使东部侧重国际竞争力指标（如跨境结算份额）、中西部关注产融结合效能（如产业链融资覆盖率）、沿边地区强化地缘风险应对能力，最终形成全域联动的金融支持新格局。

总而言之，自贸区（港）金融改革经过十年探索，所形成的差异化实践案例进一步证明，唯有坚持“制度创新风险防控经验扩散”的动态平衡，方能将“试验田”转化为“高产田”；同时，基于对改革痛点的诊断、问题与挑战的精准识别，在制度供给优化、技术赋能与生态培育的协同中指明方向，最终实现自贸区（港）金融改革的提质增效。展望未来，需通过制度创新的空间适配性优化，构建“开放—安全—发展”的动态平衡机制，使自贸区（港）继续担当中国金融改革开放的先锋力量。

一　国家对外开放战略与自贸区（港）差异化方案

中国式现代化实现离不开国家对外开放战略有效实施。改革开放40多年来，中国先后通过设立经济特区和特殊经济功能区（如经济技术开发区、高新技术开发区、海关特殊监管区）以及国家级新区等，作为中国区域发展模式和吸引外资与发展外向型经济的载体与平台。自由贸易试验区［Free Trade Zone，FTZ，本文简称自贸区（港）］作为中国近 10 年来重要对外开放手段之一，[①] 与国际自贸区的差异性，主要体现为“三性”：一是“适应性”——在国际经贸变局下探索中国国情和法律框架下对外开放模式；二是“试验性”——中国自贸区建设是在比较优势、发展阶段不断变化状态下的一个动态过程；三是“主动性”——中国自贸区建设的核心任务是制度创新，从国家利益原则出发主动积极参与新一轮国际经贸治理框架的构建。

（一）自贸区（港）差异化方案——各自贸区（港）具有不同定位并各具特色

中国自贸区（港）作为一项国家对外开放试验制度和战略布局，自 2013 年 9 月建立中国（上海）自贸区以来以及其后几个批次的方案设计中，因各区所处的地理位置、资源禀赋等各不相同，具有各自的鲜明特点。因此，国家赋予各个自贸区（港）的战略定位也各有侧重。

表 22—1　　**中国自贸区（港）情况**

自贸区	批准文件及批准时间	战略定位	实施范围
上海	《中国（上海）自由贸易试验区总体方案》（2013 年） 《进一步深化中国（上海）自由贸易试验区改革开放方案》（2015 年） 《全面深化中国（上海）自由贸易试验区改革开放方案》（2017 年） 《中国（上海）自由贸易试验区临港新片区总体方案》（2019 年）	国际高标准自由贸易园区，投资贸易自由化便利化示范区，亚太供应链管理中心	上海市浦东新区（含临港新片区、120.72 平方千米）

① 一般是指在贸易和投资等方面比世贸组织有关规定更加优惠的贸易安排，即在境内关外设立的，以优惠税收和海关特殊监管政策为主要手段，以贸易自由化、便利化为主要目的的多功能经济性特区。

续表

自贸区	批准文件及批准时间	战略定位	实施范围
广东	《中国（广东）自由贸易试验区总体方案》（2015年）	粤港澳深度合作示范区，21世纪海上丝绸之路枢纽	广州南沙、深圳前海、珠海横琴（116.2平方千米）
天津	《中国（天津）自由贸易试验区总体方案》（2015年）	京津冀协同发展对外开放平台，北方国际航运核心区	滨海新区（119.9平方千米）
福建	《中国（福建）自由贸易试验区总体方案》（2015年）	两岸经济合作示范区，21世纪海上丝绸之路核心区	福州、厦门、平潭（118.04平方千米）
辽宁	《中国（辽宁）自由贸易试验区总体方案》（2017年）	东北老工业基地振兴引擎，面向东北亚开放合作枢纽	大连、沈阳、营口（119.89平方千米）
浙江	《中国（浙江）自由贸易试验区总体方案》（2017年）	国际大宗商品贸易自由化先导区，东部海上开放门户示范区	舟山群岛新区（119.95平方千米）
河南	《中国（河南）自由贸易试验区总体方案》（2017年）	服务“一带一路”的现代综合交通枢纽，内陆开放型经济示范区	郑州、洛阳、开封（119.77平方千米）
湖北	《中国（湖北）自由贸易试验区总体方案》（2017年）	长江经济带产业转型升级引领区，中部崛起战略支点	武汉、襄阳、宜昌（119.96平方千米）
重庆	《中国（重庆）自由贸易试验区总体方案》（2017年）	西部大开发战略支点，“一带一路”与长江经济带互联互通枢纽	两江新区、西永、果园港（119.98平方千米）
四川	《中国（四川）自由贸易试验区总体方案》（2017年）	西部门户城市开放引领区，内陆开放型经济新高地	成都天府新区、青白江铁路港（119.99平方千米）
陕西	《中国（陕西）自由贸易试验区总体方案》（2017年）	“一带一路”经济合作与人文交流重要支点，内陆型改革开放新高地	西安、杨凌、西咸新区（119.95平方千米）
海南	《中共中央　国务院关于支持海南全面深化改革开放的指导意见》（2018年）《海南自由贸易港建设总体方案》（2020年）	全面深化改革开放试验区，国际旅游消费中心，面向太平洋和印度洋的对外开放门户	全岛（3.54万平方千米）
山东	《中国（山东）自由贸易试验区总体方案》（2019年）	海洋经济创新发展高地，新旧动能转换试验区	济南、青岛、烟台（119.98平方千米）

续表

自贸区	批准文件及批准时间	战略定位	实施范围
江苏	《中国（江苏）自由贸易试验区总体方案》（2019年）	开放型经济发展先行区，实体经济创新发展和产业转型升级示范区	南京、苏州、连云港（119.97平方千米）
广西	《中国（广西）自由贸易试验区总体方案》（2019年）	西南中南开放发展新支点，面向东盟的国际陆海贸易新通道枢纽	南宁、钦州、崇左（119.99平方千米）
河北	《中国（河北）自由贸易试验区总体方案》（2019年）	京津冀协同发展先行区，国际商贸物流重要枢纽	雄安、正定、曹妃甸、大兴机场（119.97平方千米）
云南	《中国（云南）自由贸易试验区总体方案》（2019年）	西南开放发展试验田，面向南亚东南亚辐射中心	昆明、红河、德宏（119.86平方千米）
黑龙江	《中国（黑龙江）自由贸易试验区总体方案》（2019年）	对俄合作重要窗口，东北亚区域合作中心枢纽	哈尔滨、黑河、绥芬河（119.85平方千米）
北京	《中国（北京）自由贸易试验区总体方案》（2020年）	全球科技创新中心，服务业扩大开放先行区	科技创新片区、国际商务服务片区、高端产业片区（119.68平方千米）
湖南	《中国（湖南）自由贸易试验区总体方案》（2020年）	中部崛起战略核心区，长江经济带与粤港澳大湾区联动发展枢纽	长沙、岳阳、郴州（119.76平方千米）
安徽	《中国（安徽）自由贸易试验区总体方案》（2020年）	科技创新与产业融合发展试验区，长三角一体化发展新引擎	合肥、芜湖、蚌埠（119.86平方千米）
新疆	《中国（新疆）自由贸易试验区总体方案》（2023年）	西北沿边开放新高地，联通欧亚的综合物流枢纽	乌鲁木齐、喀什、霍尔果斯（含新疆生产建设兵团区、约179.66平方千米）

资料来源：笔者根据各自由贸易试验区官网整理。

（二）国家对外开放战略与自贸区（港）差异化发展的协同演进

中国自贸区（港）经过十多年建设，国家对外开放战略从“要素流动开放”向“制度型开放”的核心载体转型。在“一带一路”倡议、区域协调发展战略与双循环新发展格局的叠加效应下，自贸区（港）的差异化布局不仅体现了地理禀赋与功能定位的适配性，更折射出国家战略在不同空间尺度上的实践逻辑。这种差异化发展并非简单的政策倾斜，而是通过制度创新、区域协同与风险防控的动态平衡，构建起多层次、多维度的开放体系。

1. 在国家战略框架下从地理空间到制度空间进行功能重构

自贸区（港）的功能定位已超越传统意义上的贸易便利化，转向全球资源配置与制度型开放的深度探索。沿海型自贸区（港）（如上海、广东）凭借其区位优势与国际接轨基础，率先承担起制度型开放的试验任务。[①] 例如，上海自贸区通过FT账户体系实现跨境资金流动自由化，2023年FT账户收支总额突破20万亿元，原油人民币结算量达8000万吨，占全球第三。[②] 广东自贸区则依托粤港澳大湾区战略，推动规则衔接的“软联通”创新，将“一国两制”的制度差异转化为协同优势。

内陆型自贸区的战略价值在于破解“地理劣势”与“开放需求”的悖论。重庆自贸区通过中欧班列枢纽建设，将国际物流成本降低20%，智能网联汽车测试里程超100万千米，形成“通道经济”与“产业经济”的共振效应；河南自贸区以“空中丝绸之路”为纽带，卢森堡货航周航班量增至15班。沿边型自贸区的突破则体现在跨境合作的制度创新上。云南自贸区首创“电商+互市”模式，边民互市人民币结算占比达92%，中老铁路沿线光伏项目集群的建设，将绿色能源合作嵌入区域产业链重构；黑龙江自贸区对俄跨境电商占全省进出口额的85%，年进口俄罗斯大豆超百万吨。[③]

海南自贸港作为最高水平开放形态的试验田，它的独特价值在于，它不仅是对接东南亚市场的战略支点，更是中国参与国际高标准规则制定的“压力测试场”。例如，其数据跨境流动管理制度直接对标

① 刘慧：《自贸试验区为推进高水平对外开放探索新路径》，《中国经济时报》2024年9月3日第1版。

② 赵桂德：《立足自贸区提升战略，赋能上海国际金融中心建设》，《清华金融评论》2024年第11期。

③ 马维维：《黑龙江构筑向北开放新高地》，《经济日报》2024年2月17日第2版。

CPTPP、DEPA 等数字贸易规则，为全国层面的制度型开放积累经验。

2. “一带一路”倡议与自贸区（港）的协同效应

自贸区（港）与“一带一路”的联动机制，本质上是国家战略在空间维度上的嵌套与延伸。陆海新通道建设打破了传统的东西向开放轴线，形成“沿海内陆沿边”联动的立体化网络。广西自贸区通过海铁联运班列覆盖 7 省，2023 年货运量增长 45%；① 云南依托中老铁路使跨境运输成本降低 30%；② 郑州“空中丝绸之路”跨境电商进出口额突破 1400 亿元；③ 西安国际港务区集结中心覆盖中亚五国。以上显示出内陆自贸区如何通过枢纽建设重构全球供应链节点。

国际产能合作的深化则体现了自贸区（港）的产业链整合能力。如江苏自贸区在“一带一路”共建国家建成 13 个境外园区，安徽奇瑞汽车海外生产基地覆盖 20 国，形成“国内研发+海外制造”的分工模式。北京自贸区设立的 500 亿元“一带一路”绿色投资基金，浙江自贸区国际油气交易中心年交易额破万亿元，则显示出金融工具在资源配置中的杠杆作用。更深层的意义在于，自贸区（港）通过规则对接为“一带一路”提供制度型公共产品。

3. 在区域协调发展中实现区域制度融合

自贸区（港）的区域协同机制，本质上是通过制度创新破解行政区划对要素流动的束缚。在京津冀协同发展中，三地自贸区形成“研发制造物流”的功能链重构：北京聚焦数字经济（占比超 50%），天津垄断全国 90%的飞机租赁业务，河北曹妃甸港货物吞吐量达 5 亿吨。这种分工不仅基于比较优势，更通过跨区域通关一体化（通关时间压缩

---

① 交通运输部：《广西高水平共建西部陆海新通道放大“通道+经贸+产业”联动效应》，https://www.mot.gov.cn/jiaotongyaowen/202408/t20240820_4150716.html。

② 舒晓婷：《货运总量突破 5000 万吨！中老铁路“黄金大通道”效应持续释放》，《21 世纪经济报道》2025 年 1 月 16 日。

③ 王延辉、郭北晨：《国际货运航线开年密集“上新”开放河南畅通“买卖全球”》，《河南日报》2025 年 1 月 4 日。

40%）、高新技术企业互认（超1.2万家）等制度创新，实现要素配置效率的提升。碳排放权交易市场协同机制的建立，则显示出区域协同已从经济领域延伸至环境治理层面。①

粤港澳大湾区的规则衔接更具制度突破意义。职业资格互认扩展至建筑、医疗等8个领域，湾区标准制定达183项，前海深港国际法务区引入42家机构，这些创新实质是在“一国两制”框架下探索制度融合的第三条路径。跨境理财通试点两年交易额破3000亿元，科研资金跨境拨付超50亿元，人才签注发放超10万人次，这些数据折射出要素流动壁垒的实质性破除。这种制度融合不仅服务于大湾区内部协同，更通过对接国际高标准规则（如香港普通法体系），为中国参与全球治理提供试验样本。②

4. 差异化路径的实践逻辑与制度创新

自贸区（港）的差异化发展路径，本质上是将国家战略的顶层设计与地方实践的场景创新相结合。沿海型自贸区的制度型开放试验，主要聚焦全球规则制定权的争夺，例如上海自贸区通过原油期货市场与科创板建设，不仅吸引全球资本集聚，更在能源定价与科技金融领域形成规则输出能力。而内陆型自贸区的发展逻辑在于通过枢纽经济重塑区位价值。重庆自贸区依托中欧班列构建“哑铃型”供应链体系，将内陆腹地转化为连接欧亚的枢纽节点；湖北“光芯屏端网”集群贡献全国15%的存储芯片产能。这些实践表明，内陆开放并非对沿海模式的简单复制，而是基于自身禀赋的路径创造。

沿边型自贸区的突破性在于将地缘劣势转化为合作优势。黑龙江自贸区对俄跨境电商贸易以及冰雪经济与农业跨境产业链的协同发展，则

① 吴越、杜晨薇：《雁阵齐飞，全国自贸区以联动协同服务新发展格局》，上观新闻，2023年9月20日。

② 唐志勇、王佳莹、陈林等：《海南自由贸易港与粤港澳大湾区相向发展：协同治理与协调发展》，《国际经贸探索》2024年第12期。

为东北振兴提供了开放维度的新思路。新疆自贸区建设中吉乌公铁联运枢纽与跨境数据中心集群，则体现出“能源安全”与“数字丝绸之路”的战略统筹。

海南在2025年封关运作后，通过物理空间隔离构建起制度创新的“安全试验场”，为对接CPTPP、DEPA等高标准规则提供压力测试环境。这种“以空间换时间”的改革方法论，正是中国渐进式开放智慧的集中体现。

二　自贸区（港）金融改革：主要成效、区域性特征及存在问题

自2013年上海自贸区设立以来，在中央“因地制宜、分类施策”智慧指引和差异化布局下，自贸区（港）基本形成“沿海引领、内陆支撑、沿边突破”的立体化开放体系，其金融改革在制度创新、服务实体、风险防控等领域取得显著成果，成为推动高水平对外开放的核心引擎。

（一）自贸区（港）金融改革的主要成效

1. 阶段性制度型开放取得突破

自贸区（港）逐步构建与国际接轨的金融规则体系。2023年，上海自贸区FT账户总数突破14万个，自2014年启动至2023年累计结算163.1万亿元，[①] 特斯拉通过FT账户实现资本金境内划转效率提升70%；[②] 海南EF账户2024年收支同比增长89.07%；[③] 天津自贸区融资

① 许素菲：《自贸区十周年：设立本外币一体化自由贸易账户，上海自贸区首创一套风险可控的金融审慎管理制度》，浦东发布，2023年10月1日。

② 裴长洪、崔卫杰、赵忠秀等：《中国自由贸易试验区建设十周年：回顾与展望》，《国际经济合作》2023年第4期。

③ 王晓斌：《海南自贸港FT账户、EF账户业务快速发展》，中国新闻网，2025年2月11日。

租赁资产规模达 1.2 万亿元，占全国 75%；截至 2024 年年末，广东“跨境理财通”累计汇划 856.74 亿元，推动粤港澳金融市场深度协同。[①] 同时，金融服务业开放已从早期的“正面清单”管理转向“负面清单”模式，形成梯度推进的开放格局。2013—2015 年，首轮开放聚焦银行保险领域，汇丰前海证券成为首家外资控股券商；2016—2018 年，证券资管领域突破，贝莱德设立首家外商独资公募基金；2019 年后，期货、征信等领域相继开放，摩根大通期货成为首家外资全资机构；2022 年，金融基础设施开放提速，纳斯达克中国金融科技中心落地上海。

2. 人民币国际化实现阶梯式跨越

自贸区（港）作为人民币国际化的试验田，正推动人民币从贸易结算货币向投资货币、储备货币的阶梯式跨越。2024 年，上海原油期货成交额 28.78 万亿元，规模居全球第三；[②] 浙江自贸区油气贸易跨境人民币结算累计突破 5000 亿元，舟山保税燃料油加注实现 100%人民币计价；[③] 2024 年，广西“海运互市”进口东盟商品人民币结算 1.72 亿元，占同口径本外币结算量之比达 97.18%；[④] 云南中老铁路沿线支付便利化建设成效显著，磨憨站、昆明南站等重点车站实现境外银行卡刷卡服务全覆盖，并布设 ATM 机支持境外旅客取现，同时分阶段推进 171 个重点商户境外卡受理；[⑤] 海南自贸港发行首单离岸绿色债券，利率较境

---

① 潘婷：《去年广东社会融资规模增量达 2.4 万亿元，“跨境理财通” 2.0 日均开户量较升级前增长了 1.5 倍》，每日经济新闻，2025 年 1 月 22 日。

② 崔蕾：《上海原油期货上市六年，产业运用渐入佳境》，《期货日报》2024 年 3 月 26 日。

③ 《中国（浙江）自由贸易试验区 2024 年上半年发展报告》，浙江省商务厅官网；舟山市港航和口岸管理局，《2024 年保税燃料油加注业务统计公报》。

④ 杨喜孙、彭鑫云：《广西跨境人民币结算量再创历史新高》，《金融时报》2025 年 2 月 18 日。

⑤ 云南省交通运输厅：《云南：银铁携手 进一步提升铁路多样化支付服务》，云南省交通运输厅官网，2024 年 6 月 25 日。

内低 1.2 个百分点，[①] 离岸人民币债券市场创新加速。

3. 金融市场体系创新不断

离岸金融中心建设呈现“三足鼎立”格局。其中，上海聚焦全球资产定价，原油期货、黄金国际板交易量分别位居全球第三和第一；[②] 海南发展新型离岸贸易，离岸债券与 REITs 创新加速，2023 年离岸贸易额突破 2000 亿元；[③] 香港巩固离岸人民币枢纽地位，人民币存款余额超 1.2 万亿元，点心债发行规模占全球离岸市场 76%。这种分工既避免同质竞争，又形成协同效应——上海提供定价基准，海南试验新型业态，香港发挥清算功能。[④]

4. 金融服务实体经济效能显著提升

差异化金融创新精准匹配区域发展需求。中西部自贸区通过供应链金融破解产业链融资瓶颈，重庆累计签发铁路提单超 8000 份，多式联运相关融资规模达 4.7 亿元，区块链电子提单实现无抵押融资，企业资金周转效率显著提升；[⑤] 陕西秦信融平台累计撮合交易 387.97 亿元，注册企业 24.5 万家，覆盖全省钛产业链等供应链金融创新。[⑥] 绿色金融改革深化，湖北碳市场累计成交额突破 102 亿元，连续 10 年履约率 100%，试点碳市场交易规模全国第一，绿电减排量抵消机制降低企业履约成本，推动生态产品价值转化。[⑦] 沿边自贸区构建特色跨境结算网

---

① 冯学知：《海南在港发债 30 亿 峰值订单规模创新高》，人民网，2024 年 10 月 18 日。

② 中国人民银行上海总部专项课题组、金鹏辉：《上海在岸金融中心与离岸金融中心联动发展研究》，《科学发展》2023 年第 11 期。

③ 徐文彬：《海南自贸区离岸金融中心建设构想》，《开放导报》2019 年第 5 期。

④ 杨小海：《上海与香港国际金融中心建设的定位比较》，《清华金融评论》2024 年第 1 期。

⑤ 李晓婷：《锚定现代化 改革再深化丨一个西部物流园联通世界的改革“密码”》，新华社，2024 年 8 月 5 日。

⑥ 陕西省发展和改革委员会：《陕西信用信息共享纾解企业融资难 撮合交易 387.97 亿元》，信用中国（陕西），2023 年 11 月 13 日。

⑦ 涂梦蝶、李斌：《交易规模全国第一！湖北碳市场履约率连续 10 年保持 100%》，极目新闻，2025 年 2 月 22 日。

络，新疆自贸区企业发行西北首单 6.4 亿元莲花债及 7450 万美元境外债，吸引港澳资本支持“一带一路”建设。①

5. 风险防控体系逐步完善

自贸区（港）金融监管在开放与安全之间寻找动态平衡，通过科技赋能的监管新模式，使得监管体系正从“被动防御”转向“主动治理”。上海“金融风险监测预警 3.0 系统”可疑交易识别准确率达 98.7%，横琴“电子围网”区块链技术实现资金流向秒级追踪。差异化风险防控机制成型，沿海地区聚焦热钱流动监测，沿边地区严控走私洗钱，广东自贸区“三反监测系统”使可疑交易识别率提升 45%，江苏企业外汇套保比例升至 68%；② 海南自贸港建立离岸金融风险“防火墙”，通过分账核算体系隔离跨境资金波动，2023 年短期资本流动波动率下降 32%。

（二）自贸区（港）金融改革的区域性特征

国家战略的顶层设计为自贸区（港）金融改革锚定方向，而区域性创新实践则是战略落地的具象化表达。《中国自由贸易试验区发展报告（2023—2024）》统计显示，截至 2024 年年底，全国自贸区（港）自贸试验区（港）累计形成金融创新案例超 1000 项，其中 40%已在全国复制推广。本章基于最新政策动态与典型案例，构建“东部沿海国际化金融枢纽建设—中西部产融结合与普惠金融探索—沿边跨境金融与边境贸易便利化”的三维分析框架，系统梳理不同区域自贸试验区（港）差异化发展路径，形成具有地域特色的金融改革范式，揭示制度突破的内在逻辑与未来趋势。

---

① 王永飞：《新疆自贸试验区企业境外债发行连获突破》，中国一带一路网，2024 年 3 月 8 日。

② 姚进：《推动商业银行外汇业务流程再造》，《经济日报》2024 年 1 月 4 日第 7 版。

1. 东部沿海自贸区侧重于国际化制度建设

东部沿海自贸区在离岸金融、资本开放与制度型创新领域取得突破性进展。上海自贸区通过 FT 账户体系构建了本外币一体化、风险可控的离岸金融市场，截至 2025 年 6 月，FT 账户累计结算规模突破 180 万亿元，支撑全国 65% 的离岸债券发行。① 某生物医药企业通过 FT 账户实现跨境研发资金归集，资金周转效率提升 40%，汇兑成本降低 25%。上海环境交易所推出的碳中和 ETF 规模在 2025 年突破 300 亿元，引导资本流向 300 余个低碳项目；上海国际能源交易中心（INE）推动人民币在大宗商品定价权上的突破，2024 年完成首单 200 万桶原油数字人民币跨境结算，带动人民币在全球能源结算中的份额提升至 6.2%。②

广东自贸区 2025 年升级的“跨境理财通 3.0”机制将个人额度提升至 500 万元，并纳入私募股权基金与 REITs 产品，上半年交易规模突破 6000 亿元，其中“南向通”占比达 62%。横琴 EF 账户体系实现澳门资本“无缝衔接”，广汽集团在澳门发行 15 亿元离岸绿色债券，融资成本较境内低 1.2 个百分点，而澳资企业跨境结算成本降低 35%，2025 年第一季度账户余额突破 1200 亿元，支撑离岸贸易结算量同比增长 240%。③

2. 中西部自贸区侧重于产融结合与普惠金融的实践探索

中西部自贸区立足产业基础与实体经济需求，通过产业链金融创新与普惠金融改革破解发展瓶颈。重庆自贸区创新中欧班列金融服务，某汽车进口企业通过铁路提单融资，资金周转周期从 45 天缩短至 10 天，推动平行进口车业务增长 160%；配套的“渝新欧贷”产品累计发放贷款 200 亿元，服务企业超 3000 家。④ 陕西创新供应链票据融资模式，建立“核

---

① 马婕、陆骏：《FT 账户这 10 年：在上海，做全球生意》，新浪财经，2024 年 7 月 17 日。

② 中国（上海）自由贸易试验区：《中国（上海）自由贸易试验区十周年发展情况》。

③ 横琴粤澳深度合作区金融发展局：《横琴粤澳深度合作区金融改革创新情况》。

④ 黄光红：《以内陆开放创新推动金融互联互通　重庆打好西部金融中心“国际牌”》，《重庆日报》2025 年 2 月 19 日。

心企业+区块链+金融机构”协同机制。例如，某装备制造企业通过供应链票据融资 1000 万元，带动上下游 2 家中小企业获得信贷支持，产业链融资成本下降 0.9 个百分点；[①] 全省通过“供链融通”平台累计撮合融资 387.97 亿元，覆盖 24.5 万家企业，综合融资成本 2.7%。[②]

湖北自贸区构建的“财智服务平台”整合 25 个政府部门数据，建立中小微企业信用画像模型。平台上线后，首贷户占比提升至 40%，平均贷款利率下降 1.2%。[③] 四川自贸区推出的“天府科创贷”建立 10 亿元风险补偿资金池，科技型中小企业获贷率提升至 75%，户均贷款规模达 500 万元。重庆自贸区搭建的跨境金融区块链平台将出口应收账款融资办理时间压缩至 10 分钟，服务企业超 2 万家，不良率控制在 0.3%以下。[④] 河南自贸区首创的多式联运提单质押融资模式，帮助某物流企业凭“一单制”电子提单获得 1200 万元贷款，破解传统物流金融的确权难题。

区域特色金融与乡村振兴的结合成为中西部改革的亮点。陕西杨凌片区创新“生物资产抵押+保险+期货”模式，某果业企业通过苹果期货套保获得 5000 万元贷款，带动 2 万农户增收 30%。四川建立的“乡村振兴板”累计为 35 家农业企业实现直接融资 15 亿元，配套“惠农 e 贷”产品余额突破 800 亿元，构建起“资本市场+信贷支持”的双轮驱动体系。[⑤]

3. 沿边自贸区侧重于边境贸易便利化与跨境金融改革实践

广西自贸区建立面向东盟的跨境人民币结算网络，2025 年边贸人民币结算占比提升至 85%。创新的“银行+市场采购+跨境电商”模式使某边

---

① 《助力小微企业，扶植民营经济——全国首批、陕西首单供应链票据再贴现业务成功落地》，西部网，2020 年 12 月 24 日。

② 陕西自贸试验区西安管委会：《自贸向西看·典型案例 | 科创企业票据融资新模式》。

③ 张爱虎：《会计数据变融资“金钥匙”：湖北小微企业获信贷支持》，《湖北日报》2025 年 3 月 5 日。

④ 黄光红、季敏：《跨境金融服务平台帮助渝企实现融资与结算超 520 亿美元》，《重庆日报》2024 年 8 月 13 日。

⑤ 中国农业发展银行四川省分行：《金融支持四川县域经济高质量发展》，《人民日报》2024 年 12 月 24 日。

贸企业通过“桂惠通”平台实现资金秒级到账，结算成本降低50%。云南磨憨口岸通过“边互通”App深化边民互市数字化场景，2023年上半年实现跨境人民币结算67.58亿元，[①]覆盖南亚东南亚国家。中老铁路支付服务示范区建设同步推进，磨憨站等重点站点支持外卡取现和零钞兑换，沿线完成151户境外银行卡受理商户改造（改造率86%），推动跨境支付便利化。[②]黑龙江自贸区深化对俄金融合作，建立卢布现钞跨境调运机制，2024年调运规模达60亿卢布，2025年进一步扩大至80亿卢布。黑河片区创新的“边民互市+融资担保”模式，使3万边民通过互助组获得贷款15亿元，推动互市贸易额增长85%。[③]新疆自贸区在霍尔果斯试点离岸人民币试验区，某能源企业通过离岸人民币债券募集资金12亿元，融资成本较美元债低1.5个百分点，带动中亚地区人民币使用率提升至18%。

在风险防控层面。中国云南德宏州与缅甸木姐建立银行定期会晤机制，27家中缅银行参与合作，缅甸8家银行以间接参与者身份加入CIPS（人民币跨境支付系统），推动中缅人民币跨境直汇通道全面打通。截至2024年年末，德宏州6家银行可办理中缅人民币直汇业务，中国工商银行“中缅通”结算服务能力持续提升[④]。新疆自贸区深化“口岸金融联合监管”模式，建立跨境资金流动监测指标体系和全链条资本治理体系，协同海关、外汇等部门实现全流程风险管控。2024年，新疆通过强化反洗钱执法和非法金融活动打击，推动金融监管与“一带一路”跨境合作深度融合。[⑤]

---

① 《边互通App助力云南边境互市贸易发展》，《昆明日报》2023年8月22日。

② 刘怡：《中老铁路支付服务示范区建设启动》，人民网，2024年5月25日。

③ 李红、石俊璞：《中国（黑龙江）自贸试验区对俄合作优势研究——基于哈尔滨片区》，《北方经贸》2024年第5期。

④ 德宏州人民政府办公室政府信息与政务公开办：《德宏谱写面向南亚东南亚辐射中心金融合作新篇章》，德宏政务微信公众号，2025年2月10日。

⑤ 新疆维吾尔自治区商务厅：《深化新疆自贸试验区金融服务和开放创新》，新疆维吾尔自治区商务厅官网，2024年8月14日。

（三）自贸区（港）金融改革的问题与挑战

整体而言，中国自贸区（港）金融改革已形成“东部引领开放、中部支撑实体、沿边特色突破”的格局。东部沿海依托制度型开放对接国际规则，但需警惕金融空转风险；中西部通过产融结合服务实体经济，但金融深度仍需提升；沿边地区构建特色跨境体系，但产品丰富度有待加强。相关的数据显示，东部自贸区金融业增加值占 GDP 比重达 20%，但产融结合指数为 0.7；中西部产融结合指数达 0.85，但金融深度仅为东部的 60%；沿边地区跨境金融渗透率提升至 45%，但地缘政治风险传导需高度关注。①

具体而言，当前的自贸区（港）金融改革所面临的问题与挑战主要表现在以下几个方面。

1. 政策碎片化与改革协同性不足

区域性创新实践虽取得显著成效，但深层次矛盾亦随改革深化逐步显现，金融改革的政策协同性不足，已成为制约制度创新效能的核心障碍。上海自贸区的 FT 账户与广东横琴的 EF 账户虽同属自由贸易账户体系，但功能定位差异显著。上海 FT 账户侧重本外币一体化管理，允许离岸转手买卖事后抽查；横琴 EF 账户则针对澳门资本流动特点，增设跨境资金池归集与离岸汇率定价功能。这种制度差异及碎片化导致跨区企业面临规则转换成本且合规成本高企。例如，某跨国制造企业利用上海自贸区 FT 账户向东南亚供应商支付离岸贸易货款时，因 FT 账户“跨二线”仅允许人民币划转且需逐笔审核贸易背景，而其在横琴子公司使用 EF 账户向澳门支付技术授权费时，却可凭付款指令直接完成澳门元结算并享受“同名账户跨二线渗透”额度（所有者权益 1 倍），导致企

① 程翔、杨宜、张峰：《中国自贸区金融改革与创新的实践研究——基于四大自贸区的金融创新案例》，《经济体制改革》2019 年第 3 期。

业需为同一笔跨境业务在上海和横琴分别配置两套财务团队以应对规则差异，全年合规成本增加或逾百万元。[①]

区域政策差异催生监管套利行为。例如，天津自贸区外债备案制与重庆 QFLP 余额管理制的政策落差催生监管套利。[②] 天津自贸区对融资租赁企业外债额度实行备案制，允许跨境直投；重庆自贸区 QFLP 试点则采用余额管理制，外资退出需经多部门审核；这种政策落差导致 2023 年 17 家租赁企业将注册地迁至天津，利用更宽松的外债政策降低融资成本，形成“政策洼地”效应。据央行统计，2023 年自贸区间监管套利导致的资本异常流动规模达 480 亿元。中央与地方政策衔接不畅进一步加剧矛盾，福建自贸区试点“两岸征信数据互通”时，因与《个人信息保护法》跨境数据传输条款冲突，导致 3 家银行因数据合规问题被处罚，类似问题在 35%的地方特色金融创新项目中存在。

跨区域协同的障碍同样显著。虽然长三角地区推进一体化战略，但上海与江苏自贸区在跨境人民币使用领域仍存在政策壁垒。苏州某科技公司因江苏外债额度限制（净资产 1 倍）与上海自贸区高新技术企业便利化额度（1000 万美元）差异，被迫在上海设立研发中心并申请高新技术资质，通过自贸区 FT 账户融资，年均增加资质维护、跨境结算及税务调整成本 120 万元。类似“政策套利”案例在长三角制造业中占比约 15%，[③] 严重制约区域金融协同效应。粤港澳大湾区虽建立“粤信融”跨境数据验证平台，但三地数据标准差异导致信息利用率不足 60%，金融数据流通效率较纽约湾区低 40 个百分点。中欧班列沿线自贸区的金融基础设施割裂问题同样突出，重庆创新的铁路提单融资因沿

① 法询金融研究院：《NRA、OSA、FTN 及 EFN 账户，使用场景与方法详解》，法询金融研究院微信公众号，2025 年 3 月 6 日。

② 王旭阳、肖金成、张燕燕：《我国自贸试验区发展态势、制约因素与未来展望》，《改革》2020 年第 3 期。

③ 《中国人民银行扩大全口径跨境融资宏观审慎管理试点》，中国人民银行官方网站，2016 年 1 月 22 日。

线国家清算系统不兼容，2023 年仍有 31%的班列贸易采用第三方货币结算，汇率风险增加。①

政策传导机制梗阻进一步削弱改革实效。海南自贸港多功能账户（EF 账户）的本外币兑换便利政策因商业银行系统改造滞后，落地首年仅 12%的企业实际使用该功能。某航运企业反映，EF 账户跨境支付耗时比传统账户多 1.5 个工作日，与政策承诺存在落差。天津融资租赁司法听证制度在基层法院执行中标准不统一，同类型案件审理时间相差达 47 天，导致 34%的租赁企业选择异地诉讼，维权成本增加。现有评估机制重数量轻质量，陕西自贸区 2023 年推出的 27 项金融创新中，仅 9 项建立效果跟踪机制，“票据融资绿色通道”等政策实际惠及企业不足申报量的 15%。②

2. 风险防控压力持续累积

自贸区（港）金融开放带来的风险防控压力日益凸显。上海自贸区 FT 账户 2023 年跨境收支规模达 142 万亿元，其中 35%为短期套利资金。某外资机构利用 FT 账户与在岸市场利差进行跨境同业拆借套利，单笔交易收益率达 4.2%，引发银行间市场隔夜利率波动率增加 1.8 个百分点。广东自贸区“跨境理财通 2.0”额度提升至 300 万元后，异常交易占比从 0.7%升至 2.3%，2023 年某地下钱庄通过虚构投资标的转移资金 17 亿元，暴露跨境产品审核机制漏洞。汇率风险传导加速，天津自贸区融资租赁企业外债规模达 800 亿元，美元负债占比 72%，美联储加息导致 2023 年汇兑损失超 28 亿元，某飞机租赁公司利润被侵蚀 5.7%。③

新型金融风险衍生对监管提出了更高要求，在开放与监管之间寻找平衡点容易变成一道难题。上海数字人民币跨境结算虽实现“支付即结

① 家俊辉：《自贸试验区金融创新：深化制度型开放，探索金融改革新路径》，《21 世纪经济报道》2024 年 6 月 23 日。

② 余宗良、申婷：《制度创新促进自贸试验区提升若干思考：基于结构—行动—绩效模型的分析》，《开放导报》2023 年第 4 期。

③ 李云山：《打造租赁金字招牌支持天津自贸试验区建设国家租赁创新示范区》，《中国外汇》2023 年第 15 期。

算”，但区块链节点数量不足导致系统吞吐量受限，2023 年“双十一”高峰时段出现 4 次交易延迟，单笔最长延迟达 37 分钟，技术缺陷可能引发结算信用风险。重庆区块链融资平台累计放贷 500 亿元，但智能合约的法律效力尚未明确，导致 3 起合同纠纷陷入法律真空。前海跨境数据验证平台处理个人信息超 10 亿条，加密算法未达到欧盟 GDPR 要求的抗量子级别，存在数据泄露隐患，安全标准差异导致 28%的跨境金融科技合作项目受阻。

监管能力建设滞后加剧风险敞口。现有风险监测系统对复杂交易的识别准确率仅为 68%，某自贸区银行通过 56 个关联账户进行嵌套交易，规避反洗钱监测长达 9 个月。监管科技投入占比不足金融机构 IT 预算的 3%，制约监测效能。粤港澳三地监管联席会议每年仅召开 2 次，信息共享延迟导致 2023 年某跨境保险诈骗案查处延误 42 天，协作效率较纽约伦敦模式低 60%。人才储备结构性缺口突出，自贸区金融监管队伍中具有跨境经验人员占比不足 15%，某片区 2023 年招聘的 23 名监管人员中仅 2 人熟悉国际金融规则。[①]

3. 可复制性受制于区域禀赋

自贸区（港）金融创新的可复制性受制于区域特色与普适性矛盾。天津融资租赁创新高度依赖飞机、船舶等重资产行业，其全球领先地位建立在港口物流、司法配套等综合优势之上。中西部自贸区复制该模式时，因缺乏产业基础，2023 年平均租赁资产规模仅为天津的 7. 3%。福建对台金融创新依赖两岸经贸往来，2023 年台资企业贡献该片区 65%的跨境人民币结算量，河南复制“两岸银团贷款”模式后，实际业务量不足福建的 3%。重庆铁路提单融资创新适配中欧班列运输场景，但在海运主导的贸易中适用性有限，某东部港口城市试行该模式时业务增量不足 1. 2%。

---

① 连平：《自贸试验区：在开放创新与风险防范之间找准平衡点》，《金融时报》2023 年 9 月 27 日。

制度环境差异进一步限制政策移植。海南自贸港"多功能账户"体系依据《中华人民共和国海南自贸港法》创设，其他自贸区缺乏同等立法保障，某东部自贸区试行类似账户时因法律依据不足被叫停。浙江自贸区油气贸易金融创新依赖高度市场化定价机制，而中西部市场化指数较低，某西部自贸区试行油气现货交易平台日均交易量不足浙江的5%。[①] 风险承受能力差异导致政策复制需复杂调整，上海自贸区允许0.5%的跨境资金异常波动，而中西部金融体系脆弱性较高，同等开放尺度可能引发系统性风险。[②]

配套支撑体系断层削弱复制效果。广东自贸区跨境金融区块链平台接入 SWIFT GPI 系统，实现秒级跨境支付，中西部支付清算系统升级滞后，同类业务处理时间长达 2 小时。前海 QFLP 试点依托 111 家管理企业（含港资九成）形成跨境投资便利化生态，而新设自贸区如山东烟台通过创新模式吸引外资，但机构数量和跨境投资工具（如总量管理、QDIE 资格联动）仍显著少于前海；长三角征信链整合 1.92 亿条信用信息，覆盖 2289.5 万家企业，而西南地区如云南通过"云科贷"风险补偿机制缓解信用数据短板（2023 年服务 1100 家企业），但数据维度和金融机构接入量（如仅建行、农行等试点）仍远低于东部。[③]

三　自贸区（港）金融改革：未来趋势与差异化策略

构建梯度开放新格局是中国自贸区（港）整体顶层设计之初衷，这种差异化布局和发展背景决定了区内未来金融改革会有不同的侧重点且在差

① 何柏略：《金融改革的制度创新与发展展望》，《经济导刊》2023 年第 3 期。

② 张慧君：《有效防范政策叠加导致非预期风险》，《学习时报》2023 年 12 月 20 日。

③ 云南省科技厅、云南省财政厅、中国人民银行云南省分行等：《云南省科技贷款损失风险补偿资金管理办法》，信用云南，2025 年 2 月 21 日。

异化路径中寻求突破。基于前十年自贸区（港）改革经验，研判沿海区、内陆区和沿边区三地自贸区（港）未来将呈现趋势是：沿海引领区（如上海、广东）应聚焦 CPTPP、DEPA 规则对接，在数据跨境流动、知识产权保护等领域先行先试；内陆提升区（重庆、湖北）需强化陆港金融与产业链融合，建设中欧班列数字贸易走廊；沿边突破区（云南、新疆）可探索跨境电力贸易人民币结算、数字边民互市等新模式。

（一）自贸区（港）金融改革的未来趋势

问题与挑战的精准识别为策略优化指明方向。各自贸区（港）金融改革除了聚焦服务各区实体经济及其产业（尤其是区内企业金融活动诉求）以外，还要基于各自贸区（港）对改革痛点的自身诊断，需构建差异化发展策略与保障体系，在制度供给、技术赋能与生态培育的协同中寻求突破，最终实现自贸区（港）金融改革的提质增效。

1. 在制度创新与区域禀赋之间实现深度耦合

东部沿海通过离岸金融争夺全球定价权（如上海原油期货）、中西部以产融结合破解实体瓶颈（如重庆铁路提单融资）、[①] 沿边地区依托跨境结算激活地缘优势（如云南数字边贸），证明改革需立足区域资源禀赋，避免“一刀切”政策导致的资源错配。

2. 在开放与安全动态中寻找平衡机制

随着数字化转型深化和产业链风险预警机制与数据跨境评估中心安全体系重构，自贸区（港）要将“政策红利”固化为“制度红利”，要在完善跨区域监管协作机制的同时破解“监管套利”难题。如海南“压力测试+防火墙”模式、上海“宏观审慎+微观监管”双支柱框架、横琴“红黄蓝”预警体系，为全国统筹金融开放与安全提供方法论。

---

① 李世杰、崇菲菲、黄锦程：《自贸试验区设立对产业协同集聚的影响效应——基于制度创新的维度》，《南京财经大学学报》2023 年第 3 期。

3. 构建政策试验与制度红利有效空间传导机制

自贸区要探索“共商共建共管”创新模式，通过“核心模块+区域插件”机制实现经验扩散。FT 账户、QFLP 等核心模块已在全国复制，区域插件（如粤港澳规则衔接、成渝供应链金融）则为特定领域改革提供定制化方案。

4. 在数字金融创新领域实现突破

中国在数字货币跨境应用领域的创新实践已形成多维度突破格局，数字技术将重塑自贸区（港）金融生态，通过技术赋能与制度设计的协同演进，构建起覆盖国际清算、边境贸易及供应链金融的全场景解决方案，在支付清算、普惠金融、监管科技等领域释放变革潜力。

遵循“技术先行—场景验证—规则输出”的创新路径，加强区块链金融基础设施升级和加大法定数字货币的跨境应用以及监管科技范式变革，共同构成中国参与全球数字货币治理的立体化方案。

5. 在绿色金融发展进程中寻找机遇

中国碳金融体系创新正通过多层次市场建设与产品创新加速推进。“双碳”目标下，自贸区（港）将成为绿色金融创新的策源地，推动中国经济低碳转型。自贸区（港）可通过碳金融市场的多层次构建和绿色产融结合模式深化及绿色金融基础设施完善，形成区域协同与制度突破构建多维度支持体系，最终构建覆盖国际定价、气候融资、产业链金融、ESG 投资与产业转型的立体化解决方案。

（二）自贸区（港）金融改革的差异化策略

中国自贸区（港）作为新时代改革开放的试验田，在金融领域持续深化改革创新。截至 2023 年年底，全国已设立 22 个自贸区及海南自由贸易港，覆盖东中西部及沿边地区，形成全方位开放格局。基于各区域禀赋特征与改革实践探索，构建各区差异化发展策略，为新时代自贸区金融改革和服务于自贸区（港）各项深化改革提供赋能。

1. 东部沿海自贸区（港）侧重于深化离岸金融与国际资管中心建设

东部沿海自贸区（港）依托其发展基础（如制度型开放优势显著和国际金融要素加速集聚等）以及国际化程度高、金融市场完善的优势，持续巩固离岸金融核心地位。通过完善离岸金融基础设施体系（如上海临港新片区试点“离岸债券市场”等）和全球资管中心核心功能建设（如上海启动“跨境资管通”试点、广东前海推出“私募基金跨境投融资服务平台”等）以及强化风险防控机制（如上海上线“金融风险监测预警3.0系统”等）深化改革的实施路径，实现东部沿海自贸区（港）金融改革战略定位。

2. 中西部自贸区着力发展绿色金融与供应链金融支持产业升级

中西部自贸区产业链现代化转型的金融需求凸显，如长江经济带绿色产业年投资缺口达1.2万亿元，[①] 在2023年，四川自贸区科技贷款余额达8500亿元，而重庆自贸区绿色债券发行规模突破400亿元，居西部首位；[②]这也意味着，中西部自贸区将面临承接产业转移、生态保护与低碳转型多重压力；中西部自贸区将构建绿色金融生态系统（如四川绿色低碳优势产业基金、陕西“转型金融债券”等）、完善供应链金融服务体系和强化政策协同效应（如中西部建立“绿色金融跨省协作机制”，将陕西光伏、四川锂电等产业链纳入统一授信体系[③]）等作为其金融深化改革方向。

3. 沿边自贸区聚焦跨境结算体系完善与数字货币试点推动贸易便利化

沿边自贸区跨境贸易具有“小额高频”特征，如2023年广西边民互市贸易额达2300亿元，但近30%交易仍使用现金结算。[④] 边境贸易这一特征

---

① 朱毅、张畅：《金融促进西部大开发形成新格局的探索与思考》，《金融时报》2023年3月13日第12版。

② 王作军：《低碳经济视域下西部地区承接产业转移研究》，科学出版社2019年版。

③ 黄庆华：《西部地区产业转型升级趋势及主攻方向》，《人民论坛》2025年第2期。

④ 演莉、金鑫：《“一带一路”背景下广西与越南边境贸易面临挑战和改善途径》，《对外经贸实务》2021年第11期。

给边境支付结算体系带来一系列挑战，如传统银行跨境汇款平均耗时过长并出现结算体系效率瓶颈，同时货币兑换风险也比较突出（如缅甸央行2023年三次调整缅币汇率浮动区间，小微企业缺乏汇率风险管理能力，造成云南德宏州边贸企业汇兑损失同比扩大18%）。因此，通过构建高效跨境结算网络（如广西东兴试点“边贸数字结算平台”、新疆霍尔果斯与哈萨克斯坦央行共建“中哈金融信息交换系统”）和深化数字货币试点应用（黑龙江在黑河片区打造“数字人民币中俄商贸走廊”）以及健全汇率风险管理体系（如广西“边贸汇率避险保”、新疆“人民币/坚戈直接做市交易”试点）等措施，把金融改革往深往实里推进。

鉴于国内22个自贸区（港）因各区所处的地理位置、资源禀赋等各不相同，具有自己的鲜明特点，加上国家赋予各个自贸区（港）的战略定位也各有侧重。本章依据自贸区（港）方案及实践案例，从东部沿海、中西部、沿边地区、海南自贸港构建差异化的自贸区（港）金融改革框架性对照表（见表22—2）。

表22—2　**自贸区（港）金融改革“政策工具—实施路径—政策目标”对照**

区域类型	政策工具	实施路径	政策目标
东部沿海	离岸金融账户体系升级	如上海FT账户拓展至跨境股权投资领域，允许QFLP资金自由兑换	扩大跨境结算规模和离岸债券发行等
	国际资管中心建设	如前海设立跨境理财通3.0机制，试点私募股权基金跨境投资	扩大跨境资管规模和外资资管机构集聚等
	大宗商品定价权争夺	如上海原油期货引入数字人民币结算，浙江自贸区建设油气现货交易平台	加大人民币国际化和争强大宗商品定价话语权等
	监管科技赋能	如临港新片区建立区块链跨境资金监测系统	防范跨境资金套利和提高监管水平等

续表

区域类型	政策工具	实施路径	政策目标
中西部	绿色金融产品创新	如重庆“碳惠通”平台纳入森林碳汇交易，陕西发行转型金融挂钩债券	加大绿色金融体系建设
	供应链金融数字化	如成都铁路港推广区块链“一单制”融资，武汉建立光电子产业链票据融资平台	降低中小企业融资成本和提升企业资金周转率
	普惠金融基础设施	如建立跨省征信数据共享平台，试点生物资产抵押贷款	加大农村金融投入和发展普惠金融
	区域协同机制	如成渝共建陆海新通道金融服务中心，中欧班列沿线建立统一授信体系	提升跨境贸易融资效率
沿边地区	跨境本币结算网络	如广西边贸推广“银行+市场采购”模式，云南建设中老铁路数字人民币支付走廊	提升边贸人民币结算效率和降低跨境支付成本
	数字货币场景创新	如黑龙江试点对俄数字卢布直兑，新疆建立中亚跨境稳定币清算机制	扩大数字货币跨境交易规模和减少汇率风险损失
	特色跨境金融服务	如云南建立中缅金融信息共享平台，广西试点边民互助组担保贷款	提升边民金融服务效率
	地缘风险防控	如建立跨境资金流动监测指标体系，实施“人货分离”智能监管	减少跨境洗钱案件和防范违规违法资金流金融风险
海南自贸港	全岛封关制度创新	如实施“简税制”，建立数据跨境流动“白名单”机制	扩大跨境贸易
	国际争议解决机制	如设立国际商事法庭，引入普通法系裁判规则	提高跨境纠纷处理效率
	离岸资产交易平台	如建设国际知识产权交易所，试点数据资产证券化	扩大离岸资产交易规模和开展数字资产质押融资业务
	压力测试机制	建立跨境资本流动“电子围栏”，实施分级风险预警	防范短期资本流动冲击

资料来源：笔者根据各自由贸易试验区官网整理。

需要说明的是，要落实自贸区（港）金融改革差异化策略，一方面，要充分认识到以上提出的政策措施只是基于之前的实践总结，并非改革终点，要把它当成新阶段制度型开放的起点。另一方面，要建立相互配套的保障措施，从顶层设计优化、监管科技完善、人才机构集聚三个维度进行完善，具体包括：通过建立分类分层的政策供给体系、构建跨区域政策协同网络、健全法律保障体系等手段构建差异化政策框架与协调机制；通过建设全域金融数据中枢、深化监管科技应用、构建穿透式监管体系等手段构建智能风控体系；通过实施精准招商策略、构建人才发展生态系统、优化金融基础设施等手段构建国际化金融生态圈来推动人才与机构集聚；等等。

（执笔人：陈经伟）

参考文献

主报告

《中共中央关于进一步全面深化改革　推进中国式现代化的决定》，人民出版社 2024 年版。

中央金融委员会办公室、中央金融工作委员会：《奋力开拓中国特色金融发展之路》，《学习时报》2024 年 4 月 3 日第 A1 版。

中央金融委员会办公室、中央金融工作委员会：《锚定建设金融强国目标　扎实推动金融高质量发展》，《人民日报》2024 年 2 月 20 日第 9 版。

中央金融委员会办公室、中央金融工作委员会：《坚定不移走中国特色金融发展之路》，《求是》2023 年第 23 期。

焦瑾璞等：《中国金融基础设施功能与建设研究》，社会科学文献出版社 2019 年版。

杰弗里·萨克斯：《特朗普上台后的中美经贸关系展望》，《国际金融》2024 年第 12 期。

易纲、汤弦：《汇率制度“角点解假设”的一个理论基础》，《金融研究》2001 年第 8 期。

张明、王喆、陈胤默：《全球新变局之下的国际货币体系改革：驱动因素、方案比较与未来展望》,《国际金融研究》2024 年第 9 期。

张明、王喆:《稳慎扎实推进人民币国际化路径探析》,《开放导报》2024 年第 2 期。

张明、张鹏、王瑶:《特朗普冲击 2.0:辨析与应对》,《财经》2024 年 11 月 19 日。

张晓晶、董昀、李广子等:《中国特色金融发展之路的历史逻辑、理论逻辑和现实逻辑》,《金融评论》2024 年第 1 期。

张晓晶:《锚定金融强国目标,推动金融高质量发展——理论框架与实践路径》,《经济学动态》2024 年第 2 期。

张晓晶:《中国特色金融发展道路的新成就与新探索》,《中国金融》2024 年第 19 期。

张晓晶:《做好科技金融这篇大文章》,《学习时报》2023 年 12 月 27 日第 A1 版。

Allen, F., Gu, X. and Kowalewski, O., 2012, "Financial Crisis, Structure and Reform", *Journal of Banking & Finance*, 36 (11): 2960–2973.

Caballero, R. J., 2006, "On the Macroeconomics of Asset Shortages", NBER Working Paper, No. w12753.

Krishnamurthy, A. and Vissing-Jorgensen, A., 2012, "The Aggregate Demand for Treasury Debt", *Journal of Political Economy*, 120 (2): 233–267.

Mead, W. R., 2004, "America's Sticky Power", *Foreign Policy*, 141 (2): 46–53.

Steil, B. and Litan, R. E., 2006, *Financial Statecraft: The Role of Financial Markets in American Foreign Policy*, Yale University Press.

The White House, 2025, "Strengthening American Leadership in Digital Financial Technology, Executive Order", January 23.

第一章

冯明:《论财政税收政策和货币金融政策协调配合》,《税务研究》2024年第6期。

易纲:《中国的利率体系与利率市场化改革》,《金融研究》2021年第9期。

第二章

陈小亮、马啸:《“债务—通缩”风险与货币政策财政政策协调》,《经济研究》2016年第8期。

张晓晶:《构建同科技创新相适应的科技金融体制》,《学习时报》2024年8月21日第A1版。

张晓晶、刘学良、王佳:《债务高企、风险集聚与体制变革——对发展型政府的反思与超越》,《经济研究》2019年第6期。

郑联盛:《平均通胀目标制:理论逻辑与政策前瞻》,《经济学动态》2021年第3期。

Solow R., “You Can See the Computer Age Everywhere but in the Productivity Statistics”, *New York Review of Books*, 1987.

第三章

本书编写组编著:《〈中共中央关于进一步全面深化改革　推进中国式现代化的决定〉辅导读本》,人民出版社2024年版。

李广子:《银行投贷联动业务模式的优化》,《银行家》2024年第9期。

刘冠辰、李元祯、李萌:《私募股权投资、高管激励与企业创新绩效——基于专利异质性视角的考察》,《经济管理》2022年第8期。

张杰、郑文平、新夫:《中国的银行管制放松、结构性竞争和企业创新》,《中国工业经济》2017年第10期。

张明：《深化金融改革，做好科技金融大文章》，《辽宁大学学报》（哲学社会科学版）2024 年第 6 期。

张一林、龚强、荣昭：《技术创新、股权融资与金融结构转型》，《管理世界》2016 年第 11 期。

Seru, A., 2014, "Firm Boundaries Matter: Evidence from Conglomerates and R&D Activity", *Journal of Financial Economics*, 111 (2): 381-405.

Sunder, J., Sunder, S. and Zhang, J., 2017, "Pilot CEOs and Corporate Innovation", *Journal of Financial Economics*, 123 (1): 209-224.

Tian, X. and Wang, T., 2014, "Tolerance for Failure and Corporate Innovation", *Review of Financial Studies*, 27 (1): 211-255.

第四章

《中共中央关于进一步全面深化改革　推进中国式现代化的决定》，人民出版社 2024 年版。

Amit, R., Glosten, L. and Muller, E., 1990, "Entrepreneurial Ability, Venture Investment and Risk Sharing", *Management Science*, 36 (10): 1232-1245.

Amore, M. D., Murtinu, S. and Pelucco, V., 2025, "Family Firms in Entrepreneurial Finance: The Case of Corporate Venture Capital", *Journal of Banking & Finance*, 172: 107391.

Balachandran, S., 2024, "The Inside Track: Entrepreneurs' Corporate Experience and Startups' Access to Incumbent Partners' Resources", *Strategic Management Journal*, 1-34.

Barry, C. B., Muscarella, C. J., Peavy, J. W., et al., 1990, "The Role of Venture Capital in the Creation of Public Companies: Evidence from the Going Public Process", *Journal of Financial Economics*, 27 (2): 447-471.

Bubna, A., Das, S. R. and Prabhala, N. R., 2020, "Venture Capital

Communities", *Journal of Financial and Quantitative Analysis*, 55 (2): 621-651.

Carla, V., Santiago, M. and Sharon, F., 2021, "Institutions and Venture Capital Market Creation: The Case of an Emerging Market", *Journal of Business Research*, 127: 1-12. Chemmanur, T. J., Hu, G., Wu, C., et al., 2021, "Transforming the Management and Governance of Private Family Firms: The Role of Venture Capital", *Journal of Corporate Finance*, 66: 101828.

Duan, L., Sun, W. and Zheng, S., 2020, "Transportation Network and Venture Capital Mobility: An Analysis of Air Travel and High-speed Rail in China", *Journal of Transport Geography*, 88: 102852.

Elston, J. A. and Yang, J. J., 2010, "Venture Capital, Ownership Structure, Accounting Standards and IPO Underpricing: Evidence of Germany", *Journal of Economics and Business*, 62 (6): 517-536.

Ge, G., Jian, X. and Zhang, Q., 2024, "Industrial Policy and Governmental Venture Capital: Evidence from China", *Journal of Corporate Finance*, 84: 102532.

Gibbons, B., 2023, "Public Market Information and Venture Capital Investment", *Journal of Financial and Quantitative Analysis*, 58 (2): 746-776.

Gompers, P. A., 1996, "Grandstanding in the Venture Capital Industry", *Journal of Financial Economics*, 42 (1): 133-156.

Hochberg, Y. V., Ljungqvist, A. and Lu Y., 2007, "Whom You Know Matters: Venture Capital Networks and Investment Performance", *Journal of Finance*, 62 (1): 251-301.

Howell, S. T. and Namana, N., 2024, "Networking Frictions in Venture Capital, and the Gender Gap in Entrepreneurship", *Journal of Financial and Quantitative Analysis*, 59 (6): 2733-2761.

Megginson, W. L. and Weiss, K. A., 1991, "Venture Capitalist Certification in Initial Public Offerings", *Journal of Finance*, 46 (3): 879-903.

Nahata, R., 2008, "Venture Capital Reputation and Investment Performance", *Journal of Financial Economics*, 90 (2): 127-151.

Pei, X. and Dang, X., 2022, "Research on Investment Performance of Venture Capital Network Community in the Internet Industry", *Mobile Information Systems*, 1: 7373981.

Rock, K., 1986, "Why New Issues are Underpriced", *Journal of Financial Economics*, 15 (1-2): 187-212.

Sahlman, W. A., 1990, "The Structure and Governance of Venture-capital Organizations", *Journal of Financial Economics*, 27 (2): 473-521.

Suchard, J. A; Humphery-Jenner, M. and Cao, X., 2021, "Government Ownership and Venture Capital in China", *Journal of Banking & Finance*, 129: 106164.

Wang, X., Wu, L. and Hitt, L. M., 2024, "Social Media Alleviates Venture Capital Funding Inequality for Women and Less Connected Entrepreneurs", *Management Science*, 70 (2): 1093-1112.

第五章

蔡万科、唐丁祥：《中小企业债券市场发展：国际经验与创新借鉴》，《证券市场导报》2011 年第 12 期。

程昊：《中国高收益债市场发展分析》，《中国金融》2021 年第 12 期。

高文亮、王晔：《美国高收益债券市场发展的回顾与展望》，《财会学习》2013 年第 1 期。

李文、王腾飞：《国际信用评级监管改革对我国信用评级监管的启示》，《征信》2016 年第 3 期。

刘晓丹、陈志杰、阮超：《美国百年并购历史的启示》，《金融博览》2009 年第 8 期。

罗航、罗莎：《高收益债券的国际经验和评级技术借鉴》，《征信》2012 年第 2 期。

苏亚民、李晓龙：《我国中小企业高收益债券融资研究》，《中南民族大学学报》（人文社会科学版）2014 年第 3 期。

徐枫、林志刚：《缓解创新型中小企业股权融资约束的理论逻辑、实践困境和对策建议》，《湖北社会科学》2023 年第 12 期。

朱鲜艳：《我国高收益债券市场建设研究——基于构建违约债券交易市场视角》，《金融市场研究》2023 年第 5 期。

第六章

洪银兴、姜集闯：《培育和壮大耐心资本　推动新质生产力发展》，《经济学家》2024 年第 12 期。

林毅夫、王燕：《新结构经济学：将“耐心资本”作为一种比较优势》，《开发性金融研究》2017 年第 1 期。

张晓朴、朱鸿鸣：《金融的谜题：德国金融体系比较研究》，中信出版社 2021 年版。

张跃文、焦文妞：《股市长期资金的形成与政策推动》，《中国金融》2024 年第 7 期。

章俊、聂天奇：《如何培育耐心资本，提振资本市场》，《清华金融评论》2024 年第 11 期。

Friedman, T., 2007, "Patient Capital for an Africa that can't Wait", *New York Times*, April 20.

Kingston, J. and Bolton, M., 2004, "New Approaches to Funding Not-for-profit Organisations", *Journal of Philanthropy and Marketing*, 9 (2): 112-121.

第七章

《中共中央关于进一步全面深化改革　推进中国式现代化的决定》，人民出版社 2024 年版。

中共中央宣传部、国家发展和改革委员会编：《习近平经济思想学习纲要》，人民出版社、学习出版社 2022 年版。

董彦岭、王菲菲：《金融危机背景下各国政府救市政策的比较分析》，《山东经济》2010 年第 2 期。

李超民：《中国古代常平仓思想对美国新政农业立法的影响》，《复旦学报》（社会科学版）2000 年第 3 期。

李萌：《平准基金国际经验比较分析》，《中国外汇》2024 年第 9 期。

刘凯：《论制定经济基本法的路径选择》，《法学杂志》2021 年第 8 期。

罗志恒：《从境外经验看股市平准基金：必要性与制度设计要点》，公众号“粤开志恒宏观”，2024 年 11 月 18 日。

马其家、黄飞：《我国股市稳定基金法律制度的构建——以我国 2015 年股市流动性风险救助为视角》，《法学杂志》2019 年第 12 期。

邱兆祥、史明坤：《建立股市平准基金质疑》，《西南金融》2009 年第 5 期。

任泽平、宋双杰：《“6・15”后的救市退出与制度改革：经验与启示》，《中国投资》2015 年第 9 期。

王庆：《以央行买卖国债推进宏观经济治理的变革》，《中国外汇》2024 年第 21 期。

吴晓求、方明浩：《中国资本市场 30 年：探索与变革》，《财贸经济》2021 年第 4 期。

杨晓兰、洪涛：《证券市场平准基金是否有效：来自实验室市场的证据》，《世界经济》2011 年第 12 期。

张晓晶等：《中国国家资产负债表 1978—2022：改革开放以来中国经济

的伟大变迁》，中国社会科学出版社 2024 年版。

［英］保罗·肯尼迪：《大国的兴衰》（下），王保存等译，中信出版社 2013 年版。

Maio, P., 2014, "Don't Fight the Fed!", *Review of Finance*, 18 (2): 623-679.

Popper, H. and Montgomery, J. D., 2001, "Information Sharing and Central Bank Intervention in the Foreign Exchange Market", *Journal of International Economics*, 55 (2): 295-316.

Vitale, P., 2011, "The Impact of FX Intervention on FX Markets: A Market Microstructure Analysis", *International Journal of Finance & Economics*, 16 (1): 41-62.

第八章

中共中央党史和文献研究院编：《习近平关于金融工作论述摘编》，中央文献出版社 2024 年版。

《中国共产党第二十届中央委员会第三次全体会议文件汇编》，人民出版社 2024 年版。

陈彪如：《国际金融概论》（第三版），华东师范大学出版社 1996 年版。

鞠建东：《大国竞争与世界秩序重构》，北京大学出版社 2024 年版。

李扬、张晓晶：《失衡与再平衡——塑造全球治理新框架》，中国社会科学出版社 2013 年版。

潘功胜：《人民币国际化十年回顾与展望》，《中国金融》2019 年第 14 期。

余永定：《国际货币体系碎片化和全球贸易保护主义》，《国际金融》2024 年第 12 期。

张明、王喆、陈胤默：《全球新变局之下的国际货币体系改革：驱动因素、方案比较与未来展望》，《国际金融研究》2024 年第 9 期。

中国人民大学国际货币研究所：《人民币国际化报告 2024》，中国人民大学出版社 2024 年版。

《中央经济工作会议在北京举行》，《人民日报》2024 年 12 月 13 日第 1 版。

朱民、张礼卿主编：《变局与应对：全球经济金融趋势与中国未来》，中信出版社 2024 年版。

Zoltan, P., 2022, "Money, Commodities and Bretton Woods Ⅲ", *Credit Suisse*, 3 (31).

第九章

《中共中央关于进一步全面深化改革　推进中国式现代化的决定》，人民出版社 2024 年版。

储国强、刘亮：《价格发现与风险中性：发展衍生品市场服务实体经济》，《金融市场研究》2022 年第 11 期。

郭彪、李春丽：《衍生品市场发展助力金融强国建设》，《应用经济学评论》2024 年第 3 期。

国际掉期与衍生工具协会：《场外衍生品市场生成式人工智能（GenAI）的应用畅想》，《金融市场研究》2024 年第 11 期。

郝项超、梁琪：《外汇风险对冲能否促进中国上市公司创新》，《世界经济》2019 年第 9 期。

何德旭、龚云、郑联盛：《金融强国的核心要素、建设短板与发展建议》，《证券市场导报》2024 年第 3 期。

陆磊：《在改革开放中建设金融强国》，《人民日报》2015 年 10 月 14 日第 7 版。

沙石编著：《金融衍生品的本质》，中国金融出版社 2021 年版。

吴清：《奋力开创资本市场高质量发展新局面》，《求是》2025 年第 3 期。

辛兵海、张琳：《流动性冲击、利率衍生工具和商业银行期限转换功能》，《国际金融研究》2022 年第 5 期。

严丹良、张桂玲、郭飞：《金融衍生工具能降低商业银行风险吗？——基于中国银行业的实证研究》，《国际金融研究》2024 年第 3 期。

张慎峰：《发展金融衍生品市场服务风险管理新常态》，《清华金融评论》2015 年第 4 期。

张晓晶、江振龙：《全球滞胀风险的成因、演进路径及对中国的影响》，《国际金融研究》2023 年第 11 期。

张肖飞、赵康乐、贺宏：《金融衍生品持有与银行风险承担："风险管理"抑或"利益驱动"?》，《会计与经济研究》2022 年第 5 期。

赵峰、郭宇萱、马光明：《外汇衍生品监管能抑制中国海外企业的避税行为吗?》，《世界经济研究》2022 年第 12 期。

Acharya, V. V., Brenner, M., Engle, R. F., et al., 2009, "Derivatives: The Ultimate Financial Innovation", in Acharya, V. V. and Richardson, M. (eds.), *Restoring Financial Stability: How to Repair a Failed System*, John Wiley & Sons.

Black, F., and Scholes, M., 1973, "The Pricing of Options and Corporate Liabilities", *Journal of Political Economy*, 81 (3): 637-655.

Chakraborty, I., Chava, S. and Ganduri, R., 2020, "Credit Default Swaps and Lender Incentives in Bank Debt Renegotiations", SSRN Electronic Journal.

Chen, W., 2021, "Are Financial Derivatives Tax Havens? Evidence from China", *International Journal of Emerging*, 2: 1746-8809.

Hao, X., Sun, Q. and Xie, F., 2022, "International Evidence for the Substitution Effect of FX Derivatives Usage on Bank Capital Buffer", *Research in International Business and Finance*, 62: 101687.

Hirtle, B., 2009, "Credit Derivatives and Bank Credit Supply", *Journal of*

Financial Intermediation, 18（2）: 125-150.

Hutson, E. and Elaine, E., 2014, "Foreign Exchange Exposure and Multinationality", *Journal of Banking & Finance*, 43: 97-113.

Li, S. and Marinc, M., 2014, "The Use of Financial Derivatives and Risks of U. S. Bank Holding Companies", *International Review of Financial Analysis*, 35: 46-71.

Milken Institute, "Deriving the Economic Impact of Derivatives: Growth through Risk Management", March 2014.

第十章

蔡真:《国际金融中心评价方法论研究:以 IFCD 和 GFCI 指数为例》,《金融评论》2015 年第 5 期。

许正宇:《巩固优势善用新质生产力建设更深、更广、更具韧性的国际金融中心》,《清华金融评论》2024 年第 10 期。

第十一章

曹明:《我国证券域外管辖规则构建研究——以瑞幸咖啡财务造假事件为切入点》,《南方金融》2021 年第 2 期。

陈甦:《体系前研究到体系后研究的范式转型》,《法学研究》2011 年第 5 期。

邓乐平、皮天雷:《法与金融的最新研究进展评述》,《经济学动态》2007 年第 1 期。

樊启荣:《中国保险立法之反思与前瞻——为纪念中国保险法制百年而作》,《法商研究》2011 年第 6 期。

冯辉:《地方金融的央地协同治理及其法治路径》,《法学家》2021 年第 5 期。

郭雳:《国家金融安全视域下金融科技的风险应对与法治保障》,《现代法学》2024 年第 3 期。
郝铁川：《中国式法治现代化与中华法系》，《世界社会科学》2024 年第 5 期。
胡滨：《金融法治：金融业发展的基石》，《中国金融家》2010 年第 4 期。
孔庆江：《我国金融监管领域立法的域外适用：价值目标、建设路径和自我设限》，《中国外汇》2023 年第 16 期。
李扬主编：《中国金融法治（2005）》，中国金融出版社 2005 年版。
刘志伟：《私法规范对金融创新的回应》，《经贸法律评论》2021 年第 5 期。
楼建波：《金融商法的逻辑：现代金融交易对商法的冲击与改造》，中国法制出版社 2017 年版。
魏治勋：《中华法系立法文义解释方法与规则论析——从法律答问到唐律疏议的立法文义解释方法与技术》，《东方法学》2022 年第 6 期。
温长庆：《我国金融稳定制度的立法模式与体系化建构》，《法商研究》2024 年第 4 期。
肖京：《涉外金融法治建设亟需进一步加强》，《中国外汇》2023 年第 16 期。
岳彩申：《金融活动全部纳入监管的立法路径》，《北京大学学报》（哲学社会科学版）2024 年第 2 期。
张文显：《中华法系的独特性及其三维构造》，《东方法学》2023 年第 6 期。
张晓晶、董昀、李广子等：《中国特色金融发展之路的历史逻辑、理论逻辑和现实逻辑》，《金融评论》2024 年第 1 期。
张晓晶、王庆：《中国特色金融发展道路的新探索——基于国家治理逻辑的金融大分流新假说》，《经济研究》2023 年第 2 期。
周仲飞、李敬伟：《金融科技背景下金融监管范式的转变》，《法学研究》2018 年第 5 期。

La Porta, R., Lopez-de-Silanes, F., Shleifer, A., et al., 1998, "Law and Finance", *Journal of Political Economy*, 106: 1133-1155.

第十二章

安辉:《金融监管、金融创新与金融危机的动态演化机制研究》,中国人民大学出版社 2016 年版。

范云朋、王先达:《构建央地协同、同题共答的监管协同体系》,《中国农村金融》2024 年第 8 期。

胡滨:《金融科技、监管沙盒与体制创新:不完全契约视角》,《经济研究》2022 年第 6 期。

胡滨主编:《中国金融监管报告(2022)》,社会科学文献出版社 2022 年版。

胡滨主编:《中国金融监管报告(2024)》,社会科学文献出版社 2024 年版。

刘超、谢启伟、马玉洁等编著:《金融监管学》,中国铁道出版社 2019 年版。

宋玉茹:《金融周期对经济增长的影响研究》,博士学位论文,中共中央党校(国家行政学院),2023 年。

谭小芬、虞梦微:《全球金融周期:驱动因素、传导机制与政策应对》,《国际经济评论》2021 年第 6 期。

唐松、伍旭川、祝佳:《数字金融与企业技术创新——结构特征、机制识别与金融监管下的效应差异》,《管理世界》2020 年第 5 期。

王博文:《全球化背景下金融监管国际合作研究》,博士学位论文,吉林大学,2019 年。

熊婉婷:《宏观审慎与微观审慎协调的国际经验及启示》,《国际经济评论》2021 年第 5 期。

于华：《公司治理在金融风险管控中的作用》，《中国金融》2022 年第 2 期。

张景智：《“监管沙盒”制度设计和实施特点：经验及启示》，《国际金融研究》2018 年第 1 期。

张晓晶：《锚定金融强国目标，推动金融高质量发展——理论框架与实践路径》，《经济学动态》2024 年第 2 期。

张晓晶、张明、费兆奇等：《金融助力经济回归潜在增长水平》，《金融评论》2023 年第 1 期。

赵锡军、沈靖人：《建设适应高质量发展的金融监管体系》，《中国金融》2024 年第 10 期。

中国人民银行金融稳定分析小组：《中国金融稳定报告（2005）》，中国金融出版社 2005 年版。

Demertzis, M., Merler, S. and Wolff, G. B., 2018, "Capital Markets Union and the Fintech Opportunity", *Journal of Financial Regulation*, 4 (1): 157-165.

European Systemic Risk Board, "The ESRB at Work—It's Role, Organisation and Functioning", Macro-prudential Commentaries, Issue No. 1, 2012 (2).

Schinasi, G. J., 2004, "Defining Financial Stability", IMF Working Paper 04/187.

第十三章

孙海波、陈菲：《我国跨境支付清算系统模式流程简析和风险应对思考》，《现代金融导刊》2024 年第 5 期。

Iorio, A., Kosse, A. and Mattei, I., 2024, "Embracing Diversity, Advancing Together: Results of the 2023 BIS Survey on Central Bank Digital Currencies and Crypto", BIS Papers, No. 147.

PwC, 2022, " PwC Global CBDC Index and Stablecoin Overview 2022", Apr.

第十四章

陈冠华、郑联盛:《俄罗斯应对金融制裁的措施分析》,《中国外汇》2022 年第 10 期。

陈尧、杨枝煌:《SWIFT 系统、美国金融霸权与中国应对》,《国际经济合作》2021 年第 2 期。

郭晶玮、李金佶:《制裁与反制裁》,《中国外汇》2021 年第 18 期。

李巍、穆睿彤:《俄乌冲突下的西方对俄经济制裁》,《现代国际关系》2022 年第 4 期。

马玲:《深化金融体制改革的七方面重大任务:王江发表署名文章对"深化金融体制改革"进行重点解读》,《金融时报》2024 年 7 月 29 日。

王晓芳、鲁科技:《国际货币体系改革与人民币国际化》,《经济学家》2023 年第 2 期。

袁见、杨攻研、杨牧等:《美国对他国金融制裁的法律基础、实践及对中国的启示》,《国际贸易》2021 年第 7 期。

张蓓:《金融制裁对国家金融安全的影响与应对》,《国家安全研究》2022 年第 5 期。

张发林、姚远、崔阳:《金融制裁与中国应对策略:国际金融权力的视角》,《当代亚太》2022 年第 6 期。

张明、王喆、陈胤默:《全球新变局之下的国际货币体系改革:驱动因素、方案比较与未来展望》,《国际金融研究》2024 年第 9 期。

张明、王喆:《俄乌冲突对国际货币体系的冲击与人民币国际化的新机遇》,《辽宁大学学报》(哲学社会科学版)2022 年第 4 期。

张瑜、高拓:《制与反制:应对美国金融制裁》,《中国外汇》2020 年第 15 期。

郑联盛、王奕霏:《金融制裁的实施要件与差异影响》,《中国外汇》2020 年第 15 期。

第十五章

《中央金融工作会议在北京举行　习近平李强作重要讲话　赵乐际王沪宁蔡奇丁薛祥李希出席》,《人民日报》2023 年 11 月 1 日第 1 版。

张晓朴、朱鸿鸣:《金融的谜题:德国金融体系比较研究》,中信出版集团 2021 年版。

Ang, J. B., 2010, "Financial Development, Liberalization and Technological Deepening", *European Economic Review*, 55 (5): 688-701.

Braun, B. and Deeg, R., 2020, "Strong Firms, Weak Banks: The Financial Consequences of Germany's Export-led Growth Model", *German Politics*, 29 (3): 358-381.

Dutta, N. and Meierrieks, D., 2021, "Financial Development and Entrepreneurship", *International Review of Economics & Finance*, 73: 114-126.

Sahasranamam, S. and Nandakumar, M. K., 2020, "Individual Capital and Social Entrepreneurship: Role of Formal Institutions", *Journal of Business Research*, 107: 104-117.

Toms, S., Wilson, N. and Wright, M., 2020, "Innovation, Intermediation, and the Nature of Entrepreneurship: A Historical Perspective", *Strategic Entrepreneurship Journal*, 14 (1): 105-121.

第十六章

陈美、何祺:《基于演化博弈的开放数据隐私风险治理研究》,《管理工程学报》2024 年第 6 期。

陈那波、张程、李昊霖:《把层级带回技术治理——基于"精密智控"

实践的数字治理与行政层级差异研究》，《南京大学学报》（哲学·人文科学·社会科学）2021年第5期。

戴永红、韩瑞萌：《美国数字基建的战略传播及其体系化》，《现代国际关系》2025年第2期。

杜荷花：《我国政府数据开放平台隐私保护评价体系构建研究》，《情报杂志》2020年第3期。

范柏乃、盛中华：《数字风险治理：研究脉络、理论框架及未来展望》，《管理世界》2024年第8期。

和军、李江涛：《人工智能数据风险及其治理》，《中国特色社会主义研究》2024年第6期。

金晶：《欧盟的规则，全球的标准？数据跨境流动监管的“逐顶竞争”》，《中外法学》2023年第1期。

李乐乐、顾彤彤、秦强：《数字技术对数字政府治理的影响路径：整合、驱动、赋能》，《中国科技论坛》2024年第7期。

张东冬：《数字外交强化与美国全球数字竞争的全新图景》，《国际关系研究》2025年第1期。

郑丁灏：《论中国金融数据的协同治理》，《经济学家》2022年第12期。

第十七章

刘瑶、张明：《特朗普政府经济政策：政策梳理、效果评估与前景展望》，《财经智库》2018年第3期。

朱民、巩冰、杨斯尧：《博弈特朗普2.0，发展和壮大中国经济》，《国际金融研究》2024年第12期。

Baker, S. R., Bloom, N. and Davis, S. J., 2016, "Measuring Economic Policy Uncertainty", *Quarterly Journal of Economics*, 131 (4): 1593-1636.

Benguria, F., Choi, J., Swenson, D. L., et al., 2022, "Anxiety or Pain? The Impact of Tariffs and Uncertainty on Chinese Firms in the Trade War",

Journal of International Economics, 137: 103608.

第十八章

BCBS, 2024, "Disclosure of Crypto-asset Exposures".

FSB, 2024, "Crypto-assets and Global 'Stablecoins'".

Massad, T. and Jackson, H., 2022, "How to Improve Regulation of Crypto Today——Without Congressional Action——and Make the Industry Pay for It", Hutchins Center Working Paper, No. 79.

The White House, "Strengthening American Leadership in Digital Financial Technology".

第十九章

陈道富、王刚:《深化中小银行股权结构与公司治理改革》,《中国银行业》2023 年第 3 期。

明雷、黄远标、杨胜刚:《银行业监管处罚效应研究》,《经济研究》2023 年第 4 期。

欧阳文杰、陆岷峰:《大型银行业务下沉背景下农村中小金融机构的困境与出路》,《南方金融》2024 年第 2 期。

王炯:《中小银行公司治理优化对策》,《中国金融》2022 年第 23 期。

王曙光、梁爽:《新金融监管框架下农村中小银行风险治理的系统性重塑》,《农村金融研究》2023 年第 10 期。

王修华、刘锦华:《大型银行服务重心下沉对农村金融机构信贷行为的影响》,《中国农村经济》2023 年第 8 期。

王重润、王文静:《同业业务对中小银行系统性风险溢出的影响》,《南方金融》2021 年第 8 期。

杨涛:《金融科技与中小银行数字化转型研究》,《农村金融研究》2022 年第 7 期。

张岳、易福金：《数字化转型对中小银行生产率的门槛效应研究》，《金融监管研究》2022 年第 11 期。
中国人民银行长沙中心支行课题组、张奎、彭于彪等：《中小银行公司治理、经营行为与绩效表现——基于某省农商行改革的实证》，《金融监管研究》2021 年第 4 期。
中国银行业协会：《全国农村中小银行机构行业发展报告 2024》，中国金融出版社 2024 年版。
中央金融委员会办公室、中央金融工作委员会：《奋力开拓中国特色金融发展之路》，《学习时报》2024 年 4 月 3 日第 1 版。
周立、许有亮、方元：《农村金融市场的大行下沉与小行上浮——以金融生态和生态位理论为视角》，《金融经济学研究》2024 年 12 月 16 日（网络首发）。
朱太辉、张彧通：《农村中小银行数字化转型研究》，《金融监管研究》2021 年第 4 期。

第二十章

《中共中央关于进一步全面深化改革　推进中国式现代化的决定》，人民出版社 2024 年版。
陈雨露：《科技风险与科技保险》，《中国科技投资》2007 年第 1 期。
董昀：《耐心资本：新质生产力发展的关键要素》，《经济》2024 年第 11 期。
洪银兴、高培勇等：《新质生产力：发展新动能》，江苏人民出版社 2024 年版。
胡晓宁、李清、陈秉正：《科技保险问题研究》，《保险研究》2009 年第 8 期。
黄群慧：《新质生产力与新型工业化》，《中国社会科学》2024 年第 6 期。

倪红福、冀承、倪滔：《新质生产力与传统生产力：扬弃与超越》，《延边大学学报》（社会科学版）2024 年第 6 期。

魏伟：《保险资金另类投资服务新质生产力路径》，《中国金融》2024 年第 20 期。

赵振华：《新质生产力：生态可持续发展的根本出路》，《江西社会科学》2024 年第 9 期。

第二十一章

宋金文：《日本医疗保险体制的现状与改革》，《日本学刊》2005 年第 3 期。

Brocker, M., 2024, "Home Care Providers in the US: Market Research Report (2014-2029)", IBIS World-Industry Statistics, https://www.ibisworld.com/industry/statistics/marketsize.aspx? entid=1579.

Ministry of Health, Labour and Welfare, 2019, "Overview of the Long-term Care Insurance System", https://www.mhlw.go.jp/content/12300000/000614773.pdf.

National Acadamy for State Health Policy, 2024, "National Strategy to Support Family Caregivers Progress and Impact Report 2024", https://nashp.org/national-strategy-to-support-family-caregivers-progress-and-impact-report-2024/.

Salazar, S., 2023, "Caring for Caregivers", U. S. Department of Labor Blog, https://blog.dol.gov/2023/11/22/caring-for-caregivers.

Senior Housing News, 2023, "Why Senior Living Market Conditions Put REITs in the Drivers Seat for 2024", https://seniorhousingnews.com/2023/11/09/why-senior-living-market-conditions-put-reits-in-the-drivers-seat-for-2024/.

U. S. Department of Health and Human Services, 2024, "Aging in the United States: A Strategic Framework for a National Plan on Aging", https://www.

hhs. gov/about/news/2024/05/30/hhs-delivers-strategic-framework-national-plan-aging. html.

第二十二章

巴曙松、柴宏蕊、方云龙等：《自由贸易试验区设立提高了金融服务实体经济效率吗？：来自沪津粤闽四大自贸区的经验证据》，《世界经济研究》2021 年第 12 期。

程翔、杨宜、张峰：《中国自贸区金融改革与创新的实践研究——基于四大自贸区的金融创新案例》，《经济体制改革》2019 年第 3 期。

崔蕾：《上海原油期货上市六年，产业运用渐入佳境》，《期货日报》2024 年 3 月 26 日。

方云龙、刘佳鑫：《自由贸易试验区设立能促进企业创新吗？——来自创业板上市公司的经验证据》，《国际金融研究》2021 年第 9 期。

冯学知：《海南在港发债 30 亿　峰值订单规模创新高》，人民网，2024 年 10 月 18 日。

韩瑞栋、薄凡：《自由贸易试验区对资本流动的影响效应研究——基于准自然实验的视角》，《国际金融研究》2019 年第 7 期。

何柏略：《金融改革的制度创新与发展展望》，《经济导刊》2023 年第 3 期。

黄光红、季敏：《跨境金融服务平台帮助渝企实现融资与结算超 520 亿美元》，《重庆日报》2024 年 8 月 13 日。

黄光红：《以内陆开放创新推动金融互联互通　重庆打好西部金融中心“国际牌”》，《重庆日报》2025 年 2 月 19 日。

黄庆华：《西部地区产业转型升级趋势及主攻方向》，《人民论坛》2025 年第 2 期。

家俊辉：《自贸试验区金融创新：深化制度型开放，探索金融改革新路径》，《21 世纪经济报道》2024 年 6 月 23 日。

李红、石俊璞：《中国（黑龙江）自贸试验区对俄合作优势研究——基于哈尔滨片区》，《北方经贸》2024 年第 5 期。

李世杰、崇菲菲、黄锦程：《自贸试验区设立对产业协同集聚的影响效应——基于制度创新的维度》，《南京财经大学学报》2023 年第 3 期。

李晓婷：《锚定现代化　改革再深化丨一个西部物流园联通世界的改革"密码"》，新华社，2024 年 8 月 5 日。

李云山：《打造租赁金字招牌支持天津自贸试验区建设国家租赁创新示范区》，《中国外汇》2023 年第 15 期。

连平：《自贸试验区：在开放创新与风险防范之间找准平衡点》，《金融时报》2023 年 9 月 27 日。

刘慧：《自贸试验区为推进高水平对外开放探索新路径》，《中国经济时报》2024 年 9 月 3 日第 1 版。

刘杨、曲如晓、曾燕萍：《中国自由贸易试验区的政策效应评估》，《国际贸易问题》2021 年第 4 期。

刘怡：《中老铁路支付服务示范区建设启动》，人民网，2024 年 5 月 25 日。

马婕、陆骏：《FT 账户这 10 年：在上海，做全球生意》，新浪财经，2024 年 7 月 17 日。

马维维：《黑龙江构筑向北开放新高地》，《经济日报》2024 年 2 月 17 日第 2 版。

潘婷：《去年广东社会融资规模增量达 2.4 万亿元，"跨境理财通" 2.0 日均开户量较升级前增长了 1.5 倍》，每日经济新闻，2025 年 1 月 22 日。

裴长洪、崔卫杰、赵忠秀等：《中国自由贸易试验区建设十周年：回顾与展望》，《国际经济合作》2023 年第 4 期。

任平：《为中国式现代化拓展发展空间——从自贸试验区、自由贸易港看高水平对外开放》，《人民日报》2024 年 9 月 18 日第 1 版。

陕西省发展和改革委员会：《陕西信用信息共享纾解企业融资难　撮合交易 387.97 亿元》，信用中国（陕西），2023 年 11 月 13 日。

舒晓婷：《货运总量突破 5000 万吨！中老铁路"黄金大通道"效应持续释放》，《21 世纪经济报道》2025 年 1 月 16 日。

唐志勇、王佳莹、陈林等：《海南自由贸易港与粤港澳大湾区相向发展：协同治理与协调发展》，《国际经贸探索》2024 年第 12 期。

涂梦蝶、李斌：《交易规模全国第一！湖北碳市场履约率连续 10 年保持 100%》，极目新闻，2025 年 2 月 22 日。

王爱俭、方云龙、于博：《中国自由贸易试验区建设与区域经济增长：传导路径与动力机制比较》，《财贸经济》2020 年第 8 期。

王晓斌：《海南自贸港 FT 账户、EF 账户业务快速发展》，中国新闻网，2025 年 2 月 11 日。

王旭阳、肖金成、张燕燕：《我国自贸试验区发展态势、制约因素与未来展望》，《改革》2020 年第 3 期。

王延辉、郭北晨：《国际货运航线开年密集"上新"开放河南畅通"买卖全球"》，《河南日报》2025 年 1 月 4 日。

王永飞：《新疆自贸试验区企业境外债发行连获突破》，中国一带一路网，2024 年 3 月 8 日。

王作军：《低碳经济视域下西部地区承接产业转移研究》，科学出版社 2019 年版。

吴越、杜晨薇：《雁阵齐飞，全国自贸区以联动协同服务新发展格局》，上观新闻，2023 年 9 月 20 日。

徐文彬：《海南自贸区离岸金融中心建设构想》，《开放导报》2019 年第 5 期。

许素菲：《自贸区十周年：设立本外币一体化自由贸易账户，上海自贸区首创一套风险可控的金融审慎管理制度》，浦东发布，2023 年 10 月 1 日。

演莉、金鑫：《“一带一路”背景下广西与越南边境贸易面临挑战和改善途径》，《对外经贸实务》2021 年第 11 期。

杨喜孙、彭鑫云：《广西跨境人民币结算量再创历史新高》，《金融时报》2025 年 2 月 18 日。

杨小海：《上海与香港国际金融中心建设的定位比较》，《清华金融评论》2024 年第 1 期。

姚进：《推动商业银行外汇业务流程再造》，《经济日报》2024 年 1 月 4 日第 7 版。

余宗良、申婷：《制度创新促进自贸试验区提升若干思考：基于结构—行动—绩效模型的分析》，《开放导报》2023 年第 4 期。

张爱虎：《会计数据变融资“金钥匙”：湖北小微企业获信贷支持》，《湖北日报》2025 年 3 月 5 日。

张慧君：《有效防范政策叠加导致非预期风险》，《学习时报》2023 年 12 月 20 日。

赵桂德：《立足自贸区提升战略，赋能上海国际金融中心建设》，《清华金融评论》2024 年第 11 期。

支宇鹏、黄立群、陈乔：《自由贸易试验区建设与地区产业结构转型升级——基于中国 286 个城市面板数据的实证分析》，《南方经济》2021 年第 4 期。

中国农业发展银行四川省分行：《金融支持四川县域经济高质量发展》，《人民日报》2024 年 12 月 24 日。

中国人民银行上海总部专项课题组、金鹏辉：《上海在岸金融中心与离岸金融中心联动发展研究》，《科学发展》2023 年第 11 期。

朱毅、张畅：《金融促进西部大开发形成新格局的探索与思考》，《金融时报》2023 年 3 月 13 日第 12 版。